山西省高校图书馆事业发展纪略
——改革开放三十年

李嘉琳　主编

国家圖書館出版社
National Library of China Publishing House

图书在版编目(CIP)数据

山西省高校图书馆事业发展纪略:改革开放三十年/李嘉琳主编. --北京:国家图书馆出版社,2014.7
ISBN 978 - 7 - 5013 - 5380 - 4

Ⅰ.①山…　Ⅱ.①李…　Ⅲ.①院校图书馆—图书馆发展—山西省　Ⅳ.①G259.256

中国版本图书馆 CIP 数据核字(2014)第 116678 号

书　　名　山西省高校图书馆事业发展纪略——改革开放三十年
著　　者　李嘉琳　主编
责任编辑　高　爽

出　　版　国家图书馆出版社(100034　北京市西城区文津街 7 号)
　　　　　　(原书目文献出版社　北京图书馆出版社)
发　　行　010 - 66114536　66126153　66151313　66175620
　　　　　　66121706(传真),66126156(门市部)
E-mail　btsfxb@ nlc. gov. cn(邮购)
Website　www. nlcpress. com ──→投稿中心
经　　销　新华书店
印　　装　北京科信印刷有限公司
版　　次　2014 年 7 月第 1 版　2014 年 7 月第 1 次印刷

开　　本　787×1092(毫米)　1/16
印　　张　25.5
彩　　插　16
字　　数　600千字

书　　号　ISBN 978 - 7 - 5013 - 5380 - 4
定　　价　98.00 元

2012 年 3 月 29 日参加《山西高校图书馆事业发展纪略》编纂讨论会的老领导们

2012 年 3 月 29 日山西高校图工委新老领导及《晋图学刊》编辑部同仁合影

1. 全省高校图书馆工作会议

1982 年 1 月召开的第一次山西省高校图书馆工作会议

1985 年 4 月召开的第二次山西省高校图书馆工作会议

1988 年 4 月召开的第三次山西省高校图书馆工作会议

1991 年 7 月召开的第四次山西省高校图书馆工作会议

1997 年 5 月召开的第五次山西省
高校图书情报工作会议

2001 年 6 月召开的第六次山西省
高校图书情报工作会议

2. 山西高校图工委专业委员会

1989 年 10 月图工委专科院校协作组成立

1993 年 6 月图工委读者专业委员会成立

1994 年 4 月采编专业委员会成立大会

3. 全省高校图书馆馆长会议

1993 年全省高校图书馆馆长会议　　　　　　1994 年全省高校图书馆馆长会议

1995 年全省高校图书馆馆长会议

1997 年全省高校图书馆馆长会议　　　　　　1998 年全省高校图书馆馆长会议

2000 年全省高校图书馆馆长会议

2001 年召开的全省高校图书馆自动化建设工作会议

2002 年全省高校图书馆馆长会议

2004 年全省高校图书馆馆长会议

2005 年全省高校图书馆馆长会议

2006 年山西省高校图书馆馆长会议暨 CALIS
山西文献信息服务中心启动仪式

2007 年全省高校图书馆馆长会议

2008 年全省高校图书馆馆长会议

2009 年全省高校图书馆馆长会议

2010 年全省高校图书馆馆长会议

2011 年全省高校图书馆馆长会议   2012 年全省高校图书馆馆长会议

4. 学术活动

1986 年召开的藏书建设研讨会

1986 年召开的藏书建设研讨会   1989 年 10 月在夏县武警专科学校召开的
                                          山西高校图书馆管理改革研讨会

1993 年召开的山西省高校图书馆改革馆长研讨会　　　2000 年全省高校图书馆期刊和
　　　　　　　　　　　　　　　　　　　　　　　　　　　管理专业学术研讨会

2004 年举办的电子资源编目培训班　　　2004 年举办的采编自动化专业委员会年会

2006 年采编专业委员会年会　　　2007 年 7 月在山西农业大学图书馆召开的
　　　　　　　　　　　　　　　　　　中美图书馆实务论坛

2008 年 CASHL 走入华北之山西行活动　　　　　2009 年 10 月在山西大学举行的
　　　　　　　　　　　　　　　　　　　　　　山西高校图书馆首届馆长论坛

2010 年在山西大学召开的中美图书馆实务论坛

中美实务论坛的美方专家与主办方合影　　　向美国图书馆协会主席卡米拉·阿里尔博士
　　　　　　　　　　　　　　　　　　　　　　　赠送纪念品

向兄弟省市同行学习

本省高校图书馆间相互交流学习

2005年华北地区高校图协第19届年会上向创办华北高校图协的老领导献花
（右一为山西的安银海同志、右二为王振华同志）

参加华北地区高校图协学术年会的山西代表　　　　在华北年会上做大会发言的山西代表

5. 晋图学刊

1985 年《山西高校图书馆报》编委会成立　　　　1990 年《晋图学刊》创刊 5 周年纪念

1995 年《晋图学刊》创刊 10 周年纪念　　　　2000 年《晋图学刊》创刊 15 周年纪念

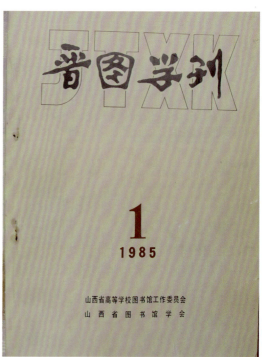

1983 年 4 月创刊的《山西高校图书馆报》　　　　1985 年 10 月创刊的《晋图学刊》

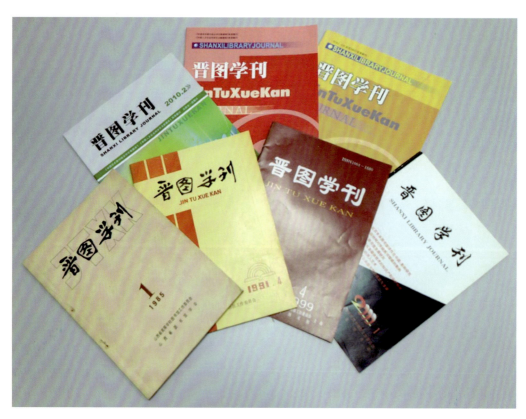

不断发展的《晋图学刊》

6. 图书馆服务

1997 年召开的山西高校第五次图书情报
工作会议上受表彰的先进图书馆

2010 年全省高校图书馆馆长会议上受表彰的
图书馆服务宣传月先进集体

山西师范大学开展的图书馆知识普及活动

CALIS 联合编目培训

形式多样的图书馆服务宣传月活动

7. 其他活动

1995 年高校图书馆新年联欢会

中北大学图书馆书记、馆长联袂演出

高校图书馆新年联谊会上的精彩表演

自编自演的三句半

省城高校图书馆界第三届乒乓球赛

省城高校图书馆界羽毛球赛

本书编委会

主　编　李嘉琳

副主编　刘永胜　赵冬梅　安银海

编　委　(按姓氏笔画排列)

王永安　亢成业　白才进　李　博

幸玉亮　赵振龙　贺培风

目　录

前　言

2011 年"山西省高校图书情报工作委员会"(以下简称"图工委")秘书处动议编写《山西省高校图书馆事业发展纪略》一书,以对改革开放以来,特别是高校图工委成立以来的工作进行总结。2012 年 3 月在秘书长会议上,图工委决定启动此项工作。2012 年 3 月 29 日图工委在山西大学图书馆召开了历届图工委负责人会议,来自省城高校 10 所图书馆的 20 位老领导、老馆长及《晋图学刊》的主编、编辑们出席了会议。图工委秘书长李嘉琳同志就本书的编写大纲进行了说明,与会同志就大纲进行了热烈的讨论,老同志们积极准备搜集、提供资料。之后图工委又多次召开会议讨论图书的名称及编排体例、收录范围等内容。2012 年 6 月编撰工作正式开始。

山西地处中部欠发达地区,高等教育及高校图书馆工作与全国相比均处于相对落后状况,尽管如此,作为中国高校图书馆事业的一个组成部分,山西省高校图书馆在省教育厅的领导下,在全国高校图工委的指导下,在省高校图工委的协调下,在全省高校图书馆职工的努力和积极工作下,取得了巨大的进步和显著的成绩。因此,我们还是想把山西高校图书馆自改革开放以来的发展历程总结出来,一方面感谢前辈们的辛勤努力和取得的成绩,一方面激励后来者继续奋发向上,努力缩小与发达地区的差距,并取得更加辉煌的成就。

山西省高校图工委成立以来的 30 多年,为山西高校图书馆事业的发展做出了极大的努力,为推动山西高校图书馆事业的整体发展做出了应有的贡献。纵观山西高校图书馆 30 年来的发展历程,我们感到欣慰,我们这代图书馆人以自己的辛勤劳动,实现了图书馆的自动化管理,改变了图书馆的服务方式和服务质量。

本书力求把能收集到的材料尽量纳入,以期能够较为全面地反映山西高校图书馆事业发展的全貌。但由于时间有限,有些资料又没有保存下来,加之编者水平有限,因此,缺漏之处在所难免,不足之处敬请各位同仁批评指正。

　　全书的编写工作由李嘉琳总负责,安银海、赵冬梅、王永安负责收集材料,赵冬梅还负责"大事记"部分、文件部分的编辑工作。刘永胜、安银海同志对全书进行了审阅修改,其余编委都不同程度地参与了本书的编辑、修改。

　　本书以图工委发展年代为线索共分四大部分,每一部分正文,先按照不同专题,后依年代顺序编排有关事件。书后附有4个附录,分别收录了:山西高校图工委大事记、山西高校图工委历届常委/秘书长名单及《晋图学刊》历届编委会名单、山西省教育厅(省教委)颁发的相关文件目录及领导讲话目录、山西高校图书馆记忆(收录论述有关山西高校图书馆发展状况的综述性论文,作为对山西高校图书馆事业发展状况的补充)。

　　在本书的编撰过程中,得到了山西省高校图书情报工作委员会老领导们的热情关注和支持,特别是王永安、安银海两位图工委的老领导,将自己保存多年的有关文件、资料、照片进行认真整理,并一一编号,加以说明,正是由于他们提供的许多资料才使本书得以完成。本书编辑过程中使用了发表在《晋图学刊》上的简讯、报道等资料,在此一并向作者表示感谢!本书也得到了山西大学图书馆赵国荣、李明廷等同志在文字录入、照片加工等方面的帮助,在此,对他们表示衷心的感谢!

李嘉琳

2013 年 6 月

第一章
山西高校图书馆的改革开放及图工委的建立
(1981—1985)

一、全国高等学校图书馆工作会议的召开及全国高校图工委的成立

党的十一届三中全会以后,随着我国高等教育事业的恢复和发展,高校图书馆事业也进入崭新的发展时期,已经具有一定的规模,为培养社会主义建设人才,发展教育科学文化事业,建设社会主义物质文明和精神文明做出贡献。

如同教育事业一样,我国高校图书馆事业在 1949 年以后的发展,走过了曲折的道路,有很长一段时间,教育部门没有主管图书馆工作的职能机构,高校图书馆事业缺乏集中管理,分散落后,发展缓慢。"文化大革命"的十年中又遭到一场空前的浩劫。粉碎"四人帮"以后,做了大量整顿恢复工作,但大多数高校图书馆仍处于被动应付的局面。图书馆工作没有得到应有的重视,必要的工作条件得不到保证,工作水平服务质量低,图书馆的职能不能很好地履行,应有的作用不能发挥出来,对事业的发展造成一定的影响。高校图书馆的同志们强烈希望在教育部领导下成立一个专门的机构来管理这方面的工作。为了打破这种分散落后、缺乏系统管理的局面,在教育部副部长周林同志及其他领导同志的关心、支持下,经教育部党组批准,1981 年 9 月 16 日至 25 日教育部在北京召开了第二次全国高等学校图书馆工作会议,会上讨论修订了《中华人民共和国高等学校图书馆工作条例》,并决定建立全国高等学校图书馆工作委员会(以下简称"全国高校图工委"),作为教育部"主管全国高等学校图书馆工作的机构"。其主要任务是:

1. 调查研究高等学校图书馆的状况,提出改进措施,研究制订发展规划;
2. 拟定高等学校图书馆的有关条例和标准;
3. 培养干部和组织经验交流;
4. 组织馆际协作;
5. 编辑出版反映高等学校图书馆工作的刊物;
6. 调查研究国外高等学校图书馆工作的经验,组织对外交流活动;
7. 进行图书馆学事业教育方面的研究。

全国高校图书馆工作委员会由 50 个委员单位组成,由教育部副部长周林担任主任委员,并设秘书处处理日常工作。

肖自力同志在全国图书馆工作会议上指出,全国高校图工委的建立,是我国高校图书馆事业建设的一个重大发展,从此,各高校图书馆从分散、落后、缺乏系统管理的状态走上有组织有计划稳定发展的道路,这对高校图书馆事业的整体化建设具有非常重要的意义。

80 年代初期,我国高校图书馆正处在恢复与重建的历史时期,高校图书馆的发展基本

处于无本可依,无法可循的状态。1981 年 10 月,教育部颁发了《中华人民共和国高等学校图书馆工作条例》(以下简称《条例》)。第二次全国高等学校图书馆工作会议的召开,以及《条例》的颁布,使我国高校图书馆工作有了明确的发展方向,特别是《条例》的颁布使我国有了第一部关于高校图书馆工作的法规性文件,《条例》充分反映了时代的特点和要求,因而成为高校图书馆工作的基本依据,对规范高校图书馆的工作发挥了巨大的作用。①

1981 年以后,各省(市、自治区)在当地教育部门的领导下,相继建立起当地的高校图书馆工作委员会,有力地促进了中国高校图书馆事业的发展。

二、贯彻落实全国高等学校图书馆工作会议精神

1. 全省高校图书馆工作会议的召开及山西省高等学校图书馆协作委员会的成立

全国高等学校图书馆工作会议召开以后,山西省高教厅积极贯彻落实会议精神,于 1982 年 1 月 3 日至 4 日,在太原召开了山西省高等学校图书馆第一次工作会议。会议由山西省高教厅主持召开,全省 16 所高校分管图书馆工作的校(院)领导、图书馆馆长和有关专家等共 67 人参加会议。会议的主要内容是:①传达全国高等学校图书馆工作会议精神;②回顾总结山西省高等学校图书馆的工作,交流经验,分析研究当前存在的问题,进一步明确前进的方向;③建立"山西省高等学校图书馆协作委员会"。这是 1949 年以来山西省第一次召开有关图书馆工作的专门会议,充分说明党的十一届三中全会确定全党工作重心转移到社会主义现代化建设上来,教育和科学事业受到重视,高校图书馆事业也相应地得到重视与加强。

会上山西省高教厅副厅长苗夫行发表讲话,强调图书馆在高等教育中的重要作用,并就如何贯彻实施全国高等学校图书馆工作条例提出具体意见。

苗副厅长在讲话中指出,这次全省高等学校图书馆工作会议,得到省委、省政府的关怀和重视,是经省人民政府批准召开的。会前,有关领导同志看了会议的几个主要文件,亲自听取了汇报,并对开好会议作了指示。

今年 9 月 16 日至 25 日,教育部在北京召开了全国高等学校图书馆工作会议,召开这样一个规模的专题研究图书馆工作的会议,自新中国成立以来在我省还是第一次。开好这个会,对于办好我省高等学校,进一步提高教学质量和科学研究水平,为国家培养大批合格的四化建设人才,将会产生重大的影响。苗副厅长认为,高等学校图书馆是图书资料情报中心,是知识宝库,是学校必不可少的重要组成部分。要了解和掌握有关学科领域的发展情况和动向,从而不断提高高等学校的讲课质量、教学质量和科学研究水平,都要直接依靠图书馆搜集、整理和提供的各种书刊情报资料。如果图书资料工作做得好,就能减轻查找资料的繁重劳动,也就等于延长了他们实际工作的时间,增强了教学、科研第一线的力量。社会主义高等学校的图书馆,又是宣传马列主义、毛泽东思想,建设社会主义精神文明的重要阵地,

---

① 肖自力. 发展中的高校图书馆事业——在全国图书馆工作会议上的发言. 晋图学刊,1985(1):4-9.

是广大青年学生广阔的"第二课堂"。不论是从对学生进行坚持四项基本原则和共产主义思想品德教育，还是从培养学生的业务专长方面来说，图书馆都有不可低估的作用。一个学生思想境界的开阔，科学文化素养和思维能力的提高，专业知识的巩固和扩展，必然同他们对图书馆的利用程度成正比。因此，办好高等学校图书馆，对又红又专的高级建设人才的培养和成长，是至关重要的。高等学校图书馆的建设和工作的水平如何，直接关系到一个学校学术水平和人才的培养。如果我们要把高等学校真正当作高等学校来办，就必须重视和加强图书馆建设。否则，高等学校将不成其为高等学校。

在科学文化事业日新月异，我国的教育事业重新走上正确发展轨道的形势下，那种轻视、忽略图书馆工作的偏见和做法正在逐步扭转，图书馆事业愈益受到人们的重视。加强高等学校图书馆建设，不但成为广大师生的迫切愿望，而且已经引起党和政府的关怀和重视。不久前召开的全国高等学校图书馆工作会议，讨论修订《中华人民共和国高等学校图书馆工作条例》，并已作为教育部正式文件下达；正式成立全国高等学校图书馆工作委员会，作为教育部主管全国高等学校图书馆工作的常设机构。所有这些，充分说明在新的历史发展时期，党和政府对发展高等学校图书馆事业的高度重视和关怀。

苗副厅长指出，这次会议的主要任务是：以党的十一届六中全会和五届全国人大四次会议精神为指导，传达、学习全国高等学校图书馆工作会议的主要文件，回顾总结我省高等学校图书馆的工作，交流经验，分析研究当前存在的问题，进一步明确前进的方向；建立全省高等学校图书馆协作委员会，作为高教厅管理协调全省高等学校图书馆工作的辅助机构；着重研究制订我省高等学校贯彻实施全国高等学校图书馆工作条例的具体意见，讨论如何加强山西大学图书馆专业的建设，积极培养专业人才，为改变我省高等学校图书馆建设的落后面貌创造条件。

苗副厅长结合我省的实际情况讲了几点意见，他首先总结了我省高等学校图书馆建设的情况及取得的成绩。

自新中国成立32年来，我省高等学校图书馆同全国图书馆事业一样，有了很大的发展。1956年，根据周总理讲话精神召开的第一次全国高等学校图书馆工作会议，对我省高等学校图书馆建设起了积极的推动作用。后来，由于"左"的偏向的干扰和经济困难的影响，高等学校图书馆建设受到了一些阻滞。但总的说来，"文化大革命"前的17年，我省高等学校图书馆事业的发展还是健康的，工作是有成绩的。

十年"文革"给教育事业带来一场浩劫，图书馆建设遭到空前的破坏。但是，粉碎"四人帮"以后，在党领导广大教育工作者拯救教育的工作中，图书馆建设也得到迅速恢复和重新发展。我省高等学校广大图书馆工作者，在党的领导下，在"八字方针"的指引下，凭着忠诚党的教育事业、热爱图书馆工作的革命精神，克服重重困难，在平凡的岗位上兢兢业业，埋头苦干，做了大量艰苦的恢复、整顿工作，使高等学校图书馆面貌逐步得到改善，已经取得一定的成绩。据截至1980年10月底的统计，已有山西医学院、太原重机学院新建了图书馆。全省高等学校图书馆馆舍面积已扩展到近3万平方米，有各种阅览室、资料室、参考室46个。共藏书420余万

册,现刊 14 000 余种。有显微阅读机 3 台、缩微阅读机 6 台、录音机 21 台、电视机 4
台、收录机 2 台,其他现代化设备,近年来也陆续有所购置。共有工作人员 368 人。
广大图书馆领导和工作人员,一面不断创造和改善图书馆条件,一面利用现有条件
积极开展服务工作。大家同心同德,辛勤工作,逐步建立健全图书馆工作的规章制
度,设法延长开馆时间,努力降低拒借率。不但有力地促进教学和科学研究工作,
而且在为国民经济各部门提供情报资料方面做出一定的贡献。

在加强图书馆建设中,山西医学院党委重视,广大图书馆工作者齐心努力,为
教学、医疗和科研做出了比较显著的贡献。他们振奋精神,群策群力,在藏书建设、
扩大开架范围、延长开馆时间、改善阅览条件等方面,不断提高工作效率和服务质
量。同时将图书馆的传统方法与现代化技术相结合,积极开展新的服务项目,千方
百计满足读者需要。还注意抓紧图书馆干部队伍的培养,采取措施提高他们的服
务能力和业务水平。

山西大学于 1978 年建立图书馆学专业,是教育部正式批准的全国 6 个图书馆
学专业之一。已连续 4 年招生,在校生达 110 余名,专兼职教师 13 名,专业已略具
规模。这个专业的设置,正符合全国高等学校图书馆工作会议和全国图书馆学专
业教育座谈会的要求。我们山西大学对这个专业很重视,正在积极创造条件,充实
和加强力量,提供教学设备,准备独立设系,扩大招生规模,并举办进修班代培图书
馆人员。它将为充实和壮大我省高等学校图书馆专业队伍做出积极贡献。

太原师专恢复时间不长,但由于校领导对图书馆地位和作用认识得比较深刻,
因而在较短的时间内,使图书馆初具规模,服务工作很有起色。其他院校图书馆也
在为教学、科研服务方面,程度不同地做出了贡献。

所有这些,都为我们贯彻执行高等学校图书馆工作条例,加速发展我省高等学
校图书馆事业,为四化培养高级专门建设人才,奠定了良好基础。

苗副厅长对我省当前高等学校图书馆建设中存在的问题也提出了自己的看
法。他认为,同整个教育事业的发展一样,我省高等学校图书馆的发展,走过了一
条艰难曲折的道路。

由于"文革"期间的严重破坏,也由于我们各级领导对图书馆事业重要地位和
作用认识上的差距,致使图书馆事业的发展长时期地未能摆到应有的位置上去,全
省高等学校图书馆建设的现状与高等教育事业的要求和四化建设的形势很不适
应。其中存在的主要问题是:

(一)认识不明,领导不力。这是形成目前我省高等学校图书馆工作落后状况
的重要原因之一。我们有些同志,甚至还是相当负责的同志,总认为图书馆工作只
不过是借借还还的单纯事务性工作,是一件无足轻重的事情,是人员再少也能干、
什么样的人也干得了的清闲工作。基于这种偏见,图书馆工作自然摆不到学校工
作的重要议程上。有些分管图书馆工作的院校领导,也未能把它当作一项重要工
作来对待,应付甚至放弃领导职责。有的院校图书馆至今还属教育处下属单位,没
有独立出来。研究有关教学、科研等重大问题的会议,图书馆领导不能直接参加。
不少院校图书馆至今没有配备正馆长,只有副馆长维持工作。有的图书馆一直没
有正式任命一个馆级领导,长期以临时负责人身份在那里支撑摊子。馆领导力量

薄弱,有的文化水平很低,不懂业务;有的频繁调动,欲干不成;有的长期病休,馆领导实际上只有空名。

(二)业务人员队伍数量少,水平低。我省高等学校图书馆,专业队伍普遍配备不足,质量不高,青黄不接的情况相当严重,甚至潜伏着人员危机。山西大学图书馆是我省高等学校中规模较大的图书馆,服务工作做得也是不错的,但据该馆1980年10月份的统计,全馆业务人员44人,粗略估算,同高等学校图书馆工作条例所要求的业务人员编制数对照,只达到一半。而且44名业务人员中还有全休的6人,年老体弱的9人。按文化程度讲,大专程度的17人,仅占业务人员总数的百分之39.1%;高中程度的21人,占47.3%;初中程度的6人,占13.6%,这也与《条例》的要求有很大的差距。财经学院是全国供销总社直属文科院校,但据1980年10月统计,该院图书馆16名业务人员中,属于大专程度的只有4人,而且没有一个人学过图书馆学专业和外语专业。晋中师专、晋东南师专图书馆业务人员中没有一个大专文化程度的。一些图书馆业务人员中,有的虽然是高中、初中毕业,但实际并不具备应有的文化水平;有的已经丧失工作能力。不少院校的图书馆人员不配套,老弱病残占一定数量,队伍很不整齐,服务质量不高,工作效率低,使图书馆成了所谓"收容所""养老院""转运站"。

(三)经费少,馆舍紧,设备差。《条例》要求各校图书馆书刊资料购置费一般占到全校教育事业费的5%左右。据统计,1980年有10所院校图书馆经费所占全校教育事业费不到3%,最少的大同医专只占0.62%。大部分院校没有独立、专用的图书馆馆舍,书库和阅览座位普遍紧张,有的甚至没有一个阅览座位。用其他建筑代做图书馆的,其面积也很小。图书馆的设备少,现有设备又大都陈旧落后,复印、缩微、视听等先进的现代化设备寥寥无几,有的院校连最起码的设备和家具都没有,如打字机、书架、期刊架、卡片柜、阅览台、桌凳等,长时间得不到添置。有一所恢复招生较早的专科学校,其图书馆在今年4月以前还一直只占用204平方米的地方,年年进新书无法分类编目,只好原包不动堆放在仅有15平方米的办公室内;想开阅览室,连桌凳都没有。

(四)服务质量低。由于种种原因,我们大学图书馆的服务工作总的来讲还处于应付和维持局面的被动境地。开馆时间短,阅览座位少,藏书使用率低,拒借率高,灯光、通风、防寒降暑等条件相当差,环境不好,馆内秩序紊乱,规章制度不健全、不科学,参考咨询工作做得差。所有这些都与学校教学、科研的要求,与广大读者的需要极不适应。学校图书馆工作与读者之间形成了尖锐的矛盾。

最后,苗副厅长就如何加强高等学校图书馆建设提出了三点建议。他指出,当前和今后一个时期,我们的工作任务,就是要认真贯彻全国高等学校图书馆工作会议精神,按照《条例》要求,对图书馆工作进行认真的调整、改革、整顿和提高。高教厅已草拟了一个《关于贯彻实施〈中华人民共和国高等学校图书馆工作条例〉的意见》,待讨论修改后下达试行。这里着重强调以下几个问题。

第一,要切实加强对图书馆工作的领导

要真正把高等学校图书馆建设成学校图书资料情报中心,促进教学质量和科学研究水平的提高,推动社会主义物质文明和精神文明的建设,办好社会主义大学,首先必须加强对图书馆工作的领导。

各高等院校一定要把图书馆建设列入学校工作的重要议事日程。一定要有一名校级领导分管,并且以切实的行动对图书馆工作予以认真的领导。每学期应召开一次专题讨论图书馆工作的院校领导会议,及时了解有关情况,研究解决存在的问题,安排部署今后的工作,并且调动起各方面的积极因素,使人事、后勤等有关部门都来热情支持和协助图书馆开展工作。要选派认真执行党的方针政策、热心图书馆事业,有较高科学文化水平、业务专长和组织管理能力的同志担任正副馆长。各图书馆长应是校(院)务委员会的成员。各校图书馆应独立设置。各馆应根据《条例》要求,结合院校实际情况并本着利于科学管理的原则,确定其机构设置和相应的职责范围。各院校要建立图书馆委员会,其成员由馆长和系(科)主任推荐,提请校(院)长聘请组成,认真履行自己的工作任务。加强领导,必须按照《条例》的规定,保证经费,积极提供建筑设备,逐步配备好所需工作人员,为图书馆工作创造必要的条件。

第二,建设一支又红又专的图书馆专业队伍

随着高等教育事业的发展,高等学校图书馆所肩负的任务愈来愈繁重,建设一支又红又专的图书馆专业干部队伍,不仅是当务之急,而且是一项具有战略性的任务。

我们对高等学校图书馆专业人员的要求,是既要有全心全意为人民服务、坚持四项基本原则的好思想,认真的工作态度和严谨的工作作风,又要有较广博的基础文化知识和一定的专业知识,有高中毕业以上的文化程度。为适应既有脑力劳动又有体力劳动,而且劳动强度较大的图书馆工作,还必须有健康的体魄。在人员配备上,图书馆学、情报学、外语、古汉语及其他专业人才和高、中、初级人员,应合理搭配。各校在贯彻《条例》的过程中,要对图书馆专业队伍进行整顿、调整、充实和提高工作。对已不能适应工作的老弱病残和短期内经培养仍不能胜任工作的业务干部,进行适当调整。要经过认真考核,从本校"文革"期间毕业的留校生中,选择少量适宜从事图书馆工作的青年师资补充到图书馆;从现在起,有计划地逐年选留一些本科毕业生,再经过一年图书馆学和情报学专业训练,充实到图书馆;要加强山西大学图书馆专业建设,扩大招生规模,培养图书馆学、情报学专业人才,充实和壮大各校图书馆专业队伍;也可以从社会上选调水平较高的图书馆学、情报学专业人才和外语人才;在坚持本省培养为主的同时,争取从北大、武大图书馆学系分配少量的毕业生和研究生到我省高等学校图书馆工作。此外,通过举办进修班、选送到外地进修、组织参加电视大学、夜大学、函授大学学习等,来提高业务水平。我们还应争取有关领导部门批准,由各校图书馆联合举办中专班,培训图书馆的初级人员。

为了稳定和不断发展图书馆队伍,还必须对图书馆工作人员在政治上热情关怀,加强他们的思想政治教育,不断提高其政治觉悟和从事图书馆工作的荣誉感和责任心,真正安心和立志献身于图书馆事业。在关系他们的切身利益方面,要坚决按照党的有关政策规定,积极解决实际问题。要抓紧搞好图书馆专业人员的职称评定工作,切实使图书馆专业人员按职称与相应的教学、科研人员享受同等待遇,并使图书馆工作人员根据不同工种享受相应的劳保福利待遇。还应为他们的自学、提高,提供便利条件。

总之,要经过积极努力,要求在1982年底,各校图书馆专业队伍的状况有一个明显的改观。1983年底,图书馆专业队伍的文化程度达到《条例》的要求,使具有各种专业知识的大专水平的人员占到全体业务人员总数的60%以上。力争经过三四年的调整和充实,使全省高等学校图书馆的专业队伍初具规模,各种人员结构合理,基本配套,整个队伍比较整齐,能够适应工作需要。

第三,积极创造条件,提高服务质量

千方百计为教学、科研服务,为广大师生服务,是高等学校图书馆工作的出发点和归宿。因此,各院校领导和图书馆工作者,必须努力适应本院校教学、科研和广大读者的迫切需要,整顿基础工作,充分挖掘馆潜,积极改善条件,想方设法提高服务质量。

在进行整顿和加强基础工作中,要恢复、建立和逐步健全合理的规章制度,并使各项规章制度富有科学性,切实可行,使工作规范化。要根据院校的性质、任务、专业设置和馆藏状况,制定出藏书建设的条例、标准,有计划有目标地搞好藏书建设。既要抓紧新书刊资料的采购,又要将长期积压的书刊资料整理上架,投入流通,并有计划地进行书刊资料的剔除工作。要整顿和健全目录体系,做到书目一致。加强书库管理,做好书刊资料的防护工作。

在提高服务质量方面,要根据教学、科研、教学参考、课外阅览等需要,逐步创造条件,设立不同的出纳服务口,增加阅览室,扩大阅览座位,延长开馆时间。要在1982年底,做到日开馆时间8—10小时,周开馆时间50—70小时。阅览座位达到本校学生的六分之一以上。进一步提高藏书利用率,减少读者借书等候时间,降低拒借率。要采取有效措施,根据各馆条件,区别不同对象,逐步实行多种形式的开架借阅。

各校图书馆,应组织和开展多种形式的活动,积极配合院校进行思想政治教育工作,开展查阅文献方法的教育与辅导,在传统的参考咨询工作基础上,进行情报服务工作的探索和实践。

还应积极开展馆际协作,实行资源共享。这次会上我们要建立全省高等学校图书馆协作委员会,把专业干部培训、采购书刊资料、图书调拨、藏书建设分工、馆际互助、组织业务交流以及新技术应用的研究等协调工作抓起来,同时积极创造条件,组织编制出全省高等学校图书馆联合目录。通过协作实行资源共享,技术共享,使有限的人力、财力、物力发挥更大效益。

要积极为实现图书情报工作手段现代化逐步创造条件。目前图书馆工作正处在由传统的管理方法向现代化管理的过渡阶段,我们要解放思想,立志革新,根据需要和可能,制定初步发展规划,有计划、有步骤地添置复印、缩微、照相、视听等现代化设备。规模较大的图书馆,可研究设置运书车、传送带等,以减轻图书馆工作人员的劳动强度,提高劳动效率。要抓紧训练、培养少量研究和应用现代化技术手段的技术人员。即将成立的图书馆协作委员会以及规模大的院校,要计划考虑这个问题,采取措施把这项工作搞起来。

本次会议认真讨论了《关于贯彻实施〈中华人民共和国高等学校图书馆工作条例〉的意见》,并经过充分讨论协商,成立了"山西省高等学校图书馆协作委员会"(以下简称"山西高校图协")。山西高校图协有16个成员馆,设5个常务馆:山西大学、太原工学院、山西医学院、太原重型机械学院、山西矿业学院。主任馆为山西大学,副主任馆为太原工学院。

山西高校图协常委的组成人员有:柴作梓(山西大学),徐万鹏(太原工学院),章士敫(山西大学),王永安(太原重型机械学院),肖基(山西矿业学院),谢华才(山西医学院)。

山西高校图协的成立使各高校图书馆从分散、落后、缺乏系统管理的状态走上有组织有计划稳定发展的道路,这对山西高校图书馆事业的整体化建设具有重要意义。

2. 省高教厅关于贯彻落实《条例》的意见

全省高校图书馆工作会议结束以后,省高教厅下发了《关于贯彻实施〈中华人民共和国高等学校图书馆工作条例〉的意见》(以下简称《意见》),对全省高校的图书馆工作提出了较为长期的(类似于五年计划)、具体的指导意见和明确要求。

关于贯彻实施《中华人民共和国高等学校图书馆工作条例》的意见

一九八一年十月,教育部颁发的《中华人民共和国高等学校图书馆工作条例》,是新中国成立以来关于高等学校图书馆工作的一个重要文件。《条例》对高等学校图书馆的性质和任务,以及有关图书馆建设的一系列重大问题都作了明确的规定。这些规定,既考虑到高等学校图书馆的现状,使我们当前的工作有章可循,又反映了一个历史时期的要求,指明了今后努力的方向。各高等学校图书馆必须以《条例》为依据认真开展工作。

目前我们高等学校图书馆正处在一个由传统的图书馆向社会主义现代化图书馆过渡的时期。图书馆不仅需要继续恢复和整顿,而且还面临着发展和变革的形势。认清这种形势,对我们加强图书馆工作和发展图书馆事业,具有十分重要的意义。根据全国高等学校图书馆工作会议精神,认真按照《条例》中各项规定的要求标准,紧密结合我省高等学校图书馆工作基础比较薄弱的现实,区别不同情况,特提出我省高等学校图书馆在一九八五年内贯彻实施《条例》的意见,以便有计划、有步骤地逐步达到和接近《条例》规定的要求。

一、关于正确认识高等学校图书馆的地位和作用的问题

各院校领导都要认真学习贯彻全国高等学校图书馆工作会议精神,充分认识高等学校图书馆是学校的图书资料情报中心,是为教学、科研服务的学术机构,是宣传马列主义、毛泽东思想,建设社会主义精神文明的阵地,确实把图书馆工作当作学校教学和科研工作的重要组成部分来对待。要组织图书馆工作人员和广大师生员工学习、宣传《条例》,并切实贯彻执行,不断扭转和克服对图书馆工作的错误看法和做法,使大家进一步明确高校图书馆的性质和任务,进一步提高对图书馆在高等学校中的地位和作用的认识。

要将图书馆工作列入学校工作的重要议程,调动各方面的积极因素,特别要使组织、人事、后勤等有关部门都能热情支持和协助图书馆开展工作。把建设一个高质量的图书馆,作为办好学校的一项长远的基础工作,坚持不懈地抓下去。

二、关于领导体制和组织机构问题

1. 从现在起,我省高校图书馆都要实行校(院)长领导下的馆长负责制,图书馆工作都必须有一名主管教学和科研的副校(院)长分管。各校图书馆的正副馆长,一定要按《条例》规定的条件,抓紧配好。副馆长人数的配备,一定要根据本校的具体情况确定。馆长和副馆长都应严格按照《条例》规定的职责任务进行工作,其任免应与正、副系主任(正、副科主任)相同。

2. 有条件的高校图书馆,从今年上半年起,要单独设立党支部(或党总支),直属校(院)党委领导。单独建立党支部有困难的专科院校图书馆,其党员可参加学校机关支部(或总支),待有条件时,再单独设立。

3. 各高校图书馆的机构,应在总结经验的基础上,根据本校实际,以有利于科学管理并能充分发挥效能为原则,参照《条例》第十六条、第十七条,进行调整或增设,并明确其相应的职责。

4. 规模大、系科多的高校,可根据需要与可能,设立系(所)资料室。系(所)和图书馆双重领导。系(所)资料室工作,一定要有一名副主任分管。校图书馆对资料室负责业务领导和协调。由于情报工作管理体制比较复杂,对情报工作的组织形式,可视本校实际,具体对待,但要创造条件,尽可能在两三年内,归入校图书馆。

5. 要建立健全学校图书馆委员会。已设有图书馆委员会的,如不够健全,要予以充实和完善;未建图书馆委员会的学校,要按《条例》要求,必须在今年上半年建立起来。各图书馆委员会都要按《条例》规定的任务,进行工作。

三、关于图书馆工作人员的调整和配备问题

1. 各高等学校要责成组织、人事部门按《条例》中配备人员的依据和工作人员应具备的条件,并同图书馆领导研究协商,调整和配备好必需的工作人员。专业人员的编制一定要参照《条例》要求的比例,研究确定。要求在一九八三年底,各校图书馆专业队伍状况有明显的改观。到一九八五年底,专业人员的文化程度都能达到中专毕业以上,其中大专以上程度的应达到专业人员总数的60%以上,并使各种专业人才(图书馆学、情报学、外语、古汉语及有关专业)和高、中、初级人员的结构基本合理。使整个队伍比较精干整齐,能较好地适应工作需要。考虑到原有队伍基础薄弱,年老体弱人员所占比例较大,新老交替需要一个过程,在职干部培训亟待加强,图书馆的任务日趋繁重等因素,各校在几年内确定图书馆专业人员编制时,可适当放宽。图书馆的党政干部,研究和应用现代化技术手段的技术人员,从事设备维修、装订等工作的技术工人,公勤人员,要根据实际需要确定编制,配备这些人员不能只看数量,而且要重视质量。

系(所)资料室人员的配备,应以能够适应工作的需要出发,列入系(所)的编制。工作人员的数量和工作人员应具备的条件,由各校自行考虑。

2. 要根据《条例》的要求,对图书馆工作人员进行整顿、充实和提高。对不能适应图书馆工作的老弱病残,或文化水平太低经短期(如一至二年)培养仍不能胜任业务工作,以及其他不适合图书馆工作的人员,应适当调整和安排;要经过考核从本校青年师资中选择少量人员充实到图书馆;从现在起,逐年选留一些本科(或专科)应届毕业生,再经过一年培养,补充专业队伍;从社会上选调水平较高的图书馆学、情报学专业人才和外语人才;由高教厅重点扶持山大图书馆专业,为各馆输送本科专业人才和培养一年的进修生;由条件较好的高校和图书馆协作委员会有计划地举办短期培训;积极创造条件,采取多种形式,结合工作需要,对各类人员进行在职培训提高。在坚持本省培养为主的前提下,适当争取外援,力争两三年内能由北大、武大图书馆学系分配给我省少量本科毕业生和个别研究生,充实山西大学等图书馆。

3. 为稳定和发展壮大图书馆工作人员队伍,在政治上要对他们热情关怀,加强思想政治教育;在工作上为他们创造条件;在学习和生活上给予方便,帮助他们解决实际困难。高教厅要责成人事部门,尽快部署和开展各校图书馆专业人员的职称评定工作,争取在今年上半年完成第一次职称评定工作。各高校要确实使专业人员按职称与相应的教学和科学研究人员享受相同待遇。图书馆党政人员、技术人员、技术工人等的职称及定职、晋升也必须按国家有关规定认真执行。

4. 关于高校图书馆工作人员的劳保待遇,各校可根据不同工种,参照相同工种或相近工种的劳保待遇规定,结合图书馆工作的实际,自行确定。也可由省高校图书馆协作委员会,经过调查研究,拟出条文,提供各校参考。

四、关于经费、馆舍和设备问题

1. 各高等学校要重视藏书建设的投资。书刊资料购置费一般应按全校教育事业费4.8%—5.2%的比例研究和安排,不能压减书刊资料购置费。新建图书馆或基础特别薄弱的图书馆,投资应适当放宽。全校书刊资料购置费应由图书馆统一掌握,合理使用,不准将书刊资料购置费挪作他用。

2.《条例》明确要求高等学校应建筑独立、专用的图书馆馆舍,但由于各种原因,不可能将需要新建的馆舍马上都建立起来,只能以积极的态度,合理规划,逐年加以解决。今年已安排太原工学院图书馆和大同医专图书馆的基建,其他需要新建的高校图书馆舍一定在一九八五年底以前全部(不包括以后新建学校的图书馆舍)予以安排解决。

不论现有的独立、专用图书馆馆舍,还是图书馆暂时借用的其他房屋、设备,学校总务部门要积极做好维修工作,注意改善灯光、通风、防寒降暑等条件,为读者创造良好的学习和研究环境。

3. 各高等学校应有计划地为图书馆购置复印、照相、缩微、视听等现代化设备和家具,纳入学校的设备购置计划,由设备费内开支。规模较大的图书馆,可研究设置运输车、传送带等工具,以降低劳动强度,提高劳动效率。

五、关于整顿和加强基础工作,提高服务质量的问题

1. 各高等学校图书馆都要恢复和加强业务统计工作,根据实际情况,在前阶段工作的基础上,尽快修改、制定出切实可行的规章制度、工作细则、岗位责任制,力求使这些制度富有科学性,使工作规范化,方便读者。制度一经建立,要组织贯彻执行,在实践中进一步修改和完善。

2. 各高校图书馆要根据学校性质、任务、专业设置和馆藏状况,制定出本馆藏书建设的条例和标准,一方面积极补充国内外书刊资料,将"文革"期间中断订购的书刊资料补上,另一方面要设法将长期积压的图书、期刊、资料分类、编目、整理上

架,投入流通。要扩大资料来源,开展对内外交换工作,积极收藏本校出版物与学术文献,有计划地进行资料别除和调拨工作。要求各校图书馆在两年以内,全部清理完目前所积压的书刊资料。通过三四年的努力,使我省大多数高校的图书馆基本形成具有本校专业特色的藏书体系。要合理组织藏书,加强书库管理,做好书刊资料的防护工作,特别要注意珍本、善本书的收藏、保管和利用。

3. 要按《条例》要求,确定专人负责,配备适当人力,检查和整理书刊资料目录,使目录体系不健全、质量差、有些书刊资料在目录中得不到反映和利用,造成藏书利用率低和拒借率高的问题得到解决。要尽快将目录体系健全起来,达到书目一致。

4. 要从广大读者需求出发,延长开馆时间,要求今年年底以前,各院校图书馆的周开馆阅览时间达到 60—70 小时,到 1983 年底前,各校图书馆周开馆时间均应达到《条例》规定。要求各校图书馆在近两三年内拒借率降到 20% 或 15% 以下。

5. 各校图书馆要根据教学、科研、教学参考、课外阅览的需要,分设不同出纳服务口,开辟和增设阅览室,扩大阅览座位,建立健全服务体系,缩短借书时间,提高藏书利用率。条件较好的高校图书馆,力争经过一两年的艰苦工作,基本消除借书拥挤和等候时间长的现象,使学生阅览座位扩大为在校生的 1/5;其余学校借书秩序有明显好转,阅览座位达到本校在校生的 1/8。

为了方便读者,各校在总结经验的基础上,根据各馆的条件,采取积极有效措施,区别不同对象,逐步实行书刊资料的开架或半架借阅。

各校图书馆应配合学校思想政治工作和教学科研任务,根据馆内人力和条件,进行阅读辅导,举办书刊展览,组织报告会,编制推荐书目等,开展多种服务工作。

6. 基础好的图书馆,要在传统的参考咨询工作基础上,积极进行情报服务工作的探索和实践,总结积累经验,进行交流和推广。

7. 各高校图书馆都要积极参加本地区、本系统的馆际协作,实行资源共享,使有限的人力、物力、财力发挥更大的效益。要在我省高校图书馆协作委员会的协调与指导下,做好书刊资料采购、藏书建设分工,图书调拨,馆际互借,业务交流,培训干部,新技术应用的研究等工作,并承担协作委员会协调安排的任务。所以本科院校图书馆都要积极创造条件,开展静电复制,缩微照相,视听阅览等服务项目。各专科学校图书馆也应根据各自的条件,逐步开展这方面的工作。广大图书馆工作者要在平凡的工作岗位上,充分发挥自己的聪明才智,不断提高为教学科研服务的水平,为发展我省高等教育事业作出积极的贡献。

三、贯彻落实《中华人民共和国高等学校图书馆工作条例》

山西省高等学校图书馆协作委员会(以下简称"图协")的成立改变了原来高校馆际之间互不来往,互不通气,互不了解,各自为政的局面。在省高教厅的领导下,图协对全省高校图书馆事业的整体建设和发展,发挥了宏观管理和微观协调的作用,使各高校图书馆走上了统一组织、统一指挥、统一领导、统一管理的健康发展的轨道。

1. 督促检查《条例》的落实

图协成立后的首要工作就是认真实施省高教厅的《意见》精神,积极推动《条例》的贯彻落实。1982 年 9 月 28 日山西省高教厅下发了晋高教一字〔82〕100 号文件"关于进行全省高校图书馆工作检查的通知",其目的是,督促各校进一步加强对图书馆工作的领导,以提高图书馆的基础工作和服务质量。在现有基础上,进一步总结经验,发扬成绩,加强薄弱环节,更好地贯彻落实《条例》和《意见》的各项要求,更好地为教学和科研服务。同时也促进兄弟单位间的相互了解,交流经验,相互学习,取长补短。

检查内容:主要是学习宣传十二大文件的情况,贯彻落实《条例》和《意见》的情况。重点检查学校和图书馆采取的具体措施和工作效果。为了便于各校向检查组汇报介绍情况,特拟订了一个检查提纲供参考。

检查的方式和步骤:由各校图书馆的领导或业务骨干一人参加,组成几个检查组,分头采取汇报(听分管图书馆的副校长和图书馆馆长介绍)、察看(图书馆、资料室的实际情况)、座谈(和图书资料工作人员、读者)、议论(检查组成员)等方式进行检查。每所学校检查完,都要与学校及图书馆的领导进行一次交谈,肯定成绩和优点,提出建议和希望。

在省高教厅的直接领导下,图协于 1982 年 11 月对全省 16 所高校贯彻落实《条例》的情况,组织了全面检查。

山西高校图书馆检查报告

全省 16 所高校图书馆都已建立由院校直接领导的体制,已有半数以上的院校成立了图书馆委员会。馆长一级的领导已有所补充;工作人员达到 470 人,比去年底增加了 100 人,新增人员中,留校的本、专科毕业生和具有大学程度的达 21.3%,专业人员的文化水平有所提高。设备、灯光等设施,一年来添置的数量也比较多。图书馆经费也较过去有所增加。已有 10 所院校有专用的图书馆楼或正在建筑、筹建新馆舍。目前,全省 16 个馆的藏书量达 500 余万册,馆舍面积总量达 3 万多平方米。

《条例》颁发以后,各馆以《条例》为规范,继续加强基础工作,并从改进工作方法、提高服务质量和实行科学管理等方面进行新的探索,在调整和整顿的基础上,开展一些新的项目。"文革"以后恢复和新建的馆,则着力于基础建设。例如:矿业学院馆开展馆风建设,太原工学院馆开展了参考咨询工作,并制订和健全各项业务的规章制度。山西医学院和山西财经学院馆成立了情报资料组,太原重机学院馆试行图书情报一体化,山西农业大学馆试行工作量制,山西大学馆开始在图书馆应用微型计算机的实验。太原师专和晋东南师专馆在采编工作上建立了较切合实际的工作制度,太原师专、运城师专,在编目工作上建立了较合理的工作定额等。

在专业干部的建设方面,各馆也大都给予重视,目前全省高校图书馆中青年工作人员中,已受和正在受电大、夜大、函授教育等各种类型专业培训的已有 191 人,占全体工作人员的 40.1%。

但这些仅仅是个开始,由于各校历史原因所造成的基础条件的不同,发展也不平衡。有一些学校困难还较多,如个别馆领导班子不够健全;图书馆专业干部数量不足,质量不高,目前正处于青黄不接;现在馆舍过于局促,书库饱和,许多新书不能上架及时和读者见面,以及图书经费普遍不足,图书馆工作人员的待遇还需要进一步解决,规章制度不够完善,以致服务水平还较低,开馆时间较少,工作质量较差。有的馆图书积压未编的情况比较严重。图书剔旧工作普遍没有开展,这些都有待于改进。

通过这次检查,各图书馆的同志都得到了鼓舞,也提高了业务水平,一些学校及时改进,如:太原工业大学、山西矿业学院、山西医学院、太原机械学院、晋东南师专,在经费、人员上都得到一定的解决,太原机械学院组织力量解决长期积压新书的问题。许多学校表示希望以后能定期检查工作。这次检查确实对全省高校图书馆事业的发展起到了积极的推动作用。

2. 加强培训与学术交流,提高馆员素质

在贯彻落实《条例》积极改善基础条件的基础上,山西高校图书馆也注重加强人员的培养,在各项业务工作领域积极进行研究、探索,以不断提高工作人员的素质,提高业务工作水平。

(1)开展人员培训,提高队伍素质

1982 年,针对当时高校馆人员素质偏低的实际情况,在太原重机学院举办了为期两个月的,有 60 人参加的图书馆基础知识培训班,1983 年又在山西医学院举办了 40 人参加的第二期培训班;

(2)召开工作研讨会,提高业务水平

1983 年 4 月 17 日,在晋东南师专召开了山西高校图书馆采编工作研讨会。会上,太原工学院图书馆介绍了中文编目定额试行办法,山西矿业学院图书馆介绍了采购工作经验。为了开创采编工作新局面,会议先对编目工作提出了试行定额,中文编目试行定额:9 种 45 册/每人每日;外文图书编目试行定额:6 种 8—10 册/每人每日。会议还讨论确定了流水作业法是比较合理的工作办法,并试定出各工段的工作量。

1983 年 5 月 16 日至 20 日,山西省高校图书馆流通工作研讨会在大同医专召开,全省 15 所高校图书馆的部分馆长及代表 40 余人参加会议,山西高校图协副主任徐万鹏就本次会议的目的和任务以及研讨内容作了讲话。在五天紧张的会议中,会议听取了各校流通工作基本情况汇报,各图书馆就建馆、经费、藏书量、书库、阅览室面积、人员结构、服务对象、服务方法及效率等方面进行了交流和讨论。主要内容包括:①进行图书剔旧;②加强统计工作;③辅导新生学会利用图书馆,对高年级学生开设文献检索讲座或课程;④加强图书资料的宣传辅导工作,开展新书报导;⑤加强基础工作,搞好开架借阅和流通阅览工作;⑥馆风建设问题;⑦机构改革问题等。

1983 年 11 月 15 日至 19 日,山西高校图协在太原工学院召开全省高校图书馆首次期刊工作研讨会。会议的中心议题是:总结工作,交流经验,探讨期刊工作的科学化,规范化,推行工作责任制,设想期刊工作的改革,进一步推动我省高校图书馆期刊工作的开展,开创我省高校图书馆期刊工作的新局面,更好地为教学科研服务。

会议通过大会发言、分组讨论,组织参观学习,使与会同志提高了对期刊工作的认识,交流了经验,提出了措施,明确了方向。通过会议首先对我省高校图书馆期刊工作的状况有所了解:截至1983年10月底,山西省高校图书馆有期刊工作人员100多名,约占高校图书馆总人数的五分之一,收藏中外文合订本期刊291 000余册,报纸14 200册,期刊库和阅览室面积共3120平方米,期刊阅览座位925个。多年来各馆期刊工作人员利用馆藏报刊为广大师生服务,对教学、科研起到了积极推动作用,但是也看到我省高校图书馆期刊工作的基础薄弱,表现在人员不足,馆舍面积小,阅览座位少等方面,期刊的作用未能充分发挥。其次,会议对期刊的科学管理达成了共识,即:加强期刊的科学管理首先应做好人的思想工作和人的管理工作,建立和健全岗位责任制和实行工作日记制等;期刊的科学管理关键要加强基础工作,包括期刊的收集、现刊和过刊的管理三个方面。对于提高期刊的利用率和服务质量,与会同志也非常关心,进行了深入的研究与探讨,既分析了客观原因,更多的是查找了主观原因,管理跟不上,宣传指导不及时,工作人员水平低,阅览条件差等,针对这些问题大家交流了经验,提出了不少好的方法和措施。会议代表提出了今后期刊工作努力的方向是:①继续整顿期刊基础工作,加强科学管理,提高服务质量。②开展文献检索教育,举办各种讲座,讲习班,培养师资,逐步过渡到开设文献检索课。③开展参考咨询和情报服务工作,凡有条件的馆都应建立参考咨询机构,按照高校《工作条例》的要求,为图书情报一体化打基础做准备。

3. 创办《山西高校图书馆报》

为了反映山西省高校图书馆的工作情况,交流工作经验,进行学术探讨,山西高校图协于1983年4月15日创办了《山西高校图书馆报》,鼓舞更多的同志思考和探讨问题,促进工作和学术研究。《山西高校图书馆报》八开四版,不定期出版。创刊号刊登了山西省教育厅的发刊词:"在党的十二大精神鼓舞下,为了进一步贯彻落实《中华人民共和国高等学校图书馆工作条例》,推动我省高校图书馆事业的发展,省高校图书馆协作委员会决定出版这份小报,用以互通情报,交流经验,讨论业务,研究开创新局面大计。这个决定很好。我们相信在高校领导和图书馆工作者的大力支持下,这份小报一定能够办好。我们希望小报发扬理论联系实际的学风,踏踏实实地探讨几个问题,真正对我省高校图书馆建设有所裨益。希望它依靠群众,集思广益,通过广大图书馆工作者的辛勤劳动,为开创我省高校图书馆工作的新局面做出贡献。"

《山西高校图书馆报》共出版四期,内容主要包括全国、全省高校图书馆界的要闻、简讯、会议纪要,本省高校图书馆工作经验交流等。1985年《山西高校图书馆报》由新创刊的《晋图学刊》取而代之。

4. 加强基础建设,提高图书馆服务能力

《条例》的全面贯彻落实,使山西高校图书馆的面貌产生了比较大的变化,也使山西高校图书馆的发展与国家教育事业以及山西高等教育事业的发展相辅相成。

首先,在办馆条件上有了比较大的变化。到1985年6月为止,全省18所高校图书馆共有工作人员553人,比1982年工作会议以前增加了146人,增长了35%,其中大专以上文化程度的达到186人,增加了104人,增长了144%,占现有总人数的33%;图书费224万元,增加了 115 万元,约占现教育事业费的 3.6%;藏书达到 598 万册,增加了 158 万册,增长了约 36%;馆舍面积达到 44 000 多平方米,增加了 14 000 多平方米,又建成独立馆舍 4 座,使独立馆舍增加到 9 座,正在建设中 1 万平方米以上的有两个馆,4000 平方米以上的一个馆,3000 平方米的一个馆,其余各馆也都有了建设计划,有的老馆也有了扩建计划;新添书架、阅览桌等家具 4700 余件,复印机、收录机、缩微阅读器、计算机、打字机等 160 余台(件)。这一阶段基础设施的改善速度是新中国成立以来最快的时期,这为图书馆开展工作创造了必要的条件。

其次,图书馆的服务质量有所提高。①处理了积压,使书刊尽快与读者见面。经过几年的努力,中文图书基本消灭积压现象,外文书的积压也大大减少。②加强对书刊的宣传报道。大部分图书馆编印了新书通报和期刊目录,进行新书展览,方便读者借阅,提高书刊利用率。③扩大开架借阅范围,提高藏书利用率。大部分馆的辅助书库和文艺社科现刊实行开架借阅,有的馆开辟开架书库,受到了师生的欢迎。④延长开馆时间。1982 年工作会议前,我省开馆时间最长的馆每周也只能达到 60 小时,现在达到《条例》要求每周 70 小时的馆已占 1/3,最高的可到 81 小时,其余 2/3 的馆虽未达到规定要求,但大部分接近规定要求。⑤增加了阅览座位。工作会议前,平均每个馆有阅览室 2 个,平均每个馆有阅览座位 170 席,现增加到平均每个馆 4 个阅览室,平均每个馆有阅览座位 300 席,最高的为 800 席,这样就给更多的师生提供了到馆学习研究的机会。⑥改善了服务态度。近几年先后有 14 个馆被有关院校评为五讲四美先进单位,工作人员的服务意识有所提高,普遍改善了服务态度,许多同志受到了师生的赞扬和学校的表彰。⑦开拓新的服务领域。工作会议前全省没有一个馆有复印机,录音机也很少,现 13 个馆有了复印机,大部分馆有了录音机,开展了复印资料和复录磁带业务;7 个本科院校和 1 个专科学校开设了《文献检索与利用》课;有的馆配合学校的科研课题开展定题服务、咨询服务,进行情报检索(有 2 个馆进行联机检索),编印情报资料等工作。图书馆为教学科研服务的成果开始显现,许多学校的教师利用图书馆提供的文献资料撰写学术专著与论文并获得了各类奖项,调查发现大凡在教学科研上有成就者,必定是图书馆的热心读者。

第三,图书馆的业务工作水平和学术水平有了提高。随着人员素质的提高,各馆业务工作水平都有了不同程度的提高,以往有些馆连起码的规矩都不懂,登录、著录不知道还有标准,完全是随心所欲,省高校图协针对这种情况举办了两期初级培训班,对 100 多人进行图书馆基础知识的训练,先后选送 15 名留校生脱产学习图书馆学情报学专业一年,选派 15 名同志作为师资赴兄弟省市学习文献检索理论与方法,还先后举办了采访、流通、期刊工作研讨会,各馆也很重视抓业务学习,多数馆每周规定有半天的业务学习时间,通过培训、研讨和不断的业务学习,各馆的业务工作有了改进提高。在提高业务水平的基础上,大部分馆抓了基础整顿,有的馆组织力量对馆藏进行了全面清点,摸清了家底,做到了书、目、账三相符,有的馆在加强藏书建设,逐步形成具有本校专业特色藏书体系的同时,进行了剔旧工作,过去不能开展的工作(如情报服务),现在也逐步开展起来。学术水平也有了提高,近几年在各种刊物上发表论文 30 余篇,在学术会议上交流 20 余篇,在图协办的小报上发表 20 余篇,初步活跃了山西高校图书馆界的学术气氛。

第四,管理改革势在必行。这一阶段各馆都重视加强和改进管理工作,不少馆制订了馆和部(组)的职责范围、馆长职责、部(室)主任职责及各工作环节的岗位责任制以及有关的规章制度,建立起了良好的工作秩序。1983 年召开的采编和流通工作研讨会上,经过充分讨论制订了分编加工和流通工作量定额,经过试行提高了工作效率和质量,有的馆改革了考勤和奖金发放办法,调动了职工的积极性。另外,各馆都加强了调查统计和分析统计工作,如对书刊采访需求的调查、书刊利用情况的调查以及服务效果调查分析等,有些调查结果提供给教育厅以抓图书馆工作时参考。几个理工院校还实现了图书情报一体化,经费、人力、设备的集中使用使原来无法开展的工作陆续开展起来。

我省高校图书馆工作经过几年的努力,虽然有了较快的发展,但原有基础薄弱,前进中面临的问题仍然不少,主要问题有:①对高校图书馆地位和作用的认识问题没有得到根本解决,图书购置费严重不足;②工作人员数量少,文化业务素质不高,还远远不能适应工作的要求,与兄弟省市比较差距大;③专业职称问题长期得不到解决,政策不落实,严重影响队伍的稳定;④书架等设备紧张、短缺;⑤服务工作、业务水平与要求还有很大差距,基础工作做得还很不够,等等。

四、山西省第二次高等学校图书馆工作会议的召开及山西省高等学校图书馆工作委员会的成立

1. 山西省第二次高等学校图书馆工作会议

在落实《条例》取得初步成果的基础上,省教育厅适时抓紧机会,召开山西省第二次高等学校图书馆工作会议,对山西高校图书馆"七五"期间的发展进行总体规划,以促进山西高校图书馆的进一步改革与发展。

1985 年 4 月 15 日省教育厅下发了晋教高字〔1985〕第 20 号"关于召开全省高校图书馆工作会议的通知",定于 4 月 25 日至 27 日在教育厅招待所召开全省高等学校图书馆工作会议。会议主要内容:总结高校"图协"成立以来的工作,研究高校图书馆工作的改革,讨论制订高校图书馆事业"七五"发展规划和今年工作计划;成立省高等学校图书馆工作委员会。

1985 年 4 月 25 日至 27 日,"山西省第二次高等学校图书馆工作会议"在太原召开。全省高校图书馆馆、部(组)领导 37 人出席会议。太原重机学院、太原机械学院和太原工业大学、山西矿业学院分管图书馆工作的院长(副院长),分别在开幕和闭幕时参加了会议。省教育厅赵美英副厅长会间看望了全体与会代表,会议结束时作了总结讲话。

会议认为,党的十一届三中全会以来,尤其是 1981 年、1982 年全国和全省召开高校图书馆工作会议之后,我省高校图书馆事业有了较大发展,各方面工作有了明显起色,落后面貌开始扭转。几年来新建和正在建馆的总面积达 4 万余平米,超过了过去 30 年馆舍面积的总和。藏书量增加了百万余册。图书馆人员增加了 103 人,其中大专以上程度的增加 55 人。通过一系列的专业教育和业务培训,工作人员的政治和业务素质有了提高。全省高校图书馆的图书设备购置经费由 1981 年的 120 万元增至目前的近 200 万元。各校图书馆都购置了一些先进设备和办公用

具,条件逐步改善。图书馆的基础工作有所加强,服务质量有所提高,图书、情报学的研究有所开展。高校图书馆工作在学校教学、科研两个中心的建设中正发挥着愈益重大的作用。在加强图书馆建设中,1982年成立的全省高校图书馆协会做了大量工作,发挥了重要作用,与会同志对协会的工作表示满意。

在肯定进步和变化的同时,会议指出,我省高校图书馆事业的发展是缓慢的,落后于先进的兄弟省市,不能适应四化建设和高教自身发展的需要。目前图书馆工作中的问题主要有四个"跟不上":认识跟不上,领导跟不上,条件跟不上,馆的工作跟不上,其中最主要的是领导问题和认识问题。这种局面必须尽快改变,否则将拖住高教发展的步伐。

与会同志在研究今后工作时,认为必须以改革为中心,建立岗位责任制,充分调动图书馆工作者的积极性,改善各项管理制度,提高服务质量,才能打开工作新局面。

会议认真讨论了《山西省高等学校图书馆事业1985—1990年发展规划(草案)》,对其指导思想、奋斗目标以及具体任务、措施等,提出了具体修改意见。与会者认为,这是一个重要的文件,应该实事求是,量力而行,突出重点,务求落实。会议决定,会后对《规划》作进一步修改,然后下达各校参照执行,同时要求各校都应相应地制订本校规划。

对于今年的工作,会议认为应突出抓好如下几件事:组织业务培训;开展调查研究,摸清家底,了解全面情况;到先进兄弟省市参观学习;年终开一次总结交流会议,部署明年工作。

与会同志呼吁各级领导进一步认识新形势下高校图书馆的性质、地位和作用,从人、财、物等方面给图书馆以更大支持,以保证图书馆建设同科学技术发展相适应,与学校的发展相适应。

会上成立了"山西省高等学校图书馆工作委员会"。该会是在省教育厅领导下主管全省高校图书馆业务和日常事务的工作机构,是开展图书馆学、情报学研究工作的学术团体。委员会在太原工业大学设常务办公机构——秘书处,将按其《章程》所规定的任务开展工作。

工作委员会的组成人员:

主 任 委 员　赵美英(省教育厅副厅长)

副主任委员　关荣昌(工大图书馆)

　　　　　　尹中川(教育厅高教处长)　　邵玲娟(山大图书馆)

常　　　委　赵美英　关荣昌　尹中川　邵玲娟

　　　　　　柴作梓(山大图书馆学系)　　兰　珊(机院图书馆)

　　　　　　王永安(重院图书馆)　　　　安银海(矿院图书馆)

　　　　　　王理忠(农大图书馆)　　　　魏　真(师大图书馆)

　　　　　　董书新(医学院图书馆)　　　李秀华(财院图书馆)

　　　　　　张广庸(太原师专图书馆)　　毕致仁(雁北师专图书馆)

秘 书 长　关荣昌

副 秘 书 长　王永安

2. 山西省高等学校图书馆工作委员会

"山西省高等学校图书馆工作委员会"的性质为"山西省教育厅领导下主管全省高校图书馆的工作机构",因此具有一定的管理山西高校图书馆业务和日常事务的行政职能。

山西省高等学校图书馆工作委员会章程

第一章 宗旨

遵循教育"三个面向"的战略思想,为了更好地贯彻执行《中华人民共和国高等学校图书馆工作条例》,加强和改善对高等学校图书馆工作的领导,推动全省高等学校图书馆事业的发展,经山西省教育厅批准,特成立山西省高等学校图书馆工作委员会。

第二章 性质

山西省高等学校图书馆工作委员会是在山西省教育厅领导下,主管全省高等学校图书馆的工作机构。

第三章 任务

委员会的具体任务主要是:

一、传达、贯彻党和国家有关图书馆工作的方针政策和上级有关指示,了解高等学校图书馆工作的情况,制定高等学校图书馆的长远发展规划和近期工作计划,从实际出发不断提出改革图书馆工作的意见。

二、开展图书馆学情报学和图书馆现代化的学术研究活动,编辑出版山西省高等学校图书馆刊物。

三、开展业务培训,提高图书馆业务人员的业务水平,关心图书馆工作者的切身利益,稳定、充实和加强图书馆队伍。

四、组织馆际协作,逐步实现资源共享,信息共用。

五、加强与国内外高等学校图书馆的联系,借鉴和推广其先进经验。

六、调查研究,检查工作,交流经验,表彰先进,不断开拓工作新局面。

第四章 组织机构

一、委员会由省教育厅有关领导和全省各高等学校图书馆的一名馆领导为成员组成。

二、委员会设立主任委员一人(由教育厅领导兼任),副主任二人,常务委员若干人,秘书长一人。

上述人选除主任委员外,均经民主协商,报省教育厅批准产生。

三、委员会在太原工业大学图书馆设常务办公机构——秘书处。

秘书处下设:培训组,业务组,学术组。

秘书处配备专职工作人员二人(由教育厅拨给编制名额)。

四、委员会每届任期四年。

第五章 经费

委员会的办公经费由省教育厅逐年酌情拨给。

第六章　附则

本章程由山西省高等学校图书馆工作委员会全体会议讨论通过,报省教育厅批准后生效。修改亦同。

一九八五年四月二十五日

5月17日,图工委下设的几个专业组成立,其成员及职责范围如下。

图工委业务组成员及职责范围

图工委业务组成员:

组　长　兰　珊(太原机械学院图书馆)

副组长　张广庸(太原师专图书馆)

组　员　王东风(太原机械学院图书馆)　　裴恩虎(太原师专图书馆)

　　　　王　洪(山西大学图书馆)　　　　李　莉(山西财经学院图书馆)

　　　　侯景忠(太原重机学院图书馆)　　刘丽琴(太原工业大学图书馆)

　　　　冯振华(山西矿业学院图书馆)　　陆　薇(山西农业大学图书馆)

　　　　吴　琦(山西医学院图书馆)

业务组职责范围:1. 业务调研

　　　　　　　　2. 业务管理

　　　　　　　　3. 业务改革

　　　　　　　　4. 业务经验交流

图工委培训组成员:山西大学图书馆学系、山西大学图书馆负责。

图工委学术组成员、职责范围

学术组成员:

组　　长:安银海(山西矿业学院)

副组长:刘宛佳(太原工业大学)

组　员:沈乃扬(山西师范大学)　　欧阳绛(山西大学)

　　　　谢华才(山西医学院)　　　　杨　兰(太原师专)

　　　　李喜田(山西财经学院)　　　邹春云(太原重机学院)

　　　　俞静淑(山西矿业学院)　　　宋其兰(太原工业大学)

　　　　苏高波(山西农业大学)　　　赵陕川(太原机械学院)

　　　　冯锦生(山西大学图书馆学系)

学术组职责范围:1. 制订学术研究计划

　　　　　　　　2. 组织协调学术活动和学术交流

　　　　　　　　3. 介绍国内外图书馆学、情报学研究及发展动态

　　　　　　　　4. 编辑、出版学术刊物、资料

　　　　　　　　5. 评选优秀论文和科研成果

图工委暂设秘书一人,由太原工业大学图书馆陈晰明担任,负责日常事务性工作。"章

程"中所定"秘书处配备专职工作人员二人(由教育厅拨给编制名额)",后来并未实行,秘书处工作人员一直由挂靠馆工作人员兼任。

五、《晋图学刊》的创办

1985年10月,由山西省高等学校图书馆工作委员会和山西省图书馆学会联合创办了立足山西,面向全国的学术刊物《晋图学刊》。山西省高校图协成立后,曾办《山西高校图书馆报》,《晋图学刊》可以说是在此基础上创办的。

发刊词说:一场以信息产业为中心的新技术革命正在掀起、发展和冲击着我们传统的图书馆工作。图书馆事业,特别是我们高校图书馆事业,要想获得自己的存在与发展,要想使自己真正成为高校的图书情报中心,成为教学和科学研究服务的学术性机构,就必须迅速采取正确的对策,结合自身的实际情况,积极地探索和研究新技术革命给图书馆事业带来的影响,就必须研究新时期高校图书馆工作的规律与特点,提出切实可行的改革方案,大力加强图书馆的各项基础工作,普及与提高图书馆学、情报学的新知识,推动先进技术手段在图书馆的应用与研究,培养、发掘人才,以迎接新时期的挑战,促进高校图书馆事业的进一步发展。为此,我们决定在原《山西省高校图书馆报》的基础上创办《晋图学刊》作为山西省高校图书馆工作委员会和山西省图书馆学会联合主办的内部专业刊物。

《晋图学刊》将认真贯彻党的十一届三中全会以来的路线、方针、政策,贯彻党和国家有关高校图书馆的指示精神,坚持"为社会主义服务,为广大群众服务"的方向,贯彻"双百"方针,并以"交流经验,研究问题,普及知识,促进变革,立足本省,面向全国"作为办刊宗旨。

《晋图学刊》愿为高校图书馆及其他各类型图书馆、情报所一切热心于图书馆学、情报学、目录学研究的同志们提供发表创作的园地;为一切有关高校图书馆工作的信息动态、远景规划、规章制度、工作建设、改革方案等提供交流渠道。并使本刊成为图书馆业务知识自学的基地,在培养、提高专业干部队伍的业务素质方面发挥应有的作用。

《晋图学刊》的创刊,是我省高校图书馆界的一件大喜事,是我们广大图书馆工作者多年来强烈愿望的实现。但是,我们清楚地意识到要办好这个刊物,并使之长期地坚持下去,将并非易事。《晋图学刊》能否健康地成长,能否成为读者所欢迎的刊物,不但取决于本刊全体编辑人员的勤奋努力,更取决于各级领导与广大读者的支持、关心与爱护,因此,我们殷切地希望我省各级领导能大力支持我们的工作,希望专家、学者与广大图书馆工作者能给本刊踊跃投稿,并随时提出批评与改进意见。

我们坚信,开辟在晋阳大地上的这块科学园地,在我们共同的辛勤耕耘下,一定会迎着创新改革的强劲东风,使之百花争艳,繁花似锦,结出累累硕果。

为祝贺《晋图学刊》的创刊,文化部图书馆事业管理局副局长鲍振西,山西省教育厅副厅长、高校图工委主任赵美英发来了贺信,山西省文化厅副厅长荀子仪为创刊号题写贺词。

《晋图学刊》首届编委会成员组成如下:

    主　编:柴作梓
    副主编:刘宛佳　(负责常务工作)　冯锦生

编　委:刘永胜　谢华才　邹春云　宋其兰　芦建生　王俊霖　刘景钊
　　　　许　翔　李银生

《晋图学刊》的创办,为鼓励山西高校图书馆员钻研业务,活跃图书馆界学术气氛,提高工作人员业务水平和学术水平提供了良好的平台,也确实大大激发了大家从事学术研究的积极性,并培养锻炼了一支专业理论研究队伍,使我省高校图书馆界的科研工作出现了空前活跃的局面。

六、华北地区高等院校图书馆协作委员会的成立

1985 年 9 月 14 日,中央宣传部和文化部在北京联合召开全国图书馆工作会议,太原重机学院图书馆馆长王永安代表山西高校图工委参加会议,在会议期间华北地区五省、市、自治区高校馆的代表酝酿组建华北高校图协事宜。7 月 22 日晚,来新夏先生召集的,华北地区高等学校图书馆协作委员会筹备会议在北京京丰宾馆召开,参加会议的有:天津市高校图工委副主任来新夏、北京地区高校图工委副主任兼秘书长赵侃、河北省高校图工委副秘书长杨华、山西省高校图工委副秘书长王永安、内蒙古大学图书馆副馆长马秀仁。与会人员研究、磋商关于成立华北地区高校图协的具体事项。

9 月 16—17 日,"华北地区高等学校图书馆协作委员会"(以下简称"华北高校图协")成立会议在天津南开大学召开。华北地区五省、自治区、直辖市教育厅(高教局)及高校图工委派代表 18 人参加会议。会议签署《华北地区高等学校图书馆协作委员会协议书》,确定第一届值年主席单位为天津市高校图工委,商定第一值年度即 1985 年 9 月至 1986 年 9 月的工作要点。王永安、安银海、邵玲娟代表我省出席会议。华北图协的宗旨是:互通信息、资源共享、交流经验、切磋学术、代培人才。

华北高校图协成立以来,坚持每年召开学术研讨会,为华北地区高校图书馆的工作人员提供一个互通信息、交流经验、切磋学术的平台,为提高华北地区高校图书馆的学术水平和办馆水平做出了应有的贡献。

华北地区高等院校图书馆协作委员会协议书
(一九八五年九月十七日)

一、定名:华北地区高等院校图书馆协作委员会。

二、组织:协作委员会由河北省、山西省、内蒙古自治区、北京市、天津市等三省二市的高校图书馆工作委员会组成。

三、成员:协作委员会由十五人组成。各省市推派正、副主委(其中一人为高教领导部门领导人)及秘书长各一人参加委员会。协作委员会主席由各省市图工委轮流担任。由前一年全委会确定次一年主席。值年主席负责组织实施协作会议所确定的任务并向全委会报告工作。

四、会期:每年八、九月间召开一次全委会。在值年主席所在省市举行。

五、任务:协作委员会以开展本地区协作活动为宗旨。主要任务包括互通信

息、资源共享、交流经验、切磋学术、代培人才及经共同商定的项目。

六、经费:每年日常联系活动经费由值年省市高校图书馆工作委员会承担。成员参加会议的食、宿、差、旅费用自理。

七、附则:

1. 协议书经三省二市共同签署后生效。

2. 协议书的解释、修改权在协作委员会全体会议。

签署协议的是:河北省 王振鸣、山西省 邵玲娟、内蒙古自治区 赵必克、北京市 赵侃、天津市 来新夏

七、发展规划的制订

山西高校图工委成立以后首先制订了《山西省高等学校图书馆事业1985—1990年发展规划》(以下简称《规划》),《规划》为规范高校图书馆管理,推动山西高校图书馆的整体发展做出了积极的努力和应有的贡献。《规划》以教育厅的名义下发文件执行。

山西省高等学校图书馆事业1985—1990年发展规划

党的十一届三中全会以来,我省高校图书馆事业得到较快的发展,工作逐步走上了正常轨道,为提高高校的教学、科研水平和加强社会主义精神文明建设,做出了积极的贡献。但是我省高校图书馆基础薄弱,条件较差,管理水平不高,面临的问题不少。为了使图书馆事业适应四化建设以及高教事业自身的发展,必须进一步加强我省高校图书馆的建设,使之有领导、有组织、有计划地深入发展,加快由传统的图书馆向社会主义现代化图书馆过渡的进程,不断取得新的成就。

"七五"期间,我省高校图书馆工作的业务指导思想是:从实际出发,坚持改革,不断提高管理水平和工作质量,更好地为教学、科研两个中心服务。总的奋斗目标是:全面贯彻落实《中华人民共和国高等学校图书馆工作条例》(以下简称《条例》),并从实际出发参照执行省教育厅(原高教厅)关于贯彻实施《条例》的意见,切实加强图书馆自身的业务建设和队伍建设,打好基础,积蓄力量,创造条件,努力实现《条例》规定的奋斗目标。为九十年代的振兴做好必要的准备。

一、建立健全组织机构

1. 根据教育部的要求,一九八五年四月成立"山西省高等学校图书馆工作委员会"(以下简称图工委)。图工委是省教育厅主管全省高校图书馆的工作机构,负责规划和管理全省高校图书馆工作。各高校要相应建立图书馆委员会,每学期至少召开一次会议,充分发挥它对学校图书资料情报工作的咨询作用。

2. 按照干部队伍的"四化"要求,不断调整、建设好图书馆领导班子。

3. 要按《条例》规定,在八五年建立健全组织机构。本科院校馆下属机构统称部,一般应设:办公室、采编部、流通保管部、期刊部、情报服务部(或情报室);各馆根据需要可增设技术部、特藏部等机构,同时配齐各部室正、副主任。各部室正、副主任的任免与教研室正、副主任或正、副科长相同。专科学校图书馆的机构称谓与

干部任免,按能级类推。

4. 要在"七五"期间的前三年,实现图书、资料、情报三位一体,克服多头领导,人员、经费、资料、设备分散的情况,以便集中人力、物力、财力,促进图书情报事业的发展,使图书馆真正成为高等学校的图书资料情报中心。

二、加强专业队伍建设

1. 按照《条例》规定的编制标准,各院校要配齐图书馆的专业和其他工作人员,有计划地为图书馆培养择留本校应届毕业生。

2. 省高校图工委要统筹各馆专业人员的培训工作,每年都要举办各种业务训练班和学术研讨会。积极支持山西大学办好图书馆专业,支持有条件的单位创办图书情报学职业中学班或中专班,协助解决办班的专业课师资问题。各馆应积极支持和推荐条件合格的专业人员担负一定的专业教学工作。

3. 各馆都要在八五年建立起工作人员的业务档案,具体记载各有关人员的工作成就、业务能力、劳动态度、学术与技术水平等。

按照国家的有关规定,各院校应认真做好图书情报专业职务的聘任工作,并确保专业干部与相应的教学、科研人员享有同样的待遇。

4. 各级领导和图书馆党支部要加强政治思想工作,认真贯彻执行《高校图书、资料、情报工作人员守则》和本馆的岗位责任制,每年召开一次全省的经验交流和表彰大会。各馆要在全面考核、总结工作的基础上,认真评选出参加大会的先进集体和先进个人。

三、开展图书馆学、情报学理论研究

1. 省高校图工委要规划全省的学术研究工作,定出分阶段的重点研究课题。各馆要主动承担研究任务,积极支持鼓励具有一定学术水平、研究能力和业务经验的同志进行图书馆学情报学理论研究。凡具有馆员以上职称的专业人员,每年均可申请十五天脱产研究时间,以写出具有一定学术水平和参考价值的研究论文。

2. 省高校图工委在继续办好《山西高校图书馆报》的基础上,积极筹办并力争从八六年出版《晋图学刊》理论刊物,发表省内外优秀论文,并编印省内论文集,活跃我省高校图书馆界的学术气氛。

3. 每两年举行一次全省高校图书馆学、情报学年会,每年举行一次专题研讨会。各馆也要根据实际情况举办多种形式的学术讨论会、论文宣读会等。

四、整顿基础,提高业务工作质量

1. 各馆要认真加强藏书建设,提高藏书质量,注意保持书刊资料的完整性和连续性,注意收藏本校的出版物和学术文献,注意非书型文献资料的收集,力争办成具有本校学科特色的图书馆。

各院校要按《条例》规定的教育事业费的5%划拨图书费。各馆要制订切实可行的订购原则和标准,建立正常的订购、剔旧审批制度。各馆应根据实际情况配备管库工,加强书库管理,做好书刊资料的防护工作。分管副馆长要把好藏书质量关。

2. 新建院校和专科学校图书馆可采用《中图法》分编图书,使用其他分类法的老馆,也应根据实际情况,积极创造条件改用《中图法》。

各馆都要制订适合本馆的分类细则,力求分类的及时性、准确性,提高分编质量。要备齐分类、书名、著者三套读者目录,有条件的馆可在目录室建立起学校各资料室的书名目录,使图书馆成为学校的书目中心。

3. 各馆要编印新书通报,加强新书报导,方便读者查阅,提高馆藏利用率,根据教学、科研和重要政治活动的需要,经常编印各种专题书目,索引等资料,有条件的馆应编制馆藏目录。

4. 有条件的馆,要设立单独的目录室,配备专人组织、管理读者目录和辅导读者使用目录。

5. 各馆都要做好出纳流通等读者服务工作,采取措施提高书刊的流通率,降低拒借率,尽量缩短取书时间;要做好业务统计工作,通过各种统计数据反映图书馆工作的实际情况、业务水平和服务效果。

6. 有条件的馆可进行清产核资工作,澄清家底,健全目录组织,做到书、目、账三相符。

五、开展参考咨询和情报服务,进一步发挥图书馆的情报职能和教育职能

1. 在逐步完成图书、资料、情报一体化的同时,各馆可先设专人做好文献资料的基础建设工作,注意收集专利文献、检索文献、标准规范、产品样本、科技动态、成果汇编,单项科技资料等,并加以科学整理与保管,开展资料交流与阅览工作。

2. 已经实现图书、资料、情报一体化的馆,要配合学校的教学和科研任务,编制各种专题索引、题录,开展代检代查等定题服务和情报分析工作。各馆要挖掘潜力走向社会,为经济体制改革和社会的技术进步、科学研究,提供有偿情报服务。

3. 各院校在高年级学生和研究生中开设《文献检索与利用》课,图书馆要配合专(兼)职教师,建立文献检索实验室。图工委要帮助各馆培训课程的师资。

4. 各馆要努力创造条件,利用现代化手段,录制《怎样利用图书馆》的录像带,对每届入学新生进行形象化的教育,没有条件录像的馆,可编印《怎样利用图书馆》的材料,发给师生参考。各馆都要向学生推荐好的书刊资料,开展读好书活动,举办读书报告会,配合学校的思想政治工作,引导学生坚持四项基本原则,确立共产主义远大理想和革命的人生观。

六、建立独立的馆舍

建设能够适应新形势下教学、科研需要并反映时代特点的图书馆是当前高校图书馆界的一个重要课题,也是一项百年大计,图工委要请专家给各馆领导和分管基建副院长讲授高校图书馆建筑的基础知识和施工注意事项,以便各校、馆领导在建馆决策时参考。

七、加强现代化设备的建设与应用,逐步实现管理手段和服务手段现代化

1. 各院校每年都要给图书馆划拨一定的设备费,配齐中外文打字机等最基本的工作设备,并逐年给图书馆添置目录柜、书架等和防止丢失书刊的监测仪等设备。

2. 各院校要给图书馆购置录音机、复录机、录像机、电唱机、电影放映机、幻灯机等视听设备,为读者开展课外视听服务,提供磁带复制品,还要给图书馆添置静电复印机、空调、照相机、缩微阅读机等设备,以便为读者提供复制资料和缩微

资料。

3. 各院校应根据实际情况给图书馆配备电子计算机或终端设备,以便开展计算机在图书馆应用的研究与实验,为图书馆的现代化培养人才,打好基础,做好准备。

八、改革管理制度,提高工作效率和服务质量

1. 各馆均可在院校的领导下,组织合法的创收活动,开展对内外的咨询与情报服务以及文献资料的复印业务。凡能够计量的工作都可以实行定额管理,实行多劳多得的分配原则,以充分调动工作人员的积极性,图工委要在学习兄弟省市高校馆经验的基础上,订出一套比较合理的工作定额,下达各馆执行。

2. 建立健全各项规章制度,各馆要首先把岗位责任制建立起来并认真执行。

3. 改革借阅制度,逐步实行开架借阅。现刊可全部实行开架阅览,辅助书库可实行半开架借阅,各馆亦可创造条件开辟开架书库,要采取措施对开架书刊加强管理,防止损坏与丢失。

4. 各馆要积极创造条件延长开馆时间,改革“读者上班我上班,读者下班我下班”的不合理现象,阅览室要达到《条例》规定的周开馆时间 70 小时以上,借书处增加晚上和星期天的开馆时间,使借书处的周开馆时间达到 48 小时以上。

5. 增加阅览室座位。已建新馆的单位,学生阅览座位要达到学生数的 20% 左右,没有独立馆舍的院校应达到学生数的 10% 左右,特别要在近期开办教师阅览室,座位数应为教师数的 25% 左右。

九、加强馆际协作,实现资源共享,信息共用

1. 图工委要组织发放全省高校图书馆的馆际互借证,开展本省范围内的馆际互借业务,有计划地编印各种联合目录供各馆借阅时参考,实现资源共享,信息共用。

2. 鉴于我省教育及高校图书馆事业的落后状况和信息闭塞的状况,图工委要有计划地组织业务骨干去兄弟省市高校馆参观学习,以便开阔眼界,推动我省高校图书馆事业的发展。

图工委要根据全省高校图书馆事业的发展情况,每年订出年度实施计划,以保证到 1990 年实现规划提出的各项任务。

从《山西省高等学校图书馆事业 1985—1990 年发展规划》可以看出,图工委成立以后,在省教育厅的领导下,按照《中华人民共和国高等学校图书馆工作条例》的要求,对山西高校图书馆也提出了较详细的管理要求,使工作有章可循,从而不断促进高校图书馆工作的有序开展。

五年来,在省教育厅的领导下,省高校图协(图工委)积极开展工作,努力推动《条例》的贯彻落实,通过检查等方式引起了各院校领导对图书馆工作的支持与重视,使不少院校对图书馆的性质、任务、地位和作用有了新的认识,并因而采取了许多措施,加强了对图书馆工作的支持,注重了图书馆领导班子建设和组织机构的完善及规章制度的建立,图书馆工作人员的充实和队伍素质的改善提高。各院校都重视了办馆条件的改善,书刊购置费逐步增加,馆舍面积也逐渐扩大,现代化设备不断增添,图书馆为教学科研服务的能力逐步提高。

第二章
山西高校图书馆的发展及图工委的成长
（1986—1990）

20 世纪 80 年代中期到 80 年代末,是我国图书馆事业稳定发展的时期。也是从传统图书馆向现代图书馆过渡的时期。自 1981 年以来,高校图书馆虽然取得巨大的进展,但是由于起点低,基础薄,与整个形势的要求相比还有不小的差距。实现从传统图书馆向现代化图书馆的转变,真正使图书馆对学校的教学科研起到决定性的保障作用还是十分艰巨的任务。为此,国家教委于 1987 年 6 月 12 日至 16 日,在北京召开第三次全国高校图书馆工作会议,总结上一阶段的成绩和问题,明确下一步的任务和措施,使高校图书馆事业能持续前进,更上一层楼。

国家教委副主任彭佩云同志在会上做了题为《适应时代要求,明确发展方向,加强高校图书馆的教育职能和情报职能》的重要报告。根据报告的精神,对于今后一段时间,高校图书情报工作的指导思想可以归纳为:"在坚持四项基本原则,坚持改革、开放、搞活这两个基本点的前提下,紧紧围绕为社会主义现代化培养四有人才这个根本任务,加强高校图书馆的教育职能和情报职能,同时要搞好自身建设,打基础、上水平、讲效益、积极开展馆际协作和联合,有分工、有重点、有层次地进行高校图书馆的整体建设,发挥高校图书馆的整体效益,为'八五'期间的发展做好思想上、组织上和技术上的准备。"

这次会议,全国高校图书馆工作委员会改名为"全国高等学校图书情报工作委员会"(以下简称"全国高校图工委"),作为对高校图书情报事业进行协调、咨询、研究和业务辅导的机构,并组成新一届委员会。国家教委副主任彭佩云同志担任全国高校图书情报工作委员会主任,教委副秘书长兼计划财务局局长朱育理同志为全国高校图工委第一副主任,另两位副主任是庄守经和肖自力。国家教委还聘任 14 位有代表性的老馆长组成常务委员会,更充实了一批委员单位。我省山西大学和太原工业大学为委员单位。

彭佩云同志在"关于全国高等学校图书情报工作委员会名称和组成的说明"中指出:"根据同志们的意见,我们请示了国家教委,决定把'全国高等学校图书馆工作委员会'的名称,改为'全国高等学校图书情报工作委员会'。这是由于工作的开展,要求图书馆既要更好地发挥教育职能,又要加强情报职能;同时,要求图书与情报工作结合起来,发挥整体效益。这就要求组织机构与工作任务相适应。我们相信成立全国高等学校图书情报工作委员会以后,一定会有利于促进高等学校图书馆发挥教育和情报两个方面的职能;同时也有利于高等学校图书馆加强与国内外图书和情报工作部门和单位的联系和交流。"

彭佩云同志还专门召集各地教育行政部门的代表开会,作部署。根据地方的实际情况,今后还要加强高校图工委的行政管理职能。不少省市在发挥高校图工委的作用,加强图书馆领导班子的建设方面已经积累了一些经验,需要进一步总结和推广。

根据彭佩云同志报告的精神,为了使高校图书馆更好地适应发展了的形势,更好地反映图书馆已达到的水平和指明建设有中国特色的社会主义大学图书情报资料工作体系的目标,为了在深化改革中更新充实图书馆,强化它的教育职能与情报职能,还为了使这一行政法规更具有权威性,对发展图书馆提供更多更有力的保证,第三次全国高校图书馆工作会议对《条例》进行了必要的修订,以《普通高等学校图书馆规程》(以下简称《规程》)的名义由国家教委颁发,各高等学校执行。这次会议将是标志新起点的里程碑。

《规程》规定:"高等学校图书馆是学校的文献情报中心,是为教学和科学研究服务的学术性机构,它的工作是学校教学和科学研究工作的重要组成部分。"进一步明确了高等学校图书馆的性质和地位。《规程》对加强两大职能作了具体规定,提出了具体要求,加强两大职能将使高校图书馆工作登上新的高峰,《规程》颁布以后,各馆认真实施《规程》,加大文献资源建设力度,积极发挥两个职能,提高为教学科研服务的能力和水平,高校图书馆事业的发展又迈上了一个新台阶。

一、山西省高等学校图书情报工作委员会的成立

第三次全国高校图书馆工作会议召开以后,全国上下积极贯彻落实会议精神,山西省教委也于 1988 年 4 月 18—20 日,在山西矿业学院新落成的图书馆内召开了山西省第三次高校图书馆工作会议。省教委有关部门的负责同志、全省 20 余所高等院校的校(院)长与各馆正副馆长,以及有关人员共 68 人出席会议。

会议由省教委高教处第一副处长李庆生主持。省教委专职委员、图工委主任赵美英在开幕式上做了题为《总结经验,提高认识,进一步加强我省高校图书馆建设》的报告。

李庆生同志在会上传达了去年六月份在京召开的第三次全国高等学校图书馆工作会议的精神,并就关于如何贯彻《普通高等学校图书馆规程》,加强图书、情报工作提出几点意见(意见在会后以山西省教育委员会的名义下发)。

会上,太原工业大学杨桂通校长、山西矿院章迪寰院长、太原师专陈扬炯校长就他们各校如何重视、支持、加强图书馆工作做了发言。

代表们在第二天,就会议的上述报告、发言与大会提出的《山西省高等学校图书情报工作委员会章程》(草案)进行热烈的分组讨论。会议的第三天上午,全体代表共聚一堂,对高校图书馆如何开展有偿服务,做了有益的交流与探索,并根据国家教委关于将原全国高校图书馆工作委员会改组成立全国高等学校图书情报工作委员会的决定,将我省高等学校图书馆工作委员会改为山西省高等学校图书情报工作委员会(以下简称图工委),通过讨论协商产生常委会组成名单。

闭幕式上,新当选的常委会副主任兼秘书长王振华同志,首先代表新的常委会对上一届常委会所付出的艰辛与取得的成绩作充分的肯定,并表示崇高的敬意!接着他就图工委1988 年度的主要工作做了安排:①督促、检查各院校各馆认真学习、宣传全国高校图书馆工作会议和省高校图书馆工作会议文件和精神,贯彻落实《普通高等学校图书馆规程》;②为了把竞争机制引入图书馆,促进图书馆工作标准化、规范化,图工委将组织有关院校成立评估工作研究小组,制定评估方案,为明年的评估做好准备;③对我省高校图书馆现有专业人员的状况进行普查,在此基础上制定出专业队伍的培训计划;④为迎接全国高校图工委即将召开的加强教育职能经验交流会,各馆要组织力量调查、总结这方面的工作与经验,并积极撰

写文章,争取参加会议;⑤为进一步完善岗位责任制,搞好专业技术职务聘任,图工委将对不同职称的岗位职责要求和工作定额标准做专门研究,后半年开会讨论交流;⑥为提高《文献检索与利用》课的教学质量,将召开一次经验交流会;⑦成立现代化技术研究与应用小组,后半年召开小型经验交流会;⑧继续办好《晋图学刊》;⑨积极筹办晋图服务公司,帮助和支持各馆开展有偿服务;⑩做好秘书处日常工作。最后由图工委主任赵美英同志做"总结经验,提高认识,进一步加强我省高校图书馆建设"的总结发言。

赵美英同志指出:本次会议是山西省第三次高校图书馆工作会议。召开这次会议是学习、传达和贯彻第三次全国高等学校图书馆工作会议精神,总结1981年以来我省高校图书情报工作,肯定成绩,进一步提高认识,加强领导,推动我省高校图书情报事业的发展。更好地发挥高校图书馆的教育职能和情报职能,使其在培养"四有"人才,发展高教事业,建设两个文明中做更大的贡献。赵美英同志主要讲两个问题:第一部分是山西高校图书情报事业发展概况。他指出,自从1981年9月召开第二次全国高校图书馆工作会议以来,原山西省高教厅为贯彻会议精神,于1982年元月召开全省高校图书馆工作会议,制订了贯彻实施《条例》的《意见》,几年来取得了一定的成绩。《意见》中的要求大部分业已实现,高校图书情报事业有了可喜的发展。主要表现在:

1. 建立健全组织机构,加强高校图书馆的管理和领导。

1982年元月召开的山西省高校图书馆工作会议上,成立了山西省高校图协,它在培养人才、加强馆际协作、学术研讨、经验交流、工作检查等促进事业发展上做了许多有益的工作;随着形势的发展,在1985年4月召开的第二次全省高校图书馆工作会议上,成立了山西省高等学校图书馆工作委员会,它是管理、协调全省高校图书情报的工作机构,在省教委的领导和各院校的支持下,做了大量工作,对全省高校图书情报事业的发展起了较大的推动作用。同时,各院校图书馆都改变了领导体制,图书馆与系处为同级单位,由分管院校长直接领导,并按照《条例》规定任命图书馆的领导,使图书馆的领导得到了加强,管理逐渐趋于合理化和科学化。

2. 图书情报事业规模有所扩大

1982年以前全省16所院校共有图书馆工作人员410余人,1986年年底全省22所高校共有图书馆工作人员670余人,目前已经超过了700人,比1981年增长了70%,人员文化素质有了较大提高,队伍结构逐渐趋于合理,1981年时全省高校馆大专以上文化程度的仅有82人,到1986年年底已增加到264人,目前已经超过300人,占到总人数的43%,这个比例虽然还落后全国平均水平(53%),但我省原有基础差,这个发展还是较快的;1981年全省高校藏书共440万册,1986年年底已达到643万册,目前已达到670万册,比1981年增加了230余万册,增长了52%;1981年馆舍总面积3万平方米,1986年年底达到5.5万平方米,目前已经增加到6万余平方米,阅览座位大大增加,进一步改善了工作条件与阅读环境;在设备上也有较大增加,多数院校给图书馆配备了收录机、缩微阅读器、复印机等现代化设备,有一些院校已经给图书馆配备了电子计算机,开始研究应用计算机进行管理和服务。短短几年,我省高校图书馆事业有如此大的规模,确实是喜人的,使高校图书情报工作适应高教事业发展的需要并更好地为教学科研服务创造了必要的条件。

3. 整顿基础,改善管理,进一步提高服务水平

1981年以来我省高校馆根据全国高校图工委的部署,在基础整顿方面做了大量工作,收到了一定的效果。

过去我省到馆新书积压较多,也比较普遍,新书不能及时与读者见面,1982年以后各馆都很重视这一问题,组织力量来解决,有的馆领导亲自参加,经过几年的努力,中文图书已基本没有积压,外文图书的积压也大大减少。

1981年以后,各高校馆都建立健全了必要的规章制度,多数馆建立有关工作细则、岗位责任制等,使各项工作有章可循,调动工作人员的积极性。

藏书建设是一项重要的基础工作,几年来大家都很重视提高藏书质量,特别是在书价看涨的情况下,对如何加强藏书建设,进行研究和探讨,重新修订采购标准,剔除陈旧书刊,降低复本量,基本保证信息流通的需要。

加强对书刊的宣传报道,方便师生查阅,提高文献的利用率。大部分馆编印新书通报、现刊目录、资料目录、馆藏书刊目录等,有的馆开展新书展览工作,这些都受到师生的欢迎。

全省高校馆普遍实行开架借阅,大大增加师生的知识覆盖面,大大增加了师生的信息量,大大方便了师生借阅,提高了文献利用率。现刊基本上全部开架阅览,大部分馆的辅助书库实行开架借阅,有的馆开辟开架书库,受到师生的好评。

1981年以前,我省开馆时间最长的馆每周也只能达到60小时。随着教育改革的深入发展,教学方法的改变,为适应教学科研的需要,各馆在院校领导的关怀支持下,想方设法,克服困难,都不同程度地增加了开馆时间,现在达到《条例》要求周开馆70小时的馆已有1/3,有的馆全天连续开馆,周开馆时间达到98小时和101小时,为师生带来极大的方便。

近几年来,我省广大高校图书馆工作者认真贯彻《高等学校图书、资料、情报工作人员守则》和本馆的岗位责任制,大大改善了服务态度,提高了服务质量,在精神文明建设中做出了显著贡献,先后有14个馆被有关院校评为五讲四美先进单位,有许多图书馆工作者受到师生的赞扬和学校的表彰。

4. 加强专业队伍建设

专业队伍建设是图书馆建设的核心问题,它关系到管理水平、业务水平和服务质量,受到了院校领导的重视。1981年以来,我们在队伍建设上也取得了一定的成绩。

争取本校应届毕业生进入专业队伍,是专业人员的主要来源之一,几年来全省共选留应届毕业生67人,其中30人派送图书情报专业学习一年,在专业工作岗位上起到很好的作用。

1981年以来,为提高专业队伍业务素质,举办各种短训班。1982年原高校图协针对当时高校馆的实际情况,举办了60人的基础班,83年又举办了40人的第二期培训班;1985年以后省高校图工委先后举办了文献著录标准培训班三期共有70余人参加学习,科技情报检索及计算机检索培训班23人,微机在图书馆的应用18人,复印机维修技术培训班24人等,通过这些培训提高图书馆各业务岗位工作人

员的业务能力,从而大大提高业务工作的质量。

各院校领导和各馆都积极支持具备条件的同志报考成人高校,有的同志已经取得夜大、函大和电大的学历,首届电大图书馆学学员,今年夏季即将毕业,这些同志的文化素质和专业素质的提高,初步改变了高校的人员结构,使其逐步趋于合理,将大大有利于工作的开展。

山西大学从1982年开始有图书馆学毕业生以来,每年都有不少同学分配到高校馆工作,他们是我省高校馆的一支生力军,山大将是我省高校馆专业人才的重要来源之一,我们教委要主动做好工作,保证每年给高校馆分配一定数量的山大图书馆学专业毕业生。

去年,各院校还首次评审确定图书资料人员的专业技术职务。省教委组成图书资料专业职务高评委,对全省大专院校图书馆、资料室工作人员中申报中级以上职务的人员进行评审。在各院校报送的241人中,经过评审通过研究馆员1人(评退)、副研究馆员56人(其中评退33人)、馆员171人(其中评退44人)。我们不仅对在职同志的专业职务给予评审确定,而且对即将离退休或已经离退休同志的专业职务进行评审确定,在我省高校图书馆界引起极大反响,调动我省高校图书资料人员的积极性,将对图书资料专业队伍建设产生深远的影响。

5. 充分发挥高校馆的教育职能和情报职能

随着形势的发展,教育改革的迫切需要,近几年,我们注重开拓新的服务领域,注意发挥高校馆的情报职能,挖掘馆藏情报信息,为科研提供服务。根据《条例》和原省高教厅的《意见》,我省已经有一些院校实行图书情报一体化,未实行一体化的院校图书馆,也多数开展了情报咨询工作,配合学校的科研课题开展定题服务(包括代查课题、提供对口文献、翻译资料、编写情报调研报告等),仅1986年一年就完成了18个课题的计算机情报检索任务,写出了3个课题的调研分析和5个课题的文献综述,提供专题文献近百篇,同时利用学校的文献资源优势,积极为社会服务,为国家的"星火计划"提供有价值的情报服务,受到了教学科研人员的热烈欢迎,受到了学校领导的重视与支持,也受到了有关部门的关注。

根据原教育部《关于在高等学校开设文献检索与利用课的意见》,各院校都重视这门课的开设,目前我省已有8所院校为高年级本科生和研究生开了选修课,仅1986年一年听课人数就有830余人。开设文检课有助于教育质量的提高,对于人们不断吸收新知识、改善知识结构、提高自学能力和研究能力、发挥创造才能都具有重要意义。

6. 办好《晋图学刊》,开展学术活动,提高我省的学术水平和业务水平

《晋图学刊》对我省高校馆的理论建设和业务建设起了很大的推动作用。在全国和省内广大图书馆工作者的热情关心支持下,刊物质量不断提高。近几年来我们抓了高校馆的学术研究,出现了新中国成立以来学术气氛空前活跃的形势,仅1983年一年,我省高校在《晋图学刊》发表论文49篇,在外省刊物上发表12篇,在省内学术会议上宣读57篇,在外省学术会议上宣读14篇,以上共130篇论文,仅一年就远远超过了过去几十年发表的论文数。

我们举办了各种工作研讨会,同时派出代表参加华北地区高校馆的学术会议,

通过学术的、业务的交流讨论,不仅锻炼了队伍,提高队伍素质,同时大大提高了工作质量和服务水平。

7. 为教学科研服务结出丰硕果实

1985 年高校图工委进行了服务成果调查,发现许多院校的图书馆服务取得显著成果,比较突出的如:山西医学院于载畿教授与山西省中医研究所著名老中医李汉卿共同探求中西医结合非手术治疗宫外孕的方法,图书馆提供了包括《衷中参西录》在内的大量馆藏中医古籍,从而得到不少启示,在老中医经验基础上组成了宫外孕方剂,获得了满意效果,获得全国科学大会奖及山西省科技成果一等奖。太原师专青年副教授郑波光在研究王蒙艺术的过程中,该校图书馆将所有有关王蒙的文献提供给他使用,写出了学术论文《王蒙艺术追求初探》,荣获 1985 年山西省赵树理文学奖一等奖。太原工业大学陈绎勤教授在教学科研中得到了该校图书馆的大力支持,取得了丰硕成果,论文"锥形空间吸声体"获山西省 1984 年科技成果一等奖。太原重型机械学院图书馆针对该院王丁凤教授教学科研的需要,订购管理心理学和工程心理学方面的书刊,使王老师知识更新,在教学科研上都取得了突出成就,1985 年五一劳动节被省劳动竞赛委员会荣记二等功。今年省科委、教委等四单位又做一次调查,高校馆利用外文文献为教学科研服务,同样取得了丰硕成果,已在省外文书店展出。

赵美英同志讲话的第二部分是,提高认识,进一步加强高校图书情报事业建设。他指出,高校图书馆事业是高等教育事业的重要组成部分,在一个学校则是教学科研的重要组成部分,是学校的文献情报中心,是为教学科研服务的学术性机构。近年来院校领导和教育行政部门各级领导对图书馆的地位、作用和性质的认识有所提高,才取得了前面的那些成绩。但是,由于我省高校馆的基础比较薄弱,条件比较差,起点低,比不上兄弟省市发展快,反而拉大了差距,这样就不利于教育改革深入发展和人才的培养,从科学技术高速发展,人们对情报信息的吸收量来看,我省高校馆恐怕更落后一些。当前我们存在的主要问题是:文献大幅度涨价,但购置费却不相应增加,各馆普遍感到经费严重不足,引进文献量大幅度下降,师生看不到新书是个严重问题;有的馆过于窄小,书库呈饱和状况,书架、目录柜短缺,书刊无法上架使用,严重地影响工作的开展;专业队伍数量不够,质量不高,也不够稳定,结构不尽合理,影响管理工作、业务工作和服务水平的提高;图书馆现代化程度很低,大部分馆还停留在传统的低水平服务上;对图书馆的认识还不高,或者说认识问题还没有得到根本解决,以致有些问题长期得不到解决,事业发展受到了限制。

他希望通过本次会议学习讨论有关文件,大家要统一思想,进一步重视高校图书馆建设,会后着重抓好以下几件工作:

1. 认真贯彻落实全国高校图书馆工作会议精神和《普通高等学校图书馆规程》

各院校领导要学习文件精神,统一思想,提高认识,认真研究一下图书馆工作,创造条件,采取措施,真正改善办馆条件,使图书馆能够具备一定的条件,更好地为教学科研服务。

2. 本次会议后,省教委将下发一个加强图书馆工作的意见请各院校认真执行并制订本校图书情报工作的发展规划,把它纳入学校的建设规划中去,与学校同步发展。

3. 认真解决图书馆的经费、人员、馆舍、设备等具体问题。经费问题不妥善解决,将严重影响我省及各院校的文献资源建设和教学科研工作的正常开展。因此,各院校应按《规程》规定,文献购置费应占全校教育事业费的5%,另从科研经费和计划外收入中提取适当比例作为购置文献的费用。同时学校要给图书馆一定的设备费、家具费,以保证工作的正常运行。

4. 进一步开拓新的服务领域,充分发挥高校馆的教育职能和情报职能。图书馆通过知识信息的传递,对读者在业务上,道德品行上的熏染陶冶、引导教育,发挥着重要的教育职能。今后我们不能停留在传递上,而需要直接参与教育,要与学校教务处和有关系配合,讲好《文献检索与利用》课,提高师生吸收与利用文献的能力,强化学生的自学能力和研究能力,从而进一步提高学校培养对象的质量,因此,学校应按照要求给图书馆配备教师,并纳入学校的教学计划中去。这次全国高校图书馆工作会议特别强调高校馆的情报职能,这是形势的要求、教育改革的要求,我省过去这方面比较弱一些,会后,我们希望各院校考虑一下图书情报体制问题,条件成熟的,可以搞图书情报一体化,暂不成熟的要积极创造条件,总之应充分利用图书馆的情报资源,为科学研究服务,开展参考咨询,定题服务,提高利用馆藏情报信息的能力,充分发挥情报职能。

5. 积极开展学术研究。这个问题,我省更落后一些,我们的业务工作及服务工作之所以提不高与此也有关系,理论指导实践,理论提不高,实际业务就难以提高,因此,我们要大力提倡学术研究。当然,图书馆是个业务性很强的部门,要处理好二者的关系,学术研究要着眼于提高业务水平、推动工作开展,我们要继续办好《晋图学刊》,使它更好地传播研究成果,交流工作经验,促进图书馆学,情报学理论研究的发展,活跃我省的学术气氛。还要积极参加华北高校图协的学术活功。

6. 加强横向联系,实行资源共享。当前,我们的国力还不够雄厚,我省各院校财政比较紧张,不会拿出更多的钱来大发展,只能随着经济发展而逐步发展,当然《规程》的规定要执行,在这种情况下,我们就要联合起来,互通有无,实行资源共享,在经费紧张的情况下,不能搞小而全,大而全,要搞特色,全省高校馆之间,发一些通用借阅证,充分发挥本系统内的整体效益,加强兄弟院校之间的交流。

7. 山西省高校图工委改称山西高校图书情报工作委员会,图工委在推动我省高校图书馆事业发展上,起了很重要的作用,做了大量工作,取得了很大成绩,为适应形势发展需要,全国高校图工委已改名全国高校图书情报工作委员会,我们也做相应的改变。省高校图书情报工作委员会是省教委领导下对全省高校图书情报事业进行协调、咨询、研究和业务指导的工作机构,希望各院校领导及广大高校图书情报工作者给予大力支持。

根据第三次全国高校图书馆工作会议精神,按照彭佩云同志"要求图书馆既要更好地发挥教育职能,又要加强情报职能"的讲话精神,山西高校图书馆工作委员会也与全国高校图工委保持一致,改组成立了"山西省高等学校图书情报工作委员会",并对其章程进行了修订,产生了新一届省高校图书情报工作委员会成员的名单。

与1985年成立的"山西省高等学校图书馆工作委员会"相比,"山西省高等学校图书情报工作委员会"的性质有所变化,由"主管全省高等学校图书馆的工作机构"改为"对全省高等学校图书情报事业进行协调、咨询、研究和业务指导的工作机构",其行政职能弱化。但在实际工作中,还是协助省教委做了许多工作,在一定程度上发挥了行政职能的作用。

改组成立的山西省高等学校图书情报工作委员会机构及人员安排如下:

主　　任:赵美英

副 主 任:李庆生　王振华　张金保　王永安　董廷旺　兰　珊

秘 书 长:王振华(兼)

副秘书长:王永安(兼)　安银海(兼)　李玉文(兼)

委　　员(按姓氏笔画排)

王振华(山西大学)　　　　　　王永安(太原重型机械学院)

王理忠(山西农业大学)　　　　冯锦生(晋图学刊)

兰　珊(太原机械学院)　　　　安银海(山西矿业学院)

李庆生(山西省教委)　　　　　李玉文(山西大学)

李秀华(山西财经学院)　　　　宋玉惠(山西大学图书馆学系)

张广庸(太原师专)　　　　　　张金保(太原工业大学)

秦世华(雁北师专)　　　　　　康　军(太原工业大学)

董书新(山西医学院)　　　　　董廷旺(山西师范大学)

赵美英(山西省教委)

秘 书 处　设在山西大学图书馆

图工委秘书处设在山西大学图书馆,1988年4月21日秘书处由太原工业大学图书馆迁到山西大学图书馆办公。

四月下旬,山西省高校图书馆工作会议后,图工委正、副主任、正副秘书长举行会议。会议根据图工委工作需要,确定设立六个工作小组,分别由各常委担任正、副组长,并吸收各有关院校图书馆人员参加,共同研究定出各小组的工作内容和活动计划。经5月31日图工委常委会议研究,确定以下六个工作组和正、副组长,分别是:

管理与改革组:　　　　　组长:李秀华　　　副组长:董廷旺

业务建设组:　　　　　　组长:张广庸　　　副组长:兰　珊　秦世华

学术研究组:　　　　　　组长:康　军　　　副组长:安银海

人才培训组:　　　　　　组长:李玉文　　　副组长:宋玉蕙

情报文献开发组:　　　　组长:董书新　　　副组长:康　军

现代化研究与应用组:　　组长:张金保　　　副组长:王理忠

《晋图学刊》主编:冯锦生

图工委秘书:张洪亮　裴成发

二、积极贯彻落实《普通高等学校图书馆规程》

山西省第三次高校图书馆工作会议以后,省教委很快下发了贯彻《规程》的意见。改组成立后的省高校图工委,在省教委的领导下,积极推动山西高校图书馆贯彻落实《规程》和省教委的"关于贯彻《普通高等学校图书馆规程》加强图书情报工作的几点意见"(以下简称《意见》)精神,努力对全省高校图书馆事业的整体建设和发展,发挥宏观管理和微观协调的作用,使各高校图书馆走向统一组织、统一指挥、统一领导、统一管理的健康发展的轨道。

山西省教育委员会"关于贯彻《普通高等学校图书馆规程》 加强图书情报工作的几点意见"

高校图书馆是高等教育事业的重要组成部分。党的十一届三中全会以来,我省高校图书情报事业坚持四项基本原则,坚持改革、开放,积极贯彻党和国家有关高等教育和图书情报事业的方针、政策,为提高教学科研水平和加强社会主义精神文明建设,培养"四有"人才,发挥了积极的作用。省教委于四月十八日至二十日召开了省高校图书情报工作会议,回顾与总结了几年来图书情报工作,认为我省高校图书情报工作逐步走上了正常轨道,取得了令人欣喜的进展。但是,由于我省高校图书馆的基本条件较差,基础工作薄弱,管理水平不高,目前面临的困难和问题仍然不少。为了使高校图书情报事业尽快适应新形势下四化建设和高等教育自身建设的需要,必须进一步加强我省高校图书情报事业建设,加快由传统图书馆向现代化图书馆过渡的进程,使之在"七五"期间能够得到进一步发展。

"七五"期间,我省高校图书馆工作的指导思想是:从实际出发,坚持改革,不断改善办馆条件,努力提高管理水平和工作质量,充分发挥教育职能和情报职能,更好地为教学科研两个中心服务。其奋斗目标是:全面贯彻落实第三次全国高等学校图书馆工作会议精神及国家教委颁发的《普通高等学校图书馆规程》(以下简称《规程》),切实加强图书馆自身的业务建设和队伍建设,使其适应高等教育发展的需要,进一步打好基础,积蓄力量,创造条件,为九十年代的发展振兴做好准备。为此,提出如下意见:

一、调整与建立健全图书情报管理体制和组织机构

1. 根据国家教委关于将原全国高校图书馆工作委员会改组成立全国高等学校图书情报工作委员会的决定,我省高等学校图书馆工作委员会改为山西省高等学校图书情报工作委员会(以下简称图工委),图工委是省教委领导下对全省高等学校图书情报事业进行协调、咨询、研究和业务指导的工作机构。

2. 各高校图书馆委员会,应改为图书情报委员会,作为学校图书情报工作的咨询和协调机构,该委员会应定期召开会议,研究和讨论学校图书情报工作中的重大问题。

3. 按照干部队伍"四化"的要求,继续调整充实、建设好图书馆的领导班子;建立健全图书馆的组织机构。正、副馆长的任免应与正,副系主任或正副处长相同;

部、室正、副主任与教研室正、副主任或正、副科长相同。专科学校图书馆机构称谓与干部任免,按级类推。

4. 目前尚未实现图书情报一体化的院校,在"七五"期间完成一体化任务。克服多头领导、人员、经费、文献、设备分散的状况,以便集中人力、物力、财力,促进高校图书情报事业的发展,使图书馆真正成为学校的文献情报中心。

二、加强专业队伍建设

1. 按照《规程》规定的编制标准,各院校要尽快配齐图书馆的专业技术人员和其他工作人员,有计划地为图书馆选留应届毕业生。

2. 省高校图工委要统筹全省高校图书馆专业人员的培训工作,在做好人员结构普查的基础上,有计划地举办各种业务培训班和学术研讨会。积极支持山西大学办好图书馆学专业,支持有条件的单位创办图书情报学职业高中或中专班,协助解决办班的专业课师资问题,各馆应积极支持和推荐条件合格的专业人员担负一定的专业教学工作。

3. 各馆都要在一九八八年内建立起工作人员的业务档案,具体记载其工作成就、业务能力、劳动态度、学术与技术水平等,并按照各级专业技术职务的岗位职责定期进行考核。

4. 各级领导和图书馆党支部要加强思想政治工作。认真执行《高校图书、资料、情报工作人员守则》和图书馆的岗位责任制,每1—2年召开一次全省的经验交流和表彰大会。各馆要在全面考核的基础上,认真评选出参加大会的先进集体和个人,进行表彰。

三、开展图书馆学、情报学理论研究

1. 省高校图工委要规划全省的学术研究工作,定出重点研究课题,各馆要主动承担研究任务,积极支持鼓励具有一定学术水平、研究能力和业务经验的同志进行图书馆学,情报学理论研究。馆员职务以上的专业人员,根据实际情况,每年可申请十天左右的脱产研究时间,写出具有一定水平和参考价值的研究论文。

2. 继续办好《晋图学刊》,努力提高质量,活跃我省的学术研究,促进成果的传播与应用。

3. 每1—2年举行一次规模较大的学术年会,评选优秀论文,表彰优秀论文作者。根据实际举办专题研讨会,各馆也可举办多种形式的学术讨论会,论文宣读会等。

4. 积极参加华北高校图协的学术活动和协作活动,认真引进和学习兄弟省市的先进经验。

四、整顿基础,提高业务工作质量

1. 各馆要认真加强藏书建设,提高藏书质量,合理调整藏书结构,力争办成具有本校学科特色的图书馆。

各院校要按《规程》规定的教育事业费的5%划拨图书费,还应从科研经费和计划外收入中提取适当比例作为购置文献资料的费用。各馆要制定切实可行的订购原则和标准,建立订购、剔旧审批制度。各馆应加强书库管理,做好文献的防护工作。

2. 各馆都要按照国家标准的要求制订适合本馆的编目细则,力求分类编目的准确性、科学性、及时性,提高目录质量。要备齐分类、书名、著者三套读者目录,有条件的馆可在目录室建立起全校资料目录,使图书馆成为学校的书目中心。

3. 各馆要编印新书通报,加强新书报道,提高馆藏利用率。根据教学、科研和重要政治活动的需要,经常编印各种专题书目、索引等资料,有条件的馆应编制馆藏目录。

4. 有条件的馆要建立单独的目录室,配备专人组织、管理读者目录,开展目录咨询工作。

5. 各馆都要做好出纳流通等读者服务,采取措施提高文献的流通率和利用率,降低拒借率,尽量缩短取书时间。做好业务统计工作,通过各种统计反映图书馆工作的实际情况和师生的阅读倾向以及利用图书馆的情况。

6. 有条件的馆可进行清产核资工作,澄清家底,健全目录组织,做到书、目、账三相符。并定期进行剔旧工作。

五、开展参考咨询和情报服务,充分发挥图书馆的教育职能和情报职能

1. 在逐步完成图书情报一体化的同时,各馆可设专人做好情报的基础建设工作,注意收集专利文献、检索文献、标准规范、产品样本、科技动态、成果汇编、单行科技资料等,并加以科学整理、保管与传递。

2. 已经实现图书情报一体化的馆,要配合学校的教学和科研任务,编制各种专题索引、题录,做好二次文献工作,力争开展三次文献工作,开展代检代查等定题服务。各馆要挖掘潜力走向社会,为社会改革和技术进步,开展有偿情报服务。

3. 各院校要在高年级本科生和研究生中开设《文献检索与利用》课,学校要为图书馆配备专(兼)职教师,充实检索工具书,建立文献检索教研室和实习室。努力提高教学水平。

4. 各馆要努力创造条件,利用现代化手段,录制《怎样利用图书馆》的录像,对新生进行形象化教育,目前尚不具备条件的馆,可编印《怎样利用图书馆》的材料,供师生参考。

5. 各馆都要积极向师生推荐好的书刊资料,开展读好书活动,举办读书报告会,配合学校的思想政治工作,引导学生坚持四项基本原则,确立共产主义远大理想和革命的人生观,培养学生全面发展。

六、加强现代化设备的建设与应用,逐步实现管理手段和服务手段现代化。

1. 各院校每年都应给图书馆划拨一定的设备费,配齐书架、目录柜、中外文打字机等基本工作设备。

2. 各院校应给图书馆购置录音机、录像机、电唱机、电影放映机、幻灯机等视听设备,为师生开展资料的视听服务和磁带复制服务;还要给图书馆添置静电复印机、空调、照相机、缩微阅读器和缩微复制机等设备,以便为师生提供复制资料服务。

3. 各院校应根据实际情况给图书馆配备电子计算机,以便开展计算机在图书馆应用的研究与实验,为图书馆现代化培养人才,打好基础,做好准备。

七、改革管理制度,提高工作效率和服务质量

1. 各馆应改革管理,使管理科学化,凡能够计量的工作都应实行定额管理和目标责任管理。各馆均应在院校的领导下,开展对内对外的咨询与情报服务、资料复制服务,组织开展创收活动,制定合理的分成办法,奖励先进,调动工作人员的积极性。

2. 建立健全各项规章制度,当前要尽快建立各级专业职务的岗位职责,搞好专业职务的聘任工作。

3. 改革借阅制度,逐步实行开架借阅,现刊可实行全部开架阅览,辅助书库可实行半开架或开架借阅,各馆应创造条件开辟开架书库,要认真采取措施对开架书刊加强管理,防止损坏与丢失。

4. 各馆要积极创造条件增加开馆时间,改革“读者上课我上班,读者下课我下班”的不合理的现象,阅览室要达到《规程》规定的周开馆70小时以上,借书处要根据实际情况可增加晚上和星期天的开馆时间,使借书处的周开馆时间达到48小时以上。

5. 改革小而全、大而全的陈旧观念。加强全省高校馆的横向联系和馆际协作,实现资源共享,信息共用。编印省内高校馆的联合目录,开展馆际互借业务。

1988年4月18日

《规程》是我国第一部完整的有关高校图书馆的行政法规。它正确地规定了高校图书馆的性质、地位、任务、业务活动规范、组织管理体制、工作人员、馆舍、设备、经费这些应有的条件保证等,这不仅是推动我国高校图书馆事业发展的纲领,建设由传统图书馆向现代化图书馆过渡的指南,而且对整个高等教育事业建设也具有重要作用与深远意义。山西各高校馆认真贯彻落实《规程》和省教委的《意见》,努力改善基础条件,不断提高工作水平,努力使山西高校图书馆事业同全国高校图书馆事业同步发展。

为了解贯彻《规程》以及省教委《意见》的落实情况,以对全省高校图书馆的状况有一个较为全面的了解,为今后进一步加强对高校图书馆工作的领导,强化其教育职能和情报职能,使之适应教学科研的需要,省教委决定对全省高校图书馆工作进行一次全面的检查。

1988年10月20日,省教委下发晋教高字〔1988〕32号文件“关于进行全省高校图书馆工作检查的通知”。重点检查各院校贯彻落实国家教委颁发的《普通高等学校图书馆规程》和省教委下发的《关于贯彻“普通高等学校图书馆规程”加强图书情报工作的几点意见》的情况以及图书馆在深化改革,加强管理,发挥教育职能和情报职能为教学科研服务等方面的情况;

检查方法为各院校及各院校图书馆对照《规程》和《意见》的规定进行自检,写出自检报告并填写调查表,在自检的基础上由教委派人抽查部分学校。检查组下到学校后,首先听取校领导汇报如何贯彻《规程》加强图书情报工作的情况,而后深入到图书馆进行实地检查、检查结束后将意见留给学校领导;

11月23日省教委又下发通知,具体安排了检查日程。决定于1988年12月5—15日对山西医学院、山西矿业学院、山西经济管理学院、太原电力专科学校、吕

梁师专、忻州师专、雁北师专、大同医专、运城师专、武警专科学校、长治医学院、山西农业大学、晋东南师专13所院校图书馆工作进行检查。

检查组由省教委李庆生同志任组长、兰珊、董廷旺、张金保担任副组长,下分三个检查组,分别是:

第一组:安银海(山西矿业学院图书馆馆长)
　　　　李玉文(山西大学图书馆副馆长)
　　　　董书新(山西医学院图书馆馆长)
第二组:张金保(太原工业大学图书馆馆长)
　　　　王永安(太原重机学院图书馆馆长)
　　　　李秀华(山西财经学院图书馆馆长)
第三组:张洪亮(山西大学图书馆办公室主任)
　　　　王理忠(山西农大图书馆馆长)
　　　　张广庸(太原师专图书馆馆长)
第一组赴晋东南师专、长治医学院、山西农大
第二组赴吕梁师专、运城师专、武警专科学校
第三组赴雁北师专、忻州师专、大同医专

检查组人员于12月4日到山西大学图书馆集中开会,5日分头赴所检查的学校开始检查。

在各校自检的基础上,检查组听取了各校和图书馆领导的工作汇报,并深入到馆进行实地检查。通过检查,看到我省各高校图书馆发展快,变化大,为各校教学和科研做出了很大的成绩,但也存在不少问题,如人员素质差,经费严重不足,设备条件跟不上,有的领导班子不健全。在职称评定中,遗留问题较多等,这些问题严重影响图书馆两个职能的发挥,检查组根据检查情况撰写了情况报告,报省教委,以期省教委和各校领导重视和解决问题。

山西省高等学校图书馆工作检查情况报告

遵照教委晋教高字〔1988〕32号文件通知,对全省24所高校图书馆工作进行了检查。检查分两步进行。首先,各院校进行自检,并写出书面报告,11月底前收到自检报告17份。同时,教委组织检查组于12月4日至18日分赴吕梁、晋南、晋东南、雁北、晋中、太原等地,对13所院校的图书馆工作进行了重点抽检,教委赵美英、李庆生二同志亲自参加山西医学院和山西矿业学院的图书馆工作检查。现将检查情况报告如下:

(一)山西省高校图书情报事业发展概况

我省高校图书情报事业经过近几年的改革,尤其是国家教委和省教委于去年和今年相继召开的高校图书馆工作会议后,通过对《普通高等学校图书馆规程》(以下简称《规程》)和《关于贯彻"规程"加强图书情报工作的几点意见》(以下简称《意见》)的贯彻落实,从总体上看发展是比较快的,已具有一定的规模,成为我省高等教育的一个重要组成部分。

1. 人员。1988年全省高校图书资料人员总数为788人,比1986年增加了112

人,增长了 16.5%,其中大专以上文化程度的共 372 人,比 1986 年增加了 108 人,增长了 40.9%,占总人数的 47.2%。图书馆学专业毕业生有 179 人,而 1986 年时为数甚少。具有高级专业技术职务的 30 人,中级 108 人,初级 242 人。

2. 经费。1988 年全省高校图书资料购置费为 365 万元,比 1986 年增加了 113 万元,增长了 44.8%。

3. 馆藏。1988 年全省高校馆藏文献共 751 万册,比 1986 年增加了 108 万册,增长了 16.8%。

4. 馆舍。1988 年全省高校馆舍总面积为 7.67 万平方米,比 1986 年增加了 2.17 万平方米,增长了 38.15%。在建馆面积为 3 万平方米。

目前,全省高校馆共有阅览室座位 8485 席,在校生平均每 7.6 人就有一席。

5. 设备。1986 年前,全省高校馆除日常工作需要的打字机,油印机外,其余的大型现代化设备基本是空白,电子计算机则一台也没有。目前,包括电子计算机在内的现代化设备已经发展到 143 台(件),其中计算机有 6 台。

(二)院校领导重视图书馆建设

今年四月份省教委召开了全省高校图书馆工作会议,有 17 位校院长出席了会议,其中有 3 位还在大会上发了言,谈了他们对办好图书馆重要性的认识,以及如何抓图书馆工作的体会。会后,各院校领导重视图书馆建设,加强对图书馆的领导突出地表现在以下几方面:

1. 重视改革管理体制和健全组织机构。为了加强对图书情报工作的管理和领导,一些院校改组或新建了图书情报委员会,使其在参谋、咨询和协调管理全校文献资料工作方面发挥了积极的作用,有不少院校进行了图书情报管理体制上的改革,实现了一体化。未实现一体化的也建立了相应的情报服务或咨询机构。有的院校还调整充实了馆级领导班子,并按《规程》要求健全了组织机构,任命(或聘任)了干部,使图书馆的领导力量得到了加强,使管理工作逐渐趋向合理化和科学化。

2. 重视馆舍建设。馆舍是图书馆开展工作的基础,近几年先后已有 11 所院校建成了独立的馆舍,另有三个新建的馆舍也即将竣工交付使用,这么多新馆的建成大大改善了我省高校的教育环境。

3. 重视现代技术设备在图书馆的研究与运用。在有关院校领导的关怀和支持下,作为高校馆的重要服务手段之一的复印设备和复印技术的应用,在我省已经相当普及,为师生索取文献资料提供了极大的方便,而声像技术的应用,电子计算机在图书馆自动化管理文献资料检索中的研究和运用也已起步。目前,工大,山大,山医,武警专科学校,临汾师专等院校的图书馆配备了小型机或微机。在现代技术的应用研究方面工大、山医进展较快。财院建立了我省高校馆中第一个视听室。

4. 重视馆藏文献资源建设。文献资源是高校图书馆开展服务的物质基础,各院校领导,尤其是一些专科院校的领导,都在经费十分紧缺的情况下,仍然划拨相当数额的经费给图书馆,购置文献资料建设馆藏,保证教学科研的基本需要。1988 年吕梁、运城、临汾、晋东南、雁北 5 所师专和财税专科学校的图书资料经费都超过了本校教育事业费的5%,最多的达到7%以上。

5. 重视队伍建设。工作人员是图书馆开展工作,搞好服务的关键。几年来各院校都十分重视加强对图书情报专业队伍的建设,不仅数量上给予充实,而且抓紧进行人才培训,使得队伍素质有了明显的提高,这就基本保证了图书馆各项业务,服务工作开展的需要。此外,各院校还注意选调大学毕业生和选留本校毕业生充实图书馆工作。太原师专、矿院图书馆大专以上的人员分别占到全馆总人数的63.3%、63.2%,超过了国家教委规定的60%。通过检查使我们看到高校图书情报专业队伍在学历、知识结构、年龄结构、专业技术职务结构等方面发生了可喜的变化。

(三)图书馆管理、业务、服务等工作有新进展

1. 管理工作。近几年,省高校图书馆都十分重视进行管理工作的改革,不但把管理当作一项重要的工作来抓,而且以科学管理来促进工作效率,业务工作质量、服务水平的提高,在管理上做了许多卓有成效的工作。

①各馆大都按照分级管理的原则,把相近的业务组织在一起,使馆内形成若干个工作环节或组织,并委以管理人,使管理工作程序化;

②建立必要的规章制度进行科学管理。各馆基本上都建立了业务及管理等方面的制度,使管理工作逐步走上了制度化、法规化。在抓馆风建设、制度建设中,矿院图书馆是做得比较突出的,他们制定了"馆风建设五条""服务十要十不要",以及各种业务及管理方面的规章制度85种,在管理工作中发挥了很好的作用,使馆内出现了秩序井然,有条不紊的局面,图书馆连续几年被评为校级先进单位,馆主要负责人安银海同志被评为出席省的先进个人;

③财院实行部主任负责制,并成立了以馆长为组长的常设检查组。财院、重院、山大等馆也都实行了部室主任以上干部值日制,这些办法在各馆的管理工作中,都起到了不可忽视的作用;

④工大等馆建立了业务档案,对工作人员进行管理和考核;

⑤把竞争机制引进图书馆。山大实行了劳动优化组合,工大在社科文艺期刊阅览室实行了责任承包,等等,把管理工作科学化、制度化向前大大推进了一步。

2. 业务工作。经过几年的基础整顿,我省高校图书馆的业务工作是有很大进展的。文献资源已初具规模,基本上能满足教学科研的需要。山大、工大馆藏文献已逾百万,不仅承担了本校的服务任务,而且也为社会国民经济建设和科学研究提供服务。

为了加强馆藏文献建设,各馆大都制定或修订了采访原则、标准,建立预订卡,确定核心期刊,开展复审剔除和清库工作,进一步提高收藏文献质量和减少空间压力。在业务标准化、规范化方面亦做了不少工作。新建院校馆基本上都采用"中图法"来类分图书资料。许多老馆都改用国家标准进行著录。还有一些馆在业务上进行统计分析、实行定额计分管理等,推动了业务工作的深入开展。

3. 服务工作。我省高校图书馆在贯彻落实《规程》和《意见》的过程中,大都拓宽了服务领域,努力为教学科研服务。

①不少馆开设了文献检索与利用课,开发馆藏情报信息,开展了计算机检索等

业务工作。山医在情报服务方面开展国际联机检索,还正式出版了情报刊物《医卫动态》发行到全国。重院开展定题服务,编辑出版重型机械译文,两次在机电部重型机械情报网获奖。矿院编印"科技情报""教改信息"等,为广大读者提供情报信息服务。

②许多馆采取不同形式对学生进行利用图书馆教育。矿院为新生开设了怎样利用图书馆的讲授课,工大摄制了《书海漫游》录像片,组织新生观看,师大编辑、铅印了"怎样利用图书馆"小册子发给学生人手一册,进行利用图书馆教育,提高了读者对图书馆的利用率。有的馆还开展了目录咨询,教会读者查找和使用目录的方法,掌握打开知识宝库的钥匙。

③为开发馆藏文献资源,方便师生借阅,许多馆编印了新书通报、馆藏目录、专题书目、文摘、题录、索引等宣传文献,提供利用。财院在整顿馆藏的基础上,组织业务骨干编辑出版了1985—1987年馆藏中文图书目录,约250万字,被山西高校图工委评为1988年优秀工作成果一等奖;农大把编印专题书目当成一项经常性的工作来抓,先后编印出大麦、大豆、养猪、苹果、森林等书目索引7种,获1988年优秀工作成果奖二等,三等两项;重院、矿院、师大、武警专科学校、大同医专等馆在书目编制、文献开发与利用方面也做了不少工作。

④为使师生能有更多的时间利用图书馆,不少馆想方设法增加开馆时间,重院、太原师专、矿院、经管学院等馆的周开馆时间已达到70小时以上,其中最长的是重院101.5小时,其次是太原师专90小时。在实行开架借阅方面,各馆也做了许多工作,机院是实行开架(或半开架)借阅最早,开架书最多(35万册)的馆。有的馆对讲师以上的教学科研人员或教职工实行全开架借阅,有的馆展示新书,对新书实行半开架借阅,多数馆则对现期期刊和过刊实行开架阅览。农大教师阅览室还开展了信誉借阅,尽量扩大流通量,满足读者的教学科研急需。

(四)学术研究有了较大的进展

1985年前,我省高校图书馆界的学术研究是比较落后的,不仅理论著作甚微,就连成功的工作经验也缺乏认真的总结,这是一个很大的缺陷。1985年第二次全省高校图书馆工作会议之后,省高校图工委狠抓了此项工作,不仅创办了理论研究园地《晋图学刊》,而且还组织召开了各种专题研讨会、学术年会。近两年来,学术研究比较活跃,有专著4部,论文119篇在省内外出版、发表。仅1988年一年,全省高校馆就撰写了学术文章138篇,《晋图学刊》选用了51篇。山大、矿院、师大、工大等馆在学术研究上起了很好的带头作用。矿院还给专业人员安排了申请撰稿和研究的时间,大大调动了他们从事理论研究的积极性。为了活跃学术空气,沟通工作信息,省高校图工委参加了华北地区高校图协,以及全国高校图工委组织的各种工作会议和各种专题学术研讨会。1988年还由省高校图工委和工大邀请了美籍华人图书馆学教授阎志宏先生、副教授崔李荫庆女士来太原讲学,进行学术交流。工大参加了西安国际图书馆现代化学术讨论会,并做了大会发言。通过学术研究的开展,探讨本专业理论和业务工作中的问题,大大推动了我省图书馆学理论研究的开展与业务工作的提高,同时也锻炼了队伍,培养了人才,对稳定队伍、建设队伍起到了积极的作用。

（五）图书馆的服务效益有新的提高

过去，我们不大注意对图书馆的服务效益进行分析研究和调查了解，通过这次工作检查使我们看到，近年来我省高校图书馆的服务效益是好的，不少院校的教学科研人员利用图书馆为他们提供的中外文书刊资料，在教学科研上做出了突出的成绩或贡献。1988年部分院校馆对外文文献的使用效益进行了调查，其中重院6名、工大6名、农大4名、太机3名教学科研人员直接利用图书馆提供的文献，在教学研究及生产上做出了贡献，受到了各种嘉奖。去年5月份，这些成果还在省外文书店进行了专题展出。

（六）存在问题

虽然我省高校图书情报事业有了较快的发展，但对照《规程》和《意见》来进行检查，我们必须清醒地看到问题的存在是不少的，主要有以下几方面：

1. 对图书馆在高校的地位和作用的认识问题，在一些院校还没有得到真正解决。今年四月份省教委召开高校图书馆工作会议后，只有少数院校进行了传达贯彻而多数院校则会后不了了之，既未传达国家教委和省教委召开的高校图书馆工作会议精神，也不开会研究《规程》和《意见》的贯彻落实。在日常工作中也很少研究和关心图书馆工作，致使有些办馆的必要条件长期得不到解决，阻碍了图书馆工作的开展和两个职能的发挥。

2. 经费严重不足。检查发现，所有的本科院校图书经费都没有达到5%的规定，平均为3.3%，最少的在2.5%以下。面对书刊价格猛涨的现实，经费紧缺是个大问题，近几年进馆的文献资料在大幅度下降，目前仍处于滑坡趋势，应引起各级领导的高度重视。

3. 领导班子不健全。全省24所高校馆级领导班子不健全的状况严重存在，许多馆长期由副馆长主持工作而无馆长，有的大馆，连副馆长也仅有一人，对于一个既管文献，又管房舍、设备、人员、业务和教学等工作的图书馆来说，领导班子不健全，就要影响到管理，管理上不去，业务和服务等工作自然也就很难上去。另外，有些院校图书馆不仅组织机构不健全，而且干部任用也不明确。还有个别院校馆级领导班子不团结，这都影响到管理和各项业务工作的正常开展。

4. 现代化程度太低。现代技术设备在图书馆的研究与应用，目前在我省高校图书馆仍处于落后的状态，尤其是管理的自动化程度太低。有的本科院校连复印机都没有，有些馆的家具和设备也严重短缺，不能适应工作的需要。以上问题的存在，究其原因固然与经费紧张有关，但主要还是教育领导部门和各院校领导的思想认识问题。

5. 工作人员数量不足，素质不高，队伍不稳。全省高校图书馆的工作人员普遍短缺。近几年尽管人员的文化、专业素质有所提高，但就整体而言，大专以上文化程度所占的比例仍低于全国平均水平。许多院校未按《规程》规定给图书馆定编，使图书馆长期处于人员紧缺的状态。个别馆"收容所""转运站"的状况还未改变，五多（病号多、工人多、干部家属多、低学历的多、女的多）现象仍然存在，队伍不稳，要求调走改行的人不乏其例。这就势必影响到图书馆工作的开展和服务水平的提高。

6. 多数馆开馆时间短。长期以来,我省高校图书馆的平均周开馆时数为60.3小时,与《规程》规定的70小时相差甚远。开馆时间是衡量服务工作好坏的一项重要指标。开馆时间短,读者来馆的机会就少,图书馆的利用率就低,服务水平也就上不去,所以各馆应创造条件争取达到周开馆70小时。

7. 开架借阅程度低,范围小。为提高馆藏文献的利用率,提高知识对师生的覆盖面,方便读者借阅,外省多数馆实行了开架借阅,或部分文献实行开架借阅,但我省绝大部分馆还是传统的闭架借阅,没有实行开架或半开架借阅,这与时代的要求,与教学科研深入开展的需求是极不相应的,各馆应设法尽快改变。

8. 馆藏建设,重藏轻用。在我省高校图书馆的文献资源建设中,重藏轻用,小而全,大而全的思想比较普遍,以师范专科院校最为突出,由于采访制度不健全,造成重复采购或漏购现象严重。有许多小馆购置文献的范围很广,有些大部头的类书,不惜花大价钱成套地购买如"四库全书"等,用以装门面。另外,在收藏院校出版物方面做得比较差。当前,在经费十分紧张的情况下,应合理安排使用经费,讲究效益,建设具有本校特色的藏书体系,实行资源协调、共享。

9. 管理落后,基础薄弱,业务水平不高。管理工作,在我省高校图书馆还处于落后的状态,尤其是新建馆与一些专科院校馆,部室机构、规章制度等不健全,基础工作薄弱,标准化、规范化程度低,文献揭示手段差。个别馆还不具备文献分编加工整理的条件,如某学院新馆已建成使用,但积压达十年之久(1978年至1988年)的约8万册图书,至今未拆包、分编、上架;有的馆借阅超量,逾期相当严重,如有的教师借书多达250册,长期不还,严重地影响文献的流通利用;还有的馆目录工作也很薄弱,被动服务等均未有大的改观。

10. 情报职能体现不够。我省多数院校没有实现图书情报一体化,或馆里没有成立相应的情报服务、参考咨询机构,或没有开展这方面的工作,致使文献加工深度不够,开展程度低,情报收集交流没有开展,情报检索与课题跟踪服务能力差,还有相当一些院校的文献检索与利用课开不了,发挥情报职能为时尚远。

(七)几点建议

1. 各级领导要重视图书资料情报工作,提高对图书馆在学校教学科研中地位和作用的认识。首先应从省教委做起,制定加强和改善高校图书馆工作的措施,要求各院校领导要认真贯彻执行。

2. 国家教委颁发的《普通高等学校图书馆规程》省教委和各院校领导均应认真执行,保证按规定划拨经费给图书馆。为此,省教委在给各院校分配教育经费指标时,应将图书资料费和设备费按比例要求专项下达。

3. 省高校图书情报工作委员会受省教委委托,组织管理全省高校图书馆工作,它是一个具有行政和业务管理职能的工作机构,它在我省高校图书馆建设和促进高校图书情报事业发展方面发挥着积极的重要的作用。所以省教委领导应十分关心和支持图工委的工作,并保证其开展工作所必需的经费和有关的专项经费及工作人员等条件。

三、组织经验交流，开展学术研讨

组织学术研讨、经验交流，是推动图书馆工作改革，不断提高图书馆工作人员的业务水平和学术水平的一项有效活动。图工委根据形势的发展，科学技术的发展及其在图书馆的应用，适时开展了相关问题的研究探讨，多次组织召开全省范围内的学术交流活动，进一步推动新形势下我省高校图书馆学情报学的理论研究以指导实践工作更好地开展。

1. 举办藏书建设研讨会

根据出版物激增，各种声像资料、非书资料的出现等藏书建设的内容发生变化的情况，图工委于 1986 年 6 月 25 日在山西大学组织召开藏书建设研讨会，研究新形势下图书馆藏书建设的原则与协调等问题，并将文献资源共享提上议事日程。会议提出了 6 点有益建议：①建设有权威性的协调机构，恢复山西省中心图书馆工作委员会；②每年召开几次协调工作会议，主要对一些昂贵图书的选购协调决策；③规划我省文献资源布局，确定各馆重点收藏范围；④由各馆提供重点学科新入藏书目，编制全省协调目录；⑤发放通用借书证，一部分直接发至个人，一部分由各馆掌握，由图书馆协调解决读者需求；⑥向有关部门呼吁，保证图书经费的增长起码要与图书涨价同步。这些建议可以说为山西高校图书馆的发展提出了切实可行的办法。

省高校图工委副秘书长王永安在会上做总结发言。他认为这次会议是我省高校图工委成立以来最大的一次会议，也是我省高校图书馆史上较大的一次会议。全省 22 个院校及山大图书馆学系共到代表 56 人，会议还邀请了省图书馆等 7 个兄弟单位近 20 名同行到会光临指导，山西日报记者到会进行了采访。会议收到论文 41 篇，其中大会交流 2 篇、小会交流 21 篇、书面交流 18 篇。收到论文，数量之多是我省高校图书馆史上从未有过的，从质量上看，就我省的基础而言，比过去也有所提高。系统工程、信息工程、管理工程、运筹学、统计学、经济理论等，在一些论文中有所反映，也就是说，好多作者用最新的科学理论来研究和探讨图书馆工作的客观规律，使我们看到图书馆学涉及的范围是相当广泛的，当代科学技术的许多理论都渗透进了图书馆学，赋予图书馆新的内容与活力，这是本次会议论文的一个显著特点。从内容上看，论文基本上涉及藏书建设的各个方面，有藏书采访工作方面的，有藏书组织管理方面的，有复审别旧方面的，有藏书布局协调方面的，等等。大家在论文中从不同的角度，提出了一些新思想、新方法、新建议，给我省高校图书馆藏书建设提供了新的信息，可供各馆参考与借鉴。这对于我省高校图书馆长期落后的状况来说，是一个可喜的进步。

本次会议的宗旨是切磋学术、交流经验、互通信息、增进友谊。会议对藏书建设的有关学术问题进行了自由的讨论，参加会议的既有馆长，又有部（室）主任等，大家结合本馆的实际，学习一些新的东西，即使有些问题暂时还不能如愿，也还是从中受到了启发，给我们考虑问题提供了新的思路。

会议还邀请了山西大学图书馆学系柴作梓副教授、冯锦生讲师等作了主旨发言,使大家对高校图书馆为教学科研服务的问题,有了进一步的认识与理解。大家初次听到"UAP"这个关于资源开发与利用的有关问题;对藏书、藏书建设的概念以及与此有关的问题开阔了视野。

此外,本次会议与以往的会议相比有一个新的变化,就是年轻同志占了很大比例,30岁以下的20人,31—40岁的11人,41—50岁的16人,51岁以上的9人,中青年同志占了绝大多数;在文化水平和专业知识上也发生了较大的变化,山大图书馆学系和北大图书馆学系函授毕业的同志参加会议的席位多,说明了我们山西高校图书馆事业后继有人,从某种意义上讲,这次会议也是对我们山西高校图书馆专业干部队伍的一次检阅。

此次学术讨论会还引起了人们的注意,山西日报很重视会议的召开,派记者到会采访,准备会后在山西日报上刊登消息,扩大影响,提高人们对图书馆的认识,对图书馆事业的发展来说实属必要。

会议期间,图工委充分利用时间,召开了常委扩大会议,通报了本次会议的筹备情况;传达了华北高校图协在河北承德召开的专业干部队伍建设研讨会的精神;布置了下一阶段的工作;研究了办刊有关事宜。

2. 召开学术年会

1987年1月9—10日,山西高校图工委在太原工业大学召开了1986年学术年会。年会回顾总结了省高校图工委1986年工作;提出了图工委1987年工作要点;进行了论文宣读及表彰优秀论文作者的工作(这次年会共征集论文99篇,评选出优秀论文27篇,有16位论文作者获奖);还组建了《晋图学刊》新的编委会和编辑部。全省各高校图书馆领导及论文作者67人出席了年会。年会由省高校图工委副主任兼秘书长、太原工业大学图书馆馆长关荣昌同志主持,省高校图工委副主任、省教委高教处处长尹中川同志在年会上结合我省高校图书馆工作实际和当前形势做了访问日本的报告。尹中川同志1985年10月中旬随同太原工业大学教授访日代表团,参观访问了日本的东京工业大学、千叶大学、信州大学工学院等几所工科院校,除了参观他们的实验室外,还看了图书馆。他详细介绍了这几所大学图书馆在投资、馆舍、藏书、管理等方面的情况,以及服务状况。之后尹中川同志对比我省情况谈了自己的看法和建议,他指出:"我省高等院校的图书馆,除山西师大新建之后,无论就其建筑面积来说,或就其馆内设施来说,都是比较好的,其余省属几所学校的图书馆,都比较小,满足不了需要,设施也比较落后,总的来说,我们管理水平低,人员素质也差,当然,我们不能简单地同国外发达的资本主义国家相比较,我们社会主义制度刚刚确立不久,不到半个世纪,而资本主义国家已发展了上百年了。日本东京工业大学是明治十四年成立的,至今已有一百多年历史。我们的大学都是新中国成立后新建而且是党的十一届三中全会以后,发展很快,规模不断扩大,许多设施不配套。要按现在定的规模,把各项设施赶上去,还得一定时间,但是我觉得,在各项设施中,图书馆的扩建、新建,要抢先一步,因为图书馆不但是提高教学、科研人员水平的重要场所,也是大学生猎取知识、开发智力、能力的主要课堂之一。除了要加快我省高校图书馆建设之外,我觉得,我们管理图书馆所有人员的素质,需要通过培训,提高其业务能力。我们定编、定岗、定责以及考绩工作,应当跟上去,向管理工作规范化迈进。我们所有工作人员之间的团结共处、热情服务,也应有所改善,我们所有干部、职工,有着建设四化,实现新时期总任务的共同理想,理所当然地在这方面应比外国人做得更好,这项工作做好了,尽管我们暂时有一些困难,尽可以在有限的物力、财力下提高服务质量和工作效益。”

这次会议还研究讨论了1987年图工委工作要点,主要抓几件工作:一是定编、定岗、定责,加强考核,向管理工作规范化努力。二是职务聘任,要做好准备。三是质量评优,组织一下巡回检查。

3. 主办华北高校图协1987年学术年会

除举办本省的学术会议外,图工委还加强了与华北各省市高校图工委的学术联系,积极组织人员参加华北地区高校图协的学术会议,大力倡导工作人员钻研业务、撰写和发表论文,这样既活跃高校馆的学术气氛,又总结业务经验和学术成果,促进了我省高校各馆的业务水平和学术水平的不断提高。

1987年9月22—25日,第一次由山西省高校图工委主办的“华北地区高等学校图书馆协作委员会1987学术年会”在山西大同市召开。河北、山西、内蒙古、天津、北京五省(市、自治区)的论文作者及山西、天津、内蒙古教委的领导同志、图工委负责人以及有关人员,共76人出席了大会。国家教委教材和图书情报管理办公室副主任、全国高校图工委副主任兼秘书长肖自力、全国高校图工委常委、天津市高校图工委副主任、南开大学图书馆馆长来新夏教授出席了年会,并做了重要报告。山西省教委赵美英及雁同地区有关领导到会祝贺并讲了话。

年会由值年主席单位内蒙古高校图工委秘书长宋本成同志主持。肖自力同志在年会上结合全国高校图书馆工作和当前形势做了报告。他说,全国高校的形势比较好,各级领导重视图书馆工作,取得了一定成绩:①组织起来了,成立了全国、省高校图工委;②图书馆基础业务(采购、流通、阅览)有了很大发展,直接参与了教学;③开展了情报服务;④图书馆事业有了很大发展,高校图书馆人员达32 400人,大专以上占53%。增加了电子计算机、电视机、缩微、声像、复印等现代化设备。开始从传统的图书馆向现代化的图书馆过渡。他要求高校图书馆要强化教育、情报两大职能,为培养“四有”人才服务。来新夏教授做了题为《加强高校图书馆教育职能和情报职能》的学术报告。报告指出,要把高校图书馆建成培养“四有”人才的重要基地。一是要更新转变观念,馆长敢于决策;二是要开发高校图书馆文献资源,充实文献量;三是要加强高校图书馆队伍建设,提高人员素质;四是要对学生进行图书、图书馆知识的教育。本年会共征集论文52篇,有16位论文作者在大会上宣读了论文,引起了较大的反响。到会代表针对大会发言以及肖自力同志和来新夏教授的报告等学术问题进行了热烈的分组讨论。

山西省高校图工委副主任兼秘书长关荣昌教授主持了闭幕式。山西省高校图工委副秘书长王永安同志代表年会领导组进行了总结发言。值年主席内蒙古高校图工委秘书长宋本成同志做了值年工作小结:①承办了通辽会议、就专业职务聘任制和管理改革问题进行了研讨;②筹备了1987年学术年会;③铅印了华北五省(市、自治区)高校图书馆《干部名录》;④年会期间秘书长会议商定:由《津图学刊》主持编印华北高校图协大事记,1987至1988年度由北京高校图工委任值年主席。小结中还谈到了存在的问题,对华北高校图协的体制及年会组织工作提出改进意见。北京高校图工委秘书长王戊辰同志,就1988年工作设想谈了五点:①编辑出版华北高校图书馆名录(资料性手册);②组织对兄弟大区高校图协考察;③资源共享,进行书刊、技术及智力相互支援;④1988年上半年召开阅读倾向学术研讨会;⑤华北高校图协体制改革问题。

河北高校图工委副主任于庆明代表五省(市、自治区)及全体代表致答谢词。山西省教委高教处第一副处长李庆生同志讲了话。山西省教委专职委员、山西省高校图工委主任赵美英同志在开幕词中对山西高校图书馆的发展状况做了简要介绍。

近几年,我省高校图书馆工作,在省高校图工委特别是在各高校一批热心于图书馆工作的同志们的努力下,取得了可喜的成绩。目前,我省高校图书馆情况是这样的:①馆舍:1986年总面积55000平方米,比1985年增加了11000平方米,现在正在建设中的有38000平方米;②藏书:1986年643万册,比1985年增加了45万册;③人员:1986年工作人员总数676人,比1985年增加了118人。从文化程度上来看,大专毕业生占39%;图书馆经费:1986年总经费为252万元,比1985年增加28万元,平均占到高校教育总经费的3.6%,最高的占到5%。总的来说,我省高校图书馆工作虽然有所发展,但与兄弟省市相比差距还是很大的。能借这次召开学术年会的机会,得到诸位专家,教授和各省、市教委领导的指导和帮助,对我们来说是非常荣幸的。赵美英同志在讲话中谈到了图书馆的重要性及搞好图书馆工作需要进行四个方面的建设。他说,参观一所大学,无非是要看四个窗口,第一是校园,校园的好坏,反映着整个学校的精神面貌和管理水平;第二是图书馆,图书馆的建设和管理情况说明校(院)长是否内行;第三是实验室,它集中地体现了教学和科研的水平;第四是教学科研中的辅助手段,如电教设备,计算机设备、语音设备、实习工厂等,它标志着一个学校教学科研手段的现代化水平。而图书馆,则是社会主义科学、教育、文化事业的重要组成部分,是书刊资料收集、整理、保存、开发和提供利用的学术性服务机构。对高校图书馆来说,它也是精神文明建设的重要阵地。高校图书馆面临科学技术高度分化和高度综合的发展趋势,对于改变学生的知识结构和能力结构,也提出了新的要求。所以,要特别注意培养学生对信息的吸收、选择和综合能力,所以引导学生很好地利用图书馆是非常必要的。另外,图书馆要参与学校的教学活动,但我们的图书馆还处在一个不能主动积极地参与教学活动的阶段。这几年,我们在为教学科研提供专刊、文献、情报服务等方面做了一些工作,收到了一定的效果,但面很小。从这个意义上来说,图书馆也应该是发展教育的重要条件,培养人才的一个重要阵地,教学科研的一个重要支柱。因此,建设好图书馆是高校一项不能忽视的工作。在浩如烟海的文献资料面前,如何将它们井井有条地管理好,并且能够及时,准确地为读者提供服务,都是需要认真对待和深入研究的课题。就我们高等学校而言,藏书有上百万册的,有几十万册的,怎样使这些文献资料能充分发挥效益呢?在新技术革命挑战,知识载体日趋多样化和信息的处理技术迅速更新的今天,如何才能获得信息并准确地、及时地传递到科技人员手中呢?途径和方法很多,如信息的浓缩、筛选、传递、跟踪等都需要很好地研究。从我省的高校图书馆来看,在这方面的研究工作还是很不够的,只有逐步解决这些问题,才有可能采用最新的技术和方法,把最有价值的文献情报以最快的速度传递到使用者手中,这是我们面临的一个很大很艰巨的任务。我们省高校图书馆这几年的工作,比过去虽有所进展,但速度还不快,这点进步是在我们高校图工委同志们的努力下完成的,而我们省教委只是做了一些原则性的指导。几年来,在培养学生的文献检索和利用能力方面,我们也按照国家教委教高一字〔84〕004 号和教高司字〔85〕65 号文件规定,要求各高校图书馆给本科生和研究生开设文献检索与利用课。在发挥图书馆的情报职能、开展咨询服务方面、利用计算机手段管理图书馆、用声像资料设备开展技术服务等方面,也都做了一些尝试,只能说是刚刚起步。今后,我省高校图书馆工作准备进行的,首先要搞好以下四个方面的建设,第一是馆舍建设,近几年,我们抓得比较紧,政府下了很大的决心,投资也较多,正在建设中的两个大馆,一个是山西农业大学图书馆,9000 多平方米。一个是太原工业大学图书馆,10000 多平方米。第二是馆藏建设。第三是干部队伍建设,我省现在高校图书馆干部队伍的基本情况是专业人员数量少,素质低,结构不合理。我们准备培养一些中专层次的图书馆专业人员。第四是管理手段的现代化建设。另外,我们还在研究推进四个转变的问题,第一是从图书馆的传统观念,向开发信息资源、服务四化建设方面转变。第二是从单纯的保存文献信息逐步转向收集、筛选、开发、传递这些文献信息,这也需要做很多工作。第三是从传统的信息载体、管理手段向现代化方面转变。第四是由单纯的面向学校为教学科研服务转到面向社会,开展咨询服务。最后,赵美英同志总结说,传统观念的束缚对我们高校图书馆的改革阻力很大,推动一下是很吃力的,做起来也很不容易,这有待于我们的艰苦努力,也有待于吸收各兄弟省市高校图书馆的经验,特别是请在座的诸位专家、教授、同仁给予帮助和指导,使我省高校图书馆工作能尽快地赶上兄弟省市的水平。

4. 召开图书馆管理改革研讨会

1989 年 10 月 6—9 日,省高校图工委在山西夏县中国人民武装警察部队专科学科主持召开了"山西省高校图书馆管理改革研讨会"。来自省内 33 所高校图书馆的 61 名代表出席会议。有 38 篇论文提交大会讨论。

大会开幕式上,图工委副主任兼秘书长、山西大学常务副馆长王振华同志致开幕词。他首先介绍了会议筹备情况,接着总结了我省高校图书馆最近一个时期的工作及发展情况,并指出了目前图书馆工作中存在的一些问题,阐述了召开这次会议的意义和重要性。大会发言中共有 11 名代表从不同的方面就图书馆的管理改革问题进行了交流。会议的第二天代表们分组就以下问题进行专题讨论:①你馆在实施科学管理中的方法及措施;②你馆在科学管理中遇到的问题及解决办法;③你馆在科学管理中的经验及教训;④在十三届四中全会后的新形势下,如何搞好我省的高校馆管理改革;⑤我省高校图书馆工作如何走出低谷等方面的问题。讨论既有理论探讨与经验介绍也有矛盾的揭露和各种不同观点的争鸣。通过讨论大家交流了信息,加深了理解,对今后的工作必将有推动作用。

在闭幕式上,图工委副主任、太原机械学院图书馆馆长兰珊同志做了大会总结。他认为这次会议开得成功,是我省第一次召开管理改革研讨会,是一个很好的开端,开会的背景也是适时的。本次会议也是馆、部领导参加人数较多的一次,而且是直接参与管理的馆、部两级领导亲自带头撰写论文。会上大家从不同方面,不同角度交流探讨,并提出了管理改革的看法及设想,取得了经验,使新鲜的经验和看法得到了推广和应用。希望广大图书馆工作者对参会论文中涉及的"职业道德论""领导重视论""人才第一论""贫困落后论""领导关心论""素质不高论""主观能动论""系统科学论""全员管理论""方格论""优化组合论""目标管理论""定额管理论""激励论"等问题进行更加深入的研究和探讨。

5. 举办学术讲座

1990 年 4 月 9—10 日,由省建设厅等部门和山西大学共同召开的"山西大学图书馆工程设计方案议标会"结束后,特邀本次议标会的代表清华大学图书馆顾问、中国图书馆学会建筑分会委员会主任朱成功先生和原北京邮电学院图书馆馆长王戊辰先生分别做学术报告。我省部分高校馆馆长和工作人员,以及山西大学图书馆学系的师生共 500 多人听了报告。王戊辰先生报告的题目是《关于我国传统图书馆向现代化图书馆过渡的几个问题》。朱成功先生报告的题目是《国外图书馆概况和图书馆建筑》。两位专家的报告既有理论的高度,又有生动的实际,是非常切合实际需要的学术报告。

6. 举行"图书馆学研究方法"研讨会

1990 年 5 月 19—21 日,在山西大学举行了"图书馆学研究方法"研讨会,近几年内涌现出来的一批在图书馆学研究方面取得了可喜成绩的核心作者 25 名应邀参加了会议。省高校图工委秘书长王振华发表讲话,《晋图学刊》主编、山大图书馆学系副教授冯锦生同志做了题为《图书馆学研究方法的重要性及其近十年来的研究概况》的学术报告。与会代表就各自的研究方法做介绍、交流与研讨。研讨会结束前,《晋图学刊》编辑裴成发同志就当前我国图书馆学的几十种专业刊物的概况与自建国以来图书馆学各分支学科的发文量及其今后研究趋势作了介绍与探索。

7. 纪念《晋图学刊》创刊五周年

《晋图学刊》作为山西高校图工委主办的学术刊物,在交流学术思想、借鉴业务经验、提高我省高校图书馆的理论水平和业务水平方面发挥了应有的作用。在编委和编辑部同志们的辛勤努力下,在省内外广大读者和作者的关心支持下,刊物质量不断提高,1986 年 7 月 5 日获准了第 152 号的《山西省期刊登记证》,从而成为全国公开发行的正式出版物。

1986 年 12 月 27 日,山西省高校图工委常委会议决定:《晋图学刊》编委会及编辑部进行改组。改组后的编委会组成名单如下:

顾　　问:柴作梓　刘宛佳

主　　编:冯锦生

副主编:邵玲娟　安银海　康　军(暂缺一人)

编　　委:王永安　董延旺　李银生　芦建生　赵晋生　张广庸　刘永胜
　　　　　陈晰明　(暂缺一人)

　　编辑部主任:宋其兰
　　编　辑:王俊林　米东华

　　1988年5月31日,山西省高等学校图书情报工作委员会在山西大学召开了常委会议,就《晋图学刊》编委会的成员做了适当调整。调整后的成员名单如下;

　　编　委:王永安(副研究馆员)　　冯锦生(副教授)
　　　　　　安银海(副研究馆员)　　李秀华(副研究馆员)
　　　　　　李玉文(副研究馆员)　　张广庸(副研究馆员)
　　　　　　赵晋生(馆员)　　　　　康　军(副研究馆员)
　　　　　　董书新(副教授)　　　　董廷旺(副研究馆员)
　　主　编:冯锦生
　　副主编:李玉文　安银海　康　军

　　图工委对卸任的原顾问、原编委以往的工作成绩表示了充分的肯定,并致以深切的谢意!
　　1990年,《晋图学刊》迎来了创刊五周年,作为纪念创刊五周年的一项活动,《晋图学刊》于1990年5月19日至21日在山西大学举办了山西省高校系统"图书馆学研究方法"研讨会。
　　10月10日上午,在省高校图工委的所在地——山西大学图书馆内,召开了《晋图学刊》创刊五周年纪念会。省教委专职委员、省高校图工委主任赵美英同志,省教委高教处李志勤副处长,山西大学李镇西校长、苏以当副校长,以及省图书馆学会秘书长,山西省图书馆金高尚副馆长,省中专图协王桂萍副秘书长、《图书馆学文摘》编辑部李如斌同志等到会祝贺,并在会上做了热情洋溢的讲话。他们充分肯定了《晋图学刊》五年来所取得的成就,也对今后的办刊工作提出了各种希望。参加这次会议的还有第一任本刊编委会与编辑部的部分同志,以及图工委常委与《学刊》现任编委会与编辑部的同志,他们热烈庆贺《学刊》创刊五周年,并对《学刊》今后的编辑出版工作提出了有益建议。
　　会上,《学刊》主编冯锦生同志作了《回顾与瞻望——纪念〈晋图学刊〉创刊五周年》的发言,就办刊五年来的概况、成绩、问题与今后的努力方向,向领导、来宾与同志们做了汇报。五年来,《学刊》一共收到了来自全国29个省(市)约1300多篇650多万字的稿件,每年的来稿量与外省来稿所占之比例都在逐年上升。《学刊》先后一共编发了近500篇约220万字的文稿。通过《学刊》已涌现出近400位著者,其中我省约占二分之一强(均不包括未发文的著者),并形成了我省高校系统的一支比较稳定,而且在全国各图书馆学刊物上有一定影响的核心著者队伍。到1990年为止,《晋图学刊》的订户已遍及除西藏、台湾外的29个省(市)。
　　在《晋图学刊》创刊五周年之际,省内外图书情报界许多同仁发来贺信,或撰写了回顾纪念文章。
　　中科院文献情报中心学术委员会副主任白国应先生撰写了"热烈的祝贺,衷心的希望"对《晋图学刊》提出了八点殷切的希望。
　　《图书馆学文摘》编辑部也发来贺信,全文如下:

欣逢《晋图学刊》杂志创办五周年纪念,在此我们表示热烈祝贺!

贵刊的创办为山西省广大图书情报界同仁提供了传递信息的渠道开辟了一块向往的园地。它使学者易学,读者易读,颇受图书情报工作者的爱戴。它的创办促进了山西图书情报理论的研究,推动了山西省图书情报事业的发展,为山西图书情报事业的发展书写了新的篇章。

五年的开拓,五年的耕耘,贵刊同仁不仅为《晋图学刊》立足本省、面向全国的出版发行,付出了辛勤劳动。而且还为我刊笔耕不辍地摘编稿件,对我刊工作给予了极大的支持。为《图书馆学文摘》的出版提供了可靠的保证。谨此,致以崇高的敬意及由衷的感谢!

愿五年之际,为《晋图学刊》历史篇章的一个逗点。祝贵刊在新的征途上,不断创新,为繁荣和发展图书馆事业做出更大的贡献。

学刊的第一任副主编刘宛佳发表了"继往开来,任重道远——热烈祝贺晋图学刊创刊五周年"的纪念文章;山西生物研究所情报室主任李承节发表了"坚持改革　提高质量　办出特色——祝贺《晋图学刊》创办五周年"的纪念文章。

四、新建馆舍,改善办馆条件

80年代以后,随着国民经济的恢复和高等教育的深入发展,为了与组织、法规、经费这些软环境建设相适应,依靠国家和地方各级政府的大量投资,我省高校图书馆与全国高校一样图书馆馆舍建设进入一个空前发展时期。通过新建和扩建,涌现出一大批功能新颖、风格多样的图书馆新馆舍。先后有:1985年,山西财经学院图书馆楼竣工,面积4543平方米、太原机械学院专科学校图书馆建成,面积2600平方米、晋中师专图书馆落成,面积2800平方米、中国人民解放军夏县武警专科学校图书馆建成,面积2857平方米;1986年,山西省职业师范专科学校图书馆建非独立馆舍277平方米、晋东南师专图书馆楼建成,面积3000平方米;1987年,长治医学院图书馆新馆落成,面积2188平方米、山西矿业学院图书馆新楼落成面积10 700平方米、忻州师专图书馆楼落成,面积4500平方米;1988年,吕梁高等专科学校图书馆楼建成面积2992平方米、太原电力专科学校图书馆楼建成,面积4000平方米、忻州师专图书馆建成,面积4542平方米;1990年,山西经济管理学院图书馆竣工,面积13021平方米、华北工学院图书馆扩建分馆面积2064平方米。6年间全省高校共建成新馆舍面积6万余平方米,新增阅览座位5000多席。馆舍的改善为图书馆提高工作质量奠定了坚实的基础。

五、改革创新,不断提高工作质量

这一阶段我国高校图书馆首先是推进图书馆观念的现代化。在这方面,各高校图书馆不同程度地都树立了"服务观点""读者观点""流通观点""情报观点""效益观点"等现代图书馆观念,开始从观念形态上告别传统的图书馆。其次是改革传统的业务方式,主要是破除了书库不开放的陈腐观念,普遍地、程度不同地实行藏书的开架流通。在传统的、单一的借还业务的基础上,努力开辟影视、听读、缩微、复制、文献检索、定题服务、读者咨询等现代服务领域。再者是改革传统的行政、业务的管理,开始从原始的状态向科学管理过渡,努力探寻目标管理、质量管理、定量管理、定额管理等现代化管理模式;同时强化岗位职责和业务考核,从而使工作效率和水平有所提高;在工作手段上,也从传统人工方式向计算机管理方式演进。

1. 增加开馆时间进一步改善读者服务工作

随着教育改革的深入发展,图书馆作为学生的"第二课堂"和师生获取知识信息的"图书资料情报中心"的作用日益凸显,为了适应教学和科研的需要,各馆在校领导的大力支持和同志们的努力下,想方设法,克服困难,不同程度地延长开馆时间,例如:山西矿业学院图书馆的周开馆时间达到 73 小时;太原重机学院图书馆周开馆时间增加到 105 小时;大部分图书馆的周开馆时间都达到或超过了《条例》的有关规定。

在多数馆舍十分紧缺的情况下,经过合理的调整和安排,有的院校开辟了新的阅览室:如标准文献室、专利文献室、科技文献检索室、基础课参考书阅览室等,阅览座位也有所增加。

2. 发挥情报职能开设文献检索课

国家教委在 1985 年发文《关于改进和发展文献课教学的几点意见》中提出"组织开设文献课是高校图书馆义不容辞的任务,应把它看作图书馆工作改革的一部分列入日常工作计划","凡有条件的学校可作必修课,不具备条件的学校可作为选修课或专题讲座开设,然后逐步发展、完善。研究生更应该补上这门课"。我省 8 所本科院校率先开设文献检索课,培养学生的情报意识,使他们初步掌握利用文献和情报的技能。

各图书馆也充分发挥情报职能,积极开展情报咨询服务,如医学院、重机学院和太原工大图书馆仅 1986 年就完成了 18 个课题的计算机文献检索任务,写出了相关课题的调研分析和文献综述。这些院校图书馆开展的情报咨询服务和取得的积极成果,受到了广大教师的热烈欢迎,同时也受到了学校领导的支持和关注。

3. 采用先进技术开拓新的业务领域

从 20 世纪 80 年代末期开始,部分条件较好的图书馆开始引进计算机等先进技术设备用于图书馆管理。有 4 所院校组建了技术部开展以下工作:①进行电子计算机应用研究,如工大图书馆专门成立了计算机应用研究组,以期刊工作计算机化为试点,利用 2 台 IBM－PC/XT 微机,开展计算机期刊系统的开发研究工作,初步完成了西文过刊机检目录子系统的程序设计工作。②积极开展声像技术服务,有 5 所院校图书馆利用录像设备和声像资料,为读者播放 BASIC 语言录像、微机原理及应用录像等,以及文献检索录像等,受到师生的普遍欢迎。

4. 组织文献资源调查提高馆藏建设水平

1988 年 10 月 26 日至 29 日,部际图书情报工作协调委员会文献资源专业组在北京召开全国文献资源调查部署会议,拉开全国文献资源调查研究的帷幕。1988 年 11 月,根据国家部际图书情报工作协调委员会全国文献资源调查会议的部署,图工委主持于 12 月开始对省内具有研究级水平的 9 所本科院校的文献资源状况进行系统的调查。此次调查的目标主要是了解收集文献的完备程度和支持研究决策的能力。首先,图工委于 1988 年 11 月 26 日在山西财经学院召开了全省高校系统文献资源调查动员部署会议。9 所本科院校图书馆馆长和文献资源调查负责人出席了会议。会上省高校图工委秘书长王振华同志传达了全国文献资源调查会议的精神,具体安排了我省高校系统文献资源调查的时间、步骤和要求。会后,各院校立即行动起来,分别组成了文献资源调查的专门班子,在各馆的努力下经过了 7 个月的艰苦工作,到 1989 年 8 月底完成了调查任务,取得了一系列较系统和较完整的数据,并进行了初步的评估。

山西省有大专院校 24 所(不含成人和军队院校),这次文献资源调查的重点是对具有研究级水平的 9 所本科院校的文献资源现状及其研究级学科文献的收藏水平进行较系统的调查统计和分析。这 9 所本科院校是全省高校系统文献资源的主要分布点,摸清了这几所院校的馆情,实质上也摸清了全省高校系统文献资源的省情。

本次调查运用书目核对、引文分析和用户调查的方式对 58 个研究级学科文献的收藏完备程度和支持科研的能力进行分析和评价。通过调查研究,各馆都摸清家底,找出本馆文献资源的优势、薄弱环节和空白点,从而为今后改进馆藏文献建设和全省文献资源合理布局,以致为制定全国文献资源统一协调和合理布局方案提供了事实依据。

图工委秘书处对调查情况进行了总结,撰写了调查报告,根据报告可对当时山西高校图书馆的文献资源状况有一个较全面的了解。

(一)图书、期刊及其他类型文献分布现状

1. 图书分布现状

表一表明,山西省高校系统共收藏普通图书 981160 种,4849682 册,收藏古籍线装书(含《四库全书》)30241 种,294975 册,合计收藏图书 1011401 种,5144657 册,占全省公共、科研、高校三大系统图书总量 6991087 册的 73.58%,全省九所本科院校共有在校生 33260 人,学生人均有图书 30.4 种,154.7 册、在图书语种上,中文高于外文,平均复本率是 4.9 册,其中,中文 6.3 册、外文 2.5 册。

山西省高校系统图书分布有以下几个特点:

①在学科结构上,以"技术科学"图书为最多,其次是"数理化"基础学科,再次是"文学艺术"类图书。②在学校分布上,图书品种超过 10 万种以上的主要有山西大学和太原工业大学,其中山西大学共收藏 244718 种,占全省高校系统图书总数的 23.9%;太原工业大学收藏图书 196404 种,占 20%。其余 8 所院校均在 10 万种以下,共占 56.1%。

2. 期刊分布现状

期刊是一种信息含量高、出版周期短、内容新颖的出版物,是重要的情报源,其价值显得越来越重要。表二(A)显示,山西省高校系统现共有期刊 94325 种,其中外文 16081 种占 32.6%,中文 33,244 种占 67.4%。1987 年 9 所院校共订购外文现刊 6596 种,其中原版 621 种,占 1987 年全省高校系统外文期刊总品种的 9.4%。1987 年订购外文原版刊最多的院校是工大、山大、师大,分别占本校 1987 年外文期刊总品种的 13.2%、16.2% 和 45%。

外文期刊是最主要的情报源之一,其入藏比重是一个馆的重要水平标志,自然科学方面尤其是如此,这是国内外许多人研究各类文献情报作出的评价。表二(B)表明山西省高校系统自然科学外文期刊的分布情况。纵观表二(A)、(B),我们不难看出山西省高校系统自然科学外文期刊分布有以下几个特点:①外文期刊以影印为主,原版比重小、就以 1987 年订购的外文期刊来比较,原版仅占 9.4%,绝大多数为影印,作为情报信息的主要来源,原版期刊比较小,则接受情报信息就比较缓慢。②在学校分布上,形成以太原工业大学的"数理化"和"技术科学"、山西大学的"生物科学"、山西医学院的"医药卫生"、山西农业大学的"农业科学"文献为主体的自然科学文献群体结构。

3. 其他类型文献

山西省高校系统收藏其他类型文献是比较贫乏的,现有标准 15993 件、专利 31390 件并主要集中在理工科院校中,综合性院校收藏甚少,这种状态实际上是不正常的,也说明了山西省高校系统文献资源类型上的贫乏和失调,这是今后在藏书补充上需加强的方面。另外收藏的声像资料只有 1841 盒,缩微品只有 515 种,至于科技报告、学位论文、会议文献收藏的更少,同样需下工夫来建设。

(二)研究级学科文献收藏现状

1. 研究级学科的选择

研究级学科文献,是指在某一学科或专题范围内收藏的相当完备,可以支持一定程度的科学研究,或者可以满足培养硕士研究生以上水平的需要。在这次文献资源调查中,我省 9 所本科院校对研究级学科文献的确定,主要依据《全国授予博士和硕士学位的高等学校及科研机构名册》(国务院学位委员会办公室编,高等教育出版社,1987 年)中收录的学科和专业为重点。该《名册》收入山西省 8 所本科院校、70 个学科和专业招收研究生,并享有硕士和博士授予权(后增加了山西师范大学),现在有 9 所本科院校 75 个学科和专业享有硕士授予权。为此,这次调查共选择了 9 所本科院校的 58 个研究级学科文献进行了重点调查与评价。分别是:

山西大学(下简称"山大")10 个学科:中国古代文学、中国古代史、中国近现代史、辩证唯物主义与历史唯物主义、现代汉语、英美语言文学、自然辩证法、无机化学、光学、植物学。

太原工业大学(下简称"工大")10 个学科:金属材料及热处理、有机化工、结构工程、信息系统工程、电机、水利工程、固体力学、无机化工、机械制造及工艺、计算机科学与组织。

山西师范大学(下简称"师大")5 个学科:古代汉语、中国古代文学、中国现代文学、自然地理、基础数学。

山西财经学院(下简称"财院")2 个学科:企业管理、计划统计。

山西农业大学(下简称"农大")6 个学科:作物栽培学与耕作学、果树学、土壤学、动物生产学、昆虫学、传染病学与预防兽医学。

太原重机学院(下简称"重院")6 个学科:起重运输及工程机械、矿业机械、自动化技术、金属加工——铸锻轧、数学、固体力学。

太原机械学院(下简称"太机")6 个学科:测试技术、自动化技术与计算技术、机械制造、化学工业、金属学与金属工艺学、武器工业。

山西矿业学院(下简称"矿院")4 个学科:矿山地质工程、矿山机械工程、矿山电气与自动化、采矿工程。

山西医学院(下简称"医学院")8 个学科:外科学、内科学、寄生虫学、生理学、儿科学、病理生理学、组织胚胎学、劳动卫生学。

2. 研究级学科文献的品种数

58 个研究级学科书刊共计 164397 种,占全省高校系统书刊总种数 1030485 种的 16%,其中图书 154395 种,占全省高校系统期刊总种数的 20.3%。

3. 研究级学科的覆盖率

以"全国文献资源调查材料之三——学科表"划分的 266 个学科来比较,58 个学科占"学科表"的 21.8%,并且在调查的 58 个学科中重复的有两个学科,即"中国古代文学"和"固体力学"。

4. 研究级学科文献的书目核对、引文分析和用户评价分析

首先从总体情况看,58 个研究级学科文献的书目核对的总平均值为 53.7%;引文分析总平均收藏率为 53.9%;用户评价有 38 个学科读者认为"基本完备",19 个学科为"勉强够用"。从局部情况看,分别是:

山大 10 个研究级学科,其书目核对总平均值为 57.4%;引文分析总平均收藏率为 60.3%;用户评价除自然辩证法、无机化学、植物学为"勉强够用",其余 7 个学科均为"基本完备"。

工大 10 个研究级学科,其书目核对总平均值为 47.7%;引文分析总平均收藏率为 62.1%;用户评价除水利工程、固体力学为"勉强够用",其余学科均为"基本完备"。

师大 5 个研究级学科,书目核对总平均值 48.9%;引文分析总平均收藏率为 81%,用户评价均为"基本完备"。

农大 6 个研究级学科,其书目核对总平均值为 59.5%;引文分析总平均收藏率为 42.6%;用户评价四个学科为"基本够用",两个学科为"勉强够用"。

财院 2 个学科,其书目核对和引文分析总平均值和总平均收藏率分别是 55.4% 和 81.2%,用户评价为"基本完备"。

重院 6 个研究级学科,其书目核对和引文分析总平均值和总平均收藏率分别是 63.5% 和 37.2%;用户评价为"基本完备"。

太机 6 个研究级学科,书目核对和引文分析总平均值分别是 55.4% 和 36.5%;用户评价为 2 个学科为"基本完备",4 个学科为"勉强够用"。

矿院 4 个研究级学科,其书目核对和引文分析总平均值分别是 61.3% 和 63.6%;用户评价除矿山地质工程为"勉强够用",其余均为"基本完备"。

医学院 8 个研究级学科,其书目核对和引文分析总平均值分别是 49.5% 和 51.7%;用户评价只有外科学为"基本够用",其余学科均为"勉强够用"和"残缺不全"。

根据山西省高校系统文献资源分布状况对山西省高校系统文献资源可作出如下分析和评估。

（一）优势

1. 文献资源已有一定的规模。表一表明，山西省 9 所本科院校共收藏图书 4849682 册，占全省公共、科研、高校图书总量(6991087 册)的 73.58%。表二(A)、(B)表明，收藏期刊共计 49325 种，其中自然科学外文期刊 13508 种，占全省三大系统自然科学外文期刊总品种(18408 种)的 73.38%。数字表明，文献资源已具规模。从师生拥有文献量来看，9 所本科院校共有在校学生 33260 人，学生人均有图书 154.7 册；87 年订购现刊 18830 种，师生人均有现刊 0.47 种，略高于全国高校图工委颁发的《普通高等学校评估指标体系大纲》(1989 年讨论稿)规定的师生人均有现刊达到 0.4 种的指标。

2. 学科文献分布各有侧重，重点突出。纵观山西省高校系统文献资源全貌，各馆的文献资源各具特色，重点突出，并拥有一定数量的文献。实际上形成了各学科文献情报中心。山大是一所历史悠久的的综合性大学，"文、史、哲""数理化""生物科学"等基础学科文献；工大的"技术科学"文献，师大的"地理""教育学"文献；农大的"农业科学"文献；矿院的"煤炭工业"文献；重院的"重型机械"文献；太机的"武器工业"文献；财院的"经济学"文献；医学院的"医药卫生"文献等，都以不同学科和专业收藏丰富而独具特色。

3. 研究级学科文献覆盖的学科面较宽，重复率小。这在前面已谈到，这里不再赘述。

4. 收藏古籍线装书"集部文献"较丰富，在华北地区占有一定的优势。我国历代文学家总集、别集、文集数量很多，但唐以前的大部分文集已经散失，保存下来的很少，唐以后的文集，据吴枫的《中国古典文献学》(齐鲁书社，1982 年出版)一书统计报导，现在大约在 8000 种左右。目前山西大学图书馆收集唐以后历代文集约 5000 种，这些丰富的集部文献是研究中国古典文学第一手资料，对本省重点学科之一——山大的"中国古代文学"的研究起着很大的支持作用。

5. 文献收藏的语种比较集中、通用，外文文献主要以美、英、苏、日为主，这些国家的外文书刊质量比较高。

（二）存在的问题

山西省是我国的能源重化工基地，是发展国民经济的三大支柱之一，要发挥山西的能源优势，在很大程度上取决于本省的科研水平和新技术开发能力。而这种水平和能力在很大程度上又取决于情报信息的吸收能力。然而，山西省的文献资源开发和利用在很大程度上适应不了本省经济建设的需要，存在不少的问题。高校系统的问题主要表现在以下几个方面：

1. 文献资源利用率低，主要表现在：

①书刊的流通率低，山西省 9 所本科院校 1987 年图书总平均流通率仅为 13.60%，最高的农大 27.89%，最低的工大仅在 6.76%。

②书刊质量不高，而且不够系统和完整，缺期少卷严重，这在读者当中反映的比较强烈。

③读者外语水平不高,外文图书利用率普遍偏低,特别是外文原版书,利用的人就更显得少了。

④工作人员业务素质低,有时有书找不出来,读者意见很大。

2. 研究级学科文献不够系统完备,保障率低,支持科学研究的能力较差。调查的 58 个研究级学科文献,其书目核对和引文分析结果,总平均率分别是 53.7%和 53.9%,总体上看研究级学科文献完备程度和支持研究能力处于中等水平。局部上看,九所学校的研究级学科的保障率有高也有低。

①从书目核对结果看,58 个研究级学科文献,超过 50%的有 37 个,最高的重院 6 个研究级学科文献平均值是 63.5%,最低的工大 10 个研究级学科文献平均值是 47.7%。

②从引文分析平均收藏率看,超过 50%的学科有 32 个,最高的是财院 2 个研究级学科文献平均值为 81.2%,最低的太机 6 个研究级学科文献平均值为 36.2%。

综合分析 58 个研究级学科文献,可以得出,社会科学方面的研究级文献保障率强于自然科学方面,这主要是因为社会科学方面的文献资源基础比较雄厚,收藏的年代长,且淘汰率比较低;自然科学方面的文献基础较薄,加之情报信息的主要传递媒介分布在外文书刊上,而且淘汰率相对也高。总之,我们认为以下研究级学科文献较薄弱,今后应加强收藏。

山大:"光学""植物学""动物学""无机化学"等。

农大:"果树学""作物栽培学与耕作学""昆虫学""传染病学与预防兽医学"等。

工大:"机械制造及工艺学""建筑结构""信息系统工程""水利工程"等。

矿院:"采矿工程""矿山地质与勘探"等

太机:"武器工业""测试技术"。

财院:计划统计学科的"数理统计"、企业管理学科的"商业企业管理"等。

重院:"金属加工——铸锻轧""固体力学"等

医学院:"病理生理学""劳动卫生学""职业病学"等。

3. 其他类型文献收藏的品种少。如科技报告、会议文献、学位论文、声像资料、检索性工具等,有些收藏的很少或基本是空白点,今后需做很大的努力。

4. 书价猛涨,财力严重不足,文献收集量逐年下降,近几年各院校文献购置费严重不足,文献收集量逐年下降,呈现萎缩状态。就以本省最大的两所本科院校 1985 年与 1987 年的文献进馆量来比较,山大 1987 年比 1985 年下降了 41.87%,太原工业大学 1987 年比 1985 年下降了 34.77%。造成这一现象的主要原因,①文献价格直线上升,据报道,外文报刊 1987 年与 1984 年相比,原版上涨了 226.07%,影印报刊上涨了 87.7%;外文图书 1987 年与 1984 年相比,原版上涨 169.43%,影印上涨 24.7%;②人民币与外币兑换值下降,就以 1987 年 2 月与 1985 年 9 月图书外币结算价格作对比,西德马克增长 123.48%,日元增长 112%,英镑增长 66.5%,美元增长 30%,法郎增长 86.84%;③各院校拨给图书馆的文献购置费均达不到《普通高等学校图书馆规程》规定的占学校教育事业总经费 5%的要求。9 所本科院校图书馆的文献购置费,最高的师大占 4.8%,最低的农大占 1.8%。

5. 资源共享意识差,馆际互借待加强。根据1987年《高等学校图书馆统计表》统计,山西省9所本科院校,只有5所院校图书馆有馆际互借记录,1987年总计借入图书72册,借出58册,平均每个馆借入8册,借出6.4册。同时在调查中了解到,在现有的馆际互借量中,有一半是读者通过个人关系借的,而馆与馆之间没有建立起名正言顺的馆际互借网。

表一　山西省九所本科院校图书馆收藏普通图书情况表

名　称	收藏图书总量			中文图书					外文图书				
	种	册	平均复本	种	册	平均复本	占图书总量的%		种	册	平均复本	占图书总量的%	
							种	册				种	册
山　大	234718	990066	4.2	139199	777129	5.6	59.3	78.5	95519	212937	2.22	40.7	21.5
工　大	196404	1035084	5.3	81656	734904	9	41.6	70.9	114748	300180	2.62	58.4	29
师　大	88411	488993	5.5	72691	440280	6.1	82.2	90	15720	48713	3.09	17.8	9.9
农　大	88835	382337	4.3	60887	330623	5.4	68.5	86.5	27948	51714	1.85	31.5	13.5
矿　院	58567	381327	6.5	45833	295715	6.5	78.3	77.5	12734	85612	6.72	21.7	22.5
重　院	63872	324858	5	39829	275324	6.9	62.4	84.7	24043	53023	2.20	37.6	15.3
财　院	37875	282313	7.5	35040	277051	7.9	92.5	98.1	2835	5262	1.86	7.5	1.9
太　机	46865	251158	5.4	30466	213029	7	65	84.8	16399	38129	2.33	35	15.2
医学院	88967	250890	2.8	49653	169640	3.4	55.8	67.6	39314	81250	2.06	44.2	32.4
合　计	981160	4849682	4.9	555252	3513695	6.3	56.6	72.5	349260	876820	2.51	43.4	27.5

表二(A)　山西省九所本科院校图书馆期刊收藏情况表

名　称	中文期刊		外文期刊		1987年订购外文现刊		
	种数	占中文期刊总种数%	种数	占外文期刊总种数%	种数	其中外文原版刊	
						种数	占1987年外文现刊%
山　大	3978	12	2929	18.2	1186	77	6.5
工　大	4579	13.8	4906	30.5	2189	289	13.2
师　大	5751	17.3	1002	6.2	402	181	45
农　大	4167	12.5	1219	7.6	310	52	16.8
矿　院	2818	8.5	1506	9.4	507	0	0
重　院	2591	7.8	1450	9	586	21	3.6
财　院	3064	9.2	274	1.7	159	41	25.8
太　机	3665	11	1232	7.7	498	0	0
医学院	2631	7.9	1563	9.7	759	123	16.2
合　计	33244	100%	16081	100%	6596	621	9.4

表二(B)　山西省九所本科院校图书馆自然科学外文期刊主要分布表

学科分布			自然科学总论	数理化	生物科学	医药科学	农业科学	技术科学
各学科总种数			473	3592	1057	1272	659	6455
学校排序	1	学校名称	工大	工大	山大	医学院	农大	工大
		收藏种数	116	1094	409	1047	503	2860
		占学科总种数%	24.5	30.5	38.7	82.3	76.3	44.3
	2	学校名称	山大	山大	医学院	农大	山大	重院
		收藏种数	91	937	328	137	81	954
		占学科总种数%	19.2	26.1	31	10.8	12.3	17.5
	3	学校名称	医学院	师大	农大	山大	工大	矿院
		收藏种数	63	365	259	65	65	869
		占学科总种数%	13.3	10.2	24.5	5.1	9.9	13.5
	4	学校名称	太机	太机	师大	工大	财院	山大
		收藏种数	44	339	125	13	8	823
		占学科总种数%	9.3	0.02	11.8	1	1.2	12.7

注:以上调查内容见张洪亮.山西省高校系统文献资源调查报告.晋图学刊,1990(2):15-19。

通过这次调查,也发现了一些我省高校图书馆存在的问题,例如:①编纂学科和专题书目、索引的工作比较薄弱。在调查中书目选择和用户调查中反映的比较强烈。书目、索引少,给读者检索资料带来很大不便。②各馆对各项业务统计工作没有引起足够的重视。由于缺乏回溯性的数据,给这次文献资源调查带来很大困难,大部分馆统计基本是从零做起。

5. 进行高校图书馆评估

80年代后期,为了认真贯彻《规程》精神,改善办馆条件,提高图书馆管理和服务水平,促进高校图书馆事业的发展,更好地为学校的思想政治教育和教学、科研服务,全国高校图书馆在各自省图工委的领导下,陆续、普遍地开展了对普通高校图书馆整体评估工作。1990年9月,为了加强对本省高校图书馆的指导,检查各高校贯彻执行《普通高等学校图书馆规程》和其他有关规定的情况,进一步改善办馆条件和提高办馆水平,山西高校图工委根据全国高校图工委《关于建立普通高校图书馆评估制度的意见》精神,结合本省高校馆的实际,制订《山西省高校图书馆评估方案》,报省教委批准,并从后半年起对全省高校图书馆开展评估。

1990年11月16日,山西省教育委员会颁发了晋教高字〔90〕32号"关于对全省普通高等学校图书馆工作进行评估的通知"决定对全省各高校图书馆工作进行一次检查性评估。

评估分两个阶段进行:第一阶段自通知下达之日起至一九九一年十二月三十一日,由各院校组织图书馆自评和学校评估;第二阶段于一九九二年上半年组织专家组,对各院校图书馆进行专家评估。

通知要求各校要分别建立校、馆两级评估小组。学校评估小组由分管图书馆工作的校(院)长任组长,图书馆馆长和教务处长任副组长,成员应吸收有关系、处负责人参加;图书馆工作自评小组由馆领导、部室负责人和业务骨干组成。各校图书馆工作的自评组于一九九一年九月底结束,向学校评估小组提交自评报告(附评估实测表)。学校评估小组对图书馆工作的评估须于十二月底结束,并于一九九二年一月三十一日前向省高校图工委提交评估报告。图书馆自评报告和学校评估报告应至少包括三个部分:1. 评估组织实施过程;2. 逐项对照评估指标体系和评估标准所给予的评价;3. 通过评估结果的分析,总结经验,找到问题及改进和解决的措施和途径。

为加强对评估工作的领导,建立省评估领导组。评估领导组组长赵美英,副组长李志勤、王振华。成员王永安、张金保、兰珊、安银海、张广庸、李玉文。评估领导组的办事机构为省高校图工委秘书处(山西大学图书馆内)。

专家组依据评估方案对各院校图书馆开展了历时半年的评估。

山西省高校图书馆评估方案

说明一

1. 本指标体系是以全国普通高校图书馆评估指标体系大纲为基础,参考煤炭系统和有关省高校图书馆评估方案,结合我省实际制定并在全省高校图书馆馆长会议上征求意见后修改确定的;

2. 本指标体系分为三大部分,第一部分 A 办馆条件给定满分25分,第二部分 B—E 图书馆工作水平给定满分75分,第三部分 F 成果附加给定满分20分,总满分为120分;

3. 一、二级指标基本采用全国普通高校图书馆评估指标体系大纲给定的权重,每项一级指标下属的三级指标均采用百分制,其分值是根据二级指标的权重系数及三级指标的多少,结合我省实际分配的。每项一级指标的权重系数乘以该项下属三级指标的得分数即为该一级指标的得分数计入总分;

4. 本次评估按下列标准定等级

本科院校图书馆	专科院校图书馆
B+C+D+E+F≥80 为甲级	B+C+D+E+F≥70 为甲级
B+C+D+E+F≥70 为乙级	B+C+D+E+F≥60 为乙级
B+C+D+E+F≥60 为丙级	B+C+D+E+F≥50 为丙级
B+C+D+E+F<60 为丁级	B+C+D+E+F<50 为丁级

5. 本次评估,办馆效益不定等级,但各馆都要计算效益,其计算公式为:

$$K = (B+C+D+E+F)/A。$$

说明二

1. 本次评估主要是对1987年第三次全国高校图书馆工作会议以来1988、1989、1990 三年的情况进行总结检查,要求各馆三年的统计资料完整齐全;

2. 学术总数中的研究生,可按一名研究生等于二名本、专科生折算计入学生总数;

3. A41、A43、A51 中的"规定标准"系指《一般高等学校校舍规划面积定额》(教育部〔79〕教计字 472 号)和《关于调整和补充一般高等学校校舍规划面积定额的意见》(教育部〔84〕教基字 092 号),具体标准如下表:

A41 馆舍建筑面积计算标准

科别	规模(人)	79 年标准/m² 人	84 年补充标准 m²/人
理、工、农、医、体育	500	2.66	2.76—2.80
	1000	2.09	2.17—2.23
	2000	1.80	1.87—1.91
	3000	1.54	1.60—1.63
	5000	1.31	1.36—1.39
文、政法、财经	1000	2.41	2.55—2.60
	2000	1.91	2.03—2.07
	3000	1.71	1.82—1.85
师范	2000	2.55	
	3000	2.06	
	5000	1.75	

A43 阅览座位计算标准

科别	规模(人)	79 年标准席/生
文科	1000	0.2
	3000	0.15
理科	1000	0.175
	5000	0.125

A51 藏书计算标准

科别	规模(人)	总藏书量(万册)	人均册数
理、工、农、医、体育	500	13	260
	1000	22	220
	2000	40	200
	3000	50	170
	5000	70	140
文、政法、财经	500	18	360
	1000	30	300
	2000	50	250
	3000	66	220
	5000	100	200

5. A42 中的"规定要求"系指《图书馆建筑设计规范》(国标 JGJ38—87)中第五

条的有关内容,即阅览室内光线充足,照度均匀,避免直射光,东西向开窗应采取相应措施;二层及二层以上书库应有提升设备,四层及四层以上书库提升设备不少于两套,六层及六层以上宜另设专用电(货)梯。

6. B15 中的"流通外借工作人员"系指在出纳台办理借还手续的工作人员,不包括整库和跑库的工作人员。

山西省普通高等学校图书馆评估指标体系及评分标准

A 办馆条件 25

一级指标		二级指标		三级指标及评分标准			
代号及名称	权重系数	代号及名称	权重系数	代号及名称	分值	评估方式	内涵及评分标准
A 办馆条件	0.25	A1 体制	0.15	A11 领导体制	10	定性	1. 有一名校(院)长分管图书馆工作得1.5分,馆长的任免与处系领导相同得1.5分,实行馆长负责制得1分,未到达要求者相应减分; 2. 馆领导齐备得1.5分,馆内组织机构健全得1.5分,部室主任享受科级或馆员待遇得1分,未到达要求者相应减分; 3. 建立了校图书情报委员会得1分,有正常活动得1分,未到达要求者相应减分。
				A12 图书情报一体化建设	5	定性	1. 全校实行图书情报一体化管理,发挥整体化效益得2分,未实行一体化者不得分。 2. 馆内有情报机构,并有适应工作需要的一定数量与质量的工作人员得3分,若无情报机构,只有专职情报或参考咨询人员只能得1.5分。
		A2 人员	0.25	A21 人员数量	13	定量	1. 现有专业人员数达到《规程》规定得8分,达到90%得7分,80%得5分,70%得3分,60%得1分。 2.《规程》规定的其他人员另列编制的得8分,不符合者不得分; 3. 学校已有长远规划使人员数逐步达到《规程》规定者得2分,无计划者不给分。
				A22 文化素质	6	定量	专业人员中大专文化程度以上者达到60%得6分,达到50%得5分,到40%得4分,达到30%得2分,30%以下不得分。
				A23 专业职务结构	6	定量	高中级专业技术职务人数之和达到专业人员的50%得6分,达到40%得5分,30%得3分,20%得1分。

续表

一级指标		二级指标		三级指标及评分标准			
代号及名称	权重系数	代号及名称	权重系数	代号及名称	分值	评估方式	内涵及评分标准
		A3 经费	0.25	A31 文献购置费	20	定量	1. 文献资料购置费占学校教育事业费的5%得15分,达到4%得13分,3%得10分,2%得5分,2%以下不得分; 2. 虽未达到规定要求,但学校已有计划逐年增加得2分,无计划者不得分; 3. 学校从科研经费和计划外收入中提取适当比例作为购置文献资料的费用得3分,否则不得分。
				A32 行政业务办公费	5	定性	临时工工资、差旅费、行政业务办公等费用不占文献购置费,学校另列计划拨给得5分,不符合要求者相应减分。
		A4 馆舍	0.15	A41 馆舍面积	6	定量	计划内学生人均拥有馆舍面积达到或超过规定标准得6分,达到90%得5分,达到80%得3分,70%得1分,其他单位挤占馆舍者减1.5分。
				A42 有关设施	3	定性	馆舍的照明、通风、安全等设施符合规定要求,并有环境条件者得3分,未到达要求者相应减分。
				A43 阅览座位	6	定量	计划内学生人均阅览座位数达到或超过规定标准者得6分,每减少10%减1分。
		A5 藏书	0.10	A51 学生人均书刊册数	10	定量	计划内学生人均拥有文献(包括合订本期刊)数达到或超过规定标准的得10分,每减少10%减1分。
		A6 设备	0.10	A61 一般家具配置	5	定性	1. 有适合需要的阅览桌、椅得2分; 2. 有适合需要并能陈列全部藏书的书架得2分; 3. 有正规合用并满足需要的卡片目录柜得1分。达不到要求者相应减分。
				A62 现代技术设备	5	定性	计算机、复印机、各文种打字机、视听等现代化技术设备能适应本馆业务需要者得5分,设备不齐全或不能适应工作需要者相应酌情减分。

B—E 工作水平 75

一级指标		二级指标		三级指标及评分标准			
代号及名称	权重系数	代号及名称	权重系数	代号及名称	分值	评估方式	内涵及评分标准
B 读者服务水平	0.30	B1 基本服务	0.40	B11 开馆阅览时间	10	定量	设辅助书库或开架阅览的阅览室周开馆时间在 70 小时以上得 10 分,60 小时得 8 分,50 小时得 5 分,40 小时得 3 分,40 小时以下不得分。
				B12 外借书刊量	10	定量	持证读者年人均外借书刊册次达到 30 册得 10 分,20 册得 8 分,15 册得 5 分,低于 15 册不得分。
				B13 内阅人次	10	定量	持证读者年人均到阅览室(不含自习室)阅览的人次达到 40 人次时得 10 分,30 人次得 8 分,20 人次得 5 分,低于 20 人次不得分。
				B14 书刊开架率	5	定量	开架书刊(对部分读者开架的书刊册数以该书库总册数乘以入库对象数占全部读者比例折算)占馆藏总数 25% 得 5 分,15% 得 4 分,10% 得 2 分,低于 10% 不得分。
				B15 流通阅览工作评价	5	定性	流通阅览有借还、阅览等合理的规章制度,有催还、过期罚款,预约借书和业务统计等措施,且流通外借工作人员效率年人均 10000 册次(只统计借)以上得 5 分,未完全达到要求时,可按实际情况酌情减分。
		B2 教育职能	0.30	B21 阅读辅导评价	10	定性	1. 编印利用图书馆的材料,并发到读者手中得 2 分; 2. 开展讲座进行利用图书馆的教育,接受教育的新生达到 90% 得 5 分; 3. 开展读书、书评活动、联系读者较好得 3 分。未完全达到要求者依次酌情减分。
				B22 书目宣传工作评价	10	定性	1. 编制新书通报,现刊目录并发到读者手中或有新书目录卡和现刊目录展示者得 4 分未完全达到要求者依次减分。 2. 编制导读书目、推荐书目发给读者的得 4 分,未达到要求者依次减分; 3. 进行新书、新刊展览等推荐书刊活动的得 2 分;未开展者不得分;

续表

一级指标		二级指标		三级指标及评分标准		
代号及名称	权重系数	代号及名称	权重系数	代号及名称	分值	评估方式	内涵及评分标准

一级指标 代号及名称	权重系数	二级指标 代号及名称	权重系数	代号及名称	分值	评估方式	内涵及评分标准
		B3 情报职能	0.30	B23 文献检索教学评价	10	定性	1. 列入学校的教学计划,并且在30课时以上的得2分; 2. 有稳定的教师队伍得3分; 3. 有正式教材和实习条件得3分; 4. 参加选修的学生数占同一年级人数的35%以上得2分;未完全达到要求的依次酌情减分。
				B31 参考咨询评价	10	定性	1. 编制各种专题索引、题录等二次文献且效果较好者得6分; 2. 为读者解答咨询有记录、有一定数量且效果较好者得4分;未完全达到要求的依次酌情减分。
				B32 检索与定题服务评价	10	定性	1. 为读者手检或机检文献有记录且有一定数量的得4分;无记录者得3分,未开展者不得分; 2. 定题服务有一定数量,读者评价较好且有记录的得6分;无记录者得3分,未开展者不得分。
				B33 情报调研、编译、报导服务评价	10	定性	1. 承担情报调研课题,写有调研报告,调研成果有价值者得3分; 2. 连续编辑出版情报刊物者得3分; 3. 编译快报、报导、综述、文摘等情报资料的得4分;未完全达到要求者依次酌情减分。
C 文献工作水平	0.22	C1 文献采集	0.40	C11 学生人均年进书量	10	定量	计划内学生年人均进书量文、财院校6册,综合性大学和师范院校5册,理工农医院校4册得10分,每少1册减2分,文、财金院校4册以下,其余院校3册以下不得分。
				C12 师生人均现刊种数	15	定量	教师(含科研人员)和计划内学生年人均订购现刊种数达到0.4种得15分,0.3种得12分,0.2种得8分,0.1种得3分,0.1种以下不得分。

续表

一级指标		二级指标		三级指标及评分标准			
代号及名称	权重系数	代号及名称	权重系数	代号及名称	分值	评估方式	内涵及评分标准
				C13 采集工作水平评价	15	经验	1. 有文献采集工作方针、细则、标准等制度得5分； 2. 有严格的审核制度得3分； 3. 建立文献采购卡，建立有关文献出版发行业务档案得4分。 4. 有文献的验收、补缺、清退制度得3分。未完全达到要求者依次酌情减分。
		C2 分编加工	0.40	C21 分类编目水平评价	20	定性	1. 使用《中图法》或《科图法》，有分类编目细则，文献分类误差率低的得13分； 2. 文献编目、著录标准化的得7分。未完全达到要求者依次酌情减分。
				C22 加工周期	10	定量	书刊到馆后提供给读者借阅所需要的初加工和技术加工的时间为：中文书二周得4分，外文书一个月得3分；期刊一周得3分，未达到要求相应减分。
				C23 目录组织与管理评价	10	定性	1. 目录组织科学，公务、读者目录中有分类和书名目录且排列整齐准确得7分。 2. 读者目录有专人管理，并能辅导读者利用目录的得3分。未达到要求者依次酌情减分。
		C3 典藏与剔旧	0.20	C31 藏书组织与典藏	14	定性	1. 藏书组织合理、分配布局恰当，有专人负责典藏，文献去向清楚得7分，无专人典藏减4分，其余未达到要求者酌情减分； 2. 书库管理制度健全，书刊管理良好，有防灾、防盗等保护措施得7分，未达到要求者酌情减分。
				C32 藏书复审与剔旧评价	6	定性	建立藏书复审、剔除工作制度，有专人负责并能正常进行剔除工作和及时进行注销，办理财产报废的得6分，未达到要求者酌情减分。

续表

一级指标		二级指标		三级指标及评分标准			
代号及名称	权重系数	代号及名称	权重系数	代号及名称	分值	评估方式	内涵及评分标准
D 现代技术水平	0.08	D1 电子计算机应用	0.40	D11 电子计算机开发与应用评价	40	定性	1. 配置的电子计算机开始运用研究与开发的得20分; 2. 电子计算机已用于业务管理和检索等项目,而且有效果的得20分。未达到要求者酌情减分,无设备者不得分。
		D2 其它现代技术应用	0.60	D21 视听技术应用评价	30	定性	1. 配置的视听设备和资料开始运用得15分; 2. 视听设备和资料利用情况良好,能经常维护保证设备正常运转,技术服务效果较好的得15分;未完全达到要求者酌情减分。
				D22 复印技术应用评价	30	定性	复印设备利用率、完好率较高,复印件清晰、复印服务能满足读者需要的得30分,未达到要求者酌情减分,无复印机者不得分。
E 科学管理水平	0.15	E1 行政管理	0.40	E11 计划管理与民主管理评价	15	经验	1. 制定图书馆发展目标、长远规划、年度计划等得8分; 2. 规划、计划执行情况良好,走群众路线、实行民主管理,有实效,每年有总结的得7分;未达到要求者酌情减分。
				E12 规章制度建设评价	15	经验	有馆、部门职责范围,岗位责任制的工作细则等各项制度,而且实施情况良好的得15分,未达到要求者依次酌情减分。
				E13 档案与统计工作评价	10	定性	1. 建立工作人员业务档案和有关的文书、业务、行政工作档案,使用方便的得4分; 2. 业务部门能定期进行业务统计,报表规范、数据翔实准确,并能按时汇总分析的得6分;未达到要求者酌情减分。

续表

一级指标		二级指标		三级指标及评分标准			
代号及名称	权重系数	代号及名称	权重系数	代号及名称	分值	评估方式	内涵及评分标准
		E2 人员管理	0.40	E21 思想政治工作评价	20	经验	1. 图书馆党支部日常活动正常,理论学习制度坚持较好的得5分; 2. 党支部有计划地开展思想政治工作,开展社会主义精神文明教育,形成良好的作风和职业道德,按时完成工作任务,热心为读者服务的得15分。未达到要求者酌情减分。
				E22 队伍建设评价	20	经验	1. 各类人员使用合理,专业技术职务评聘工作效果较好积极性得到发挥得10分; 2. 人员培训有计划,人员管理有考勤、考绩奖罚制度,效果良好的得10分。未达到要求者酌情减分。
		E3 科研管理	0.20	E31 专业实践理论研究交流	20	经验	1. 建立学术、理论研究制度,开展学术研究和技术革新,定期举办馆内学术和经验交流活动者得10分; 2. 开展业务工作经验总结,编写有价值的专著或有公开发表的论文等得10分。未达到要求者酌情减分。
F 成果附加	0.20	F1 业务建设与改革成果	0.70	F11 业务建设与改革成果获奖	20	定性	1. 业务建设成果或校(院)级以上单位奖励或校(院)级以上单位认可的技术鉴定者得12分; 2. 改革成果或校(院)级以上单位奖励或校(院)级以上单位认可的技术鉴定者得8分。未完全达到要求者酌情减分。
				F12 科研成果获奖	20	定性	科研成果或校(院)级以上单位奖励或校(院)级以上单位认可的技术鉴定者得20分。未达到要求的减分。
				F13 现代技术应用成果获奖	10	定性	电子计算机及其他现代化技术应用成果有推广价值或获奖得10分,未达到要求者减分。

续表

一级指标		二级指标		三级指标及评分标准			
代号及名称	权重系数	代号及名称	权重系数	代号及名称	分值	评估方式	内涵及评分标准
				F14 文献资源开发与服务效果	20	定性	搞好文献资源调查,弄清馆藏特色,进一步开发与利用文献积极为社会服务取得较好的效果得20分,未达到要求者酌情减分。
		F2 整体化建设	0.30	F21 馆际协作效果	25	定性	1. 积极参加地区、系统的图书情报协作活动得5分; 2. 积极开展协作协调活动,在文献资源共享方面取得较好效果得10分; 3. 对各级高校图工委的工作给予积极支持做出较好的贡献得10分。未达到要求者依次酌情减分。
				F22 国际交流活动	5	定性	1. 积极参加国际学术交流活动得2分; 2. 建立国际文献交换关系,开展国际文献交换工作得3分。未达到要求者酌情减分。

　　评估从1990年11月省教委正式发文(晋教高字〔90〕32号)开始,经过院校自评、专家组检查测评两个阶段,于1992年5月中旬结束。通过评估比较全面地了解和掌握了我省高校图书馆的工作水平和工作状况,也引起了高校领导对图书馆的重视,改善了图书馆的办馆条件和内外环境,对推动我省高校图书馆工作的改进提高和图书馆事业的发展,起了很大的促进作用。

六、成立省高校图工委专科院校协作组

　　为促进我省专科院校图书情报事业的发展,经省高校图书情报工作委员会批准,全省专科院校图书馆的负责同志于1989年12月14日,在太原电力专科学校图书馆召开了山西省高校图工委专科院校协作组成立大会。参加会议的代表为来自太原师专、运城师专、忻州师专、晋中师专、大同师专、雁北师专、晋东南师专、山西职专和太原电专的图书馆馆长。

　　大会开幕式由省高校图工委副主任兼副秘书长王永安同志主持;省高校图工委副主任

兼秘书长王振华同志致开幕词,太原电力专科学校的李副校长、曹副校长都在大会上讲话并致贺词,省高校图工委常委、业务建设组组长张广庸同志宣读了《山西省高校图工委专科院校协作组工作条例(草案)》,王永安同志在会上介绍了全国高等学校图书情报工作委员会负责同志的变更及我国图书馆事业走入低谷的原因、发展和变化等情况。会上,全体专科院校图书馆的负责同志与省高校图工委的负责同志一起对《山西省高校图工委专科院校协作组工作条例(草案)》,进行了讨论修改,重新拟定并审议通过了《山西省高校图工委专科院校协作组工作条例》。经大家民主协商,讨论推荐张广庸同志为组长,刘瑞华、韩起来、秦世华三位同志为副组长,任期两年。最后,由王振华同志宣布山西省高校图工委专科院校协作组正式成立,并宣布了组长、副组长名单。

之后,专科院校图书馆协作组成员馆的负责同志又一起讨论了协作的方法和1990年协作工作的要点。协作方法主要是:互派工作人员学习或帮助工作;召开工作研讨会;配合图工委开展评估,进行工作交流和互检等。

山西省高校图工委专科院校协作组条例
(1989年12月14日讨论通过)

一、为推动我省专科院校图书馆事业的发展,更好地为教学科研服务,经协商,决定成立山西省专科院校图书馆协作组。

二、协作组是高校图工委领导下进行业务协作的组织,其宗旨和任务是互通信息、交流经验、开展协作、资源共享。主要内容:专题研讨、经验交流、组织参观、互派工作人员等。

三、协作组每年召开一次成员馆馆长会议,总结当年的工作,协商安排下年度协作项目内容。

四、协作组设组长一人,副组长三人。其人选由各成员馆协商确定。

五、协作组的活动经费由各馆自筹,不足部分由图工委予以适当补助。

协 作 组 组 长:张广庸(太原师专图书馆馆长)

协作组副组长:刘瑞华(太原电力专科学校图书馆馆长)

秦世华(雁北师专图书馆馆长)

韩起来(运城师专图书馆副馆长)

专科院校协作组的成立对专科院校图书馆业务交流与合作起到了积极的推动作用。如,1990年12月25—27日专科院校协作组在山西省财税专科学校召开第一届年会。来自全省十四所专科院校图书馆的馆长和流通部(组)负责人,共计24人参加会议。省高校图工委几位常委出席了会议,会议总结了1990年工作,讨论商定了1991年工作并修改了《山西省高等专科学校图书馆流通保管工作规程》。

七、建章立制,规范科学管理

"不以规矩,不能成方圆。"规章制度是图书馆科学管理的重要依据和准绳。为了提高图书馆的管理、业务和服务工作的水平和质量,省高校图工委和各馆都很重视规章制度的建设。图工委根据工作实际起草了"山西省高校图书馆业务工作规范",经全省高校图书馆馆长会议认真讨论和修改,作为指导性文件帮助各馆建章立制,使各馆的业务工作有章可循,从而形成照章办事的制度化、规范化、科学化管理。

1990年12月,省教委以晋教高字〔90〕26号文件的形式下发了《山西省高校图书馆业务工作规范》,更进一步加强了高校图书馆的规范化管理。

继而省高校图工委专科学校图书馆协作组又编印下发了有关高等专科院校图书馆的工作规程,对各级各类图书馆的各项工作进行了规范。

1990年图工委专科院校协作组制订《山西省高等专科院校图书馆采访、分编工作规程》对采访工作中涉及的,采访原则、采访标准、工作规程、人员要求以及涉及各馆采访工作细则的内容、工作定额等做出了较为详尽的规定。对分编工作涉及的分类、加工、目录组织、人员要求以及各馆应根据实际制定的分类细则、著录标准、目录组织细则等都给出了具体的指导意见。

山西省高等专科院校图书馆采访工作规程
山西省高校图工委专科院校协作组

编者说明:我省高校图工委专科院校协作组于1990年制订的《山西省高等专科院校图书馆采访、分编工作规程》实施以来,对我省高等专科院校图书馆采、编工作的标准化、规范化起到很大的促进与指导作用。为进一步加强省内外高等专科院校图书馆之间的相互交流,我们将两个规程中的主要部分分期摘登、省略之处,实因篇幅所限,祈求《规程》的著者和广大读者见谅。(载于《晋图学刊》1991年第2期)

一、引言(略)

二、名词、术语(略)

三、采访部(组)工作项目

1. 藏书建设规划;2. 查访;3. 选书;4. 订购;5. 验收;6. 登录、注销及账目管理;7. 参与藏书复审。

四、采访原则

1. 以马列主义、毛泽东思想为指导,认真执行党和国家的方针、政策及法令,积极配合学校搞好思想政治工作。

2. 从高等专科院校图书馆的性质、任务、服务对象出发,做到针对、实用,目的明确。古籍和外文文献的采访要贯彻"古为今用,洋为中用"的方针。

3. 注意采集有代表性的,能反映最新知识成果的文献。注重所购文献的思想性和科学性,保持其完整性和连续性。

4. 从所在地区范围内馆际分工协调、资源共享着眼,结合本校的馆藏基础和发展方向,有计划,有重点地补充文献,建立合理的藏书结构,逐步形成具有本校专业特色的藏书体系。

5. 正确处理补充与剔除的关系,使之符合新陈代谢的藏书建设发展规律。

6. 勤俭办馆,厉行节约;以预防为主,加强计划性;合理使用图书经费。

7. 走群众路线,深入调查研究;紧紧依靠广大读者,充分尊重他们的意见,克服工作中的盲目性和片面性。

五、采访标准

1. 以本校专业设置、教学大纲、教学计划为主要依据,确定采访文献的范围,确定必读和选读教学参考书、工具书及一般文献,确定采访重点和非重点。

2. 各类文献,要依据读者需求量的多少,使用时间的长短,集中与分散的程度来确定复本量。力求做到:科研用书"种多册少",必读教学参考书"种少册多",选读教学参考书及重要课外读物"种多册多",一般参考书及一般课外读物"种少册少"。

3. 古籍要精选,复本要控制,以影印本为主;有铅印本应购铅印本。

4. 进口原本书(含港台书),品种要精,不购复本;有影印本的,应购影印本。影印书可适当购置少量复本。

5. 本校出版物和学术文献应系统收藏;地方性出版物根据需要选择收藏,复本宜少。

六、工作规程

1 藏书建设规划工作

1.1 调查本校教学、科研的现状及发展趋势;掌握国内外主要出版机构的出版动态,了解学科主要的代表品种及其发展变化情况;评价馆藏;总结实践经验。

1.2 根据上述情况,研究制订藏书补充的长远规划和年度规划。

2 查访工作

2.1 了解文献来源,收集、整理国内外出版征订目录。

2.2 调查本校专业与课程设置、教学计划、所需教学参考书、读者状况及其动态。

2.3 掌握各类藏书的流通与滞架情况,读者的意见与要求,以及藏书的使用效果。

2.4 对以上情况综合分析,为选书做好准备。

3 选书工作

3.1 认真阅读征订目录及样书,按本馆的采访原则、标准进行选择,审查各系、室圈选及读者推荐的书目或样书。

3.2 利用预订目录或其他公务目录查重。多卷书、重版书必须查重,避免缺卷、重购;新版书必要时也需核查。以免不必要的重复。

3.3 经初选、订购查重后,进行综合平衡,依据本馆采访标准确定复本量。

3.4 审批

a. 初选书目须经有关领导审批;

b. 贵重文献的选订应征求专家意见并报上级审批。

4 订购工作

4.1 采集方式

a. 购入式:预订,现购,委托代购,邮购,复制。

b. 非购入式:接受调拨、赠送、征集、交换。

4.2　所选文献确定后,按发行单位的要求,清楚、工整、准确地填写订购单。

4.3　按规定期限,发送订购单。

4.4　制作预订卡,组织预订目录。排列方式按本馆细则规定,力求准确无误。

4.5　对订购工作做必要的统计。

5　验收工作

5.1　由订购人员和登录人员对到馆文献及时进行拆包、验收。

5.2　用发票或清单核对文献,查看其数量、金额是否相符,检验其质量有无破损、缺页、重页,装订是否完好。如有问题,及时与发行或托运单位联系解决。

5.3　将与清单相符的文献,再与预订目录、预订存根进行对照。发现错订、错发及搭配现象,及时向发行单位反映纠正。多卷书要在预订卡上注明已收卷册数。

5.4　与图书混杂的非书资料应按类另行登记,及时转交有关部门查收。

5.5　对没有标价的图书,应按发票或清单将书价标在封底。

5.6　验收无错误后,由负责人和验收人在发票上签字、盖章,待总括登录后,注明批次号,向财务部门报账,与发行单位清款。

5.7　经验收的图书,即交登录人员进行登录,加工。

6　登录、注销及账目管理工作

6.1　登录

6.1.1　登录工作要符合完整、准确、及时、一致的基本要求。

6.1.2　依验收凭据或每批注销藏书的批准文据进行总括登录。

6.1.3　个别登录应按项目逐项填写,字迹要工整、清楚,书写须用钢笔,账目要整洁。

6.1.4　按规定位置用打号机在图书上打印登录号。盖馆藏章。打号,盖章要做到准确、清晰、端正。

6.1.5　按本馆细则在书袋、书袋卡上打号。

6.1.6　对已登录的图书,按批填写流水作业传票,送交下一工序。

6.2　注销:按本馆细则及时在总括登录簿上将损耗和个别登录簿剔除的图书进行注销。

6.3　账目管理:做好账簿的装订与保护工作,确保财产账的完整安全,保管好流水作业传票存根,以备查考。

7　参与藏书复审工作

7.1　检验入藏文献的实用程度,充实不足的部分,修正失误的部分,发展实用的部分。

7.2　协助制订本馆的藏书剔除原则和标准。

7.3　提出藏书复审工作意见,并对采访工作做出评价。

8　其他工作

8.1　检验,一般采取自检和下道工序检验上道工序相结合的办法。

8.2　与其他部门配合,搞好新书、重点书等的宣传、推荐工作。

8.3　定期做工作总结,内容为:汇总订书、进书情况及个人、部门工作量;检查经费使用情况和采访计划执行情况;总结经验,改进工作。

8.4 进行相关的其他工作。

七、专业技术人员

1 选书人员的要求

1.1 思想进步,工作认真负责,热爱本职工作。

1.2 业务方面:

a. 大专或大专以上文化程度;

b. 系统学习过图书馆专业知识,并有三年以上图书馆工作实践;

c. 熟悉馆藏,掌握本馆的采访原则和标准;

d. 有一定的了解图书、研究图书的能力,较高的理论水平,知识面较宽,了解读者要求;

e. 有一定的外语能力。

1.3 身体健康,能坚持正常工作。

2 订购人员的要求

2.1 思想进步,工作认真负责,热爱本职工作。

2.2 业务方面:

a. 高中或中专以上文化程度;

b. 具备初步的图书馆专业知识,熟悉采访业务各个环节的要求;

c. 掌握本馆的采访原则和标准;

d. 了解出版、发行部门的动态及书目信息渠道。

2.3 具备一定的处理公共关系的能力。

2.4 反应灵敏,体魄健壮。

3 登录人员的要求

3.1 思想进步,工作认真负责,热爱本职工作。

3.2 业务方面:

a. 高中或中专文化程度;

b. 具备初步的图书馆专业知识,熟悉登录工作的具体要求;能较熟练地使用有关工具书;

c. 工作规范,书法较好。

3.3 身体健康,坚持正常工作。

八、各馆采访工作细则的内容:

1. 根据本校特点,制订本馆的采访原则;

2. 根据本校特点,制订本馆的采访标准,具体到采访范围内各类文献的品种及复本量;

3. 预订目录的组织方式;

4. 验收工作与报账手续程序;

5. 总括登录、个别登录、注销工作及打号、盖章的具体要求;

6. 对有必要统一的工作做明确规定。

九、工作定额(略)

附加说明：

本规程由山西省高等学校图书情报工作委员会专科院校协作组提出。

本规程由山西省财政税务专科学校、太原电力专科学校、晋中师范专科学校、太原师范专科学校、忻州师范专科学校五校图书馆起草,张广庸审定。

本规程主要起草人卢准祥。

本规程由山西省高等学校图书情报工作委员会专科院校协作组负责解释,修改。

山西省高等专科院校图书馆分编工作规程

一、引言(略)

二、名词、术语(略)

三、工作规程

1　分类工作

1.1　从采访部门接受图书,并进行二次查验图书。

1.1.1　将不适宜的图书及筛选出的其他文献返交采访部门另行处理,不使其进入分编工作的其他工序。

1.1.2　对图书进行查重,区分出各类型书,有统编款目的,应将其抽出,随书放置。

1.1.3　重本书,直接加注索书号;a、b类型的重本书要在公务目录中注明所增加图书的个别登记起讫号。

1.1.4　近似书,直接加注分类号和书次号,同时给予该书辅助区分号。

1.1.5　新书,准备进行分类。

1.2　分类、给号

1.2.1　按照本馆的分类细则对新书进行辨类、归类,给予适宜的分类号;统编及在版编目的款目也应与本馆分类细则对照,修改款目上不当的分类号。

1.2.2　根据新书的分类号,查找并配置书次号及辅助区分号,同时在书次号目录中做注记。

1.3　将索书号标注在本馆规定的每种书的起或讫的一册的同一位置上(即个别登记的起讫号亦标注于此书上),便于其他工序利用以及查验。

2　著录工作

2.1　a、b类型的重本书不进行著录,c、d、e、f、g类型的重本书及近似书和新书都要著录。

2.2　以卡片式目录为主,按照国家标准及有关规定打印通用款目。有条件的馆应采用现代化形式。

2.3　在通用款目左下方加注个别登记的起讫号。综合款目的各索书号与个别登记的起讫号加注在子目中。

2.4　统编款目和复制的在版编目的款目视同通用款目,应作补充(见2.3条)

2.5　可根据本馆的具体情况省略提要项,或增加本馆的业务注记。

2.6　根据实际需要,可进行必要的附加著录和分析著录。

3 加工工作

3.1 根据索书号制作并完善书标,代书卡。保存本与流通本上的书标要有明显区别。

3.2 按本馆规定粘贴书标,书卡袋,并将代书卡置于袋内。

3.3 根据本馆设置目录的情况,印制相应数量的通用款目。

3.4 其他辅助性工作。

4 目录组织工作

4.1 按照图书馆公务与读者的不同用途,分别设置分类、书名、责任者等种类目录。

4.2 将通用款目分别改制成分类款目、书名款目、责任者款目等。

4.3 按照本馆目录组织细则,将各款目分别排入相应的目录。

4.4 根据本馆的具体情况设置指导片与参照片。

5 其他工作

5.1 检验,一般采取自检和下道工序检查上道工序相结合的办法。

5.2 将完成本部门所有工序,并经检验无误的图书移交流通部门。

5.3 修改以往分编不当的图书与款目,补充缺损的款目。

5.4 与其他部门配合,搞好新书,重点书等的宣传、推荐工作。

5.5 编制各种专用书目,如年度书目,通报书目、推荐书目等。

5.6 定期对分编工作定量、定性方面的统计、总结。

5.7 进行相关的其他工作。

四、专业技术人员

1 分类人员的要求

1.1 思想进步,工作认真负责,热爱本职工作。

1.2 业务方面:

　　a. 大专或大专以上文化程度;

　　b. 系统掌握分类理论,熟悉《中国图书馆图书分类法》《中国图书馆图书分类法索引》等分类工具书;

　　c. 有三年以上图书馆工作实践;

　　d. 知识面较宽;

　　e. 外文书分类人员要掌握相应的外文,了解国外有关的分类法;

　　f. 了解分类现代化进展。

1.3 身体健康,能坚持正常工作。

2 著录人员的要求

2.1 思想进步,工作认真负责,热爱本职工作。

2.2 业务方面:

　　a. 高中或中专以上文化程度;

　　b. 取得标准著录培训结业证,或经过专门培训合格的人,熟悉有关著录规则;

　　c. 能准确使用汉语拼音,了解有关外文的打印规则,熟悉有关工具书,

　　　　　d. 打印技术熟练。

2.3　身体健康,能坚持正常工作。

3　加工人员的要求

3.1　思想进步,工作认真负责,热爱本职工作。

3.2　业务方面:

　　　　　a. 高中或中专文化程度;

　　　　　b. 熟悉《中国图书馆图书分类法》的22大类及工业技术中的二级类目,了解本人所从事的各项工作的涵义与作用;

　　　　　c. 有熟练的印刷、粘贴等技术;

　　　　　d. 工作规范。

3.3　身体健康,能坚持正常工作。

4　目录组织人员的要求

4.1　思想进步,工作认真负责,热爱本职工作。

4.2　业务方面:

　　　　　a. 大专或大专以上文化程度;

　　　　　b. 熟悉《中国图书馆图书分类法》;

　　　　　c. 掌握著录规则与各种排检方法;

　　　　　d. 了解本馆图书的分布情况;

　　　　　e. 能够指导读者正确使用各种目录,承担必要的咨询工作。

4.3　身体健康,能坚持正常工作。

五、必要的标准及应制定的细则

1　各馆分类工作细则

1.1　采用《中国图书馆图书分类法》的最新版本。

1.2　制定分类的总则和一般规则。

1.3　根据本馆实际,确定所分类目的详略程度。一般分为三种类型:粗略分(分到3—4级类目),中等程度分(分到5—6级类目),详细分(分到底)。外文书所分类目一般宜更加简略些。

1.4　按本馆情况对丛书、多卷书(指多主题的)以及一些具体类目等的集中与分散做出明确的规定。

1.5　对交替类目的取舍做出规定,并在分类目录中设置类目的单纯参照。

1.6　补充,明确一些类目的注释。

1.7　制定疑难问题的暂行处理办法。

2　著录标准

2.1　中文普通图书按照《普通图书著录规则》规定著录。

2.2　西文普通图书在取得国家标准前。暂按照《西文文献著录条例》的规定著录。

2.3　其他文种普通图书按照有关规定著录,或参照《文献著录总则》及2.1条、2.2条进行著录。

3　各馆目录组织细则

3.1　确定本馆设置目录的种类。

3.2 分类目录

3.2.1 规定书次号(中文普通图书一般采用种次号,外文普通图书采用著者号)和用以区分不同版本、卷、册、译、注、校等情况的辅助区分号的标记。

3.2.2 排列方法,确定正排或倒排,一般按照《中国图书馆图书分类法》的次序排列。

3.3 书名目录

3.3.1 中文普通图书的书名目录采用汉语拼音字顺目录排列。其中拼音字母I,U,V,主要用于排检拉丁语系字母起首的书名,另设置希腊语、俄语、其他语种导片,用于容纳各种起首的书名款目。

3.3.2 外文普通图书的书名目录按照该文种的习惯排列方法排列。

3.3.3 中文普通图书的书名相同时,再按索书号的先后次序排列。

3.3.4 外文普通图书的书名相同时,先按索书号先后次序排列;书名和索书号都相同时,再按图书出版时间的先后次序排列。

3.4 责任者著录

3.4.1 以第一责任者作为款目的标目。

3.4.2 中文普通图书的责任者目录采用汉语拼音字顺目录排列。可参照中文普通图书的书名目录排列(见3.3.1条和3.3.3条)。

3.4.3 外文普通图书的责任者目录依该文种习惯,按姓名先后次序排列,可参考书次号。

3.4.4 外文普通图书的责任者相同时,按分类号先后排列;分类号仍难以区分时,按图书出版时间的先后次序排列。

3.5 其他目录,按照有关规定排列。

4 对有必要统一的工作做具体规定。

工作定额(略)

附加说明:

本规程由山西省高等学校图书情报工作委员会专科院校协作组提出。

本规程由山西省财政税务专科学校、太原电力专科学校、晋中师范专科学校、太原师范专科学校、忻州师范专科学校五校图书馆起草,张广庸审定。

本规程主要起草人文榕生。

本规程由山西省高等学校图书情报工作委员会专科院校协作组负责解释,修改。

在图工委的指导下,各馆也都建章立制,努力规范管理、科学管理。如大多数院校从1986年起都根据不同的业务岗位特点,制定并试行了岗位责任制,凡是可以用数量衡量的业务岗位,如编目部的分类、加工、排卡等岗位,试行了定额管理岗位责任制;对于难以计量,但便于计时的岗位,如各种阅览室,则试行了计时管理岗位责任制。作为推行岗位责任制的组织保证,严格执行了考核制度。作为岗位责任制的物质保证,制定了合理的奖罚办法。实践表明,试行岗位责任制以后,调动了工作人员的积极性,工作效率相应得到提高。

八、加强队伍建设，提高人员素质

根据高校图书馆的性质、作用和技术范围，图书馆需要各层次和多种专业的人才。队伍建设是高校图书馆事业发展和各馆整体建设的核心问题，因为，它关系到图书馆管理、业务、服务工作的水平和质量的高低，所以受到了各级领导的重视。多年来，各院校图书馆采取多种形式，并通过各种途径落实专业队伍建设工作，取得了可喜的成绩。

1. 充实、提高专业队伍

①选留：各高校逐年选留本校应届毕业生进入图书馆专业队伍工作，并派送到全国高校图工委举办的图书情报专业进修班学习。

②岗位培训：1981 年以来，图工委举办全省性的各种类型的图书馆学基础理论和专业知识、文献著录标准等短期专业岗位培训班，各馆都派人参加业务知识学习。

③学历教育：各馆选送具备条件的在职工作人员参加成人中专、大专图书情报专业的学习，使他们提高业务素质，更好地为图书馆建设和读者服务。

④选调：从本校教职工和外单位选调（或选聘）有志于图书馆工作的同志来馆工作，引进人才，充实专业队伍。

⑤创办图书馆专业：1978 年山西省教委在山西大学创建图书馆学专业，为全省高校图书馆输送高素质的专业人才。

2. 开展岗位培训

在岗位培训方面，省高校图工委始终把干部培训作为大事来抓，多年来，图工委紧跟时代发展的步伐，积极创造条件，采取多种途径，及时开展各项标准化、新技术等的推介与培训活动，使山西高校图书馆适应新时期、现代化技术的发展及其在图书馆的应用。通过培训，提高馆员的素质，在深层次上改善干部队伍结构，由此带来图书馆观念的变革及图书馆各项工作的改革，造成深远的影响。

1986 年 1 月 12 日至 25 日在山西大学图书馆举办"中文文献著录标准化培训班"，由山西大学图书馆学系讲师冯锦生同志主讲，着重讲解《文献著录总则》《中文普通图书著录规则》《连续出版物著录规则》《图书资料著录规则》，并做实习。另外对《地图著录规则》（报批稿）与《标准著录规则》（征求意见稿）也做了介绍。

1986 年 5 月 19 日至 6 月 19 日，为提高高校文献检索课教师和情报室情报人员的业务水平举办《科技情报检索、计算机情报检索培训班》，邀请相关教授专家主讲有关课程。

1986 年 8 月 11 日至 23 日，为使图书馆工作人员掌握复印机这一新设备的使用及维护方法，在太原工业大学图书馆举办"静电复印机维修技术培训班"。

1986 年 10 月 13 日至 11 月 8 日，为了适应现代化建设的需要，实现图书情报，档案资料，人事及工资计算机科学管理，提高工作效率和服务质量，在太原工业大学图书馆举办"微型计算机在图书馆的应用培训班"，讲授磁盘操作系统 DOS2.0、dBade Ⅲ、cocot 语言及程序设计，并进行上机实习。

1988年5月底至6月底,美籍华人图书馆专家,美国俄亥俄州DAYTON大学图书馆副教授崔李荫庆女士在太原工业大学图书馆举办为期20天的"西文编目及AACR2讲习班";新泽西州西顿·霍尔大学图书馆教授阎志洪先生做了题为《美国大学图书馆的参考咨询工作》《美国大学图书馆的发展》《科学方法——怎样利用图书馆》《漫谈赴美留学》的四次报告,介绍美国的现代图书馆事业发展的最新信息。阎先生在晋讲学期间,还与我省高校图工委进行座谈。这两次讲学活动,为我省高校图书馆工作开辟了国际合作的新前景。

1989年8至9月,委托太原重机学院图书馆和山西矿业学院图书馆联合举办"图书馆学基础理论和专业知识短训班"。对全省近几年进馆的没有学过图书情报学知识的在职人员进行岗位培训。所开课程和内容,均参照1982年文化部图书馆事业管理局主编的《图书馆专业基本科目复习纲要》的要求安排,聘请山西大学图书情报学系的有经验教师任课。通过一个月的系统学习,学员们初步掌握图书馆专业基础知识,大家一致感到收获很大。在结业仪式上,山西省高校图工委领导王永安、安银海做了总结发言,并宣布:本次短训班的结业考试合格者,在评定初级专业技术职称时可以免于业务考试。

1989年、1990年,山西省教委委托山西大学图书馆学系为省高校图书馆举办两期图书馆学专业证书班,培养了110人。图书馆学专业证书班主要是为了使普通高等院校及有关单位图书馆中年龄偏大,又有一定实践经验的在职人员,尽快达到本岗位需要的具有大专层次专业知识水平的要求而举办的。

学员经过学习,考试合格,达到岗位所要求的大专层次专业知识水平,被颁发经省教委验印的《图书情报学专业证书》。该"证书"只在图书、情报学专业工作范围内适用,仅作为评定、聘任专业技术职务、管理职务的任职资格的依据之一,若转换其他工作岗位,本证书不作其依据。

参加《图书情报学专业证书》班学习的人员,必须同时具备下列条件:

(1)从事图书、情报专业工作,确属未达到本岗位所要求的大专毕业文化程度的在职人员;

(2)具有高中毕业文化程度;

(3)从事图书、情报工作满五年以上;

(4)年龄在三十五岁以上。

符合以上条件的在职人员,由所在学校推荐,经山西大学考试合格后,方能入学。入学考试课程和范围为高中的政治、语文和历史三门。

《专业证书》教学班,采取全脱产学习形式,学习时间为一年,为了保证《图书情报学专业证书》的教学质量,山西大学选拔合格的教师担任教学工作,并指定专人负责教学和学员的管理工作。

1989年由山西大学图书情报学系举办了首期"图书情报学专业证书"教学班。首期教学班的学员来自全省高校、中专和科研厂矿等单位,共45人,他们从事图书资料工作多年,有较丰富的实际工作经验,但在文化程度方面尚未达到大专毕业水平,经各单位批准全脱产学习。为确保教学质量,山西大学图书情报学系,按省教委规定和成人教育的特点与需要,精心选编教材、合理安排课时,并选派有丰富教学经验的教师担负教学任务。开设了《图书馆学概论》《情报学概论》《目录学概论》《图书分类》《中文编目》《西文编目》《藏书建设与读者工作》《科技文献检索》《中文工具书》《书史》等专业课。在教学期间还到北京进行了参观、实习。学员完成教学计划规定的全部课程,考试合格达到学分要求者,由山西大学颁发经省教委验印的山西省成人高等教育《专业证书》。

通过这些方式的培养、培训,工作人员的素质都有了不同程度的提高。同时也培养了一批在学术研究和实际工作中发挥重要作用的业务骨干队伍。

3. 组织业务建设成果评比、表彰

1988 年 8 月 15 日,图工委常委会研究决定,在全省高校图书馆搞一次 1987—1988 年度成果评选奖励活动,此后,从 1989 年起图工委每两年组织一次征集二、三次文献和业务建设成果,并开展评比表彰,以这种方式鼓励各馆及馆员加强业务建设,推动图书馆各项工作向深层次发展。评选奖励的范围为:书本式的综合性、专业性或专题书目;过刊目录;专题题录、索引、文摘;情报调研报告、情报动态述评;规章制度汇编,连续出版物及其他专业(专题)资料。

1987—1988 年二次文献与业务建设成果评选结果:一等奖 2 项,二等奖 11 项,三等奖 12 项。山西财经学院《馆藏中文图书目录(1958—1987)》,山西矿业学院《规章制度汇编》(一)、(二)、(四)获一等奖;太原重机学院《馆藏外文期刊目录》、山西医学院《山西省 1987—1985 年医药卫生科研获奖项目情报调研分析》等获二等奖;山西财经学院《馆藏中文经济类过刊目录》、大同医专《馆藏目录—药理学部分》等获三等奖。奖励办法:经初步议定,凡获一、二、三等奖的成果,每种发给荣誉证书一本,并发给一等奖 50 元、二等奖 30 元、三等奖 20 元。需要说明的几点:①报送的评选成果中有 3 种不属书本式出版物,故未予评选;②报送的评选成果中雁北师专有 7 种属学术论文,故转《晋图学刊》编辑部作投稿处理;③评选中适当考虑院校的评奖录取面;④评选中每个等级中所奖励的成果,从内容、容量、时间跨度、编辑体例等方面也不尽平衡,因初次评奖,主要在于鼓励各馆认真开展以上诸方面的业务工作,以便更好地服务于学校的教学和科研。

1989—1990 年二次文献与业务建设等成果评奖结果:一等奖 3 项、二等奖 12 项、三等奖 21 项。太原机械学院的《重点基础课技术基础课教学参考书目》、山西农业大学的《中国枣文献目录(一)1949—1989》、太原重型机械学院的《课程介绍与参考书目》获一等奖;铁道干部学院的《馆藏图书总目录》(总第 12 册)、山西师范大学的《馆藏中文工具书目录》等获二等奖;太原电力专科学校的《馆藏资料工具书目录》、运城高专的《怎样利用图书馆》等获三等奖。在落选的一部分成果中,有些是因为不属于这次评选的范围。

十年的成长,山西省高校图工委做了很多工作,积累了许多工作经验,正如国家教委副主任邹时炎在全国高校图工委成立十周年纪念会上的讲话中所说:"图工委十年来做了很多工作,最主要的是调动了高校图书馆的积极性,在事业发展和业务建设中抓住了'整体化'这个关键。由于一方面有国家教委的宏观管理,有所属部委、省(自治区、直辖市)教委和学校领导的重视和支持,一方面有图工委从业务方面总体规划和协调咨询,高校图书馆事业才能在十年中取得这样大的进展。当然,更离不开四万多名图书馆工作人员的努力。"①

---

① 邹时炎.高等教育和高校图书馆——在全国高校图工委成立十周年纪念会上的讲话.大学图书馆学报,1991(6):1—2.

第三章
山西高校图书馆的现代化建设及图工委的发展
（1991—2000）

进入 20 世纪 90 年代，以计算机技术、存储技术、通讯技术为主要内容的现代信息技术发展迅速，人类社会进入信息化时代。我国提出"信息高速公路"建设计划，并建成"中国教育和科研计算机网"（简称 CERNET）。"信息高速公路"的建设，改变图书馆的信息环境，对图书馆的发展提出挑战和机遇。这一阶段是我国高校图书馆由注重传统向搞活开放、由经验式管理向标准化管理、由手工作业向现代化技术应用、由独立封闭向协作共享过渡发展的重要阶段。

在接下来的这十年岁月里，省高校图工委紧跟时代步伐，完善不足，继续开拓进取。在文献采集利用、现代化技术推广等业务工作的协调协作和资源共享方面，在组织培训专业技术人员交流信息与工作经验以及开展学术研究活动等方面，做了大量工作，取得显著成绩。

一、调整图工委机构及制订"八五"规划

按照国家的要求，国家教委订出了全国教育事业十年规划和"八五"计划要点。关于高等学校图书馆事业今后十年的发展，国家教委："总的要求是要建立起我国高等学校现代化图书情报网络，大大提高对高校教学和科学研究的文献情报保障能力，更好地为高等教育面向现代化，面向世界，面向未来服务，为全面提高高等学校的教育质量做出新贡献。"各省、市教育行政部门和各高校，都相应制订了"八五"计划。全国高校图工委也于 1991 年 5 月召开了常委会暨图书馆工作座谈会，部署了总结十年、规划十年的任务。

为传达全国高校图工委常委会暨图书馆工作座谈会的精神，研究讨论"八五"期间我省高校图书情报事业建设和发展的设想，并对省高校图工委进行换届，1991 年 7 月 13—14 日，山西省教育委员会在山西大学主持召开了第四次山西省高等学校图书情报工作会议。山西省高校图工委主任赵美英同志、省教委副主任杨树国同志、省教委高教处原光辉处长、李志勤副处长参加了会议。大会由省教委高教处副处长李志勤同志主持。来自部分高校主管图书情报工作的院、校长和全省 40 所普通高校、成人院校、职业大学的图书馆馆长（或副馆长）及其他人员共 59 人出席了会议。

这次会议讨论的主要议题是：

1. 对我省高校图工委的工作（尤其是 1988 年以来的工作）进行总结；

2. 讨论制订山西省高等学校图书情报事业"八五"规划；

3. 汇报和交流各馆贯彻《图书馆业务工作规范及实施山西省高等学校图书馆评估方案》开展自评的情况；

4. 调整图工委工作班子。

　　会上由原省高校图工委主任赵美英同志代表图工委做了《振奋精神,团结进取,为开创我省高校图书馆事业发展新局面而努力》的总结报告。山西大学图书馆馆长王振华同志向与会代表传达了1991年全国高校图工委常委会暨图书馆工作座谈会会议精神。省教委领导向全省高校系统图书馆荣获"山西省高校图书馆1989—1990年二次文献与业务建设成果"一、二、三等奖的36项成果的作者颁发了荣誉证书。而后,由山西矿业学院盛剑桓副院长、山西农业大学图书馆王理忠馆长、运城高等专科学校图书馆韩起来副馆长、山西师范大学图书馆郝文兰馆长分别就本校本馆进行自评的情况进行了交流。省高校图工委副主任兰珊同志介绍了我省高校图工委"八五"规划草案要点,提请大会讨论。省教委高教处李志勤副处长对图工委工作班子的调整原则范围等问题进行说明。大会还进行了分组讨论和交流,同时就下一届图工委组成人员名单进行了讨论磋商。在总结报告中,省教委副主任杨树国同志主要阐述了:关于图书馆在高等学校中的地位和作用;关于我省高校图书馆工作当前的困境问题;对今后工作的几点意见。

　　赵美英同志的报告对1981年以来,我省高校图书馆的工作做了全面的总结回顾。他指出,党的十一届三中全会以来,随着我省高等教育事业的蓬勃发展,作为高等教育事业重要组成部分的高校图书馆事业,从1978年以后,尤其是1981年全国召开高校图书馆工作会议,并颁布实施了《中华人民共和国高等学校图书馆工作条例》(1987年改为《普通高等学校图书馆规程》,以下简称《规程》),以及我省从1982年以来连续三次召开全省高校图书馆工作会议,并制定、实施了《关于贯彻"规程"加强图书情报工作的几点意见》(以下简称《意见》)之后,发生了巨大的变化。在整顿基础工作,改革管理体制,扩大事业规模,实行科学管理,拓宽服务领域,提高服务水平,充分发挥图书馆的教育职能和情报职能等方面都取得了显著的成绩,为教育体制改革,提高教学质量,快出人才,多出成果做出了贡献。

　　赵美英同志从8个方面对山西省高校图书馆事业发展概况进行了总结:

　　1. 事业规模有了较大的发展
　　(1)人员:1981年全省高校图书馆工作人员412人,1990年增至867人,比1981年增加了455人,增长了110.4%,其中大专以上文化程度的1981年只有82人,1990年为451人,比1981年增加了369人,增长了450%,1990年工作人员中具有高级专业技术职务的43人,中级以上的138人,初级的408人,而图书馆学情报学专业毕业生已达187人,这是过去从未有过的。
　　(2)馆藏:1981年全省高校图书馆馆藏文献总量440万册,1990年为821万册,比1981年增加了381万册,增长了86.59%。
　　(3)经费:1981年全省高校图书馆文献购置费(含设备费)120万元,1990年为372.4万元,比1981年增加了252.4万元,增长了210.3%以上。
　　(4)馆舍:1981年全省高校图书馆馆舍面积30000平方米,仅有独立馆舍5座,截至1991年,馆舍面积已达117515平方米,比1981年增加了87515平方米,增长了291.7%,独立馆舍发展到18座,还有一座4500平方米,一座3680平方米的图书馆楼正在施工中,可望明年投入使用。
　　1990年全省高校图书馆共有阅览座位11146席,在校生52772人平均每4.7人就有一席。

(5)设备:1981年全省高校图书馆除日常工作用的打字机、油印机等小型设备外,其他现代化设备基本是空白,电子计算机则一台也没有。1990年现代化设备已发展到214台(件),其中电子计算机有15台,复印机34台,缩微阅读器15台,还有打印机,胶印机,跟读机,监视器,放像机,收录机,卡片复印机,防盗检测仪等。

2. 改革管理体制,加强图书馆建设

过去,我省高校图书馆处于分散的单体生存状态,1981年原教育部成立了全国高等学校图书馆工作委员会之后,我省于1982年1月建立了高校图书馆协作委员会,1985年4月成立了高校图书馆工作委员会,1988年改为高校图书情报工作委员会,在省教委的领导下,在宏观控制、规划,微观指导、管理高校图书馆事业和高校图书馆工作方面做了大量的工作,取得了令人瞩目的成绩。1989年在图工委领导下,又成立了山西省高等专科学校图书馆协作组,1991年又成立了省高校图工委文献检索教学工作委员会、期刊工作专业委员会,对推动专科院校馆和专业工作的深入开展发挥了重要作用。按照《规程》和《意见》的要求,我省各高校实行了由主管校院长领导图书馆,图书馆建立党总支或直属党支部的体制。各校还成立了图书馆委员会(1987年后改为图书情报委员会),对协调学校的图书情报工作,促进图书馆深化管理和业务工作改革,提高为教学科研服务的水平和质量,都起到了积极而有效的保证和监督作用。

3. 图书馆管理工作向科学化、规范化、制度化转变

1981年后,全国高校图书馆普遍进行了基础整顿,随着科学管理大讨论的展开,推动了高校图书馆管理由经验型向科学型转变。我省高校图书馆和全国一样十分重视管理工作的改革。首先,各院校大都调整充实了馆级领导班子,并按《规程》要求健全了组织机构,任命(或聘任)干部,使图书馆的领导力量得到了加强。其次,各馆大都制定了发展规划和计划,建立了各项规章制度,实行了分级管理和岗位责任制,这样就使管理工作逐步走上了制度化、规范化。在抓馆风建设、制度建设中,矿院图书馆做得比较突出,他们制定了"馆风建设五条""服务十要十不要",以及各种业务及管理方面的规章制度102种,在管理工作中发挥了很好的作用,使馆内出现了秩序井然、有条不紊的局面,该馆连续几年被评为院级先进单位。山大、师大完成了规章制度汇编,太机还建立了八种一套的系列制度汇编,财院、重院等馆均在原有制度的基础上进行了修订和增订,适应了管理、业务和服务工作开展的需要。第三,各馆实行了行政和专业技术职务聘任制,建立了业务档案,对工作人员进行管理和考核,有的还把竞争的机制引进图书馆:山大实行了劳动优化组合,工大在社科文艺期刊阅览室实行了责任承包,财院实行了部主任负责制,并成立了以馆长为组长的常设检查组,重院等馆实行了部主任以上干部值日制。这些办法在各馆的管理工作中都起到了积极的作用,对我省高校图书馆的管理工作逐步走向科学化、制度化起到了积极的推动作用。

4. 拓宽服务领域,提高服务水平

根据全国高校图工委的部署,1981年以来,我省高校图书馆经历了基础整顿时期,由于各馆情况的不同,形势的不断变化,整顿的时间长短、深度和具体内容均不尽相同,如太原工业大学通过向新馆搬迁,进行了文献资料的整理、目录体系的组

织整顿和馆内组织机构、领导班子的调整和健全;山西医学院针对1988年全省高校图书馆工作检查中存在的问题,下决心扩充、改建了阅览室、添置了新家具(书架、阅览桌椅等)大大改善了办馆条件和阅览环境;农大、经管院等都建成了新馆,而太原师专、财专正在建设新馆,山大师院和其他馆也都进行了基础整顿,有了新的进步。随着《规程》和《意见》的贯彻落实,基础整顿的开展,1988年后工作重点转向履行两个职能——拓宽服务领域,努力为教学科研服务,收到了较好的效果,主要表现在以下几个方面:

(1)文献资源建设初具规模。据1989年对我省9所本科院校58个具有研究级水平学科文献的调查结果看,共收藏图书4849682册,占全省公共、科研、高校图书总量6991087册的73.58%。收藏期刊共计49325种,其中自然科学外文期刊13508种,占三大系统自然科学外文期刊总品种18408种的73.38%。数字表明,文献资源已具有一定规模。从师生拥有量来看,9所本科院校在校生33260人,学生人均图书154.7册;1987年现刊18883种,师生人均有现刊0.47种,略高于全国高校图工委颁发的《普通高等学校图书馆评估指标体系大纲》规定的师生人均有刊0.4种的指标。各校读者,尤其是具有中、高职务的教师、科研人员反映,多数研究学科的文献资料收藏基本上能满足教学科研的需要。山大、太原工大馆藏均逾百万,不仅承担了本校的服务任务,而且也为我省经济建设和科学研究提供了良好的社会服务。

(2)有8所院校开设了文献检索与利用课,开发馆藏文献资源和情报信息,并有4个馆开展计算机检索等业务工作。山医在情报服务方面开展了国际联机检索,还正式出版了情报刊物《医卫动态》,发行至全国。重院开展定题服务,编辑出版重型机械译文,两次在机电部重型机械情报网获奖。矿院馆的情报网站活动有成效,1990年矿压分站获得了先进集体称号,该馆还编印了"科技情报""教改信息"等,为院系两级领导和教学科研部门及广大读者服务受到了欢迎和好评。有5个馆办有定期或不定期的情报信息刊物,定题服务有4个馆开展,其中山医、重院、矿院服务效果较好。山西师大图书馆编的《图书情报资料工作》,山西财院办的《经济改革快讯》均在校内发行,供师生参考使用。山西中医学院图书馆编辑的《探索导报》《华北网讯》深受校内外用户的好评。

(3)许多馆采取不同形式对学生进行利用图书馆教育。矿院为新生开设怎样利用图书馆讲授课,覆盖面达到百分之百。太原工大摄制了《书海漫游》录像片,组织新生观看。师大、重院、运城高专等馆还编辑出版了《怎样利用图书馆》小册子发给学生,人手一册,提高了读者对图书馆的利用率。有的馆还开展了目录咨询,教会读者查找和使用目录的方法,掌握打开知识宝库的钥匙。

(4)为开发馆藏文献资源,方便师生借阅,许多馆编印了新书通报、馆藏目录、专题书目、文摘、题录、索引等来宣传报道馆藏文献。据1988年、1990年省高校图工委两次进行的工作成果评奖就征集到(1987—1990年)各馆编印的资料108种,其中财院在整顿馆藏的基础上,组织业务骨干编辑出版了1958—1987年馆藏中文图书目录,约250万字,以及重院和机院编制的课程参考书目被分别评为1988年、1990年优秀工作成果一等奖;农大把编印专题书目当成一项经常性的工作来抓,抓出了成效,他们先后编印出大枣、大麦、大豆、养猪、苹果、森林等书目索引 13 种,获两次评优一等奖一项、二等奖 5 项、三等奖 3 项;矿院、师大、武警专科学校、大同医专等馆在书目编制、文献综合述评方面也都做了不少工作。1990 年中国图书馆学会评选二次文献优秀成果,太机赵陕川等编的《中文工具书书目》,农大编的《小麦书刊目录索引(1960—1989)》《养猪书刊目录索引(1960—1980)》获成果奖。

(5)为使师生能有更多的时间利用图书馆,不少馆想方设法增加开馆时间,据 1990 年统计有 8 个馆的周开馆时间已达 70 个小时以上,其中最长的是重院 105 小时,其次是机院 80 小时。在实行开架借阅方面,各馆也做了许多工作,机院不仅是实行开架(或半开架)借阅最早,而且是开架书最多(35 万册)的馆,其次是矿院(12.4 万册)。有 17 个馆对讲师以上的教学科研人员或教职工、学生集体实行部分图书全开架借阅,有的馆还展示新书、对新书实行半开架借阅,多数馆则对现期期刊和过刊实行了开架借阅。农大教师借阅室还开展了信誉借阅,尽量扩大流通量,满足读者的教学科研急需。

(6)有 7 个馆还开展了情报调研和专利咨询、代理和宣传报道工作,以及文献资料的参考咨询服务,山西财经学院图书馆的情报定题咨询服务就非常活跃,不仅为本院师生提供咨询服务,而且还走向社会,为工商部门进行物价咨询等,取得了良好的社会效果和经济效果,这些工作的开展给图书馆工作注入了新的活力,都为教学科研服务开创工作新局面创造了良好的条件和有效的途径。

5. 加强队伍建设,提高人员素质

为适应我省高校图书馆事业发展的需要,近几年来,省高校图工委和各院校都十分重视图书情报专业队伍的建设工作,并收到了显著的成效。①抓紧进行岗位在职培训。先后举办了图书馆学基础理论和专业知识培训班三期共 170 人参加,文献标准著录培训三期共 70 人,科技情报检索及计算机检索培训班一期 23 人,微机在图书馆的应用培训班 18 人,复印技术培训班二期 24 人等;②鼓励在职人员报考成人图书馆学函授中专、大专学习;③选留本校专业毕业生和选调校内外有志于从事图书情报工作的人员到图书馆来工作;④对非图书情报专业的大专毕业生送出参加全国高校图工委举办的图书情报专业一年制培训,或双学位培训进修;⑤山大图书馆学系从 1982 年开始有第一届毕业生以来,源源不断地向各高校图书馆输送了一大批学有专长的人才。目前,我省高校图书馆工作人员中不仅图书情报专业的大学毕业生多了,而且学其他专业的同志也大都受过了本专业知识的培训,这样使图书馆工作人员不仅数量得到了充实,而且专业结构逐渐趋于合理,队伍素质有了很大的提高,这就基本保证了图书馆各项业务工作的开展。目前,全省高校图书馆大专以上文化程度的已占总人数的 52.02%,其中太原师专、矿院图书馆大专以上人员分别占到全馆人数的 63.3%、65%,机院达 68%、矿院 66.8%、太原大学 77.7%、山大 62.9%、太工材料工程学院 100%、晋中师专 66.6%、山大师院 75%,已超过国家教委规定的 60%的标准。

另外,1987 年以来,各院校还首次评审确定了图书情报资料人员的专业技术职务,这就极大地调动了我省高校图书馆工作人员的积极性,对专业队伍建设也起到了稳定、发展的作用。

6. 开展学术研究,繁荣理论园地

1985 年前,我省高校图书馆界的学术研究是比较落后的,不仅理论著作甚微,就连成功的工作经验也缺乏认真的总结,这是一个很大的缺陷。1985 年 4 月,第二次全省高校图书馆工作会议之后,省高校图工委狠抓了此项工作,不仅创办了学术刊物《晋图学刊》,而且组织召开了采访、流通、期刊、藏书建设、科学管理、科技情报、文献检索教育等各种专题研讨会、学术年会,还开展了论文评优活动等。近几年来,全省高校图书馆界学术研究比较活跃,呈现一派生机盎然之势,结出了丰硕之果。已有专著、教材 9 部出版,有论文 400 多篇在省内外发表。仅 1990 年一年,全省高校馆就撰写了学术文章 175 篇,被《晋图学刊》选用 72 篇。山大、矿院、师大、太工等馆在学术研究上起了很好的带头作用。省高校图工委还参加了华北地区高校图协,以及全国高校图工委组织的各种工作会议和各种专题学术研讨会。图工委还邀请了两位美籍华人图书馆学专家和国内两位高校图书馆建筑专家来并讲学和作学术报告。太原工大参加了西安国际图书馆现代化学术讨论会,并做了大会发言。通过学术研究活动的开展,探索本专业理论和业务工作问题,同时也起到了锻炼队伍,培养人才,稳定队伍,建设队伍的积极作用。

7. 现代化技术研究与运用有了新进展

近几年,我省高校图书馆现代化技术研究与应用逐步走向发展的阶段。在各院校领导的关怀和支持下,作为高校图书馆重要服务手段之一的复印机在我省已经基本普及,为读者复制文献资料提供了极大的方便,而声像技术和计算机在图书馆的研究和运用也已起步。目前,工大、山大、山医、武警专科学校、太原电专、太铁管理干部学院、矿院等院校的图书馆均配备小型机或微机。在现代化技术的应用研究方面工大、山医进展较快,而财院、矿院、工大都不同程度地建立了视听室,开展视听服务,有的馆还开展了缩微阅读服务,受到了读者的欢迎。

8. 图书馆服务效益有明显提高

1985 年和 1988 年省高校图工委两次就我省高校图书馆的服务成果进行了调查,许多院校的教学科研人员利用图书馆为他们的研究课题提供的大量文献资料,在教学科研上做出了突出的成绩,如山西医学院于载畿教授、太原师专青年副教授郑波光、太原工大陈绎勤教授、太原重机学院王丁风教授等。据 1988 年对部分院校图书馆外文文献的使用效益调查看,重院有 6 人,工大有 6 人,农大有 4 人,太机有 3 人,这些同志在从事教学科研过程中,直接利用图书馆提供的文献,在教学科研及生产上做出了贡献,受到了各种嘉奖,其成果于 1987 年 5 月还在省外文书店进行了专题展出。

接着赵美英同志从 6 个方面谈到了山西省高校图书馆事业发展面临的主要问题:

1. 经费严重不足

高校图书馆是学校文献资料中心,是传递知识和交流信息的基地。图书馆如果没有一定数量的最新知识和信息的储备,那么两个职能的发挥,为教学科研服务的效果都将受到影响。近几年进馆的文献量逐年下降,目前仍处于滑坡的趋势,藏书建设隐浮着断层的危机,文献资源不能很好地保障教学科研的需要是个严重的问题。

2. 现代化程度太低

近几年虽然我省高校图书馆在现代化技术装备与研究应用方面有了一定的进展,但距业务和服务工作开展的需要还相差甚远,尤其是管理的自动化程度太低。个别院校连最普通的复印机都没有,其他如计算机、防盗检测器、视听设备等就更不要说了,有些馆甚至连最基础工作需要的家具都得不到保证。

3. 队伍情绪不稳

目前,我省高校图书情报专业队伍建设中突出的问题,一是许多院校未按《规程》的规定给图书馆定编,致使工作人员普遍紧缺;二是近几年尽管工作人员的文化专业素质有所提高,但就整体而言,大专以上文化程度所占的比例仍低于全国高校馆的平均水平;三是个别馆"收容所""转运站"的状况还未改变,四多(病号多、工人多、干部家属多、低学历多)现象仍然存在;四是队伍不稳,有的同志不安心图书馆工作,就连学图书情报专业的毕业生要求调走改行的人也为数不少。

4. 情报职能体现不够

我省高校除山医、重院、矿院、忻州师专等馆外,大多数都没有实现图书情报一体化,或馆内没有成立相应的情报服务和参考咨询机构,或没有开展这方面的工作,致使文献加工深度不够,开发程度低,情报收集交流、情报检索与课题跟踪服务能力差,还有 13 所院校的文献检索与利用课开不出,所以,我省高校图书馆很好地发挥情报职能尚需做巨大的努力。

5. 文献开发利用程度较低

我省高校图书馆在文献资源建设中,一方面由于经费不足,进书量大幅度下降,适应不了教学科研的需要,另一方面现有的馆藏文献利用率不高也是一个突出的问题,据 1989 年图工委对 9 所本科院校进行文献资源普查的 1987 年统计数据表明,图书总平均流通率仅为 13.60%,最高的农大 27.89%,最低的工大仅有6.76%。这样低的流通率说明我们高校图书馆的工作着实不够正常,国家花了许多钱,尤其是外汇购进的大量文献资料不能被读者广泛而有效地利用,造成这种浪费,确实是我们应重视研究和解决的一大课题。

6. 读者服务工作项目少

我省高校图书馆近几年虽然在拓宽服务领域方面做了不少工作,取得了一定的成绩,但总体上讲还是很不够的,与《规程》和《意见》的要求相距甚远,借借还还仍然是我们的主要服务形式和主要服务项目,而情报调研、跟踪服务、参考咨询、国际联机代检、代译服务等还很薄弱。而一切为了读者的思想在图书馆工作人员中也并未牢固地树立起来。再说馆际互借,走资源共享之路,过去喊了多年,就是困难重重开展不好,收效甚微。据 1990 年统计的 1989 年资料,我省高校馆际互借的借入量仅 65 册,借出量 229 册,而且仅机院和矿院两个馆,其实不一定是用户不需要,主要是我们没有把这项工作开展好的结果。

另外,多数馆开馆时间短,开架借阅程度低,范围小。在馆藏建设中,重藏轻用、小而全的现象,以及管理手段落后,业务水平不高等方面的问题也都存在不少,都应引起各馆重视、研究,并妥善加以解决。

最后,赵美英同志希望大家振奋精神,顽强进取,开创我省高校图书馆事业新局面。他希望大家着重抓好7个方面的工作:

1. 认真贯彻落实省第四次高校图书馆工作会议精神和《普通高等学校图书馆规程》以及省教委制定的《关于贯彻"规程"加强图书情报工作的几点意见》。要结合贯彻落实省教委于去年12月份以晋教高字〔90〕32号文件下达的《关于对全省普通高等学校图书馆工作进行评估的通知》,认真研究一下图书馆工作,创造条件,采取措施,开展自评,真正改善办馆条件,解决管理、业务和服务工作存在的主要问题,使图书馆具有丰富的馆藏、良好的环境、优越的服务设施,更好地为教学科研服务。

2. 制订"八五"发展规划。本次会议将讨论通过我省高校图书馆事业"八五"发展规划,希望各馆校要认真执行这个发展规划,并以此制订出本校的图书情报的发展规划,以便使图书馆建设与学校的诸多建设项目能同步发展。

3. 各院校应按《规程》和《意见》的规定,文献资料购置费应占全校教育事业费的5%左右,另外还应从科研经费和计划外收入中提取适当比例作为购置文献资料的费用。同时学校还要逐年给图书馆一定的设备费和家具费,以保证工作的正常开展。

4. 要进一步开拓新的服务领域,充分发挥高校图书馆的教育职能和情报职能。会后,希望各院校都要认真考虑一下图书情报体制问题,按全国高校图书情报委员会的要求,应尽快实现图书情报一体化,上海等地区的高校已经普遍实行了一体化,而我省也应跟上,条件成熟的就搞一体化,暂不成熟的要积极创造条件,总之应充分开发和利用图书馆的文献情报资源,采取多种途径为教学科研服务。

5. 要继续办好《晋图学刊》,促进图书馆学、情报学理论研究的发展,积极开展学术研究,活跃我省高校图书馆界的学术气氛,培养人才,推动、指导工作,提高服务水平。还要积极参加国内和国际间的学术交流活动。

6. 加强横向联系,实行资源共享。我省高校馆要联合,要互通有无,实行文献资源共享,在目前经费十分紧张的情况下,更应注意合理地利用资金建设具有本校系科专业特色的馆藏,不能搞小而全、大而全。各馆之间可由高校图工委组织,印发一些通用借阅证,这样就可充分发挥本系统整体效益。书刊订购要搞协调,等等。这些都是走资源共享之路的有效方法。

7. 加强省高校图情委建设,推动图书馆事业发展。为适应形势发展的需要,这次会议还要调整该委员会的成员,希望新产生的省高校图情委在省教委的直接领导下成为对全省高校图书情报事业和各高校图书馆进行宏观控制,微观指导的行政管理、协调、咨询、研究和业务指导的机构,为推动我省高校图书馆发挥两个职能,培养"四有"人才,建设两个文明作出更大的贡献。

在本次山西省高校图书情报工作会议上,新当选的"山西省高等学校第四届图书情报工作委员会"主任杨树国同志做大会总结发言。他首先就图书馆在高等学校的地位和作用阐述了自己的看法。

　　这个题目并不是一个新问题,但是仍然有强调的必要。大凡教育家、有见识的高校领导人、专家教授,对图书馆的重要性都会有正确的认识。国家教委颁发的《普通高等学校图书馆规程》明确规定"高等学校图书馆是学校的文献情报中心,是为教学和科学研究服务的学术性机构,它的工作是学校教学和科学研究工作的重要组成部分"。这个提法是科学的,是完全符合实际的,我们做高等教育工作的人都有很深的体会,开门两件事,一要吃饭,二要读书,这是很简单的道理,其实读书也是吃饭,文献资料是精神食粮嘛。学校中许多办学条件都是必不可少的,但是,高等学校的根本任务是培养德才兼备,满足社会主义现代化建设所需要的各类合格人才,人才素质的提高,是高校的中心工作,是高校工作中最重要的一条,从培养人才和提高人才素质来讲,图书馆、文献资料、情报信息又是最直接的几个条件之一,因此,古今中外没有一所没有图书馆的大学。要想培养高质量的人才,没有像样的图书馆是办不成的,在这个意义上,我们可以说要办第一流的大学必须要有第一流的图书馆。高等学校图书馆工作始终是与高等学校培养人才的任务、整个教育的任务,紧密结合起来的。这一点,我们高等教育战线上的各级领导都应该有清醒的认识。

　　高等学校图书馆作为学校教学科研工作的重要组成部分,它具有明显的教育职能和情报职能。图书馆要为培养接班人发挥其特殊的作用,图书馆自它产生之日起便具有明显的阶级性,从其收藏内容到使用对象都十分强烈地说明了这一点,社会主义图书馆,具有明显的社会主义政治特色,它为全体人民所有,为全体人民服务,为社会主义建设服务。高等学校图书馆是社会主义精神文明建设的重要阵地,它发挥自己的文献资源、环境设施、服务手段等优势,并通过从事这一活动的人们的指导和引导,使受教育者在图书馆这个特定环境中,在理想、道德等方面受到精神上的熏陶,以陶冶情操,树立远大的奋斗目标。因此,高校图书馆在贯彻党和国家的教育方针、政策和法令、宣传马克思主义毛泽东思想、为培养有理想、有道德、有文化、有纪律的社会主义建设人才方面具有不可替代的重要作用。社会主义高等学校图书馆就要运用优秀文化遗产、科学著作和人类知识的结晶以及其它手段为培养社会主义的建设者和接班人服务。我们要对图书馆在贯彻党和国家的教育方针,培养合格人才方面的重要作用给予高度重视,还要创造条件充分发挥图书馆在教书育人,服务育人、管理育人方面的作用。以上我们讲的是高校图书馆在政治思想、道德品质方面的教育职能。高校图书馆教育职能的另一个方面是授业方面,即它具有宣传人类科学文化的优秀成果,传递知识,传递信息的功能。图书馆在巩固学生课堂所学知识,扩大学生知识视野,使学生获取更多更新的知识,培养学生的自立能力和有关技能特别是培养学生对信息的吸收、选择和综合的能力方面的作用是清清楚楚的,因此,图书馆在基础教育、专业教育、文献教育、综合教育、政治教育等方面的职能是鲜明的。

　　现代科学技术的发展,大大增强了高等教育对图书馆教育职能的依赖性,特别是专业课的课堂教学是浓缩了的,或最基本的,引导性的,要进一步深化和开拓则要依靠图书馆,因此,光靠教师讲课,光靠几本教科书、讲义是造就不了优秀人才的,必须辅之以多种途径和方法,其中很重要的一个途径便是更多地利用图书馆,因为图书馆不仅可以提供相关学科的广泛知识,而且有传递最新信息的各种工具和手段使学生了解相关学科的最新发展状况,所以图书馆要比课堂教学具有不可比拟的优势和重要作用。此外,图书馆的教育职能不仅体现在对学生的教育上,因为图书馆在继续教育和终身教育中的作用,给教师以极大的影响,教师仍然需要不断学习、获取和掌握最新知识和信息。不断进行知识更新,我看主要依靠图书馆,只有教师掌握了新东西,才能克服教科书的滞后性,才能教好学生,才能提高人才培养的质量,这也就是教师利用图书馆比学生高的缘故。高校图书馆丰富的情报信息是学校科研所必不可少的,它具有为科研服务的情报职能也是为研究人员所公认的。高校图书馆的教育职能是学校总体教育职能的重要组成部分,因此,人们常说,"办好图书馆就等于办好了半个大学","图书馆是学校的心脏","图书馆是学校的三大支柱之一",等等。如果学校没有一个图书馆对学校整体的影响就很大。

其次,杨树国同志也谈到了我省高校图书馆工作存在的困境问题。

　　第一个困境问题就是经费问题,它已成为困扰高校图书馆工作的主要问题。我省高校图书资料购置费普遍达不到国家要求的标准,书刊资料的价格大幅度上涨,而购置经费却不能逐年增加,有的甚至还有所下降,致使文献资源建设受到了极大的影响,表现为年进书量逐年下降,年订购期刊品种及数量逐年下降,馆藏书刊利用率逐年下降,师生外借率下降的幅度更大。1989 年 10 月 31 日,光明日报报道了我省高校图书馆经费严重短缺而影响教学的情况,报道中这样提到,"经费不足,图书和报刊却大幅度涨价,而学校不按国家规定给予拨款,进书少了,期刊砍了。文献资料的积累严重断裂,直接影响教学科研的正常进行。山西大学 14 个硕士点,图书平均满足率仅达 58%,无机化学是该校重点学科,图书满足率却不及30%。太原工业大学一位老教授以前订了 6 种期刊,1989 年开始不订后到图书馆借阅,谁知图书馆也把这些期刊砍掉了。老教授默坐良久,无语而别。山西矿业学院图书复本量由过去的 30 本、20 本减为 3 本、2 本、1 本后,不得不建立样本库,很多教师对只能在目录中查到而借不到,戏称图书馆变成了"样本馆"。我们对全省11 所院校 1987、1988、1989 三年的经费、进书量、进刊量以及外借量做了统计,这11 所院校是太原师专、山西经济管理学院、忻州师专、运城师专、太原大学、山西师大、太原机械学院、山西财经学院、山西医学院、太原重型机械学院、武警专科学校。这 11 所院校中,除山西师大三年中有两年经费达到规定标准,即教育事业费的5%,一年达到 4.8%;运城师专一年达到 5%,二年达到 4%;山西财院二年达到4.5%,一年达到 3.3%;太原师专有二年达到 4%,一年达到 3.4% 以外;其余均在3.9% 以下,其中最低是重院和机院,仅能达到 2% 多一点。以上 11 所院校 1987 年总经费 126.6 万元,占 3.2%,1989 年 138.5 万元,占 3.4%。从以上统计看,虽然经费基本稳定,基本持平,或稍有增加,但书刊价格上涨。因此,书刊购进量却在逐年下降,1987 年 11 所院校共购进图书 16.61 万册,1988 年 15.64 万册,1989 年 13.97 万册,1989 年比 1987 年相比减少了 2.6 万册,下降 16%,尤其是外文书下降的更厉害,1987 年 11 所院校共购进 2.65 万册,1988 年减至 1.47 万册,1989 年猛跌至 0.85 万册,三年中减少了 1.8 万册,下降了 68%,作为大学基本办学条件的图书资料,以这样的速度和幅度减少和下降是不得了的。1987 年 11 所院校平均订购中、外文期刊 1193 种,1989 年减少至 991 种,减了 202 种,下降近 20%。书刊订购量逐年减少,引起了外借量的急骤下降,1987 年 11 所院校平均年外借量为 8.6 万册次,1989 年猛降至 4.1 万册次,下降了 50% 以上,出现这么严重的现象,其原因主要是经费严重短缺,买不到几本书,即使订购的书,复本也很少,因而读者借不到的缘故。另外,还有 10 所院校因为没有 1987 年的统计资料,我们只统计了 1988、1989 年两年的情况,这 10 所院校是大同医专、山西财专、雁北师专、职业师专、晋中师专、长治医学院、太原工大、山西矿院、山西农大、山大师院。这 10 所院校 1988 年总经费为 144 万元,平均占学校教育事业费的 3.6%,1989 年下降为 135.9 万元,平均占 3.1%,最低的是山西矿院和大同医专,只有 2% 多一点。书刊价格上涨,经费非但没有增加,反而降了不少,结果导致了进书量猛降和外借量的猛降,以上 10 所院校 1988 年进书量为 19.65 万册,(其中中文 18.4 万册,外文 1.25 万册),1989 年猛降至 11.94 万册(其中中文 10.57 万册,外文 0.92 万册),外借书刊量 1988 年为 5.6 万册次,1989 年猛降至 3 万册次,进书量下降了 41%,外借量下降了 45%。1990 年的数据还未统计上来,但据馆长同志们反映,比 1989 年又有所下降,这个问题的确够严重的了,应该引起各院校领导的高度重视。国家教委对高等学校的图书资料费,在文件中规定了两部分,一部分为计划内经费的 5%,一部分为计划外收入和科研经费中划拨适当的比例。目前的情况是计划内经费的 5% 都达不到,从计划外收入和科研经费中拨适当比例就更谈不上,山西矿院从 1990 年起增加了图书资料购置费,其中有一块就是从计划外收入中拨给的,其他院校应该向矿院学习,执行国家教委的有关规定,有计划的逐年增加图书资料购置费,保证一定数量的进书量,为教学和科研提供文献保障,这个问题已经困扰我们几年了,已经使我们的文献资源建设受到了影响,已经影响了教学科研而起不到文献保障的作用了,它现在仍然困扰着我们,甚至使高校图书馆事业陷入低谷之中,我们各级领导都要认真对待这个问题,在其他方面省一点、挤一点,也不要使这一块工作受到太大影响,因为它直接参与学校的教学和培养人才的工作。图书馆本身也要精打细算,要研究经费紧缺的情况下如何少花钱多买书,少花钱买好书,尽可能地满足教学科研的需要。应该指出的,山西矿业学院 1990 年迎接中国煤炭总公司的图书馆工作评估,为改善办馆条件,提高图书馆为教学科研的服务能力,做了很大努力,解决了不少问题,其中图书资料费就有了较大的增加,由 1989 年的 2.2% 增加到 3% 以上,1991 年仍然保持这个水平。希望其他院校也能向矿院那样,尽力改善办馆条件,使图书资料费逐年增加一点,逐步达到国家规定的标准,把学校教学科研基本需要的图书、期刊、资料弄到手,不致太大地影响到教学科研的需要。

第二个困境问题就是图书馆现代化建设方面的重要标志的计算机应用十分落

后。据我所知,兄弟省市高校图书馆应用计算机开展工作已经很普遍了,甚至有的高校图书馆不仅是计算机,而是大型机,一个馆有10台、8台的并不少见,而我省全省高校馆中现有计算机还不足10台,我们比人家不知要落后多少年。教育事业肯定是向前发展的,事实上十一届三中全会以后已经有了很大的发展,但作为高等教育事业重要组成部分的高校图书馆事业即没能与高教事业同步发展,学校里计算机都不少,有的系、处甚至科室都有计算机,就是考虑不到图书馆,在我看来,首先应该给图书馆解决,而后再考虑其他部门,但事实上却不是这样。我们的已经进入90年代,按照国家"八五"计划和"十年规划"的蓝图进行社会主义建设,到20世纪末,我们将有一个大的发展,作为社会的一个组成部分,我们也会得到发展,但计算机在图书馆的应用是该起步的时候了,希望各院校研究一下,从实际出发,或现在就配置开展工作所需的计算机,或做出计划把图书馆的现代化提到议事日程上来,进一步提高图书馆的服务效率。

此外,有一些馆家具设备也很短缺,多年申请,始终得不到解决,致使书刊无法上架,不能投入外借流通。书架、目录柜是图书馆最基本,也是最原始的设备,是非解决不可的,却解决不了。希望这些院校了解一下看看到底缺多少,一年能给解决多少,不解决恐怕不是个办法,因为书刊是年年不间断的订购,订购回的书刊就得让它上了架才能外借和阅览,应该是年年订购书刊,年年给解决相应需要的书架,这样既解决了书刊上架流通的问题,又不至于花很多钱,这本来是应该解决也能解决了的事情却解决不了,不知道问题在哪里,作为一个图书馆缺少书架和目录柜而影响书刊上架是不可思议的,希望这些学校领导一定要认真研究想方设法予以解决。

第三个困境问题是工作人员素质普遍不高。一些馆的书刊质量还是满不错的,就是人员素质太低,把那些优秀书刊提供出来、揭示出来的能力太低,研究如何提高藏书利用率那就更谈不上,整个图书馆的使用效益太低等。高校图书馆工作中存在的问题还有不少,因赵美英同志的回顾与总结中都已提到,就不再多讲了,主要把以上这几个问题特别是经费再强调一下,以引起各院校领导的重视,并采取措施给予解决。

最后,杨树国同志也对今后工作提了几点意见。

第一,要实现"八五"规划。今年三月,全国人民代表大会批准了我国社会主义经济建设和社会发展"十年规划"和"八五"计划,社会发展离不开教育,教育始终是经济建设和社会发展的基础,作为高等教育重要组成部分的高校图书馆在今后十年中是会大有作为的,以我们优良的环境设施和丰富的馆藏文献资源为社会发展贡献力量。本次会议制定并原则通过了山西省高等学校图书馆事业"八五"发展规划,今后将根据大家提出的意见修改后,教委将以文件下发各院校执行。我们相信,只要"八五"规划所规定的目标能够实现,我省高校图书馆事业定会有一个大的发展,各高校图书馆的面貌将会有一个大的改观。但是,"八五"规划的实现,离不开各级领导的支持和创造必要的条件,也离不开在座的诸位与全体从事高校图书馆工作的同志们的努力。教委请各院校领导认真研究贯彻这个规划的有关问题，确实加强对图书馆工作的领导，实实在在为图书馆办点事情，把规划落到实处，也希望全省广大高校图书馆的同志们增强团结，克服困难，励志奋进，为完成我省高校图书馆事业"八五"规划，推动我省高校图书馆事业发展和高等教育事业发展而努力拼搏。

第二是对普通高校图书馆工作开展评估。今年用一年的时间进行自评，包括学校对图书馆工作的评估，为什么要用这么长的时间进行自评呢，教委考虑，我省高校图书馆工作与兄弟省、市相比是很落后的，想用评估的方法推动一下图书馆事业的发展，要求评估不能走过场，要真正起作用，要求各院校把评估的过程当作改善办馆条件，提高工作质量和服务水平的过程来对待，时间长一点主要是给各校及各馆有比较充分一点的时间来做准备，要求各院校把评估与改善条件改进工作很好地结合起来。目前大部分院校处于图书馆自己评估阶段，而且向教委报来了自评计划，希望这些学校按计划把自评工作搞好，没有报来计划的院校的情况还不太清楚，也许自评工作已经在进行只是未报来计划，没有报来计划的仍然要求报来，今年的自评工作一定要完成，并于年底向教委报自评报告，如果有的院校今年不能完成自评任务，将影响整个评估工作的进行，影响明年的专家评估，希望各院校领导要加强对这一工作的领导，要顾全大局，抓紧抓好，一定要在今年内完成自评工作。

第三是关于高校图工委的工作。山西省高等学校图书情报工作委员会是省教委领导下的工作机构。几年来它在山西省高校图书馆事业整体化建设方面，在高校图书馆队伍建设方面，在图书馆学术研究方面，在提高图书馆管理水平和工作质量方面都起了很大的作用。我省高校图书馆事业近10年来有了较大的发展与进步，除与国家大好形势及教育大好形势这个大气候和省教委、各院校领导的支持有关外，与省高校图工委直接抓这方面的工作是大有关系的，图工委在推动我省高校图书馆事业向前发展方面是出了大力气的，是做出了贡献的。图工委一班人工作勤勤恳恳，任劳任怨，团结协作，是称职的。在这里我代表省教委，对同志们表示衷心的感谢。由于在图工委任职的教委有关领导及有关馆长的工作变动，图工委的组织机构及工作人员需要补充和调整，因此，我们这次会议的另一个主要议题是图工委的换届问题，经过教委研究并充分听取与会同志的意见，教委确定了新的图工委常委会常委与正副主任及正副秘书长。过去，图工委受教委委托代教委对全省高校图书馆工作特别是业务工作进行宏观管理，具有一定的行政职能，新一届图工委的性质与往届一样仍然具有行政管理职能，这是省教委赋予它的，而且我们认为还需要强化这一职能，使其更有权威性，从而更好地发挥管理全省高校图书馆工作的作用。图书馆工作是业务性和学术性很强的专业工作，一般来说教委有关人员不具备这方面的专业知识，而由教委有关领导和有关专家(有关馆长)组成的图工委代教委行使对高校图书馆的管理职能，那是再好不过的事情了，这也是我们国家的一个特色。在新的图工委班子中，赵美英同志任名誉主任，我任主任，教委高教处李志勤同志任行政副主任，希望各院校支持图工委的工作，对于图工委安排的有关图书馆工作方面的任务，各院校要认真执行。

本次会议选举确定了第四届图工委组成人员。

山西省高等学校第四届图书情报工作委员会常委会名单

名誉主任:赵美英

主　　任:杨树国(山西省教育委员会副主任)

　　　　　副主任:李志勤(山西省教育委员会高教处处长)

　　　　　王振华(山西大学)　　　　　赵怀玉(太原工业大学)

　　　　　王永安(太原重型机械学院)　兰　珊(太原机械学院)

秘 书 长:王振华(兼)

副秘书长:王永安(兼)安银海(山西矿业学院)　李玉文(山西大学)

委　　员:(以姓氏笔画为序)

　　　　　王永安(太原重型机械学院)　王振华(山西大学)

　　　　　王理忠(山西农业大学)　　　冯锦生(晋图学刊)

　　　　　兰　珊(太原机械学院)　　　安银海(山西矿业学院)

　　　　　李玉文(山西大学)　　　　　李志勤(山西省教育委员会)

　　　　　李秀华(山西财经学院)　　　宋玉蕙(山西大学图书情报学系)

　　　　　张广庸(太原师范专科学校)　张金保(太原工业大学)

　　　　　杨树国(山西省教育委员会)　赵怀玉(太原工业大学)

　　　　　郝文兰(山西师范大学)　　　郭清廉(山西经济管理学院)

注:1. 常委会中有山西医学院一个名额,暂缺,增补后,由图工委行文通知。

注:2. 山西省高等学校图书情报工作委员会全体委员名单由图工委另行通知。

　　1992 年 1 月增补山西医科大学郭其骥为委员。

　　1993 年 3 月陈威(工大)接替赵怀玉任副主任。

　　1993 年 6 月吉同德(经管院)接替郭清廉任委员。

　　1994 年 10 月张广汉(山大)接替王振华任副主任兼秘书长。

新的图书情报工作委员会常委会就本年具体工作问题进行了研究和部署。

本次会议制订了山西高校图书馆发展的"八五"战略目标,为我省高校图书情报事业在今后一段时期内的发展明确了方向。

山西省高等学校图书情报事业"八五"规划要点

高等学校图书情报事业是高等教育事业重要的组成部分。"七五"期间,我省高校图书情报事业随着高教事业的发展而发展,取得很大成绩,有了很大进步,在教学和科学研究中发挥了重要作用。但也应当看到,图书情报事业还远远不能适应提高教育质量和办学效益的需要。为此,"八五"期间,要在坚持四项基本原则,坚持改革开放,认真贯彻党的教育方针的前提下,继续抓紧抓好图书情报事业的建设和发展,增加投入,改善条件,发挥效益,提高质量,全面落实《普通高等学校图书馆规程》,为到本世纪末,把高校图书馆办成多功能,多层次,高效率的综合性学术情报系统打下坚实的基础。

一、加强领导,继续提高对图书情报工作地位与作用的认识

"高等学校图书馆是学校的文献情报中心、是为教学和科学研究服务的学术性机构、它的工作是学校教学和科学研究工作的重要组成部分"。学校各级领导应深刻认识,"教育作为我国社会主义现代化建设的基础工程,在国家的经济和社会发展战略中具有重要地位"。"高等教育面临着两个任务,第一个任务,要求我们为90年代,为下世纪初的现代化建设提供必要的人才与智力的支持。第二个任务,要求我们从反和平演变的战略高度出发,为国家政治与社会的稳定,为坚持和发展社会主义制度培养可靠的接班人"。高等学校图书馆在实现上述任务当中,具有十分重要的地位与作用,因此图书馆应紧紧围绕高等教育形势的发展,充分发挥教育职能和情报职能,这是90年代赋予的神圣职责。

二、积极采取措施,保障文献购置费的数额与来源

图书经费不足、书价上涨,目前已经严重影响馆藏文献充实与提高,它已构成我省高校图书情报事业发展的严重障碍,据统计1989年仅有两个图书馆文献购置费达到或超过《规程》要求,而有的图书馆仅占2%。为此"八五"期间应按《规程》要求,每年应从教育经费中划拨5%,从科学研究和计划外收入中划拨一定比例(1%—3%)用于图书馆的文献购置。

要积极采取切实措施或政策,多方筹资,集中使用,也可实行专项拨款,保障图书馆文献购置费的数额与来源,"保证教学参考书的收藏",在经费使用上要做到合理、节约。

三、加强图书馆业务基础建设,逐步使各项工作日益制度化、规范化和标准化

文献收藏与利用是图书馆的根本任务。各院校文献标引、编目、报道工作要全面采用国家文献工作标准,进一步缩短加工周期,逐步统一全省高校文献加工工作规范,建立统一的报导体系,编制全省高校最新文献联合目录。

要明确树立保障馆藏文献质量的藏书建设的指导思想,在认真进行文献复选的基础上,有计划地剔除无保存价值文献的工作和清产核资工作,要有目的地开展文献资源利用与效益的调查统计与分析研究工作,不断提高馆藏文献质量和文献利用率,要不断调整文献布局,加强文献管理,不断降低丢损率。

四、建设本省学科文献情报中心,发挥图书情报事业的整体效益

我省高校的图书资料建设,历来由各校分散进行,各校也仅从自己局部的需要出发进行文献收集工作,存在着"小而全""大而全"的重复状况,形不成布局合理的文献保障体制。"八五"期间,应在文献资源调查的基础上,从我省的实际需要出发,结合我省高校、学科专业的分布和馆藏特色,建立社会科学文献情报中心、工学文献情报中心、农学文献情报中心、医学文献情报中心、能源化工文献情报中心。"中心"的任务是按学科分工,在各自负责的范围内,将国内有价值的文献搜集齐全,面向全省提供高水平的文献情报服务。"中心"应从各方面筹集资金,教委和学校主管部门对"中心"的经费、设备、人员编制等工作条件要给予特殊支持。

五、不断调整图书情报工作人员群体结构,努力提高专业人员的政治素质和业务素质

高等学校图书馆工作人员的群体结构与专业人员素质,直接关系到图书馆两

个职能的发挥。要从现有人才优势出发,结合学校专业特点进行群体结构分析,确定合理结构,制订计划,不断进行调整。目前高校图书馆专业人员中具有大专以上学历者比例尚未普遍达到《规程》中规定60%的要求,专业技术职务中的高、中级职务人员的比例也未普遍达到图书馆工作评估指标中规定的50%的要求,各院校应根据本校实际情况、采取得力措施,在"八五"期间普遍达到规定要求。

专业人员素质包括政治素质和业务素质,总的要求是又红又专,应加强职业道德教育,树立全心全意为读者服务的高尚情操,有计划地进行岗位业务技术培训和继续教育培训工作,逐步做到先培训、后上岗的要求。"八五"期间全省各院校图书情报工作专业技术人员中,经过专业培训的人数应达到60%以上。应重视普及外语和计算机技术应用的培训工作。

六、积极创造条件,加快图书馆现代化技术应用系统建设的步伐

现代化技术的应用是图书馆进行文献开发与利用、提高工作效率和服务效益的重要手段。应积极创造条件,在"八五"期间,经过充分论证,合理选型,使全省半数以上图书馆能配备一定数量的计算机,用于业务管理和读者服务系统;复印机设备应当普及;其他现代技术设备如缩微、光盘、视听、监测等设备的应用,可根据各院校条件有计划地逐步配置。

七、发展情报教育,开发文献情报资源,积极加强情报检索服务

履行情报职能是高校图书馆的重要任务,要主动迎接高科技的挑战,充分利用馆藏文献信息量最大的优势,积极开展情报教育,提高情报意识,普及情报知识。已开设《文献检索与利用》课的院校,应巩固与发展教学成果,总结经验,逐步推广和提高,"八五"期间,全省高校应达到三分之二的院校开出《文献检索与利用》课程,每年全省高校毕业生中应有半数以上受过情报知识与文献检索方法的系统教育。

各院校图书馆应主动承担为教学和科研服务的文献调研。可根据学校重点学科的设置,积极跟踪学科的发展,承担定题检索服务;或向学校有关部门提出科研课题的信息和建议。或开展回溯检索服务;成果鉴定、专利申请的水平论证和查新检索服务;课程进展的定题检索服务;技术交流和交易,以及工程设计的数据事实检索服务等。"八五"期间应拿出一批具有一定水平的情报服务成果和文献研究服务成果。有的院校图书馆则应根据实际情况,把履行情报职能的重点放在普及性的情报服务方面。

八、加强图书馆各级领导班子建设,做好政治思想工作,不断提高科学管理水平

图书馆各级领导、特别是馆级领导应由认真执行党的方针政策、热心图书情报事业、具有较高科学文化水平和组织管理能力的人担任。部(组)、室的领导人员也应具备一定的政治和业务水平,并应定期进行考核。

图书馆应具有全面而完善的各项规章制度,各业务系统具有明确的工作规范,各工作岗位具有明确的工作职责要求,并制定出各项考核办法,保障贯彻执行,使图书馆各项工作有章可依,执章必严,违章必究。

应充分发挥图书馆党支部的战斗堡垒作用、党员的模范带头作用,做好团支

部、分工会的工作,发挥桥梁和纽带作用,各级领导和组织均应加强思想政治工作,思想教育工作要注重实效,见行动,把教育融于服务和管理之中,不断提高科学管理水平。

九、大力开展图书情报理论与实践的研究活动,继续办好《晋图学刊》,为广大图书情报工作者提供发表成果的园地,推动图书情报事业向纵深发展。

各院校图书馆每1—2年应举办一次图书情报工作经验交流与学术研讨会,总结评比成果予以表彰和奖励。学术研究的优秀成果,可向《晋图学刊》编辑部推荐。

通过广泛地开展理论与实践的研究活动,使我省形成一支具有一定水平的理论研究队伍,出现一批具有丰富实践经验和理论素养的学术研究骨干。造就一代领导图书情报事业向前迈进的可靠接班人。

十、认真总结"七五"期间,我省图书情报事业发展的经验和教训。对照《规程》《规范》和《评估方案》找差距,提出改进措施,分期进行整改,迎接全国高等学校图书馆工作评估。

第四次山西高校图书馆工作会议以后,全省各高校图书馆积极贯彻落实会议精神,图工委认真实施"八五"规划,山西高校图书馆事业从以发展事业规模,努力扩大外延特征的建设高潮,转向运用现代科学技术,深化改革,强化管理,优化服务,进一步提高办馆水平,加强内涵建设上来。

为了进一步改善山西高校图书馆办馆条件,提高办馆水平,更好地发挥图书馆作为学校文献信息中心、为教学和科学研究服务的学术性机构、学校信息化和社会信息化基地的作用,图工委根据省教委〔90〕32号文件"关于对全省普通高校图书馆进行评估的通知"精神,首先对各高校图书馆开展了评估工作。

二、进行评估实测

为了规范高校图书馆评估工作,国家教委于1991年10月下发了《关于开展普通高等学校图书馆评估工作的意见》(以下简称《意见》),强调"应对普通高等学校图书馆经常进行状态判断,决定发展路向,不断改善办馆条件和提高办馆水平","逐步建立高等学校图书馆评估制度"。评估的主要目的是加强国家及各省(自治区、直辖市)教育行政领导部门及各级高校图书情报工作委员会对高校图书馆事业的宏观管理和指导,检查执行《规程》和其他有关规定的情况;为制定高校图书馆事业的有关政策、法规和发展规划提供依据;促进各高校图书馆努力改善办馆条件,深化改革,改进工作,提高服务水平、学术水平和科学管理水平。

根据国家教委的《意见》精神,省教委加快了评估工作进度,1992年2月26日,省教委颁发了晋教高字〔1992〕4号"关于组织专家评估组对各高等学校图书馆进行评估实测的通知",开始安排实测评估。《通知》提到:各校图书馆的自评工作已基本结束。今年我委将组织专家评估组深入各高校,对图书馆工作进行评估实测和自评验收。现将《山西省高等学校图书情报工作委员会关于组织专家组对各高校图书馆进行评估实测的安排意见》印发给你们,请各校按照省高校图工委的具体安排做好准备工作,积极予以配合,要认真听取专家组对本学校图书馆工作提出的意见和建议。

根据省教委晋教高字〔90〕32号文件《关于对全省普通高校图书馆进行评估的通知》安排,山西高校图工委起草了《关于组织专家组对各高校图书馆进行评估的安排意见》,经教委领导审查批准并行文通知各院校后组织实施评估。此次评估安排如下:

一、评估实测范围

省教委所属的31所本、专科院校图书馆。

二、实施步骤

分两步进行。第一步先进行试点,试点学校为太原重型机械学院、忻州师范专科学校;第二步分组评估其余29所院校。

三、时间安排

试点评估从4月13日开始。13日上午9时在重院报到,14—16日对重院图书馆进行试点评估;17—18日对忻州师专进行评估。参加试点评估人员:省教委高教处领导,各专家组的正、副组长王振华、李秀华、赵怀玉、安银海、王永安、张金保、兰珊、李玉文。

其余29所院校的评估从4月19日开始至5月20日结束。4月19日专家组全体成员到山大报到,20—21日集中学习培训。4月23日开始分组到各院校进行评估。每个院校2—3天左右,预计到5月20日前结束。

四、学校分组

除试点学校外,其余29所院校按地区和学校性质、类型分四个组。

第一组　长治医学院、晋东南师专、山西农业大学、山西医学院、山西中医学院、晋中师专、汾阳高护;

第二组　大同医专、雁北师专、云中大学、山西大学、山大师院、山西经济管理学院、山西财经学院、山西财税专科学校;

第三组　运城高专、山西师范大学、山西师大体育学院、临汾职业师院、太原机械学院、太机院大专部、太原师专;

第四组　太原工业大学、工大材料工程学院、山西矿业学院、太原电力专科学校、太原大学、吕梁高专、阳泉煤专。

五、专家组人员组成

专家组成员由四部分人员组成:(1)省教委与高教处领导;(2)省高校图书馆评估领导组成员;(3)省高校图工委常委;(4)具有副高以上专业职称的部分高校图书馆馆长或工作人员。共拟抽调25人,也分四个组。

第一组　组长:王振华　副组长:李秀华
　　　　成员:郭清廉　全文良　赵仙娥　康军
第二组　组长:赵怀玉　副组长:安银海
　　　　成员:郭其骥　宋玉蕙　刘炳文　赵潜柯
第三组　组长:王永安　副组长:张金保
　　　　成员:李锁温　冯锦生　董书新　俞静淑
第四组　组长:兰珊　副组长:李玉文

成员:王理忠　郭文兰　毕槐林　张广庸　周仲麟

六、评估工作程序

1. 主管图书馆工作的院、校长,图书馆馆长向专家组汇报图书馆工作和校、馆开展自评的情况。

2. 专家组审验图书馆提供的 1988 年—1990 年以及 1991 年各种原始统计资料和实证材料;深入馆内各部、室考核管理、业务、服务各项工作现状与效果;召开教师和学生读者与图书馆工作人员座谈会;对馆内工作人员进行问卷笔试或口试。

3. 专家组汇总情况,对照评估指标体系集体评议、打分。

4. 专家组向院校领导和图书馆领导汇报评估情况,对图书馆工作提出意见和建议;听取院校领导和图书馆领导对评估的意见。

七、进行评估工作总结

1. 评估任务完成后,省教委高教处领导、专家组全体成员以及省教委领导于 5 月 18 日集中,分组汇报评估情况,集体研究讨论平衡各馆评分等级与评语。

2. 省高校图书馆评估领导组于 6 月 15 日前写出评估工作总结,连同对各校的评语、评分与基本情况统计资料一并上报省教委高教处。

3. 省教委以文件形式将评估工作总结与各种材料转发各院校,提出今后我省高校图书馆事业发展的设想和意见。

经过历时近一年的评估,使省教委、各院校领导和图工委对山西高校图书馆的工作水平和工作状况有了一个比较全面的了解和掌握,对于进一步改善办馆条件,提高办馆水平,改进和提高山西高校图书馆工作,推动山西高校图书馆事业的发展起到了很大的促进作用。

1993 年 5 月 20 日省教委颁发了晋教高字〔1993〕19 号"关于印发《山西省普通高校图书馆评估总结》的通知",要求各校认真研究评估专家组对校图书馆工作提出的意见,尽快采取措施解决存在的困难和问题,进一步加强对图书馆的领导和支持,切实把图书馆办好。

山西省普通高等学校图书馆评估总结

为了进一步加强对我省普通高校图书馆工作的宏观管理和指导,促进我省高校图书情报事业的发展,省教委于 1991 年到 1992 年上半年,在省高校图工委的具体配合下,对全省 31 所本、专科普通高等学校图书馆工作进行检查评估。评估从 1990 年 11 月省教委正式发文(晋教高字〔90〕32 号)开始,经过院校自评、专家组检查测评两个阶段,于 1992 年 5 月中旬结束。通过评估比较全面地了解和掌握了我省高校图书馆的工作水平和工作状况,对推动我省高校图书馆工作的改进提高和图书馆事业的发展,起了很大的促进作用。现总结如下。

一、院校自评取得了很大成绩

院校自评是搞好评估的基础。教委认为,应当把自评的过程当作贯彻《普通高等学校图书馆规程》(以下简称《规程》),落实《山西高校图书馆业务工作规范》,不断改进和提高工作水平的过程。为此,自评的时间应当安排得长些。要求各校领导都要高度重视,认真组织实施。各校领导接到教委文件后都非常重视,有的在校长办公会议上专门做了研究,列入了学校 1991 年工作计划日程,有的在全校中层干部会上做了布置。各校、馆普遍进行了广泛的宣传动员,成立了校、馆两级评估领导小组,制订了自评工作计划。如山西师大陶本一校长在谈到评估的重要性时说:"评估对学校图书馆是一个很大的促进,过去从未有过这样一个全面、完整、科学的评价标准,本次评估有机会依照评估指标体系进行全面总结,能比较好地找到自己的差距,对今后图书馆的发展有了明确的方向,并依据指标做了科学合理的规划。同时,通过评估沟通了图书馆与师生之间的联系,也有机会更好地向兄弟院校学习。"在自评期间,许多院、校长亲自担任评估领导组组长,带领学校各有关处、系领导深入图书馆,对照评估指标,一个部一个部、一道工序一道工序地对工作进行检查,发现问题及时帮助处理与解决。由于各校领导的普遍重视,使院校自评收到了很大成效。表现在:

1. 办馆条件得到了进一步改善

(1)馆容馆貌有了较大改观。自评期间,许多院校维修和粉刷了馆舍,油漆了全部门窗,改善了照明,对馆舍进行了装饰美化;有的院校在阅览室涂上地板漆,使图书馆环境更加舒适雅静,馆容馆貌大为改观。

(2)扩大了馆舍面积,增加了阅览座位。有一些未建成独立馆舍的学校,尽管学校用房十分紧张,在自评期间仍然想方设法给图书馆增加用房,以保障工作的正常运行和满足读者的需求。还有一些学校,利用了评估的机会扩建了馆舍,增加了阅览座位。

(3)添置了家具设备,缓解了短缺紧张的矛盾。评估前有相当一部分图书馆长期缺少书架、目录柜、阅览桌椅,使文献资料难以全部上架流通和阅览,评估中这些学校都拨专款购置了紧缺的家具与设备,使工作得以顺利展开。大大缓解了短缺紧张的矛盾。

(4)建立健全了图书情报委员会,充实加强了领导班子。自评期间,大多数学校都根据各自的工作需要重新建立健全了院校图书情报委员会,使之成为管理和指导学校图书情报工作的咨询与协调机构。院校图书情报委员会成立以后,在改进院校图书情报工作,特别是在这次评估中发挥了重要作用。

评估前,领导班子不健全的图书馆为数不少,有的长期没有馆长,只靠副馆长主持工作;有的只有一位馆长或副馆长,没有副手,对工作很不利。评估中这些院校积极选调热心图书情报工作并有一定组织管理能力的人员担任馆长或副馆长。对部(室)主任一级,也做了充实与加强,保证了各部的工作能够正常运转。对部(室)主任的待遇,各校也根据自己的情况给予确认。

(5)工作人员素质有了进一步提高。一个馆工作水平如何,与工作人员的素质至关重要。一些院校对照评估指标的要求,在改变工作人员的知识结构,提高工作人员素质上做了卓有成效的工作。在学历和文化程度上,选留、调进本科以上毕业生到馆工作。对学历文化偏低的同志适宜调出的尽量调出,不能调出的则采取脱产、半脱产方式让其进修,提高他们的学历和文化程度。有的则进行短期培训,限期达到要求,使工作人员的学历和文化水平结构能基本上符合评估指标规定的要求。

(6)文献购置费有新的增长。近年来,高校的办学经费比较紧张,致使文献购置费不能随着书刊价格的上涨和教学科研的需要相应地增加。本次评估中有些院校从学校教育事业费中再挤出一些钱增订期刊、购置其他文献资料充实馆藏,有的则从科研费、研究生经费和学校创收经费中提取一定比例给图书馆购书,使经费紧张、购书量下降、师生借不到书的现象有所克服与缓解,受到师生的欢迎。

2. 推动了业务工作的改进与提高

院校自评期间,各馆对照评估指标体系,认真改进工作,提高工作水平,力争使各项工作达到评估指标体系规定的要求,取得了明显的效果。

(1)规章制度建设得到了加强,科学管理水平普遍提高。评估中,各馆在规章制度建设上下了较大工夫,对原有的各项规章制度进行了修订,使过去不系统、不全面的规章制度日臻完善,使各项工作有章可循。在此基础上印刷装订成册,人手一份。各馆不仅有保存完好的年度工作计划和总结,进而还整理了行政文书档案,建立了业务档案。有一些馆还制订了"八五"发展规划,使工作做到长计划短安排。由于上述措施,各馆在科学管理水平上大大向前推进了一步。

(2)读者服务工作有了进一步改善。根据评估指标的要求,许多馆采取开架、半开架、给部分读者增发入库证、期刊资料全开架、专门书库或辅助书库实行开架等方式扩大开架范围和数量,从各个方面来满足师生的要求。有一些馆过去开馆时间较短,在评估中克服困难,延长了开馆时间。

在情报教育方面,不少馆除上好已经开设的文献检索课外,还为新生编印"怎样利用图书馆"的小册子,在入学教育期间对新生进行利用图书馆教育;有一些馆录制了怎样利用图书馆的录像片给新生播放,收到了较好效果。有一些馆为读者举办美育讲座、专利知识讲座、股票知识讲座等。在专利知识讲座上,有的老教授也踊跃听讲,并感慨地说:"图书馆评估有变化,很好,很活跃"。有的馆利用自己的人才和情报资料优势为"星火计划"服务,在搞好为本校教学科研服务的基础上,挖掘潜力为乡镇企业进行情报调研和项目可行性分析,写出了论证报告。

许多馆在评估期间加强了与读者的联系,与学生社团建立双向服务关系,共建精神文明,收到了非常好的效果。有的馆召开热心读者座谈会,评选和表彰优秀读者,开展有奖书评活动和"我与图书馆"有奖征文活动等,大大加强了图书馆与读者的联系,使图书馆工作的开展得到读者特别是学生读者的关心和支持。

(3)文献工作水平有了新的提高。各馆在经费短缺的情况下,都很重视文献的选订工作,制定了文献采访制度,力求使有限的经费发挥较大的效益。许多馆把预订目录送到系或教研室,请教学科研人员来选订,提高进书质量;有的馆充分发挥图书情报委员会的作用,请委员们审选新书,有的馆成立了藏书建设领导小组,聘请了专业文献采访员选订书刊。同时,许多馆建立了采访业务档案,使采访工作管理走向科学化和规范化。

在文献的编目加工方面,各馆都对照山西高校图书馆业务工作规范,力争归类准确,著录标准清晰,把误差率降到最低程度。我省高校图书馆使用"科图法"和其他分类法类分图书的为数不少,评估中不仅一些新馆而且有的老馆也下了决心克服困难改用"中图法",向分类标准化靠近。

(4)健全和完善目录组织。评估期间,许多馆整顿了目录组织,进行了补缺修整工作,并加上了塑料卡套,购置了新目录柜,重新进行标识,既方便了读者查检,也使目录厅面貌一新。有一些馆通过评估把专业阅览室藏书、期刊、情报资料、声像资料等文献目录全部补建起来,形成了馆藏文献完整的目录体系,便于读者查检,提高了馆藏文献的利用率。

(5)藏书布局更加适应教学科研需要。在经费紧张、进书量减少、复本量压低的情况下,如何保证教学科研用书,各馆都想了不少办法。例如,调整了藏书布局,建立了单本书库、工具书室、文献检索室等,并加强了阅览室辅助书库新旧图书的轮换工作。通过藏书布局的调整,读者在流通书库借不到的书在其他相关书库均能找到,从而保证了教学科研的需要。

在调整藏书布局的同时,一些馆还进行了剔旧工作,把那些陈旧过时或复本量大、长期无人问津的压架图书加以剔除。既减少书库空间紧张的压力,又相对提高了馆藏质量。剔下的图书则支援新建院校、中学或农村,继续发挥效益。

(6)进一步加强了二、三次文献工作。省高校图工委从1988年开始,每两年评选一次优秀工作成果和二、三次文献成果。评估期间,各馆对此项工作提出了较以往更高的要求。1991年编制的专题书目、专题文献题录、索引及专题文摘等,其深度与精度均好于往年。过去,我省高校馆基本上未开展三次文献工作,评估期间,有的馆组织编撰专题专利综述、行业发展综述等,获得了国家有关部委情报所或专业司局的奖励。

(7)现代化技术应用有了新进展。过去,我省高校图书馆的现代化技术手段非常落后,有些设备基本上是空白,计算机也很不普遍。自评估以来有了较大进展。大部分本专科院校都购置了微机,并开始在采编、流通、情报检索等工作系统开发应用。山西大学和太原工业大学还分别投资80余万元人民币引进了日本富士通图书馆专用小型机系统,走在了现代化进程的前列,上了一个新台阶。山西医学院为图书馆购进了先进的光盘装置,与全国医学院实现了光盘检索联网,填补了我省现代化建设的空白。

(8)学术研究取得可喜成绩。我省高校图工委成立以后,创办了自己的专业学术期刊《晋图学刊》,大大激发了广大图书馆工作人员进行学术研究的积极性。几年来,刊物培育锻炼了一支理论研究队伍,他们不仅在《晋图学刊》上,而且在省内外其他刊物上都经常发表文章,其中有的论文还分别被省科协、有关部委、学会评为优秀论文,初步改变了我省高校图书馆学术研究落后的状况。

(9)业务统计得到了加强。由于在评估中要审核各种实证材料,其中包括各种业务统计资料,因此,统计工作受到了各馆的高度重视,重新确定统计范围和内容,重新设计和健全了各种统计表格,特别是图工委设计制作的12个统计表推动了我省高校馆的业务统计工作,逐步走向标准化和规范化。

二、专家组评估取得圆满结果

根据省教委安排,1991年各院校完成自评后,1992年要组织专家组对全省各高校馆进行专家评估。专家组成员由高校图书馆评估领导组负责聘请。在专家组评估全面铺开前先进行试点,选择规模适中、工作项目比较齐全、具有一定代表性的一个本科院校(太原重型机械学院)和一个专科院校(忻州师范专科学校)作为试点评估学校。参加试点评估的成员为 4 个专家组正、副组长。

试点评估从 4 月 13 日开始,18 日结束,共一周时间,每个学校 3 天。试点评估结束后,随即召开全体专家组成员集训会议,总结试点评估经验,进一步认真学习指标体系,统一认识,统一标准。在集训会议上,省教委领导强调这次评估既不是评比,也不是鉴定,而是检查性评估,其目的是为了促进与推动工作。同时还强调了评估过程中应注意的事项。鉴于此,我们把原定的评估周期(1988—1990)后推到 1992 年,即凡在 4 月中旬前改进的工作均作为评分的依据,对于这一改动,各馆都比较满意。

专家组集训结束后,随即分成四路,分赴各个学校开展评估工作。全省 31 所普通高校中,除太原工大材料工程学院、太原机械学院大专部、阳泉煤专、山西医学院汾阳专科部、云中大学 5 所学校因系新建学校,条件尚不具备,暂不列入本次评估对象,只作检查,不按指标评分。

晋东南师专由于领导不够重视,至专家组进校时,学校尚未提交自评报告,给专家评估造成一定困难,也未按指标体系予以评分。其余 25 所学校都进行了认真的实测评分。

各个院校领导和图书馆的同志都非常欢迎和重视专家组评估,认为专家组的检查全面、深入、细致,提出的意见客观公正、实事求是,是他们接待过的各类检查组中水平较高的评估检查组。专家组在每个学校时间短(一般 2 天),工作量大,掌握的信息量也大。通过评估,对每个学校都起到了很大的促进作用。绝大部分院校领导都表示,要认真考虑对待专家组的意见,在评估结束坐下来好好研究,尽快改进。

对各校图书馆的实测评分,我们采用的是同一评估指标体系,同一个评分标准,但在评定等级时本科与专科学校则分开进行,即同是一个等级,专科学校比本科学校降低 10 分。这次参与实测评分的 25 所院校馆,本科 14 个,专科 11 个。本科院校馆中被评为甲级馆的 2 个,占参评馆的 14%;乙级馆 5 个,占 35%;专科院校 11 个馆中,被评为甲级馆的 1 个,占参评馆的 9%,乙级馆 6 个,占 54%;丙级馆 3 个,占 27%;丁级馆 1 个,占 9%。具体测评结果如下表。

办馆效益系数表

馆名	$\dfrac{B+C+D+E+F}{A}$	馆名	$\dfrac{B+C+D+E+F}{A}$
太原机械学院图书馆	4.87	运城高专图书馆	4.14
山西医学院图书馆	4.67	太原电专图书馆	3.76
太原重型机械学院图书馆	4.51	山西职业师专图书馆	3.57
山西大学图书馆	4.45	山西财专图书馆	3.56
山西师大图书馆	4.29	吕梁高专图书馆	3.32
山西农大图书馆	4.27	晋中师专图书馆	3.29
山西矿业学院图书馆	3.98	忻州师专图书馆	3.25
山西财经学院图书馆	3.88	大同医专图书馆	3.21

续表

馆名	$\dfrac{B+C+D+E+F}{A}$	馆名	$\dfrac{B+C+D+E+F}{A}$
太原工业大学图书馆	3.64	太原师专图书馆	3.13
长治医学院图书馆	3.62	太原大学图书馆	3.04
师大体院图书馆	3.43	雁北师专图书馆	2.66
山西经管学院图书馆	3.01		
山大师院图书馆	2.90		
山西中医学院图书馆	2.89		

三、对我省高校图书馆事业的整体评价

从专家组实测得分情况看,参评的14个本科院校馆中仅有2个甲级馆,占14%,而丙、丁两个等级的馆就有7个,占到50%,参评的11个专科学校馆中只有1个甲级馆,占9%,丙、丁两级馆4个,占36%。这个情况,突出地说明了我省高校馆的办馆水平是不高的,高校图书馆工作仍然十分落后。

从办馆水平的5项指标来看,我省高校馆的文献工作水平和科学管理水平一般还算可以。文献工作水平给定满分为22分,14个本科馆平均为19.10分,达到指标体系规定要求的85%以上。11个专科学校馆平均为18.78分,也达到指标体系规定要求的85%;科学管理水平给定满分为15分,本、专科馆都平均为12分,达到指标体系规定要求的80%。相比之下,读者服务水平、现代化技术水平和成果附加就较为落后。读者服务水平给定满分为30分,本科馆平均为18.68分,只达到指标体系规定要求的56%;现代化技术水平给定满分为8分,本科馆平均为4.34分,达到指标体系规定要求的40%;成果附加给定满分为20分,本科馆平均为11.92分,仅达到指标体系规定要求的59%。专科馆平均为8.61分,只达到指标体系规定要求的43%。通过以上分析,不难看出我省高校图书馆的办馆水平是低下的,尤其是我省高校馆非常重要的读者服务工作水平上不去,这就势必影响到两个职能的充分发挥。

我省高校图书馆的办馆条件,从评估得分情况看也是很差的。办馆条件给定满分为20分,14个本科馆平均16.95分,仅能达到指标要求的67%。11个专科馆平均17.75分,达到指标要求的71%。办馆条件中的人员数量满分为13分,本科馆平均7.2分,只达到指标要求的55%,专科馆平均9.68分,达到指标要求的74%;专业职务结构满分为6分,本科馆平均2.14分,只能达到指标要求的35%,专科馆平均1.8分,也只能达到指标要求的30%;文献购置费满分为20分,本科馆平均为11.03分,达到指标要求的55%,即本省本科馆的文献购置费只能达到“规程”规定数的一半,太低了。专科馆平均为13.6分,仅达指标要求的64%;学生人均书刊册数满分为10分,本科馆平均6.7分,仅达到规定的67%。专科馆平均4.8分,只达到规定的48%。

由此,我们可以得出这样的结论,山西省高校图书馆事业的发展水平仍然处在十分落后的状态之中,这就需要引起省教委及有关领导的密切关注。

四、我省高校图书馆评估工作的基本经验

1. 我省高校评估指标体系基本符合本省的实际情况,也是可行的,但办馆水平与办馆条件有密切的联系,致使一些馆尽管工作很努力,只因条件较差,评估成绩却上不去,挫伤了这些馆同志们的积极性。三级指标共有 47 项,其中定量评估指标 14 项,占 29.80%;定性评估指标 27 项,占 57.4%;经验评估指标 6 项,占 12.8%;定性和经验评估指标两种共有 33 项,占总指标的 70.2%。现在看来,定性和经验评估指标的比重过大。虽然经过试点评估取得了一些经验,但对定性和经验评估的标准难于统一掌握,四个专家组之间仍然会出现评分上的差异。此外,评分内涵及标准的说明,也不能过于简单笼统和重复计算,越具体越好,甚至在评估指标体系之外,搞一个实施细则更好,以便于操作。因此,对评估指标体系需要进一步研究推敲和修订,使其更加完善和科学。

2. 试点评估是必要的。通过试点,可以发现预先未考虑到的一些问题,以便在全面评估中加以纠正。试点评估结束后,应有一定的时间讨论和总结试评估中出现的问题,并提出相应措施,向全体专家组成员公布和解释,以便统一认识,为顺利开展评估打下良好的基础。

3. 专家组对所在学校的评估程序基本完成即将评分前,尽管每位专家都有独立打分的权力,但小组成员仍需要有一个集体评议和研究的过程,统一认识,统一标准,使评分更加合理和符合所评学校的实际情况。

4. 我省本次评估的等级是按办馆水平得分决定的。通常办馆水平受到办馆条件的制约。一般情况下,办馆条件好的,办馆水平也相应较高,对于办馆效益如何处理,它起什么作用,我们却没有仔细考虑。办馆水平高的,办馆效益不一定高,单凭办馆水平得分决定等级不够全面,应考虑办馆效益这个因素。

5. 自评估在评估全过程中是一个极为重要的过程。通过自评估不仅可以发现自己存在的问题和长处,以便及时改进工作,总结经验。而且可以为专家组测评提供准确的情况和数据,为专家组评估打下良好的基础。自评估的好坏,往往影响到专家组评估成绩。自评估的时间不宜过短,应该给各馆以对照检查、克服不足、改进工作以及材料准备等一个较为宽裕的时间。

6. 专家组评估能否顺利进行,与专家组成员的素质有很大关系。因此,专家组一定要由那些工作认真负责、工作经验丰富、具有一定组织能力和专业知识的高级专业技术人员组成,我省评估之所以受到各院校的好评并能圆满地完成评估任务的一个重要原因就是专家组的组成基本上是符合以上要求。

7. 评估结束后,应及时进行总结,及时研究处理评估中出现的特殊情况和问题,采取措施及时加以补救和平衡。最后应将评估结果包括评语、得分、效益系数通知各校,并要求各校认真研究评估意见,进一步加强图书馆工作。使其更好地为教学科研服务。

8. 评估工作是一项大的系统工程,费时费力。通过评估对取得的成果应加以巩固和推广。为此,需在评估结束后的适当时间,再组派一支小分队进行回溯抽查,检查评估成果,巩固的如何,评语中专家组提出的意见改进的如何,进一步促进工作向前发展。

这次评估受到了各院校领导和图书馆的高度重视,都做了大量的认真的准备工作。根据评估指标体系对照本校馆实际情况,既总结了工作经验,又找出了存在的主要问题和差距,真正做到了边评边改,使评估工作达到了预期目的。评估结束后,各馆又根据专家组的评估意见和建议再次进行了整改。通过评估,省高校图书馆的办馆条件、办馆水平和为教学科研服务的能力得到了进一步的改善、加强和提高,同时也发现了影响我省高校图书情报事业前进的障碍、图书馆建设的问题和难点,需要今后着力研究解决。

三、开展学术研讨,注重队伍建设

1992 年后,随着我国改革开放的深入发展,我省高校图书馆的改革也向纵深发展。在完善主管校、院长领导下的馆长负责制,探索建设具有中国特色的社会主义高校办馆路向,引入竞争,约束、激励机制,正确运用政策导向,在内部管理体制上进行改革,迈出了较大的步伐,如山西矿业学院、山西大学等图书馆进行馆内行政管理体制改革和人事管理、分配制度改革,实行"五定一聘"即定编、定岗、定职责、定任务、定考核办法和全员聘任制,实行馆内结构工资制,建立健全馆部两级考核制度,极大地调动了工作人员的积极性和创造性,有效地把大家的注意力吸引到做好文献信息的收集、整序、开发和传递上来,使图书馆工作出现了生机勃勃的局面,各项工作都开展得有声有色。

图书馆事业的发展,关键是要培养造就一批素质精良的职工队伍。多年来,省高校图工委始终注重高校图书馆队伍建设,把人员培训作为大事来抓,图工委积极创造条件,采取多种途径,举办各种学术研讨活动,不断提高工作人员业务水平和素质,在深层次上改善队伍结构,由此带来图书馆观念的变革及图书馆各项工作的改革。

1. 举办学术研讨会、培训班

(1)山西省高校第一次文献检索与利用课经验交流暨学术研讨会

1991 年 4 月 9—11 日,省高校图工委在太原机械学院图书馆组织召开了"山西省高校第一次文献检索与利用课经验交流暨学术研讨会"。参加会议的有山西省 26 所高等院校的部分文献检索与利用课教学人员和图书馆领导共计 38 人。会议共收到论文、调查报告、教学总结 16 篇,课程大纲和教材 8 种,以及其他有关材料。太原机械学院副院长陈仁学教授,潘德恒教授出席会议并发表讲话,会议由省高校图工委副主任,省图书馆学会副理事长,太原机械学院图书馆馆长兰珊副教授主持并致开幕词和会议总结。会议传达了《全国文献检索与利用课程建设研讨会会议纪要》和会议精神,与会人员对山西省高校多年来文献检索与利用课教学的情况,进行了总结与学术交流。

(2)情报专业委员会成立暨首届学术研讨会

1992 年 6 月 29—30 日,山西省高校图工委情报专业委员会成立暨首届学术研讨会在山西矿业学院图书馆召开。有 25 个单位的 42 名代表参加了会议。省高校图工委副秘书长安银海同志主持了会议,省高校图工委副主任兼秘书长王振华同志和山西矿业学院盛剑桓副院长作了讲话。省高校图工委常委太原工业大学张金保副馆长和山西医学院郭其骧馆长及山西财经学院、大同医专、太原工大材料工程学院、山西煤炭管理干部学院、山西经济管理干部学院等院校的图书馆馆长也出席了会议。会议收到论文 34 篇,大会宣读 15 篇,与会代表就如何进一步发挥高校图书馆的情报职能和加强情报工作建设,情报开发,使情报产品商品化、产业化,以便更好地为国民经济建设和社会服务的问题进行了广泛的研讨。

会议通过了省高校图工委情报专业委员会的组成单位、主任、副主任名单,以及专业委员会的章程,同时还讨论议定了 1992—1993 年工作计划要点。

(3)华北地区高校图协第七届学术年会

1992 年 9 月 22—25 日,华北地区高校图协第七届学术年会在太原山西大学隆重召开。山西省高校图书情报工作委员会副主任兼秘书长王振华主持了开幕式。山西省教委副主任、山西省高校图工委主任杨树国致开幕词。本届年会的中心议题是"搞好文献资源建设,提高馆藏文献质量,更好地为教学科研服务"。大会交流中,北京的胡越做了《北京地区高校图书馆采访工作的评估与总结》的发言。内蒙古的刘长盛、河北的陈云昌、天津的计儒森、山西的裴成发,分别就各自的论文《建立本校学术文献专藏暨我院实施情况初报》《图书馆文献资源建设与文献保障率》《索引与文献资源的开发与利用》《文献资源建设研究中的六大问题评述》进行了宣讲。之后,会议按文献资源共享,藏书的结构、质量,期刊建设与如何搞好采访工作等几个专题,分别进行了小组讨论。最后由山西省高校图工委副主任兼副秘书长王永安对本届学术年会做了总结性的发言。参加这次会议的近百人,共收到论文 76 篇,是近几届年会所收到的论文较多的一次。

在此次华北地区高校图协第七届学术年会开幕词中,山西省教委副主任、山西省高校图工委主任杨树国同志首先代表山西省教委、山西省高校图工委对这次会议的召开表示衷心的祝贺!对远道而来的北京、天津、内蒙古、河北的代表同志们及本省的与会者表示热烈的欢迎!杨树国同志在发言中强调了"文献资源建设"在图书馆工作中的重要性,他指出,党的十三届七中全会不仅确定了我国"八五"期间与 90 年代的工作方针与战略目标,而且也明确了教育作为我国社会主义现代化建设的基础工程,在国家的经济和社会发展中所具有的重要地位,及其两项光荣任务,即一要求我们为 90 年代,为下世纪的现代化建设提供必要的人才与智力支持,二要求为坚持和发展社会主义制度培养可靠的接班人。为实现上述两项任务,具体到高校图书馆来说,关键是要履行好教育职能与情报职能,而要履行好这两大职能,又必须做好两项主要工作,即文献资源建设与读者工作。去年,在内蒙古召开的华北地区高校图协的第六届学术年会上,大家就读者工作进行了很好的讨论,并取得了很大的收获。本届年会的中心议题是"搞好文献资源建设,提高馆藏文献质量,更好地为教学科研服务。"文献资源是图书馆最重要的物质基础,也是开展读者工作最基本的手段。如何搞好文献资源建设?这几年来,我国图书馆界对诸如馆藏对象、藏书的结构、布局、评价、复审与剔除,以及文献资源共享等方面进行了大量的研究与实践,提出了不少新观念,新方法与新经验,而且还引进了国外的一批有关的先进经验与理论成果,同时在研究方法上也注意到定性与定量的结合。这一切无疑对推动我国文献资源建设的发展,起到了重大的作用。还应提到的是我们一些本科院校的图书馆参加了规模空前的全国文献资源调查,取得了很大的成绩。这不仅摸清了一些重点图书馆的藏书家底,促进了文献资源建设,而且对各馆之间的"团结协作,资源共享",建立各省、市(自治区)、华北地区,乃至全国的文献资源的保障体系打下了初步的基础。

杨树国同志特别强调,参加这次年会的代表们,主要是图书馆的领导、专家、理论工作者及具有丰富经验的图书馆实际工作者,我深信通过这次会议的讨论,同志们一定能从不同的角度和方面,围绕着高校图书馆文献资源建设的理论与实践问题,作进一步的深入研究,并必将会促进高校图书馆文献资源建设的发展,在强化高校图书馆的两项职能,完成教育战线上的两项任务中作出更大的贡献!

(4)图书馆发展与图书馆自动化研讨会

1993年11月30日至12月3日在山西师范大学图书馆召开了山西省高校"图书馆发展与图书馆自动化"专题研讨会。来自全省33所普通高校和成人高校的40位图书馆馆长及有关部主任出席了会议。会议除了研讨图书馆自动化方面的主题外,还学习了在1993年9月举办的全国"市场经济与图书馆建设"馆长研讨班上,国家有关部门领导就图书馆改革所作的几个报告,并联系本单位实际做了热烈的讨论。

(5)采编专业委员会成立暨学术研讨会

1994年4月19—20日,省高校图工委采编专业委员会成立暨学术研讨会在山西大学图书馆召开,来自全省高校图书馆的56位代表出席了会议。此次会议共收到11篇论文,有5篇论文进行了大会交流,代表们就合作采访、合作编目等问题,进行了热烈而深入的讨论。会议还通过了采编专业委员会章程与主任委员馆和副主任委员馆。

主任委员馆:山西大学图书馆

副主任委员馆:山西财经学院图书馆、太原重机学院图书馆、山西农大图书馆、山西师大图书馆

山西省高校图工委采编专业委员会章程

一、性质:

本专业委员会是在省高校图工委领导下,负责全省高校图书馆采编工作的协调和业务研究的学术性机构。

二、宗旨:

本专业委员会召集和组织全省高校图书馆从事书刊文献采编工作的同仁,互通信息、交流经验、研究和探讨书刊文献采编工作的特点和规律,不断提高全省高校图书馆采编人员的业务水平,使图书馆更好地为教学和科研服务,为社会和读者服务,当好先行官。

三、任务:

1. 组织学术研讨和经验交流活动;

2. 开展采编人员的培训工作;

3. 协调各馆之间的文献采集重点,互通采编信息,开展合作采访,实行资源共享;

4. 传达贯彻上级对书刊文献采集工作的要求和方针政策;

5. 完成上级布置的有关任务;

6. 开展采编工作现代化的研究与利用;

7. 不定期出版工作简报。

四、会员

本专业委员会只发展团体会员。凡我省普通高校、成人高校、省地市党校等图

书馆的书刊文献采编工作者以馆为单位,可申请参加本专业委员会,并享有参与本会举办的各种活动与接受有关资料的权力,承担本会的各项义务。

五、组织:

本专业委员会的权力机构是省高校图工委采编专业委员会成员馆会议。设主任委员馆一个,副主任委员馆二个。日常办公地点设在专业委员会主任委员馆所在馆,任期三年。专业委员会成员馆会议每一年举行一次,学术会议每两年举行一次。

六、经费:

1. 省高校图工委补助;

2. 本专业委员会举办活动收入;

3. 单位或个人捐资赞助;

七、本会章程经省高校图工委批准于一九九四年五月起实施。

(6)期刊专业委员会第二届年会

1994 年 6 月 9—10 日,山西省高校图工委期刊专业委员会在太原工业大学图书馆召开第二届年会,出席本次会议的有 22 所院校的 30 余位代表。工大陈威馆长代表上届期刊专业委员会做工作报告,太原师专张广庸馆长介绍全国高校图工委期刊工作委员会开展学术研究的情况,并就近几年全国期刊工作研究进行综述发言,工大喻力明同志介绍上海光华1995 年期刊委托征订工作会议情况。提交论文的作者进行了会议交流。经与会代表协商,省高校图工委同意,对期刊专业委员会进行了换届改选,主任委员馆由太原工业大学担任,副主任委员馆由山西大学、山西财经学院、太原重机学院、太原师专担任。

(7)情报专业委员会 1994 年度工作会议

1994 年 11 月 25 日,山西省高校图工委情报专业委员会在山西矿业学院图书馆召开了1994 年度工作会议。出席会议的有 24 所院校图书馆的 30 位代表,会议由情报专业委员会主任,山西医学院图书馆董书新同志主持。主要议题是:①总结 1993 年以来省高校图书馆情报工作的进展情况;②交流各馆为教学科研服务以及开拓情报工作领域,走向市场,面向经济建设的经验;③讨论,并安排了明年的工作计划要点。省高校图工委副秘书长安银海同志到会讲了话。并在会议结束时做了总结。

(8)山西省高校图书馆现代化技术培训班

1996 年 6 月 17—26 日,图工委委托山西矿业学院图书馆举办了为期 10 天的"山西省高校图书馆现代化技术培训班"。这次培训班是根据《山西省教委关于加强图书馆自动化的工作意见》,为了使省高校图书馆工作人员在短期内了解和掌握图书馆现代化技术的工作方法和管理方法而举办的。培训班特邀国内著名的 MARC 专家、北京大学图书馆熊光莹教授、刘丽静副教授、大连波菲特信息公司王晓平经理和矿业学院图书馆原晓东同志主讲了中国机读目录格式和图书馆自动化局域网络建设的组织实施。培训期间还进行了《文献管理集成系统》V3.0 演示、实习,并组织参观了山西大学图书馆和山西财经学院图书馆微机自动化管理系统。培训班在老师和学员的共同努力下,取得了良好的效果,不仅为省高校图书馆培训了 MARC 人才,而且使他们初步掌握了图书馆自动化网络建设的一般理论和实践经验,对各馆的自动化建设将产生积极的影响和推动作用。

(9)采编专业委员会年会

1995年6月7日、1996年11月18—19日和1998年6月22—23日,高校图工委采编专业委员会分别在山西农业大学图书馆、山西财经学院图书馆和山西大学图书馆举行了年会。

1995年会由农大图书馆王理忠馆长主持,图工委秘书长张广汉,副秘书长王永安、安银海、李嘉琳到会发表讲话,会议主要研讨了采编如何实现规范化、自动化管理的问题。

1996年参加会议的有21家院校、27名代表。高校图工委秘书长张广汉、山西财经学院赵院长、图工委副秘书长王永安和安银海、山西财经学院图书馆馆长李秀华等也应邀到会。张广汉秘书长代表省高校图工委对采编专业委员会的工作给予了肯定;采编专业委员会主任馆、山西大学图书馆的高维新同志介绍了全省采编系统自动化情况;山西财经学院图书馆李秀华馆长、山西矿业学院图书馆安银海馆长分别介绍了本馆实现自动化的情况。代表们分组交流讨论了各馆的自动化情况,并参观了解了山西财经学院图书馆计算机在各系统的使用情况。19日上午,代表们参观了山西大学图书馆。下午全体代表进行了三年一次的换届改选。

出席1998年会议的有22个单位的27名代表。会议由山西大学图书馆副馆长高维新同志主持。省高校图工委副主任王永安同志到会讲话。参加会议的各位代表分别介绍了本馆的情况。通过介绍,代表们相互有了了解,并对全省高校图书馆的采编工作现状有了一定的认识。代表们还针对图书价格昂贵、经费短缺、分类法落后于学科发展的现状,建立书目数据库的方法、统一编目的前景等进行了讨论。通过讨论,代表们都有不同的收获,达到了互相交流、共同研讨、取长补短,不断提高的目的。

(10)国际标准著录格式(MARC)培训班

1996年11月20—22日,由省高校图工委采编专业委员会组织的"国际标准著录格式(MARC)培训班"在山西财经学院图书馆举办。参加培训班的有11所院校的16人。通过三天的短暂学习,学员们对采编系统MARC格式有了基本了解,并掌握了实际工作中所需要的知识。

(11)华北地区高校图协第十二届年会

1998年9月14—18日,华北地区高校图协第十二届学术年会在山西太原理工大学召开,本届年会由山西省高校图工委主办。来自华北地区五省、市、自治区高校图工委负责人以及北京、天津、内蒙古教委(教育厅)的有关领导和55所高校图书馆的代表共87人参加了会议。9月14日上午大会在太原理工大学举行了开幕式。开幕式由山西省高校图工委副主任兼秘书长高仲章主持,山西省教委副主任、图工委主任杨树国致开幕词,太原理工大学副校长孙彦平致欢迎词。出席开幕式的还有山西省教委高教处的负责人以及山西省各高校图书馆和成人院校图书馆馆长共100余人。

本届年会的主题为"面向二十一世纪的高校图书馆自动化",大会收到论文24篇。来自北京、天津、河北、内蒙古、山西的7位代表做了大会发言。北京首都师大图书馆胡越的发言"北京高校图书馆自动化评估方案报告"受到了与会代表的极大关注。大家一致认为北京市的自动化评估方案考虑周密,切合实际,其"以评促建、以评促改"的指导方针,对我国高校图书馆自动化建设将起到促进与指导作用。北京为大家带了个好头,其方案对其他省、市、自治区的图书馆的自动化建设有很大的启发和借鉴作用。年会期间,代表们参观了山西大学图书馆和太原理工大学图书馆。

2. 进行评优表彰

（1）评选先进集体与先进个人

图工委一方面通过业务培训和学术研讨提高人员素质,一方面请求省教委开展先进集体、先进个人的评优、表彰活动,以总结经验,鼓励先进,充分调动工作人员的积极性,激励图书馆工作人员积极向上,更好地推动高校图书馆工作。

1996 年 12 月 2 日,省教委颁发了晋教高字〔1996〕52 号"关于评选山西省高校图书情报工作先进集体和先进个人的通知",决定,为贯彻落实国家有关部门对图书馆工作的指示精神及 1996 年国际图联会议精神,更好地组织落实《普通高等学校图书馆规程》,推动高校图书馆自动化建设的进展,进一步提高服务水平,教学水平和科学管理水平,于 1996 年开展评选、表彰先进图书工作管理部门和先进个人的工作。

此次评选、推荐范围有：

a. 先进部门

全省普通高校图书馆、图书馆下设的部、室。

b. 先进个人

在普通高校图书馆工作,馆龄在三年以上的在职人员。

c. 评选、推荐先进图书馆 6—8 个,先进部、室 8—10 个,先进个人为图书馆总人数的 5%。

评选、推荐条件是：

a. 先进馆、部、室的条件

• 坚持贯彻执行国家有关部门和各级行政部门有关图书馆工作的指示和规定,热心图书馆管理工作,坚持社会主义办馆方向,重视精神文明建设;

• 图书馆工作有明确的方向和目标,有比较切合实际的年度计划和长远的工作重点;

• 馆、部、室领导事业心及协调能力强。队伍精神面貌好,积极奉献,团结合作,工作效率高。有提高图书馆管理、加强自身建设的培养计划和措施。在管理方面、学术方面有一定水平、一定数量的论著发表;

• 有科学化、规范化的管理制度和奖惩办法,并积极组织实施、考核;在稳定和培养图书馆队伍、执行年度计划和中长期规划方面成效显著;

• 能认真执行《普通高校图书馆规程》的有关规定,发挥自身资源丰富的优势,积极为教学、科研服务,受到读者好评和上级部门表彰;

• 积极编制专题资料索引、书目、题录、文摘等二次文献,挖掘馆藏文献信息,提高文献利用率,取得良好效果。在加快我省高校图书馆自动化建设方面步子大、见效快、成绩突出。

b. 先进个人条件

• 热爱社会主义祖国,拥护党的改革开放政策,坚持四项基本原则,能积极参加政治理论学习,热爱图书馆事业,积极做好本职工作,刻苦钻研业务,团结同志,关心集体,作风正派,具有良好的职业道德;

• 精通本职业务,并熟知各专业的情报资料,能向读者提供有价值的信息,以指导教学、科研;

• 具有开拓创新精神,对加强图书馆建设,改善图书馆现状能提出建设性建议,或付诸实施；

- 掌握、了解图书馆专业的国内外现状及发展趋势。并能结合本职工作开展学术研究；
- 对待读者态度热情，服务周到，受到读者好评；尊重领导，群众基础好；能吃苦耐劳，乐于奉献，积极参加学校及馆内组织的各项活动。

评选的具体办法省教委委托省高校图工委提出并布置，评选的具体工作亦由图工委承担。根据省教委的通知精神，图工委组织各馆进行了先进部、室和先进个人的评选推荐，先进图书馆由图工委根据各馆工作情况综合进行评价后选定。

1997 年 5 月 15 日，省教委颁发了晋教高〔1997〕32 号"关于表彰山西省高校图书情报工作先进集体和先进个人的通知"对评选出的先进图书馆 8 个，先进部、室 11 个，先进个人 55 人进行表彰。

一、先进图书馆

山西大学图书馆、太原工业大学图书馆、山西财经学院图书馆、山西矿业学院图书馆、太原重机学院图书馆、山西农业大学图书馆、太原师范专科学校图书馆、忻州师范专科学校图书馆

二、先进部、室

太原工大材料工程学院图书馆流通组、北京铁路局太原干部中心图书馆采编部、山西大学师范学院图书馆期刊部、山西师范大学图书馆流通部、山西医科大学图书馆流通部、山西中医学院图书馆采编部、山西省职业师专图书馆流通部、运城高专图书馆流通部、大同高专图书馆流通部、大同医专图书馆流通部

三、先进个人

山西大学图书馆：	高维新	景万福	张梅秀	李延华	李东旺
太原工业大学图书馆：	周慧珍	贾鸿雁	王守全	喻力明	陈晰明
山西师范大学图书馆：	卫建忠	马德旺	赵春旻	李晋林	
山西农业大学图书馆：	陈杏元	安　毅	仇素平		
华北工学院图书馆：	梁丽华	何兆旭			
山西矿业学院图书馆：	安银海	闫国伟			
山西财经学院图书馆：	傅晋华	李秀华	武净鲜		
太原重机学院图书馆：	程云英	李　枞			
山西经济管理学院：	刘和平				
山西大学师范学院图书馆：	吴蓓荣	晋晓强			
山西中医学院图书馆：	班秀进	李世峰			
工大材料工程学院图书馆：	庞兆媛				
山西师大体育学院图书馆：	李新锁				
山西省职业师专图书馆：	崔国军				
运城高专图书馆：	张运琴	薛美玲			
大同高专图书馆：	姚　谦				
大同医专图书馆：	吴慧中				

山西省教育学院图书馆： 高　峰

忻州师专图书馆： 孔宪恭　赵春英

晋中师专图书馆： 徐国政

太原师范专科学校图书： 卢准祥　张广庸

社会主义学院图书馆： 任淑萍

武警专科学校图书馆： 白光田

北京铁路局太原干培中心图书馆：李惠民

山西省高校图书情报工作委员会： 兰　珊　王理忠　张广汉　王永安
张小丽

山西省高校图书馆灵海服务部： 邵玲娟

《晋图学刊》编辑部： 裴成发　冯锦生

（2）继续评选二次文献与业务建设成果

继 1989 年每两年评选一次"二次文献与业务建设成果奖"开始，图工委继续开展这项工作，以不断加强各馆的业务建设，推进图书馆各项工作的深入开展，为我省高校的教学与科研提供优质服务。

1991—1992 年二次文献与业务建设成果评奖结果：一等奖 5 项、二等奖 10 项、三等奖 18 项。山西财经学院图书馆的《山西财经学院馆藏中文图书目录（1985—1987）下册》、山西矿业学院图书馆的"薄煤层开采"专题文摘等获一等奖；山西大学图书馆编的《山西大学图书馆线装古籍书目》、太原机械学院图书馆的《太原机械学院重点基础课技术基础课教学参考书目（一）》等获二等奖；吕梁高等专科学校图书馆的《吕梁高等专科学校图书馆馆藏文学创作评论研究参考书目》、雁北师专图书馆的《教学通报专题目录索引》等获三等奖。

1993—1994 年二次文献、业务建设成果评奖结果：评出一等奖 5 项，二等奖 11 项，三等奖 20 项。

1996—1997 年二次文献和业务建设成果奖，评出一等奖 2 项，二等奖 4 项，三等奖 9 项，《山西大学图书馆使用指南——新生教育录像》等获一等奖，大同医学专科学校的《专题目录：乙酰胆碱及重症肌无力》等获二等奖；太原电力高专图书馆的《山西电力科技期刊题录》等获三等奖。

二次文献和业务建设成果的评奖活动在当时情况下，切实起到了规范图书馆业务工作，促进图书馆业务工作向深入发展的作用，因而也提高了图书馆的服务水平和业务能力。

四、灵海高校图书馆服务部的创立及《晋图学刊》创刊十周年、十五周年纪念

1. 灵海高校图书馆服务部的创立

20 世纪 90 年代初期的中国高校图书馆，正处于改革开放和市场经济体制的大潮之下，在深化改革和市场经济的冲击之下，图书馆的管理观念发生了变革，高校图书馆开始积极探讨如何实行竞争机制，通过奖惩制度、经济承包、以文补文、以商补文、有偿服务等措施和方

式,使办馆条件和藏书情况等得以改善。在此形势下,山西高校图工委也吸收其他地区高校图工委的经验酝酿筹备成立山西高校图书馆服务部。主要目的是为了充分发挥高校图书馆文献信息资源丰富密集的优势,使之有效地开展为省城各界改革开放和经济发展的有偿服务,从而为高校图工委开展人才培训、学术研究和馆际协作交流提供资金。1992年,经图工委多次研究讨论,决定成立“山西晋图文献信息服务部”。该服务部隶属于省高校图工委,是以为各校图书馆服务为主的第三产业,同时面向社会,开展情报信息咨询服务。主营图书批发经销、信息咨询、书刊装订、文献复制印刷。兼营图书馆专用设备与办公用品经销、图书馆计算机软件开发、人才培训。

资金由上级主管单位图工委拨款。人员7—8人,以兼职为主,场地由山西大学图书馆、太原工业大学图书馆提供60平方米用房。

1992年1月,图工委向省教委递交了申请成立晋图文献信息服务部的报告,得到了省教委的批复。省教委批复,同意成立晋图文献信息服务部。

该服务部属集体所有制企业,自主经营、独立核算、自负盈亏,享受国家为校办产业提供的优惠政策,并按国家产业政策的有关规定分配收入。

由山西大学图书馆提名推荐,经省高校图工委常委办公会议讨论通过,决定任命邵玲娟同志任晋图文献信息服务部经理,全权代表服务部履行企业法人的职责与权力。

1993年8月,“山西晋图文献信息服务部”正式定名为“山西灵海高校图书馆服务部”,并在工商税务部门注册登记完毕,正式开业。服务部的办公地址设在太原工业大学图书馆内。服务部的宗旨是:竭诚为各高校图书馆以及其他各部门图书馆服务。经营项目包括:图书报刊批发零售;随书配制目录卡片;图书馆专用设备与办公用品经销;计算机软件开发;报刊与图书装订;组织学术著作的出版、发行等。服务部的经营方针是“微利多销、还利于馆、竭诚服务、信誉第一”。凡从服务部订购各类图书报刊者均可享受6—8折的优惠(高于新华书店)。

灵海服务部成立以后主要服务项目是图书报刊的批发,每年为省城高校图书馆订购图书近万种。其他服务内容因人力、物力等各方面的原因未能完全开展。1997年邵玲娟同志退休,太原理工大学图书馆张行同志接替邵玲娟担任灵海高校图书馆服务部的经理直到2006年,由于形势的发展不再适宜图工委继续开办图书馆服务部,“山西灵海高校图书馆服务部”停止营业。虽然“山西灵海高校图书馆服务部”并未像预期的那样开展许多服务项目,但在特殊的历史时期,它的存在,为山西高校图书馆赢得了利益,自此,图书馆可以以越来越大的折扣购进图书,从而打破了图书发行由新华书店垄断,没有折扣价的局面。

2.《晋图学刊》创刊十周年及十五周年纪念

(1)创刊十周年纪念

1995年,《晋图学刊》创刊十周年。十年来《学刊》遵循“交流经验,研究问题,普及知识,促进变革,立足本省,面向全国”的宗旨,在省内外广大作者的支持下,发表了许多好文章,传递了许多新信息,为繁荣我国图书馆学、情报学理论研究,推动图书馆事业改革的深入发展,指导图书馆工作实践,培养和锻炼图书馆学、情报学人才等方面,发挥了重要作用,受到了省内外广大图书资料情报工作者的欢迎和青睐,成为他们的良师益友,刊物也随之逐渐成熟起来。

1995年10月6日,《晋图学刊》创刊十周年纪念会在山西大学举行。出席会议的有省教委、省高校图工委领导、历届部分编委、核心作者代表及来宾近50人。会议由《晋图学刊》副主编王永安同志主持。省教委副主任、省高校图工委主任杨树国同志到会并讲话。他代表省教委、省高校图工委对《晋图学刊》创刊十周年表示热烈祝贺,并希望大家共同努力,搞好高校图书馆工作,把《晋图学刊》办得更好。山西大学副校长徐志明同志代表山西大学党政领导和师生对《学刊》表示祝贺,并表示山大将一如既往地关心《晋图学刊》的成长,愿《晋图学刊》为不断提高办刊水平、不断提高图书情报信息学的教学、科研水平做贡献。主编冯锦生教授在会上回顾了学刊十年来所做的工作及取得的成绩,并表示编委会与编辑部的全体同仁今后仍需努力并为之奋斗不息。第一任主编柴作梓教授也到会讲话。山西省图书馆学会秘书长金高尚同志代表来宾致词。材料工程学院图书馆馆长刘永胜代表核心作者发言。《晋图学刊》常务副主编裴成发谈了《晋图学刊》今后的发展方向及设想。省高校图工委秘书长、山西大学图书馆馆长张广汉以及第一任高校图工委副主任兰珊和编委宋其兰同志也做了发言。会后编委及核心作者举行了座谈会。大家针对办刊方向、刊物内容、文章质量、办刊经费等问题进行了有益的探讨,以求在新形势下把刊物越办越好。

纪念活动之际,编辑部收到了省内外有关领导、专家、同行、兄弟刊物及作者的贺词、贺信、贺电。

原山西省教育厅副厅长、山西高校图工委主任赵美英同志题词:十年培育不负艰辛,成绩斐然功不可没,再接再历谱新章。

山西省教育厅副厅长、山西高校图工委主任杨树国同志题词:忆往昔矢志创业步履维艰,望未来大展宏图信心倍添。

山西大学校长彭堃墀同志题词:总结过去辛勤耕耘成果丰硕,展望未来办出特色前途宏大。

晋图学刊第一任主编柴作梓同志题词:知识宝库,读者益友。

武汉大学图书情报学院博士生导师彭斐章同志题词:欲穷千里目,更上一层楼。

中国图书馆学会秘书长刘湘生同志题词:励精图治,开拓进取。

中科院文献情报中心理论与方法研究室主任白国应同志题词:传递信息,切磋学术。

大连轻工学院图书馆于鸣镝同志题词:晋图学刊满十载,图苑红杏出墙来,学海泛舟导航塔,刊界传信烽火台。

广西图书馆副馆长麦群忠同志题词:晋阳学苑,图坛一秀。

另外,还收到了华南师大信息管理系主任乔好勤、《图书馆》编辑部、《图书馆建设》编辑部、山西省图书馆学会的贺信。《图书情报工作》主编孟广均撰写了"向相邻相关学科研究者学习——为祝贺《晋图学刊》创刊10周年而写"的专文;《图书馆研究与工作》主编项弋平撰写了"《晋图学刊》——我的挚友"的专文;晋图学刊第一位常务主编刘宛佳撰写了"祝贺与期望"的专文。王永安、安银海等编委和一些作者撰写了"《晋图学刊》十年载文分析"等文章,以纪念刊物创刊十周年。

(2)创刊十五周年纪念

2000年是世纪之交的一年,也是《晋图学刊》创刊的第15个年头,15周年纪念《晋图学刊》没有举行特别的活动,而是在第三期以开辟"庆祝本刊创刊十五周年"专栏,发表纪念文章的形式进行了纪念活动。《晋图学刊》第二任主编冯锦生教授发表了"十五年前……为纪念《晋图学刊》15 周年华诞而作"的文章,回顾了《晋图学刊》创刊、发展的历程。15 年来《晋图学刊》从一份很不成熟的内部刊物发展成为一份已经连续出版 64 期(含增刊),发表了 600 多万字文稿,已立足山西,影响全国的刊物。《晋图学刊》主编裴成发发表了"务实创新,开拓进取——为《晋图学刊》创刊十五周年而作"的文章,回顾了《晋图学刊》的发展状况,提出了今后的关注焦点。王永安、郭庆华等新老编委,以及部分作者也撰写了"坚持办刊宗旨,拓展办刊特色"等纪念文章。《大学图书馆学报》编辑部、《图书馆》编辑部韩继章副主编等发来贺信表示祝贺。

《大学图书馆学报》的贺信:

> 15 年来,贵刊立足山西,面向全国,发表了大量优秀的图书馆学研究论文,特别在 80 年代中后期颇为知名,影响很大。衷心祝愿贵刊不断总结经验,重铸辉煌。
>
> 《大学图书馆学报》愿与贵刊携手并进,取长补短,共同提高图书馆学期刊的办刊水平,推动图书馆学理论研究。

《图书馆》编辑部韩继章副主编的贺信除了表示热烈的祝贺外,韩先生还强调:

> 《晋图学刊》是我经常阅读学习的重要刊物之一,从中获益良多。成发先生主持办刊凡十余载,使刊物已形成鲜明的个性和特色,可以说刊如其人,成发先生给人的印象是谦虚、务实、睿智、待人以诚,办出的刊物亦显示出如此品格:所刊文章没有华而不实、哗众取宠的长篇大论,多是言之有物、论文有据的实在文章。正由于她的诚实,才得以赢取广大读者的信任和支持,正由于她的深刻,才得以使之在图书馆学研究园地中树立起自己的鲜明个性。

五、召开山西省高校第五次图书情报工作会议,制订"九五"规划

1. 召开山西省高校第五次图书情报工作会议

20 世纪 90 年代中后期是我国图书馆自动化建设取得重大进展的时期,为了继续推进我省高校图书馆事业的加快发展,特别是为了有力推进山西高校图书馆的现代化建设,进一步提高服务水平,学术水平和科学管理水平,省教委决定召开山西省高校第五次图书情报工作会议。会议内容主要是:总结"八五"工作,制定"九五"规划;表彰山西省高校图书工作先进集体和先进个人;图书馆自动化建设自评工作总结;"山西省高校图书工作委员会"换届。

1997 年 5 月 19—20 日,"山西省高等学校第五次图书情报工作会议"在山西矿业学院图书馆召开。全省 37 所高校主管图书馆工作的校院长、图书馆馆长、图工委常委和灵海高校图书馆服务部、《晋图学刊》编辑部的代表 60 余人参加了会议。会议由省教委高教处处长、图工委副主任李志勤同志主持。省教委副主任、图工委主任杨树国同志做了题为:"总结经验,振奋精神,为进一步开创我省高校图书情报工作新局面而努力"的工作报告。

杨树国同志在报告中首先对全省第四次高等学校图书情报工作会议以来的工作进行了总结,他说,1991 年 7 月,山西省教育委员会在太原召开了全省第四次高等学校图书情报工

作会议,距今已经五年了。在这五年中,省教委及各高等院校贯彻党和国家有关图书馆事业的方针、政策,贯彻国家教委颁发的《普通高等学校图书馆规程》,并组织力量对全省高校的图书情报工作进行了评估,以及采取其他措施加强高校的图书情报工作;全省广大高校图书情报工作者团结奋进,努力工作,使我省高校图书馆事业随着社会主义现代化建设的进程,得到了一定的发展。前不久中央召开了十四届六中全会,审议通过了《中共中央关于加强社会主义精神文明建设若干重要问题的决议》(以下简称《决议》),今年8月中旬,第62届国际图书馆联合会大会(IFLA)在北京召开,本次会议就是要学习贯彻六中全会精神和《决议》,以及62届IFLA大会精神总结五年来我省高校的图书情报工作,肯定成绩、交流经验、加强领导,进一步推动我省高校图书馆事业的整体发展,特别要认真研究和探讨高校馆的自动化建设问题,使我省高校图书馆事业在今后几年里上一个新的台阶,在我省的高等教育事业中发挥更大的作用。杨树国同志从6个方面就五年来我省高校图书馆事业(普通高校)的发展状况进行总结。

1. 对高校图书情报工作进行评估,推动了事业向前发展

为了进一步加强对我省普通高校图书情报工作的宏观管理和指导,促进我省高校馆事业的发展,省教委于1991年到1992年上半年,在省高校图工委的具体配合下,对全省31所本专科普通高校和图书情报工作进行了检查评估,评估从1990年11月省教委发文(晋教高字〔90〕32号)开始,经过院校自评,专家组检查测评两个阶段,于1992年5月中旬结束。这次评估是我省高校图书馆事业发展中的第一次,受到了各院校领导和图书馆的高度重视,都做了大量的准备工作,并根据评估方案的指标体系对照本校情况,找出存在的问题和差距,在自评阶段就做了一定的改进,评估结束后,又依照专家组的评估意见再次进行了整改。通过评估,我省高校馆的办馆条件得到了进一步改善;促进了业务工作的改进和提高;省教委和图工委比较全面地了解和掌握了我省高校图书情报工作水平和工作状况,评估的成果是显著的,所起的作用是不容低估的。第一次评估,经验不足,无论是指标体系的设置,还是评估的方法技术,均有需要补充和进一步改进的地方,省教委授权图工委及时总结了评估的经验和教训,总结文件于1993年5月以晋教高字〔1993〕19号文下发各院校。专家组检查评估阶段,对各馆的办馆条件,读者服务水平,文献工作水平,现代技术水平,科学管理水平等项目进行了实测评分,山西矿业学院图书馆、太原重型机械学院图书馆、忻州师专图书馆的得分达到了甲级馆水平。我们借此机会对以上三校及图书馆所取得的成绩予以表彰,其他院校及图书馆也尽了很大努力,为推动我省高校图书馆事业整体发展做了大量工作,我们也表示衷心的感谢。

2. 扩大高校图书馆事业规模,不断改善办馆条件

从前一次全省高校图书情报工作会议至今,经过五年的努力,我省高校图书馆事业规模又有了新的发展,为进一步提高工作质量和服务水平创造了有利条件。

(1)人员:1992年全省高校图书馆工作人员共计882人,1995年底增至902人,比1992年增加20人,增长了2.3%。这几年各馆在人员数量基本保持稳定的情况下,在提高素质上做了不少工作,使工作人员的文化业务素质有了较大提高。

1992年工作人员中,大专以上文化程度的有480人,1995年底增至559人,增加了79人,增长了16.5%;1992年全省高校馆具有高级职称的42人,1995年底增至62人,增加了20人,增长了47.6%;1992年中级职称的有149人,1995年底增至270人,增加了121人,增长了81.2%。工作人员素质的提高,为我省高校图书馆事业向前发展提供了十分有利的条件。

(2)馆舍:馆舍建设,省教委及各院校都很重视,八十年代末九十年代初,我省大部分院校就建成了专用馆舍。1992年全省高校专用馆舍已达到22座,总面积为118319平方米,1992年以后,又有山西大学、运城高专、山西医学院、雁北师范学院、华北工学院专科学校等新建或扩建了专用馆舍,使我省高校馆专用馆舍达到25座,占全省高校馆数的80.6%,总面积达到了150554平方米,比1992年增加了32235平方米,增长了27.2%。这些馆的建成,进一步改善了我省高校的办学条件。特别是山西大学建成了具有现代化气息的大型馆舍,给广大图书馆工作者以很大鼓舞,我们相信山大馆会对我省高校图书馆事业整体化建设发挥更大的作用。

馆舍面积的增加,阅览座位相应增加,1992年全省高校馆阅览座位12754席,1995年底增至16579席,增加了3825席,增长了30%,为更多的师生提供了学习和研究的良好环境。

(3)经费:一个时期以来我省高校的经费都比较紧张,但各校在困难情况下仍然拨出一定数额的经费购置必要的文献资料,以满足教学科研的需要。1992年全省高校馆文献购置费为349.8万元,1995年底增至461.2万元,增加了111.4万元,增长了31.8%。

(4)馆藏量:1992年全省高校馆馆藏文献总量为877.5万余册,1995年底增至971.3万余册,增加了93.8万册,增长了10.7%。

(5)现代化设备:1992年全省高校馆拥有复印机、缩微阅读器、计算机等现代化设备85台(件)1995年增至165台(件),增加了80台(件),增长了94%。

从以上几点看出,我省高校图书馆事业规模在不断扩大。但是,我省的高教事业处于发展阶段,图书馆事业发展无疑大大改善了我省高校的办学条件。

3. 积极配合学校的教学科研活动,强化教育职能和情报职能

高校图书馆是学校教学科研工作的重要组成部分,是由其具有教育职能和情报职能所决定的。高校馆在配合学校的教学科研,培养合格人才和多出科研成果等方面,就是反映在两个职能的发挥上。几年来,我省高校馆的一切工作,都围绕着充分发挥两个职能进行。

教育职能具体体现在利用文献对学生的培养教育,开设相关课程,举办展览、讲座、工作人员的言传身教等等方面。许多高校馆采取开架、半开架,给部分读者增加入库证,期刊资料全开架、专门书库或辅助书库全开架等方式,扩大了开架文献的范围和数量。同时,延长开馆时间,合理调整馆藏布局,编制书目索引,加强文献资料的宣传报道,许多馆编印《怎样利用图书馆》的小册子,有一些馆录制了同样内容的录像片,我们还编辑出版了《大学生与图书馆》一书,系统地介绍了图书馆的一般知识和获取知识的方法技巧,以及大学生在馆内应遵循的行为规范,从各个方面来满足师生的需求,效果是很明显的。五年来,文献资料外借量有了较大幅度的

提高。1992 年全省高校馆文献外借量为 88.9 万册(份),1995 年增至 134 万册(份),增加了 45.1 万册,增长了 50.7%。此外,有一些馆为学生开设书法教育选修课,举办美术讲座,专利知识讲座,股票知识讲座等,还有一些馆加强与学生的联系,同学生社团建立双向服务关系,共建精神文明,有的馆举办热心读者座谈会,评选和表彰优秀读者,开展有奖书评活动和"我与图书馆"的有奖征文活动,不仅大大加强了图书馆与读者的联系,而且使图书馆工作的开展得到读者特别是学生读者的关心和支持,同时,使同学们受到了教育、熏陶和锻炼。

我省高校馆从八十年代初期发展起来的情报教育,对于培养学生的文献信息吸收能力和情报意识具有重要意义,受到各院校的重视,选调和培养师资,编制教学计划,编写教材,充实检索工具建立实习室等,并逐步由选修课向必修课过渡。1992 年全省高校的《文献检索与利用》课,作为必修课修学人数只有 180 人,选修课修学人数 3295 人,到 1995 年底,必修课有了大幅度的增加,达到 2932 人,是1992 年的 16.3 倍,许多学校选修课变成为必修课,但又有一批学校新开设了选修课,所以选修学生人数仍然有 2025 人。通过文检课教学,学生独立获取情报的能力大大增强,图书馆情报源的开发与传递也进一步得到提高,图工委成立了情报专业委员会,组织各馆互通情报信息,交流情报工作经验,促进各馆情报工作的深入开展起了很好的作用。近五年来,许多馆建立了情报工作机构,充分发挥情报职能作用,积极为教学科研提供情报服务,在解答咨询、代检课题、翻译资料、编写情报调研报告、编写二、三次专题文献等方面做了大量工作,取得了较好的成绩。

4. 加强制度建设,提高科学管理水平

五年来,我省高校馆在规章制度建设上,下了较大功夫,根据工作实际新订了一批制度,对原有的各项制度进行了补充修订,形成了一套全面系统的规范,有对读者的、有对馆内工作的、有行政管理的、也有业务工作的、省高校图工委还编印业务工作规范下发各馆执行。此外,各馆都建立了行政文书档案、业务档案,有一些制订了"八五"发展规划,每个馆都订有年度工作计划,使工作做到长计划短安排,使我省高校馆的科学管理水平向前推进了一步。还有一些馆在管理改革上迈出了较大步伐,在学校领导的支持下,制订改革方案,制定与方案相配套的实施细则,制度及改革方案都进入了管理机制,实施后调动了图书馆工作者的积极性,使图书情报工作出现了生机勃勃的局面,各项工作都开展得有声有色,图书馆及其党支部受到了学校、省高校工委及国家有关部委的表彰。

5. 开展学术研究,提高业务工作水平

省高校图工委成立后,创办了自己的专业学术刊物《晋图学刊》,大大地激发了广大图书馆工作人员进行学术研究的积极性。创刊十年来,培养锻炼了一支理论研究队伍,他们不仅在《晋图学刊》上,而且在省内外其他刊物上也经常发表文章,改变了我省高校图书馆学术研究落后的面貌。1992 年 9 月,我们成功地组织和举办了华北高校图协第七届学术年会,以后在北京、石家庄和天津召开的学术年会,均有我省高校馆的论文作者出席。省高校图工委就涉及图书馆建设较大的课题组织研讨,先后举办过管理改革、队伍建设、自动化建设等研讨会,每年一次的馆长会,也是针对实际情况,研究和交流有关工作和学术问题。此外,图工委各专业委员会及专科学校协作组在学术研究、业务切磋等方面也发挥了重要作用,相继召开过文献分类编目、文献资源建设、读者工作、期刊工作、情报服务、文检课教学等有关的学术研讨会,还有一些馆自己单独开展研讨活动。由于学术研究活动的开展,对于活跃学术空气、交流工作经验、启发思维、改进工作、培养和提高工作人员的业务素质和解决实际问题的能力起到积极的作用,受到省教委、图工委及各馆领导的重视,把它看成是促进工作水平提高的重要措施,来加以积极倡导。1992 年至1995 年,我省高校馆在《晋图学刊》上发表论文的作者达 262 人次,而且逐年增加,新人新作不断涌现,而且在《中国图书馆学报》《大学图书馆学报》等全国重点刊物上,也有我省高校馆的作者发表论文。同时,我们对于本专业学术问题的研讨,获得了一批成果,1993 年至今出版文集 4 部、编著 1 部,有一批论文被省科协、国家有关部委、有关学会评为优秀论文。有一些成果已在不同范围、不同程度上得到应用,促进了业务工作的改进和发展,比如计算机在图书馆的应用研究,就大大推动了我省高校馆自动化建设的进程。

6. 自动化建设取得了较大进展

以文献情报计算机网络和数据库建设为主的自动化建设,是建设现代化高等学校图书馆的一个重要方面,在我国图书馆发展史上具有划时代意义,是图书馆事业进程中的一大变革,将会使图书情报工作和文献情报的获取产生深刻的变化和久远的影响。从全国来讲,这一工作进展很快,中国教育和科研计算机网(CER-NET)示范工程的建成,给图书馆自动化带来了非常有利的机遇,从而进一步加快了图书馆自动化建设的步伐。我省与兄弟省市相比,相对后进一些,但是我们仍然是重视的,省高校图工委及各馆抓住机遇,制定策略,积极推动,近几年自动化建设还是取得了较大进展的,各馆相继引进一大批硬件设备。1992 年全省高校馆计算机及打印机等硬件设备总共只有 37 台,到 1995 年底已经增加到了 117 台,净增 80台,增长了 216.2%。1992 年以前只有少数几个馆有计算机,到 1995 年底已经是大部分馆都有了计算机。在自动化建设方面,山西大学图书馆、太原工业大学图书馆先走一步,于前两年开通了富士通小型机,各接十个终端,应用于采编和流通工作系统,不仅使两馆的工作发生了较大变化,而且也为我省高校馆自动化建设摸索了经验。特别是省教委 1995 年 12 月以晋教高字〔95〕56 号文,下发"关于加强高校图书馆自动化建设的通知"后,各院校领导都很重视,根据省教委在通知中提出的要求,研究落实措施,制定实施计划,使我省高校馆自动化建设出现前所未有的好势头,许多馆按照通知中提出的三年实现采编、流通、期刊、情报检索计算机管理的要求,今年先走一步,选择一个工作环节应用计算机,特别是山西财经学院、山西矿业学院、太原师专、运城高专、山西经济管理学院等一批院校,集中财力,加大投资力度,或图书馆总体上实行计算机管理,或至少在两个以上工作环节实现计算机管理。以上各馆则抓住机遇,积极培训人才,做好软硬件的调研引进工作,做好文献资料录入前的一切准备工作,经过大家的辛勤劳动,已经取得了显著的成效,财院已于今年三月开通了采访、编目、书目检索、流通管理四个系统,图书馆面貌焕然一新。矿院上马晚一点,但第一期工程也即将完成,将要开通编目、流通、情报检索三个系统,而且情报已经与 CERNET 网接通联网。太原师专也即将开通编目和流通两个系统,其余各馆软硬件都已到位,正在紧张工作之中,完成系统的开通指日可待。

此外,1993年经图工委研究,成立了山西灵海高校图书馆服务部,服务部艰苦创业,经过几年努力,已经正常运转,在高校馆文献资源建设方面,做出了应有的贡献。为了活跃广大图书情报工作人员的精神生活,加强交流,增进友谊与团结,促进工作,图工委每年举办一次联谊活动,效果很好,深受大家欢迎。

关于今后的工作杨树国同志指出,省高校图工委已经制定了山西高校图书馆事业"九五"发展规划,本次会议讨论修订后即将下发,各院校应根据各自的实际,加以创造性的贯彻执行,所以不展开来讲了,杨树国主任主要强调以下3个问题。

1. 积极贯彻十四届六中全会精神,加强社会主义精神文明建设

前不久(10月7—10日)中央召开了十四届六中全会,审议通过了以思想道德和文化建设为主要内容的《中共中央关于加强社会主义精神文明建设若干重要问题的决议》。字里行间,对我们高等教育是有很强的针对性,给我们高等学校的人才培养目标提出了新的内容和更高的要求,对高等学校工作特别是以思想道德教育为主的精神文明建设具有重要的现实意义和深远的历史意义。图书馆一向被视为社会主义精神文明建设的阵地和窗口,其所收藏的文献被视为精神食粮,同时,高等学校图书馆教育职能的四项内容,第一项就是配合学校思想政治工作对学生进行思想政治教育,二是配合教学进行专业教育,三是扩大学生知识面,进行综合教育,四是对读者进行利用文献的教育。因此,决议与我们图书馆的关系就更加密切、更加直接。坚守阵地,贯彻中央决议精神,充分利用我们的条件和手段,开展社会主义精神文明建设活动,加强对学生的思想道德教育,是我们不容推辞的责任。所以,我们高校广大图书情报工作人员应当认真学习领会中央六中全会精神,除加强我们自身的精神文明建设外,在配合学校对学生进行的马克思列宁主义理论,党的路线、方针、政策,爱国主义、国际主义和革命传统教育,理想、道德和纪律教育,社会主义民主和法制教育当中,图书馆应当采取形式多样的方法来加以引导,包括推荐参考书、优秀文学作品、参考资料,举办剪报、壁报、图片、书籍展览,开展书评活动,举办讲座、报告会等,要继续发挥高校馆管理育人,服务育人的优良传统,言传身教,潜移默化,在我们管理的范围内把学生管理好。图书馆在社会主义精神文明建设中是大有文章可做的,希望同志们开动脑筋,群策群力把中央全会精神贯彻好,用实际行动迎接明年党的十五大胜利召开。

2. 继续抓好自动化建设

信息高速公路的出现,对高等学校来讲,既是有利的机遇,也带来了压力。世界科学技术的迅猛发展,信息技术不断更新,信息载体日趋多样。信息量急剧增长,迫使我们要考虑与信息高速公路接轨的问题。中国教育和科研计算机网(CERNET)山西中心网也已开始启动,国家教委要求全国高等院校近几年内完成校园网的建设,作为网上节点的高校图书馆确实面临着文献情报计算机网和数据库建设的紧迫任务,必须抓紧进行,迎接21世纪信息时代的到来。为此,要求各院

校认真执行省教委晋教高字〔95〕56号文件,确实把图书馆自动化建设落到实处。图工委要组织各馆交流自动化建设的经验,吸取教训,避免已经发生的问题再度出现。各馆要做到各业务工作的规范化管理,要继续做好基础整顿,要有计划地配备计算机专业人员或在职培训人员,做好技术力量的准备及其他准备工作。还要认真搞好调查研究,软硬件的引进都须慎重决策,要注意硬件系统的兼容性、可靠性和技术更新、功能扩展的适应性,软件要注重成熟和先进,适应扩展功能和有良好的后续服务功能,尽量少走或不走弯路,尽量减少或不出现损失和浪费,使我省高校馆的自动化建设健康发展。前面我已经讲了,我省高校馆自动化建设已经取得了不少成绩,我们要巩固成绩,继续前进,要调动各方面的积极性,力争三年之内实现采编、流通、期刊、情报检索等方面的计算机管理。到那时,我省高校图书馆将会以全新的面貌和效率,为教学科研提供高水平的服务,为我省高教事业的发展做更多更大的贡献。

3. 要增加文献资料建设的投入

几年来,我省高校馆文献资料购置费虽然较为稳定或略有增加,但是文献资料的价格却大幅度上涨,而且年年上涨。另外,图书馆开展的工作也远非过去那么单纯,服务领域不断扩大,服务手段也发生了变化,开销比以往增加了许多,但经费却得不到增加,造成一个时期以来,高校馆文献资料购置费严重紧缺,不能维持起码的收集水平,许多馆只好压书保刊、减少复本,有些工科院校馆甚至停止订购社会科学和文学艺术方面的书籍。一些馆没有新书给读者提供,只好以旧书维持开馆,许多教师感叹图书馆成"旧书馆"了。我们培养的人才,不接收新的情报信息,也得不到优秀作品的熏陶,也接触不到其他领域的知识,视野如何扩大,情操如何陶冶,质量从何谈起,合格又怎能做到呢?事实上各院校的经费包括自筹资金,年年都在增加,我们希望文献资料购置费也能年年有所增加,我们应该从培养人才和社会主义精神文明建设的高度来认识这个问题,保证必需的文献资料费,这是符合中央增加精神文明建设投入的精神的,请各院校领导予以重视。

最后,杨树国同志谈到了图工委的工作。他认为,图工委作为对全省高等学校图书情报工作进行协调、咨询、研究和业务指导的工作机构,主要从事调查研究,组织协作,学术交流、咨询建议以及省教委授权和委托的某些行政管理工作。图工委成立以来,在省教委的领导、支持和关怀下在我省高校图书馆事业整体化建设方面发挥了重要作用,历届图工委成员团结协作,勤奋工作,无私奉献,为推动我省高校图书馆事业向前发展,付出了辛勤的汗水,做出了应有的贡献,图工委功不可没。杨树国同志强调,这次工作会议,还要进行图工委的换届工作。换届要从我省实际出发,既要换届又要注意图工委的稳定、连续,换届面不宜过大,还需要留一些老同志继续工作,另外,还要考虑扩大一些面,适当增加一些委员数。他希望下一届图工委在省教委的领导下,继续发挥工作机构的职能,发扬成绩,克服困难,团结我省广大高校图书情报工作者,把我省高校图书馆事业继续推向前进。

在这次图书情报工作会议上省教委对荣获山西省高等学校先进图书馆的山西大学、太原工业大学、山西矿业学院、太原重机学院、山西农业大学、山西财经学院、太原师专、忻州师专等8个馆,荣获先进部室的11个单位和55位先进图书情报工作者进行了表彰和奖励,李志勤处长就换届问题做了原则性说明,图工委副主任兰珊同志宣讲了《山西高校"九五"图书情报事业发展规划》(讨论稿),副秘书长安银海同志代表图工委,就1996年省高校图书馆自动化建设工作进展情况及取得的成效做了总结性发言,山西大学李嘉琳副馆长作了1996年北京第62届国际图联大会盛况介绍。《晋图学刊》常务副主编裴成发同志作了《晋图学刊》一年来的工作汇报,邵玲娟经理作了山西灵海高校图书馆服务部的工作汇报。李景峰主任作了山西大学信息管理系情况介绍,太原工业大学图书馆代表做了研制、开发的"图书馆公共图书资料信息检索系统"简介。

会议期间,与会代表分组讨论了杨主任的工作报告、"九五"省高校图书情报事业发展规划(讨论稿)及省高校图书馆自动化建设总结,还酝酿讨论了图工委换届事宜,召开了图工委五届一次会议。

大会闭幕式由原副主任兰珊同志主持。在闭幕式上,山大师院和志宽馆长、太原师专张广庸馆长分别代表两个组进行了大会发言,图工委秘书张小丽同志做了财务工作汇报,李志勤处长代表省教委宣布了新一届图工委常委,主任、副主任、秘书长、副秘书长名单。原秘书长张广汉同志讲话,对新图工委的诞生表示衷心的祝贺,对图工委今后的工作提出了个人的建议和希望。其后,新一届图工委副主任兼秘书长、山大高仲章馆长就1997年图工委工作计划进行了安排:①组织专门班子修订《山西省高校"九五"图书情报事业发展规划》以便尽快下达各馆;②贯彻六中全会精神,加强图书馆精神文明、职业道德、思想政治工作建设;③继续安排落实1997年高校图书馆现代化管理(自动化建设)工作;④抓好人才培养和专业队伍建设;⑤开展文献中心建设,组织实施资源共享;⑥引申图书情报理论研究,继续办好《晋图学刊》;⑦开发信息资源,服务教学科研和经济建设,以及省教委、省文化厅、省图书馆学会等上级领导部门下达的各项中心工作和图工委秘书处的日常工作。并就以上几方面工作的落实做了分工,王永安同志负责精神文明建设工作,蔡中民同志负责图书馆现代化建设工作,李秀华同志负责专业培训工作,李嘉琳同志负责学术研究工作,彦连治同志负责信息资源开发服务工作,安银海同志负责文献资源建设和共享工作。

这次工作会议,由于受到省教委领导的重视,各院校领导的支持和全体与会图书馆馆长,代表们的共同努力,使会议进展十分顺利,达到了预期的目的,取得了圆满的成功,这次会议的召开,对继续推进山西省高校图书情报事业的发展,各馆的整体化建设,以饱满的热情,去迎接21世纪信息时代的挑战,必将产生积极的推动作用。

第五届图工委机构名单

主　　任:杨树国

副 主 任:李志勤　高仲章　蔡中民　　王永安　　彦连治

秘 书 长:高仲章(兼)

副秘书长:李嘉琳　安银海　李秀华

常　　委:杨树国(山西省教委)　　　　李志勤(省教委高教处)

　　　　　高仲章(山西大学)　　　　　蔡中民(太原工业大学)

　　　　　王永安(太原重型机械学院)　李嘉琳(山西大学)

　　　　　安银海(山西矿业学院)　　　李秀华(山西财经学院)

　　　　　郝文兰(山西师范大学)　　　亢成业(山西农业大学)

彦连治(华北工学院)　　　　　冯锦生(晋图学刊编辑部)

刘和平(山西经济管理学院)　　张广庸(太原师范专科学校)

刘瑞华(太原电力专科学校)　　李景峰(山西大学信息管理系)

牛　侨(山西医科大学)　　　　陈晰民(太原工业大学)

2. 发布《山西省高等学校图书情报事业"九五"规划》

山西省高校第五次图书情报工作会议以后,图工委根据会议讨论意见,组织专门班子对《山西省高等学校图书情报事业"九五"规划》进行了修订,9月以省教委文件形式下发各校执行。

山西省高等学校图书情报事业"九五"规划

高等学校图书情报事业是高等教育事业的重要组成部分。"八五"期间,我省高校图书情报事业取得了较大发展,有了一定进步,但是与先进省、市相比,差距还很大,还远不适应高等教育发展的需要。为此,"九五"期间,要在认真贯彻党的教育方针的前提下,增加投入,改善条件,加快图书馆现代化建设,加强科学管理,提高服务质量,提高文献资源利用率和效益,落实党和国家有关图书情报事业的方针政策以及规定,为到本世纪把我省高校图书馆建设成具有科学管理能力和较为现代化管理方式的图书馆,为迎接二十一世纪信息时代的挑战而奠定良好的基础。

1. 切实加强领导,确保经费投入,进一步提高科学管理水平

"高等学校图书馆是学校的文献情报中心,是为教学和科研服务的学术性机构,它是学校教学和科学研究工作的重要组成部分"。学校各级领导应深刻认识,图书情报事业的发展对学校教学与科研以及学校整体发展水平具有十分重要的影响与作用。因此应重视对图书情报事业的投入,力争使图书资料费达到国家教委在《普通高等学校图书馆规程》中所规定的5%左右。同时,要多方筹集资金或专项拨款以保障特殊文献购置所需经费和自动化设备及一般设备的资金来源,各馆在经费的使用上要合理、有效、节约。

各院校要加强图书馆领导班子的建设,注意从图书馆工作人员中培养或从教师中选派热心图书情报事业,具有较高科学文化素养和组织管理能力的人担任馆级领导。图书馆应有全面完善的规章制度和业务工作规范,要定期对工作人员进行考核评比,深化内部管理体制改革,建立激励机制。

"九五"期间各馆要进一步完善规章制度,规章制度不健全的馆要制定出比较完整的规章制度。

2. 加强社会主义精神文明建设,使图书馆成为精神文明的窗口和爱国主义教育基地

高等院校图书馆不但是学校的文献情报中心,而且也是学校精神文明建设和思想政治教育的重要阵地。图书馆应根据《中共中央关于加强社会主义精神文明建设若干重要问题的决议》的精神,紧紧围绕教育发展形势和任务,配合"四有"人才的培养,充分发挥两个职能,传播优秀作品和文献,鼓舞人教育人,并利用图书资

料和图书馆场所举办各种展览,读书活动和竞赛,播放爱国主义教育影片,积极开展爱国主义教育,把图书馆办成精神文明和爱国主义教育的基地。

要充分发挥党组织的战斗堡垒作用和党员的模范带头作用,加强思想政治工作,不断提高工作人员的思想水平和职业道德。

要开展职业道德教育,教育图书馆职工敬业爱岗,开展优质文明服务,制定文明礼貌语言和文明服务规范,创造良好的馆容馆貌,使图书馆成为精神文明的窗口。

3. 加强图书馆业务基础建设,积极推进图书馆工作标准化进程

图书馆工作标准化是高校图书馆科学管理的重要组成部分,是实现图书馆现代化、网络化的必要条件,因此"九五"期间各馆要加快标准化工作的进程,为图书馆实现自动化管理奠定基础。新建馆的图书分类,建议采用《中国图书馆图书分类法》,图书著录采用 GB 3792.2—85《普通图书著录规则》,计算机编目采用 MARC 格式,连续出版物著录采用 GB 3792.3—85《连续出版物著录规则》,其他工作参照有关标准和规范进行。

4. 积极创造条件,加快图书馆自动化建设的步伐

目前,科学技术发展迅速,文献信息急剧增长,信息载体日趋增多,信息技术不断更新,高校图书馆作为学校的文献情报中心,沿用传统的工作方法和服务手段,已不能充分满足教学与科研的需要。图书馆的自动化水平已经关系到高校教学质量与科研水平的提高与发展。为此,各院校和图书馆要继续认真贯彻执行晋教高字〔95〕56 号文件"关于加强高校图书馆自动化建设的通知"精神和要求,高度重视图书馆自动化建设,加强领导,积极支持,把省教委的要求落到实处。1998 年 2 月 1 日之前全省专科院校图书馆要全面启动自动化工程,本科院校建成馆内局域网。在专项经费到位的前提下,争取在 2000 年完成省城高校以山大、理工大图书馆为中心的计算机网络化建设。

图书馆自动化建设,各院校要搞好调研,科学决策,培养人才,要注重硬件的质量,软件系统的兼容性,性能的可靠性,功能的扩展性,并具有良好的后续服务功能。

5. 建立合理的文献信息保障体系,加强馆际协作,实现资源共享

我省高校图书资料的采集与收藏目前仍旧是各自为政,因而造成了资源的重复浪费和使用率低下。"九五"期间,要结合我省高校的学科分布和馆藏特色,以灵海服务部为依托,逐步建立本省的统采、统编系统,以减少文献的重复购置,使我省的文献资源布局逐步趋于合理。同时,着眼现有资源,自建并有选择地引进一批可共享的数据库作为印刷型文献的补充,建立以山大图书馆为中心的理学基础理论和社科文献信息中心,以理工大图书馆为中心的工学文献信息中心,以医科大学为中心的医学文献信息中心,以农大为中心的农业文献信息中心,以财经大学为中心的经济文献信息中心和以师大为中心的教育文献信息中心。并通过计算机技术、高密度存储技术和数据通讯技术等在图书馆的广泛应用,建立起整体化、自动化、网络化、数字化的现代文献信息保障体系,为我省高校教学、科研提供高水平、高效率的文献信息服务。为此,各高校图书馆要加强馆际间协作,建立有效的馆际协作

网,互通有无,真正实现资源共享。

6. 加强图书馆队伍建设,提高人员素质

高校图书馆工作人员的群体结构与专业人员的政治和业务素质,直接关系到图书馆两个职能的充分发挥,各学校应加强图书馆的专业队伍建设,注意选留与本校专业相关的毕业生充实图书馆队伍,并有计划地选留引进图书情报学专业人员和计算机专业人才。

加强在职培训,对新参加工作的工作人员要进行岗前培训,对在职人员要经常进行图书馆专业基础知识,计算机基础知识和外语基础知识的培训,以不断提高工作人员的业务素质,为提供优质服务奠定良好基础。

各高校应注重图书馆系列的职称评聘工作,使其享有与教师相应的待遇,以稳定图书情报专业队伍,调动广大工作人员的积极性。

7. 发展情报教育,开发文献情报资源

发挥情报职能是高校图书馆的重要任务,各院校图书馆应充分利用馆藏文献的最大优势,积极开展情报教育,强化读者的情报意识。"九五"期间全省高校每年毕业生中应有2/3以上受过情报知识与文献检索方法的系统教育。

各院校图书馆要加强文献信息的开发与利用,积极配合教学与科研开展定题服务、跟踪服务、成果鉴定和专利申请的水平论证和查新,或向学校有关部门提出科研课题的信息或建议。

8. 加强学术研究,继续办好《晋图学刊》

广泛开展学术研究活动,定期或不定期地举办图书情报工作经验交流与学术研讨会,培养一支具有一定理论和实践经验的研究队伍和学术骨干。

继续努力办好《晋图学刊》,为广大图书情报工作者提供学术研究的园地,推动图书情报事业向前发展。

继续办好"灵海服务部",加强领导、发挥职能,为图书馆事业的发展做出贡献。

本规划的实施将进一步推动我省高校图书情报事业整体化建设向前发展,各高校馆作为整体化建设的组成部分,除认真贯彻外,还应根据各自的实际,制定本馆的实施计划并实行之。

第五次图书情报工作会议以后,新一届图工委认真贯彻会议精神,努力实施"九五"规划,积极推动山西高校图书馆的资源共享与自动化建设,山西高校图书馆进入了全新的发展时期。

六、建立省城高校联合体,开展馆际互借

20世纪90年代以后,随着国家经济的迅速发展和对高校投入的不断增加,高校图书馆的办馆条件不断得到改善,特别是高等学校图书馆开始进入现代化建设阶段,图书馆管理和服务中的一些重要理念和方法都开始在这一时期酝酿和走向成熟,高校图书馆开始进入由独立封闭向协作共享过渡发展的重要阶段。本阶段国家有关高校图书馆工作的主要政策是

要求加快网络化建设,重视信息资源和数据库的建设,实现文献信息资源的共建共享。

1993 年中共中央国务院印发了《中国教育改革和发展纲要》、1995 年国家教委印发了《关于深化高等教育体制改革的若干意见》等一批政策性文件,使我国高等教育进入了体制调整和深化改革开放阶段。根据上述文件精神,为了合理配置教育资源,提高教育质量,办学水平和办学效益,经山西省人民政府批准,省城山西大学、太原理工大学等 8 所本科院校和太原师范专科学校等 6 所专科、成人院校,在不改变管理体制、投资体制的前提下,自愿组建"省城高校联合体",进行联合办学,在建立资源信息数据库、培养人才、进行学科建设、科技攻关、产业开发诸方面实行联合,以适应信息时代对高校提出的要求和挑战,实现"省城高校进行联合办学,实现资源共享,优势互补,深化改革,共同发展"的目标。省城高校联合体领导组由省城各普通高校(院)校长组成,省教委副主任杨树国任组长,山西大学校长,太原理工大学校长分别担任副组长。联合体的日常工作主要通过联席会议制度开展。

"山西省部分高等院校关于举办'省城高校联合体'协议书"中"联合的内容与形式"中第三条"联合培养人才"的第二点"图书资料共用"规定:A. 建立图书期刊协作采购制度,分别采购重点,提高经费使用效益。B. 依托山大建设山西高校人文社科图书情报中心、理科图书情报中心,依托太原理工大学建设山西高校工科图书情报中心,依托山西医科大学建设山西高校医药图书情报中心,依托山西财经大学建设山西高校经济学图书情报中心,依托山西农业大学建设山西农业图书情报中心。C. 建立图书期刊凭工作证、学生证互借制度,即各高校图书期刊相互开放,有条件的,还可以向社会开放。

省城高校是我省整个高等教育的主力,在一定程度上代表着山西省高等教育发展的实力、水平和前景。1997 年省城有 14 所普通高校(含农大),占到全省普通高校总数的48.3%,共有图书 622.1 万册,占到全省高校图书库藏总量的 64.55%。虽然省城高校地理位置相对集中,交通方便,交流、联系十分便利。但是,由于条块分割,各高校之间在人才培养、科学研究等主要方面很少合作,教师、图书资料、实验室等教育资源不能共享,优势不能互补,甚至重复进行。这些弊端不仅严重制约了高校的改革与发展,而且十分不利于我省经济建设、社会发展与科技进步。因此,省高校图工委积极响应"省城高校联合体"的意见,承担起了省城高校图书情报资源的共建共享工作。图工委根据"省城高校联合体"的有关要求,于 1998 年召开了省城联合体高校图书馆第一次馆长联席会议。会议研究决定:首先从馆际互借开始启动联合体内图书馆资源共建共享工作。第一步先实施省城高校联合体图书馆馆际图书借阅服务。会后图工委起草了《省城高校联合体图书馆馆际图书借阅规定》(试行稿),经省教委高教处同意,以图工委文件形式下发各馆执行。

省城高校联合体图书馆馆长联席会议机构由如下单位组成:

组长单位:山西大学

组　　长:高仲章(省高校图情工委副主任兼秘书长)

成 员 馆:山西大学图书馆　　　　　　山西中医学院图书馆

太原理工大学图书馆　　　　太原师范专科学校图书馆

山西医科大学图书馆　　　　太原大学图书馆

山西财经大学图书馆　　　　太原电力专科学校图书馆

华北工学院图书馆　　　　　山西财税专科学校图书馆

　　太原重机学院图书馆　　　　山西大学师范学院图书馆
　　山西农业大学图书馆　　　　华北工学院专科学校图书馆

省城高校联合体图书馆馆际图书借阅规定(试行稿)

　　根据省城高校联合体图书信息资源共享暂行办法中的有关规定和要求,为实现省城高校图书信息资源共享,特制定如下图书借阅规定:

　　(一)省城高校联合体馆际图书借阅对教师实行开放借阅,每人限借3册(循环数),采取馆对馆办理通用借书证和阅览证的办法,使用期为一年。每年终办理一次验证手续。

　　(二)省城高校联合体的馆际图书借阅要求馆对馆负责,各馆自制通用借阅证件,互发借书证10个,阅览证10个,教师可凭本人借书证到所在馆流通部门办理换取通用借书证(或阅览证)手续后,即可到各馆借阅所需的图书资料,每证每次只限一人使用。

　　(三)鼓励省城高校联合体的教师到非本校图书馆交押金办理个人借书证,办证办法按各馆的规定执行。

　　(四)省城高校联合体馆际图书借阅证件和办理借阅手续,均由各馆的流通(阅览)部主任或指定专人负责,搞好管理和读者借阅档案,并及时处理在借阅过程中出现的各种问题。

　　(五)省城高校联合体馆际互借,图书借阅限期统一为两个月,超期后每册每天罚款0.50元,累计计算。

　　(六)省城高校联合体在馆际互借中,读者还回的图书如有损坏、丢失的,按图书拥有单位的有关赔偿制度办理。

　　(七)省城高校联合体在馆际互借中,读者应认真遵守各馆的规章制度,所借图书若借出馆急需时,可随时催还,借书馆有义务配合实施,读者接到催还通知单后,应立即归还。

　　(八)省城高校联合体中部分图书馆已经实行计算机管理的,对教师的图书借阅,采取给各馆办5个通用机读借书证的办法,其借书数量仍按(一)的规定执行。

　　(九)省城高校联合体的教师可凭通用阅览证到各馆免费查阅图书、期刊、古籍、科技资料以及视听、机读等文献资料,如需复印图书资料时,其收费标准应与本校师生同价。

　　(十)省城高校联合体的教师到各馆(已联网的)通过网络检索国内外文献,按各馆的有关规定执行。

　　(十一)本规定中未尽事宜由省城高校联合体图书馆馆长联席会议另行制定,其内容的解释权在馆长联席会议,在组织实施过程中遇到的各种问题,由联席会议研究、协调解决。

　　省城14所院校图书馆按图工委要求制作了借阅证并根据各馆的实际情况拟定了有关规章制度,从1999年1月起启用省城高校图书馆馆际互借证。这项服务虽然一直坚持了下来,但由于宣传不很到位,且服务对象仅限于教师,因此借阅量较小,所起作用并没有达到预期。

七、自动化建设

20 世纪 90 年代以后我国图书馆事业的巨大发展是由于计算机自动化系统的开发,各类型电子文献的应用以及英特网络的开通等现代化技术的应用而引起的。这些现代化手段应用于图书馆各个领域,使得我国图书馆事业发生了崭新的变化。1994 年以来,图书馆自动化建设取得了可喜的重大进展,图书馆计算机管理集成系统的研制成功,使图书馆的所有手工操作,如采访、典藏、卡片打印、期刊签到与借阅、图书借阅等传统工作都实现了计算机管理,并且图书馆网络化建设已经起步,快速发展。

1. 加强自动化建设

我省高校图书馆的自动化建设起步较晚,1990 年以前基本是空白,1992 年山西大学、太原工业大学图书馆引进了日本富士通 K650 小型机及《集成图书馆管理系统》标志着我省高校图书馆的自动化建设进入了实际应用阶段。

为了贯彻落实国家教委颁发的《普通高等学校图书馆规程》中关于"应积极创造条件,在高等学校图书馆工作中应用计算机等现代化技术手段,应用计算机应首先做好基础工作的准备,坚持协作和共享的原则"的规定,加快我省高等学校图书馆自动化建设,改变传统的服务方式与手段,尽快实现全省范围内的文献信息资源共建、共享,并与中国教育和科研计算机网(CERNET)及 INTERNET 网连接,更好地为教学和科研提供服务,图工委协助省教委采取有力措施推进全省高校图书馆的自动化建设加快发展。省教委和图工委先后几次召开有关自动化建设专题研讨会,为各馆开展自动化建设提供决策参考依据。1995 年省教委下发晋教高字〔95〕56 号"关于加强高校图书馆自动化建设的通知"文件,大力推动我省高校图书馆的自动化建设。"通知"指出:自 1991 年教委,图工委对全省高校图书馆办馆条件及办馆水平评估以来,各院校作出了积极努力,图书馆工作取得了较大的进展。但随着市场经济的逐步确立和科学技术的迅速发展,信息量急剧增长,信息载体日趋多样,信息技术迅速更新,传统的服务方式与手段已不能满足形势的要求,形势的发展已使衡量图书馆功能的标准有了新的发展。读者能否从计算机终端上获得所需要的本馆、本地区、本国乃至全世界的信息,将成为评价图书馆工作的重要标准。目前,中国教育和科研计算机网(CERNET)示范工程已建成,其山西网络中心建设已开始启动。作为网上节点的各高校图书馆正面临着自动化的紧迫任务。然而我省高校图书馆的计算机管理与兄弟省市相比却相当落后,发展极不平衡,许多馆至今未起步,满足不了学校教学科研发展的需要,与即将跨入 21 世纪的信息时代极不相称。因此,为了加强高校图书馆工作及自动化建设,省教委在"通知"中提出以下几点要求:

一、各院校要高度重视图书馆工作及其自动化建设问题,要召开专门会议进行研究,解决图书馆自动化进程中的有关问题。

二、各院校为图书馆购置计算机设备要列入学校计划,安排专项经费不得挤占图书馆资料费。

三、各高校馆要加强基础整顿,必需实现业务环节的规范化管理,为实现自动化管理做好准备工作。

四、各高校馆要加强队伍建设,有计划地配备计算机专业人员或安排在职人员进修或培训,为自动化建设准备技术力量。

五、各高校馆要结合学校的安排对本馆的自动化过程作出全面合理的规划。在 1996 年内实现新增图书计算机编目,在三年内实现采编、流通、期刊、情报检索计算机管理,并做好 CERNET 联网的准备工作。有条件的尽早与 CERNET 网联通。

六、为避免不必要的损失与浪费,各高校要搞好调研,慎重决策。要注重硬件系统的兼容性、可靠性和技术更新,功能扩展的适应。软件要较先进与成熟,适应扩展功能和新版软件的更新,有良好的后续服务功能。图工委要负责向各馆提供信息服务,在软硬件的选择方面、自动化建设的规划,计划方面发挥统筹作用。

七、此项工作的具体实施细则及要求,教委、图工委将分期部署,定期检查。

八、为促进我省高校图书馆自动化建设,教委、图工委将于 1996 年底组织对各高校馆的自动化建设进行专项评估。

省教委的文件受到了各院校领导及图书馆的重视,各院校及图书馆认真研究落实措施,积极制订实施计划和方案,使自动化建设步伐加快,出现了前所未有的好势头。为了了解各高校图书馆自动化建设状况,省高校图工委于 1996 年 12 月下发了《关于进行 1996 年度全省高校图书馆自动化建设检查的通知》,要求各馆对自动化建设开展自检。根据各馆的自检报告图工委对全省高校图书馆的自动化建设状况进行了总结。

山西省普通高等学校图书馆自动化建设总结

为了加强高校图书馆整体工作及自动化建设,适应教育体制改革和教学科研发展的需要,山西省教育委员会于 1995 年 12 月,以晋教高字〔95〕56 号文"关于加强高校图书馆自动化建设的通知"下达各院校,通知中要求在 1996 年内实现新增图书计算机编目,在 3 年内实现采编、流通、期刊、情报检索计算机管理,做好与 CERNET 联网的准备工作,有条件的馆尽快与 CERNET 联网,还决定在年底组织对各高校图书馆的自动化建设进行专项评估。经过一年来的工作,为了检查各院校对省教委晋教高字〔95〕56 号文件贯彻执行情况,推动下一年度的自动化建设进程,省高校图工委根据省教委的部署,于去年 12 月份向各高校馆下发了《关于进行 1996 年度全省高校图书馆自动化建设检查的通知》,并附《山西省高校图书馆自动化建设评估指标体系及评分标准》(试行稿),要求于今年 1 月 5 日前,各馆将自动化建设的自检总结报告,经主管院校长审阅后报送省高校图工委秘书处,现根据已收到的 21 所院校图书馆报送的自动化建设自检材料,经汇总简要总结如下:

(一)1995 年以前省高校图书馆自动化建设回顾

过去,我省高校图书馆的现代化技术手段非常落后,有些设备基本上是空白,计算机也很不普遍,远远适应不了教育改革和教学科研发展的需要。就图书馆自动化而言,1995 年以前,我省高校图书馆的自动化建设已经历了两个阶段:一是

1990 年 11 月前的自发阶段,二是 1990 年 12 月至 1995 年 11 月,省高校图工委有目的、有组织的宣传发动阶段。自从 1991 年省教委、省高校图工委组织对全省普通高校图书馆进行办馆条件及办馆水平评估,1993 年 9 月在太原工业大学图书馆召开"省高校图工委自动化专业委员会成立暨首届学术研讨会",10 月华北地区高校图协在北京又召开"图书馆发展与自动化"年会,为了传达华北高校图协年会的精神,图工委于 1994 年 11 月,在临汾山西师范大学图书馆召开了"山西省高校图书馆发展与图书馆自动化"专题馆长研讨会,1995 年 10 月,又在忻州师范专科学校图书馆召开了旨在"促进和加快我省高校图书馆自动化建设步伐,迎接 21 世纪信息时代挑战"的馆长会议,经过几年多次会议的大力宣传和组织发动,使我省高校图书馆的自动化建设在第二阶段有了一个较快的发展,截至 1995 年底,据 22 所院校图书馆报表资料统计,①计算机专业人员有 32 人;②设备:K650 小型机 2 台,终端 26 台,486 服务器 2 台,486 计算机 24 台,386 计算机 23 台,286 或兼容机 18 台,打印机 34 台,光驱 3 台,还有切卡机、塑封机、条码阅读器、不间断电源、稳压电源等辅助设备;③有 6 个馆自建了中外文书目数据,总计 497050 条。购置大型 CD - ROM 中文期刊光盘数据库 1 种 4 套;④有 2 个馆建成了馆内微机局域网。这样部分本专科院校图书馆不同程度地开始了单机在采编或流通或情报检索等工作环节的开发利用。而山大、工大分别投资近百万元引进了日本富士通 K650 小型机系统,走在了省高校图书馆自动化建设进程的前列,上了一个新台阶。1995 年财院投资 15 万元购置了硬件设备和北京息洋通用图书馆集成系统(GLIS),初步建成了局域网,经管院投资 20 万元购置了硬件设备和文化部图书馆自动化集成系统(IL-AS),开展了自动化建设工作,原山西医学院(现山西医科大学)为图书馆购进了先进的光盘装置,与全国医学院校系统实现了光盘检索联网,填补了我省高校现代化建设的空白,太原师专图书馆制定了自动化建设总体方案和阶段实施计划,学校给配备了硬件设备,矿院在开展调研的基础上起草了论证报告和实施方案,并获院领导批准。以上院校的图书馆自动化建设工作在我省高校图书馆中起到了引导、先行的示范作用,并产生了积极的影响。

(二)1996 年省高校图书馆自动化建设进展情况及取得的成效

自 1995 年 12 月省教委下发晋教高字〔95〕56 号文件之后,1996 年我省高校图书馆的自动化建设工作进入了有组织、有领导的加强图书馆自动化建设阶段。经过一年来的工作,我省高校图书馆自动化建设进展情况及取得的成效如下:

1. 贯彻文件精神,落实自动化建设任务

各院校接省教委文件后,在认真学习文件精神和提出的具体任务和要求,提高认识的基础上,普遍都重视、关心、支持了图书馆的自动化建设。从收到的 21 份自检总结报告看,大都由校院长或主管图书馆工作的副院长召开了校长办公会议或联席会议专门研究解决了图书馆自动化建设中的有关问题。矿院、重院、山大、工大、农大、师大、财院、太原师专等都把图书馆自动化建设列入了 1996 年院(校)工作计划或目标责任书中,有的院校还和图书馆签订了合同书,以确保自动化建设任务的完成。师大侯晋川校长收文后立即批示从世行贷款中拨出 4 万美元用于图书馆自动化建设,矿院温泽先院长、郭勇义副院长批转图书馆提出落实方案,拨款 36

万元一步到位,山大师院图书馆自动化建设工作由副院长张瑞君同志亲自主持领导,为图书馆办了三件实事:①组织校内专家组指导图书馆自动化建设工作;②及时为图书馆选购硬件和软件设备;③定期召开会议听取汇报,随时深入到现场办公帮助图书馆解决实际问题。经管院、医大、长治医学院、华北工专、吕梁高专、晋东南师专、大同医专、雁北师院等也都采取了不同形式给图书馆安排落实了开展自动化建设的有关问题和措施,这就保证了各馆自动化系统工程建设的顺利进行。

2. 建立健全领导机构,发挥规划、指挥职能

高校图书馆自动化建设是一项复杂的系统工程,对它有时间、任务、人员、设备、软件、数据库建设、网络建设、开通管理、服务等方方面面的要求,为了确保此项工作的顺利开展,矿院、重院、忻州师专、晋东南师专等图书馆成立了以馆长为组长的自动化领导组,而农大、山大师院、雁北师院、太原师专等图书馆都成立了技术部(组)来负责馆内的自动化系统建设工作,由于这些领导机构的建立或健全,并很好地发挥了规划、组织、统筹、协调、实施、考核的职能和作用,这样就使各馆的自动化建设做到了按部就班、有条不紊、紧张有序地进行,并取得预期的效果。

3. 开展调查研究,做好前期准备

开展调研是拟定图书馆自动化论证报告及实施方案的基础和先决条件。为了能制定出一个切实可行的、符合各馆实际情况的自动化建设规划或方案,工大、农大、师大、矿院、重院、山大师院、忻州师专、吕梁高专、太原师专、大同医专等12所院校都由图书馆或图书馆与计算机、设备处管理部门组织人员先后到北京、天津、成都、重庆、武汉、邯郸等地,以及省内的公共、高校系统的山西省图书馆、山大、工大、财院等自动化建设工作先行一步的单位进行调研,通过调研一方面掌握了国内高校、公共、科研等不同系统图书馆自动化建设工作的进展情况,另一方面突出解决了:①自动化建设的指导思想:"立足现实,着眼未来,建设一个有山西高校图书馆特色的自动化管理系统",和实施原则:"引进为主,开发为辅,分步实施",本着择优、经济、实用的原则。以此来组织开展自动化建设,这样就能把我省高校图书馆自动化管理上水平、上台阶的工作做好,办出各自的特色。②图书馆集成管理系统软件和硬件设备的选购问题。从调研看,目前正在运行的自动化管理系统大致可分为以下几种类型:Ⅰ. 从使用软件分:文化部图书馆自动化集成系统(ILAS),大连博菲特文献管理集成系统(WXGJXT),北京息洋通用图书馆集成系统(GLIS),北京邮电学院图书馆自动化集成系统,日本富士通 K650 小型机系统等。Ⅱ. 从硬件设备和系统构成分:A. 小型机——北大、清华、山大、工大等,适合于百万册以上大型馆;B. 局域网——北邮、北理工、省财院等,适合于 50 万册左右中小型馆;C. 中软/终端多用户——河北煤建工、省图书馆等,视主机容量适用于大中小型图书馆。Ⅲ. 从操作系统分:DOS、UNIX、WINDOWS。Ⅳ. 从采用数据库分:FOXBASE、FOX-PRO、ORACLE。Ⅴ. 开发语言:多为 C 语言。Ⅵ. 从网络拓扑机构分:总线型、星型、环型等。Ⅶ. 从使用的机型分:进口名牌机、国内品牌机、组装兼容机。③提出了各馆对自动化系统建设的具体要求:Ⅰ. 产品输出应标准化、规范化:书名、著者、分类、主题等各种书目卡片以及书本式目录、新书通报、机读目录等必须标准、规范。Ⅱ. 数据库及其存储方式要能够处理可变长字段。Ⅲ. 用户界面操作直观。

Ⅳ. 检索系统功能齐全,检索方式完善。Ⅴ. 系统的扩充性强。Ⅵ. 系统应具有较强的容错处理功能。Ⅶ. 系统安全性强,有良好的售后服务,产品的维护、版本的升级和软件的扩充要有保障。Ⅷ. 所采用的硬件要求性能先进、质量可靠。

4. 组织人员培训,加强队伍建设

重视提高图书馆工作人员对实现自动化管理的必要性和重要意义的认识,抓人员培训和计算机专业队伍建设是组织落实自动化建设的根本,为此省高校许多图书馆早在前几年就陆续注意选调计算机专业人才共15人充实队伍,还有11个馆正在开展校内、馆内全员或抽调工作人员从事计算机基础知识和操作技能的培训,计有140余人。同时还通过多种途径选派了15人次去北京、大连、太原等地学习图书馆文献管理集成系统软件和参加各种"图书馆发展与自动化建设"专题学术研讨会。去年,省高校图工委为了适应全省高校图书馆在自动化建设过程中新书采编及回溯建库的需要,委托矿院和财院连续举办了两期《中国机读目录格式》(CNMARC 格式)培训班,有26所院校的53人参加,由于以上这些卓有成效工作的进行,就为各馆培养了一批具有较高素质的业务骨干,为自动化建设提供了良好的人才和技术力量储备。在使用过程中,各馆又都做到了择优上岗,严格考核,就保证了自动化建设工作的顺利开展。

5. 一年抓落实,建设见成效

(1)专项经费:据统计总投入为123万余元。

(2)硬件设备:新增586或486服务器5台,586计算机21台(含多媒体2台),486计算机37台(含多媒体1台),386计算机4台,兼容机4台;新增各类型打印机17台、网上光驱9台、不间断电源28台,稳压电源2台,条码阅读器11台,切卡机3台,塑封机2台,图书防盗仪8台,安装用于情报检索联网的直拨电话2部,建立主机房7个,增调制解调器、集成器8台,磁带机1台。

(3)软件系统:经各级调研后遴选出以下几种软件系统在我省高校图书馆计算机管理中开始运行:Ⅰ. 山大、财院、医大、山大师院、忻州师专、大同医专使用了北京息洋的通用图书馆集成系统(GLIS)。Ⅱ. 矿院、太原师专、重院、财税专科学校、华北工学院、吕梁高专、晋东南师专、运城高专、中医学院等馆采用了大连博菲特的图书馆文献管理集成系统(WXGJXT)。Ⅲ. 山西经管院使用了文化部深圳图书馆自动化集成系统(ILAS)。

(4)数据库建设:有6个馆自建中外文书目数据约25万余条;有5个馆购置国内大型数据库10种13套(件)。主要是:中国学术期刊光盘数据库、万方数据库、人大复印资料数据库、人民日报1978—1995图文光盘数据库、煤文摘数据库、中国学术会议论文和学位论文数据库、煤炭科技文献数据库、煤炭工业年鉴光盘数据库、中国生物医学光盘数据库等。而山大图书馆和长治医学院图书馆还筹建了光盘检索室。

(5)局域网建设:经过一年的努力,在我省高校图书馆中已有5个馆山大、财院、矿院、太原师专、山西经管院建成了图书馆自动化管理局域网,已正式(或准备)投入运行,实践看系统都基本正常。而其他馆多为采编或流通计算机单机操作系统。

(6)联网工作:山大、工大、矿院图书馆均通过节点联通了中国教育和科研计算机网(CERNET)和国际交互网(INTERNET),通过直拨电话矿院还与中情所、煤情所联网。

(7)系统开通情况:在省高校12个图书馆中已经开通的业务工作领域和扩展的服务项目主要是:Ⅰ.中外文图书采访、编目、典藏、流通借阅、公共书目查询、联机情报检索、连续出版物采访等。Ⅱ.建成读者数据库6个、约计35000余条。Ⅲ.建立健全了相应的计算机管理规章制度。Ⅳ.山大师院图书馆搞自动化建设不闭馆,而基本书库对读者实行了全开架,矿院图书馆为学生读者按班级发了入库证,扩大了进基本书库查找图书资料面,提高了文献流通率和利用率。Ⅴ.山大师院图书馆还延长了开馆时间,周开馆达到84小时,极大地方便了读者利用图书馆。Ⅵ.各馆的新书编目采用了《中国机读目录格式》(CNMARC格式)著录、山大、矿院、山大师院图书馆还加注了主题标引,使业务工作更加规范化、标准化。重院和矿院还将《科图法》改为《中图法》分编图书向国家统一分类法靠拢,这些工作的开展均为今后的联网,实现资源共享奠定了良好的基础。Ⅶ.使用计算机管理图书馆业务、服务工作,既适当减轻了馆内人员的劳动强度,又提高了采访、编目、流通借阅的工作效率和质量,简化了读者的借阅手续,缩短了借阅时间,加快了文献的周转速度,提高了情报联机检索的查全率、查准率。这就进一步体现了图书馆一切为了读者,为了教学科研服务宗旨的落实及图书馆教育职能和情报职能的发挥。

(三)省高校图书馆自动化建设的体会、经验及存在的主要问题

体会和经验:

1. 省教委、院校领导重视、支持图书馆自动化建设工作,列入院校发展规划或年度工作计划,划拨专项经费、到位,给图书馆提供了一个开展自动化建设的宽松环境,是搞好自动化建设的关键。

2. 图书馆建立自动化领导组或成立技术部(组),因馆制宜,发挥集体的智慧和力量,起到精心组织、周密设计、认真实施、严格考核的统筹全局的作用,是搞好自动化建设的前提。

3. 图书馆注意选调计算机专业人才,组织在岗工作人员计算机知识、操作技能、CNMARC格式知识培训、系统软件知识培训先行,是搞好自动化建设的重要保证。

4. 重视自动化建设调研、论证工作是制订方案和实施计划的关键。可以做到慎重决策,做到:(1)确保硬件设备在选购中既注重兼容性、可靠性和技术更新,又保证功能扩展的适应,所以各馆选购的微机大都在486以上,且是进口机、国内品牌机,如奔腾、联想、金长城等,体现了起步晚,起点高的原则;(2)确保软件系统选购为目前国内较先进、较成熟的图书馆集成管理系统,且具有适应扩展功能和新版软件的升级更新,以及后续服务有较好的保障。所以在我省已上马的高校图书馆中集中选用了北京息洋、大连博菲特、文化部中软多用户三个系统;(3)确保数据库建设、网络系统建设的规范化、标准化。所以,搞好调研和论证工作是认真借鉴兄弟省市高校图书馆自动化建设经验和教训,保证我省各高校馆自动化建设少走弯路,避免造成不必要的损失和浪费的一条重要经验。

5. 抓宣传发动,动员各馆工作人员,集中时间,利用暑假,齐心协力,艰苦工作,加班奉献。自动化建设环节工作交叉进行。回溯建库从书卡核对、别旧、贴条码、加磁条到条码扫描。书目核对、调库、顺架等采用定额管理的办法是保证按期、保质、保量完成任务的有效措施,这既是对工作人员的锻炼、教育和考验,也是对工作人员的知识、技能、敬业精神的大检阅。

6. 图书馆自动化建设和规章制度建设配套进行,是适应计算机系统开通运行实行科学管理的需要。

存在的主要问题:

1. 对教委晋教高字〔95〕56 号文件的宣传力度还不够深入、广泛。

2. 全省高校图书馆自动化建设未能制定统一的分层次的自动化建设发展规划。

3. 个别院校领导对图书馆自动化建设未能给予足够的重视,致使省高校图书馆自动化建设的发展很不平衡,本科院校好于专科院校,目前尚有 10 来馆自动化建设没有启动。

4. 实践看各馆工作人员计算机理论和基本知识及人员素质仍偏低,专业队伍亟待加强,以适应自动化管理工作的需要。

5. 通过回溯建库工作的开展,发现各馆都不同程度地存在着基础工作薄弱、不规范、不标准等问题。

(四)对今后省高校图书馆自动化建设的几点建议

1. 应继续引深省教委晋教高字〔95〕56 号文件的宣传发动,学习落实工作。

2. 应尽快制订省高校图书馆自动化建设的发展规划。

3. 在自动化建设中,应充分发挥省高校图工委的宏观控制,组织协调职能和自动化专业委员会微观指导的作用。

4. 尽快举办一次省高校图书馆自动化建设经验交流会,以便沟通信息、交流经验、促进发展。

5. 组织安排好今年对部分院校图书馆自动化建设工作的检查和 98 年底对全省普通高校图书馆自动化建设的评估工作。

综观 1996 年度我省高校图书馆自动化建设的进展,成绩喜人,振奋人心,而今年的发展势头也很好,又有华北工学院、中医学院、吕梁高专、农大、大同医专、晋东南师专、华北工专、大同高专等馆在抓紧落实自动化建设工作,我们深信在省教委的正确领导下,在各院校领导的重视和大力支持下,在图书馆界同仁的共同努力下,认真总结经验、发扬成绩,正视问题,纠正不足,就一定会使省高校图书馆的自动化建设工作再上新水平,再上新台阶,为教育体制改革,为教学科研服务再做新贡献。

2. 进行自动化建设评估

在 1996 年各馆自检的基础上,为了进一步检查省教委晋教高字〔95〕56 号文件"关于加强高校图书馆自动化建设的通知"的落实情况,继续推动山西高校图书馆自动化建设的快速健康发展,省教委决定对山西高校图书馆的自动化建设情况进行评估。1998 年 11 月 25 日省教委颁发了晋教高〔1998〕32 号"关于印发山西省高等学校图书馆自动化建设评估暂行办法和评估标准的通知",决定从 1998 年开始,用两年左右时间分批组织专家对各高校图书馆自动化建设进行评估验收。对于评估达到要求的图书馆教委优先考虑专项经费的投入。

第一批试评估的图书馆为:山西大学图书馆、太原理工大学图书馆(北区)、山西财经大学图书馆(南区)、山西医科大学图书馆、太原师范专科学校图书馆

评估专家组成员为:

山西财经大学图书馆	李秀华
太原理工大学图书馆	安银海
华北工学院图书馆	彦连治
山西大学信息系	张翠英
太原理工大学网络中心	任新华

评估工作由图工委具体实施。依据评估暂行办法和评估试行标准,专家组对 5 所高校图书馆进行试评估,以取得经验,为全面评估铺路。

山西省高校图书馆自动化建设评估暂行办法

根据《普通高等学校图书馆规程》要求,高校图书馆管理要逐步实现自动化与网络化,以提高图书馆的管理和服务水平,特制定本办法。

一、评估目的

加快我省高等学校图书馆自动化建设,改变传统的服务方式与手段,尽快实现全省范围内的文献信息资源共建、共享,并与中国教育和科研计算机网(CERNET)及 INTERNET 网连接,更好地为教学和科研提供服务。

二、评估标准及等级

(一)评估标准

本评估标准,是图书馆自动化建设的单项评估。评估标准分为三部分,满分为100 分,第一部分:A 图书馆自动化系统联网评价,分值为 35 分;第二部分:B 自动化建设条件评价,分值为 30 分;第三部分:C 图书馆计算机管理系统运行评价,分值为 35 分。

(二)评估等级

本科院校	专科院校	
A＋B＋C≥80	A＋B＋C≥70	甲级
A＋B＋C≥70	A＋B＋C≥60	乙级
A＋B＋C≥60	A＋B＋C≥50	丙级
A＋B＋C＜60	A＋B＋C＜50	丁级

(三)等级内容

甲级:图书馆自动化系统完善,各子系统全部正常运行,机构及人员健全,并以较先进的通信方式与地区高校网、CERNET、INTERNET 联网,使其数据可在网上共享并能在网上提供较全面的服务。

乙级:图书馆自动化系统比较完善,四个主要子系统采编、流通、期刊、书目检

索正常运行,机构及人员比较健全,并与高校地区网、CERNET 等国家级网联网,能够较好地利用网上资源。

丙级:图书馆自动化系统的主要三个子系统采编、流通、书目检索能正常运行,机构和人员有基本保证,对联网工作有计划和实施方案,并开始实施。

丁级:制定出图书馆自动化的规划和实施方案,有部分设备,没有联网。

参评院校的图书馆经省级评估后达到丙级以上(含丙级)为合格,达不到丙级为不合格,评估结果为不合格的馆,经整改后可向省教委提出申请,由专家组进行复核。

三、实施办法

(一)自评:各高校图书馆根据《山西省高校图书馆自动化建设评估标准》(以下简称评估标准)规定的各项指标组织自评。

(二)省级评估:学校自评达到丙级以上(包括丙级)的图书馆由学校提出参评申请,经省教委批准后组织省级评估。评估结果由省教委统一公布。

(三)操作办法:

1. 评估组由5人组成,其中图书馆学专家3人,计算机专家2人。设组长1人,副组长1人。

学校自评组由学校领导授权图书馆牵头组建;省级专家评估组由省教委负责组建。

2. 省级评估采用实地考察方式,学校应按评估指标体系提供完备的自评资料和有关数据,每位专家按照"评分标准"逐条进行评审(听、看、问、查)然后分项统计5位专家的评分结果,并进行审议,初步确定评估等级。并写出评估结论意见书,向省教委汇报结果。

3. 评估汇总资料及结论意见书,由图工委秘书处负责存档。

(1)试评估

按照晋教高字〔98〕32号文件"关于印发山西省高等学校图书馆自动化建设暂行办法和评估指标的通知",省教委组织专家组于1998年6月22日至26日,对山西大学、太原理工大学(北校区)、山西医科大学、山西财经大学(南校区)、太原师范专科学校5所院校图书馆的自动化建设进行了专项试评估。1998年11月25日省教委颁发晋教高字〔98〕67号文件将山西省高等学校图书馆自动化建设评估专家组对5所高校的试评估意见和评估结果发布。希望各馆认真按照专家组意见,针对本馆存在的问题,积极进行整改。对于试评估未达到丙级馆的院校,在整改的基础上申报重新评估。

五所高校图书馆自动化建设评估工作总结

为贯彻落实国家教委颁发的《普通高等学校图书馆规程》中有关规定,及山西省教委晋教高字〔95〕56号、〔98〕32号文件精神,山西省教委委托山西省高校图书情报工作委员会于1998年6月组织专家组对5所高校图书馆自动化建设进行了试评估。评估情况如下:

一、基本情况

此次图书馆自动化建设单项评估主要依据国家教委《普通高等学校图书馆规

程》中第二章第十一条、第十三条的有关规定及山西省教委晋教高字〔95〕56号文件精神进行。根据我省高校图书馆的现状,高教处、高校图书情报工作委员会多次召开有关人员会议,讨论有关自动化评估的事宜,并组织专家组拟定了图书馆自动化建设评估暂行办法和评估标准(试行)。为使评估标准更切合实际,此次先对山西大学、太原理工大学北校区、山西医科大学、山西财经大学南校区、太原师范专科学校5所院校图书馆自动化建设进行试评。根据试评情况再对评估标准进行修正、完善。

此次评估的步骤为:第一阶段:各高校图书馆成立自评领导组自评,并将自评结果上报图工委;第二阶段:省教委成立专家组进入各高校进行评估验收;第三阶段:评估结束后专家组集中总结,确定评估结果。

专家组进校后评估验收的程序为:(1)听取校领导及馆领导对自评情况的汇报;(2)审验提供的自评报告和各种文件资料;(3)深入到各部室对照评估标准逐项逐条实测;(4)专家组讨论评估意见,并向校、馆领导汇报评估情况。

评估结果:太原理工大学北校区图书馆乙级(78.12分);山西大学图书馆丙级(65.43分);山西医科大学图书馆丙级(61.86分);山西财经大学南校区图书馆丁级(51.20分),经专家组检查评估发现,太原师范专科学校图书馆不具备评估条件,故未测评和打分。

二、主要成绩

1. 领导重视

大多数院校的校、馆领导都增强了对图书馆自动化建设重要性的认识,对此次试评估较为重视,山西大学、太原理工大学领导明确表示要加大对图书馆自动化建设资金的投入,力争使图书馆工作上水平。医科大、财大(南区)在经费紧张的情况下自筹资金投入图书馆自动化建设。

2. 自动化建设工作已由起步阶段进入正常运转阶段。

各馆都配备了基本硬件设备和图书馆集成管理系统软件,绝大多数图书馆的日常业务工作,如:采访、编目、流通和馆藏目录检索都实现了自动化管理,图书馆内部业务管理、服务水平有了较大提高。

3. 图书馆的信息源逐步扩大,服务手段逐步提高

多数图书馆购置了光盘等新型载体资料,太原理工大学图书馆(北区)建立了有20多台微机构成的多媒体阅览室,图书馆的馆藏结构向多样化方向发展,检索手段向易查、易检、快速、全面的高水平方向发展。各馆都建立了本馆的全部或部分馆藏书目数据库,为自动化管理奠定了基础。山西大学、太原理工大学已进入网络化实施阶段,目前已经联通了国际互联网,可以检索网络信息。

三、存在问题

1. 个别院校的校、馆两级领导对自动化工作重视不够,措施不力,没有充分利用现有设备与软件系统,造成了资金、设备的浪费。对自动化工作缺乏长远、统一规划,在建的局域网不尽合理,网络化建设落后。

建设投入不足,各馆计算机台数普遍不足,不能满足各项工作尤其是读者检索的需求。

2. 现有设备与软件系统档次、水平较低,功能不完善;已建成的数据库规范化、标准化程度较低,不能满足实际工作和网络化的新需求,须尽快更换或升级。

3. 图书馆内部管理系统不完善,有关计算机管理的规章制度不健全。

4. 缺乏高素质的专门计算机管理人才,对工作人员和用户缺乏有计划、有系统的计算机基础知识与机检技能的培训。

5. 图书馆自动化建设投入不足,发展不平衡,各馆计算机台数普遍不足,不能满足各项工作尤其是读者检索的要求。

此次试评估发现我省高校图书馆在自动化建设与管理方面虽有明显进步,但普遍水平较低,望各院校的校、馆领导一定要进一步重视图书馆的自动化建设,针对试评估发现的问题,结合本馆实际,尽快加以研究,提出改进措施,使图书馆自动化建设逐步趋于完善,以便更好地发挥图书馆的教育职能和情报职能,为教学科研发展不断作出新努力和新贡献。

一九九八年十月三十日

(2)全面评估

首批试评估结束后,省高校图工委,评估专家组向省教委高教处进行了详细的汇报。在试评估取得经验的基础上,进一步完善了评估指标体系,并开始分批对山西高校图书馆自动化建设进行全面评估。1999年6月30日,省教委颁发晋教高〔1999〕34号文件,将修订后的《山西省高校图书馆自动化建设评估暂行办法》和《山西省高校图书馆自动化建设评估标准(试行)》印发各校,要求各院校认真组织落实自评工作,教委定于1999年下半年组织专家对本科院校的图书馆自动化进行评估验收。

修订后的《山西省高校图书馆自动化建设评估暂行办法》,主要对第二部分:评估标准及等级进行了修订,修订后内容如下:

(一)评估标准

本评估标准,是图书馆自动化建设的单项评估。评估标准分为两部分,满分为100分,第一部分:A 图书馆自动化建设条件评价,分值为60分;第二部分:B 图书馆计算机集成管理系统应用评价,分值为40分。

(二)评估等级

本科院校	专科院校	
A + B≥80	A + B≥70	甲级
A + B≥70	A + B≥60	乙级
A + B≥60	A + B≥50	丙级
A + B < 60	A + B < 50	丁级

关于评估的等级内容以及实施办法等没有修订,仍然与试评估时的办法相同。

根据新修订的评估办法,省教委于1999年11月19日继续发文,决定于1999年11月29日—12月8日对我省山西农业大学图书馆、长治医学院图书馆、山西大学师范学院图书馆、雁北师范学院图书馆、山西财经大学图书馆进行自动化建设评估。同时望太原重机学院、山西师范大学、山西中医学院、华北工学院尽快做好准备迎接评估。

自动化评估专家组成员为:

太原理工大学图书馆　　　王胜坤　安银海

山西大学图书馆　　　　　李嘉琳

山西医科大学图书馆　　　贺培凤

2000 年 6 月 15 日省教委颁发晋教高函〔2000〕21 号文将修订后的《山西省高校图书馆自动化建设评估标准(试行)》印发给各校。请各校认真组织落实自评工作。并定于 2000 年下半年组织专家对未评估的本科院校及专科院校的图书馆自动化建设进行评估验收。具体事宜委托高校图书情报工作委员会具体安排。

山西省高校图书馆自动化建设评估标准(试行)

一级指标		二级指标		内容及评分标准		分值	评分	二级指标		一级指标		备注
代号名称权重系数		代号名称权重系数		内容		分值		合计	合计 X 权	合计	合计 X 权	
A 自动化建设条件评价0.6		A1 人员0.2		1. 图书馆自动化建设列入学校发展规划,召开专门会议,研究图书馆自动化工作(根据有关会议纪要、领导讲话或图书馆规划,上报学校会议通过,有文字记载者满分)		10						
				2. 制定图书馆自动化建设的发展规划和目标(图书馆有具体规划并列入学校规划)		10						
				3. 图书馆自动化建设组织机构健全(有一位馆领导负责或组织一个领导组或由技术部门等分管者满分)		10						
				4. 图书馆自动化建设工作的监督与落实(按计划完成落实程度酌情给分)		25						
				5. 图书馆自动化建设人员占图书馆人数的5%—12%,其中应有图书馆自动化专业人员(包括自动化系统维护、数据库维护、网络维护和系统开发等类人员)(20 人以下 1 人、20—35 人以下 2 人、30—50 人以下 3 人、50—80 人以下 4 人、80 人以上者 5 人,达上述各层次人员并有专业人员兼职者满分,否则酌情扣分)		20						
				6. 对图书馆人员进行计算机知识、岗位操作及有关知识培训(受培训人数占全馆总人数三分之一以下 3 分、占三分之二 6 分、全培训满分)		15						

续表

| 一级指标
代号名称
权重系数 | 二级指标
代号名称
权重系数 | 内容及评分标准
内容 | 分值 | 评分 | 二级指标 | | 一级指标 | | 备注 |
					合计	合计 X 权	合计	合计 X 权	
		7. 有关图书馆自动化管理规章制度(包括:书目数据规范,设备管理制度,网络管理制度,数据备份制度等。内容完备周密,科学合理,切实可行)[有馆内制度 4 分、有室内制度 6 分(包括有计算机各岗位),制度不健全者酌情减分]	10						
	A2 经费 0.2	1. 三年内学校拨出一定数额的专款用于图书馆自动化、网络化建设,投入自动化建设的总经费与普通高校全日制在校生比值(藏书 25 万册以下,读者 3000 人以下投资 20—30 万元;25—35 万册,读者 3000—5000 人投资 30—40 万元;35—50 万册,读者 5000—7000 人投资 40—50 万元;50 万册以上,读者 7000 人以上者投资 50 万元以上,达到上述各线者满分;上级部门拨给的专款不到位减 1—15 分)	80						
		2. 三年内自筹资金与普通高校全日制在校生比值(图书馆自筹 3 万元以下 1 万元以上 5 分,5 万元以下 10 分,5 万元以上 15 分)	20						
	A3 设备 0.3	1. 主机系统运行速度存贮量(内存、外存)及兼容性(与馆藏量的大小,读者的多少有关和系统正常运行能满足本馆工作需要,酌情给分)	20						
		2. 终端数量及档次,可以满足图书馆业务工作需要(本科 8 台 5 分、专科 3 台 5 分、每增加 1 台 1 分,最高 10 分,档次以满足工作需要为宜)(不含电子阅览室及公共查询的机器)	10						
		3. 外围设备及其他配套设备(应有打印机、条码扫描器、UPS 等必备设备,根据工作需要酌情加分)	10						
		4. 图书馆集成系统具有网络化的功能	10						
		5. 自编软件(应用于图书馆业务及管理的软件)	10						
		6. 多媒体阅览室(电子阅览室)已建成并向读者提供服务(10 台给 10 分,20 台给 15 分,30 台以上满分,单机酌情减分)	25						
		7. 光盘数据检索及用户使用率	15						

一级指标	二级指标	内容及评分标准		评分	二级指标		一级指标		备注
代号名称权重系数	代号名称权重系数	内容	分值		合计	合计X权	合计	合计X权	
	A4 网络环境0.3	1. 联通校园网,可查询校内其他系统数据	10						
		2. 可在校内任何用户终端上查询图书馆书目数据及信息	40						
		3. 联通 Internet,可查询有关数据	10						
		4. 图书馆主页建设:建立并经常维护本馆主页,可以联结本馆各类数据库资源,实现网上查询和预约	10						
		5. 本馆数据入 Internet,以 WWW 界面上网	20						
		7. 上网技术 上网方式:DDN 专线/X.25 专线/微波/拨号线	10						
B 图书馆计算机集成管理系统应用评价0.4	B1 采访子系统 0.2	1. 进行查重(包括采访数据和书目数据)(要从不同途径查重,进行实际操作熟练者满分,不熟练者酌情扣分)	30						
		2. 预订(采访数据库拥有至少一年的采访数据)(熟练操作并使用此项功能者满分,否则酌情扣分,每建有一年的数据给2分)	20						
		3. 财产验收(能熟练操作并使用此项功能者满分,否则酌情扣分)	20						
		4. 打印项目齐全,规范的财产账(内容齐全,规范并已打印财产账者满分)	30						
	B2 编目子系统 0.2	1. 著录操作方便,格式标准规范(符合著录标准10分,数据格式符合《中西文机读目录通讯格式三级著录标准》10分,其他情况酌情给分)	25						
		2. 复本处理方便(同一种书不同时间购入的书,实际操作处理方便)	20						
		3. 查重方便(从不同途径进行查重,操作熟练者满分)	20						
		4. 打印卡片目录格式标准规范(不打印卡片者,应有满足读者检索用的终端)(以上两项都已进行,符合要求满分,缺一项给总分的二分之一)	25						
		5. 典藏(已进行这项工作,操作熟练满分,操作不熟练酌情扣分)	10						

续表

一级指标	二级指标	内容及评分标准		评分	二级指标		一级指标		备注
代号名称 权重系数	代号名称 权重系数	内容	分值		合计	合计 ×权	合计	合计 ×权	
	B3 流通子系统 0.2	1. 正常借还(参观实际操作,已进行并操作熟练满分)	20						
		2. 续借(参观实际操作,已进行并操作熟练满分)	10						
		3. 及时挂失(参观实际操作,已进行并操作熟练满分)	10						
		4. 外借图书全部计算机管理(可用计算机借还文献量占馆藏文献量40%以上,10分)(部分使用计算机管理酌情给分)	20						
		5. 向全部读者开放(未全部开放者,酌情给分)	20						
		6. 查借、查书(参观实际操作,熟练者满分)	20						
	B4 连续出版物子系统 0.05	1. 建立馆藏目录数据,占馆藏文献量50%,25分。按比例增减分	50						
		2. 现刊管理:建立订购目录并签到等	25						
		3. 过刊管理:参照编目系统的著录要求	25						
	B5 公共检索子系统 0.2	1. 专门检索终端(馆内用于公共查询的计算机可以满足图书馆读者需要满分,视计算机台数、读者人数、使用情况酌情给分)	50						
		2. 公共查询技能(视工作人员及用户掌握情况给分)	30						
		3. 书目查询辅导(对读者进行计算机检索培训,并有专人负责书目查询辅导)	20						
	B6 数据库建设 0.1	1. 自建馆藏书目数据库(藏书在30万册以下,建3万条数据库以上满分;在30—50万册,建成5万条数据库以上满分;在50—70万册,建成7万条数据库以上满分;70万册以上,建10万条数据库以上满分)	60						
		2. 自建馆藏文献数据库(围绕本校专业、重点、特色文献,按照国家标准建立学科文献数据库达到一定规模)(书目以外的文献数据库)	30						
		3. 引进数据库	10						

续表

一级指标	二级指标	内容及评分标准		评分合计	二级指标		一级指标		备注
代号名称权重系数	代号名称权重系数	内容	分值		合计	合计 X 权	合计	合计 X 权	
	B7 统计 0.05	1. 有关采访统计(主要项目指:资金、种数、册数,操作熟练并有统计资料者满分)	20						
		2. 有关编目统计(主要指按学科类别进行的统计和工作量统计等)	20						
		3. 有关流通统计(读者借阅次数,图书种数,罚款情况等项,实际操作熟练并有统计资料者满分)	20						
		4. 有关期刊统计(按类别、文种等进行的统计)	20						
		5. 其他统计(行政管理统计,包括人事、档案、固定资产等管理的统计)(操作熟练并有统计资料者满分)	20						
				得分		专家组评分			

注:1. 得分 $= \sum_{1}^{3}$(一级指标)1

2. 专家组评分 $= \frac{1}{n} \sum_{1}^{n}$(得分)n　n = 专家组人数

修订后的评估标准,对许多项目进行了细化,更加便于操作给分。但其中有些表述还不够严谨,如"建 3 万条数据库以上",应该为"建 3 万条以上书目数据"。总体来讲这是一个比较详细的符合当时发展状况的评估标准。根据教委的部署,图工委负责,先后对 19 所高校图书馆的自动化建设进行了评估。1999 年 11 月先对山西农业大学等 5 所本科院校图书馆进行评估,评估情况及结果如下:

山西省高等学校图书馆自动化建设评估专家组对有关
高校图书馆自动化建设评估情况及评估结果

为贯彻落实国家教委颁发的《普通高等学校图书馆规程》中有关"在高等学校图书馆工作中应用计算机等现代化技术手段"的规定以及省教委晋教高〔1999〕34号和晋教高〔1999〕54 号文件精神,使我省高校图书馆的管理与服务适应时代的要求,向科学化、现代化方向发展,山西省教委委托山西省高校图书情报工作委员会于 1999 年 11 月组成专家组对山西农业大学等 5 所本科院校的图书馆自动化建设进行了专项评估,评估情况及结果如下:

一、基本情况

此次的自动化建设专项评估是在 1998 年试评估的基础上,对原有的评估指标体系进一步修改完善以后进行的。评估分为三个阶段,第一阶段:自评,各高校图书馆成立自评领导组自评并将自评结果于 10 月底前报图工委;第二阶段:专家评估,省教委成立专家组赴各高校进行实地评估;第三阶段:评估总结,专家组讨论评估意见,并向校、馆领导汇报评估情况。

（一）主要成绩

1. 领导重视图书馆自动化建设

从此次评估的情况看,大多数院校和图书馆的领导都能认识到图书馆自动化建设的重要性,对评估都比较重视,都对图书馆自动化有不同程度的投入,各院校分管领导此次都能认真参加会议,听取专家组的意见与建议并表示今后要加强图书馆的自动化建设。

2. 自动化建设初具规模

被评估的各馆都建立了图书馆局域网,采访、编目、流通、期刊各子系统基本投入使用,都建成了一定数量的馆藏书目数据库,图书馆自动化已初具规模,为今后上水平奠定了基础。评估起到了促进图书馆加快自动化建设步伐的作用,而自动化建设的过程又带动了图书馆各项基础业务工作的规范化与标准化并且提高了图书馆的办馆效益。

3. 图书馆功能拓展

自动化、网络化的发展促进了图书馆功能的不断扩大,一些馆已经联通国际互联网,一些馆建立了多媒体阅览室,图书馆开始由传统的借阅服务向网络信息提供、网上信息导航、数据库建设等高层次、高水平服务方向转化。

（二）不足之处

1. 自动化建设速度缓慢

从整体情况看我省高校图书馆的自动化建设速度仍旧比较缓慢。从省教委 1995 年下发 56 号文件到现在已过去 4 年的时间,有些馆直到这次评估才建立了图书馆局域网,主要原因是学校领导不重视,没有资金投入。

2. 自动化水平较低

我省高校图书馆的自动化水平还较低,目前各馆只是各项业务实现了自动化,各校基本都未建立校园网,图书馆的电子阅览室也大部分未建成,已建立的规模较小,功能也不健全,不能满足广大师生的需求。对自动化的应用水平也不够高,有关自动化管理的规章制度不够健全。

3. 自动化管理人才缺乏

各校普遍缺乏自动化方面的专门人才,因而导致图书馆自动化应用水平不高。

4. 自动化建设投入不足

各校对图书馆的自动化建设投入普遍不足,对图书馆自动化建设缺乏长远、统一规划。

从此次评估情况看,我省高校图书馆的自动化建设取得了一定的成绩,管理水平也有明显提高,但仍有一些图书馆自动化发展步伐缓慢。望各院校的校、馆领导要进一步重视图书馆的自动化建设,将其提高到提高办学水平与效益的高度来认识,已评估的馆要针对评估中发现的问题,结合本馆实际,尽快提出改进措施,未进行评估的馆要加速自动化发展步伐,准备迎接今年的评估。

二、评估结果

山西农业大学图书馆乙级(71.98 分);山西大学师范学院图书馆丙级(66.6 分);长治医学院图书馆丙级(65.96 分);山西财经大学图书馆丙级(63.1 分);雁北师范学院图书馆馆内局域网开通不足 24 小时,专家组认为下结论尚为时过早,故未进行打分。

2000 年 10 月 30 日省教委颁发晋教高函〔2000〕32 号文件决定,2000 年 11 月 27 日继续对我省高校图书馆自动化建设进行评估。同时决定,此次不参加评估的院、校馆,不再组织专家进行评估。对于领导不重视,评估准备不充分,专家进校后不能很好地配合工作的院、校馆,专家有权拒绝评估验收。

2000 年图书馆自动化评估专家组成员为:

山西大学	李嘉琳	张晓颖
太原理工大学	王胜坤	陈晰民　　安银海
山西医科大学	贺培凤	
山西农业大学	亢成业	陈国秀
山西财经大学	王　铁	
太原师范学院	和志宽	
太原重型机械学院	郝桂梅	

根据图工委的安排,专家组分成 2 组,历时半月对 14 所高校图书馆的自动化建设进行了评估。省教育厅颁发晋教高函〔2001〕35 号文件对忻州师范学院等 14 所高校图书馆自动化建设评估结果进行了通报,通报如下:

省教育厅于 2000 年 11 月 28 日至 12 月 12 日组织专家组对前几年未参加图书馆自动化建设评估的院校进行了评估验收。共评估 14 所高校的图书馆,其中本科院校图书馆 5 所、专科院校图书馆 7 所、其他院校图书馆 2 所。现将评估结果通报如下:

1. 本科院校图书馆评估结果:

忻州师范学院图书馆	乙级
山西中医学院图书馆	乙级
雁北师范学院图书馆	丙级
山西师范大学图书馆	丙级
华北工学院图书馆	丙级

2. 专科院校图书馆评估结果:

运城高等专科学校图书馆	甲级
吕梁高等专科学校图书馆	乙级
太原大学图书馆	乙级
太原电力高等专科学校图书馆	乙级
山西省财税专科学校图书馆	丙级

3. 其他院校图书馆评估结果:

华北工学院分院图书馆	乙级

太原师范学院北区(原太原师专)图书馆　丁级

晋东南师范专科学校图书馆已于1998年建成图书馆局域网并投入使用两年,运行正常,本次由于扩建图书馆不得不中断工作,专家组认为该馆的自动化工作可视为合格。

晋中师范高等专科学校图书馆已投入50余万元建成图书馆局域网,全部馆藏书目数据已录入完毕,各种硬件设备较先进,能够满足图书馆目前的需求,因其系统未正式投入使用,故专家组未予评分。

另外,太原重机学院图书馆已投入30余万元建成图书馆局域网,馆藏书目数据库已基本建设完毕,系统已投入使用,因建设新图书馆,故未参加评估。

大同医专图书馆、山西医科大学汾阳学院图书馆、阳泉煤炭专科学校图书馆截至目前仍未进行图书馆自动化建设。

对被评估合格的图书馆,教育厅希望一定要巩固已取得的成果,继续加强图书馆建设,提高为学校师生进行教学、科研服务的质量,在"十五"期间把图书馆的现代化建设推向一个新的水平。

对无论什么原因尚达不到评估要求的图书馆,教育厅要求学校领导务必高度重视自动化建设,在较短时间内建设成为合格的图书馆。对于不支持图书馆自动化建设的学校,教育厅将予通报批评。

专家组对评估情况总结如下:

一、基本情况

1. 主要成绩

此次评估是省教委组织的第三次也是最后一次评估。从此次评估的情况看我省高校图书馆的自动化建设与前两次评估时相比有了明显的发展与进步。主要表现在:

(1)领导重视

目前我省许多高校正处在合并和领导班子换届阶段,新上任的院校领导普遍重视图书馆工作,今年都加大了对图书馆的投入,仅自动化一项我省高校图书馆今年就投入了1517.7万元。其中忻州师院总投资达102万元,已建立了3个30座的电子阅览室;华北工学院分院总投资100万元,建有1个30座的电子阅览室;雁北师院总投资90万元,建有1个60座的电子阅览室。由于领导重视投资到位,所以绝大多数图书馆的自动化工作都已初具规模。许多院校领导还表示今后将进一步加大对图书馆的投入,一定把图书馆建成学校的信息中心。

(2)自动化建设初具规模

此次被评估的各图书馆都已建立了图书馆局域网,采访、编目、流通、期刊、公共检索各子系统基本投入使用,馆藏书目数据库基本建设完毕,图书馆自动化集成管理系统都运行良好;各种硬件设备基本能够满足目前的需求。大部分图书馆都已购买电子出版物,建成不同规模的电子阅览室,并能在校园网和互联网上运行,自动化水平有较大提高。

（3）基础业务工作更加规范

随着计算机在图书馆的广泛应用大多数图书馆建立了有关的规章制度,业务工作流程遵循自动化发展的规律和要求进行了调整和改进,各图书馆的基础业务工作逐步走向规范化和标准化。

（4）服务水平有所提高

自动化、网络化的发展带动了图书馆服务水平和办馆效益的不断提高。许多图书馆扩大了开架范围,图书借阅量大幅度增加,有的图书馆如:财税专科学校图书馆利用计算机统计结果评选出本年度的优秀读者,借此进一步提高图书馆的利用率。许多图书馆的电子阅览室和电子出版物利用率较高,师生可以通过校园网和互联网查询有关信息。

2. 存在的问题

（1）自动化建设速度较慢

虽然同以往相比我省高校图书馆的自动化建设今年有较大的发展,但同全国相比仍旧比较缓慢落后。一些图书馆的局域网投入使用时间较短;一些馆的软硬件设备又陈旧过时不能满足网络化的新需求;有些图书馆没有电子阅览室;有的学校的投资与在校人数相比明显偏低;一些学校没有校园网络环境也制约影响了图书馆的自动化建设和其作用的发挥。

（2）自动化应用水平较低

由于我省各高校网络化水平低,图书馆自动化发展较为缓慢,因此各图书馆自动化应用水平也较低,大部分图书馆只是用计算机代替了手工操作,充分利用计算机提供的功能与数据分析研究图书馆工作,开展主动服务、用户教育、充分利用网络资源为教学科研服务,开展网络导航、建立有特色的、实用的本馆信息资源库等项工作基本未开展。

（3）自动化管理人才短缺

各院校图书馆普遍缺乏自动化方面的专门人才,一些图书馆的自动化系统管理人员身兼数职,致使图书馆自动化发展受到一定的制约。

（4）个别院校领导对图书馆自动化工作缺乏认识

当今世界已进入知识经济和信息时代,网络化的浪潮已席卷全球,图书馆作为学校文献信息中心其自动化程度将影响学校教学科研的水平,也将影响学生全面素质的培养形成。但时至今日仍有个别院校的领导不重视图书馆工作,对图书馆投入严重不足,不仅自动化建设工作不到位,连日常的图书资料费都严重投入不足,这势必影响学校的发展上水平。

从此次评估的情况看,经过图书馆领导及工作人员几年的努力我省高校图书馆的自动化建设已取得了较大的成绩,但仍然存在许多差距和不足。希望各院校的领导要进一步加强对图书馆重要性的认识,加大对图书馆的投入,以保障办学效益与水平。被评估的图书馆要针对存在的不足,尽快提出改进措施,不断提高服务水平和办馆效益。

1991—2000 年的十年,是我国高校图书馆从传统的手工操作全面转向自动化、网络化管理的大发展时期,特别是 1998 年省教委投入 100 万元建设太原地区高校图书馆计算机管理网络系统,使中国教育和科研计算机网(CERNET)与山西中心网联通,这一工程的实施,使省城高校图书馆为教学科研,为山西经济建设服务的水平和工作面貌发生了根本性的变化。到 2000 年,我省高校图书馆大都建立了自己的网站,图书馆自动化集成管理和电子阅览/多媒体阅览服务基本得到普及,图书馆在为读者提供印本文献服务的基础上,增加了数字资源服务。服务平台从物理馆舍开始延伸到图书馆网站。现代科学技术在图书馆的应用推动了图书馆的制度化、标准化建设,拓宽了图书馆的服务领域,极大地提高了图书馆的办馆水平和服务水平。在这十年间,山西高校图工委协助省教委积极开展工作,在推动山西高校图书馆的整体化建设,特别是自动化建设方面做出了重要贡献。

第四章
山西高校图书馆的数字化建设及图工委的传承
（2001—2012）

进入 21 世纪,信息技术、网络技术、数字化技术得到空前发展,高校图书馆现代化建设逐步过渡到数字化、网络化建设阶段。高校图书馆通过购买、自建和整合网上数字资源,为读者提供数字资源服务、OPAC 服务、虚拟参考咨询、网上信息检索、网上文献传递等服务得到普及,信息服务内容不断深化,信息服务单元由文献服务转向知识服务。山西高校图书馆与全国高校图书馆一样也步入了数字化发展的新时期。

进入新世纪,省高校图工委再接再厉,围绕自己的中心任务开展多方面的工作,进一步推动高校图书馆事业的全面发展,特别致力于推进山西省高等教育文献保障体系的建设和山西省高校图书馆的资源共建、共知、共享。

一、召开山西省高校第六次图书情报工作会议及制订"十五"规划

在新世纪的第一年省教育厅召开了"山西省第六次高校图书情报工作会议",这是一次承前启后、继往开来的会议,会议总结了山西高校图书馆"九五"期间的工作,对"十五"发展做出了规划,会议还进行了山西省高等学校图书情报工作委员会章程的修订和图工委的换届工作。

2001 年 6 月 14 日至 17 日山西省第六次高校图书情报工作会议在太原理工大学召开。山西省教育厅副厅长李东福,省教委原副主任、山西省高校图工委原主任杨树国,山西省教育厅高教处负责同志以及全省高校(含部分成人院校)主管图书馆工作的校(院)长、图书馆馆长、省高校图工委全体委员共 50 余人参加了会议。

会上省高校图工委主任杨树国同志做了"总结经验　团结进取——开创新世纪山西省高校图书馆事业新局面"的报告,对山西省高校图书馆第五次工作会议以来的工作进行了总结,对今后的工作提出了几点意见。杨树国同志报告如下:

> 今天,省教育厅在太原理工大学召开的山西省高等学校图书馆工作会议,是新世纪第一次高校图书馆界的盛会。从 1997 年 5 月,省教委在太原召开第五次工作会议,距今又过去四年多了。几年来,在省教育厅的领导下,各院校认真贯彻党和国家有关图书馆事业的方针、政策,贯彻原国家教育委员会颁发的《普通高等学校图书馆规程》(以下简称《规程》),依据省高校图书馆事业"九五"发展规划的要求,提高认识,加强领导,重点组织开展了全省高校图书馆自动化建设和评估工作,同时还采取多种措施强化高校图书馆整体建设,由于全省高校广大图书馆工作者团结协作,锐意进取,踏实苦干,无私奉献,不仅使我省高校图书馆事业取得了令人欣

喜的长足发展,而且使各馆的管理、业务和服务水平和质量得到了较大的提高,适应了院校教学、科研、产业发展的需要,在培养"四有"人才,振兴山西高等教育事业,建设两个文明中,做出了应有的贡献。

下面,我就省(普通)高校图书馆事业近几年来的发展概况及今后的任务讲几点意见。

(一)全省高校图书馆事业发展现状及取得的主要成绩

1. 省高校图书馆事业发展规模不断壮大

①人员:1995 年全省高校图书馆工作人员共计 902 人,2000 年底增至 942 人,比 1995 年增长了 4.43%。几年来,各馆在工作人员数量基本保持稳定,或略有增加的情况下,重点在加强培训提高专业队伍素质方面做了大量工作,使工作人员的文化、业务、心理、体能等综合素质有了较大的提高。1995 年前省高校图书馆中无硕士学位以上人员,2000 年底已有 12 人;1995 年大专以上文化程度的有 559 人,2000 年底增至 685 人,比 1995 年增长了 22.5%;1995 年省高校馆具有高级职称的共 62 人,2000 年底增至 99 人,比 1995 年增长了 59.67%;1995 年中级职称的有 270 人,2000 年底增至 327 人,比 1995 年增长了 21.2%。

②馆舍:1995 年全省高校专用馆舍 22 座,总面积为 128690 平方米,2000 年底馆舍增至 25 座,总面积达到了 152804 平方米,比 1995 年又增长了 18.07%。目前,在建、扩建和筹建的新馆舍有太原师院中校区馆 10000 平方米、重机学院馆 15000 平方米、长治医学院馆 10000 平方米、晋东南师专馆 5000 平方米(扩建)、华北工学院馆 32000 平方米,这些具有现代化气息的宏伟典雅的大型图书馆的建成必将对进一步改善我省高校的办馆水平和效益发挥更大的作用。

随着馆舍面积的增加,阅览座位也相应增加,1995 年共有 16579 席,2000 年底增至 16845 席,比 1995 年增长了 1.6%,为更多的师生提供了学习和研究的良好环境。

③经费:1995 年全省高校馆文献购置费总计为 461.2 万元,2000 年底增至 1233.2 万元,比 1995 年增长了 166.1%,1996 年至 1998 年期间,原省教委还为高校图书馆专项拨款 450 万元用于文献保障体系建设。

各院校对图书馆自动化建设的专项经费投入 1995 年前总计 250 万元,2000 年底增至 1679 万元,比 1995 年前增加了 1429 万元,增长 571%。由于经费投入力度的加大,确保了图书馆自动化建设的顺利进行和原省教委《通知》中三年建设目标和任务的实现。1998 年原省教委还投入 100 万元建设太原地区高校图书馆计算机管理网络系统,以加快与中国教育和科研计算机网(CERNET)山西中心的网联通工程建设,实现真正意义上的文献信息资源开发与传递和上网共享。

④馆藏量:1995 年全省高校馆藏文献总量为 971.3 万余册,2000 年底增至 1052.18 万册,比 1995 年增长了 8.33%。

⑤设备:1995 年前全省高校馆拥有计算机共 117 台,2000 年底增至 1102 台,比 1995 年前增长了 841%;近几年各馆办公、阅览、书库、检索查询等所需的家俱设备也都有了大幅度的增添。

2. 五年来省高校图书馆自动化建设取得重大进展

1995 年 12 月,原省教委下发晋教高字[95]56 号文件"关于加强高校图书馆自动化建设的通知",提出了三年内实现自动化建设的目标和任务。从1996年起,由于各院校领导的重视,积极贯彻文件精神,列入发展规划和年度工作计划,加大专项经费投资力度,使我省高校图书馆进入了有组织、有领导的加快自动化建设的阶段。五年来,各高校和图书馆建立健全领导机构,发挥规划、协调、实施、考核的职能和作用;开展调研、论证工作,制定切实可行的方案和实施计划;优选国内外图书馆集成管理系统软件和硬件设备;抓紧计算机专业人才的选调和在岗工作人员的培训,这就不仅为高校图书馆自动化建设工作的顺利开展奠定了良好的基础,而且确保了《通知》文件中所提目标和任务的实现。

1996年12月,图工委下发《关于进行1996年度全省高校图书馆自动化建设检查的通知》,要求各馆开展了自检自评工作。1998年4月,原省教委下发《关于印发山西省高等院校图书馆自动化建设评估暂行办法和评估指标的通知》(该评估暂行办法和评估指标1999年、2000年又修订两次),从1998年底开始分期分批组织专家组对各馆的自动化建设进行专项评估验收。为了搞好评估我们坚持了"以评促建,以评促改"的指导思想,经过1998、1999、2000三年来评估工作的进行,足以看出我省高校图书馆的自动化建设取得了明显的进步和发展,主要表现在:①各院校领导重视、支持,投资到位,为图书馆自动化建设创造了一个良好的环境;②省高校图书馆自动化建设初具规模。已评馆都建立了图书馆局域网,开通了集成管理系统中的采访、编目、流通、连续出版物、公共查询、检索、行政管理等子系统,且运行良好,馆藏书目数据回溯建库基本完毕。各种硬件设备基本能满足目前的需要。大部分图书馆都已购买了电子出版物充实和丰富馆藏,并建成了不同规模的多媒体电子阅览室,能在校园网的互联网上运行;③各馆都建立健全了适应自动化管理、业务、服务工作所需的规章制度,并付诸实施;业务工作流程遵循自动化发展的规律和要求进行了调整和改进,逐步走向规范化、标准化;④自动化网络化建设的实现,促进了各馆服务水平、工作质量和办馆效益的提高,使图书馆开始由传统的借阅服务向网络信息提供、网络信息导航、资源共享、数据库建设等高层次、高水平服务方向转化。

省高校图书馆自动化建设经专家组实测评分,在参评的13所本科院校中先后评出乙级馆5个,丙级馆8个;7所专科院校中评出甲级馆1个为运城高专图书馆,乙级馆3个,丙级馆3个(含一个合格未评分),丁级馆1个。未参评的有2个馆,截至目前仍未开展自动化建设工作的有3个图书馆,借此机会,我代表省教育厅和高校图工委对已评或正在建设的各院校和图书馆在自动化建设方面取得的成绩予以表扬,对为推动我省高校图书馆事业全面发展的广大图书情报工作者表示衷心的感谢。

3. 发挥教育职能和情报职能,服务教学科研

随着自动化网络化建设的深入开展,几年来,全省高校图书馆大都紧紧围绕着抓业务工作整顿,实施标准化、规范化、科学化管理,不断拓宽服务领域,主动为教学科研服务,发挥教育职能和情报职能进行工作,许多馆扩大文献开架借阅范围和数量,增加开馆时间,(华北工学院图书馆周达95小时)合理调整收藏布局,搞好文献数据库建设,编撰二、三次文献《怎样利用图书馆》、录制图书馆介绍录像片,编印

出版《大学生与图书馆》等,加强宣传报道、阅读咨询辅导,从各个方面来开展对读者利用图书馆的教育,增长读者获得知识信息的方法和技能,满足师生教学科研的需要,受到了广大读者的欢迎,收到了良好的效果,使图书馆文献资料的外借量逐年大幅度增加,1995 年全省高校馆借阅量为 134 万册(份),2000 年底增至 292.4 万册(份),增加了 158.4 万册(份),增长了 118.2%。为配合院校开展的综合素质教育,有些馆还为大学生增开了各种选修课,或举办多种形式的专题讲座,以开阔读者的知识视野,陶冶读者的志趣情操,还有的馆为了加强与读者的联系,组织召开读者座谈会,建立双向信息沟通和服务关系,开展有声有色的利用计算机统计结果评选优秀读者有奖书评等活动,使图书馆的教育职能得到了更加充分的发挥。

情报职能体现在图书馆开设文献检索与利用课。培养大学生的文献信息吸收能力和情报获取意识是图书馆发挥情报职能的重要体现,近几年,各院校和图书馆都十分重视此项工作,不仅在建立情报工作机构,开设文检利用课、选调配备教师、编写教学计划、教材,充实检索工具,成立文检实习室等方面,而且为教学科研服务在解答咨询、代检联检课题、跟踪服务、撰写调研报告、编辑出版题录、文摘等方面都做了大量的工作,充分发挥图书馆的情报职能,取得了突出的成效。图工委每两年组织一次征集二、三次文献和业务建设成果,并开展评比表彰,1997—1998 年度的第六次参评成果共 26 种(件),获一等奖两项、二等奖四项、三等奖九项,就是很好的例证。

4. 加强制度建设,提高科学管理水平

规章制度是图书馆实施科学管理的依据和准绳。为提高图书馆的管理业务和服务工作水平和质量,省高校图工委和各馆都十分重视,初步实现了自动化、网络化环境下的规章制度建设工作。建立健全了各项规章制度,并汇集成册,付诸实施,做到了有章可循,照章办事的制度化、规范化、科学化管理。有些馆还根据图工委制订的《山西省高校图书馆事业"九五"发展规划》和院校发展规划制订了本馆的发展规划、年度工作计划,使图书馆工作做到了长计划短安排,按部就班,有条不紊。由于制度建设的加强,使省高校图书馆的科学管理水平大大向前推进了一步。还有一些馆紧密配合院校的教育体制改革,在实施管理体制改革上迈出了较大的步伐,随着改革的深入,极大地调动了图书馆工作人员的积极性和创造性,有效地把大家的注意力吸引到搞好自动化建设,做好文献资料保障体系建设,以及资源信息的开发,传递和利用上来,使图书馆工作开展得生机勃勃,为促进高校图书馆事业的发展、为教学科研服务,做出了较大的贡献。近几年,山西大学、太原理工大学等 8 个图书馆被原省教委授予"山西省高校先进图书馆"荣誉称号,山西大学、太原重机学院、山西财经大学等 9 个图书馆被太原市文化局、市科协等授予"太原地区图书情报系统先进图书馆"荣誉称号,还有 14 所高校图书馆和党支部被省高校工委、省总工会或院校党政评为"五讲四美"先进单位、文明单位、三育人先进集体和先进党支部,受到表彰和奖励。

5. 开展理论学术研究

图工委主办的《晋图学刊》,为了加强领导,提高办刊水平和质量,1997 年调整了领导机构,将一批在学术研究中涌现出来的年轻有为、卓有成绩的馆级领导充实到编委会。1999年图工委与山西省图书馆签订了联合办刊的协议,使《晋图学刊》成了一份立足山西,面向全国的理论研究刊物,为培养理论研究队伍,活跃学术气氛,推动全省图书馆事业发展起到了积极的作用。1998年9月,图工委还成功地组织和举办了华北地区高校图协第十二届年会,在天津、呼和浩特、北京、唐山等地召开的历届年会上,我省高校馆有49位作者的39篇论文参会。同时,在全国高校图情工委、中国图书馆学会等召开的各种全国性学术研讨会上,也都有我省高校馆的论文作者出席。图工委还特邀国内外的图书馆学、情报学等方面的专家学者来并讲学,并组织外出参观学习,交流经验,图工委及所属各专业委员会、专科学校图书馆协作组,以及每年一次的馆长工作会议,还就涉及高校图书馆事业发展和图书馆整体建设的重大课题组织讨论和举办各种类型的专题学术研讨会,在理论研究、探索改革、业务切磋、沟通信息、交流经验等方面都发挥了重要的作用。随着理论研究和科研工作的深入开展,提高了我省高校图书馆理论学术地位和社会上的知名度,促进了图书馆整体建设,尤其是管理、业务、服务工作的改进和办馆效益的提高。据不完全统计,从1996年至2000年底,在《晋图学刊》上省高校馆有作者499人次发表论文391篇,占五年中《学刊》发文总量688篇的56.8%。1995年至1998年底,在《中国图书馆学报》《大学图书馆学报》等全国图书情报专业报纸杂志上省高校馆有作者128人次,发文208篇,编撰出版文集、专著3部,有相当一批论文都被省科协、国家有关部委、有关学会评选为优秀论文,并予以表彰和奖励。

6. 组织开展省城高校馆文献信息资源共享

为适应省城高校办学体制改革而成立的省城高校联合体进行联合办学、实现资源共享、发挥优势互补,合理配置资源,深化改革,共同发展的要求,图工委多次研究如何贯彻实施文献信息资源共享问题,召开省城高校联合体成员馆馆长会议,制定下发了"关于实施省城高校联合体图书馆馆际图书借阅规定的通知",从1999年初起,省城高校图书馆馆际互借证正式启用。14所高校馆按照图工委的要求制作了馆际借阅证,并根据各馆的实际情况制定了有关的规章制度,开展了图书信息资源的共享工作,而联合体以外的高校馆也可参加。两年来,互借图书已达4000册以上,初步达到了资源共享的目的。此项工作开展对拓宽高校馆际之间的联合协调采购、编制联合目录等工作产生了积极的推动作用。

另外,山西灵海高校图书馆服务部经过几年来的努力,不断扩大经营范围和项目,不仅为省城高校图书馆文献资料保障体系建设所需的图书、连续出版物、科技资料的采访订购,筹办联机编目,以及各种办公用品,设备提供服务,而且在效益方面也做出了一定的贡献。几年来,图工委秘书处坚持组织开展省城高校图书馆馆际之间的文体活动,如乒乓球比赛、首届灵海杯羽毛球比赛以及每年举办一次的迎新联谊会,均收到了良好的效果,受到了各馆工作人员的欢迎,通过联谊活动,既活跃了职工的精神文化生活,又增进了馆际之间的信息沟通,经验交流和友谊团结。

以上所谈事业发展概况和取得的主要成绩是仅就全省普通高校馆而言的,还有许多工作这里就不多说了,我们之所以能取得较大的成绩,除省教育厅和各院校领导的重视支持外,与全省高校广大图书情报工作者默默无闻、甘为人梯、忘我工作、无私奉献分不开的,借此机会,我代表省教育厅及高校图工委再次向全省战斗在高校图书情报工作第一线的广大职工表示衷心的感谢,并致以诚挚的问候。

(二)继续加强事业整体建设,开创省高校图书馆工作新局面

21世纪是知识经济时代,是信息时代,新的世纪、新的征程,历史赋予我们的任务是光荣的,也是艰巨的。随着世界科学技术的飞速发展,信息技术不断更新,文献信息载体日趋多样,信息是急剧增长趋势,我省高校图书馆事业的发展和图书馆的整体建设应具有较强的科学管理能力和完善的现代化管理方法,以加强专业队伍建设为核心,以提高文献信息保障率为前提,以自动化网络化和数据库建设为手段,构建一个联合、开放、电子化的文献信息服务体系,以使我省高校图书馆更好地与高等教育体制改革和山西省经济建设的发展相适应,充分发挥教育职能和情报职能,为院校的教学科研服务,并面向全国发挥有特色的山西地区文献信息资源基地的开发与传递的作用。为此,对今后的工作,我再提几点建议供参考:

1. 认真贯彻《决议》和"十五大"精神,加强社会主义精神文明建设

高校图书馆担负着配合学校对广大学生进行思想政治教育,进行授业传知教育,进行获取文献信息技能、情报意识教育,进行综合素质教育的任务,高校图书馆在加强自身建设的同时,应把图书馆办成精神文明的窗口和爱国主义教育的重要阵地,充分利用图书馆的优越条件和现代化技术手段,引深开展对大学生进行马列主义、邓小平理论教育,进行爱国主义国际主义和革命传统教育,进行理想、道德和纪律教育;进行社会主义民主和法制教育,形式要多种多样,可创造性进行,如推荐优秀文学作品和参考书目,配合重大节日组织剪报、图片、书展,利用古今优秀的声像视听资料,举办专题讲座或演讲会、报告会,开展有奖书评或评选优秀读者等。发挥高校图书馆三育人的优良传统,言传身教,潜移默化,为把大学生培养成"四有"人才,为社会主义精神文明和物质文明建设多做新贡献。

2. 加大投资力度,搞好文献信息保障体系建设

关于文献购置费的投入问题,近几年各院校领导都给予了一定的重视和支持,在教育经费增加的同时,也适当增加了图书馆的经费,但与《规程》的要求相距甚大,经费增长的幅度远远赶不上文献资料价格上涨的速度,尤其是高校馆建设了计算机管理局域网,联通了中国教育科研网、互联网,这就不仅使图书馆的管理、业务、服务手段发生了重大的变化,而且为扩大服务领域,创造了有利的条件,要真正把图书馆办成院校名副其实的文献信息中心,发挥两个职能,搞好为教学科研、为读者服务,图书馆就必须不断地充实内涵,更新各种载体的文献资料,才能建立有雄厚基础的、有特色的文献信息保障体系,以满足广大读者的需求,所以,希望各院校领导提高认识,加大投资力度,确保高校图书馆文献信息保障体系建设的高质量、高水平。

3. 继续加快自动化、网络化建设

我省高校图书馆的自动化建设,同以往相比,取得了较大的发展,五年的努力已开花结果,在这方面有许多成绩和经验值得总结,并发扬光大,但也应清醒地看到,自动化建设同全国高校相比还存在较大的差距,表现在有些馆自动化建设速度缓慢,有的馆局域网开通运行时间短,有的馆软硬件设备陈旧过时,不能满足网络化发展的新要求,有的馆还未建电子阅览室,有的院校投资与在校人数相比明显偏

低,有的院校尚无校园网络环境,加之图书馆所需的计算机专业管理人才短缺,这都制约和影响着图书馆自动化建设和局域网功能应用水平的发挥,影响着各院校教学科研水平的提高。为此,我们希望各院校领导要进一步提高对自动化建设重要性和紧迫性的认识,加大专项经费投入。对已评估的图书馆应针对专家组提出的意见和建议,应尽快制订计划,提出改进和完善措施,并付诸实施,让我们共同为继续加快省高校图书馆自动化、网络化建设的步伐而努力。

4. 重视专业人员继续教育,提高队伍整体素质

面向 21 世纪的高校图书馆应培养一批具有高素质的人才,才能给持续发展注入活力。所以,加强队伍建设,深入开展专业人员继续教育,提高整体素质是关键。因为它关系到图书馆管理、业务、服务工作水平和质量的高低,在实现了自动化管理的今天则显得尤为重要,应引起我们各级领导的重视,我们要采取多种形式,通过各种途径落实专业队伍建设工作,实施高层次学历教育,开展在职岗位培训,选留选调、选派进修等,建立一套合理的保障人才成长的管理机制和激励机制,通过培养和培训,使专业人员及时地吸收新的科学文化知识和技能,以便使其新的知识和智能结构处于动态的优化组合之中,形成新的知识、智能优势。建立竞争机制,尊重知识、尊重人才,创造人才脱颖而出的环境,这样图书馆的专业队伍建设就能形成良性循环,不断为高校图书馆增加稳步发展的后劲。

5. 加强图工委建设,发挥管理、协调、研究、指导职能

关于省高校图工委的工作,在上次工作会议上,我曾重点做了说明。现在再重述一下,以引起重视,图工委是在省教育厅领导下对全省高等学校图书情报工作进行协调、咨询、研究和业务指导的工作机构,主要从事调查研究、组织协作、学术交流、咨询建议以及省教育厅授权和委托的某些行政管理工作。几年来,图工委在省教育厅的领导、支持和关怀下,在全国高校图书情报工作指导委员会的指导下,在我省高校图书馆事业整体建设,尤其在自动化网络化建设中发挥了重要的作用,历届图工委成员团结协作、勤奋劳作、无私奉献,为推动全省高校图书馆事业向前发展,付出了辛勤的心血和汗水,做出了突出的贡献,图工委的成绩功不可没。这次工作会议上,我们还要进行山西省高等学校图书情报工作委员会章程的修订和图工委的换届工作,省教育厅对此十分重视,与图工委多次交换了意见。我们希望下一届图工委在省教育厅的领导下,继续发挥工作机构的职能,发扬成绩,克服困难,团结奋斗,带领全省高校广大图书情报工作者,为谋求事业更快、更高、更大的新发展,要抓住机遇,迎接挑战,顽强拼搏,开拓进取,再创佳绩,再铸辉煌!

本次会议也是一次换届会议。会上,新任图工委主任,教育厅李东福副厅长也作了讲话,他在讲话中指出,高等学校图书馆的发展有赖于其母体高等教育和高等学校的发展,同时,高等学校图书馆又要为高等学校的进一步发展做出自己的贡献。图书馆在高等学校中有着重要的地位和作用。图书馆的规模和服务质量是办学水平的标志,在推动高校知识创新方面,图书馆是重要的公共服务体系。我省高校图书馆在"九五"期间取得了很大的成绩,特别是自动化发展更是取得了较快的进展,目前我省高校图书馆已基本实现了软件的更新和升级,正向网络化的方向迈进。教育实践表明培养大学生的人文素质十分重要,要培养人

文素质高的宽口径人才离不开图书馆,各高校要从素质教育的高度出发,应当加大对图书馆的投入。

会议还传达了2001年4月国家教育部全国高校图书情报工作指导委员会"四川会议"精神、听取了《晋图学刊》编辑部主编的工作汇报,并讨论了《山西省高等学校图书情报工作委员会章程(讨论稿)》、新一届图工委组织机构推荐名单、省高校图工委"十五"规划(草案)。太原理工大学、运城高等专科学校图书馆代表在大会上介绍了本馆在管理、自动化建设方面的经验。会议期间,代表们还参观了太原理工大学图书馆。

大会闭幕式上,省教育厅高教处处长王李金作为新一届图工委副主任发言,王处长首先肯定了上一届图工委几年来所取得的成绩,并希望图工委今后在以下几个方面加强工作:①加强队伍建设,注重高素质人才的培养;②加强管理,管好有限的资源,发挥更大效益;③争取多渠道的支持,增大投入;④进一步推动自动化的发展,实现高校图书馆的资源共享;⑤进一步加强图工委的自身建设,立足高校图书馆大局,抓牵头性工作,起主导作用。原图工委秘书长高仲章对新一届图工委的诞生表示衷心的祝贺并对图工委今后的工作提出了个人的建议与希望。新一届图工委副主任兼秘书长、山西大学图书馆李嘉琳馆长也作了就职发言。

山西省第六次高校图书情报工作会议受到了省教育厅的极大重视,赵劲夫厅长为第五届图工委组织机构作了批示,高教处王李金处长在会前多次询问会议筹备情况。在各院校领导、与会图书馆馆长、代表们的支持下,会议开得顺利,达到了预期的目的,取得了圆满的成功。这次会议将对我省高校图书情报事业起到积极的推动作用。

山西省高等学校第六届图书情报工作委员会组织机构名单

主　　任:李东福(省教育厅)

副 主 任:王李金(省教育厅高教处)　王胜坤(太原理工大学)
　　　　　李嘉琳(山西大学)

秘 书 长:李嘉琳(山西大学)

副秘书长:张存伟(省教育厅高教处)　亢成业(山西农业大学)
　　　　　武三琳(山西财经大学)　　武金有(华北工学院)
　　　　　幸玉亮(太原重机学院)　　贺培凤(山西医科大学)
　　　　　柴建国(山西师范大学)　　韩起来(运城高等专科学校)

常委单位:省教育厅　山西大学　太原理工大学　山西农业大学
　　　　　山西财经大学山西师范大学　山西医科大学　华北工学院
　　　　　太原重机学院　山西大学信息管理系　《晋图学刊》编辑部
　　　　　太原师范学院　忻州师范学院　太原大学　运城高等专科学校
　　　　　山西省财税专科学校

委员单位:山西省属各高校以及成人院校图书馆

秘 书 处:设在山西大学图书馆内

此次会议通过的《山西省高校图工委"十五"规划》,提出了图工委下一步的工作重点。

山西省高校图工委"十五"规划(2001—2005)

第十个五年计划是我国进入新世纪的第一个五年计划,也将是我国完善社会主义市场经济体制和扩大开放,进行经济结构战略性调整取得明显成效,科技教育加快发展,精神文明建设和民主法制建设取得明显发展的重要时期。国家"十五"计划提出,要大力发展信息服务业,加快国民经济和社会信息化,推动信息产业与有关文化产业相结合。图书馆作为收集、传播知识信息的重要基地,面对全社会对知识、信息的需求与日俱增其地位和作用将得到全面的提升和发挥。跨入新的世纪图书馆将面临变革的挑战。

根据国家"十五"计划,结合山西高等教育发展实际山西省高校图工委特制定"十五"规划如下:

总体目标:以中央十五届五中全会为指针,以改革开放和科技进步为动力,以为高等教育提供优质服务为出发点,"十五"期间建设成山西省高校文献信息共享网络,实现全省高校读者共享的、为山西高校学科建设和教学改革服务的文献资源,并建立面向全省高校的网络化文献资源服务统一平台。

一、加强全省高校文献资源共建、共知、共享

1. 加强文献资源的共建、共享,建立山西省高校文献保障体系,合理配置文献资源,特别是外文文献、电子出版物、数据库等的引进应尽量分担共建,避免重复。

2. 建立联机、联合编目体系,开展联合编目工作。(省教育厅投资购买联合编目软件)。

3. 加强文献资源共享,加强馆际互借工作的力度,制定文献资源共享协议(高校与公共图书馆之间等,同时需教育厅投资购买馆际互借软件)。

二、加强学术交流,提高服务水平

4. 进一步开展学术交流活动,每年召开一次学术研讨会,并举办专题学术讲座(如:怎样选题、如何撰写论文,当前的研究热点等)。

5. 组织参加华北图协及全国的图书馆学专业学术会议。

6. 组织高校图书馆界的联合攻关项目。

7. 开展图书馆数字化建设,选择有山西特色的内容建立数据库(如:山西古建筑、古文物、旅游资源等),可根据各馆的人力、设备等情况分担。

三、加强人员培训,提高队伍素质

8. 结合自动化、网络化等情况开展人员培训(如:什么是数字图书馆、网络知识、MARC 格式、技术培训、上岗培训等,颁发培训证作为评估等的条件之一)。

9. 进行图书馆队伍现状调研,摸清我省高校图书馆队伍在知识结构、学历结构、职称结构、承担工作情况等,写出分析报告(服务水平受到什么制约,教学、科研受到什么影响等)为提高图书馆队伍素质,加强队伍建设提供依据。

10. 加强对外交流学习,组织馆长赴发达地区参观学习,以开阔视野提高我省图书馆服务水平和工作水平。

四、加强图书馆基础建设、提高办馆效益

11. 加强图书馆基础业务建设,建立健全图书馆规章制度,使图书馆工作做到规范化、制度化、标准化。(以召开专业委员会和专题研讨会等形式促进)。

12. 进一步巩固和提高自动化水平,利用录像、触摸屏、多媒体等现代化手段提高读者教育工作水平和服务水平,利用互联网开展文献信息的开发、整序、提供等工作。

13. 提出贯彻落实《普通高等学校图书馆工作规程》的实施意见。

14. 根据《规程》和教育部有关文件,进行图书馆工作评估,以促进我省高校图书馆的全面、健康发展。

新世纪之初召开的山西高校图书馆工作会议,为今后五年的山西高校图书馆事业发展制定了规划。新一届的图工委继续保持了"在省教育厅领导下对全省高等学校图书情报工作进行协调、咨询、研究和业务指导的工作机构"的性质,在省教育厅的领导下图工委根据规划要求,积极开展工作,首先致力于继续推动高校图书馆自动化、网络化建设工作。

二、推动山西高校图书馆自动化、网络化、数字化建设快速发展

通过之前的自动化工作评估和指导,我省高校图书馆的自动化建设取得了明显的进步与发展,全省高校图书馆基本都建立了图书馆局域网,各项业务工作均实现了计算机管理,并建成了不同规模的电子阅览室。自动化、网络化的建设提升了各馆的服务水平、工作质量和办馆效益。数字资源、网络资源正成为高校图书馆新的服务内容和手段,并在教学与科研中发挥越来越重要的、不可或缺的作用。在此基础上,省教育厅与图工委决定总结经验,继续推动省高校图书馆自动化建设向网络化、数字化方向的进一步发展。

2001 年 11 月 13 日省教育厅颁发晋教高函〔2001〕34 号文件决定召开全省高校图书馆自动化建设工作会议。

会议内容为:

1. 制定省高校图书馆自动化建设"十五"计划;

2. 研讨高校图书馆集团采购中外文数据库及网上资源共享问题;

3. 汇报考察江苏、上海两省(市)情况;

4. 听取山西财经大学介绍图书馆自动化建设情况及现场参观;

5. 学术交流及现场演示。

本次会议委托省高校图工委承办。

2001 年 12 月 17—18 日,图工委组织在山西财经大学召开了"山西省高校图书馆自动化工作会议"。会议由山西财经大学图书馆主办,太原理工大学图书馆协办。来自全省 32 所高校的分管图书馆工作的副校长、图书馆馆长、计算机部主任及 10 余家企业代表 90 余人参加了会议。

山西省教育厅高教处王李金处长、分管图书馆工作的张存伟同志出席了开幕式。王李金处长代表省教育厅李东福副厅长发表了热情洋溢的讲话,他对近年来山西省高校图书馆自动化建设所做的工作给予了肯定,对山西财经大学图书馆自动化及电子阅览室建设工作所取得的成绩给予了高度的评价和赞扬,并期望以此次会议为契机,推动全省高校图书馆自动化建设的协调合作和资源共享。山西财经大学副校长孙建中同志致了欢迎词。山西省高

校图工委副主任兼秘书长、山西大学图书馆馆长李嘉琳同志向大会做了赴南京、上海考察报告,详细地介绍了两地图书馆自动化建设、资源建设及管理改革等方面的情况。山西财经大学图书馆馆长武三琳同志做了"高定位设计网络信息管理系统,高标准实现财大图书馆自动化"的经验汇报。会上省教育厅向 2000 年高校图书馆自动化建设评估中评出的甲级、乙级馆共七个图书馆授匾。太原理工大学图书馆副馆长陈晰明同志作了关于《山西省高校"十五"期间图书馆自动化建设要点》的说明。

与会代表就图书馆自动化建设、图书馆服务观念的转变、网络环境下各高校特色资源的共享、集团采购的方式与机制、外文期刊订购的策略等方面进行了热烈的讨论,并就以下两个方面达成共识:

1. 在《山西省高校"十五"期间图书馆自动化建设要点》的基础上,综合代表们的意见,尽快制定出详细、具体、易操作的《山西省高校"十五"期间图书馆自动化建设实施方案》,便于各高校图书馆落实。

2. 根据"平等自愿、互惠互利、优势互补、共同提高"的原则,逐步实现外文数据库及其他电子资源的联合采购,高校图书馆应加强网上查询、文献复制和传递,实现资源共享。

会议期间,北邮电讯、大连博菲特公司等单位代表,向与会代表作了生动的产品演示介绍。代表们还参观了山西财经大学图书馆自动化系统和电子阅览室,参观了山西财经大学改革成就展览,很受启发。

大会闭幕式上,山西省高校图工委副主任、太原理工大学图书馆馆长王胜坤同志做了总结发言。与会代表认为,这次工作会议开得及时,很有成效,目的明确、内容具体、安排紧凑、收获很大,为高校图书馆自动化建设工作的交流与合作提供了良好的机遇。

自动化工作会议以后,图工委提出了建设"山西省高校文献信息保障系统"的思路,经过与省教育厅高教处负责人的多次交换意见,最终达成共识,取得了教育厅的支持。2002 年 2月,图工委正式起草了"山西省高校文献信息保障系统建设纲要"并上报省教育厅。这一保障系统的目的旨在建成一个以 CALIS、CERNET 为依托,以网络互联互通、资源共享、服务完备、效益明显的山西省高等教育文献保障体系,使山西省高校图书馆能够真正实行文献信息资源高层次、多方位的联合,做到优势互补、共享共建,并逐步向数字化图书馆迈进。同时,图工委充分发挥指导、咨询、协调作用,一方面组织馆长们赴国内发达地区的高校图书馆学习考察,学习兄弟院校图书馆的先进经验,一方面利用自动化专业委员会召开研讨交流会,促进本省高校图书馆间有关自动化工作的交流学习,从而推动本省高校图书馆自动化工作向网络化、数字化深入发展。

而"CALIS 山西省文献信息服务中心"的建设则使山西高校图书馆基本实现了多年来建设"山西高校文献信息保障系统"的目标。

三、CALIS 山西省文献信息服务中心建设

1. CALIS 山西省中心立项

中国高等教育文献保障系统(简称 CALIS),是经国务院批准的我国高等教育"211 工程""九五""十五"总体规划中三个公共服务体系之一。CALIS 一期工程从 1998 年开始建

设以来,共建设了 4 个全国文献信息中心,7 个地区文献信息服务中心和一个东北地区国防文献信息服务中心,形成了较为完整的 CALIS 文献信息服务网络。

2004 年 5 月 29—30 日教育部高等学校图书情报工作指导委员会第二届第一次会议提出 CALIS 二期工程的重点是:建立共享平台,建立省级中心,让更多的图书馆受益。二期工程于 2004 年 11 月启动,在启动大会上有 6 个省与 CALIS 管理中心签订了省级中心建设协议。2005 年 1 月 13—14 日在吉林大学召开了 CALIS 中心建设扩大会议,解释了 CALIS 全国中心、地区中心和省中心承建协议书的条款,介绍和讨论了各中心建设思路、建设内容和实施方案。考虑到“十五”期间各省、自治区、直辖市等都加大了支持本省(区、市)高校建设公共服务体系的力度,以及一些牵头学校在推动本地文献资源共建共享中的作用,CALIS 决定,在未设全国中心和地区中心的省市建立 15 个省级文献信息中心,把地方建设纳入CALIS 体系,通过少量投资,大大加强 CALIS 服务的整体性和面向全国的辐射作用。

借此机会,山西大学图书馆向图工委提出了承建“CALIS 山西省文献信息服务中心”的申请,并得到图工委的同意。2005 年 1 月 25 日图工委向省教育厅进行了汇报,并提出建设 CALIS 山西省级中心的申请。“申请”强调:我省此项工作已处于落后状态,因此,希望教育厅能够不失时机,抓住此次 CALIS 扩建省级文献信息中心的机会,尽快建立我省高校文献信息保障系统,通过建设建立起省级书刊联合目录系统、省级馆际互借与文献传递服务网、虚拟参考咨询网以及数字图书馆省级门户等,进而建立起若干本省的专业文献信息中心,最终形成一个以网络互联互通,资源高度共享,服务功能完备,服务效益明显的,强有力的山西省高校文献信息保障体系,并将山西省文献信息保障体系建设与 CALIS 体系建设连接起来,使山西省高校图书馆跨入数字化阶段,实现文献信息资源共建、共享和开发利用。

图工委建议将山西省的“CALIS 省级文献信息服务中心”建在山西大学图书馆。因为山西大学图书馆是山西省高校图书情报工作委员会秘书处所在地;近年来为山西省高校图书馆的发展做了许多工作,曾组织了山西省高校图书馆自动化评估,促进了我省高校图书馆自动化的快速发展,近年来又致力于指导高校图书馆的网络化发展和电子资源的集团采购等工作,已组织了维普等 6 个大型数据库的集团采购工作,并承担了“中文科技期刊全文数据库(维普全文电子期刊)”山西省高校图书馆系统镜像站的工作,为全省 15 所高校图书馆提供电子期刊全文检索服务。

山西大学图书馆经过 10 余年的自动化建设,已具备了良好的硬件基础设施和一支具有较高素质的专业技术人员队伍。另有百年来累积的各类型中外文文献 198 万余册。是山西省文献信息总量和质量均具有很大优势的文献信息机构。山西大学扎实的工作基础,在我省高校图书馆界赢得了大家的尊重,树立了较高的威信。因此,具有承担省级文献信息中心的良好基础。

图工委征求了本省几所主要大学图书馆的意见,大家一致同意由山西大学图书馆承建省级文献信息中心。

2005 年 4 月省教育厅颁发晋教高〔2005〕2 号“关于建设中国高等教育文献保障系统——山西省文献信息中心的通知”批准山西大学承建 CALIS 山西省文献信息服务中心,并提出三点建设意见。

一、在省教育厅领导下,建立 CALIS 省文献信息中心管理委员会,具体指导我省高校图书馆的数字化建设工作。主任由教育厅分管领导担任,各参加馆学校领导任委员;下设办公室、技术组、参考咨询组、馆际互借与文献传递组、联合目录协作组。日常管理工作由你校负责。省文献信息中心管理委员会下设各组人员的选聘,由山西省高校图书情报工作委员会和你校协商确定后,报省教育厅备案。

二、已制定的《中国高等教育文献保障系统"十五"建设子项目建设方案》,报国家有关部门审批后,请抓紧实施。省教育厅按建设方案投入的专项经费,主要用于购置必需的系统仪器。山西大学要给予该项目以必要的经费投入,并在人力、物力、财力等方面给予经常的支持,确保该项目建设如期完成和健康运转。

三、馆际互借与文献传递服务要严格遵照《CALIS 馆际互借与文献传递网服务手册》执行。省级文献信息中心,必须依法管理、确保安全运行。必须与合作馆之间建立具有法律效力的合作关系,明确各自的权力、责任与法律义务,使省文献信息资源在法律许可的范围内实现最大化共享。

根据中国高等教育文献保障系统"十五"建设子项目建设方案,CALIS 山西省文献信息服务中心的建设总目标是:通过 CALIS 省级文献信息服务中心的建设,建立起山西地方文献信息保障体系并与 CALIS 体系建设连接起来,加强 CALIS 现有三级保障体系的保障与服务能力,将山西省文献信息服务中心建成本省的"文献信息服务中心""培训中心"和"宣传中心"。文献信息服务中心的建设是一项长期的战略目标,近期总体目标是:构建一个面向全省高校用户的网络平台,包括:图书馆公共书目数据中心,采编中心,馆际互借/文献传递服务系统,虚拟参考咨询服务系统,培训基地,学科文献信息中心,特色学科文献数据库系统。通过建设,形成一个以网络互联互通,资源高度共享,服务功能完备,服务效益明显的山西省高等教育文献保障体系。使山西省高校图书馆跨入数字化阶段的同时,实现科技文献信息资源共建、共享和开发利用。

主要建设内容包括:

利用 CALIS(中国高等教育文献保障系统)项目提供的经费和配套的软件,加上本省配套的经费,开展以下工作:

第一阶段:

(1)建立山西省高校书刊联合目录系统。

(2)建立山西省馆际互借与文献传递服务网。

(3)建立虚拟参考咨询网。

(4)建立中国高等教育数字图书馆(CADLIS)山西省门户;形成山西省高校科技文献资源共享网站。

(5)组织 CALIS 各服务项目及相关业务的培训工作;建立面向馆员和最终用户的培训基地。

(6)协调和配合全国性和地区性联合采购的工作,组织本省范围内的联合采购及其相关的培训和宣传工作。

(7)组织承担山西省高校联合特色资源运行服务体系。

(8)开发与非高校系统文献服务中心的接口系统,提高文献资源保障与服务能力。

(9)建立适用的数字资源存储系统,面向本省高校提供数据库镜像服务和数字资源长期保存与异地备援服务。

第二阶段:

(1)开发连续提供高校科技资源的系列统计数据和数据报告系统。

(2)建立具有山西地方特色的科技资源数据库(例如:三晋文化数据库、山西地方文献数据库、山西高校重点学科建设资源数据库、精品课程数据库等)。

预期建设成果:建立山西省高等学校文献信息保障系统。在该项目完成后形成本省高校文献信息资源共享网络,通过高校文献资源网络与非高校科技文献中心的无缝对接最终形成山西省科技文献信息资源保障与共享平台。成果主要有三种形式,即项目报告,文献信息资源共享平台,数据库。

2005 年 6 月 CALIS 管理中心审核通过了山西省文献信息服务中心的申请。批准成立 CALIS 省级文献信息服务中心。

2005 年 7 月省中心与 CALIS 管理中心签署了"CALIS 省中心承建协议书",正式开始了 CALIS 山西省中心的建设。

2. 规章制度及组织机构建设

文献信息服务中心的建立是一项长期的工作,需要后续的管理维护来支撑其运转,因此必须建立一套完善的规章制度与相应的管理机构,以指导规范省中心的各项工作。CALIS 山西省文献信息中心先后制定了一系列有关规章制度包括:CALIS 山西省文献信息服务中心职能、CALIS 山西省文献信息服务中心管理委员会职能、加入 CALIS 山西省文献信息中心的规定、馆际互借/文献传递服务规范、系统运行机制,以及专业人员业务培训、馆际互借/文献传递规定、集团采购规定、联合目录数据库建设项目实施方案、特色数据库和自建库实施方案等。

省中心的职能主要为:

(1)在省教育厅领导下,制定山西省高等教育文献保障体系的建设规划,并具体组织实施;组织与协调本省高校图书馆开展多种形式的共建、共享工作。

(2)建立省级书刊联合目录系统、省级馆际互借与文献传递服务网、虚拟参考咨询网以及中国高等教育数字图书馆(CADLIS)省级门户网站等,形成强有力的省级文献保障服务能力。

(3)组织实施所服务地区范围内的联机合作编目,实现本地区书目资源共享。

(4)组织本省高校图书馆进行分工协作,结合各校重点学科建设进行文献资源的合理布局和采购协调;协调和配合全国性和地区性联合采购(如引进数据库)的工作,组织各类电子资源试用活动,在此基础上组织集团采购;并组织与其相关的培训和宣传工作。

(5)组织和开发相关研究项目;组织各种专业技术培训和学术交流活动,为成员馆提高管理与技术水平创造并提供优惠和便利条件。

(6)组织协调各成员馆间,及其他文献单位间的文献资源共享。负责省中心与各学校、省中心与全国中心之间的有偿服务的费用结算。

(7)组织本地区各种数据库的建设和维护工作;向管理中心或全国中心提供数据,以建立全国性数据库。

(8) 支持与配合管理中心、全国中心、其他地区文献信息服务中心和各子项目承建单位进行 CALIS"十五"项目建设。

(9) 对目前尚不完全具备网络条件和技术的成员单位,提供虚拟主机、网站托管等技术支持与服务。

(10) 配合"资源与服务评估"子项目和管理中心管理工作的需要,提供与本中心工作相关的统计数据,开展必要的用户问卷调查。

为了保证 CALIS 山西省文献信息服务中心的正常运行和组织实施,根据 CALIS 全国管理中心的要求,成立了 CALIS 山西省文献信息服务中心管理委员会(以下简称管理委员会)。管理委员会由省教育厅牵头,协同省高校图工委,与本省的高校代表共同组成。其职责是:

(1) 商讨和决定全省高校文献信息资源协作共建和共享活动。

(2) 审议和审批省中心的建设实施方案和工作计划。

(3) 审议省中心的经费预算和使用情况。

(4) 检查省中心建设进展情况,协调解决建设中出现的问题。

(5) 听取专家咨询委员会的建议、批评和工作汇报,委托专家咨询委员会承担其他工作任务。

(6) 委托山西大学成立 CALIS 山西省中心管理办公室并具体负责中心的建设实施和日常运行管理工作。

(7) 协同管理办公室制定各类协调方案、规章制度和收费标准,与专家咨询委员会共同监督各成员馆执行。

(8) 听取各成员馆的意见、建议和情况反映,必要时对所反映的情况做调查核实,或委托管理委员会调查处理,并给予及时答复。

(9) 管理委员会有权对经查实的违规、违约单位进行批评和处罚决定。

(10) 管理委员会成员有义务承担省中心与各高校的沟通联络任务和协调商议工作。

(11) 管理委员会原则上每年召开一次年会,必要时可酌情增、减会议。

管理委员会主任由教育厅分管领导担任,委员有:山西大学、太原理工大学、山西医科大学、山西农业大学、山西财经大学、教育厅高教处有关领导;下设办公室,地点在山西大学图书馆,主任由山西大学图书馆馆长担任,办公室设 2 人负责日常事务,人员由山西大学图书馆配置;设技术组,由山西大学图书馆配置 3 人左右,负责系统的安装、维护、相关软件的研发、技术支持、技术培训等;设参考咨询组,由山西大学、太原理工大学、山西医科大学、山西农业大学、山西财经大学等图书馆的学科馆员或学科专家约 10 人左右组成,由山西大学图书馆任组长单位,负责具体组织与实施;设馆际互借与文献传递组,由山西大学图书馆配置人员 3 人左右,进行馆际互借与文献传递服务,主要负责接受和处理面向山西大学图书馆和面向省外的请求,以及用户培训的组织事项;设联合目录协作组,由山西大学图书馆任组长单位,负责全省高校图书馆联合目录的建设,各参加馆采编部主任参加协作组工作;设特色数据库建设组,由山西大学图书馆任组长单位,各参加馆的咨询部或自动化部主任参加工作。

3. CALIS 二期山西省中心建设项目开展的主要工作

为了积极响应国家"十一五"科技条件平台建设计划,遵循"整合优化现有科技资源,加强整体布局,实现资源共享,为推进全社会科技创新活动提供支撑"的宗旨,根据国务院转发四部委制定的《2004—2010 年国家科技基础条件平台建设纲要》精神,从 2005 年起山西省设立专项资金,启动了山西省科技基础条件平台建设项目。山西省科技文献资源平台建设是山西省科技基础条件平台建设的重要组成部分,山西大学以较雄厚的文献信息资源优势和人力资源优势成为山西科技文献资源平台的承建单位之一。平台建设的一期目标是:构建一个面向全省高校用户的网络平台,包括:山西省高校数字图书馆门户网站,山西省高校图书馆联合书目数据库系统,馆际互借/文献传递服务系统,虚拟参考咨询系统,专题特色文献数据库系统等。

山西大学图书馆承担的"CALIS 山西省文献信息服务中心"的建设任务,其建设目标是:文献信息服务中心、培训中心、宣传中心、咨询中心,具体包括,门户网站、联合目录、文献传递、联合采购、数据存储、业务培训等。鉴于 CALIS 省中心和科技文献资源平台两个项目的建设目标相一致,承建单位山西大学图书馆决定,以 CALIS 山西省文献信息服务中心为基础框架,条块结合,在高校系统、科研系统之间构建山西省高校文献资源保障系统。一方面借助科技厅高校科技文献平台项目经费的资助,一方面借助 CALIS 技术上、软件平台上的帮助以及建设思想方面的指导,既可节省大量的建设资金,提高政府资金的使用效率,避免软件开发等的重复建设,又可集高校和科研系统的资源于一体,整合所有的资源与服务,大力增强山西高校图书馆的科技文献服务能力。在此思想指导下,2006 年 4 月,"CALIS 山西省文献信息服务中心和山西省科技文献资源平台——高校科技文献"门户网站初步建成,开始提供服务,以较快的速度使平台发挥了效益。

山西高校科技文献门户网站集成了 CALIS 高校文献信息保障系统的服务项目,以及山西省科技厅高校科技文献资源平台的必备项目,形成了一个网络互连,资源共享,服务功能比较完善的山西省科技数字资源门户网站。

2006 年 5 月 29 日至 6 月 2 日在山西大学召开的全省高校图书馆馆长会议,同时举行了CALIS 山西省中心启动仪式。山西省教育厅副厅长王李金按下了启动按钮,标志着服务中心一期工程建设完成,开始提供服务。

省中心初步完成门户网站建设以后,一方面继续完善网站的内容与功能,一方面积极开展服务主要进行了如下几项工作:①完善门户网站,增强了网站的互动性、开放性、灵活性和实用性。②建设了山西省高校图书馆联合目录数据库并和馆际互借文献传递系统集成在一起,可以直接提交互借申请。③构建了统一检索平台,节约了用户检索的时间,提升了中心对外服务能力。④开展资源共建、共享。在平台框架建设初步完成后致力于平台的应用推广,采取了举办培训会、印制宣传材料、在报刊上发文宣传,在高校图书馆馆长年会上作专题报告等形式推广平台服务,扩大平台影响。进行馆际互借/文献传递服务,为读者开通了更多的获取文献的渠道;进行联合采购资源共建,降低了资源建设的费用;进行数据存储,结合省中心自身条件,建立了适用的数据存储体系,面向本省高校提供数据库镜像服务和数字资源长期保存服务。镜像全部的维普数据,为全省 16 所参加团购的高校提供服务;镜像《e 线图情》数据,为参加团购的高校提供服务;开展人员培训,对项目参与人员进行了多次系统管理培训。通过人才培训,使相关专业人员了解、掌握了 CALIS 建设的基本思路、理念、技术和方法,提高了人员业务水平,为省中心的整体建设和服务储备了知识和技能,为中心可持续发展奠定了基础。

CALIS 二期建设在系统和资源建设方面做了大量的基础工作,初步发挥了省中心"文献信息服务中心""培训中心"和"宣传中心"的作用。2006 年省中心通过了《中国高等教育文献保障系统"十五"建设子项目》的验收。

4. CALIS 三期山西省中心建设项目

2008 年 4 月 25 日,CALIS 管理中心在北京召开了"CALIS 省中心工作会议",教育部高教司教学条件处李晓明处长出席会议,介绍了教育部 211 工程三期建设的实施意见。CALIS 第三期建设期从 2009 年到 2011 年,共三年。本期目标是:"在'九五''十五'已建成的 CALIS、CADLIS 的服务与技术体系的基础上,大力加强基础设施建设,充分利用先进的服务理念和技术,全面挖掘、整合国内各级文献服务机构、商业服务机构和高校成员馆的可利用资源与服务能力,有重点地整合国际上著名的文献服务机构和商业机构的资源与服务,进而构建支撑'211 工程'院校高水平教学科研的知识服务环境,持续打造国内服务能力最强、可获取文献最全、面向各级高等院校教学科研的具有世界先进水平的分布式中国高等教育数字图书馆。"(引自:中国高等教育文献保障系统三期项目建设可行性研究报告)

根据 CALIS 管理中心的要求,并在 CALIS 全国中心的指导下,CALIS 山西省文献信息服务中心于 2007 年撰写了《"CALIS 三期山西省级文献信息服务中心"建设》报告,并得到全国中心的批准。

"CALIS 三期山西省级文献信息服务中心"建设子项目的建设目标是:在山西省教育厅的指导与支持下,以山西省高校图工委所在地山西大学图书馆为基础,结合 CALIS 三期建设目标与已有的建设成果,完善山西省文献信息保障系统,使山西省中心成为面向本地区各级各类高校图书馆和读者的"资源整合中心""信息服务中心""技术支持中心"和"宣传培训中心",将 CALIS 各项服务推广到山西地区的所有大专院校。通过建设,形成一个网络互连互通,资源高度共享,服务功能完备,服务效益明显的山西省高等教育文献保障体系,并与非高校文献信息服务系统连接,使山西省高校图书馆在跨入数字化阶段的同时,实现全省范围的科技文献信息资源共知、共建、共享和开发利用。

三期子项目建设的具体建设目标主要为:

首先是资源整合,主要分为四大块:

(1)联合目录:适时更新老 8 所本科院校的书目数据,扩大书目数据收录范围,整合为山西高校联合目录。规范高职高专编目数据。

(2)CCC 外文期刊数据的整合:适时收集各成员馆新增馆藏,提交管理中心。通过外文编目培训组织有外刊收藏的成员馆进行外文期刊编目,揭示其馆藏,扩大共享范围。

(3)电子资源的整合:整合山西大学 34 个中外文数据库,进而整合省内成员馆的特色电子资源。

其次是信息服务,从五个方面入手:

(1)参考咨询服务:配合管理中心部署 CALIS 虚拟参考咨询子系统,进行系统应用培训,组织成员馆按学科优势分配咨询馆员,开展虚拟参考咨询服务。

(2)馆际互借服务:2010年6月购买北京创讯未来软件技术有限公司研发的"馆际互借系统 v2.0",第一批在省城9所本科高校部署,代替原来的手工借阅方式,逐步将馆际互借由9个扩大到20个成员馆。

(3)文献传递服务:部署馆际互借文献传递共享版,对成员馆进行系统应用培训,扩大文献传递的成员馆范围。

(4)代查代检:读者可通过省中心门户请求 CALIS 成员馆专业馆员的帮助,查找 CALIS 搜索引擎或常用检索工具难以找到的各类文献资源。

(5)课题咨询:在山西省中心课题咨询服务平台上,用户可根据研究课题的需要或自身喜好,通过该平台获取 CALIS 成员馆高级咨询馆员或咨询专家提供的多种面向研究方向和研究课题的情报咨询服务,如最新文献报导、信息推送、查收查引、科技查新、定题服务、课题咨询等。

第三是技术支持:

技术支持主要面向18所本科院校,包括网络、软件、硬件、系统各方面的技术指导。

(1)对书目数据的提交提供技术指导,对编目自动化系统的应用提供软硬件环境的指导,对馆际互借/文献传递系统的应用提供应用环境的支持。

(2)支持统一认证,该平台支持读者只要在 CALIS 系统,或 CALIS 山西省文献信息服务中心系统建立统一认证的任一系统中登录,即可获取 CALIS 或省中心提供的所有服务。

(3)个性化门户:建立个性化门户构建平台,支持最终用户(读者)或各级机构构建个性化门户,除定制 CALIS 系统提供的各种功能外,还可挂接外部服务系统(如博客、社区等)。

第四是宣传培训服务:

馆际互借服务,每年培训3次,图书馆自动化系统每年集中培训一次。为了吸收更多的成员馆加入共享体系,对包括高职高专在内的图书馆开展人员结构和岗位设置的调查分析,针对不同层次的人员开展不同的培训,主要围绕参考咨询、网络环境部署,中外文编目等进行培训。同时,统一印发馆际互借文献传递服务指南宣传页,加大宣传力度。

三期建设项目对省级中心管理体系和职责范围作了进一步的明确。

管理机构如下:

1. 领导小组

领导小组的职责:

1)负责项目建设的宏观指导和重大问题的决策;

2)制定项目建设经费筹措及资产管理的办法;

3)审定项目建设方案和经费预决算;

4)审定项目工作计划和工作制度;

5)组织对项目建设效益进行评估。

领导小组组成名单:

组　长:王李金(山西省教育厅副厅长)

成　员:行　龙(山西大学副校长)

许并社(太原理工大学副校长)

李焕珍(山西省教育厅高教处处长)

张正义(山西省教育厅高教处正处级调研员)

领导小组办公室设在山西省教育厅高教处,由张正义负责日常工作和项目建设中有关事项的组织、协调和服务。

2. 管理中心

以山西省高等学校图书情报工作委员会为基础,设立山西省文献保障系统管理中心,在领导小组的领导下具体负责项目的实施,其职责是:

1)负责起草项目建设实施方案和工作计划;

2)负责协调处理系统建设中业务、技术方面的问题;

3)负责系统的日常运行、管理和维护以及相应的技术开发;

4)负责设备和软件采购招标的前期准备和其他相关事务;

5)负责与CALIS全国中心、地区中心和其他省级中心的联络和协调。

管理中心组成名单:

主　任:李嘉琳(山西大学图书馆馆长)

副主任:刘永胜(太原理工大学图书馆馆长)

成　员:白才进(山西财经大学图书馆馆长)

　　　　贺培凤(山西医科大学图书馆馆长)

　　　　吴秀玲(中北大学图书馆馆长)

　　　　亢成业(山西农业大学图书馆馆长)

　　　　幸玉亮(太原科技大学图书馆馆长)

　　　　杨　光(山西大学图书馆副馆长)

3. 办公室

管理中心下设办公室处理日常事务,办公室设在山西大学图书馆。

办公室组成名单:

主　任:赵冬梅

成　员:李翠青　赵勇宏

4. 专项工作组

根据工作开展需要,结合山西高校图工委专业委员会设置,承担具体的项目建设工作。按:

文献资源建设工作组:负责山西高校文献资源建设的协调与研究

组　长:高维新　山西大学图书馆

　　　　幸玉亮　太原科技大学图书馆

成　员:各高校有关负责人

信息服务工作组:负责虚拟参考咨询、馆际互借/文献传递等服务工作的开展

组　长:郑　江　中北大学图书馆

　　　　孔瑞珍　山西医科大学图书馆

成　员:各高校有关负责人

技术支持工作组:担当省中心共享平台以及各成员馆计算机、网络应用平台的

运维指导

  组 长:赵勇宏 山西大学图书馆

      侯雁鹏 太原理工大学图书馆

      王 铁 山西财经大学图书馆

  成 员:各高校有关负责人

  业务培训工作组:负责成员馆的业务培训工作

  组 长:陈国秀 山西农业大学

      冯 琴 山西师范大学

  成 员:各高校有关负责人

  专家咨询组织:根据工作需要聘请计算机网络、图书情报技术、信息安全等方面的专家组成省级文献保障系统建设专家组,对项目建设方案及项目建设中的重大事项进行咨询论证。

  专家咨询组成员名单:

    裴成发 山西大学管理学院

    白才进 山西财经大学图书馆

    刘 军 山西省科学技术情报研究所

    王 炜 山西大学现代教育技术中心

    张青刚 山西大学现代教育技术中心

5. CALIS 三期山西省中心建设项目的主要成果

  CALIS 三期项目的重点是推广其各种应用和服务,因此,山西省中心三期项目的重点即放在 CALIS 服务项目的推广方面,力争使山西所有高校享受到 CALIS 的建设成果。山西省中心经过三期子项目建设,完善了省中心门户网站,整合了山西大学的资源和服务,加强了对外服务能力。同时,经过 CALIS 各种应用服务软件的培训和实践,开阔了省中心技术人员的视野,增强了他们的技术实力;通过省中心坚持不懈的培训与宣传,扩大了成员馆覆盖的范围。使省中心真正成为本地区高校的"资源整合中心""信息服务中心""技术支持中心"和"宣传培训中心"。为促进高校科研水平的进一步提高,从而推动山西经济建设的发展奠定了坚实的文献保障基础。经过三年的建设,省中心顺利完成了子项目的各项建设任务,于2011 年通过了项目验收。

  省中心主要完成了如下任务:

  (1)完善山西省中心四级管理体系

  进一步完善了山西省中心四级管理运行体系,包括领导小组、管理中心、中心办公室、专项工作组。经过四年多的运行,省中心不断地总结、调整运行机制,使之趋于合理,便于运行管理。目前,在图工委的框架之内运行省中心项目,既能得到高校馆的配合,又能得到教育厅的政策支持,从而较好地推行了项目的建设与服务。

  (2)完善省中心门户网站,整合资源与服务

  对省中心门户网站进行了更新、完善。利用数字图书馆统一检索服务系统,通过与资源调度系统及馆际互借系统集成,针对各种异构数字资源进行应用检索整合,使用户能对本地

和异地各种资源系统同时检索;对各种资源元数据联合仓库进行跨库检索。

(3)开通 CALIS 山西省共享域中心

2011 年 1 月,CALIS 省级中心共享域部署完成,为 24 家成员馆申请开通了统一认证系统,馆际互借/文献传递共享版,虚拟参考咨询共享版。省中心收集了 14 家成员馆用户数据,对这批数据按 CALIS 要求格式进行了整理,数据量达 232 万余条。同时为租用馆系统管理员和馆际互借员做了培训工作。

(4)建设 CALIS 山西省中心培训教室

CALIS 省级中心培训教室的成立是 CALIS 三期省中心工作的重要内容,CALIS 配套 25 台 PC 机、1 台投影仪、1 台笔记本电脑,省中心对设备进行了安装和调试,使培训教室投入使用。同时,山西大学配套经费 26 万购买 PC 机 75 台,扩大了培训教室的规模。省中心利用培训教室开展培训,针对 CCC 外文期刊网服务,联合目录服务,馆际互借/文献传递共享版,虚拟参考咨询共享版,e 读定制服务等各项业务进行了全面系统的培训,其他培训内容涵盖到全国图书馆界资源共享的现状、未来以及针对山西省的各种应用,让省内高校图书馆员及时了解到本行业的发展动向,激励,启发其在自己的业务领域有所创新。培训惠及到图书馆员的多个层面,包括技术人员,馆际互借员,咨询馆员、流通人员等。

(5)扩大 CALIS 服务在省内高校的宣传推广

①CALIS 服务的宣传推广

为推广馆际互借、文献传递服务,使资源共享观念深入人心,省中心采取多种方式不断加大宣传推广力度。如:借山西高校图书馆一年一度服务宣传月活动之际,以"馆际互借,资源共享"为主题设计和印刷了馆际互借宣传材料和书签,对通过馆际互借证互借图书的服务模式和通过网上预约馆际互借图书的服务模式进行了宣传推广。针对山西大学和山西财经大学馆际互借服务模式,设计印刷了《山西大学图书馆和山西财经大学图书馆馆际互借服务指南》。2011 年 4 月 26 日省中心在山西大学图书馆召开了 CALIS 服务宣传推广大会,会上就 CALIS 内部信息库注册,CCC 外文期刊网使用,联合目录服务,e 读订制服务,共享版系统租用服务等内容向参会人员做了全面的介绍。另外,在每年的山西高校馆长年会上,安排专题发言,面向参会的高校图书馆馆长宣传 CALIS 的服务项目。

同时,鉴于非省城高校成员馆受制于图书馆有限的经费,无法参加省中心培训的情况,也为了让成员馆尽快深入了解 CALIS 三期目标及 CALIS 的各项服务,省中心先后深入大同大学,大同煤炭职业技术学院,吕梁学院等院校进行 CALIS 服务宣传活动,对图书馆中上层领导和业务骨干进行了培训,也进行了现场答疑与交流。截至 2012 年 3 月底,山西省中心成员馆发展到 33 家,其中 18 所本科院校均已成为 CALIS 成员馆。

②开通馆际互借/文献传递共享版系统

2011 年 6 月 1 日 CALIS 启动了馆际互借调度中心服务,为实现本地版馆际互借系统与调度中心的集成,省中心更新了本馆的本地版馆际互借系统。至此,开始通过调度中心提交文献传递申请,享受 CALIS 三期文献传递补贴。

③组织 CCC 外文期刊网服务的免费开通

CALIS 三期免费向成员馆开放 CCC 外文期刊网服务,省中心向山西高校成员馆做了大量的宣传推广工作,收集了 13 家成员馆的 IP 地址,向管理中心递交了开通申请,目前为止,这 13 家成员馆能够免费使用 CCC 外文期刊网,省中心通过电话、邮件、QQ、个别指导、上门培训等方式,指导各成员馆有效利用该数据库。

④组织联合目录服务协议的签署

CALIS三期针对联合目录数据库的书目数据开放面向成员馆的免费下载权限,管理中心要求联合目录协议需要各成员馆与管理中心单独签署协议,省中心利用2011的服务宣传推广会议,馆长会议,共享域培训会议,CALIS业务培训暨馆际互借/文献传递年终总结会议,以及深入院校的培训进行了广泛的宣传,截至2012年年底有7家成员馆和CALIS管理中心单独签署了联合目录协议,能够享受免费数据下载。

⑤开展虚拟参考咨询服务

鉴于山西省两家成员馆审批通过了参考咨询示范馆项目,省中心为太原理工大学图书馆、山西医科大学图书馆开通了参考咨询共享版系统的使用,作为其他成员馆的示范单位将率先启用虚拟参考系统。另外省中心为13家成员馆也开通了参考咨询共享版系统,有待于进一步的培训。

⑥组织示范馆申报工作

为了更好地落实CALIS各项应用服务在各省级中心、成员馆的深入开展,根据CALIS管理中心三期工作计划,开展CALIS应用服务示范馆申报活动。CALIS推出了编目外包、e读、外文期刊、馆际互借与文献传递、参考咨询五项服务的示范馆计划。省中心于9月下旬组织、指导成员馆进行了填报和初审工作,最终我省有4家馆申报成功,中北大学成为编目外包示范馆,山西财经大学成为外文期刊网示范馆,太原理工大学和山西医科大学成为参考咨询示范馆。

⑦组织特色数据库申报工作

2011年1月,根据《关于申报CALIS三期专题特色数据库建设项目的通知》精神,组织我省成员馆申报特色库子项目,7所高校申报8个项目,审批通过7项。

⑧签署了CALIS学位论文协议

根据CALIS三期的建设重点,学位论文三期的主要任务侧重两个方面,一是学位论文资源建设;二是学位论文服务体系建设(以文献传递服务为主)。山西大学作为省中心填写了CALIS三期学位论文项目调查表,与管理中心签署了学位论文项目参建协议书。

经过CALIS三期建设,山西高校图书馆的人员素质较之以前有了明显的提高,以服务促建设加快了人力资源的有效融合。省中心派人积极参加CALIS组织的各种培训会议,培养了一批年轻的技术骨干,目前成为省中心对成员馆培训的中坚力量。除此之外,现代化通讯手段为同仁们创造了经济、便捷的交流渠道,山西高校馆际互借QQ群的建立为图书馆员们搭建起一个业务交流的平台,该平台汇集了一大批省内高校图书馆的骨干力量,大家不仅针对馆际互借/文献传递服务交流思想,更针对其他业务问题进行热烈的讨论,在讨论中寻求最佳解决方案。

以服务促建设。CALIS平台提供给高校图书馆读者的,以系统化、数字化的学术信息资源为基础,以先进的数字图书馆技术为手段,建立包括文献获取环境、参考咨询环境、教学辅助环境、科研环境、培训环境和个性化服务环境在内的数字服务环境,为高等院校教学、科研和重点学科建设提供高效率、全方位的文献信息保障与服务,成为中国经济和社会发展的重要基础设施。其多样化的信息服务,赋予了图书馆更深远的意义,更丰富的内涵,更为重要的是使学校各部门对图书馆有了全新的认识,加大了学校对图书馆的支持力度。总之,CA-

LIS 服务丰富了各成员馆的服务内容,提升了图书馆的服务能力。

四、制订"十一五"发展规划,进一步促进文献资源共建、共知、共享

1. 制订"十一五"发展规划

CALIS 的建设,改变了高校图书馆单馆自我保障的管理模式,使各高校图书馆之间形成一种稳定的合作伙伴关系,真正地实现了横向联合、共同发展、资源共享。为不断加强山西高校图书馆的整体化建设,进一步完善山西高校图书馆文献资源保障系统,进入 21 世纪中期,图工委首先制定了"十一五"发展规划,为今后五年的山西高校图书馆事业提出了发展目标。

山西省高校图工委"十一五"发展规划(2006—2010)

"十五"期间,山西省高校图书馆同山西省高等教育一样经历了快速发展的时期,各图书馆无论是馆舍面积、馆藏数量、馆藏结构、人员结构还是文献购置经费、图书馆自动化建设均取得了前所未有的大发展。"十一五"期间,是我国全面建设小康社会,落实科学发展观,构建"和谐社会",建设创新型国家的新发展时期,山西省高校图书馆将承前启后、抓住机遇、乘势而上为建设山西省高校文献信息保障系统而努力。为此,特制订《山西省高校图工委"十一五"发展规划(2006—2010)》。

一、指导思想与总体发展目标

以"三个代表"重要思想为指导,树立和落实科学发展观,适应社会进步的需要,加强数字图书馆建设,改善馆藏结构、提高服务水平,提升馆员素质,不断完善管理体制(创新图书馆服务和管理理念),进一步优化育人环境,构建山西省高校文献信息资源共享平台,实现省内高校文献资源的共建共享,在此基础上与本省非高校系统文献信息资源平台对接搭建山西省科技文献资源共享平台,建设山西省科技文献信息保障系统,为山西省的科研、教学、政府决策、社会生活等提供有力的文献信息保障。

图书馆工作实现五个转向:馆藏文献由单一纸质文献向多媒体文献转向;管理手段由手工管理向自动化、网络化管理转向;服务方式由被动服务向定题服务、推送服务、个性化服务等主动服务转向;服务内容由借借还还向网络资源的整合、数字化资源的建设与提供转向;从传统图书馆向复合图书馆直至数字图书馆、虚拟图书馆转向。

二、发展步骤

1. 构建山西省高校数字图书馆平台,建立山西省科技文献资源保障系统

成立领导机构和相应组织,制定各种管理制度和办法。确定参建单位,协商建设方案。

2. 资源共建、共享

联合采购部分国内外数据库并投入运行。

3. 特色资源共建、共享

以分别建设,资源共享,避免重复为原则,建设本省特色资源数据库。

4. 深化文献信息保障系统的服务功能

进一步深化和加强山西高校图书馆的整体化建设,完善文献信息保障系统的服务功能。形成高校合理的文献布局,使我省高校图书馆成为一个高效、便捷、完善的虚拟整体。

5. 建立完善的监督与保障措施

(1)建立山西高校文献信息保障系统领导组,负责建设过程中重大问题的决策。

(2)建立山西高校文献资源建设专家委员会,负责对建设项目提出论证意见。

(3)建立山西高校文献资源保障系统建设项目管理中心,(以 CALIS 山西省文献信息服务中心为依托,设在山西大学图书馆内)下设数字化工作小组,服务工作小组,具体操作各项建设的实施。

(4)建立检查、评估制度。对各项建设项目进行定期检查。

三、主要发展任务

1. 开展学术研究,提高学术水平。

2. 为学校的教学、科学研究和山西的经济发展与社会进步提供信息服务。

3. 积极推动全省文献资源共建共享工作协调发展。

以山西省高校图工委牵头,CALIS 山西省文献信息服务中心为基础,建设好山西省高校文献资源共建共享网络,建立文献资源共建共享模式。

(1)建立山西省高校联合书目数据库,形成高校文献查询中心。

(2)大力开展馆际互借/文献传递服务。

4. 建立山西省高校数字资源存储系统,形成高校电子文献收藏中心。

5. 建立若干学科文献信息中心,包括:文理文献信息中心、工程文献信息中心、医学文献信息中心、农学文献信息中心、财经文献信息中心。

其主要任务是:收集有关学科的文献资源,建立有关学科的导航库,建立有关学科的特色资源库,进行有关学科资源的文献传递、开展虚拟参考咨询及定题服务等。

6. 建立具有馆藏特色和地域特色的学科文献数据库。

7. 建立图书馆工作人员和读者培训基地。

主要任务是:负责对图书馆工作人员进行自动化管理系统、网络信息技术、网络资源检索、为用户服务能力的培训,以及对用户进行文献检索、信息查询技术和方法等能力的培训。加强对各高校图书馆特别是高职高专院校图书馆工作的指导、协调和支持。强化咨询功能,强化行业规范与行业自律。继续办好《晋图学刊》,努力提高办刊水平。

图工委按照"十一五"发展规划的目标开展工作,特别注重了山西高校图书馆的文献资源共建、共享工作。

2. 组织集团采购

为实现资源共建共享,节约有限的经费,2002 年 5 月在运城学院图书馆召开的山西省高校图书馆馆长年度工作会议上,图工委提出了"集团采购"的倡议,得到了馆长们的响应与支持,之后图工委开始尝试组织集团采购,同时积极向大家宣传 CALIS 的外文数据库集团采购项目,引导大家积极参与。

2003 年图工委经与几家公司多次谈判协商,最终达成了三个数据库的集团采购:和重庆维普资讯有限公司以买断方式达成《中文科技期刊数据库》合作协议,与北京中国宏观经济信息网达成"山西地区高校联合采购《中宏数据库》协议",与北京雷速科技有限公司以买断方式签订了"e 线图情山西地区集团采购协议"。2004 年与中经网、国研网二家数据商达成了集团采购的协议。2006 年与 WSN、网上报告厅、龙源期刊网签订了集团采购协议。2006 年与 2009 年又与重庆维普公司分别签署了 2007—2009 年、2010—2012 年山西省高校图书馆共享合作协议。2007 年与北邮创讯公司签订了 MELINETS 系统的"售后服务协议",7 家使用 MELINETS 系统的高校图书馆集团订购了售后服务。2010 年 4 月与北京世纪超星信息技术发展有限责任公司谈判达成了"山西省高校读秀 + MEDALINK 联合采购协议",9 月又联合采购了超星公司百万册电子图书和《超星名师讲坛》。2011 年与"银符考试题库",方正"中华数字书苑",超星"移动图书馆"签订与山西高校的合作协议。

此外,图工委还组团参加了 CALIS 组织的中外文数据库的集团采购,如:万方数据库、SPRINGER LINK 等。

集团采购大大节约了各馆的文献购置经费,像维普《中文科技期刊数据库》这种在山西大学图书馆做镜像,面向全省参加团购的 14 所高校图书馆提供服务的方式,还节省了各馆购置硬件、维护数据库的成本。

3. 召开文献资源共享会议

山西高校图书馆在文献保障体系建设,资源共建共享方面的工作,得到了省教育厅的肯定与大力支持,分管图书馆工作的王李金副厅长对文献资源共享给予了极大的关注,2008 年 7 月 2 日下午,他在山西医科大学图书馆主持召开了山西省高校图书馆文献资源共享座谈会,就文献资源共享工作进行专门部署。参加会议的有省教育厅高教处调研员张正义,山西省高校图工委秘书长单位的馆长。会议主要就山西省高校如何进一步推进图书资源共享,做好图书信息服务,特别是做好馆际借阅工作进行了深入细致的讨论。

山西省高校图工委秘书长,CALIS 山西省文献信息服务中心负责人李嘉琳汇报了 CALIS 山西省文献信息服务中心建设进展情况和我省高校文献传递/馆际互借服务的现状。根据山西省教育厅下发的晋教高〔2005〕2 号文件,山西大学图书馆承担了"CALIS 山西省文献信息服务中心"的建设工作。在省教育厅的重视和各高校的支持下,配套软、硬件设施的建设基本到位,省中心网络服务平台已搭建完成,中心已进入实际运行阶段,开始提供网上服务。其中馆际互借/文献传递服务已成为目前我省高校间实现资源共享的最佳服务方式。李嘉琳还介绍了北京、天津、江苏等省市高校开展资源共建共享工作较的经验,对我省高校如何开展馆际互借提出了几点建议。与会的馆长们就如何开展好高校馆际互借问题进行了深入的讨论。大家一致认为,虽然多年来我省高校馆际互借工作一直坚持在做,但没有做好、做大、做到位,主要原因是各馆对此项工作重视不够、研究不够、推动不够、宣传不够,很有必要加大工作的力度,采取有效措施把这项工作做得更好,充分发挥现有图书信息资源的作用,为高校师生提供优质服务,为社会提供更多形式的服务。与会馆长经过讨论初步议定:①我省的馆际互借可分两步走,第一步先互发 10 个馆际互借证,范围在省城高校。在此基础上可开发研究通用借书证的发放和统一流通管理系统,并解决好异地还书的问题。②为推动图书资源共享工作,各高校图书馆一定要明确专人负责,设置专门的资源共享服务窗口。③目前图书资源校际共享范围不宜太大,先限于在编的专职教师,条件具备后再扩大至学生。关于大力推动高校图书资源共享的一些技术性问题,图工委再做一些调查研究后,拟草相关文件报省教育厅印发。④启动高校图书信息工作宣传服务周活动。从今年新学年开始,配合新生入学教育,开展图书信息宣传服务周活动,并要作为一项常规性工作,形成制度。大家表示一定要把馆际互借工作抓起来,并大力宣传推广出去,一定要为山西高校图书馆资源共建共享的整体化建设,要为山西高等教育的发展做出更大的贡献。

王副厅长对大家的辛勤工作表示肯定,对我省高校的资源共享起步比较早、有进展给予充分肯定,也明确指出对这项工作还没有足够重视,投入不够;有的学校图书资源不够,有的图书资源浪费,有的图书资源不够和浪费同时存在;有的图书数量可以,结构不好,更新滞后,不能满足教学科研的要求;有的没有图书建设的长远规划,遇上评估集中购书,不能保证质量;图书馆服务和宣传不到位,师生上座率不高,在这种情况下,有必要进一步加强图书馆建设,大力推进文献资源的共建共享。王副厅长要求今年一定要集中精力把共享工作推开,先从图书开始,先从省城开始,以后逐步扩大,充分发挥现有图书资料的效益。图书的共享已有一定工作基础,一定要积极稳步推进,做到既有序又有效。王副厅长还就高校图书资源共享的一些具体问题做了强调。特别要求大家除了日常工作外,要多做一些研究,以提高图书馆工作的质量和水平,提升图书馆的形象和地位,发挥好作用,为提高高等教育质量做出积极贡献。

王副厅长在百忙之中抽出时间就高校图书馆馆际互借的专门问题召开会议,令到会的馆长们深受感动和触动。大家表示一定要把馆际互借工作抓起来,并大力宣传推广出去,下一步要研究建立网络图书馆通用借书证系统,为山西省高校图书馆资源共建共享整体化建设,为山西高等教育的发展做出更大的贡献。

五、召开图书情报工作会议,加快实施资源共享

1. 召开图书情报工作会议推进资源共享

为了切实推进山西省高校图书馆资源共建共享整体化建设,引起各高校对图书馆信息化建设和资源共享的重视,进一步提高高校图书文献信息管理水平和服务能力,省教育厅决定于 2008 年 9 月召开省高校图书文献信息建设工作会议,这也是改革开放以来,山西省高校第七次图书情报工作会议。会议内容主要是:总结交流近年来我省高等学校图书文献信息建设与发展工作;重点安排今后我省高校图书文献信息资源共享工作;启动高校图书文献信息服务宣传月活动。

2008 年 9 月 12 日,山西省普通高等学校图书馆工作会议在山西财经大学国际学术交流

中心召开。省教育厅副厅长王李金、省教育厅高教处正处级调研员张正义出席会议,来自全省普通高校、各独立学院分管图书馆工作的校(院)长、图书馆馆长共87人参加了会议。会上省教育厅副厅长、省高校图工委主任王李金做了"加强建设,推进共享,全面提升高校图书馆服务水平"的报告。

这次会议是在高等教育改革发展进入新阶段召开的,我们注意到,进入新阶段的高等教育呈现出一系列重要的阶段性特征:一是规模实现了跨越式发展,高等教育进入大众化发展阶段,提高教育质量成为主要任务;二是外延式发展取得较大进展,办学条件得到一定程度改善,加强内涵建设成为重点工作;三是完成第一轮教学工作水平评估,规范管理得到普遍重视,建立教学质量保障机制成为当务之急。这次会议的目的就是要适应新的形势和任务的要求,进一步加强高校图书文献信息资源建设,推进文献信息资源共享,提升文献信息工作水平,努力为加强高校内涵建设、提高高等教育质量做贡献。

接着王李金同志总结了近年来我省高校图书馆建设取得的成绩。

他首先概括了我省高校图书馆近年来的发展状况,他说,改革开放以来,特别是世纪之交以来,我省高等教育事业紧紧抓住发展机遇,不断深化改革,加强建设,规范管理,实现了跨越式发展,高等学校的数量由2000年的27所,发展到目前61所,其中本科学校17所、高职高专院校44所。高等教育的规模由2000年的12万人,发展到现在的50万人,翻了两番还多,毛入学率达到24%。伴随着高等教育的快速发展,高等学校的建设水平和教学质量也得到明显提高,图书馆建设也取得长足进步:

● 图书馆的硬件设施得到明显的改善。半数左右高校的图书馆新建或扩建了馆舍,一批高校把新图书馆的建设列入了规划,以满足日益增长的读者数量和教学科研发展的新需求。图书馆不仅从建筑外观上有了巨大变化,内部布置也突出"以人为本"的理念,开始注重人文环境、文化氛围的营造,使师生在利用文献资料的同时受到深厚文化底蕴的熏陶。

● 图书馆的服务手段和服务内容有了全面提升。由过去的手工管理,到现在基本都实行了计算机化管理,文献资源由原来的纯纸本型,发展到现在的纸本、电子、网络、多媒体等多种形态的文献。图书馆的服务已经不再仅限于图书馆实体建筑中,即使师生们足不出户,只要轻点鼠标就可以享受到图书馆的服务。

● 图书馆从业人员的素质有了较大提高。过去图书馆从业人员大学以上毕业人员占人员总数的比例不足60%,目前已超过90%,现在许多学校都把图书馆员的门槛提到了硕士研究生以上。而自动化、网络化在图书馆的应用也对图书馆从业人员提出了新要求,要求图书馆工作人员具备计算机和网络基本知识等新知识、新技能,从业人员素质的提高,意味着图书馆服务质量的不断提高。

● 图书馆购书经费近年有了明显增长。为了保障教学和科研需要,为了迎接教育部教学工作水平评估,各高校都加大了图书馆的经费投入,图书馆藏书数量大幅增加,全省高校在规模快速发展的情况下,生均藏书量已达到了80册。

图书馆的这些变化为高等学校的教学科研提供了良好的基础条件和文献资源

保障,在教育部组织的本科教学水平和其他类型的评估中,我省高校图书馆建设工作都得到较好的评价,有些成为评估中的亮点。

然后,王李金同志又从四个方面总结了我省高校图书馆取得的成绩。他认为,多年来围绕图书馆建设,在省教育厅和图工委的组织协调下,各高校都做了大量的工作,并取得了明显成绩:

一是加强了高校图书馆的规范化管理。在教育厅指导下、高校图工委制订了山西省高等学校图书情报"九五""十五""十一五"发展规划,以及《山西省高等学校图书馆工作评估方案》《山西省高等学校图书馆业务工作规范》等指导性文件,引导我省高校图书馆工作沿着正确的道路向前发展。各图书馆按照教育部颁发的《普通高等学校图书馆规程》和教育厅的相关要求,不断制定、完善自己的规章制度,现在各图书馆都形成了比较全面规范的制度体系,图书馆各项管理工作基本做到了有章可循,科学管理。

二是推动了高校图书馆的自动化建设。为推动这项工作,原省教委在2000年委托高校图工委对20余所院校的图书馆进行了自动化评估。之后,在2001年12月,也是在山西财经大学召开了"山西省高校图书馆自动化工作会议",制定了《山西省高校'十五'期间图书馆自动化建设要点》,并提出了建设"山西省高校文献信息保障系统"的初步思路。通过评估和指导,我省高校图书馆的自动化建设取得了明显的进步与发展。目前,全省高校图书馆基本都建立了图书馆局域网,各项业务工作均实现了计算机化管理,并建成了不同规模的电子阅览室。自动化、网络化的建设提升了各馆的服务水平、工作质量和办馆效益。

三是启动了高校图书馆资源共建共享工作。我省高校图书馆在资源共建共享方面起步应该是比较早的。1999年原省教委就组织成立了省城高校联合体,高校图书馆作为资源共享的一部分,制定了《省城高校联合体图书馆馆际图书借阅规定》,有14所院校参与,相互颁发10个馆际互借证。但是由于各种原因(主要是思想上认识没有跟上,没有进行充分的宣传),这项工作没有很好开展起来。近几年来,随着资源共建共享观念的深入人心,大家开始自觉地向这个方向发展。从2002起,在图工委的组织下,高校图书馆开展书刊方面的集团采购,依靠集体的力量降低采购成本,节约了经费。同时,在CALIS的带动下,开始了馆际互借/文献传递等资源共享活动。这方面,我们几所老本科院校起到很好的带头作用。

四是创建了高校文献保障系统山西省中心。我国高等教育"211工程",在"九五""十五"总体规划中有三个公共服务体系建设(包括中国教育和科研计算机网、图书文献保障系统、现代化仪器设备共享系统等建设内容),中国高等教育文献保障系统(China Academic Library & Information System,简称CALIS)是其中之一。在CALIS的带动、引领之下,各省市纷纷开始建设本地区的文献信息保障系统,以整合本地区高等学校文献资源,实现信息共建互享,许多省市都走在了我们前头。2005年中国高等教育保障系统(CALIS)决定,在未设全国中心和地区中心的省市建立15个省级文献信息中心,我们很好地抓住了这个机会,创造条件,批准了图工委和山西大学图书馆申请承建CALIS山西省文献信息服务中心的申请,并投入50万元的启动经费支持中心建设,目的是通过CALIS省级文献信息服务中心的建设,建立起山西高校的地方文献信息保障体系,并与 CALIS 体系建设连接起来,形成学校—本省(山西省)—全国这样一个三级保障体系,提高我省高校的文献保障与服务能力。中心从 2006 年 5 月正式启动服务,已经在文献资源的共建共享方面做了许多工作。利用这个平台,高校图书馆的合作与交流将日益加强,将更加有利于山西高校图书馆共建共享工作的开展。

王李金同志在讲话中也谈到了我省高校图书馆工作中存在的主要问题,他认为,尽管我省高校图书馆的建设和发展取得了很大的成绩。但是也应当清醒地认识到,与发达地区相比,与事业发展的需求相比,我省高校的图书馆工作还存在一些问题,有一定的差距,主要表现在:

一是投入不足,资源短缺。高校扩招以来对高校在各方面都产生了不小的压力,许多学校对图书馆没有引起足够重视,文献经费投入明显不足,加上书刊涨价幅度较大,致使各校文献资源短缺的状况一直比较严重,生均图书拥有量呈下降趋势。当然,各个学校的情况也不平衡,有的投入不足和资源短缺问题严重;有的投入不够和资源浪费同时存在;有的数量可以,结构不好,更新滞后;有的没有图书馆建设的长远规划,遇上评估集中盲目购书,不能保证书刊的质量和连续性,图书资料不能满足教学科研的要求。从刚才省中心汇报的情况可以看出,我省高校文献保障率是比较低的。

二是网络基础设施层次较低。我省高校目前基本都建立了校园网,但有一些学校公共网络基础设施层次较低,校园网建设不够完善,图书馆的信息资源无法在互联网上检索,从而导致校园网利用率不高,网络信息传输和服务不能有效满足广大师生和科研人员的需求,图书馆的效益不能得到充分的发挥,同时也在很大程度上制约了文献资源的共建共享。

三是资源共享观念有待进一步增强。随着科学技术的不断发展,各类文献资源以几何级数量剧增,加上文献价格的连年上涨,各图书馆愈来愈难以依靠本馆力量来满足读者对文献信息多样化的要求。实行文献信息资源共享越来越受到了普遍重视,已成为当代图书馆事业发展的共同走向。我们的现状则是,由于各家的文献资源是各自投入经费购置,因此,在高校中普遍缺乏共享意识,各自为政、单位所有、封闭利用的信息孤岛局面普遍存在。我们一方面资源短缺,另一方面有限的资源尚未充分利用。在资源建设方面是资源短缺与分散重复并存。

四是队伍建设水平难以适应需要。随着图书馆建设水平和现代化程度的提高,对图书馆工作人员也提出新的更高的要求,在这种情况下,高校图书馆工作人员不齐和不力的问题表现得比较突出,有的学校缺乏对图书馆工作重要性的认识,在人员配备和使用上重视不够,有的学校图书馆工作人员待遇也解决得不好,致使大家的工作积极性和主动性发挥得不够,直接影响图书馆建设水平和服务质量的提高。

对于这些问题王李金同志认为必须引起高度重视并努力采取措施加以解决。他继而从 6 个方面阐述了抓住重点环节,进一步加强高校图书馆工作的思路。他指出,加强图书馆工作可谓千头万绪,当前和今后一段时间,必须抓住重要环节,推动整体工作。

(1)要进一步提高对高校图书馆地位和作用的认识

高校图书馆是学校的文献信息中心,是为教学和科研服务的学术机构,是学校信息化和社会信息化的重要基地,是高校发展和社会进步的重要资源保障系统。随着教育改革的日益深化,图书馆,特别是数字图书馆作为学校图书情报交流中心、知识的宝库,既是提高教学质量的文献中心,也是对学生进行思想教育和文化熏陶的重要场所,更是推进知识创新的重要基地,在学校教学科研工作中发挥着无可替代的作用。特别是在知识经济和信息化时代,终身学习成为现代人的基本需求,网络环境下的高校图书馆随时都在接收新的知识信息,从而大大加强和拓展了图书馆的教育职能和传递信息职能。图书馆在整个社会教育和经济发展中的重大作用越来越突显,因而图书馆建设,特别是数字图书馆的建设近年来也越来越受到重视。许多学校最漂亮的、标志性的建筑就是图书馆,成为了大学的名片。但是我们也需要注意,建设过程中往往会出现重视硬件,重视看得见的东西,轻视软件,轻视看不见的东西的现象。比如资源建设,所以许多图书馆徒有漂亮的外壳,但缺乏资源,缺少内涵。因此,重视图书馆工作,不能只做表面文章,必须从思想上真正重视起来,并努力落实在行动上,特别是学校领导要定期研究图书馆工作,解决面临的困难和问题,按照有关政策要求和学校教学科研需求,投入必要的精力和财力,促进图书馆建设,特别是内涵建设。

(2)要进一步加强高校图书馆内涵建设

加强高校图书馆内涵建设首先要千方百计,开辟多种渠道,采取多种措施,争取各种社会资源,增加藏书文献的拥有量,不断优化藏书结构,在此基础上,图书馆内涵建设要有更高更新的要求,要进一步思考:如何更好地整合我省高校的文献资源,充分挖掘数据,突出特色,建设一个既服务于我省高校教学科研、还能突显我省高校特色资源优势,拓宽服务渠道,延伸服务内容,使我省高校的文献资源增值,收到良好的社会效益和经济效益的共享平台。

为了推进这方面的工作,首先要建设好我省高校文献资源共享平台。CALIS山西省文献信息服务中心已经建立起来,也开展服务了,下一步要在CALIS全国中心的指导、协助下扩大服务内容和服务范围,让更多的学校受益。各学校要积极参与到CALIS文献保障系统的建设中来,树立人人为我、我为人人的理念,一方面要把自己的资源宣传出去,另一方面要充分利用CALIS提供的资源和服务。目前,山大、工大、医科大、农大、财大、大同大学6所图书馆参加了科技厅科技文献共享平台一期的建设。科技文献资源共享平台的建设目标就是以地区资源的整合与共享为中心,提高对现有科技文献资源的利用率。文献信息共享网络平台的建设,将极大地拓展高校图书馆的服务能力,提高信息资源利用率、用户的信息保障率和资源共享水平,减少资源重复建设和浪费、缓解文献信息经费日渐紧张的压力。希望参加平台建设的单位,努力做好工作,通过与省内主要科技文献信息机构的联合与协作,实现对全省科技文献信息资源进行系统整合和优化建设,链接和集成国内外其他文献信息系统,组织资源与服务的共建共享,建立有效支持全省科研创新活动的科技文献信息资源联合保障与服务的网络化共享平台,同时也形成全省科技文献信息资源与服务研究、组织、交流、咨询的工作平台。这对于提高全省科技文献信息共享水平,提高全省科技文献信息总体保障水平,全面提升省内各高校文献信息资源建设和服务的整体发展质量和辐射带动能力,逐步形成覆盖全省高校各学科的文献信息资源三级保障网络,实现资源共建共享、互惠互利、大馆带小馆,解决信息资源建设投入不足与需求不断增长的矛盾,实现信息资源效益的最大化。在建好共享平台的基础上,高校图工委要征求各馆意见,集中大家的智慧,研究制定我省高校文献资源共建共享的实施方案,各校要将自己的资源进行整合优化,图工委负责将各校文献资源集成在共享平台上。图工委要成立工作机构,设专人负责。

其次,要以 CALIS 中心和高校科技文献共享平台建设为依托,努力在保护、开发和利用好我省自己的优质资源方面做文章,比如,建设山西高校博硕论文数据库,要将我省的博硕论文资源进行数字化处理,使它成为可用的教学和研究资源,以产生增值效应。今年开始,各高校要重视这批资源的收藏、开发与利用,要建设各自的博硕论文数据库,最终建成"山西省高校博硕论文库",使这部分资源不再流于纸本形式,能很好地得到利用。同时,要拓宽视野,面向我省实际,按照学科建设的需要,尤其是一些特色和优势学科的需求,充分挖掘数据,整合资源,逐步建设具有我省文献资源特色的专题资源库,如煤炭化工数据库、根祖文化数据库、晋商数据库、山西进士数据库、山西农业、医学、兵器工业、航空航天、重型机械、戏曲文化、民俗文化、宗教文化等数据库,一方面为我省教学科研服务,为我省经济建设和文化建设服务;另一方面利用我省高校独有的特色资源,为国内外专家学者及同行提供特定服务,以提升我省高校资源建设的水平,扩大社会影响。

(3)要大力推进高校图书文献资源共建共享

当今信息资源急剧增长,尤其是网络资源海量涌现的情况下,任何一个图书馆要孤立地依靠本馆力量来满足读者对文献信息多样化的要求越来越难,越来越力不从心。所以图书馆自身发展的需要和经费压力成为图书馆联合在一起进行资源共建共享的强大动力。同时,信息技术、电子通信技术的迅速发展又为文献信息资源共建共享提供了便利的条件和手段。这使得文献信息资源共建共享比过去更容易实现。为了推动我省高校图书馆文献资源的共建共享工作,我在 2008 年 7 月 2 日下午,在山西医科大学图书馆主持召开了山西省高校图书馆文献资源共享会议,山西省高校图工委秘书长单位的 7 位馆长参加了会议。会议主要就山西省高校如何进一步做好资源共享,特别是馆际借阅工作进行了深入细致的讨论。会上大家达成一致意见,今年一定要集中先把文献资源共享工作推开,先易后难,先做传统的,后向自动化、网络化方向发展。第一步先把馆际互借工作抓起来,并大力宣传推广出去,先从图书开始,从省城开始,以后逐步扩大。下一步要研究建立网络图书馆通用借书证系统,推进我省高校图书馆资源共建共享整体化建设,为山西高等教育的发展做出更大的贡献。围绕高校图书馆的共建共享,近期要重点做好两项工作:

一要继续做好联合采购,最大限度地节约经费。在目前经费有限的情况下,采取集团采购模式,各单位在协商好投资比例和授权范围的基础上,集体采购资源是比较理想的一种资源建设方式。前面已经有了成功的经验,今后应该继续坚持下去,图工委牵头做好协调、组织工作。下一步考虑资源协调采购,以全省科技文献信息资源合理布局和资源增量最大化为主要目标,进一步细分用户群体,明确各单位资源建设和发展的重点方向,达成资源分工协调采购建设的共识。从全省文献资源共享的需要出发设立专业(或学科)文献中心,以便分工明确地收集全省所需的专业文献,提高本省特色专业文献的保障率。

二是要大力开展馆际互借/文献传递工作,拓展服务功能。馆际互借/文献传递是一项投资小、收益大,见效快的文献资源共享方式。应该大力推广。目前这项工作已经有了一定基础但总的来看,我省高校的这项工作宣传的力度还不够,受益面还比较小。一方面我们资源不足,不能满足教学科研的实际需求,另一方面我们又没有充分利用可以利用的资源,这实际也是一种浪费。

另外,从实际情况看,文献传递/馆际互借工作,网上信息资源的传递因为比较容易所以做得比较好,纸本图书的互借差些。因此,纸质文献的共享也一定要实质性地推进,在网络化管理不能一步实施的情况下,我省的馆际互借可分两步走,第一步先把传统的捡起来,每家发20个借书证(具体操作办法由图工委负责制定)。开始范围不要扩得太大,范围在省城高校,先限于在编的专职教师,这样便于管理,条件具备以后再扩大至学生。这项工作各学校一定要重视起来,要明确专人负责。图书馆要挂出牌子,有专门的窗口服务。宣传工作很重要,你不宣传,再好的服务没人知道,也没有效果。所以,每年新生入学以后,配合新生入学教育搞图书信息工作的宣传月,要作为山西省常规性的图书服务宣传月,把图书馆的各种服务宣传出去,让更多的人利用图书馆,这样才能提高图书馆的效益。一些学校可能借书任务会比较大,付出多,要克服厌烦心理,舍得做一点奉献,形成良性互动后会家家受益的。

在总结经验的基础上研究通用借书证的发放和做网络统一流通管理系统,并解决异地还书的问题,方法上要循序渐进。在这方面,各高校要保障网络基础设施的完善和畅通,否则资源共享就难以实现。

(4)扎实有效地开展好高校图书馆服务宣传月活动

为增强广大师生的图书信息意识和使用图书信息的综合能力,以利用图书信息资源解决学习和学术研究中的实际问题,不断地进行知识更新和知识创新,经研究特决定,从今年开始,每年9月中旬到10月中旬在全省高校开展高校图书馆服务宣传月活动。为了开展好这项工作,省教育厅印发了通知。希望各高校要高度重视此项工作,要召开专门会议进行研究,并作出具体安排部署。主管校长要亲自负责,亲临现场组织协调,以保证此项活动有序、有力、有效地进行。

在活动中要统筹安排好各项内容,特别要做好大学生文献检索课程教育。这项工作目前在我省有部分高校把它列为本科生、研究生的必修课,有部分列为选修课,有个别高校至今没有开设课。文献检索课是一个技能性很强的课,对于学生在校期间的学习科研及将来踏上工作岗位都是很有用的,各校应对文献检索课的教学给予重视,要做好安排部署。一是要对新生要进行"图书馆利用教育";二是要对本科生、研究生开展文献检索课教学;三是要做好对图书馆专业人员的在职培训及继续教育。通过宣传月和文献检索课的教育,使更多的师生了解图书馆,热爱图书馆,进入图书馆,真正把图书馆办成教学科研的重要基地,成为广大师生共同的精神家园。

（5）要切实加强高校图书馆管理工作

当前,高校图书馆资源不足是共性的问题,但由于管理不善,导致资源利用率不高的问题也同时存在。因此越是投入不足,越是资源紧缺,越是要加强管理,努力向管理要质量,向管理要效益。要按照教育部《普通高等学校图书馆规程(修订)》的要求,结合学校实际,进一步修订和完善管理制度,使各项工作都做到有章可循,有据可依。要更加重视制度的落实,全面提高管理水平。

（6）要进一步加强图书馆队伍建设

加强图书馆工作取决于多方面因素,但归根到底关键在人。为了适应新的发展的需求,必须把加强队伍建设放在重中之重的位置加以重视。首先要根据工作需要充实图书馆管理人员,要把好人员入口关,努力形成好的年龄结构、学历结构、学缘结构和职称结构。其次要加强对现有人员的培养提高,创造条件提高他们的学历层次和专业水平,重视培养高层次图书情报学科专家。鼓励图书馆专业人员同时掌握图书馆学和一门以上其他学科知识,成为复合型人才。创造条件改善图书馆工作人员的工作条件和生活待遇,保障得到与相同经历人员同等的待遇。图书馆工作人员要努力加强自身建设,教育和引导每位工作人员树立爱岗敬业的思想,一要勤于学习,努力提高文化水平和专业能力;二要乐于奉献,努力做好本职工作;三要勇于创新,结合工作,分析新情况,发现新问题,研究新办法,推进工作不断上水平。还是那句老话:有为才能有位。只要有好的服务就能赢得尊重,只要有大的贡献就能找到地位。

最后王李金同志引用美国学者贝克在《资源共享的未来》一书的前言中讲到的一段话作为结语:"今天的图书馆正处于一个相互依赖的时代。每一个图书馆都必须将自己视为世界图书馆体系的一部分,必须摆脱自给自足的状态,必须发现迅捷而合算地从世界图书馆体系中获取资料并送到自己用户手中的方式,必须随时准备将自己所收藏的资料提供给世界各地的其他图书馆。"就是说,在信息时代,一个图书馆藏书量的多少已不再是该馆档次和服务质量的主要标志。读者是否能在终端上用最短的时间获得自己所需的本馆、本地区、本国乃至全球的信息,将成为评价图书馆的重要标准。

这次会议上山西财经大学、吕梁高专、山西财专分别介绍了近年来各自图书馆工作的情况。山西省高等学校图书情报工作委员会秘书长、山西大学图书馆馆长李嘉琳,就我省高校图书馆近年来在资源共建共享方面所作的一些工作和近期图工委要做的工作做了汇报。高校图工委近期的工作主要包括以下四个方面:①明确 CALIS 管理中心、省中心和成员馆的义务和职责,组织成员馆签署 CALIS 服务协议;②继续开展 CALIS 目录系统建设与服务;③推广和开展在全省高校范围内的馆际互借/文献传递服务;④面向全省高校图书馆员开展业务培训工作。

这次会议是近年来省教育厅为加强高校图书馆管理工作专门召开的一次会议,必将对我省高校图书馆全面建设起到积极作用。与会代表也有决心和信心把我省高校图书馆建设提高到一个新的水平。

2. 推广馆际互借/文献传递服务与图书馆服务宣传月活动

这一阶段,省教育厅一方面召开高校图书情报工作会议大力推动高校图书馆的资源共享,另一方面下发文件具体指导高校图书馆开展馆际互借/文献传递服务和图书馆服务宣传月活动,以不断提升本省高校图书馆服务水平。

(1)馆际互借/文献传递服务

2008 年 9 月 9 日省教育厅颁发了晋教高函〔2008〕49 号"关于印发《山西省普通高校图书馆馆际互借/文献传递实施办法》《山西省普通高校图书馆馆际借阅证发放和使用办法》的通知",以大力推进我省高校图书文献资源共享工作,不断提升各高校图书馆服务教学、服务科研、服务社会的能力和水平。

山西省普通高校图书馆馆际互借/文献传递实施办法

为了充分发挥"CALIS 山西省文献信息服务中心"(以下简称"省中心")的作用,提高高校图书信息资源的利用率,实现优质图书信息资源共享,促进高校不断提高教学科研质量,特制定山西省普通高校图书馆馆际互借/文献传递实施办法。

第一条　加入成员馆

设有馆际互借/文献传递管理员的省内各普通高校图书馆,应积极申请加入 CALIS 文献传递网,成为馆际互借/文献传递成员馆,并遵守馆际互借/文献传递有关协议。每个成员馆每年向省中心交纳一次定金,作为该年度的结算基本金,年底根据文献传递数量进行核算。

第二条　服务模式

省中心采取集中服务模式,在省中心安装馆际互借/文献传递服务系统,省中心负责系统的维护、使用培训并提供传递服务,成为省中心服务馆。获取服务的用户馆在省中心服务馆的馆际互借/文献传递系统中开户,并在服务馆系统的读者网关上提交文献传递请求。

第三条　服务流程

1. 通过登录"CALIS 山西省文献信息服务中心"(http://202.207.210.10)注册管理员账户,账户登录名以每所学校的缩写名称填写为宜,以方便统计申请传递数量。

2. 联系省中心负责人,对账号进行确认处理。经中心确认生效的账号即可通过中心馆际互借/文献传递客户端提交申请。

3. 省中心接收申请,在 2—3 个工作日内完成申请的处理,并以 E-mail 或其他通讯方式将文献传递给各高校馆际互借文献传递管理员,完成用户馆提交的申请。

第四条　服务内容

1. 馆际借阅(返还式):提供各馆收藏的普通中文图书的馆际借阅。

各高校读者通过本馆的馆际互借/文献传递中心,先确定对方馆图书处于可借状态,由本馆的馆际互借员向对方馆提出申请,得到批准后,读者到对方馆的馆际互借文献传递中心,以自取方式获取对方馆图书。太原市以外的高校读者可通过邮寄方式传递。

读者在借期内自行归还所借图书。或由读者将图书还给本馆馆际互借员,由馆际互借员负责还给对方馆。

借出方管理员通过借入方管理员控制读者的行为,与读者的协议方式各馆自行规定,以方便读者借阅为目的。

具体借阅数量,借阅期限,超期,损坏等事宜根据各馆规定执行。

2. 文献传递(非返还式):提供各馆收藏的图书部分章节、期刊论文、学位论文、会议论文、可利用的电子全文数据库等文献。

用户馆提交馆际互借/文献传递申请。

省中心接受文献申请。查询中心馆藏,中心收藏文献做本馆运送,直接把全文发给申请馆,本馆缺藏的文献通过系统发到省内外其他高校,文献传回后再转发给提交申请的用户馆。

传递方式有 E-mail、邮寄、即时通讯工具、自取、传真等。

3. 特种文献:古籍、缩微品、视听资料、旧报纸等文献是否提供服务,各图书馆可根据本馆情况自行决定。

4. 代查代索:省中心接受用户馆委托服务请求,帮助查询国内外文献信息机构的文献和代为索取一次文献。

第五条　宣传和培训

省中心定期集中培训各高校的馆际互借/文献传递管理员,规范操作流程,提供业务咨询和技术指导服务,协助各高校做好宣传培训工作。

第六条　其他

各高校应签订由山西省高校图工委印制的馆际互借/文献传递有关协议。收费标准和交纳定金标准由山西省高校图工委参照有关政策规定制定。

山西省普通高校图书馆馆际借阅证发放和使用办法

为提高图书馆文献资源保障水平,为高校读者提供更为方便快捷的图书外借服务,实现山西省高校图书馆间的信息资源共享,特制定山西省普通高校图书馆馆际借阅证发放管理办法。

第一条　服务对象

本办法适用范围暂定为太原市内签订"山西省高校图书馆馆际借阅协议"的普通高校图书馆。服务对象为在职教师。

第二条　操作模式

1. 签订协议的省城高校图书馆间互发免费馆际借阅证 20 个,各校教师凭本人借阅证或其他有效证件,到所在图书馆馆际互借部门办理换取馆际借阅证和相关手续后,即可持证到图书所在馆借阅图书。

2. 每人每次只能领取一个证件,证件只限本人使用。读者持证最长时限为 30 天。

3. 同一读者需将上次所借图书归还后才能再次换取馆际借阅证。

第三条　借阅的文献范围

读者可凭馆际借阅证到各成员馆免费查阅图书、期刊、古籍、科技资料等文献资料(查阅电子文献参见各馆相关规定),也可以外借成员馆的普通中文图书(不包括外文图书、特藏图书、工具书、库本书和期刊等只供阅览的资料类型)。

第四条 借阅数量与期限

1. 馆际借阅证限借文献量为:每证每次限借3册,借期30天,每证年最大借阅册数50册,达到最大借阅册数,证件自动失效。

2. 馆际借阅证的有效期为一年,每年10月办理一次验证手续,期满抑或达到最大借阅册数,该证即为失效。

第五条 读者的权利与义务

1. 读者需本人亲持馆际借阅证到协议馆借书,同时出具本人所在学校图书馆的有效证明进行身份确认。

2. 持有馆际借阅证的读者,在成员馆本地阅览书刊时,享受与各文献提供单位教师同等待遇。

3. 馆际借阅证读者必须爱护文献,并遵守文献提供馆的各项规定;超期罚款的数量,以及其他借阅规定,均根据文献提供馆的规则办理。

4. 如出现任何违章、违约情况(如图书损坏、丢失、逾期不还,违反阅览室管理规定或馆际借阅证损坏等),读者按提供服务的图书馆的管理条例接受处理。

5. 读者所借图书若遇特殊情况,外借图书不论到期与否,各图书馆有权随时索回,读者接到索还通知后,应在2个工作日内归还所借图书。

6. 读者须妥善保管馆际借阅证,一旦丢失,应及时到所在馆的馆际互借部门挂失,丢失借阅证造成的损失,由持证者承担。

第六条 用户馆的权利与义务

1. 指定专人对馆际借阅证进行管理。

2. 为本校教师办理馆际借阅证。建立读者借阅档案。

3. 做好与读者、借出馆的沟通与协调工作,负责处理在借阅过程中出现的各种问题。

4. 文献提供馆因特殊情况需索回图书时,用户馆有义务配合协助催还。

第七条 文献提供馆的权利与义务

1. 为持有馆际借阅证的读者提供馆藏文献阅览与外借服务。

2. 建立馆际借阅档案,做好借阅图书的登记工作。负责年度数据统计。

3. 对馆际互借进行管理,及时解决馆际互借中出现的各种问题。

4. 负责对读者在借阅过程中出现的违章(如过期、污损、遗失等)行为进行处理。

5. 负责对有特殊需要的外借图书和到期图书进行催还。

第八条 其他

1. 各馆是否对换取馆际借阅证的读者收取押金(主要用于图书超期、丢失、污损的赔偿)由各馆自行规定。

2. 各馆可本着方便读者、方便管理的原则,自行规定馆际借阅证的管理办法。

根据省教育厅"山西省普通高校图书馆工作会议"精神,以及省教育厅"关于印发《山西省普通高校图书馆馆际互借/文献传递实施办法》《山西省普通高校图书馆馆际借阅证发放和使用办法》的通知"精神,山西省高校图工委组织了馆际互借工作的具体实施。2008 年 9 月 23 日图工委向省城及周边地区的 21 个图书馆发出了《山西省高校图书馆馆际借阅协议》,共有 18 个图书馆,本着"资源共享、优势互补、互惠互利、自愿参加、平等协作"的原则签订了"山西省高校图书馆馆际借阅"协议。馆际借阅证由图工委统一制作。考虑到实际使用情况,7 个老本科院校按每馆 20 个证制作,其他院校按每馆 2 个证制作,如果根据实际使用情况确实需要增加数量时再行制作,以免造成浪费。另外考虑到教师使用量不会很大的实际情况,图工委决定把馆际互借的对象范围扩大至全日制本科生。2008 年 11 月 28 日在山西大学图书馆召开了"第一次馆际借阅工作会议",各协议馆负责馆际互借的同志参加了会议。会上通报了山西高校馆际借阅工作进展情况,讨论了馆际借阅流程和下一步的管理思路,并互发了馆际借阅证。由此,新一轮的山西高校馆际借阅服务正式启动。

2009 年,省教育厅转发了《文化部、教育部、科技部关于进一步加强文献信息资源共建共享服务基层的意见》,进一步督促我省文献资源共建共享工作的开展。

在教育厅的领导下,图工委的组织下,全省高校图书馆的馆际互借/文献传递服务扎扎实实地开展起来,大大提高了各校图书馆的文献资源保障水平。

(2)图书馆服务宣传月活动

山西省教育厅王李金副厅长在 2008 年召开的山西省高校图书馆工作会议上首次提出了要开展高校图书馆服务宣传月的倡议,为此,教育厅又专门印发了文件要求各学校切实开展好这项工作。

在教育厅颁发的晋教高函〔2008〕50 号"关于开展高校图书馆服务宣传月活动的通知"中提出:

为增强广大师生的文献信息意识和使用文献信息的综合能力,以解决学习和学术研究中的实际问题,不断地进行知识更新和知识创新,决定从今年开始,每年 9 月开展"高校图书文献信息服务宣传月"活动。具体活动要求如下:

一、活动时间

高校图书馆服务宣传月活动的时间定于每年 9 月的新学年开学和新生报到期间。各图书馆面向全校师生,特别是入学新生开展图书馆服务宣传工作。

二、活动内容

1. 对新入学的本科生、专科生开展如何利用图书馆进行学习、进行研究的教育,其中包括图书馆基本情况的介绍,图书馆的规章制度教育,图书借阅、期刊阅览、电子阅览室使用等方面的教育。

2. 在学校传统的文献检索课基础上,对高年级本科学生和研究生进行如何利用检索工具、如何利用电子资源、如何利用网络资源等方面的信息素质教育。

3. 通过网络宣传、新书通报和印发宣传资料等方式,对广大教职员工进行新入藏资源、新载体文献、新购数据库及新技术、新方法的宣传、教育。

4. 全方位宣传图书馆的纸质文献借还阅览、电子文献的检索、文献复制、远程传递及馆际互借等方面的服务内容。介绍图书信息传统服务与现代化手段服务相结合的新服务模式。

三、活动形式

1. 举办专题讲座。有条件的高校围绕图书馆的资源建设和利用问题,图书馆学及其相关学科的研究与未来发展趋势,可以举办一到二场专题讲座。

2. 围绕高质量、高水平的文献选择,举办书刊推荐。

3. 出版宣传专栏。可围绕图书馆功能、工作内容、研究内容、服务方式、创新与特色项目等出版宣传专栏。

4. 编制宣传资料。通过编制《读者手册》《数据库使用指南》《馆际互借/文献传递》等宣传资料,加强读者对图书馆的进一步了解。

5. 播放专题录像片。各本科院校图书馆可选择或制作一些围绕文献利用、资源建设、学科发展为内容的专题录像片进行播放,以宣传高校图书馆对大学文化建设的特殊意义。

6. 利用校园网络、图书馆网站进行全方位的网上宣传。

通过上述宣传活动,进一步提升信息资源在教学科研中的地位,更好地发挥图书馆的作用。

四、活动要求

1. 各高校要高度重视此项工作,要召开专门会议进行研究,并作出具体安排部署。主管校长要亲自负责,亲临现场组织协调,以保证此项活动安全、健康进行。

2. 为保证此项活动扎实有效,各高校要拨专款给予支持。各图书馆要积极动脑筋想办法,创造性地开展好宣传月活动。

3. 省高校图工委要加强指导,加强联系,加强监督,以提高宣传月活动的质量和效果。各高校要将开展宣传活动的计划、进展情况、总结及时报告省高校图工委。宣传月活动结束后,省高校图工委要将情况汇总后集中上报省教育厅高教处。

根据省教育厅的通知精神,图工委从 2008 年起,每年选定一个主题,组织省高校图书馆开展服务宣传月活动,收到了良好效果。

六、第七届山西省高校图工委

按照图工委章程,山西高校图工委应于 2005 年进行一次换届工作,由于近年来,图工委各成员馆以单位参加图工委活动,馆长更迭后,新任馆长自动成为委员,图工委工作一直有序开展,以至图工委忽略了换届工作。

2009 年初,图工委开始筹备换届的准备工作,起草了《山西省高等学校图书情报工作委员会章程》(修改、讨论稿)、《第六届图工委工作报告》等文件,于 5 月份向省教育厅提出换届申请,计划于 6 月中旬召开换届会议。图工委的申请报告得到了省教育厅的批准。

2009 年 6 月 24—25 日,山西省高校图工委第七届工作会议暨 2009 年馆长会议在山西太原中城宾馆召开,山西省教育厅王李金副厅长和高教处正处级调研员张正义出席了会议,来自省内 38 家高校图书馆以及部分数据库公司的 66 位代表参加了会议。山西省图书馆学会秘书长石焕发到会祝贺。

　　会议总结了第六届高校图工委的主要工作:搭建学术交流与研讨的平台;启动图书馆服务宣传月活动;推动各高校图书馆自动化建设;推进高校图书馆资源共建共享工作;筹建高职高专图书馆专业委员会等。会议还交流了我省图书馆资源共建共享和开展特色服务的情况,CALIS 山西省文献信息服务中心工作进展情况,2008 年图书馆服务宣传月活动情况。针对目前图书馆存在的投入不足、资源短缺、网络基础设施层次较低,资源共享观念有待进一步增强等问题,会议明确今后的工作重点将大力推进高校文献资源共建共享工作。

　　会议宣布了山西省高等学校图书情报工作委员会第七届组织机构名单和专业委员会名单,王李金副厅长任主任委员,张正义、李嘉琳、刘永胜任副主任委员,李嘉琳兼任秘书长。马建中、亢成业、白才进、吴秀玲、幸玉亮、贺培风、韩起来、赵振龙任副秘书长。会议审议通过了《山西省高等学校图书情报工作委员会章程》和《山西省高职高专图书馆专业委员会章程》。

　　王李金副厅长做了讲话。他首先介绍了我国高等教育整体发展的态势具有四个特征:一是高等教育规模实现了跨越式发展,提高质量成为当务之急;二是高等教育外延式发展告一段落,加强内涵发展成为发展的重中之重;三是高等学校的教师队伍有了很大的发展,教师队伍整体素质迫切需要提高;四是全国、全省完成了第一轮高校教学工作评估,各高校正在致力于建设质量保障的长效机制。随着高等教育的发展,图书馆整体工作也上了一个新水平,主要表现在四个方面:①图书馆的条件建设得到加强,如馆舍、内涵建设、队伍建设等,自动化和数字化建设也得到重视;②各高校图书馆规范化管理得到加强,特别是推进了馆际互借、资源共享;③各高校图书馆的服务意识得到加强,图书馆服务宣传月的积极探索和开展进一步巩固和提升了图书馆的地位;④图书馆队伍建设得到加强,数量和质量都得到保证,通过各种手段锤炼、锻炼了队伍。他也指出了图书馆工作存在的困难和问题主要是:投入不足、共享不足和队伍结构需要改善。

　　王副厅长对我省高校图书馆今后的工作提出了五点希望:①要进一步提高对图书馆工作的认识。各高校要切实加强对图书馆工作的领导。充分认识没有高水平、高质量的图书馆工作就很难有高水平、高质量的教学和育人工作。各图书馆一定要找准定位,要争取得到学校领导的支持。要把图书馆建成"学校窗口、师生之家、质量基石、创新园地"。②要进一步加强图书馆建设。图书馆建设除了馆舍、藏书以外,还要重视环境建设,要有文化氛围。③要进一步推进共建、共享工作。我省高校共建共享起步良好,但还有很大的空间去完善,图工委要组织协调好这方面的工作,除了重视纸质资源的共享,还要加大数字资源的共享,通过互借传递达到资源互补,为教学科研提供保障。特别是老八所高校,要充分发挥其示范带头的作用。目前先集中力量推进传统共享,纸质图书的馆际互借,各馆之间形成互补,还要推进网络化、数字化的共享平台建设。④要进一步增强服务意识。每年九月新生入学后要适时开展图书馆服务宣传月活动,此项活动要坚持下去,形成传统。要注重服务质量的提高。希望 CALIS 省中心充分发挥平台优势,通过统一的门户网站展示省级精品课程和贵重实验设备,让全省高校都能共享这些优质教学科研资源。⑤要进一步加强队伍建设。要把队伍建设放在重中之重的位置,进一步充实队伍,优化结构,提高整体素质。最后,王副厅长强调要关注安全问题,要健全安全管理制度,明确安全责任,组织安全应急演练,并切实抓好落实。

　　会议第二阶段进入 2009 年高校图书馆馆长工作会议,主要内容为工作交流和小组讨论。图工委秘书长李嘉琳对2009年图工委工作做了具体的安排部署;太原理工大学刘永胜馆长介绍了太原理工大学图书馆的创新性工作。山西大学商务学院郭启智馆长做了《创新管理机制促进商务学院图书馆蓬勃发展》的经验介绍,他们的发言给各高校图书馆提供了可兹借鉴的宝贵经验。小组讨论会上,不少馆长提出真知灼见,在资源共享和对高职高专图书馆的支持方面,馆长们提出了建设性意见。最后李嘉琳秘书长传达了教育部全国高校图工委文件和会议精神。此外,部分数据库企业在会上介绍了他们的新知识、新技术,正是这些新的资源和新的技术给图书馆的发展带来了前所未有的变革。

会上,山西高校图工委秘书长李嘉琳对第六届高校图工委工作做了总结。

她认为,山西高校图工委在省教育厅的领导下,在中国图书馆学会和全国高校图工委的指导下,特别是在全省各高校图书馆领导的精诚合作和全体图书馆工作人员的共同努力下,全面贯彻落实高等教育发展的方针政策,注重结合山西地方特色,在山西高校图书馆自动化建设和资源共享方面做出了重要贡献,推动了我省高校图书馆事业向前发展。

她代表省高校图工委就第六届高校图工委在5个方面的主要工作向大会进行汇报。

1. 搭建学术交流与研讨的平台

为了促进省内图书馆界的学术交流活动,达到开阔视野,启迪思维,提高创新能力的目标,图工委注重学术交流与业务培训工作,充分发挥桥梁纽带作用,积极为广大工作人员搭建开展学术交流与业务研讨活动的平台,以提高广大职工的专业学术素养。

(1)召开全省图书馆馆长会议

我们坚持每年召开高校馆长会议,八年间除2003年受非典疫情的影响未能例行召开之外,其余每届会议都如期举行。馆长会议既可使馆长们了解国内外行业发展动态和最新进展,同时也给大家提供了交流探讨本省和本校图书馆发展的机会。为省内高校图书馆工作的开展提供了许多新的思路和可兹借鉴的经验。

(2)组织到省外高校参观考察

为了提高我省高校图书馆的科学管理水平,图工委先后组织馆长们赴上海、山东、东北地区等地参观考察,学习外省发达地区的先进管理经验,通过参观学习,大家吸收了新的管理理念,受到了很大的启发,同时也看到了差距,明确了努力的方向。

(3)组织参加华北年会

华北地区高等学校图书馆协作委员会是一个旨在促进华北地区高校图书馆间的协作与交流的组织机构,2001—2008年间,图工委组织各高校图书馆业务骨干165人参加了15—22届华北地区高等学校图书馆协作年会,共提交了120篇学术论文,其中31篇获优秀论文奖,16位作者做了大会交流发言。2003年华北年会上,我省有7个先进图书馆、1个先进部室、27名先进个人受到表彰;2005年,有44名先进工作者受到表彰。八年间,由我省主持召开了两届华北年会,分别由大同大学、运城学院承办,这两所高校为这两届年会的成功举办付出了辛勤的努力,做了大量的工作,借此机会再次表示深切的感谢。

(4)召开专业委员会年会

图工委下设6个专业委员会,其中,采编专业委员会坚持每两年召开一次年会。2002 年在大同医专,2004 年在太原理工大学,2006 年在山西大学,2008 年在运城学院共召开了四次年会。会议给各馆的文献资源建设和采编工作提出指导性意见,也给采编工作者创造了互相学习,互相交流的机会,并就协调全省高校图书馆文献采访,提高全省高校图书馆分编水平,重视采访编目工作人员的进修与培训,制定相关采访原则等问题达成了共识。

自动化专业委员会也分别于 2004 年在太原理工大学,2005 年在山西大学召开有关自动化建设的专项会议,为开展省内高校的文献资源共享奠定了基础。

(5)组织业务培训与工作经验交流

除了组织馆领导和业务骨干参加全国性、区域性会议之外,图工委应新形势、新技术、新发展的需求举办了各种形式的业务培训十余次,举办了中美图书馆实务培训、文献传递经验交流等活动,旨在不断提高图书馆从业人员的业务素质。

(6)组织新知识、新技术的推广、介绍

随着网络技术、计算机技术、信息技术、多媒体技术的发展,图书馆的发展与现代技术的结合日益密切,尤其是电子资源在图书馆的重要性不断增加,使得图书馆面临着新技术、新知识的挑战。为此,图工委利用一切机会组织高校工作人员参加各种新知识、新技术的推广、介绍、培训会。在几年间,万方、同方、雷速、维普、方正、超星等众多公司面向全省高校组织了多场数据库使用讲座。通过这些系列推广活动,山西高校图书馆界的工作人员了解了本行业的新技术、新资源、新发展,使自身的工作跟上了时代发展的步伐。

(7)主办《晋图学刊》

在全体工作人员的共同努力下,《晋图学刊》办刊质量不断提高。2002 年 9 月全国第九次图书馆学期刊工作会议上,《晋图学刊》因办刊方向明确、作用发挥显著、学术质量逐年提高受到了中国图书馆学会的表扬。2003 年《晋图学刊》由季刊改为双月刊,为全省乃至全国图书情报界提供了更加广阔的学习、探讨、交流的园地。2005 年 11 月在山西师范大学召开了纪念创刊二十周年的座谈会。2006 年《晋图学刊》在中国图书馆学会主办的期刊评比中获优秀期刊奖。2007 年在山西省新闻出版局的期刊评比中,《晋图学刊》首次被评为省一级学术期刊。

2. 开展了第一届图书馆服务宣传月活动

为进一步提高山西省高校图书馆为学校教学、科研服务的能力,2008 年 9 月 4 日,省教育厅下发了《关于开展高校图书馆服务宣传月活动的通知》,随后,于 9 月 12 日,省教育厅召开了全省高校图书馆工作会议,王李金副厅长做了《加强建设,推进共享,全面提升高校图书馆服务水平》的重要讲话,进一步强调了开展高校图书馆服务宣传月的重要意义,要求各高校图书馆加强对自身资源以及服务工作的宣传,通过此次活动使读者更全面了解图书馆,更合理的利用图书馆。省内各高校积极响应《通知》的要求和会议精神,于 9 月起至 10 月底,首次在山西省高校组织了形式多样的图书馆服务宣传月活动。

首次服务宣传月活动受到各学校领导的重视,各学校在活动之前都做了详细计划,经过了精心的筹备,一些校领导还亲自参与了活动。许多图书馆结合本学校的特点开展活动使本次活动主题鲜明,内容明晰。

宣传月活动形式多样,注重实效,各学校均按照省教育厅的要求,主要开展了新生培训,文献检索培训,馆藏资源宣传,特色服务宣传和读书征文等系列活动。本次宣传月活动,从多角度对图书馆服务进行了系统、全面、立体的展现。许多读者都反映在活动期间了解了图书馆的许多新职能,增强了广大师生的文献信息意识和使用文献信息的综合能力。同时,也提高了图书馆的地位。

3. 推进高校图书馆资源共建共享工作

我省高校图书馆在资源共建共享方面起步较早,但发展较慢。近几年来,随着资源共建共享观念的深入人心,大家开始自觉地向这个方向发展。在省教育厅有关领导的推动下,在全国高校图工委的指导与协助下,图工委在这方面主要做了如下工作。

(1)建立了 CALIS 山西省文献信息服务中心

2005 年 CALIS 决定,在未设全国中心和地区中心的省市建立 15 个省级文献信息服务中心,我们及时抓住这个机会,向 CALIS 管理中心提出了承建申请。经省教育厅批准,山西大学图书馆承担了 CALIS 山西省文献信息服务中心的建设任务。教育厅投入 50 万元的启动经费支持中心建设,目的是通过 CALIS 省级文献信息服务中心的建设,建立起山西高校的地方文献信息保障体系,提高我省高校的文献保障与服务能力。中心从 2006 年 5 月正式启动服务,已经在文献资源的共建共享方面做了许多工作。

1)探索完善组织机制

山西大学图书馆是山西省高校图工委秘书处所在地,实践证明在图工委的框架内实施运行山西省中心职能具有许多有利条件,故不再另行成立山西省高校图书馆文献资源保障体系管理委员会,而由山西省高校图工委代行管理委员会职责,负责项目的实施和管理。图工委所属的各个专业委员会,配合联合目录、文献传递等各项任务的具体实施。

2)建立高校联合目录

3)推广馆际互借/文献传递服务

(2)启动了省城高校馆际互借工作

(3)组织集团采购

为了缓解我省高校图书馆文献资源短缺的状态,有效地推动高校图书馆的文献资源共建共享,图工委近年来一直致力于以集团采购的形式购买数据库,先后共组织了十余个数据库的集团采购,从而有效地利用了现有资金,使各校图书馆受益。

4. 筹备高职高专专业委员会

我省高等职业教育近年取得了明显发展。据有关统计数据,目前我省高职高专院校已达 44 所,占普通高校总数的 62%。本着加强高职高专院校图书馆之间的沟通,推进高职高专院校图书馆的管理水平不断提高,促进全省高等院校图书馆工作整体发展的目的,在教育厅领导的支持和高校图工委的指导下,由山西综合职业技术学院、山西林学院、山西工程职业技术学院、山西建筑职业技术学院等院校牵头,于 2008 年 11 月召开了山西省高校图工委高职高专专业委员会筹备会议,会议对《山西省高校图工委高职高专专业委员会章程》(草案)进行了讨论,会后送达教育厅有关领导和图工委领导审阅。高职高专专业委员会的成立将进一步推进我省高职高专院校图书馆的蓬勃发展,为我省高校图书馆的整体建设和发展做出更大贡献。

5. 组织文体活动,活跃高校图书馆界文化生活

高校图工委每年都组织省城高校图书馆界的文娱体育活动,旨在促进图书馆界的团结友谊、加强图书馆界的交流,活跃图书馆职工的文化生活,创造我省图书馆界和谐、友谊、共同发展、相互学习的氛围。八年中先后组织了"游泳比赛""排球赛""羽毛球友谊赛""趣味运动会""乒乓球友谊赛"等。

省城高校图书馆界迎春联欢会已坚持了很多年,2001—2008 年先后在警官高专、中北大学、太原师范学院、山西财税专科学校、山西大学、山西大学商务学院、太原科技大学等高校图书馆成功举办。联谊会既增进了图书馆界同仁之间的相互了解,又为大家提供了相互学习、交流的平台,增强了图书馆界的凝聚力,同时还活跃了职工的生活。

李嘉琳秘书长也就山西高校图书馆存在的问题,谈了几点看法。她认为,尽管我省高校图书馆的建设和发展取得了很大的成绩,但是与发达地区相比,与整个图书馆发展的需求相比,我省高校的图书馆工作还存在许多问题,有一定的差距。

1. 投入不足,资源短缺

高校扩招以来对高校在各方面都产生了不小的压力,许多学校对图书馆没有引起足够重视,文献经费投入明显不足,加上书刊涨价幅度较大,致使各校文献资源短缺的状况一直比较严重。此外,在藏书结构,藏书的质量和连续性方面,也不能满足教学科研的要求。总体上看,我省高校文献保障率比较低。

2. 网络基础设施层次较低

我省高校目前基本都建立了校园网,但有一些学校公共网络基础设施层次较低,校园网建设不够完善,网络信息传输和服务不能有效满足广大师生和科研人员的需求,图书馆的效益不能得到充分的发挥,同时也在很大程度上制约了文献资源的共建共享。

3. 资源共享观念有待进一步增强

随着科学技术的不断发展,各类文献资源以几何级数量剧增,加上文献价格的连年上涨,各图书馆愈来愈难以依靠本馆力量来满足读者对文献信息多样化的要求。实行文献信息资源共享越来越受到了普遍重视,已成为当代图书馆事业发展的共同走向。但我省的现状则是,一方面是经费短缺,文献资源保障率低,另一方面是普遍缺乏共享意识,对现有的可以共享的资源没有充分利用起来。

4. 队伍建设水平难以适应需要

随着图书馆建设水平和现代化程度的提高,对图书馆工作人员的理论水平和实践能力也提出新的更高的要求。在这种情况下,我省高校图书馆工作人员不齐和不力的问题表现得比较突出。有的学校缺乏对图书馆工作重要性的认识,在人

员配备和使用上重视不够,有的学校图书馆工作人员待遇也解决得不好,致使大家的工作积极性和主动性发挥得不够,直接影响图书馆建设水平和服务质量的提高。另外,图工委有6个专业委员会,只有一两个进行了经常性的活动。希望今后各个专业委员会都能充分发挥自己的作用,使高校图书馆能够常态化地进行业务交流、学术探讨,以不断提高服务水平。

最后她简要地提出了今后工作的重点目标。

1. 总体目标—大力推进高校文献资源共建共享

今后要集中精力先把文献资源共享工作推开,先易后难,先做传统的,后向自动化、网络化方向发展。第一步先把馆际互借工作抓起来,并大力宣传推广出去,先从图书开始,先从省城开始,以后逐步扩大。下一步要研究建立网络图书馆通用借书证系统,推进我省高校图书馆资源共建共享整体化建设。

2. 具体目标

(1)继续做好联合采购

在目前经费有限的情况下,采取集团采购模式可最大限度地节约经费。各单位在协商好投资比例和获权范围的基础上,集体采购资源是比较理想的一种资源建设方式。前面已经有了成功的经验,今后将继续坚持下去,图工委牵头做好协调、组织工作。下一步考虑资源协调采购,以全省科技文献信息资源合理布局和资源增量最大化为主要目标,进一步细分用户群体,明确各单位资源建设和发展的重点方向,达成资源分工协调采购建设的共识。从全省文献资源共享的需要出发设立专业(或学科)文献中心,以分工明确地收集全省所需的专业文献,提高本省特色专业文献的保障率。

(2)继续大力开展馆际互借/文献传递工作

馆际互借/文献传递是一项投资小、收益大,见效快的文献资源共享方式。目前这项工作已经有了一定基础。但总的来看,我省高校的这项工作宣传的力度还不够,受益面还比较小。因此今后还要在宣传推广这项服务方面下大力气。我们还要继续加大力度推进省城高校间的馆际互借服务,省城高校间的馆际互借工作刚刚起步,一定要坚持下去,希望各馆明确专人负责,真正开展起来,发挥效益。

(3)继续开展图书馆服务宣传月活动

图书馆的宣传工作也非常重要,不宣传,再好的服务没人知道,也没有效果。所以,要把图书馆服务宣传月活动坚持开展下去,每年9—10月,新生入学以后,配合新生入学教育搞图书馆服务宣传月活动,作为山西省高校图书馆常规性的活动坚持下去。

李嘉琳秘书长最后表示,在过去的几年里高校图工委努力发挥"协调、咨询、研究和业务指导"的作用,为山西省高校图书馆事业的发展做出了应有的贡献,今后图工委将在省教育厅的领导下,在全国高校图工委的指导下,继续努力工作,为建设山西省高校文献信息保障机制,为山西省高校的发展,为山西的教育、科研提供有力的文献保障而不懈努力。

第七届山西省高等学校图书情报工作委员会机构名单

主任委员单位:省教育厅有关领导

主任:王李金

副主任委员单位:省教育厅高教处,山西大学图书馆、太原理工大学图书馆

副主任委员:张正义、李嘉琳、刘永胜

秘书长单位:山西大学图书馆

秘书长:李嘉琳(兼)

副秘书长单位:山西农业大学图书馆、山西师范大学图书馆、山西医科大学图书馆、山西财经大学图书馆、中北大学图书馆、太原科技大学图书馆、运城学院图书馆、山西综合职业技术学院图书馆

副秘书长:亢成业、马建中、贺培凤、白才进、吴秀玲、幸玉亮、韩起来、赵振龙

成员:全省各普通高等学校图书馆(包括高职高专院校图书馆)

2008年6月,根据形势发展,经图工委秘书长会议讨论通过,山西省高校图书情报工作委员会对各专业委员会名称进行了更名,并再次确认牵头单位,希望加强专业委员会活动,以不断提高山西高校图书馆的服务水平,提高工作人员业务能力。

图工委专业委员会分组情况:

1. 文献资源建设工作委员会,牵头单位:山西大学图书馆、太原科技大学图书馆
2. 队伍建设工作委员会,牵头单位:山西医科大学图书馆、山西师范大学图书馆
3. 信息素质教育工作委员会,牵头单位:中北大学图书馆、山西医科大学图书馆
4. 计算机应用工作委员会,牵头单位:太原理工大学图书馆、山西财经大学图书馆
5. 期刊工作委员会,牵头单位:太原理工大学图书馆、山西大学图书馆
6. 读者工作委员会,牵头单位:山西农业大学图书馆、山西财经大学图书馆
7. 2009年以后又增加了高职高专工作委员会,牵头单位:山西综合职业技术学院图书馆

七、成立图工委高职高专工作委员会

专科学校是高等学校的一支重要力量,其工作也有一定的特殊性,因此1989年图工委就成立了专科院校协作组,以便专科院校图书馆能够就自己关心和具有专科特色的工作进行研讨、交流。图工委始终有一名专科院校的馆长担任常委或副秘书长。多年来专科院校一方面全力参加省高校图工委的活动,一方面也组织一些专科院校的交流活动,为我省专科院校图书馆的发展做出了努力与贡献。

2000年以来,随着我国高等教育结构的调整,许多原来的专科院校升为本科,一大批高等职业技术学院建立起来,从数量上已经成为我国高等教育的"半壁江山"。图工委从一开始就支持高职高专图书馆的工作,不仅吸收他们为成员,而且安排了一个副秘书长的职位给高职高专图书馆,以便图工委能够及时听到他们的心声,了解他们的需求。但新成立的高职高专院校图书馆大多基础比较薄弱,难以适应高等教育的发展需求,为此,高职高专院校图书馆一直希望能够成立一个相应的组织来研讨、交流高职高专图书馆的工作。2003年全国

高校图工委成立了高职高专工作组,并由教育部教学条件处李晓明处长担任组长,以大力推动高职高专图书馆的建设。山西高校图工委也希望成立高职高专工作委员,以加强高职高专院校图书馆之间的沟通,推进高职高专院校图书馆的管理水平不断提高。经过充分的酝酿讨论,2008年开始,由山西省综合职业技术学院图书馆赵振龙馆长牵头,组织山西林学院、山西工程职业技术学院、山西建筑职业技术学院等院校图书馆参加,组成了高职高专工作委员会筹备小组,起草了《山西省高校图工委高职高专专业委员会章程》(草案),经省教育厅审阅,和2009年省高校图书馆馆长会议讨论审议,决定成立山西省高校图工委高职高专工作委员会。

　　2009年12月20日高职高专图书馆工作委员会成立大会暨第一届一次会议在太原太航大酒店举行,省教育厅高教处张正义调研员、省高校图工委秘书长山西大学图书馆馆长李嘉琳参加会议并发表讲话。来自省内33家高职高专院校图书馆的馆长参加了会议。会议由赵振龙作了"高职高专工作委员会筹备报告"、山西林学院图书馆馆长孙万山宣布高职高专工作委员会机构名单及其说明,宣布2010年工作计划;山西建筑职业技术学院图书馆馆长原二宝传达了全国高校高职高专专业组无锡会议精神;太原理工大学刘永胜馆长作了"近十年高校图书馆未来发展展望"的学术报告。会议还进行了小组讨论和经验交流,并参观了太原科技大学图书馆和山西财税专科学校图书馆。

高职高专工作委员会组成机构名单

主　　任:赵振龙(山西综合职业技术学院)

副主任:孙万山(山西林业职业技术学院)

　　　　田静梅(山西工程职业技术学院)

　　　　原二保(山西建筑职业技术学院)

委　　员:杨太生(山西警官高等专科学校)

　　　　程元鑫(山西财税专科学校)

　　　　李富林(山西交通职业技术学院)

　　　　李亚平(山西煤炭职业技术学院)

　　　　倪振明(长治机电职业技术学院)

　　　　张建平(临汾职业技术学院)

　　　　卢旺堂(太原大学)

　　　　王　祎(山西生物应用职业技术学院)

秘书处:设在山西综合职业技术学院图书馆,冯冬艳负责高职高专图书馆专业委员会的日常事务。

山西省高等学校图书情报工作委员会高职高专图书馆专业委员会章程

第一章　总　则

　　第一条　山西省高等学校图书情报工作委员会高职高专组是山西省高等学校图书情报工作委员会(以下简称山西省高校图工委)的直属机构,受山西省教育厅和山西省高校图工委的领导。

　　第二条　山西省高职高专组的职能是对山西省高职高专院校图书馆工作进行

组织、咨询、研究、协调和业务指导,其主要任务是:

一、协助山西省教育厅和山西省高校图工委开展调查研究,制订山西省高职高专院校图书馆发展规划,并组织实施;

二、根据高职高专的特点开展图书馆业务活动和业务培训工作;

三、组织馆际协作和经验交流;

四、接受委托,对山西省高职高专院校图书馆工作进行检查评估;组织评选先进集体、个人及科研成果评奖;

五、协助图工委做好《晋图学刊》的出版发行工作;

六、组织会员馆积极参加山西省教育厅、山西省高校图工委和本分会组织的各项活动;

七、接受并完成上级主管部门和山西省高校图工委的工作和任务。

第二章　成员

第三条　山西省地区高职高专院校图书馆经申请并承认本章程即可成为山西省高校图工委高职高专组的成员馆。

第四条　山西省高校图工委高职高专组成员馆的权利:

一、对山西省高校图工委高职高专组的工作进行监督、批评和提出建议;

二、参加山西省高校图工委高职高专组组织的各项活动。

三、推举山西省高校图工委高职高专组委员。

第五条　山西省高校图工委高职高专组成员馆的义务:

一、向山西省高校图工委高职高专组提供信息、反映情况。

二、完成山西省高校图工委高职高专组布置和委托的任务。

三、按期交纳会费。

第三章　组织

第六条　山西省高校图工委高职高专组组成人员由山西省教育厅和山西省高校图工委协同山西省高职高专组协商产生主任委员馆、副主任委员馆和委员馆。分会设主任一人(由教育厅有关领导担任),主任委员馆一个,副主任委员馆若干,委员馆若干,分会组成人员每届任期四年。

第七条　山西省高校图工委高职高专组下设秘书处,主持日常工作,秘书长由主任委员馆图书馆领导兼任。秘书处所在学校及各委员所在学校均应对委员会的工作提供必要的支持。

第八条　山西省高校图工委高职高专组根据需要,可设立若干专门机构,负责某专项工作的实施。

第四章　工作和制度

第九条　山西省高校图工委高职高专组每年至少两次召开主任委员馆会议,一次全体委员馆会议,一次全体成员馆年会,研究、商讨有关工作。特殊情况下可临时召开主任委员会议或全体委员馆会议。

第十条　山西省高校图工委高职高专组委员在任期间应积极投身高职高专院校图书馆事业的建设,完成承担的任务,主动向高职高专图书馆分会反映情况,提出建议。

第十一条　山西省高校图工委高职高专组委员应主动向所在学校领导报告相关的工作,以取得支持与帮助。

第五章　经费

第十二条　山西省高校图工委高职高专组的经费来源:

一、成员馆会费。

二、社会赞助及其他收入。

三、上级拨款。

第十三条　山西省高职高专图书馆分会的经费支出:

一、秘书处日常办公费用。

二、出版刊物及编印资料的费用。

三、召开或参加各种会议的费用。

四、奖励先进个人,先进集体及研究成果的费用。

第十四条　山西省高校图工委高职高专组的经费由山西省高校图工委负责统一管理。高职高专组会议活动所需经费由山西省高校图工委负责解决。山西省高校图工委每年年会负责向各成员馆报告上年度经费收支情况,并接受监督。

第六章　附则

第十五条　本章程经山西省教育厅和山西省高校图工委批准后生效。解释权在山西省高校图工委高职高专组。

高职高专工作委员会成立以后,除每年参加全省高校图书馆馆长会议并参加图工委组织的各种活动外,还坚持本工作委员会的活动,2010年7月、2011年6月、2012年10月分别召开了高职高专专业工作委员会第一届第二、三、四次会议暨山西高职高专图书馆馆长年会。他们为健全高职高专图书馆制度,规范图书馆管理,做出了努力,为提升高职高专图书馆服务水平做出了贡献。

八、开拓创新服务,提升办馆效益

面对信息社会带来的冲击,教育部根据新时期我国高校图书情报事业发展的性质和任务,于2002年2月对《普通高等学校图书馆规程》(以下简称《规程》)进行了较大修改,阐明了在新的历史条件下高校图书情报事业的性质和任务,对高校图书馆的组织、管理、资源建设以及读者服务等各方面工作提出了更新更高的要求,开始了新时期高校图书馆的建设与转型发展。新《规程》强调了高校图书馆在网络技术环境下要"积极采用现代技术,实行科学管理""最大限度地满足读者的需要……提供切实有效的文献信息保障"服务。可以看出,科学技术的发展,对传统图书馆的管理理念与管理模式产生了巨大的冲击,信息技术、现代教育技术正潜移默化地塑造全新的图书馆管理与服务文化。

这一时期,我省高校图书馆积极贯彻落实新《规程》,紧紧围绕学校的发展目标,以提高服务质量为核心,以数字化图书馆建设为目标,努力为学校的教学和科学研究提供文献信息资源保障。在各个方面均取得了快速发展。

1. 完善馆际互借/文献传递系统,不断提高文献保障能力

(1)采用馆际互借系统,提高馆际互借效率

我省高校图书馆的馆际互借服务原来以互发借阅证,手工管理为主。2010年由省教育厅投资,图工委组织招标,购买了北京创讯未来软件技术有限公司研发的"高校图书馆馆际互借系统"。2010年5月,在山西大学图书馆完成了系统的安装,测试,第一步先实现了省城9所本科高校馆际互借的自动化管理。图工委起草了相应的馆际互借管理办法和读者使用指南以及主页相关栏目的文档,并举办了第一批9所高校图书馆相关人员参加的培训,至此馆际互借服务采用了自动化管理模式。11月,考虑到山西大学与山西财经大学地理位置临近的优势,经过多次协商和技术磨合,启动了山西大学和山西财经大学馆际互借服务模式。两校全日制本科生、研究生、在职教师持本校图书馆借阅证可到对方馆借阅图书。

文献资源共知是资源共建共享的前提,为此图工委将山西高校图书馆联合目录建设作为CALIS山西省中心建设最主要的内容之一。从2006年省中心开发完成Oai收割系统开始,将不同数据库中的书目数据进行收割,为建立省高校联合目录系统奠定了基础,到2010年重新构建了联合目录数据平台,截至2012年底,共收集山西14所本科高校图书馆的近233万条书目数据。新的联合目录数据平台既可以实现单个学校书目数据的检索,又可以实现14所高校数据的统一检索,不仅可以查询各馆书目数据,而且具有查询馆藏状态的功能,并和馆际互借文献传递系统集成在一起,可以直接提交馆际互借申请。

联合目录为山西高校图书馆实现文献资源的共知、共建、共享提供了良好的平台。它扩大了图书馆资源的范围,为用户提供了更加广泛的获取资源渠道,使图书馆的馆际互借服务得以广泛深入的开展。馆际互借/文献传递服务的开展,收到了广大师生的欢迎,极大地提高了山西高校图书馆的文献资源保障水平。从2009到2012年共进行馆际互借图书1800余册。

(2)升级文献传递系统,提高文献保障水平

文献传递是资源共享的有效形式,也是图工委提倡的最基本服务之一,通过开展文献传递服务,不仅可以缓解图书馆经费、资源不足与读者日益增长的文献需求之间的矛盾,也对教学科研起到更好的支撑作用。文献传递服务在我省图书馆开展已有比较悠久的历史,但在手工服务时代文献传递的数量很有限,进入网络化时代以后,现代通讯技术、网络技术的支持使现代意义的文献传递服务的开展更加快捷便利。从而使得文献传递迅速成为用户喜爱并常使用的服务方式之一。山西省高校图书馆文献传递服务的大力开展主要从2006年CALIS省中心建成以后开始。利用CALIS的文献传递系统,经过省中心不断宣传推广,文献传递数量逐年攀升,截止到2012年底,省中心通过高校系统、科学院系统、国家图书馆、上海图书馆、NSTL、CASHL等合作单位共计获取文献9220余篇。与全国其他地区相比,这个数量尽管还算不上很多,但对山西高校来讲已经显示出他的价值与作用。

2. 开展高校图书馆服务宣传月活动,提高服务效益

在2008年省教育厅主持召开的高校图书馆工作会议上,王李金副厅长提出:要搞图书馆服务宣传月活动,以9月份新生入学为契机,大力宣传图书馆的资源和服务,让高校图书馆更好地担当起服务教学、科研的重任。为了开展好这项工作,省教育厅专门印发了《关于开展高校图书馆服务宣传月活动的通知》,希望各高校高度重视此项工作。从2008年开始,

于每年的 9 月起至 10 月,以图工委牵头开展了形式多样的图书馆服务宣传月活动。除 2008 年的宣传主题由各学校图书馆自拟外,2009 年、2010 年、2011 年和 2012 年的主题分别由图工委确立为:"资源有限 服务无限""馆际互借 资源共享""移动数字图书馆""高校图书馆创新多元化服务"。各高校积极响应《通知》的要求,围绕图工委确定的主题开展了一系列卓有成效的活动。主要活动情况如下:

(1)领导重视,精心策划,落实责任

各学校及图书馆领导班子高度重视服务宣传月的安排部署,均召开了专门会议,研究确定本校活动的主题和指导原则。由馆长牵头各部门配合,制订出了具体的活动方案和责任制度。尤其是对此活动中涉及的相关部门都做了明确安排,真正做到了责任到人,保证了整个宣传活动得以顺利开展。

中北大学、太原工业学院举行了隆重的开幕和闭幕式,分管院领导亲自做了开幕式讲话和闭幕式总结。山西大学商务学院成立了"图书馆服务宣传月活动"领导小组,副院长容和平亲自担任领导小组组长,周密安排活动的组织实施、协调配合。阳泉职业技术学院成立了以负创治校长为组长的领导组,对活动作出具体安排和部署。山西综合职业技术学院主管领导昝和平副院长亲自召集图书馆负责人召开专门会议,作出具体安排部署,责成并认真审查图书馆关于"山西综职院图书馆服务宣传月活动安排",并提出了指导性意见,安排了专项活动经费,活动期间,昝和平副院长及有关院领导亲临现场进行指导,了解整个活动情况。

(2)形式多样,内容丰富,注重实效

服务宣传月期间,各校图书馆通过多种形式和手段加大宣传力度,展现图书馆的精神风貌,展示图书馆的丰富内涵,让更多的人了解图书馆,了解图书馆的服务。

①悬挂横幅、设计展板、印制宣传资料

每年的宣传月活动各馆都首先在校园内或图书馆门前悬挂有关条幅营造宣传氛围,突出活动主题。鲜明的活动标语,一方面突出图书馆服务宣传月活动主题,另一方面又彰显出各个学校的特色,例如:太原理工大学图书馆在馆门前悬挂起大型宣传横幅,将宣传月主题"资源有限 服务无限""搞好服务宣传月 有效利用图书馆"等,向全校师生宣传,彰显了图书馆大服务的理念,全面展示了图书馆服务育人的风采。太原科技大学图书馆在门前醒目地悬挂了主题横幅:"让更多的人读更多的书馆际互借/文献传递图书馆服务宣传月""庆祖国六十华诞 树科大阅读新风——2009 年图书馆服务宣传月"等。山西大学图书馆在门前悬挂了"图书馆服务宣传月——书籍是人类进步的阶梯""同享知识 共建和谐——献礼祖国 60 华诞"等的主题横幅。山西农业大学图书馆在大厅悬挂了"宣传服务、了解服务、利用服务、促进服务"等横幅。山西医科大学推出了"从我做起,创建和谐求知环境"的主题。山大商务学院提出"合理利用馆藏,提高人文素养"的主题。山西经贸职业学院图书馆 2008 年的活动主题为:读书明礼,服务育人,等等。其他图书馆也同样每年都以悬挂横幅的基本形式宣告图书馆服务宣传月的启动。

宣传橱窗、展板则是较为详尽地展示图书馆服务宣传内容的一种形式。山西大学图书馆利用图书馆宣传橱窗陈列"发展变化中的山西大学图书馆"展板。不仅以图文并茂的形式展示了山大图书馆百年来的风雨变迁,而且还以图片对比的方式讲述了现代信息技术给图书馆事业带来的翻天覆地的变化,让读者以最直观的方式了解山大图书馆的历史、现在和未来的发展趋势。图书馆大厅摆放的图书馆宣传彩页,电子资源宣传册、《读者手册》、馆际互借宣传册等全面展示着新形势下图书馆全新的服务。太原理工大学在馆主楼前摆放喷绘展板,对图书馆服务宣传月系列活动进行全程宣传报道,还印制图书馆功能及馆藏资源彩页宣传资料;特别制作了《图书馆服务指南》导示牌、馆际互借/文献传递、电子资源的检索利用,网络资源的有效获取。太原科技大学将宣传版面放置于图书馆大厅,外借部、阅览部、参考部、信息部各部室也制作了本部室服务面的宣传版面,并在学校宣传橱窗、图书馆网页及学校各媒体上做同期宣传报道,使读者及时了解活动内容。晋城职业技术学院、精心制作了宣传版面,宣传图书馆的服务,让广大师生读者能够更充分地了解图书馆,利用图书馆。

②利用广播、网络进行宣传

利用校园网、校园广播进行宣传更是非常有效的手段,各馆充分利用这一现代化手段进行宣传,扩大了宣传面,引深了宣传效果。如山西大学图书馆、太原理工大学图书馆等馆每年在校园网主页发布图书馆服务宣传月活动的通知及活动日程和内容,并通过图书馆网页发布数据库有奖知识问答题,展开抽奖活动;山西财经大学在图书馆主页上开辟了宣传专栏,把开展图书馆服务宣传月的通知及相关活动情况及时上网进行报道,并对图书馆的各项资源服务项目进行了宣传,为了更有效地宣传网络资源,图书馆还在网页上提供了《读者手册》、数据库使用指南、馆际互借与文献传递等多方面的知识资料,以供读者阅览和下载,深受读者的欢迎;山西经贸职业学院图书馆让读者直接点击图书馆网站在线观看介绍图书馆的专题片,开展网上推荐图书,定期进行书刊的推荐宣传活动等。

③举办资源利用专题讲座,进行现场咨询解答

针对许多读者对图书馆的文献资源及服务项目还不太熟悉的现状,在服务宣传月活动期间,各图书馆都将向读者全面推介馆藏各种文献资源和服务作为一项主要的宣传内容,以使读者对图书馆的资源与服务有更全面更深入的了解,帮助解决读者学习和科研中的实际问题。

山西财经大学采取请进来,走出去的方式强化资源宣传培训工作。学校将各个电子资源的厂家培训专家邀请到学校进行培训和举办讲座。馆员将电子资源的培训和讲座搬到院系和课堂中。广大师生面对面地就各种资源与专家老师进行了交流和实践,提高了读者对电子资源的认知度和利用能力,经过培训的电子资源都在利用率上较以前有了显著的提升,取得了很好的效果。太原科技大学也邀请了万方数据库、超星数字图书馆、CNKI、网上报告厅等进行了读者培训,并将主要电子资源及检索方法制作成"电子资源检索与利用"宣传版面,悬挂于学生食堂门口,便于学生对电子资源检索利用的了解。太原理工大学、山西师范大学图书馆针对许多师生对图书馆文献资源及数据库还不太熟悉的现状,对师生使用率高的数据库和新购买的数据库举办多次讲座。有重点地、详细地讲解这些数据库的检索与使用,使日益丰富的信息资源的价值真正地渗透到每一项科研和教学工作之中。提高了数据库的利用率。

④举办书画展览,进行图书推荐

太原理工大学举办了中、外文新书展览,展出的图书品种丰富,内容涉及社科、经济、管理、法律、信息技术、环境科学、外语、文学等,均为当年度国内、国际知名出版社所出版的最新图书;另外还开展了每月畅销书展示、改革开放30年最具影响力的港台畅销书作者及其代表作展示、改革开放30年最畅销的引进版图书展示;在赠书阅览室专门设立了本校教职工著作教材展阅区域,在图书馆服务宣传月活动期间,集中接受教职工赠书,并加工上架,供

读者阅览,并向赠书者颁发藏书证,以示纪念。中北大学开展了精品书画展,进行绘画和书法作品展示,增添书香氛围。山西大学进行了馆藏珍品佳本展览,读者对百年老校的珍贵文献赞叹不已。山西农业大学、太原工业学院图书馆举办了"行万里路,读万卷书"大型图书展销活动,吸引了不少读者;山西大学商务学院举办主题为"我爱读书,我爱生活"的专题书展,琳琅满目的新书包括经济类、外语类、文学类、计算机类、艺术类、法学类,吸引众多读者驻足浏览。

山西大学图书馆在借阅室专门开辟了宣传月专区,并设"年度最受欢迎的前20名书籍""红色经典读物""卓越网TOP10书籍"等图书专架;另一方面,开展读者荐购服务,设立专门邮箱,向全校师生公开征集推荐采购书目,开展有针对性的图书采购服务。

⑤进行读者调查,开展征文等活动

利用召开读者座谈会、发放调查表等形式开展读者调查,是图书馆了解读者需求,衡量图书馆服务的一项有效措施,山西师大采用调查表的方式进行了"读者调查"。调查内容包括读者对图书馆的阅读环境、办馆条件、现代化水平、管理制度、管理水平、服务态度、资源建设等的评价,以及读者对图书馆科学发展的具体意见和建议。山西财经大学为了了解读者对图书馆电子资源的利用情况及利用中存在的问题,提高图书馆电子资源建设质量,开展了图书馆电子资源使用和宣传培训的问卷调查活动,调查内容涉及电子资源的使用情况、培训方式、时间和要求、推荐资源及意见和建议。电子资源的调查表收回统计汇总后,图书馆对电子资源数据库进行整合,突出了学校电子资源的馆藏特色。大同大学以发放调查表的形式收集广大读者对图书馆的建议或意见,为今后有针对性地解决读者的难题,进一步做好图书馆的各项工作打下了良好的基础。忻州师范学院图书馆通过实地发放《读者问卷调查表》和网上进行调查两种方式开展问卷调查活动,收集了读者对图书馆日常管理和服务、资源利用等方面的意见和建议,对广大读者的文献信息资源需求情况有了进一步的了解,为更好地服务教学和科研提供了决策依据。

太原科技大学组织读者座谈会,馆领导与读者面对面交流,就图书馆文化建设、未来图书馆设想、读者服务需求提出了很好意见和构想。通过座谈交流起到了拓展思路、推进工作的作用;同时也丰富了校园文化生活,彰显出大学文化精神。太原工业学院图书馆举办"读者意见交流会",读者为图书馆的未来发展提出了宝贵的意见和建议;同时,对于图书馆管理过程中存在的疑问图书馆有关人员也进行了一一的解答。

山西经贸职业学院图书馆服务宣传月活动期间主办读者座谈会和征文活动,组织有关专家评选出优秀征文和读书之星并给予一定奖励,他们还设置了"意见箱",并面向全院各系,聘任热爱图书馆、关心图书馆的学生读者作为图书馆"学生读者顾问",作为图书馆联系学生读者的桥梁和纽带。

山西财经大学图书馆每年举办"'博学杯'读书与征文竞赛活动",对全校读者借阅量前100名及征文活动优胜者进行表彰;山西大学图书馆每年举办"读书有感"有奖征文活动;中北大学图书馆举办主题为"书香飘校园"的读书节;山西医科大学先后开展了"我与图书馆""热门书评"等多个主题的征文活动;太原科技大学开展"文津图书奖"读书竞赛活动;太原工业学院举办了"感受经典"征文活动;大同大学、综合职业技术学院也组织了各具特色的读书与征文活动。这一活动的开展对鼓励读者利用图书馆多读书、读好书,营造良好学术氛围起到了积极的作用,效果显著。

山西大学商务学院图书馆通过统计读者借还书次数,特别是统计学生读者阅读《大学生课外读书计划阅读书目》册数,评选出优秀读者。

山西经贸职业学院图书馆开展"爱护图书、阅读无痕"倡议签名活动,在全院范围内倡议读者养成良好的文明阅读习惯。阳泉职业技术学院图书馆在全校范围内征集文明阅读提示语,提倡大家做文明读者。

⑥开展新生入学教育,培养大学生信息意识

利用新生入学初期的时间,对新生进行利用图书馆的知识培训,可以帮助新生了解图书馆,学会利用图书馆,掌握检索与借阅文献的方法,培养和提高学生的信息素养。各高校图书馆都把这项工作作为图书馆的常规工作,每年进行。山西师范大学新生教育以专题讲座为主,内容主要介绍图书馆的概况、布局、服务项目、馆藏特色、规章制度,针对性地选择部分电子资源讲解其使用方法。山西大学采用播放《知识就是力量——山西大学图书馆介绍》专题片、讲解检索知识和带领学生实地参观图书馆三者相结合的方法,使新生对图书馆有初步的了解,同时,还向每位新生发放《山西大学图书馆读者手册》,给研究生发放《山西大学图书馆电子资源使用手册》。山西大学商务学院图书馆制作了"入馆教育录像片",向新生读者介绍了馆藏资源分布、各阅览室的借阅流程和借阅规则、图书馆主页服务功能等内容。太原理工大学向同学们介绍图书馆的内部建设情况、图书馆内部工作流程、查询图书的操作方法、图书馆规章制度、相关电子资源的使用等多方面内容。引导他们合理使用图书馆资源,共同爱护图书馆,营造文明和谐的借阅环境。太原科技大学组织新生观看《新生入学图书馆利用教育 PPT 片》,并发放《太原科技大学图书馆读者使用手册》等,得到全校师生的广泛好评。中北大学以班级为单位对新入学的本专科学生进行如何利用图书馆开展学习研究的教育。通过入馆教育,让新生认识到图书馆与大学生活有着密切联系,掌握利用图书馆资源的方法与技巧,激发新同学对图书馆第二课堂的热爱之情,增强文明借阅的意识,营造浓厚的读书氛围。

除了对新生开展入学教育,各图书馆也注重培养全体大学生的信息素养。中北大学图书馆举办了大学生信息素养系列活动——"文登杯"大学生信息素养知识问答竞赛;大同大学举办了知识竞猜活动。太原科技大学图书馆"博学讲坛"与各学院、系合作主办,除邀请学术专家来校作报告外,并在视听室陆续推出"博学讲坛"系列,定期播放科技、文化视频资料,创建图书馆文化园地。

⑦结合形势,进行爱国主义教育活动

结合形势开展爱国主义教育也是图书馆发挥教育职能的一项重要内容。每年图书馆服务宣传月期间,各馆均会结合国庆节等节日、纪念日开展爱国主义教育。太原理工大学为庆祝新中国成立 60 周年,图书馆馆领导与职工齐声唱响红歌祝福祖国,一首首爱国歌曲唱出了图书馆全体职工对祖国母亲的无限眷恋和对新中国 60 华诞的真挚祝福。太原科技大学配合国庆 60 周年,设立专题书架。举行《光辉的 60 年》纪念中华人民共和国 60 华诞图片展。开展国庆 60 周年主题征文活动。山西大学结合祖国华诞,每年开展红色经典影片展映,放映红色经典影片如:《铁道游击队》《林海雪原》《闪闪的红星》《长征》《白求恩》《红灯记》《苦菜花》等进行爱国主义主题教育活动。

图书馆服务宣传月活动提高了读者利用图书馆的意识,使广大读者更充分地认识图书馆、走进图书馆、利用图书馆,特别是提高了广大师生对数字资源的利用能力,进一步提高了图书馆数字资源的利用率,使资源效益最大化。同时,图书馆通过广泛听取师生读者对图书馆管理、服务和文献资源建设等工作的意见和建议,进一步增强了工作人员的优质服务意识,营造出图书馆服务育人的良好形象。图书馆服务宣传月每一项活动的开展,都渗透了工作人员的创意与灵感,在突破与创新中提高了图书馆整体服务质量和管理水平,为教学、科研、学科建设和人才培养等工作提供了更好的文献保障与技术支持。图书馆服务宣传月活动的开展,进一步宣传了高校图书馆的知识传播、社会教育功能,彰显了高校图书馆在传播先进文化、构建和谐社会中的地位和作用。

⑧提高服务水平和办馆效益

图书馆服务宣传月的目的就是为了使广大师生更有效地利用图书馆,提高办馆效益,因此许多图书馆借图书馆服务宣传月之际开展内部环境整治和改善管理的工作,向管理要效益。如:太原科技大学徐校长在宣传月期间召开本校图书馆工作会议,会上就科大馆的资源利用情况提出了资源使用统计机制、资源取舍机制、资源培训机制、购书投票机制、定向服务机制等五大机制,以便在图书经费有限的情况下最大限度的提高资源利用率。长治学院图书馆借机重新整合和规范了相关服务流程,并修改和完善了有关的规章制度,使图书馆服务更加规范、有效。

开展面向教师、研究生的文献传递优惠服务也是图书馆服务宣传月的一项主要活动,每年9月下旬和10月以CALIS山西省中心牵头组织开展CASHL文献传递免费服务,CALIS及其他系统文献传递优惠服务,受到了读者的欢迎,使得图书馆真正实现了"有限资源,无限服务"的宗旨。

太原理工大学图书馆举办了"如何提高图书馆阅览室上座率,更好的搞好图书馆服务"主题演讲会,会上广大馆员畅所欲言,对图书馆存在的问题和解决的办法发表了自己的意见并提出了许多切实可行的合理化建议。山西大学商务学院图书馆举办了"敬业奉献 优质服务"青年团员演讲赛。图书馆参赛选手紧扣演讲主题走上演讲台,倾吐在图书馆工作的经历和感悟,抒发对图书馆事业、对学院读者的热爱之情。通过演讲比赛,歌颂了在"图书馆服务宣传月"活动中涌现出的先进事迹,展现图书馆工作人员的敬业精神和良好形象。

活动月期间,各馆派人相互学习,取长补短,例如:太原理工大学和太原工业学院图书馆抽调业务骨干去中北大学等兄弟单位参观学习,学习他们的一些先进经验以改进自己工作中的一些不足之处,大家都感觉受益匪浅。

3. 创新服务模式,拓展服务领域

随着社会信息化、网络化的发展,高校图书馆服务工作逐渐打破了传统的工作方式、工作内容及服务对象,开拓了新的服务方式和服务模式。山西高校图书馆与全国一样不断拓展新的服务领域,开创新的服务模式,提高读者服务效率,不断提高文献信息保障能力。

太原理工大学图书馆从管理到服务提出了许多创新性举措,如:①成立文献采购审核小组,其职责是对单次金额超过1万元的采购项目把关,作用是避免采购决策的失误、避免馆长犯错;②举办书展、你选、我购——读者选书周活动,在馆内和馆外(书店)让读者参与图书选购取得了良好效果;③将作家签名售书活动引进校园等;④每年推出热点图书销售排行榜,让读者及时了解图书流行趋势,并同时在图书馆主页和阅览室展示、张贴,深受读者欢迎;⑤建立数据库专人监测研究制,将每个数据库落实到人,填写数据库监测情况表,及时了解各数据库的使用情况,研究各数据库的功能和使用方法;⑥对本校科研成果进行评价,每月制作报表;⑦自建特色数据库,已建立了山西民居文献资源数据库、山西民居图片资料数据库、赵宗复研究数据库、本校专家信息资源数据库,等特色数据库;⑧校园网实现远程对接,读者通过 SSL VPN 客户端程序可以在全球任何地方访问图书馆的数字资源;⑨启动"星期五讲座",该讲座每周五举办一次,内容涉及图书馆文献资源推广、科技知识、文学艺术、人文社科等众多领域,深受读者欢迎,已经成为图书馆品牌服务项目;⑩2012 年图书自助借还系统启用,这一举措使太原理工大学图书馆成为在全省率先采用 RFID 技术实现图书自助服务的图书馆。一系列新的管理措施让图书馆充满了活力和朝气,创新性服务理念深入到图书馆工作的方方面面。

山西大学图书馆从加强内部管理入手建立了"馆长巡视制度""图书馆考核检查制度""职工民主管理大会"制度、"馆务公开"制度等规章制度,并成立了"精神文明建设委员会""廉政监督小组"等,以加强对图书馆精神文明建设的指导和强化民主管理、人员管理。另一方面,从读者监督的角度加强管理,设立了"馆长信箱""服务监督台""意见簿",在图书馆网页上设立"读者问卷调查"栏目,另外还不定期发放"读者意见调查表",包括"读者满意度调查表""电子阅览室读者调查表""图书馆资源调查表""电子资源使用调查表"等,采用这些形式建立起了读者监督的长效机制,促使图书馆不断地改进服务质量,不断地提升服务水平,也促使工作人员的服务态度不断得到改变,使办馆效益不断得到提高。此外山西大学图书馆不断引深服务,先后编辑了"山西地方志人物传记索引""明文海篇名索引""地方志馆藏目录""山西历代家谱知见录""晋商研究论文资料索引""山西新修县志人物索引""傅山研究论文索引""赵树理研究论文索引""历代山西进士名录"和"山西科技资源数据库""山西区域社会史料数据库"等一批专题二次文献数据库,为师生查检图书馆资源提供了方便,使图书馆资源得到了最充分的利用。由山西大学图书馆承担的"CALIS 山西省文献信息服务中心"和"山西省科技文献资源平台—高校科技文献"项目,则构建了一个面向全省高校用户的网络平台,为实现全省范围的科技文献信息资源共建、共享做出了贡献。

山西医科大学图书馆开展了深层次的学科服务调研活动:围绕资源建设、学科馆员、移动图书馆三个方面,深入院系,调研沟通。利用"Web of Science"数据,对学校及重点院系进行 SCI 学科分析,提供了相关学科分析报告,为科技处科技数据的汇总提供帮助等。他们基于山西省科技厅项目建设了"山西省医学科技文献信息资源与服务平台",不仅为本校教学科研,而且为山西各大医院提供了丰富的医学信息资源。

山西财经大学图书馆每年举办"读名著,品经典"读书活动,活动期间,开展书评比赛、书签设计比赛、馆风馆貌摄影作品比赛;还举办"读名著·赏电影"视频展播等系列活动,极大地丰富了大学生校园生活,陶冶了读者的思想情操。

山西农业大学图书馆每年组织岗位知识大赛,通过大赛提高了工作人员的素质,从而带动了服务水平的不断提升。他们建设的小杂粮专题信息资源库等专题数据库为本校的教学科研提供了深层次的信息服务。

山西师范大学图书馆做出了延长开馆时间、职工挂牌上岗等决定,并开展"服务标兵个人"和"服务标兵单位"评选活动,促进了服务水平的不断提高。图书馆实现了校园网用户和宽带 VPN 用户可便捷、免费访问全部中外文数据资源远程站点的目标,在图书馆区域内开通了无线上网端口,极大地方便了用户利用图书馆的数字资源。

　　运城学院图书馆尝试在服务部门试行量化管理改革,制定《流通量化管理暂行方案》,用机制调动了服务工作积极性,流通借还量提高了57%。

　　长治学院图书馆成立了"光华公益读书服务社",面向社会,免费为读者提供读书服务,把更多的知识送给了渴望学习的市民,为社会、为社区办了件实实在在的好事。

　　此外,各馆都普遍延长了开馆时间,最长的周开馆时间超过了100小时。随着信息技术的发展,图书馆的服务不断延伸,数字资源的提供和移动图书馆服务的开展,使图书馆的服务达到了无处不在的程度。图书馆不断改进的服务,工作人员良好的服务道德,得到了师生的普遍认可,图书馆的地位日益凸显。图书馆的工作不仅得到了本校师生和领导的赞誉也得到了上级领导的认可。2002年山西大学图书馆工会被授予"山西省妇女群众文化建设先进集体";2006年山西大学图书馆和山西财经大学图书馆被全国妇联授予"全国三八红旗单位"称号;山西医科大学图书馆贺培凤馆长当选为山西省科教文卫系统杰出知识女性。

4. 新馆建设,方兴未艾

　　良好的馆舍是图书馆开展各项工作的基本条件,20世纪90年代以来,高校图书馆迎来了发展的有利机遇,特别是随着计算机在图书馆的普遍应用,图书馆的空间和功能都需要做一定的调整,以便满足网络化、数字化建设的需要,促进图书馆服务能力的提升。这一阶段全国高校图书馆又掀起了新一轮的建馆高潮,图书馆的硬件设施得到明显的改善。在此期间,山西高校也有一批新图书馆相继落成。这时的图书馆不仅从建筑外观上有了巨大变化,内部布置也突出了"以人为本"的理念,开始注重人文环境、文化氛围的营造。据不完全统计:1992年太原师专图书馆楼建成,面积4000平方米、山西中医学院新图书馆楼建成,面积3680平方米、1995年山西大学图书馆新楼落成,面积16300平方米、2001年太原师范学院图书馆新楼启用,面积12000平方米、2003年太原科技大学新图书馆建成,面积16000平方米、晋中学院新图书馆建成,面积22996平方米、2005年山西农业大学25000平方米的新馆建成、中北大学32000平方米的新馆建成、2006年山西大学商务学院17397平方米的新馆落成、2007年长治职业技术学院图书馆新馆落成、2008年总建筑面积37083平方米的山西大同大学新图书馆建成、2009年山西中医学院面积16200平方米的新馆建成、2011年太原工业学院面积16810平方米的新馆建成、2012年山西大学35000平方米的新馆落成。还有一些图书馆如:山西医科大学、山西师范大学等也都扩建、改建了图书馆。随着2011年山西高校新区的兴建,太原理工大学、山西医科大学、太原师范学院、山西中医学院、山西传媒艺术学院等11所高校正在建设新校区图书馆,届时山西高校图书馆将迎来又一个崭新的发展阶段。

九、进行学术交流,开展业务培训

　　队伍建设是高校图书馆事业发展和各馆整体建设的核心问题,它关系到图书馆管理、业务、服务工作的水平和质量的高低,所以山西高校图工委始终重视图书馆的专业队伍建设。而要建设一支高水平的、能够适应快速发展的图书馆事业的图书馆专业队伍,除了引进人才外,就是注重现有人员的培养,培养形式不外乎进行学术交流和开展业务培训。多年来,图工委采取多种形式,并通过各种途径落实专业队伍建设工作,取得了可喜的成绩。

1. 开展业务培训

从 2001 年至 2012 年,图工委组织了各种类型的业务培训活动,对提高本省高校图书馆工作人员的业务能力和工作水平起到了重要作用。

2004 年 5 月 18 日,"万方数据'知识服务'培训交流会"在山西大学图书馆报告厅举行。国防科工委信息中心研究员,国内知名情报学专家曾民族先生做了"数字时代的新技术"的报告。北京师范大学信息系贾延霞老师做了"国内外热点数据库介绍暨网络信息资源检索与利用"的专题报告。全省图书情报界和学校师生近百人参会。11 月 15—19 日,图工委在山西大学图书馆举办"中文普通书刊暨电子资源编目培训班",全省部分高校图书馆的文献分编人员 22 人参加了培训。培训班主要讲授了中外文书刊和电子文献编目规则和实例。

2005 年 10 月 25 日,维普公司新版数据库培训在山西大学图书馆大会议室召开,全省高校图书馆 40 人参加了培训。

2006 年 4 月 25 日,CALIS 山西省中心在山西大学图书馆会议室进行"馆际互借/文献传递"服务培训,来自省内 13 所高校图书馆的 23 人参加了培训。

2007 年 6 月 CALIS 省中心在太原科技大学举办题为"如何开展馆际互借/文献传递服务"的专题讲座;8 月 20 日在山西大学商务学院进行了"网络环境下读者服务工作"的专题讲座。9 月 27 日 Elsevier 公司在图书馆会议室对本省用户进行培训,来自省内 5 所高校的 10 余人参加了培训。

2008 年 4 月 CALIS 省中心派人对山西大学商务学院的期刊系统数据回溯业务进行指导;5 月为太原市生产力促进中心做电子资源检索利用、查新工作的讲座。5 月 7—9 日,为了提高 Melinets 产品用户了解系统与操作系统的业务能力,北创软件公司在山西大学图书馆举办 2008 年山西地区第一期 Melinets 的产品用户培训,来自省内 7 家用户单位的 30 余人参加了培训。6 月 17 日,在山西大学图书馆举行了 CALIS 山西省文献信息服务中心文献传递培训及经验交流座谈会,来自省内 26 所高校图书馆的 40 人参加了培训。培训内容包括:①开放代理系统的检索;②馆际互借文献传递服务现状和规范操作流程;③馆际互借文献传递工作经验交流;④NSTL(国家科技图书文献中心)资源的检索和利用。10 月 8 日,"寻根溯源,嘉惠三晋:'CASHL 走入华北'之山西行"会议在山西大学图书馆召开。山西省的 13 家高校图书馆和山西省图书馆、山西省社会科学院图书馆的主管馆长和馆际互借员共 40 人出席了此次会议。此次会议作为 CASHL 管理中心统一部署的地方行活动之一,其目的是充分发挥 CASHL 这一国家级人文社会科学信息资源平台的保障功能,让更多的山西省人文社科工作者从中获益,提高科研效率,降低科研成本。CASHL 管理中心副秘书长关志英做了题为《建设、发展、宣传——CASHL 现状与未来展望》的专题报告;北京师范大学图书馆李晓娟副馆长做了《依托 CASHL 平台 服务华北科研》的报告;北京航空航天大学图书馆的田玥老师以《做 CASHL 与读者间的桥梁》为题,介绍了在工科院校宣传和使用 CASHL 的经验和体会。北京师范大学图书馆的仝卫敏老师在山西大学图书馆电子阅览室进行了 CASHL 文献传递系统操作培训,对文献传递服务的流程、工作原理、收费方式、后台统计等进行了详细讲解,并与田玥老师和赵冬梅老师一起,辅导大家上机实习,进行现场注册、账户确认、文献申请等各个环节的演练,方便各馆回去后顺利开展工作。

2009 年 12 月 25 日,在山西大学图书馆召开了馆际互借文献传递会议,来自 20 所高校图书馆的 37 位馆际互借员和技术人员参加了会议。山西大学图书馆李嘉琳馆长就当前全国形势和本省资源共享状况做了总体介绍;图工委秘书赵冬梅对 2009 年度馆际互借和文献传递情况做了总结;山西大学图书馆自动化部主任王炜对北邮馆际互借平台的技术做了介绍。

2010 年 3 月 26 日,在山西大学图书馆举行了"爱思唯尔山西馆员交流活动",来自省内 10 所高校图书馆的 25 人参加了培训交流。5 月,在山西大学完成了北京创讯未来软件公司馆际互借系统的安装,测试,实现了山西 9 所高校馆际互借的自动化管理,并举办了第一批 9 所高校图书馆相关人员参加的培训;5 月 21 日再次举办北邮 MELINETS 系统用户培训答疑会,5 所图书馆用户参加了会议。

2011 年 10 月 11 日,汤森路透公司在山大图书馆报告厅举行 web of knowledge 数据库的培训,全省高校图书馆 50 余名咨询馆员参加培训。10 月 20 日 CALIS 山西省中心在山西大学培训教室举行馆际互借共享版平台培训,来自省内 8 所高校图书馆的 20 人参加了培训。

2012 年 9 月,CALIS 省中心办公室主任赵冬梅,深入到忻州师范学院进行 CALIS 服务宣传培训,10 月下旬,组织山西财贸职业技术学院、山西建筑职业技术学院、山西财税专科学校的业务人员进行了 CALIS 服务宣传培训。10 月 10 日汤森路透社在山西大学新图书馆会议室对全省高校图书馆咨询馆员进行 Web of science 数据库培训,来自省内高校图书馆 40 余位馆员参加培训。

除了本地培训外,CALIS 省中心还配合全国中心的培训工作,选派本省高校图书馆相关业务人员参加全国中心组织的培训。

2. 组织考察学习

组织参观学习亦是开拓思路、增长知识、学习经验、提高管理水平的有效方法之一,因此山西省高校图工委多次组织馆长学习考察团赴省内外地区图书馆参观学习,吸收先进管理经验,转变观念,提高山西高校图书馆的管理水平。

例如:2001 年 11 月 17 日至 25 日组织馆长考察团赴南京、上海两地对高校图工委及图书馆的管理状况进行了考察,听取了两地图工委秘书长对图工委工作情况的全面介绍,并参观了南京师范大学、南京大学、东南大学和上海交通大学、华东师范大学、复旦大学及上海市图书馆。两地高校图工委均在高校图书馆工作的全面推进、资源共建、共享,自动化建设等方面做了大量工作,充分发挥了图工委的作用。两地图书馆在管理理念方面,从以管理为中心变为以读者为中心;机构改革趋向于大采访、大流通、大阅览的模式;人员管理实行岗位聘任制;后勤管理则物业化。两地高校的经验对山西高校图工委及高校图书馆的工作起到了非常重要的启迪作用。

2002 年 3 月,省高校图工委组织部分馆长赴山东考察,先后在山东大学、山东农业大学、曲阜师范大学、青岛海洋大学等高校图书馆进行参观学习。期间,馆长们听取了对山东省经济、历史、教育方面的介绍,尤其是高校图书馆的改革、自动化建设方面的经验介绍,使馆长们受到了很大的启发。

2004 年 12 月 12 日至 12 月 18 日山西省高校图工委组织本省 21 所高校图书馆的馆长赴东北地区高校图书馆进行考察学习,先后参观考察了大连理工大学图书馆、大连海事大学图书馆、辽宁大学图书馆、沈阳师大图书馆、沈阳理工大学图书馆和哈尔滨工业大学图书馆。东北地区高校图书馆的建设,近年来发展非常迅速,许多新馆舍给大家留下了深刻的印象,如:沈阳师大图书馆富有人文精神和高文化品位的设计、沈阳理工大学图书馆大空间、通透式的现代化新馆都给人耳目一新的感觉。山西高校图书馆的馆长们主要就图书馆的人事制度改革、图书馆的制度管理以及图书馆的数字化建设和图书馆新馆建设等问题与东北高校图书馆的馆长们进行了深入广泛的讨论。馆长们感到,东北地区经济的发展与山西相差不很远,但高校图书馆的发展与管理水平却比山西高校图书馆要快、要高,有很多值得我们学习之处。

另外,每年一次的全省高校图书馆馆长会议也组织馆长们参观一所本省高校馆和外地高校馆,以达到相互学习,取长补短的目的。先后参观考察了厦门大学图书馆、广西大学图书馆、青海师大图书馆、重庆大学图书馆等。参观考察活动,启发了我省高校图工委和馆长们的工作思路,开阔了眼界,增长了见识,对我省高校图书馆事业的发展和改革,起到了很大的促进作用。

3. 进行学术交流

组织学术研讨、经验交流,是推动图书馆工作改革发展上水平的一项有效活动。十年来,为了不断提高图书馆工作人员的业务水平和学术水平,省高校图工委多次组织召开全省范围内的学术交流活动,同时,还组织邀请国内外专家学者做学术报告,各种内容的学术报告对帮助我省高校图书馆工作人员及时了解国内外业界的有关信息,学习先进经验,促进自身的不断发展壮大,起到了有力的推动作用。

(1)召开专业年会

2002年9月12日至13日省高校图工委采编专业委员会在大同医专召开年会,会上交流了工作经验、探讨了工作中遇到的问题并向专业委员会提出了建议和希望。2004年10月21日至22日,采编和自动化专业委员会在太原理工大学图书馆召开年会,太原科技大学采编部和山西大学图书馆、太原理工大学图书馆自动化部分别介绍了工作经验,与会代表还讨论了工作中遇到的问题及解决方法。2006年10月、2008年5月、2010年5月、2012年5月,采编专业委员会分别在山西大学、运城学院、山西师范大学、吕梁高专图书馆举行了年会。年会主要就山西省高校图书馆图书采访和编目,以及期刊和电子资源的工作和业务进行研究、探讨和交流,通过这个交流平台,相互交流经验,相互学习以把省内高校图书馆的文献资源建设工作和文献编目工作做得更好。

(2)举办"中美图书馆实务培训研讨会"

2007年和2010年,省高校图工委分别在山西农业大学、山西大学举办了两届"中美图书馆实务培训研讨会"。

2007年7月9日至11日,由山西省高校图工委、美国华人图书馆员协会主办,山西农业大学图书馆承办的首届"中美图书馆实务培训研讨会"在山西农业大学图书馆召开。来自美国欧柏林大学的美国华人图书馆员协会主席李海鹏研究馆员、新泽西市立大学图书采访及编目部主任洪秀芳博士、美国加州大学戴维斯分校期刊部主任李晓莉研究馆员、北伊利诺斯大学图书馆咨询部潘俊林副教授、美国耶鲁大学图书馆编目系副主任、目录资源维护组组长孙大进等5名美籍华人图书馆专家做专题讲座,省内外20余所图书馆的30余名代表参加了会议。

会上,李海鹏做了"俄亥俄州大学图书馆联盟""高校图书馆参考咨询服务""参考咨询面谈的方法和实例""数字化咨询";洪秀芬博士做了"数位图书馆的评鉴""技术部门的外包""馆藏分析""新泽西州学术图书馆联盟";李晓莉做了"美国大学图书馆的管理""加州大学图书馆联盟";潘俊林女士做了"美国大学图书馆员的业务职称结构和评定体系""信息素养——知识和能力";孙大进做了"技术发展对传统图书馆业务的挑战及其对应措施""集团采购及图书馆联合体""美国大学电子资源编目""美国大学图书馆的管理:经费来源和支配,经济行为等"的培训讲座。

这次培训会议不仅使我们从理论特别是实践层面了解到了美国高校图书馆的许多服务理念与方式,而且美方专家们将讲座、讨论、问答融为一体,同与会者实时互动的会议方式也给大家留下了深刻的印象。

2010 年 5 月 24 日至 26 日,由山西省高校图工委和美国华人图书馆员协会主办,山西大学图书馆承办的"数字图书馆建设与创新服务——中美图书馆实务论坛"在山西大学举行。来自全国 12 个省 33 所高校图书馆以及山西本地高校图书馆的 100 余位人员参加了会议。美国图书馆协会主席卡米拉·阿里尔(Camila Alire)博士、科罗拉多大学波德校区大学发展基金会副主席帕梅拉·琼斯(Pam Jones)、美国纽约州立石溪大学健康科学图书馆副研究馆员黄柏楼先生、美国加州旧金山州立大学图书馆副研究馆员汪雅女士、新泽西城市大学图书馆副教授级远程学习咨询馆员方筱丽女士、加州大学伯克莱分校东亚图书馆对外咨询服务部主任,电子信息馆员薛燕女士和美国华盛顿大学图书馆元数据馆员郭金秀女士等 7 位美方专家出席大会。

会上举行了专家报告。美国图书馆协会主席卡米拉·阿里尔博士做主旨发言:美国大学图书馆的焦点话题和发展趋势。卡米拉博士主要介绍了美国经济与高等教育的发展趋势、美国的在线教育情况和高校图书馆的发展趋势等。报告结束后,卡米拉博士还解答了与会代表提出的问题。薛燕女士做了题为《大学图书馆的参考咨询服务》《美国图书馆的资源共享——加州大学个案研究》的报告;方筱丽女士做了题为《美国高校图书馆的信息素质教育:观念、模式和展望》和《运用课程管理系统扩大图书馆服务:新泽西大学图书馆的实践个案》的报告;郭金秀女士做了题为《如何将专利信息检索融入高校科技信息的素质教育》和《电子机构典藏:二十一世纪学术共享平台》的报告;汪雅女士做了《美国高校图书馆电子资源的管理和应用:当前的问题和解决方案》《技术趋势:新一代图书馆用户界面和智能手机在美国图书馆的应用》的报告;黄柏楼先生做了题为《美国大学图书馆员的招聘,培训,评审与发展》《对图书馆员的要求与图书馆员的自身素质发展》《美国各级图书馆协会在图书馆发展中的作用》的报告;帕梅拉·琼斯做了题为《美国大学图书馆的资金筹措》的报告。会议期间,美方专家同代表座谈讨论并集体解答了与会代表提出的各类问题。

美国高校图书馆的资深专家能够来到山西传经授宝,对地处中部欠发达地区,文化教育事业相对比较落后的山西高校图书馆来说无疑是一次极好的学习交流机会,使山西高校图书馆同志不出国门,就可以领略到国外先进的图书馆管理方面的理念和经验做法,并可就自己所关心的问题与美方专家进行交流与研讨,这对我省图书馆资源共享、技术进步、服务创新必将产生重要的影响。

（3）承办华北地区高校图协学术年会

2003 和 2008 年山西高校图工委轮值分别承办了第 17 届和第 22 届华北地区高校图协学术年会

2003 年 9 月 21—23 日,华北地区高校图协第 17 届年会在我省大同市召开,会议由山西高校图工委主办、雁北师院图书馆承办,共有来自华北 5 省(市/自治区)高校图书馆的代表 133 人参会。会议主题为:信息时代高校图书馆的发展与创新。华北地区高校图协第十七届年会除了按照以往惯例举行了大会主旨发言、大会论文代表发言和分组讨论外,还表彰了华北五省市自治区评选出的 33 个先进图书馆、5 个先进部室、177 名先进个人。我省评出 7 个先进图书馆、1 个先进部室、27 名先进个人。这是自 1992 年以来华北高校图协进行的第二次表彰。在这届年会上,我省有 3 篇参会论文被评为优秀论文。

雁北师院图书馆宗志平馆长以及全体工作人员为本次年会的举行进行了大量认真细致的前期准备工作,他们的辛勤劳动,保证了本届年会开得圆满、成功。

2008 年 9 月,华北地区高校图协第 22 届学术年会在山西运城夏县举行,会议由山西高校图工委主办,运城学院图书馆承办,来自华北高校五省(市/自治区)的图书馆界同仁及部分商家代表共 147 人参加了会议。本次年会收到论文 124 篇。年会评选出 48 篇优秀论文,这些论文多数由《晋图学刊》第五期集结发表。会议邀请了北京邮电大学图书馆馆长代根兴做了《当代高校图书馆的功能定位与发展趋势》的主旨报告,报告揭示了图书馆生存危机及未来发展走向,引起与会代表强烈共鸣和深入思考。与会代表围绕"图书馆事业创新与发展"的主题,进行了交流与热烈的讨论。会议提出和强调了一系列新的概念,例如:河北师大代表提出的"图书馆幸福指数""图书馆新闻发布会";代根兴社长介绍的"数字土著""数字移民";天津理工大学代表提出的"信息共享空间""忠诚管理"等。本次会议馆际之间的经验交流特色明显,例如,河北理工大学实行的方便筐、图书漂流活动、图书在哭泣展,天津理工大学进行的图书馆新功能探索等都是颇具特色的馆务管理创新性举措。

这次会议能成功举办,除了山西省教育厅、山西高校图工委的努力外,运城学院给予了大力支持,运城学院图书馆的职工和馆长韩起来为这次会议做了大量的卓有成效的工作,华北高校图协年会将铭记他们的贡献。

这些在家门口举办的学术研讨会,为本省高校图书馆员提供了方便的学习机会,对各馆工作将起到潜在的、深远的影响。

（4）举办馆长论坛

为了活跃我省高校图书馆界的学术气氛,增进同行之间的交流与合作,特别是为了就新形势、新环境下图书馆面临的新问题进行一些探讨,图工委于 2009 年 10 月在山西大学召开了山西省高校图书馆界首次馆长论坛。此次论坛的主题是"网络环境下高校图书馆文献资源的配置、构建及未来发展趋势"。来自省内 28 所高校图书馆的馆长和老师共 115 人参加了这次论坛活动。为了扩展馆长们的思路,论坛特别邀请了上海交通大学图书馆原馆长陈兆能教授和北京大学信息管理系的博士生导师王子舟教授从工作实践和理论研究的角度阐述图书馆的发展现状和发展趋势,本省几位馆长也结合工作实际探讨了新形势下图书馆的办馆模式及资源配置模式。

本次馆长论坛上,王子舟教授做了《未来图书馆与图书馆职业的前景》的专题讲座;陈兆能教授做了"高校图书馆文献资源建设"的发言。山西大学图书馆李嘉琳馆长做了《新时期高校图书馆文献资源的构建》的发言;太原理工大学图书馆刘永胜馆长做了《Google 和数据商将图书馆边缘化》的发言;中北大学图书馆吴秀玲馆长做了《守护知识,驾驭知识——谈图书馆员应具备的几种意识》的发言;山西医科大学图书馆贺培凤馆长做了《图书馆办馆模式的研究与思考》的发言。山西中医学院图书馆杨继红馆长,山西省财政税务专科学校图书馆馆长程元鑫教授等也在大会做了发言。论坛还进行了自由发言,参会者与专家进行对话等环节。

通过这次论坛,与会代表对网络环境下高校图书馆文献资源的配置、构建及未来发展趋势进行了深入的探讨,加深了山西各高校图书馆之间的交流与合作,使论坛起到了启迪思维、传播经验、推动工作、促进发展的作用。

(5)合办图书馆个性化知识服务研究与实践研讨会

2011 年 9 月 26—28 日,图工委与中科院上海生命科学信息研究院合办,山西大学图书馆协办的"图书馆个性化服务理论与实践"研讨会在山西大学召开。来自省内外图书情报界的 100 余名代表参加了会议。中国科学院国家科学图书馆副馆长钟永恒研究馆员、南京大学国家文化产业研究中心常务副主任顾江教授、Thomson Reuters(汤姆森路透)科技集团中国区董事总经理刘煜在会上做了主题发言,山西高校图工委秘书长李嘉琳就山西高校图工委的工作情况向各位代表做了简要介绍。会议围绕图书馆个性化服务的主题进行了大会发言和分组讨论。山西高校图书馆借机学到了国内情报界更加深入、更加专业,可以说更具"个性化"的服务理念与服务方式。

(6)举办学术讲座与研讨

2011 年 3 月 25 日《图书情报工作》编辑部周金龙社长一行 4 人来访《晋图学刊》编辑部,在山西大学图书馆大会议室与编辑部人员就如何办好专业杂志,怎样进行合作等进行了座谈研讨。

2011 年 5 月 10 日,OCLC(美国联机计算机图书馆中心 Online Computer Library Center)驻北京办事处总代表丘东江先生、代表助理赵志女士在山西大学图书馆和省内业界人士研讨图书馆在利用 OCLC 服务过程中共同关心的问题,进一步增强 OCLC 与图书馆之间的交流与联系,促进图书馆事业的发展。同时,图工委还邀请了美国圣荷西州立大学图书馆刘孟雄教授就国外新的参考咨询服务理念进行了讲座研讨,来自省内高校的 50 余名馆长及图书馆员参加了讲座。

另外,每年的省高校图书馆馆长会议图工委也经常邀请一些专家教授做学术报告,以给馆长们提供一些新的理念与信息。

4. 进行表彰

为了表彰在山西高校图书馆事业中做出优异成绩的图书馆工作者,激励馆员奋发向上,为促进山西省高校图书馆事业的发展,为更好地服务于高校的教学与科研做贡献,图工委一方面申请教育厅开展表彰先进的活动,一方面就自己力所能及进行表彰。如,每年在馆长会议期间表彰"图书馆服务宣传月先进集体";2012 年又进行了"2010—2011 年山西高校图书馆先进工作者"的表彰,在各高校图书馆评选的基础上,图工委对 30 家高校图书馆的 49 名先进工作者予以了表彰。图工委计划将这一表彰活动持续下去。

5. 继续办好《晋图学刊》

在全省图书馆界的大力支持下,《晋图学刊》不断提高办刊质量,从 2001 年第 1 期起,对刊物进行了改、扩版,从原来的小 16 开改为大 16 开,从原来的 64 个页码改为 80 个页码,并显著提高了装帧设计质量。编辑注重规范,在学术期刊中,较早执行《CAJ-CD 规范》,2001 年以来,在获得《CAJ-CD 规范》执行优秀奖的基础上,在规范的执行过程中更加精益求精。2003 年学刊由季刊改为双月刊,为全省乃至全国图书情报界提供了更加广阔的学习、探讨、交流的园地。

2005 年 11 月 3—4 日,"纪念《晋图学刊》创刊二十周年座谈会"在山西师范大学召开,山西省高校图工委秘书长、副秘书长、《晋图学刊》编委及部分核心作者共 15 人参加了座谈会。会上老编委回顾了《晋图学刊》的成长过程,核心作者回顾了与《晋图学刊》共成长的历程,新老编委提出了《晋图学刊》的发展方向。

《晋图学刊》立足山西、面向全国,所发论文理论与实践并重,在栏目设置上一贯稳中求活,除常设栏目,如"理论研究""实践研究""综述评介"外,经常适时推出新栏目。近年,曾推出"博士论坛""世纪回眸"等重要栏目,在学界引起较大反响。从 2001 年到 2002 年,又根据图书情报学界的研究新形势,推出了"文献信息数字化"等栏目,先后发表了一系列有关信息数字化技术与管理、数字图书馆建设与发展等方面的研究成果。栏目面向广大作者,尤其是基层图书馆工作者,对图书馆现行重点实际工作有很大指导和启发意义,突出表现了刊物"把握时代脉搏、关注热点话题、立足现实、面向未来"的鲜明特点。2007 年《晋图学刊》首次被评为省一级学术期刊。

十、其他活动

除了在业务、学术方面组织活动,促进区域高校图书馆协调发展,省高校图工委在其中发挥组织、协调、咨询和指导作用外,图工委每年都组办文体等活动,并积极参加省图书馆学会组办的各项活动,在省图书馆界充分发挥了高校图书馆应有的作用,这些活动的开展既增进了图书馆界同仁们之间的相互了解,又为大家增加了一个相互学习、交流的平台,同时还活跃了职工的生活。形式多样的文体活动,在一定程度上也增强了图书馆界的凝聚力。

1. 转赠图书

2005 年 6 月,图工委接受省煤炭工业局赠送的《山西煤炭产业总览》大型工具书 618 册,转赠给省内 45 所高校图书馆。

2007 年 4 月,图工委接受山西省副省长赵玉亭同志《赵玉亭革命生涯》《晚霞集》两种书,由图工委转赠给本省 16 所高校图书馆。

2009 年 6 月,图工委接受山西作家马烽子女赠送高校图书馆《马烽文集》39 套,并根据家属意愿转赠给 22 家高校图书馆。

2012 年 5 月,图工委接受山西大学委托,将《山西大学 110 周年校庆系列丛书》10 套,转赠本省 10 所高校图书馆。

2. 文体活动

除了在学术、工作等方面开展交流与协作外，山西省高校图书馆界还进行了其他方面的联谊活动，如每年举办一次体育赛事，先后举办过：羽毛球、乒乓球、游泳、排球比赛，和省城高校图书馆界趣味运动会。

省城高校图书馆界迎春联欢活动也已坚持了很多年，每年由图工委选择一所高校图书馆承办，既增进高校图书馆间的友谊，活跃图书馆职工的文化生活，又可以使大家借机会了解学习本省同行的工作经验。

十一、制订"十二五"发展规划

进入新世纪的第二个十年，我国将进入第 12 个五年发展规划，随着我国高等教育的快速发展，我国的高校图书馆事业也进入了一个新的发展机遇期。"图书馆是不断生长的有机体"，在新的历史时期，图书馆需要不断调整自己的发展方向，顺应历史的发展潮流，做出新的贡献。为此，在 2011 年的山西高校图书馆馆长会议上图工委讨论制订了"山西省高校图工委十二五发展规划"。

山西省高校图工委"十二五"发展规划

"十二五"期间（2011—2015 年）是我国深入实践科学发展观、全面落实十七大提出的新的发展要求的五年，是全面建设小康社会的关键时期，是深化改革开放、加快转变经济发展方式的攻坚时期，也是图书馆事业大有作为的重要战略机遇期。山西高校图工委在认真总结"十一五"期间图工委工作经验与不足的基础上，对全省高校图书馆人力资源、读者服务和自动化现状进行了全面的调研与分析，根据《中共中央关于制定国民经济和社会发展第十二个五年规划的建议》《山西省教育中长期发展规划纲要》，特制订本规划。

一、"十二五"面临的数字化、网络化信息环境

"十一五"期间，是国际、国内图书馆界数字化、网络化飞速发展的时期。2005 年以来，CALIS、CASHL、NSTL 项目的启动，服务的推广使个体图书馆的服务方式发生了翻天覆地的变化，短短几年间，资源共享的理念已经深入到每个图书馆员和用户的心中，迅速转化为图书馆常规的服务方式。CALIS、CASHL、NSTL 全面整合了高校系统、科研系统的资源和服务，把一个个个体图书馆纳入到共享网络中。个体图书馆根据学校专业设置的特点也纷纷加入到不同的资源共享体系中，享受着范围更加广泛的资源和服务。

山西省高校图书馆在"十一五"期间亦经历了快速的发展，取得了骄人的成绩。大部分本科院校图书馆都实现了网络全覆盖，用户在校园网 IP 范围内可快捷、方便地访问中外文电子资源，山西大学，太原理工大学，中北大学等高校实现了远程访问的目标。网络环境的优化为图书馆服务的提升创造了良好的条件，山西高校图书馆以山西省文献信息服务中心牵头先后开展了文献传递服务，馆际互借服务，

资源共建共享的理念把山西高校图书馆更为紧密地联系在一起。

未来五年,在图书馆信息技术相对成熟的基础上,图书馆界将身临数字化、网络化的信息环境之中。作为信息资源共建共享网络中的一分子,山西高校图工委将搭建起联通山西高校和外界的桥梁,进一步推动山西高校图书馆的数字化进程。经过对山西高校自动化现状的调查统计,山西大部分高校图书馆电子资源建设经费已经占到了总经费的一半,甚至更多。顺应这种发展趋势,山西高校数字图书馆建设以及资源共建共享是未来五年的总体发展方向。

二、"十二五"发展规划的指导思想与总体目标

2.1　指导思想

以邓小平理论和"三个代表"重要思想为指导,深入贯彻落实科学发展观,准确把握我国图书馆事业、图书馆工作者队伍和高校图书馆发展的时代特征,把握事业发展方向,加快数字图书馆建设,改善馆藏结构、提高服务水平,提升馆员素质,不断完善管理体制(创新图书馆服务和管理理念),进一步优化育人环境,进一步建设山西省科技文献信息保障系统,为学校的教学科研,为山西省的科研、政府决策、社会生活等提供有力的文献信息保障。

2.2　总体发展目标

2.2.1　加强基础设施建设,以山西省文献信息中心的建设推动各高校的建设。

2.2.2　搭建资源建设、协调的平台,协助高校馆开展资源采购,提供合理化建议,提供资源评估的指导性文件,强化图工委对高校馆引进数据库的协调与指导职责。

2.2.3　整合山西高校资源,以充分利用区域内资源为前提,整合山西高校馆藏资源、特色资源于省中心平台,方便高校用户的充分利用。

2.2.4　开拓服务领域、拓展服务功能,把握国际、国内命脉,建立以用户需求为导向,体现文献提供能力的服务体系。

2.2.5　加强宣传培训,重视用户信息素质教育,增强用户的信息意识,提升高校馆图书馆员和用户的整体信息获取能力。

三、"十二五"发展规划的主要任务

3.1　加强信息基础设施建设

山西高校图书馆均已引进了自动化管理软件,采访、编目、流通、期刊各个业务口都实现了自动化管理,工作程序基本上达到了规范化操作。为进一步提高山西高校图书馆的信息基础设施条件,图工委将以图书馆发展的整体环境为契机,结合新环境下全国高校图书馆的评估指标制定出适合本省实际情况的评估量化指标体系,从而在政策上推动图书馆数字化网络化基础设施的建设。

结合CALIS三期建设项目,全国中心将为省中心配套共享版软件系统(诸如:馆际互借与文献传递系统共享版,虚拟参考咨询系统共享版,通用特色数据库管理系统共享版,教学参考信息管理系统共享版,网络资源导航管理系统共享版,学位论文信息提交和管理系统共享版),省中心将争取教育厅和山西大学校内的支持,配套相应的硬件设施,部署共享版软件,以免费租用方式供山西高校成员馆开展形

式多样的服务,减少基础设施建设的重复投资。

3.2　搭建文献资源评估和协作采购的平台

搭建资源评估和协作采购的平台,协助成员馆开展资源协调采购,强化图工委对各成员馆引进数据库的协调与指导职责。进一步规范集团采购的程序,协调各成员馆资源的分布,强调资源共建共享,尽可能避免资源重复建设。

对集团采购成员馆进行资源利用率与成本比分析,在事实数据的基础上给成员馆的资源建设提供合理化建议。

3.3　整合山西高校图书馆文献资源

任何图书馆都不能以自己有限的资源满足用户多样化的信息需求,为了推动山西高等教育的发展,做好教学科研的文献保障,积极推进山西高校图书馆的文献资源共建,整合各馆自有资源,使山西高校文献资源达到共享和有效利用。

3.3.1　整合电子资源,利用 CALIS 山西省中心平台整合本科院校的电子资源,通过统一检索方式、电子资源导航形式达到共知,以文献传递方式满足全省高校用户的全文需求。

3.3.2　建设山西高校特色数据库,开通特色数据库通用系统集中各成员馆的力量整合山西各高校图书馆特色数据库,建设山西高校特色资源数据库。

3.3.3　整合山西高校学位论文数据库,部署学位论文信息提交和管理系统共享版;为各个高校馆提供面向本校的学位论文的提交、审核、编目和管理功能,形成山西高校学位论文数据库。

3.3.4　整合山西高校精品课程,建设山西高校精品课程网站,实现一站式检索,读者可以通过网络浏览、检索以及获取全文。

3.3.5　完善联合目录,在现有高校图书馆联合目录数据的基础上,适时更新各高校馆数据,并逐步扩大成员馆数量,实现在联合目录上同步查询各高校馆最新数据,从而扩大馆际互借的资源范围,增强馆际互借的时效性。在 CALIS 编目数据实现免费下载的前提下,规范本省高校的书目数据,进而整合有条件的高职高专的书目数据,不断完善山西高校图书馆联合目录。

3.4　开拓服务领域、拓展服务功能

为提升山西高校综合服务能力,通过 CALIS 省中心平台整合山西高校的资源和服务,切实开展并推进服务工作。

3.4.1　部署馆际互借与文献传递系统共享版

为各个高校馆提供完整的馆际互借与文献传递服务。实现各个高校馆之间以及高校馆与其他图书馆之间都能彼此进行馆际互借与文献传递业务,从而扩大文献传递的覆盖范围,提高文献传递业务量。

3.4.2　整合馆藏目录和服务

将各级各类联合目录、西文期刊目次数据库与馆际互借/文献传递服务有效结合,为最终用户提供查询与获取原文一站式的服务,增强山西省文献资源共享平台的服务功能,推进山西高校馆的信息资源共知、共建与共享。

3.4.3　推动馆际互借服务

以自动化管理系统的运行,规范各成员馆的工作流程,方便成员馆读者的使

用,扩大宣传,增强读者共享意识,将馆际互借范围由教师扩大至所有读者,推动高校资源的充分利用。

3.4.4　建设学科文献中心

根据高校馆学科属性的突出特点,建设学科文献中心,包括:以山西大学为中心的文理文献中心、以太原理工大学为中心的工程文献中心、以山西农业大学为中心的农学文献中心、以山西医科大学为中心的医学文献中心、以太原科技大学为中心的机械文献中心、以山西财经大学为中心的财经文献中心、以中北大学为中心的国防兵器文献中心。

各中心有目的、有重点地收藏专业文献,设立学科馆员,咨询馆员,馆际互借员,文献传递员、科技查新员等提供对外服务,形成面向整个山西高校的管理体系。各成员馆分工合作,充分挖掘本馆人力资源优势,开展围绕学科的虚拟参考咨询服务,提升山西高校图书馆综合服务能力。

3.4.5　深化参考咨询服务

建立山西省高校图书馆联合虚拟参考咨询平台,各成员馆根据学科特色和资源特色,建设相应的学科馆员队伍面向全省服务,深入开展专业化、学科化专题服务。

3.5　加强宣传培训

3.5.1　成立培训中心,组织图书馆相关业务的培训工作,开展多种方式的人员培训和学术交流活动,通过培训、授课、讲座等活动,提高图书馆员的业务水平,为提高山西高校图书馆的专业人员队伍素质做出努力与贡献。

3.5.2　加大宣传推广力度,通过编写印制服务宣传资料;开展上门宣传;开展文献传递免费服务活动等多种形式宣传、推荐图书馆服务,吸引更多的教师学生使用图书馆文献资源。开展学科化、专业化、个性化服务,将图书馆服务推送到每位读者面前。

结　语

改革开放三十年来,随着外部环境的变化,高校图书馆不仅发生了很多量的变化,而且发生了很多质的飞跃。三十年来,我省高校图书馆在经费、藏书、人员、馆舍面积等办馆条件方面发生了巨大的变化,文献资源载体形态从最初的印本文献资源占主导地位,逐渐过渡到二十一世纪印本文献、数字资源、网络资源并列的形态;在办馆理念方面,树立以读者为中心的理念,从以图书馆为中心转移到以用户为中心;馆藏从以"藏"为主转到以"用"为主;在管理方法上更加注重科学管理和人性化管理;服务平台从物理馆舍延伸到图书馆网站,突破了服务时间、空间的限制。由于全省广大高校图书情报工作者团结协作、艰苦奋斗、开拓进取、无私奉献,使我省高校图书馆由传统走向现代,由单一走向合作,由手工走向自动化,与全国高校图书馆基本保持同步发展。

但是,高校图书馆也正面临着来自周围信息环境和读者需求提高所带来的巨大挑战。尽管我省高校图书馆的建设和发展取得了很大的成绩,但是我们也应当清醒地认识到,与国内外发展更快、更好的图书馆相比,与事业发展的需求相比,我省高校图书馆的工作还存在一些问题,特别在经费投入、人员素质、图书馆服务和图书馆资源共享等各个方面还有一定的差距,但是我们相信,在国家教育事业繁荣发展的大环境下,在省教育厅的大力支持下,有全省广大图书情报工作者的不懈努力,山西省高校图书馆事业必定会越来越兴旺,山西高校图书馆事业的明天将更美好!

附录 1

山西省高校图工委大事记

1981 年

9 月 16—25 日,教育部在北京召开第二次全国高校图书馆工作会议,会上讨论修订《中华人民共和国高等学校图书馆工作条例》,并建立全国高等学校图书馆工作委员会,作为教育部"主管全国高等学校图书馆工作的机构"。山西省高教厅领导参加会议。

10 月 15 日,教育部下发"关于颁发《中华人民共和国高等学校图书馆工作条例》的通知"(教高一字〔81〕057 号)。

11 月 23 日,在省高教厅召开部分省高校图书馆负责人会议,会议由高教处陈原忠同志主持。参会人员有:太原工学院副馆长徐万鹏、秘书宋其兰,山西矿院副馆长肖基,太原重机学院图书馆王永安,山西农学院图书馆秘书乔锡康,太原师专图书馆馆长李一周。会议议题是:①传达贯彻教育部召开的全国高等学校图书馆工作会议精神;②研究筹备召开山西省高等学校图书馆工作会议等事宜。

1982 年

1 月 3—4 日,山西省高等学校图书馆第一次工作会议在太原召开,会议由山西省高教厅主持召开,全省 17 所高校的分管校(院)长、图书馆馆长(副馆长)和来宾共 67 人参加会议。会议的主要内容是:传达全国高等学校图书馆工作会议精神;回顾总结山西省高等学校图书馆的工作,交流经验,分析研究当前存在的问题,进一步明确前进的方向;建立"山西省高等学校图书馆协作委员会"(以下简称"山西高校图协")。这是新中国成立以来山西省第一次召开有关图书馆工作的专门会议,会上山西省高教厅副厅长苗夫行发表《贯彻全国高等学校图书馆工作会议精神,加强我省高等学校图书馆建设》的讲话。

在全省高校图书馆工作会议上成立"山西省高等学校图书馆协作委员会"。"山西高校图协"有 16 个成员馆,设 5 个常务馆:山西大学、太原工学院、山西医学院、太原重型机械学院、山西矿业学院。主任馆为山西大学,副主任馆为太原工学院。常委是:柴作梓(山西大学)、徐万鹏(太原工学院)、谢华才(山西医学院)、王永安(太原重型机械学院)、肖基(山西矿业学院)。

1 月 15 日,省高教厅下发"关于下发《关于贯彻实施〈中华人民共和国高等学校图书馆工作条例〉的意见》的通知"(晋高教教一字〔82〕2 号),对全省高校的图书馆工作做出了三年规划,及具体的指导意见和明确要求。

7 月 20 日,省高校图协举办的第一期图书馆基础知识短训班在重机学院图书馆举办,学习时间两个月,学员 60 人。

8月30—9月2日,山西省高教厅董文有、王照奎同志,及矿业学院、医学院、师范学院、太原工学院、太原重机学院等部分高校图书馆派人出席在北京召开的东北、华北图书馆业务职称座谈会。

9月16日,邹春云、柴作梓出席在北京召开的全国高校图书馆工作会议。

9月28日,省高教厅下发"关于进行全省高校图书馆工作检查的通知"(晋高教教一字〔82〕100号),决定对全省各高校贯彻落实全国高校图书馆工作会议的情况进行一次检查。

11月,省高教厅组织各高校馆领导和业务骨干25人,分3个组,对全省16所高校图书馆工作进行全面检查,重点检查各馆对贯彻《中华人民共和国高等学校图书馆工作条例》的落实情况。高教厅苗夫行副厅长、贾静副处长和马世豹也参加太原市部分高校馆的检查。

1983 年

1月17—18日,山西省高校图书馆协作委员会在太原工学院召开全省高等学校图书馆馆长会议。会议的中心议题是:如何开创山西省高等学校图书馆工作的新局面。会议听取山西大学图书馆副馆长柴作梓同志传达全国高校图书馆工作委员会第二次会议、"全国高等学校图书馆馆长研讨会"的精神,及庄守经的报告《振奋精神,齐心协力,开创高校图书馆的新局面》。太原工学院图书馆副馆长徐万鹏对山西省高校图书馆工作检查做总结,并布置1983年工作要点。

3月21日,省高校图协举办的第二期图书馆基础知识短训班在山西医学院图书馆开班,学习期限两个月,学员40人,共授9门课。

4月15日,省高校图协创办的《山西高校图书馆报》创刊,太原工学院徐万鹏、山西大学章士敏任组长,刘宛佳、安银海、谢华才、邵玲娟、邹春云任编辑。

4月18—22日,山西高校图书馆采编工作研讨会在晋东南师专召开。来自全省16所高校图书馆的馆长及采编人员共36人参加会议。会议由山西高校图协副主任徐万鹏主持,大会听取太原重机学院、太原工学院、太原师专等三个图书馆去大连工学院图书馆及东北、京津等地图书馆参观取经的汇报,并听取太原工学院图书馆介绍中文编目定额试行办法、山西矿业学院图书馆介绍采购工作经验,会议对编目工作提出试行定额。

5月16—20日,山西省高校图书馆流通工作研讨会在大同医专召开。全省15所高校图书馆的馆长及代表40余人参加会议,大同医专余校长到会讲话,他代表全校教工向参会同志表示热烈欢迎,并希望通过这一次会议相互交流经验,提高工作效率,改进服务质量,使高校图书馆在教学科研工作中,发挥其作用。山西高校图协副主任徐万鹏就本次会议的目的和任务以及研讨内容做讲话。在五天紧张的会议中,会议听取各校流通工作基本情况汇报,各图书馆就建馆、经费、藏书量、书库、阅览室面积、人员结构、服务对象、服务方法及效率等方面进行交流和讨论。主要内容包括:①进行图书剔旧;②加强统计工作;③辅导新生学会利用图书馆,对高年级学生开设文献检索讲座或课程;④加强图书资料的宣传辅导工作,开展新书报导;⑤搞好开架借阅和流通阅览工作,继续加强基础工作;⑥馆风建设问题;⑦机构改革问题等。

9月5日,教育部委托华东师范大学图书馆学系举办的全国高等学校图书馆馆长进修班开学。我省高校图协派太原重机学院王永安馆长参加,学习时间半年。

10月31—11月6日,中国图书馆学会在厦门召开第二次会员代表大会,山西大学柴作梓出席会议,并当选为理事。

11月15—19日,山西省高校图书馆协作委员会在太原工学院召开全省高校图书馆首次期刊工作研讨会。来自16所高校的代表35人参加会议。会议的中心议题是:总结工作,交流经验,探讨期刊工作的科学化、规范化,推行工作责任制,设想期刊工作的改革。会议通过大会发言、分组讨论,组织参观学习,使与会同志提高对期刊工作的认识,交流经验,提出了措施:①继续整顿期刊基础工作,加强科学管理,提高服务质量。②开展文献检索教育,举办各种讲座,讲习班,培养师资,逐步过渡到开设文献检索课。③开展参考咨询和情报服务工作,凡有条件的馆都应建立参考咨询机构,按照高校《工作条例》的要求,为图书情报一体化打基础做准备。

1984 年

1月23日,全国高等学校图书馆工作委员会副主任庄守径同志来我省高校图协检查指导工作,还参观部分高校图书馆,做学术报告。

4月7—12日,教育部在西安市召开全国高等学校图书馆工作经验交流会,我省派徐万鹏、邵玲娟、安银海三位同志参加会议。

5月11日,省高校图协在太原工业大学图书馆召开常委会议,徐万鹏传达全国高校图书馆工作经验交流会的情况,会议讨论筹备第二次省高校图书馆工作会议。

6月14—23日,省高校图协组织对山西师大、山西农大、运城师专、晋中师专、晋东南师专、长治医专等六所图书馆进行工作调研。

7月8日,省高校图协组织太原工业大学、重机学院、矿业学院、机械学院、师范学院等五所图书馆各派一人参加由哈尔滨工业大学图书馆举办的《科技文献检索与利用》课程培训班学习。

10月,根据全国高校图工委"关于颁发高等院校图书馆工作人员纪念证的通知"(全高图字〔84〕011号)精神,山西高校图协表彰从事高校图书馆工作30年以上的23位同志并颁发全国高校图工委嘉奖的纪念证。山西省荣获30年纪念证的同志有:山西大学王和兆、胡绍声、柴作梓、李树兰、薛愈、马雪鹤;太原工业大学刘宛佳、万葵仙、范旭初、张莲茹;山西师范大学张履芳;山西农业大学李丽琛;太原重机学院邹春云、朱桂楠;山西矿业学院张权中;山西医学院谢华才、周淑贞、刘承娱、吕文秀、智璞;山西财经学院张光亚;太原机械学院张肇端;晋东南医专张德滋。

12月28日,省高教厅尹中川处长召开高校图协会议,布置1985年3月召开图书馆工作会议的事宜,并讨论委员馆、常委馆、主任、副主任、秘书长、秘书处地点,以及出席会议的人员要求等。

1985 年

4月4—6日,我省高校图协组织山西大学邵玲娟、太原工业大学徐万鹏、太原重机学院王永安、山西矿业学院安银海等赴京,对北京地区高校图书馆改革工作走在前列的北京大学、北京工业大学等图书馆进行参观、调研、取经,并在北大图书馆就高校图书馆专业人员职务评定等有关问题专访了全国高校图工委秘书处领导肖自力同志。

4月15日,省教育厅下发"关于召开全省高校图书馆工作会议的通知"(晋教高字〔1985〕第20号),决定召开全省高等学校图书馆工作会议,总结高校图协成立以来的工作,研究高校图书馆工作的改革,讨论制订高校图书馆事业"七五"发展规划。

4月23日,省高教厅尹中川处长召开高校图协会议,参加人员有马金豹、关荣昌、王永安等,主要研究全省高校图书馆工作会议事宜。马金豹讲会议的主要任务:①报告图协工作;②"七五"规划和今年工作(王永安起草);③改图协为图工委。

4月25—27日,山西省第二次高等学校图书馆工作会议在太原召开。37人出席会议,省教育厅赵美英副厅长会间看望了全体与会代表,会议结束时做总结讲话。会议回顾总结过去几年全省高校图书馆工作情况,认真研究图书馆工作的改革问题,讨论制订全省高校图书馆事业"七五"后三年发展规划,及1985年工作要点,经教育厅同意决定改"山西高等学校图书馆协作委员会"为"山西省高等学校图书馆工作委员会"(以下简称"图工委")。新成立的图工委秘书处设在太原工业大学图书馆内,工大图书馆馆长关荣昌任秘书长,图工委主任由省教育厅赵美英副厅长担任,副主任为:尹中川、关荣昌、邵玲娟,常委馆为:太原工业大学、山西大学、太原师专、太原重机学院、山西矿业学院。

4月27日,由尹中川主持召开图工委第一次常委会,主要要求做好以下几件事:①把秘书处尽快建起来;②会议文件的修改、下发、传达;③调查各馆现状及问题;④队伍培训;⑤互相检查;⑥外出调研;⑦几个专业组的建立等。

5月17日,省教育厅下发"关于印发《山西省第二次高等学校图书馆工作会议纪要》的通知"(晋教高字〔1985〕25号),要求各学校贯彻落实会议精神,进一步提高认识,加强领导,开创图书馆工作新局面。

6月7日,图工委业务组会议,张广庸主持,主要议题:①正式建立业务组;②讨论业务组工作计划、工作范围、业务调研、业务交流、业务管理、业务改革等事宜。

6月11日,图工委常委会,研究办文检班事宜;并研究学术组成立事宜,初步拟定学术组职责;讨论创办《晋图学刊》,聘请编委及经费等事宜;讨论1985年工作安排。

7月17—23日,中共中央宣传部和文化部在北京联合召开全国图书馆工作会议,太原重机学院图书馆副馆长王永安代表山西高校图工委参加会议,在会议期间华北地区五省、市、自治区高校馆的代表酝酿组建华北高校图协事宜。7月22日晚,华北地区高等学校图书馆协作委员会筹备会议在北京京丰宾馆召开,参加会议的有:天津市高校图工委副主任来新夏、北京地区高校图工委副主任兼秘书长赵侃、河北省高校图工委副秘书长杨华、山西省高校图工委副秘书长王永安、内蒙古大学图书馆副馆长马秀仁。负责召集人来新夏。与会人员研究、磋商关于成立华北地区高校图协的具体事项。

9月4日,省教育厅下发"下发《山西省高等学校图书馆事业1985—1990年发展规划》的通知"(晋教高字〔1985〕第32号),规范高校图书馆管理,推动山西高校图书馆的整体发展。

9月14日,山西省高校图工委在太原工业大学图书馆召开常务扩大会议,全省15所大专院校图书馆馆长或负责人16人参加会议。会议由图工委秘书长,太原工业大学图书馆馆长关荣昌主持。会上,太原重机学院图书馆副馆长王永安传达全国高校图书馆工作会议精神;图工委业务组组长,太原机械学院图书馆馆长兰珊汇报对全省18所大专院校图书馆进行全面调查的工作情况,并建议建立各馆月报制度,建议图工委在适当时间召开分类著录标准化工作研讨会;山西大学图书馆馆长欧阳降汇报图书馆业务培训工作的情况;学术组组长,山西矿业学院图书馆副馆长安银海汇报学术论文征集情况,以及内部刊物《晋图学刊》的编辑出版情况,并建议各馆成立学术研究小组,以促进我省图书馆学、情报学、图书馆现代化研究的繁荣。会议还就外出参观问题进行讨论,决定于1985年10月中旬分兵两路,赴改革工作走在前列的兄弟院校学习、取经。

9月16—17日,华北地区高等学校图书馆协作委员会成立会议在天津南开大学召开。华北地区五省、自治区、直辖市教育厅(高教局)及高校图工委派代表18人参加了会议。天津市高教局副局长、天津市高校图工委主任金永清同志和南开大学副校长范恩涝同志出席了会议。天津市高校图工委副主任、南开大学图书馆馆长来新夏教授介绍了关于成立华北地区高校图书馆协作委员会的筹备经过。会议签署《华北地区高等学校图书馆协作委员会协议书》,确定第一届值年主席单位为天津市高校图工委,商定第一值年度即1985年9月至1986年9月的工作要点。王永安、安银海、邵玲娟代表我省出席会议。邵玲娟代表我省高校图工委在协议书上签字。

12月15日,山西省高等学校图书馆工作委员会和山西省图书馆学会主办的《晋图学刊》创刊。

12月21日,图工委在太原工业大学图书馆召开常委扩大会议,与会的有山西大学、太原工业大学、山西师范大学、山西农业大学、山西矿业学院、太原重机学院、太原机械学院、山西财经学院、山西医学院、太原师专、雁北师专等图书馆馆长或负责人,《晋图学刊》编辑部也派代表参会。会议由太原工业大学图书馆馆长关荣昌同志主持。图工委副秘书长,重机学院图书馆副馆长王永安就图工委1985年工作进行全面的总结。关荣昌同志向会议提出了1986年图工委工作要点:①抓好专项评估工作;②加强管理,搞好定编,制定并推行岗位责任制;③整顿基础,提高服务质量,研究藏书建设原则、标准,推行著录标准,提高流通率,降低拒借率,开馆70小时,开展学术活动,办好刊物。太原机械学院图书馆馆长兰珊提出建立各成员馆月报表,年总结制度的建议,得到了大家的赞同。农业大学图书馆馆长王理忠提出了目前高校图书馆界实际存在的一些问题,大家一致认为,这些问题的解决是图书馆现代化建设的前提。会议还就1986年即将实行的专业职务聘任工作提出具体的意见。

1986 年

1月12—25日,为实现我国文献著录标准化,统一全国文献著录的内容和形式,山西省高校图工委受华北地区高校图书馆协作委员会委托,在山西大学图书馆举办"中文文献著录标准化短训班"。由山西大学图书馆学系讲师冯锦生同志主讲,张宪平老师辅导。教学内容着重讲解了《文献著录总则》《中文普通图书著录规则》《连续出版物著录规则》《图书资料著录规则》,并进行实习。另外对《地图著录规则》(报批稿)与《标准著录规则》(征求意见稿)作介绍。短训班学员共36名,分别来自天津、内蒙古、唐山、邯郸和本省各地高校图书馆的编目岗位。

2月25—28日,全国高等学校图书馆工作委员会在北京召开各省、自治区、直辖市高等学校图书馆工作委员会秘书长会议,山西省高等学校图书馆工作委员会秘书长、太原工业大学图书馆馆长关荣昌同志代表我省18所院校出席会议。关荣昌同志回来后,就有关问题向省教育厅副厅长、省高校图书馆工作委员会主任委员赵美英同志做了汇报,并将会议有关文件、资料发至各院校,决定近日召开山西省高校图工委第六次常委会议。

2月26日晚上,华北地区高等学校图书馆协作委员会在北京邮电学院招待所召开华北五省、自治区、直辖市高校图工委秘书长会议。会议由值年主席单位即天津市高校图工委副主任兼秘书长张宪春同志主持。参加会议的各图工委秘书长是:河北王振鸣、山西关荣昌、内蒙古宋本成、北京王戊辰、天津张宪春。与会同志,就6月份在河北省承德市召开华北地区高等学校图书馆专业队伍建设学术讨论会的具体事项进行研究商讨。

3月17日,山西高校图工委在太原工业大学图书馆召开常务扩大会,全省19所大专院校图书馆的馆长或负责人及省图工委秘书处的同志参加会议。会上,省图工委秘书长关荣昌同志传达全国高校图工委会议关于高校图书馆开展专业职务聘任工作的精神,介绍上海交大、复旦大学、北大、清华等校前期准备工作的经验,并听取国家教委彭佩云同志在全国高校图书馆工作会议上的讲话录音。

4月21日,山西高校图工委在太原工业大学图书馆召开常委会,省高教厅教育处处长尹中川、山西大学、太原工业大学、山西师范大学、山西农业大学、山西矿业学院、太原重机学院、太原机械学院、山西财经学院、山西医学院、太原师专、雁北师专等图书馆馆长或负责人参加会议。会上,省图工委秘书长关荣昌同志主持会议,图工委学术组组长、山西矿院图书馆副馆长安银海向会议汇报藏书建设研讨会的筹备情况;业务组组长太原机械学院图书馆馆长兰珊汇报对全省24所大专院校图书馆进行检查评比的组织、计划等具体安排情况;关荣昌同志汇报科技文献检索培训班准备情况。会议还讨论参加华北地区高校图协召开图书馆干部队伍建设研讨会的论文名单,通过接受省经济管理学院等三所大专院校图书馆为图工委成员馆的决定。

5月19日—6月19日,山西省高校图工委为提高高校文献检索课教师和情报所、站、室情报人员的业务水平特举办"科技情报检索、计算机情报检索培训班",特邀有关教授专家主讲有关课程,来自省内高校图书馆的23人参加培训。

6月11—15日,华北地区高校图协举办的"高校图书馆专业队伍建设研讨会"在河北省承德市召开,参会代表50余人,收到论文30篇,我省高校图工委副秘书长王永安同志和山大、工大、师大、农大、矿院、财院图书馆6名论文作者出席会议。

6月23—25日,山西省高校图工委举办的首届"藏书建设学术研讨会"在山西大学召开,全省各高等院校图书馆领导、藏书建设工作者及论文作者56人参加会议,公共图书馆及科研情报系统图书馆的部分同志也应邀参加会议。山西日报社记者到会进行采访。全省高校图书馆的同志们向会议提交41篇论文和发言稿。太原重型机械学院图书馆副馆长王永安宣读了题为《藏书建设中的几个辩证统一关系》的论文;太原机械学院图书馆李银生宣读了题为《我省藏书建设协调工作的设想》的论文;山西大学图书馆学系讲师冯锦生做了《近几年来我国有关藏书建设方面正在研究些什么》的专题报告。会议期间,与会者就藏书建设方面的若干理论和实践问题进行了热烈讨论,并主要就其中四个方面的问题做深入探讨:①书刊资料采访;②藏书组织与管理;③藏书剔除工作;④藏书建设协调工作。

7月5日,经省新闻出版局批准,《晋图学刊》取得了第152号《山西省期刊登记证》,成为公开向全国发行的刊物。

8月11—23日，山西高校图工委委托太原工业大学图书馆主办"静电复印机维修技术培训班"，来自省内高校图书馆的24人参加培训。

9月14—18日，华北地区高校图书馆协作委员会年会在内蒙古通辽市内蒙古民族师范学院召开，我省高校图工委副秘书长王永安、太原工业大学图书馆副馆长康军、山西矿业学院图书馆副馆长安银海、山西师范大学图书馆馆长董廷旺、山西财经学院图书馆副馆长李秀华五位同志，代表我省高校图工委参加会议。会上由值年主席（天津高校图工委）总结华北图协一年来的工作，研究商定第二个值年期间的工作计划及有关问题。

10月13日—11月8日，为了适应现代化建设的需要，实现图书情报、档案资料、人事及工资计算机科学管理，提高工作效率和服务质量，山西高校图工委在太原工业大学图书馆举办了"微型计算机在图书馆应用培训班"，来自各高校图书馆的18人参加了培训。讲授内容：磁盘操作系统（DOS2.0）dBadeⅢ；cocos语言及程序设计，还进行上机实习。

11月，山西大学图书馆与图书馆学系合办的"图书情报中专班"毕业51人，大部分分配到各高校图书馆。

11月3日，图工委常委扩大会在太原工业大学召开，主要内容：①王永安汇报华北高校图协通辽会议情况；②刘宛佳汇报《晋图学刊》工作；③研究1987年年会事宜。

12月，我省图书馆界同仁200余人齐聚并州太原，听取北京医科大学图书馆馆长李学愚教授的专题报告"现代图书馆管理的探讨"。这次报告会是我省高等学校图书馆工作委员会与省图书馆学会联合举办的，旨在了解国内外图书馆事业的发展水平动向，形象化比较国内外图书馆现代管理方法，以推动我省图书馆事业的进程。李学愚教授近期内出访美国，他以亲身考察经历和自己动手拍摄制作的近百帧彩色幻灯片，向听众介绍美国哈佛大学、麻省理工学院、加州大学几个分校、医科学校第一批高等院校图书馆的情况，还翔尽地介绍世界上最大的图书馆之一，美国国会图书馆的实况。他们高水平、高效率的服务工作，以及方便、实用、舒适且环境优美的馆舍令人惊叹，给听众们留下了深刻的印象。同时，对国外先进水平的电子计算机管理系统、自动监测系统、借还书手续及独特的阅读习惯，图书馆的社会地位及多方位的社会功能也有了一个十分形象的了解。

12月27日，山西省高校图工委常委会议在太原工业大学召开，主要议题：①安银海介绍学术年会准备情况，征集论文44篇，80分以上4篇，70分以上16篇，60分以上21篇，不及格2篇；②决定《晋图学刊》编委会及编辑部改组。顾问：柴作梓、刘宛佳；主编：冯锦生；副主编：邵玲娟、安银海、康军（暂缺一人）；编委：王永安、董廷旺、李银生、芦建生、赵晋生、张广庸、刘永胜、陈晰明（暂缺一人）；编辑部主任：宋其兰；编辑：王俊林、米东华。

1987 年

1月9—10日，省高校图工委在太原工业大学图书馆召开"山西省高校图工委1986年学术年会"省高校各图书馆领导及论文作者67人参加会议。年会回顾总结省高校图工委1986年工作，提出图工委1987年工作要点，进行论文宣读及表彰优秀论文作者的工作，还组建《晋图学刊》新的编委会和编辑部。年会由省高校图工委秘书长关荣昌同志主持，省高校图工委副主任、省教委高教处处长尹中川同志结合我省高校图书馆工作实际和当前形势做访问日本的报告。他还要求图工委在1987年抓好三件事:一是定编、定岗、定责,加强考核,向管理工作规范化努力;二是职务聘任,要做好准备;三是抓一下有关反对资产阶级自由化的问题。省高校图工委副主任、山西大学图书馆副馆长邵玲娟同志代表年会论文评选组报告了论文征集范围、评选标准、评选方法及评选结果。年会共征集论文99篇,评选出优秀论文27篇,共16位作者获奖。优秀论文作者代表刘永胜同志宣读题为《从引文分析看我国图书馆学理诊建设》的论文;谢华才同志宣读题为《谈谈图书馆馆长的科学决策》的论文;李银生同志宣读题为《漫谈采购用混排书名目录的建立》的论文;许翔同志宣读题为《浅谈高校情报机构的协同性要求》的论文。省高校图工委副主任兼秘书长、太原工业大学图书馆馆长关荣昌同志对1986年图工委工作做总结,并讲述1987年图工委工作要点及设想。太原工业大学党委副书记树成昌同志到会祝贺并讲话。到会代表还以自由发言形式,对工作报告、计划要点以及大家所关心的学术问题、业务问题和工作问题进行热烈的讨论。

1月17日,山西省高等学校图书馆工作委员会在太原工业大学图书馆召开常委会议。省教委尹中川同志,山西大学、太原工业大学、太原重机学院、山西矿业学院、山西财经学院、山西医学院、太原师范专科学校等图书馆馆长或负责人参加会议。会议由山西省图工委秘书长、太原工业大学图书馆馆长关荣昌同志主持。会上成立筹备"图书情报资料专业职务聘任制工作"专门小组,具体研究制定山西省高等学校图书资料情报人员专业职务的职责范围和实施细则。一致通过增补太原工业大学图书馆副馆长康军同志为图工委常委。会上还讨论1987年工作计划要点。检查了1986年图工委经费支出情况。同志们还就各院校图书馆存在的问题向尹中川同志做汇报。

3月23日,图工委在太原工业大学召开部分馆长会议,讨论图书情报资料专业职务聘任实施细则。

4月10日,图工委常委讨论华北五省市年会事宜,初步定为9月在大同医专召开。

5月9日,图工委领导关荣昌、王永安、兰珊、李玉文、康军等向高教处领导汇报工作。

6月12日,华北地区高校图书馆协作委员会在北京市西山饭店召开华北五省、自治区、直辖市高校图工委秘书长(扩大)会议,共14人参加。会议由值年主席单位即内蒙古自治区高校图工委秘书长宋本成同志主持。与会人员共同研究、讨论华北地区高校图协第二届年会的有关事项。

6月20日,召开山西高校图书馆馆长会议,传达讨论职称评聘的事宜,关荣昌传达6月12—16日在北京召开的第三次全国高校图书馆工作会议精神,主要传达彭佩云同志的工作报告、肖自力关于"七五"规划说明,朱育理的总结讲话。

9月11日,图工委领导在教委高教处与有关领导研究华北高校图协年会事宜,主题侧重文献开发利用。

9月22—25日,华北地区高校图协1987年学术年会在山西大同市召开。河北、山西、内蒙古、天津、北京五省、市、自治区的论文作者及山西、天津、内蒙古教委的领导同志、图工委负责人及有关人员共76人出席会议。国家教委教材和图书情报管理办公室副主任、全国高校图工委副主任兼秘书长肖自力,全国高校图工委常委、天津市高校图工委副主任、南开大学图书馆馆长来新夏教授出席会议并做重要报告。山西省教委赵美英主任及雁同地区有关领导到会祝贺并讲话。肖自力同志结合全国高校图书馆工作和当前形势做了《高校图书馆事业发展现状及战略》的报告。来新夏教授做了题为《加强高校图书馆教育职能和情报职能》的学术报告。本年会的主题是:高校图书馆读者服务工作和文献资料的科学管理,年会共征集论文52篇,其中16篇论文的作者在大会宣读论文。与会代表还就会议论文,肖自力、来新夏的报告以及有关问题进行了分组讨论。山西省高校图工委副秘书长王永安同志代表年会领导组进行了总结发言,值年主席内蒙古高校图工委秘书长宋本成做了值年工作小结。北京高校图工委秘书长王戊辰同志就88年工作谈了5点设想。山西省教委高教处第一副处长李庆生同志发表了讲话。年会期间秘书长会议商定:由《津图学刊》主持编印华北高校图协大事记。

11月9—12日,煤炭高校图书馆外编工作研讨会在山西矿业学院图书馆举办,来自全国煤炭系统15所大专院校图书馆的24位代表出席会议。会议由山西矿业学院图书馆安银海副馆长主持并致开幕词;山西矿业学院党委书记兼院长章迪寰出席开幕式;副院长盛剑桓发表讲话;太原重机学院图书馆副馆长王永安,中科院燃化所图书馆副馆长郭连也在大会发言。大会还邀请山西大学图书馆学系讲师王玲做了有关西编问题的学术报告,组织参观山西矿业学院计算中心、电教中心、山西财经学院图书馆和山西医学院图书馆。

12月9日,在太原工业大学召开图工委常委扩大会,讨论议题:①全省高校图书馆工作会议准备事宜;②通报华北五省市大同会议情况;③《晋图学刊》工作;④各馆汇报1987年发展概况。

12月29日,在太原工业大学召开图工委太原地区常委会,讨论《晋图学刊》人事、经费、稿费、审稿程序、校对、印刷等问题。拟将编辑部由太原工业大学迁至山西大学,山西大学图书馆裴成发为专职编辑,从1988年2月1日开始工作。

1988 年

1月23日,华北地区高校图书馆协作委员会在北京市人民大学图书馆召开华北五省、自治区、直辖市高校图工委秘书长会议。参会人员有内蒙古宋本成,山西安银海,河北杨华,天津张宪春,北京赵侃、王戊辰、潘永祥。会议由值年主席单位即北京地区高校图工委副主任兼秘书长赵侃同志主持。经过热烈讨论,充分协商,落实了本年度华北高校图协值年工作计划。

2月1日,根据图工委决定,《晋图学刊》编辑部正式迁至山西大学图书馆内办公。

3月8日,华北地区高校图书馆协作委员会在北京科技大学召开华北五省、自治区、直辖市图工委秘书长会议。参加人员有天津来新夏、张宪春,北京赵侃,内蒙古隋学礼,山西王永安,河北杨华。经讨论决定:原计划编辑出版华北地区高等学校图书馆名录工作暂缓进行。原定华北地区高校图协第三届年会方案不变。3月5—8日,全国高校图工委在北钢招待所召开常委扩大会,山西高校图工委王永安、安银海参加会议,期间华北五省市自治区图工委领导利用晚上时间召开了碰头会。

3月19日,图工委太原常委在太原工业大学召开会议,王永安同志传达全国高校图书馆工作会议情况,安银海传达华北五省、市、自治区协作会议情况。

3月29日,在太原工业大学召开图工委常委会,主要议题:①教图公司太原转运站事宜;②《晋图学刊》工作条例、稿酬等问题。

4月9日,在教委老干部会议室,召开省高校图工委常委会,讨论全省高校图书馆工作会议事宜:定于4月18—20日召开会议,内容:①传达贯彻全国会议精神;②研究全省工作;③"七五"后三年一些设想;④赵美英副厅长报告。会议还决定将图工委秘书处迁至山西大学图书馆内办公,并讨论图工委主任、副主任、秘书长、副秘书长名单。

4月13日,在太原工业大学召开图工委部分领导会议,主要讨论全省高校图书馆工作会议筹备工作,研究会务事宜。

4月18日,山西省教育委员会下发"关于贯彻《普通高等学校图书馆规程》加强图书情报工作的几点意见",以使山西高校图书情报事业尽快适应新形势下四化建设和高等教育自身建设的需要,加快由传统图书馆向现代化图书馆过渡的进程,在"七五"期间能够得到进一步发展。

4月18—20日,山西省高校图书馆工作会议在太原山西矿业学院新落成的图书馆内召开。省教委有关部门负责同志,省20余所高等院校的校(院)长与各馆正副馆长,以及有关人员共68人出席会议。山西省图书馆副馆长金高尚,山西省情报所副所长杨翼林同志到会祝贺,并致贺词。会议由省教委高教处第一副处长李庆生主持。省教委专职委员,图工委主任赵美英在开幕式上做题为《总结经验,提高认识,进一步加强我省高校图书馆建设》的重要报告。李庆生同志在会上传达去年六月份在京召开的第三次全国高等学校图书馆工作会议的精神,并就关于如何贯彻《普通高等学校图书馆规程》,加强图书,情报工作提出几点意见。会上,太原工业大学杨桂通校长、山西矿业院章迪寰院长、太原师专陈杨炯校长就他们各校如何重视、支持、加强图书馆工作做了发言。代表们就会议的上述报告、发言与大会提出的《山西省高等学校图书情报工作委员会章程》(草案)进行热烈的分组讨论。会议通过民主协商产生我省高校图书情报工作委员会成员的名单。新当选的常委会副主任兼秘书长王振华同志,首先代表新的常委会对上一届常委会所付出的艰辛与取得的成绩作充分的肯定,并表示崇高的敬意!接着他就图工委1988年的主要工作做了安排。最后由省图书情报工作委员会主任赵美英同志作总结发言。

4月21日,山西省高等学校图书情报工作委员会秘书处由太原工业大学图书馆迁到山西大学图书馆办公。

4月27日,山西省教委下发"关于成立山西省高等学校图书情报工作委员会的通知"(晋教高字〔1988〕13号),决定将原山西省高等学校图书馆工作委员会改组成立为山西省高等学校图书情报工作委员会。

5月,根据全国高校图工委"关于颁发高等院校图书馆工作人员纪念证的通知"精神。省高校图工委表彰从事高校图书馆工作30年以上的同志并颁发全国高校图工委嘉奖的纪念证书。(名单缺失)

5月31日,山西省高等学校图书情报工作委员会在山西大学召开了常委会议,主要议题:①图工委下设6个工作小组,即管理与改革组、业务建设组、学术研究组、人才培训组、情报开发组、现代化技术研究与应用组,并制订了工作计划。②布置华北高校图协1988年9月的年会和全国高校图工委1988年11月在武汉召开的"高校图书馆履行教育职能经验交流会"的有关事项和征文。③适当调整《晋图学刊》编委会的成员。主编:冯锦生;副主编:李玉文、安银海、康军;编委:王永安、冯锦生、安银海、李秀华、李玉文、张广庸、赵晋生、康军、董书新、董廷旺。

5月底—6月27日,应太原工业大学邀请,美籍华人图书馆专家,美国俄亥俄州DAY-

TON 大学图书馆副教授崔李荫庆女士、美籍华人图书馆专家、美国新泽西州西顿·霍尔大学图书馆教授阎志洪先生先后来山西讲学。在太原工业大学图书馆举办为期20天的"西文编目及 AACR2 讲习班"中,来自华北地区各馆的近30位学员系统地学习了崔李荫庆女士主讲的美国大学图书馆编目工作及 AACR 的演变和实际运用课程。崔李荫庆女士还在太原市图书馆向来自全市的100多位图书界同仁做了介绍美国图书馆事业发展的学术报告。阎志洪先生在题为《美国大学图书馆的参考咨询工作》《美国大学图书馆的发展》《科学方法——怎样利用图书馆》《漫谈赴美留学》的四次报告中,向数百名图书情报界、科技界和教育界人士介绍美国的现代图书馆事业发展的最新信息。阎先生在晋讲学期间,还与我省高校图工委进行座谈。

7月,山西大学图书馆与图书馆学系合办的"图书情报中专班"毕业98人,为省高校各图书馆输送急需的人员。

8月3日,应山西省高等学校图书情报工作委员会之邀请,美国康奈尔大学凯瑟琳·姜女士(芝加哥大学图书馆学硕士)在山西大学会议室与山西大学图书馆、图书馆学系以及矿业学院、财经学院等高校图书馆的中、高级人员共30余人进行座谈。凯瑟琳·姜女士介绍美国图书馆现代化管理和计算机在图书馆的应用等情况。

8月15日,经图工委常委会研究决定,在全省高校图书馆举办一次1987—1988年度成果评选奖励活动,并制定成果的征集范围和评奖的有关事项。

9月29日,图工委常委会,主要议题:①讨论布置工作检查事宜,10月底或11月初进行检查的提纲、方法及步骤;②华北年会事宜;③11月武汉开图书馆教育职能会议的事宜;④1989年在上海开图书馆情报职能会议的事宜。

10月5—10日,华北地区高校图书馆协作委员会在北京科技大学召开第三届年会。参加会议的论文作者和代表共54人。会议主要议题是:深化改革,充分发挥高校图书馆的教育职能和情报职能。大会收到学术论文和经验材料30篇,11位同志在大会上宣讲自己的论文要点或做经验介绍。全国高校图工委副秘书长李晓明同志和原全国高校图工委副主任兼秘书长、现中国人口情报中心肖自力同志出席了会议的闭幕式,肖自力同志为大会做有关文献资源布局的学术报告。我省图工委领导和5名论文作者出席会议。

10月20日,省教委下发"关于进行全省高校图书馆工作检查的通知"(晋教高字〔1988〕32号),为加强对高校图书馆工作的领导,强化其教育职能和情报职能,使之适应教学科研的需要,决定于今年11月对全省高校图书馆工作进行一次检查。

10月26—29日,由部际图书情报工作协调委员会文献资源组主持的,全国文献资源调查工作会议在北京大学图书馆召开,省高校图工委秘书长王振华同志代表山西省高校图书馆参加会议。

11月22日,图工委在山西大学图书馆召开常委会,讨论安排山西省高校图书馆工作检查的有关事宜。确定检查的单位,检查组的组成人员,检查提纲等。

11月29日,图工委在山西财经学院图书馆召开文献资源调查动员部署会。秘书长王振华传达了在北京召开的"全国文献资源调查会议"精神,并布置我省高校图书馆文献资源调查工作。省内具有研究级水平的9所本科院校图书馆馆长和文献资源调查负责人出席会议。

11月30日—12月4日,全国高校图工委在武汉大学召开全国高校图书馆履行教育职能经验交流会,省高校图工委选派论文作者山西师大赵春旻、晋中师专文榕生代表我省高校图书馆参加会议。

12 月 5—18 日,根据省教委〔1988〕32 号文件精神,省教委委托图工委从各高校图书馆抽调具有高、中级职称的有关负责人 10 人,分三路对晋东南师专、长治医学院、山西农大、吕梁师专、运城师专、夏县武警专科学校、忻州师专、大同医专、雁北师专、山西医学院、山西矿院、山西经济管理学院和太原电力专科学校等高校图书馆工作进行检查。重点检查各院校在贯彻落实《普通高等学校图书馆规程》和省教委下发的《关于贯彻"普通高等学校图书馆规程"加强图书情报工作的几点意见》的情况。在各校自检的基础上,检查组听取各校和图书馆领导的工作汇报,并深入到馆进行实地检查。通过检查,看到我省各高校图书馆发展快,变化大,为各校教学和科研做出很大的成绩,但也存在不少问题,如人员素质差,经费严重不足,设备条件跟不上,有的领导班子不健全。在职称评定中,遗留问题较多,这些问题严重影响图书馆两个职能的发挥,亟需省教委和各校领导重视和解决。

12 月 22 日,省教委晋教成字〔1988〕33 号"关于委托山西大学举办《图书情报学专业证书》教学班的通知"下发各高校。首期学员 45 名,学习期限一年。

12 月 25 日,图工委召开常委会,对全省高校图书馆 1987—1988 年度成果进行评选,评委由具有副教授、副研究馆员以上专业技术职位的 7 位同志组成。成员是:王永安、张金保、兰珊、李秀华、董树新、李玉文、安银海。评委召开会议对报送的成果进行评选,从 9 月 27 日发出书面通知至 12 月 28 日截止,共收到 10 所院校报来参加评选的成果有 49 种 54 份。其中:师大 4 种;财院 5 种;武警专科学校 3 种;大同医专 7 种;雁北师专 7 种;太原师专 1 种;矿院 6 种;重院 4 种;山医 2 种;农大 10 种 15 份。评选结果是:一等奖 2 项,二等奖 11 项,三等奖 12 项,评选结果在《晋图学刊》1989 年第二期发布。

12 月 28 日,在山西大学召开图工委常委会,主要内容:①评审出席 1989 年 4 月在上海召开的"全国高校图书馆履行情报职能经验交流会"的论文,评选出山西大学和太原重机学院 2 篇参会论文;②布置检查、总结事宜;③研究决定,同意省委党校、省教育学院、山西大学分校师范学院、省煤炭干部管理学院、太原市铁路运输干部管理学院和太原市经济干部管理学院等六所大专院校图书馆加入图工委组织。

1989 年

1 月 10 日,经《晋图学刊》编委会研究,增聘山西农大图书馆副馆长王理忠同志为编委会成员。

1 月 18 日,图工委在山西大学召开副主任和秘书长、副秘书长会议。①讨论制订图工委 1989 年工作计划要点;②准备工作检查总结;③准备公布成果评选结果。

1 月 27 日,图工委召开常委会。①对征集到各馆报来的 1987—1988 年度二次文献和业务建设成果 49 种 54 份进行评选,评出一等奖 2 项、二等奖 11 项、三等奖 12 项,并拟进行表彰奖励;②决定增补李玉文同志为图工委副秘书长。

1 月 28 日,图工委召开常委会,省教委赵美英、李庆生同志以及其他常委委员出席,会议主要内容:①图工委 1988 年工作总结;②讨论通过图工委 1989 年工作计划要点;③增补李玉文同志为图工委副秘书长。

2 月 24 日,图工委在山西大学召开副主任和秘书长、副秘书长会议,主要内容有:①讨论拟定图工委成立以来的工作报告提纲,向省教委汇报;②讨论研究 1989 年 3 月中旬计划召开全省高校图书馆馆长会议有关事宜;③审定通过省教委 1988 年对本省 13 所高校图书馆工作检查总结报告。

3 月 9 日,省高校图工委领导 6 人到省教委向赵美英、李庆生同志汇报工作,主要内容有:①汇报全国文献资源调查会议精神,申请省 9 所本科院校图书馆文献资源调查科研立项和拨专款;②汇报 1989 年 3 月份计划召开全省高校图书馆馆长会议有关事宜;③汇报 1988 年本省高校图书馆工作检查总结报告。

3 月 15—17 日,图工委副秘书长王永安赴京参加国家教委教图办召开的 1989 年度图书情报工作委员会秘书长会议。

3 月 22—24 日,山西大学图书馆张洪亮代表图工委参加全国高校图工委在北大召开的"全国高校图书馆统计研讨班"。

3 月 23 日,省教委下发"山西省教育委员会下发《山西省高等学校图书馆工作检查情况报告》的函"(晋教高函字〔89〕第 8 号),对我省 13 所高校图书馆工作进行重点抽检总结报告发给各校,希望大家结合本校图书馆情况认真研究,切实加强图书馆工作。

3 月 24—25 日,全省高校图书馆馆长会议在山西大学图书馆召开,省教委原光辉处长到会发表讲话。会议主要内容:①传达国家教委条件装备司关于 1989 年图书馆工作;②教图公司介绍情况;③秘书长王振华作 1988 年工作总结,1989 年工作计划安排;④副秘书长王永安作 1988 年工作检查报告;⑤《晋图学刊》进行 1988 年工作总结和 1989 年工作设想;⑥图工委秘书张洪亮传达全国高校图工委关于业务统计的事宜;⑦副秘书长李玉文作 1988 年收支报告;⑧副秘书长安银海宣布获奖工作成果。

4 月 4—6 日,全国图书馆学期刊编辑部研讨会在桂林市召开。来自全国 22 个编辑部的 28 位代表参加会议。我省高校图工委主办的《晋图学刊》编辑部裴成发同志参会。

4 月 18—21 日,在上海交大包兆龙图书馆讲演厅召开由上海交大图书馆主办的"全国高校图书馆履行情报职能经验交流会",出席会议的我省代表有太原重型机械学院图书馆郝桂梅同志与山西大学图书馆学系冯锦生副教授。他们给大会提交的论文题目是《理工大学情报用户需求及服务对策》与《关于影响高校图书馆情报服务工作充分开展的原因之思考》。冯锦生副教授的论文被推荐作为大会交流的九篇论文之一。

4 月 24 日,省教委职改办下发《关于对高校图书情报工作委员会举办专业培训班》报告的批复。

4 月 27 日,省高校图工委秘书处召开 9 所本科院校图书馆馆长会议,讨论 1990 年度在教图公司订购外文原版期刊事宜。教图公司委托太原工业大学康军同志代表该公司出席会议。

5 月 16—17 日,华北地区高校图书馆协作委员会在河北省昌黎县召开华北五省、自治区、直辖市高校图工委秘书长(扩大)会议,总共 27 人参加。我省图工委秘书长王振华、副秘书长王永安、安银海参加了会议。会议由值年主席单位,即河北省高校图工委副主任兼秘书长杨华同志主持。会议主要议题是:①讨论华北地区高校图协第四届值年工作要点;②商定第四届年会的有关事项;③各高校图工委汇报对第四届年会的准备情况及设想。

5 月 20 日,《晋图学刊》通讯员会议在山西大学图书馆召开。会上由本刊主编冯锦生同志就通讯员的任务与本刊对今后来稿内容与形式方面的要求做说明。编辑裴成发同志作补充发言。李玉文同志代表山西高校图工委讲话。

6月3日,图工委召开副主任、秘书长会议,讨论研究1989年10月计划召开全省高校图书馆管理改革研讨会等事宜。

7月2日,图工委召开常委会,讨论有关召开图书馆管理研讨会的事宜,初步定于10月5—9日召开,地点在夏县武警专科学校,并评选出参会论文35篇。

8月7日—9月9日,图工委委托太原重机学院和山西矿院二所图书馆联合举办了"图书馆学基础理论和专业知识培训班",地点在太原重机学院招待所,来自各高校和情报单位的40多名学员为没有学过图书情报知识的在职人员。所开课程和内容,均参照1982年文化部图书馆事业管理局主编的《图书馆专业基本科目复习纲要》的要求而安排,聘请了山西大学图书情报学系的有经验的教师任课,通过一个多月的培训学习,初步掌握了图书馆学专业基础知识和实际工作技能。学习期间主办单位还组织了参观、实习和专题讨论,学习结束进行结业考试。结业后,大部分同志回到岗位上发挥了一定的作用,业务素质和专业技术水平有大大提高,有的已成为本馆业务骨干。

8月26日,图工委召开常委会,①决定在夏县武警专科学校召开图书馆管理改革研讨会,初步定于10月5日报到,6—8日开会;②布置12月宁波大学召开中国图书馆学会建筑研讨会的征稿事宜。

9月7日,《光明日报》山西记者站与大专院校馆长恳谈会,出席会议的有:王振华、张洪亮、康军、兰珊、安银海、张广庸、和志宽、李秀华、王永安等。王永安介绍了省高校馆及重机学院图书馆的情况及问题。

9月23日,图工委领导再次确认夏县会议有关事宜。

10月6—9日,山西省高校图工委在夏县武警专科学校召开"山西省高校图书馆管理改革研讨会",全省33所高校图书馆的馆长和论文作者61人参加会议,有38篇论文提交大会讨论。本次会议是山西省高校图书馆第一次召开的管理改革研讨会。会上交流和探讨了在新形势下图书馆如何进行科学管理,促进图书馆管理的科学化和规范化等问题。会议开幕式由图工委副主任兼副秘书长王永安同志主持。武警专科学校副校长周玉璞少将、训练部长仲伟启大校、副部长高锋上校到会并致贺词。会间共有11名代表从不同的方面就图书馆的管理改革问题进行了大会发言。小组会上,与会同志又针对高校图书馆管理改革中所出现的问题进行了紧张而热烈的讨论。图工委副主任兰珊同志做大会总结,最后由图工委副主任兼秘书长王振华讲话,他就本年度图工委所做的工作进行了总结和具体安排,并对承办会议的武警学校领导及工作人员表示感谢。

10月23日,华北地区高校图书馆协作委员会在河北师范大学图书馆召开第四届年会预备会议即华北五省、自治区、直辖市高校图工委秘书长(扩大)会议。参加人员:北京赵侃,天津张宪春,内蒙古隋学礼、李伟,山西王永安,河北王成骥、于庆明、王玉林、杨华、刘光钰。会议由值年主席单位即河北省高校图工委副主任兼秘书长杨华同志主持。

10月24—27日,华北地区高校图书馆协作委员会在石家庄市河北师范大学召开第四届年会。参加会议的论文作者和代表共计70余人。会议收到论文45篇,有15篇论文进行了大会交流,我省有11位代表参加会议,向大会提交论文11篇,其中3篇进行了大会交流。《情报资料工作》《北京高校图书馆》《津图学刊》《晋图学刊》《河北图苑》等刊物编辑部派记者参加了会议。会议中心议题:一是怎样按照党的十三届四中全会精神对高校图书馆的工作进行深刻的反思,使其工作更好地贯彻党的基本路线,培养社会主义接班人;二是如何进一步转变观念,坚持改革方向,提高图书资料工作的科学管理水平,更好地为教学和科学研究服务。会议由值年主席单位河北省高校图工委负责主持。

11 月 25 日,在太原电专召开图工委常委会,主要内容:①检查 1989 年工作落实情况;②制定业务标准规范,1990 年 1 月拿出初稿;③评估方案于 1990 年 1 月拿出初稿;④成立"山西省高校图工委专科院校协作组",讨论协作组的工作条例;确定了协作组的组长和副组长人员。

12 月 9 日,图工委领导到省教委与新分管图书馆工作的高教处副处长李志勤研究工作。

12 月 14—15 日,在太原电力专科学校召开了山西省高校图工委专科院校协作组成立大会。大会开幕式由省高校图工委副主任兼副秘书长王永安同志主持;省高校图工委副主任兼秘书长王振华同志致开幕词;太原电力专科学校的李副校长、曹副校长都在大会上讲话并致贺词;省高校图工委常委、业务建设组组长张广庸同志宣读《山西省高校图工委专科院校协作组工作条例(草案)》。全体专科院校图书馆的负责同志与省高校图工委的负责同志一起对《山西省高校图工委协作组工作条例(草案)》进行讨论修改,重新拟定并审议通过《山西省高校图工委专科院校协作组工作条例》。最后,由王振华同志宣布山西省高校图工委专科院校协作组成立,并宣布组长、副组长名单。

1990 年

1 月 17 日,省高校图工委在山西大学召开副主任和秘书长会议,讨论制订 1990 年图工委工作计划要点,内容主要是省高校图书馆评估和落实业务工作规范。

3 月 12—13 日,省高校图工委秘书长王振华,副秘书长王永安赴天津出席华北图协1990 年预备会,会议中心议题是研究由天津高校图工委值年负责主办第五次年会的主要内容、征文选题,以及值年计划等事宜。

4 月 9—10 日,省高校图工委邀请清华大学图书馆顾问、中国图书馆学会建筑分会委员会主任朱成功先生,北京邮电学院图书馆原馆长王戊辰同志为我省高校图书馆作学术报告。我省部分高校馆馆长和工作人员,以及山西大学图书馆学系的师生共 500 多人听了报告。王戊辰先生报告的题目是《关于我国传统图书馆向现代化图书馆过渡的几个问题》。朱成功先生报告的题目是《国外图书馆概况和图书馆建筑》。两位专家的报告既有理论的高度,又有生动的实际,得到听讲人员的一致好评。

4 月 18 日,省高校图工委在重机学院图书馆召开副主任,秘书长会议,主要内容讨论审定《省高校图书馆评估方案》草案,《业务工作规范》草稿和 1990 年省高校图工委工作要点,初步确定 5 月下旬召开全省高校图书馆馆长会议。

4 月 21—24 日,图工委副秘书长李玉文和山大图书馆副馆长卫庆怀赴京出席国家教委教图公司召开的 1990 年业务工作座谈会。

5 月 19—21 日,在迎接《晋图学刊》创刊五周年之际,本刊举办的山西省高校系统"图书馆学研究方法"研讨会在山西大学召开。来自全省十多所高校的 25 名核心作者参加了本次研讨会,他们都是近几年来涌现出的一批在图书馆学研究方面取得可喜成绩的核心作者。

省高校图书情报工作委员会秘书长王振华同志发表讲话;《晋图学刊》主编、山大图书馆学系副教授冯锦生同志做题为《图书馆学研究方法的重要性及其近十年来的研究概况》的学术报告;《晋图学刊》编辑裴成发同志,就当前我国图书馆学的几十种专业刊物的概况与自新中国成立以来图书馆学各分支学科的发文量及其今后研究趋势做了介绍与探索。与会代表就各自的研究方法做了介绍、交流与研讨。山西省中专图协秘书长冯全彪同志出席了这次研讨会,并在开幕式上代表中专图协致了贺词;山西大学党委副书记兼副校长苏以当同志,代表山大党政领导看望了与会代表,并发表热情洋溢的讲话。

5月23—25日,图工委在忻州师专召开1990年全省高校图书馆馆长会议,全省32所大专院校图书馆的40余位馆长、副馆长参加会议。中心内容:①总结1989年度省高校图工委工作,并布置讨论1990年主要工作;②讨论通过《山西省高校图书馆评估方案》《山西省高校图书馆业务工作规范》两个文件;③总结《晋图学刊》创刊5年来的工作,介绍今年的设想打算。图工委秘书长王振华,《晋图学刊》主编冯锦生,图工委副主任兰珊分别就上述几项议程做了报告和说明。省教委专职委员,高校图工委主任赵美英同志专程到会出席了开幕式,并就图工委今后的工作以及评估中应注意的几个问题做了重要发言。全体与会同志围绕以上内容进行了热烈讨论,提出不少有益建议。这次会议得到忻州师专领导和图书馆同志们的大力支持和热情接待。

6月15—16日,图工委召开秘书长会议,内容是进一步讨论修改《评估方案》,《业务工作规范》和审定参加90年华北高校图协年会的论文。

6月19—22日,图工委专科院校工作组在晋东南师专召开工作会议,讨论通过《专科院校图书馆采编工作规程》。

6月30日,图工委常委会,研究确定出席华北高校图协年会的代表。

7月22—25日,华北高校图协第五次学术年会在天津蓟县召开,来自华北地区高校图书馆的83名代表参会,收到论文64篇,我省高校图书馆共13人的15篇论文被选为参会论文。本次会议的主题是:坚持社会主义办馆方向,深化图书馆改革。

9月1日,图工委发出"关于开展向徐效钢同志学习的通知"。为了促进高校图书馆专业队伍的思想建设,希望各高校图书馆在新的学年里要结合工作实际和思想实际,组织全馆工作人员认真开展学习徐效钢同志先进模范事迹的活动。希望认真组织并及时将学习情况写成报导,寄给图工委秘书处。

9月1—5日,《晋图学刊》主编冯锦生和编辑裴成发赴京参加国家新闻出版署举办的全国期刊展览,《晋图学刊》也在展会展出。

9月13日,图工委在山西医学院召开常委会议,省教委赵美英主任、高教处李志勤副处长也参加了会议,主要议题:①小结上半年工作;②布置下半年工作要点;③再议评估方案和业务工作规范;④讨论专科院校采访、编目规程;⑤晋图学刊创刊5周年征稿,举办核心作者研讨会;⑥馆长会议有关事宜;⑦北航图书设备厂在矿院图书馆设点。

9月25日,图工委秘书长会议,主要议题:①评估方案的修改;②晋图学刊创刊5周年座谈会事宜;③全国高校图书馆期刊研究会理事人选,确定为王永安。

10月10日,《晋图学刊》创刊5周年纪念会在山西大学图书馆召开。省教委专职委员,省高校图工委主任赵美英同志,省教委高教处李志勤副处长,山西大学李镇西校长,苏以当副校长,省图书馆学会秘书长、山西省图书馆金高尚副馆长,省中专图协王桂萍副秘书长,

《图书馆学文摘》编辑部李如斌同志等亲临会议祝贺,并在会上都做了热情洋溢的讲话。他们充分肯定了《晋图学刊》5 年来所取得的成就,也对今后的办刊工作提出了各种希望。《晋图学刊》主编冯锦生同志就办刊 5 年来的概况、成绩、问题与今后的努力方向,向领导、来宾与同志们做了汇报。参加这次会议的还有第一任编委员会与编辑部的部分同志,以及图工委在并常委与本刊现任编委会与编辑部的同志。

11 月 3 日,图工委在山西大学图书馆召开秘书长会议,讨论制定《山西省高校图书馆评估方案》的具体实施意见,报省教委审批。

11 月 16 日,省教委下发"关于对全省普通高校图书馆进行评估的通知"(晋教高字〔90〕32 号)。

11 月 20 日,为进一步搞好山西省高校图书情报工作,提高服务质量,省高校图工委委托太原重机学院图书馆和山西矿业学院图书馆召开了"山西省高校图书馆情报工作交流会"。参加会议的有省高校图工委副主任张金保、王永安和副秘书长安银海,19 所普通高校图书馆和情报部(室)主任(或馆长)及矿院图书馆情报资料室的全体工作人员共 37 人。有 9 位代表就本部门近年来情报工作的开展情况,所取得的成绩和效益,以及目前存在的主要问题,今后的打算等方面进行大会重点发言。会议还就高校图书馆情报工作的发展趋势,今后应如何进一步强化高校图书馆情报工作,发挥两个职能,为教学科研服务进行分组讨论。大会还请太原工业大学图书馆王守全介绍全国高校图工委在杭州浙江大学图书馆召开的全国高校文检课研讨会的情况。会议由王永安作总结发言。

12 月 12 日,图工委在山西大学图书馆召开秘书长会议,讨论:①"省高校图书馆评估基本情况统计表",共 12 个统计表,研究与评估相关的事宜;②文检课研讨会安排在明年举行;③成果评审,明年 1 月 20 日前完成;④元旦活动由工大承办。

12 月 20 日,图工委向全省高校转发省教委关于"印发《山西省高校图书馆业务工作规范》的通知"(晋教高字〔90〕26 号)。

12 月 25—27 日,山西省高校图工委专科院校协作组第一届年会在山西省财税专科学校召开。参加年会的代表为来自全省 14 所专科院校图书馆的馆长和流通部(组)负责人,共计 24 人。财专的正副校长、省高校图工委的几位常委出席会议。省高校图工委秘书张洪亮代表省高校图工委秘书长王振华到会祝贺并发表讲话。会议的主要议题是:①交流经验,互通信息,总结 1990 年工作;②讨论商定 1991 工作要点;③讨论修改《山西省高等专科学校图书馆流通保管工作规程》(讨论稿)。会议代表还参观财专图书馆。

12 月 28 日,图工委在太原工业大学举办 1991 年元旦友谊联欢会。

1991 年

1 月 23—24 日,山西省高校图工委在山西大学图书馆召开全体常委会议,会议主要议程为:①对 1989—1990 年各成员馆二次文献和业务建设成果进行评审,共评出一等奖 3 项、二等奖 12 项、三等奖 21 项,(结果在《晋图学刊》1991 年第一期发布);②总结 1990 年图工委工作和讨论 1991 年图工委工作要点。

2 月 8 日,图工委主任、秘书长会在山西大学召开,主要议题:馆长会议初步确定在 3 月下旬召开,地点为山西农业大学,内容为 1990 年工作总结、1991 年计划要点,并布置评估和进行成果颁奖等。

3月8日，图工委在山西大学召开副主任、秘书长会议，主要内容：①讨论1990年工作总结、1991年工作计划；②研究向教委新领导汇报的内容；③张小丽到图工委任秘书。

4月9—11日，图工委组织的"山西省高校第一次文献检索与利用课经验交流暨学术研讨会"在太原机械学院图书馆召开。参加会议的有山西省26所高等院校的部分文献检索与利用课教学人员和图书馆领导共计38人。会议共收到论文、调查报告、教学总结16篇，课程大纲和教材8种，以及其他有关材料。太原机械学院副院长陈仁学教授，潘德恒教授出席会议并发表讲话，会议由省高校图工委副主任、省图书馆学会副理事长、太原机械学院图书馆馆长兰珊副教授主持并致开幕词和进行会议总结。会议传达《全国文献检索与利用课程建设研讨会会议纪要》和会议精神，与会人员对山西省高校多年来文献检索与利用课教学的情况，进行了总结与学术交流。

4月10日，在山西机械学院图书馆，成立省高校文检教学研究会，由理事长张晋生、副理事长董书新等6人组成，会上各馆进行了学术交流。

4月25日，图工委副主任、秘书长到省教委与厅领导、高教处领导商讨召开省高校图书情报工作会议的事宜：①确定会议的名称，叫工作会议；②讨论图工委主任、副主任名单，设名誉主任1名、主任1名、副主任3名；③图工委的性质，带有行政职能的学术性机构，代教委管理高校图书馆工作；④要搞"八五"规划；⑤经费向5%要求。

5月21—23日，全国高校图工委在北京召开常委会暨图书馆工作座谈会，省高校图工委秘书长王振华出席了会议。

5月27日，图工委在山西大学召开常委会，主要内容：①卫庆怀汇报教图公司转运站长会议情况；②王振华传达5月21—23日全国高校图工委常委会暨图书馆工作座谈会精神。

7月9日，省教委高教处李志勤副处长在山西大学召开省高校图书情报工作会议预备会。

7月13—14日，山西省教委在山西大学主持召开第四次山西省高等学校图书情报工作会议。山西省教委副主任、高校图工委主任赵美英同志、教委副主任杨树国同志、省教委高教处原光辉处长、李志勤副处长参加了会议，山西大学郑华汶副校长到会表示祝贺。大会由省教委高教处副处长李志勤同志主持。来自部分高校主管图书情报工作的院、校长和全省40所普通高校、成人院校、职业大学的图书馆馆长（或副馆长）及其他人员共59人出席会议。这次会议讨论的主要内容是：对我省高校图书馆事业（尤其是1988年以来的工作）进行总结；讨论制订《山西省高等学校图书情报事业"八五"规划》；汇报和交流各馆贯彻《图书馆业务工作规范及实施山西省高等学校图书馆评估方案》开展自评情况；调整图工委工作班子。省教委副主任杨树国同志致开幕词，原省高校图工委主任赵美英同志代表图工委做《振奋精神，团结进取，为开创我省高校图书馆事业发展新局面而努力》的总结报告，山西大学图书馆馆长王振华同志向与会代表传达了1991年全国高等学校图工委常委会暨图书馆工作座谈会精神。省高校图工委副主任兰珊同志介绍我省高校图工委"八五"规划草案要点，提请大会讨论。山西矿业学院盛剑桓副院长、山西农业大学图书馆王理忠馆长、运城高等专科学校图书馆韩起来副馆长、山西师范大学图书馆郝文兰馆长分别就本校、本馆进行自评的情况进行了交流。省教委高教处李志勤副处长对图工委工作班子的调整原则范围等问题进行了说明。大会进行分组讨论和交流，同时就下一届图工委组成人员名单进行了讨论磋商。

会上,省教委领导还向全省高校系统图书馆荣获"山西省高校图书馆 1989—1990 年二次文献与业务建设成果"一、二、三等奖的 36 项成果的作者颁发荣誉证书。大会结束时,省教委副主任杨树国同志对本次会议做总结。

7 月 15 日,新的省高校图书情报工作委员会常委会在山西大学召开,会议就本年度的具体工作问题进行研究和部署。

7 月 27 日,图工委常委会在山西大学召开,主要研究讨论出席华北图协学术年会的名单与参会论文等。

9 月 16—19 日,华北地区高等学校图书馆协作委员会第六届学术年会在内蒙古包头钢铁学院召开。参加这次会议的代表有 78 名,其中山西省 12 名。会议收到书面论文和交流材料 65 份,其中山西省 9 份。这次学术年会,是由值年主席单位内蒙古自治区高等学校图书情报工作委员会主特,会议以读者工作为中心议题。

10 月 14 日,国家教委向全国高校下发教备〔1991〕79 号文《关于开展普通高等学校图书馆评估工作的意见》,并附:①普通高等学校图书馆评估指标体系大纲,②关于指标体系大纲的说明。省高校图工委要求各校图书馆认真学习贯彻,并做好评估的准备工作。

11 月 12 日,图工委在山西大学召开常委会议,讨论:①评估事宜;②成立期刊专业委员会事宜;③传达全国高校图工委文件。

11 月 22—23 日,山西高校图工委在山西矿业学院图书馆召开 1991 年馆长会议。会议主要内容是:①交流和检查各院校贯彻落实省教委《关于对全省普通高等学校图书馆工作进行评估的通知》的情况,推动各院校的评估工作更好地开展;②对明年图工委工作提出建议。来自全省 26 所高校图书馆的 37 位代表出席会议。

12 月 13—14 日,山西高校图工委期刊专业委员会成立暨首届工作经验交流会在太原工业大学举行。会议由太原工业大学图书馆馆长赵怀玉同志主持,王振华代表图工委表示祝贺,王永安传达全国高校图书馆期刊研究会文件,会议产生期刊专业委员会成员:主任委员:张东风;副主任委员:张广庸、李广馨;委员:刘玉梅(山西大学)、邢静杰(山西师大)、王素萍(山西医学院)、程建兰(太原机械学院)、李雅琴(重机学院)、仝武山(山西矿院)、杨占琴(太原电专)。

12 月 20 日,省教委下发"关于同意山西省高等学校第四届图书情报工作委员会组成的通知"(晋教高字〔1991〕37 号)。

1992 年

1 月 11 日,图工委在山西大学召开主任、秘书长会议,主要议题:①制定 1992 年工作要点;②组织专家组开展高校图书馆评估;③筹办华北高校图协第 7 届年会;④征集 1991—1992 年度成果进行评选;⑤与省学会搞知识竞赛事宜;⑥迎接第四次全国高校图书馆工作会议。

1 月 25 日,图工委常委会在山西经济管理学院召开,省教委赵美英、李志勤参会,讨论内容:①图工委 1991 年工作总结,1992 年工作计划;②晋图学刊 1991 年总结;③同意增补山西医学院图书馆馆长郭其骧同志为图工委常委;④对即将开始的"山西省高校图书馆评估工作"进行认真的讨论。

2月26日,省教委下发"关于组织专家评估组对各高等学校图书馆进行评估实测的通知"(晋教高字〔1992〕4号),教委将组织专家评估组深入各高校,对图书馆工作进行评估实测和自评验收。

2月31日,图工委常委会在山西大学召开,主要讨论商定评估分组的事宜。共分4组,每组负责7所高校图书馆的评估。第一组:王振华、李秀华、赵仙娥、郭清廉、全文良、康军,负责评估长治医学院、晋东南师专、山西医学院、山西中医学院、山西农业大学、太原师范学院、太原大学。第二组:赵怀玉、安银海、郭其骥、宋玉惠、刘丙文、赵潜柯,负责评估大同医专、雁北师院、忻州师院、山西大学、山西经管院、山西财经学院、云中大学。第三组:王永安、张金保、冯锦生、张广庸、董书新、于静淑,负责评估运城高专、山西师大、山西师大体育学院、山西职业师专、山西大学师范学院、太原机械学院、太原机械学院大专部。第四组:兰珊、李玉文、王理忠、郝文兰、毕槐林、李锁温,评估太原工业大学、山西矿业学院、山西材料工程学院、太原电专、吕梁高专、阳泉煤专、山西财专。

4月13日—5月20日,省教委委托省高校图工委组建的4个评估专家组对省教委所属31所本专科院校图书馆进行了全面评估。评估分两步进行。4月13—18日,第一步先进行试点,试点院校为太原重机学院、忻州师范专科学校;4月19—20日专家组全体成员在山西大学集中学习培训。4月23日—5月20日,第二步分4个组评估其余29所院校。

5月30日,图工委常委会在山西大学召开,主要议题:①关于图书馆评估总结;②华北高校图协年会事宜。

6月18—19日,在山西省忻州师范专科学校召开华北五省、自治区、直辖市高校图工委秘书长会议。会议研究了华北高校图协第七届学术年会事宜。同时交流各图工委秘书处的工作,并就新形势下高校图书馆的改革互通了信息,交换了意见。确定年会中心议题是搞好文献资源建设,提高馆藏文献质量,更好地为教学和科研服务。会议期间,山西省高校图工委名誉主任赵美英同志专程由太原到忻州看望各地秘书长及与会代表。

6月29—30日,山西省高校图工委情报专业委员会成立暨首届学术研讨会在山西矿业学院图书馆召开。有25个单位的42名代表参加了会议。省高校图工委副秘书长安银海同志主持了会议,省高校图工委副主任兼秘书长王振华同志和山西矿业学院盛剑桓副院长做重要讲话。省高校图工委常委太原工业大学张金保副馆长和山西医学院郭其骥馆长及山西财经学院、大同医专、太原工大材料工程学院、山西煤炭管理干部学院、山西经济管理干部学院等院校的图书馆馆长也出席会议。会议收到论文34篇,大会宣读15篇,与会代表就如何进一步发挥高校图书馆的情报职能和加强情报工作建设,情报开发,使情报产品商品化、产业化,以便更好地为国民经济建设和社会服务的问题进行广泛的研讨。会议通过省高校图工委情报专业委员会的组成单位,主任、副主任名单,以及专业委员会的章程,同时还讨论议定了1992—1993年工作计划要点。

7月28—31日,由内蒙古高校图工委负责主持召开的华北五省、自治区、直辖市高等学校图书情报工作委员会秘书处工作会议在包头市钢铁学院召开。出席会议的代表12人,山西高校图工委王永安、安银海、兰珊三位同志参加。这次会议大家对10年来协作活动的经验和成绩进行回顾,天津、北京、山西高校图工委的代表还专题介绍和交流图书馆评估工作的实践经验。经过协商讨论,一致同意共同编印总结华北高校图协十年协作的文集。

8月10日,图工委副主任、秘书长会在山西大学召开,主要讨论华北高校图协年会的事宜,会议地点确定在山西大学。

8月20日,图工委副主任、秘书长及《晋图学刊》主编冯锦生一起,在山西大学评选参加华北高校图协学术年会的论文。

9月16日,图工委副主任、秘书长在山西大学开会,研究讨论:①华北高校图协学术年会准备事宜;②图工委成立公司的事宜;③评选推荐王永安、邵玲娟为全国高校图工委表彰的先进工作者、山西矿业学院图书馆为先进集体。

9月22—25日,华北地区高校图协第七届学术年会在山西大学召开,来自华北五省、自治区、直辖市教委的有关领导,高校图工委及高校图书馆的代表80多人出席会议,其中山西省32人,会议收到论文76篇,山西省13篇。本次年会由山西省高等学校图书情报工作委员会承办,会议开幕式由山西省高校图工委副主任兼秘书长王振华同志主持,山西省教育委员会副主任、山西省高校图工委主任杨树国同志致开幕词,山西大学副校长徐志明同志代表山西大学党政领导致欢迎词,山西省图书馆学会秘书长金高尚同志致贺词。本次年会的中心议题是搞好文献资源建设,提高馆藏文献质量,更好地为教学和科研服务。会议进行大会交流,围绕文献资源共享、藏书的结构、质量、期刊建设与如何搞好采访工作等几个专题进行小组讨论。最后,首都师范大学图书馆胡越副馆长介绍其所在馆的改革情况,山西高校图工委副主任王永安对本届年会作总结。闭幕式上,山西省教委高教处原光辉处长亲临会议看望大家,并发表讲话,北京高校图工委副主任潘永祥代表下届值年主席单位提出了第八届学术年会中心议题的初步想法。

11月16日,省教委下发"关于成立晋图文献信息服务部的批复"(晋教勤函字〔92〕42号),同意图工委成立晋图文献信息服务部。

12月4日,图工委常委会在山西大学召开,主要议题:①评估总结的内容;②申办读者服务部的事项;③科研与工作成果评奖的时间等;④《晋图学刊》副主编的选任问题,康军同志调走后,补充王永安同志为副主编。

12月10日,全省高校图书馆馆长会议在山西大学图书馆召开,会议主要内容:①全国高校图工委有关编纂《中国高等学校图书馆》一书等事宜;②《晋图学刊》主编冯锦生汇报刊物情况;③成立灵海高校图书馆服务部的事宜;④图工委1992年工作总结,重点是评估结果;⑤王振华秘书长布置1993年工作要点。

12月25日,在山西大学图书馆进行"山西省高校图工委二次文献与业务建设成果"评选,共评出一等奖5项、二等奖10项、三等奖18项(评选结果在《晋图学刊》1993年第二期发布)。

1993 年

2月27日,图工委领导王振华、王永安、安银海到省教委汇报工作,主要内容:①1992年评估总结;②申请经费;③图工委人事调整;④1993年工作设想。

3月27日,图工委常委会在山西大学召开,主要议题:①灵海服务部的工作;②图工委1992年工作总结;③图工委1993年工作计划;④图工委常委人员变动的问题,山西大学王振华馆长退休、李玉文副馆长调离,工大也是新馆长上任,人员需要更替,计划山西大学张广汉馆长进图工委担任副主任、工大陈威馆长进图工委担任副主任。

4月15日,图工委副主任、秘书长会议,主要议题:1993年全省高校馆长会议事宜,地点定在山西农业大学,时间4月22—24日,会议内容主要为总结、计划、人事调整等。

4月22—24日,在山西农业大学新落成的图书馆内召开1993年山西省高校图书馆馆长会议,与会者共53人。图工委名誉主任、原省教委专职委员赵美英教授与山西农大副校长张志勇教授出席了会议的开幕式,并讲了话。图工委副主任兼副秘书长王永安代表省教委高校图书馆评估工作领导小组就1992年对本省高校各馆的评估工作作总结。图工委副主任兼秘书长王振华就1992年的图工委工作作了总结,并提出了1993年度的工作计划。同时,还传达了省教委有关太原工业大学图书馆陈威馆长与山西大学图书馆张广汉副馆长参加图工委领导班子的决定。《晋图学刊》主编冯锦生就"学刊"1992年度的工作做了总结,并对今年的工作提出了设想。与会代表对上述三个报告进行了热烈讨论。邵玲娟同志就筹办图工委的经济实体的进展情况做了汇报。山西大学图书情报学系宋玉慧副教授与山西大学图书馆李嘉琳副馆长,分别就台湾地区高校图书馆与瑞典图书馆事业作了介绍。图工委秘书张小丽就经费收支情况作汇报。图工委蓝珊副主任对本次会议作小结,并代表图工委向有关各馆颁发1991—1992年度二次文献与业务建设的优秀成果获奖证书。

4月23日,《晋图学刊》原副主编康军、李玉文同志,原编委赵晋生同志,因另有重任相继调离原工作单位,为健全、加强编委会班子,经山西省高校图书情报工作委员会常务会议研究决定,聘任陈威(太原工大图书馆馆长,副教授)、王永安(太原重机学院图书馆馆长,副研究员)、裴成发(《晋图学刊》责任编辑)为副主编,胡生林(太原机械学院副馆长)为编委。

5月18日,图工委在太原师专召开太原地区高校图书馆馆长会议,传达省文化厅、省教委、省科委、省总工会、省图书馆学会关于开展图书馆服务宣传周的文件,布置有关事宜。

5月20日,省教委下发"关于印发《山西省普通高校图书馆评估总结》的通知"(晋教高字〔1993〕19号),通过评估,比较全面具体地了解和掌握我省高校图书馆的工作水平和发展状况,对促进全省高校图书情报事业的进一步发展,起到积极的推动作用。

5月26—29日,全国高校图书馆期刊各组研讨会暨理事会换届会在江西师范大学图书馆召开。省高校图工委派副秘书长王永安和论文作者山西经管院武三琳、山西矿业学院王仙出席了会议。

5月30—31日,华北高校图协在北京中国人民大学图书馆召开第八届学术年会预备会议,出席会议的有来自五省市高校图工委的负责同志共20余人。我省图工委秘书长王振华参会。与会代表共同商定了年会的有关事项以及图协的有关工作事宜。

6月,经图工委研究,省教委批准推荐的山西矿业学院图书馆作为先进集体,山西大学图书馆馆长、图工委秘书长王振华、副馆长邵玲娟和太原重机学院图书馆馆长王永安作为先进个人,受到了国家教委全国高校图工委的表彰。

6月16日,图工委在山西大学召开常委会,主要议题:①王振华传达在京召开的《中国高校图书馆》编委会精神和在人大召开的华北高校图协秘书长会议精神;②邵玲娟汇报"晋图文献信息服务部"工作思路;③王永安汇报全国高校期刊研究会情况。

6月20日,在太原工业大学图书馆召开图工委期刊专业委员会会议。会议由太原师专张广庸馆长主持,主要研究外刊订购协调事宜。

6月25—26日,图工委读者专业委员会成立暨学术研讨会在山西矿业学院图书馆召开,省高校23个单位的39位代表参加了会议,会议收到论文21篇,大会交流9篇。会议由安银海主持,王永安代表图工委到会祝贺,李如斌代表省图书馆学会到会祝贺,《晋图学刊》主编冯锦生做《当前读者工作研究综述》的学术报告。会议确定:读者专业委员会主任馆:矿业学院图书馆;副主任馆:太原工业大学图书馆、山西财税专科学校图书馆;委员馆:山西大学、太原重机学院、太原机械学院、山西财经学院、山西师范大学、山西农业大学、山西医学院、山西经济管理学院、太原师范专科学校。

8月26日,图工委在太原工业大学图书馆成立"山西灵海高校图书馆服务部",并由山大、太工、重院、财院、矿院、华工、太原师专等图书馆领导组成董事会。灵海高校图书馆服务部主要为省高校图书馆文献资料保障体系建设所需的图书、连续出版物、科技资料的采访、订购、联机编目,以及各种办公用品、设备的供应提供优质服务。

9月28—29日,在太原工业大学图书馆召开"山西省高校图工委自动化专业委员会成立大会暨学术研讨会"。

10月21日,为促进省高校图书馆文献资源共享工作的开展,图工委读者专业委员会制定了《山西省高等学校图书馆馆际互借证规定》(试行稿)。

10月22—26日,华北地区高校图协第八届学术年会在北京中央社会主义学院召开。来自华北五省、自治区、直辖市教委、高教局的有关领导及代表近百人参加会议。其中山西省代表12人。本次会议共收到论文54篇,其中山西7篇。本次大会由北京地区高等学校图书情报工作委员会承办,会议的主题是:图书馆发展与自动化。会议期间,召开了华北五省、自治区、直辖市高校图工委秘书长会议,就华北地区高校图协年会会期及形式的改革等进行了磋商。

11月11日,图工委在山西大学图书馆召开常委会,主要内容:①王振华秘书长传达华北高校图协第八届学术年会的情况;②决定在11月召开全省高校馆长会议,讨论有关会议内容。

11月30日—12月3日,省高校图工委在临汾山西师范大学图书馆召开山西省高校"图书馆发展与图书馆自动化"专题研讨会。来自全省33所普通高校和成人高校的40位图书馆馆长及有关部主任出席了会议。会上,图工委秘书长王振华传达了华北年会的情况和研讨内容,介绍了北京地区高校图书馆以及其他省市高校图书馆的发展,尤其是实现图书馆自动化的成功经验及有效做法。在此基础上,结合实际提出转变观念、提高认识、实事求是地推进我省高校图书馆自动化发展进程的意见。山西矿业学院图书馆馆长安银海、山西财经学院图书馆馆长李秀华也在会上谈自己参加华北年会后的收获和感想。随后代表们围绕图书馆自动化的目的意义、必要性,以及加快我省高校图书馆自动化发展步伐等问题进行热烈而认真的讨论。

12月28日,省城高校图书馆界300人聚集在太原师专新图书馆楼,举行纪念毛泽东100周年诞辰暨迎接1994年元旦联欢大会。太原师专图书馆张广庸馆长主持会议。太原师专张洁高校长、省高校图工委王振华秘书长与省图书馆学会金高尚秘书长在会上讲了话。他们缅怀了毛主席的丰功伟绩,展望了在新的一年里,我国将在改革开放中取得更大的成绩。并衷心祝愿我省高校图书馆界的同志们新年快乐! 万事如意!

1994 年

3月23日,图工委在山西大学召开常委会,主要议题是讨论1994年工作计划:①成立采编专业委员会;②召开自动化工作会议;③文检课专业委员会换届、期刊专业委员会换届;④馆际互借发借书证的问题;⑤冯锦生总结1993年《晋图学刊》工作;⑥裴成发任《晋图学刊》常务副主编;⑦进行二次文献、业务成果评选;⑧召开馆长会等。

4月19—20日,山西省高校图工委采编专业委员会成立暨学术研讨会在山西大学图书馆召开,来自全省高校图书馆的56位代表出席会议。会议由李嘉琳主持,山西大学图书馆馆长张广汉致辞,图工委秘书长王振华、副秘书长安银海发表了讲话。山西大学采编部主任高维新介绍了筹备过程,山西大学信息管理系教授冯锦生做了"如何搞好采购,提高质量,开源节流"的报告。会上通过《山西省高校图工委采编专业委员会章程》,还选举主任委员馆:山西大学图书馆;副主任委员馆:山西财经学院图书馆、太原重机学院图书馆、山西师范大学图书馆、山西农业大学图书馆。此次会议共收到11篇论文,有5篇论文进行大会交流,代表们就合作采访、合作编目等问题,进行了热烈而深入的讨论。

6月,经省高校图工委研究决定,由裴成发同志任《晋图学刊》常务副主编,并主持编辑部工作。

6月9—10日,山西省高校图工委期刊专业委员会在太原工业大学图书馆召开第二届年会,出席本次会议的有22所院校的30余位代表。工大肖墉壮副校长,省高校图工委副秘书长安银海到会祝贺并讲了话;工大陈威馆长代表上届期刊专业委员会做工作报告;太原师专张广庸馆长介绍全国高校图工委期刊工作委员会开展学术研究的情况,并就近几年全国期刊工作研究进行综述发言;工大喻力明同志介绍上海光华1995年期刊委托征订工作会议情况。提交论文的作者进行会议交流。经与会代表协商,省高校图工委同意,对期刊专业委员会进行换届改选。主任馆由太原工业大学担任,副主任馆由山西大学、山西财经学院、太原重机学院、太原师专担任,委员馆为:山西农大、山西师大、山西矿业学院、山西医学院、华北工学院、山西经管学院、大同医专、晋中师专、太原电专,其他院校图书馆为成员馆。

6月21—22日,山西省高校第二届文献情报教育学术研讨会在华北工学院图书馆召开。华北工学院路副院长及教务、科研、研究生处的负责同志,省高校图工委副主任兰珊,副秘书长安银海到会祝贺并讲话。会议主要议题:①就山西省高校图书馆开设文献检索与利用课的实践与理论进行交流、研讨。②进行换届改选。主任馆由华北工学院担任,副主任馆由太原工业大学、山西医学院担任,委员馆为山西大学、山西矿业学院、太原重机学院、忻州师专。

6月23日,山西省高校图工委读者专业委员会在山西矿业学院图书馆召开委员馆会议。主任馆禹润喜同志主持,图工委副秘书长安银海馆长到会并讲话。与会代表就《山西省高校图书馆馆际互借证规定》中发放通用借书证、阅览证的有关事宜进行了认真的研究,并决定于7月份起实施。凡自愿加入省高校馆际互借协作网的单位,可到山西矿业学院图书馆办证,每馆发给通用借书证、阅览证各2个。

6月30日,图工委主任、秘书长会议,主要议题:图工委换届的问题,讨论人选,与教委交换意见,应在正式会议上认定。

9月14日,图工委主任、秘书长会议,主要议题:①汇报与教委领导交换意见的情况,主要内容是图工委换届事宜、召开全省高校图书馆馆长会议的事宜;②布置进行二次文献和工作成果评选的事宜。

10月13日,图工委常委会在山西大学召开,内容主要是1994年全省高校馆长会议的事宜。定于10月18—20日开会,会议主题:交流深化改革经验,商谈对策。会议还将进行图工委换届。

10月18—20日,1994年山西省高校图书馆馆长会在山西矿业学院图书馆召开,来自全省38所院校的46位代表出席了会议。大会由省高校图工委副主任王永安主持,副主任兼秘书长王振华同志代表图工委就1992年换届以来的工作,尤其是1994年的工作进展情况进行全面回顾和总结,同时宣读经省教委领导同意,调整后的图工委领导班子名单。由山西大学图书馆张广汉馆长任副主任兼秘书长,太原工业大学图书馆陈威馆长任副主任。副主任赵怀玉馆长讲话对图工委今后的工作提出殷切的希望。山西矿业学院郭勇义副院长到会祝贺,并发表热情洋溢的讲话。与会代表听取华北工学院图书馆胡生林副馆长参加全国高校图情工委在上海举办的全国高校图书馆自动化系统学术研讨会和展示会的情况和经验介绍。还听取《晋图学刊》常务副主编裴成发的编辑部工作情况汇报;邵玲娟经理代表山西灵海高校图书馆服务部作的业务开展情况汇报;和矿院安银海馆长代表省高校图工委读者专业委员会就发放通用借书证、阅览证的有关规定及使用问题的说明。全体代表围绕本次会议的主题进行热烈讨论,各馆之间相互交流深化改革和管理、业务、服务工作建设的经验,商谈高校图书馆事业发展所面临的困境和存在的主要问题,研究应采取的对策。在大会上,各组代表和山西大学、太原工业大学、太原师专、山西财专、山西矿业学院等图书馆的馆长谈了各自的认识看法,以及在办馆过程中,如何引入竞争机制,调动广大工作人员的积极性,发挥高校图书馆的两个职能,适应市场经济发展和为教学科研服务的需要,开创图书馆工作新局面的做法和体会。新上任的图工委副主任兼秘书长张广汉馆长做总结发言,并就明年图工委的工作要点进行安排。图工委副主任蓝珊馆长代表全体与会同志对即将离任的副主任赵怀玉同志和副主任兼秘书长王振华同志,为省高校图书馆事业的发展和图工委工作所做出的努力和贡献表示诚挚谢意。同时,对东道主矿院的领导和图书馆全体给予会议的大力支持和热情周到的服务表示衷心感谢。

11月25日,山西省高校图工委情报专业委员会在山西矿业学院图书馆召开了1994年度工作会议。出席会议的有24所院校图书馆的30位代表,会议由情报专业委员会主任,山西医学院图书馆董树新同志主持。主要议题是:①总结1993年以来省高校图书馆情报工作的进展情况;②交流各馆为教学科研服务以及开拓情报工作领域,走向市场,面向经济建设的经验;③讨论并安排1995年的工作计划要点。省高校图工委副秘书长安银海同志到会讲了话。

12月8—9日,华北高校图协在河北唐山市举行五省市图工委秘书长会议,山西张广汉秘书长参加。会议交流各图工委一年来的工作情况,商讨第九届学术年会的有关事项。

1995 年

1月12日,图工委常委会在山西大学召开,①讨论1995年工作计划要点;②评选1993—1994年二次文献和业务成果奖,评出一等奖5项,二等奖11项,三等奖20项。

3月23日,图工委在山西矿业学院图书馆召开馆际互借会议。

5月22日,图工委常委会在山西大学召开,主要议题:①华北高校图协学术年会论文的提交;②1995年馆长会议及《晋图学刊》创刊10周年纪念会事宜;③采编专业委员会年会在农大召开;④灵海高校图书馆服务部开展随书配卡、配软盘的服务;⑤迎接1996年国际图联大会。

6月7—8日,山西省高校图工委采编专业委员会在山西农业大学图书馆召开了1995年年会,年会由农大图书馆王理忠馆长主持,图工委秘书长张广汉,副秘书长王永安、安银海、李嘉琳到会发表讲话。

9月21日,在石家庄中国人民解放军军械工程学院图书馆举行了"庆祝华北地区高校图协成立十周年茶话会暨第九届学术年会预备会",共15人出席会议,山西安银海、王永安、兰珊参加。

9月22—25日,华北地区高校图协第九届学术年会在河北石家庄中国人民解放军军械工程学院召开,共有113位代表参会。会议主题是:高校图书馆期刊工作,会议收到论文72篇,大会交流论文5篇。山西19名代表参会,提交论文11篇,李嘉琳代表山西做了大会发言。会议期间同时举办了庆祝华北高校图协成立10周年茶话会。

10月6日,《晋图学刊》创刊十周年纪念会在山西大学召开,出席会议的有:省教委、图工委领导、历届编委及核心作者50余人。会议由《晋图学刊》副主编王永安同志主持。省教委副主任、省高校图工委主任杨树国同志到会并讲话。山西大学副校长徐志明同志代表山西大学党政领导和师生对《学刊》表示祝贺,并表示山大将一如既往地关心《晋图学刊》的成长。主编冯锦生教授在会上回顾了学刊十年来所做的工作及取得的成绩,并表示编委会与编辑部的全体同仁今后仍需努力并为之奋斗不息。第一任主编柴作梓教授也到会讲话。山西省图书馆学会秘书长金高尚同志代表来宾致词。材料工程学院图书馆馆长刘永胜代表核心作者发言。《晋图学刊》常务副主编裴成发谈了《晋图学刊》今后的发展方向及设想。省高校图工委秘书长、山西大学图书馆馆长张广汉以及第一任高校图工委副主任兰珊和编委宋其兰同志也发言。纪念活动之际,编辑部收到了省内外有关领导、专家、同行、兄弟刊物及作者的贺词、贺信、贺电。会后学刊编委与核心作者举行了座谈会,大家针对办刊方向、刊物内容、文章质量等问题进行有益的探讨。

10月17—18日,图工委在忻州师专召开主题为"促进和加快我省高校图书馆自动化建设步伐,迎接21世纪信息时代挑战"的馆长会议。忻州师专党委书记董杰英到会致开幕词,省教委李改香同志讲话。图工委秘书长张广汉作1995年图工委工作总结,及1996年工作要点安排;图工委副主任太原工业大学图书馆陈威馆长作关于《高校图工委关于实施图书馆自动化管理的意见》的报告;副秘书长安银海汇报《晋图学刊》创刊10周年纪念会情况,宣布二次文献和业务成果评审结果;张广庸介绍第62届国际图联大会盛况。会议还进行了小组讨论。

10月17—21日,全国高校图书馆第五届期刊工作学术研讨会在湖北省宜昌市葛洲坝水电工程学院召开,来自全国100余所高校及各省市公共系统图书馆的130余位代表出席会议,应征论文438篇。我省高校图工委王永安副秘书长作为全国高校图工委期刊专业委员会的理事参加了会议。

11月15日,图工委在太原工业大学图书馆召开秘书长会议,主要研究讨论关于加强高校图书馆自动化建设的意见。

12月7日,省教委下发"关于加强高校图书馆自动化建设的通知"(晋教高字〔1995〕56号),要求各学校高度重视图书馆工作及其自动化建设问题。

1996 年

1月4日,图工委秘书长会议在山西大学召开,主要议题:①出席省学会会员代表大会的事宜;②情报、文检两个专业委员会合并;③太原工业大学图书馆新任馆长蔡中民接替陈威任《晋图学刊》副主编,并接替陈威图工委的职务;④召开全省高校图书馆馆长会议的事宜。

1月9日,图工委领导到省教委与高教处李志勤处长讨论本年度主要工作。李处长意见:①新上任的馆长首先熟悉工作,图工委开会可有意识吸收他们参加;②上半年主抓自动化;③北京图联大会后再开全省图书馆工作会议;④换届时要考虑不宜过大,有些老馆长退下来还应保留应特聘。

1月18日,图工委常委会在山西大学新落成的图书馆召开,主要议题:①王永安传达省教委关于图工委工作的意见。②张广汉提出1996年工作要点:一是召开全省高校馆长会议;二是6个专业委员会工作的开展及情报、文检合并;三是进行自动化评估;四是开展表彰活动;五是华北年会事宜;六是国际图联大会宣传;七是抓好"灵海"、《晋图学刊》的工作。

3月21日,图工委秘书长会议在矿院召开,主要研究讨论:①自动化评估方案,将征求意见稿发到重点学校,征求意见后收回再修改;②评选先进,各馆先在学校盖章确认;③准备省高校图书馆工作会议材料。

4月2—3日,国家教委条装司在北京大学召开各地高校图工委秘书长会议,来自全国29个省市自治区高校图工委的代表30人参加会议,山西高校图工委张广汉秘书长参会。

4月4日,华北高校图协在北京召开五省市高校图工委秘书长会议,山西张广汉出席,主要商讨召开第十届学术年会的事宜。

6月17—26日,受图工委委托,山西矿业学院图书馆主办的"山西高校图书馆现代化技术培训班"于6月17日在图书馆开班,6月26日结束。应邀参加开班和结业仪式的有学院吴继尧副书记、郭敏泰副院长、省高校图工委副主任兰珊等。14所院校的19位同志参加培训。这次培训班是根据山西省教委"关于加强高校图书馆自动化建设的通知",为了使省高校图书馆工作人员在短时期内了解和掌握图书馆现代化技术的工作方法和管理方法而举办的,培训班邀请国内著名的MARC专家、北京大学图书馆熊光莹教授、刘丽静副教授,大连博菲特信息公司王晓平经理和矿院图书馆技术部原晓东同志主讲中国机读目录通讯(MARC)格式和图书馆自动化局域网建设的组织实施。期间,还进行"文献集成管理系统"V3.0演示、实习,同时组织参观山西大学新图书馆和山西财经学院图书馆微机自动化管理系统。

8月25—31日,国际图联(IFLA)第62届大会在北京召开,山西高校图工委选派山西大学图书馆李嘉琳副馆长、太原工业大学蔡中民馆长、山西矿业学院安银海馆长、太原师专张广庸馆长组团参加大会。

9月2—5日,华北高校图协第10届学术年会在天津纺织工学院召开,来自五省、市、自治区高校图书馆的200余名代表出席会议,大会的主题是"面向二十一世纪的大学图书馆",会议收到论文130篇,山西参加年会的代表由图工委领导及论文作者代表20人组成,有9

篇论文参会。会议期间,由天津高校图工委负责主持召开两次五省、市、自治区高校图工委秘书长会议,商定下一届值年工作由内蒙古高校图工委承担,并负责第十一届学术年会。会议商定由《津图学刊》编辑部负责筹备出版第十届年会学术论文集。

10月28日,图工委秘书长会议在山西大学图书馆召开,主要研究图书情报工作会议日程、总结报告的内容及下一届图工委组成人员。

11月8日,图工委领导到省教委高教处汇报工作,主要内容为全省高校图书馆工作会议的筹备情况。

11月12日,在山西大学召开图工委常委会,主要内容:①通报与省教委领导汇报工作的情况。②关于自动化评估的事宜。③评选先进图书馆和先进部室和先进个人,评出:山西大学、太原工业大学、山西农业大学、山西矿业学院、山西财经学院、太原重机学院、忻州师专、太原师专为先进图书馆,工大材料工程学院流通部等10个先进部室,张小丽等42名先进个人报省教委表彰。

11月18—19日,山西省高校图工委采编专业委员会1996年会在山西财经学院图书馆召开。参加会议的有21所院校的27名代表。高校图工委秘书长张广汉,山西财经学院赵院长,图工委副秘书长王永安和安银海,山西财经学院图书馆馆长李秀华等也应邀到会。张广汉秘书长代表省高校图工委对采编业委员会的工作给予肯定;采编专业委员会主任馆,山西大学图书馆的高维新同志介绍全省采编系统自动化的情况;山西财经学院图书馆李秀华馆长,山西矿业学院图书馆安银海馆长分别介绍本馆自动化的情况。代表们分组交流讨论了各馆的自动化情况,并参观山西财经学院图书馆计算机在各系统的使用情况。全体代表进行三年一次的换届改选。通过代表提议,经省高校图工委批准,产生新一届采编专业委员会,主任委员馆:山西大学,副主任委员馆:山西财经学院、山西农业大学、山西师范大学、太原重机学院、大同医专。

11月20—22日,由省高校图书馆采编专业委员会组织的"国际标准著录格式(MARC)培训班"在山西财经学院图书馆举办。参加培训班的院校有11所共16人。通过3天的短暂学习,学员们对采编系统MARC格式有基本了解,并掌握实际工作中所需要的知识。

12月2日,省教委下发"关于评选山西省高校图书情报工作先进集体和先进个人的通知"(晋教高字〔1996〕52号),拟对一批敬业爱岗、勤勤恳恳为我省高校教学科研工作做出重要贡献的图书情报工作者进行表彰。

12月12日,在山西大学召开图工委秘书长会议,主要讨论自动化评估事宜,确定评估方案。决定根据省教委文件精神,下发"关于进行96年度全省高校图书馆自动化建设检查的通知",要求各馆对自动化建设开展自检,并将自检报告于1997年1月5日前报图工委秘书处。

1997 年

1月17日,省城高校图书馆界300人聚集在山西大学图书馆报告厅,举行迎春联欢会。省教委高教处处长李志勤同志,有关负责人李改香同志,省图书馆学会、省高校图工委的负责同志,山西大学副校长郭贵春同志应邀到会。联欢会上,各馆表演的节目精彩纷呈,诗歌朗诵、舞蹈、小合唱、独唱、武术表演等博得阵阵热烈的掌声,期间还穿插有趣的游戏活动,最后在山大图书馆大厅举办舞会。联欢会在与会者互祝新年好的热烈气氛中结束。

3月20—22日,河南大学图书馆代表团一行10人,在省高校图书情报工作委员会副主任兼秘书长王星麟和副馆长兼党支部书记杨守权两位同志带领下专程来太原,对山西省高校图书馆的自动化建设工作进行考察和调研,历时两天半。他们先后去山西矿业学院、山西大学和太原工业大学等图书馆进行参观调研,所到之处都受到校领导的接见和图书馆领导、同志们的热情接待。在此期间,馆际之间就高校图书馆自动化建设中的开展调研,方案论证,人才培养(培训),设备,软件和数据库的选购,书目数据回溯建库,系统布网,开通管理,规章制度建设,国际国内联机检索等方面的实际问题和做法,以及组织实施中的关键性环节及应注意的问题进行了经验交流和座谈,代表团还按图书馆的部室业务工作进行对口的参观学习。

4月2日,图工委秘书长会议在山西大学召开,主要议题:①《晋图学刊》的编委做局部调整;②自动化检查总结进行汇总;③奖励先进的方式,先进馆颁发铜牌、先进部室颁发镜框、先进个人颁发证书;④讨论1997年工作计划要点。

4月8日,《中国学术期刊(光盘版)》报告演示会在山西大学图书馆举行,来自省内高校、科研单位的有关人员200余人参加。

4月23日,在山西大学召开图工委秘书长会议,主要讨论召开全省高校图书馆工作会议的事宜,确定5月18—20日召开,地点在山西矿业学院,内容主要是杨主任报告、图工委换届、表彰先进、自动化总结等。

5月5日,省教委下发"关于召开山西省高校第五次图书工作会议的通知"(晋教高函〔1997〕31号),定于1997年5月19—21日在太原召开"山西省高校第五次图书工作会议",同时进行"山西省高校图书情报工作委员会"的换届改选。

5月15日,省教委下发"关于表彰山西省高校图书情报工作先进集体和先进个人的通知"(晋教高〔1997〕32号),审核批准表彰图工委组织评选的先进图书馆8个,先进部/室11个,先进个人55人。

5月18日,图工委在山西矿业学院召开全省高校图书馆工作会议的预备会,安银海汇报会务方面的事宜,李志勤讲解换届人选事宜。

5月19—21日,省教委组织的"山西省高等学校第五次图书情报工作会议"在山西矿业学院图书馆召开,有37所高校主管图书馆工作的校长、图书馆馆长、图工委常委和山西灵海高校图书馆服务部、《晋图学刊》编辑部的代表60余人参加会议。会议由省教委高教处李志勤处长主持,山西矿业学院郭勇义常务副院长,山西省图书馆学会、山西省图书馆、太原图书馆学会、太原市图书馆的领导李小强馆长、李如斌、陈钦安二位秘书长等到会祝贺,并发表热情洋溢的讲话。这次会议的主要内容是:①省教委副主任、图工委主任杨树国同志作题为"总结经验,振奋精神,为一步开创我省高校图书情报工作新局面而努力"的工作报告;②省教委对荣获山西省高等学校先进图书馆的8个单位、荣获先进部室的11个单位和55位先进图书情报工作者进行表彰和奖励;③副主任兰珊同志宣讲"山西省高校九五图书情报事业发展规划(讨论稿)";④副秘书长安银海馆长作"山西省高校图书馆自动化建设工作总结"的报告;⑤山西省高校图书情报工作委员会换届;⑥新一届图工委秘书长高仲章馆长作1997年图工委工作计划安排。

5月29日,图工委秘书长会议在山西大学召开,主要内容是修改"山西省高校九五图书情报事业发展规划(讨论稿)"。

6月2日,省教委下发"关于转发《山西省高校第五次图书情报工作会议纪要》的通知"(晋教高函〔1997〕42号),要求各馆认真组织学习,落实会议精神。

6月9—12日,全国高校图工委期刊专业委员会在河南省郑州市铁道大厦召开第六次期刊工作学术研讨会,中心议题是"期刊工作现代化"。来自全国90余所高校图书馆的110余位代表参加。我省高校图工委领导王永安、安银海代表山西高校图书馆参会。我省提交的论文中山西经管院武三琳、白才进的论文"关于高校期刊工作自动化、网络化建设的思考"被收入论文集。

6月25日,在山西大学召开图工委常委会,主要议题:①继续研究修改"九五"规划;②冯锦生因调法学院工作,提出辞去主编职务,确定裴成发为《晋图学刊》主编;③确定常委分工;④图工委设顾问;首次推荐兰珊、王理忠、吉同德三位同志为顾问;⑤制定图工委会议制度,一年召开2次常委会,特殊情况可以增加;⑥灵海读者服务部邵玲娟经理到退休年龄,推荐太原工业大学图书馆张行同志接任经理。

7月10日,由于部分编委调动、退休离任,经图工委研究对《晋图学刊》编辑部进行了适当调整。7月10日编辑部新、老编委在一起举行座谈会,新老编委就如何继续办好刊物进行热烈的讨论,提出了好的建议。会上,图工委秘书长高仲章同志向离任的老编委颁发纪念品,同时代表广大读者、作者及编辑部全体同志向曾经辛勤工作,为办好刊物做出贡献的老同志表示衷心感谢。

7月11日,图工委秘书长会议、晋图学刊编委会,主要讨论与山西省图书馆合作办《晋图学刊》的事宜,初步确定同意合办。

7月31日,在山西大学召开图工委常委会,讨论评选参加华北学术年会的人选及论文。

9月1—4日,华北地区高校图协第11届年会在呼和浩特市内蒙古工业大学召开,来自五省市自治区的74名代表参加会议。本次会议的主题是"高校图书馆与两个文明建设",大会收到论文32篇。山西高校有12人参加会议,山西师范大学图书馆赵春旻代表山西高校作题为"素质培养与高校图书馆文明建设"的大会发言。会议还表彰华北地区高校图书馆先进工作者。本省受表彰的是安银海和张广庸二位同志。

9月15日,省教委下发"关于印发《山西省高等学校图书情报事业"九五"规划》的通知"(晋教高〔1997〕62号),要求各馆认真贯彻执行,并结合本馆实际制订实施计划报高校图书情报工作委员会秘书处。

9月20—23日,全国高校图工委秘书处在青岛海洋大学召开第二次全国高校图书馆统计工作研讨会,来自27个省市的27名代表参加,山西高校图工委秘书处张小丽同志参加此次会议。

9月24日,图工委常委会在太原理工大学召开,主要议题:①明年华北高校图协学术年会在山西召开,讨论年会有关事宜;②自动化建设抽查;③《晋图学刊》设常务副主编,由王永安担任。

11月4日,在山西大学召开秘书长会议,主要议题:①传达国家教委"中国高等教育文献保障体系建设项目建议书"的内容;②省教委要求图工委起草本省实施文献保障体系的意见,讨论意见内容;③《晋图学刊》与《山西图书馆学报》合刊的事宜;④开新年联欢会的事宜,初步定在太原理工大学中区举办。

11 月 26 日,在山西大学召开图工委秘书长会,主要议题:①省教委计划搞省城高校联合体,以实现资源共享,要求图工委起草协作方案,讨论方案内容;②举办新年联欢会的事宜。

12 月 11 日,山西矿业学院图书馆和大连博菲特信息技术开发中心联合举办图书馆现代技术研讨会,来自省内高校 10 余个单位的 40 余名专业技术人员参加会议。通过这次会议使大家了解国内外文献信息检索知识和途径,以及国内图书馆文献管理集成系统的研制、开发和使用情况及发展趋势。

12 月 19 日,图工委举办的省城高校图书馆界迎新联谊会在太原理工大学中区图书馆举行。

1998 年

1 月 20 日,在山西大学召开图工委秘书长会议,主要议题:①关于和省图书馆合办刊物的进展情况;②讨论 1998 年图工委工作要点。

3 月 18 日,在山西财经大学北校区召开图工委秘书长会议,主要议题是讨论有关馆长会议的事宜,如:时间、地点、内容等。

3 月 30 日,在山西大学召开图工委秘书长会议,主要议题:①评选 1996—1997 年度二次文献和业务优秀成果奖,评出一等奖 2 项,二等奖 4 项,三等奖 9 项;②有关召开全省高校图书馆馆长会议的日程,初步定于 4 月 13—15 日开会,地点在山西财经大学。

4 月 12 日,在山西财经大学召开图工委常委会,主要议题:①1998 年省高校馆长会议预备会;②通过图工委与山西省图书馆合办《晋图学刊》。

4 月 13—15 日,1998 年山西省高校图书馆馆长会议在山西财经大学北校区图书馆召开,全省 33 所高等院校图书馆的 47 位馆长和代表参加会议。财大校长到会致词,省教委高教处李志勤处长、李焕珍副处长、负责图书馆工作的李改香同志出席会议并讲话。会议主要内容为:①听取图工委秘书长高仲章作的 1997 年工作总结和 1998 年工作要点安排;②对 1996—1997 年度省高校图书馆的二次文献、业务建设成果获奖者进行表彰;③讨论、修改"省高校图书馆自动化评估指标及评分标准"并安排评估工作;④其他工作汇报,如《晋图学刊》、"灵海高校图书馆读者服务部"等。会上,太原理工大学网络中心主任任新华教授还就山西高校网络建设状况进行全面介绍。

4 月 15 日晚,在山西财经大学召开图工委秘书长会议,主要议题:①研究自动化评估的工作,决定第一批先对山西大学、太原理工大学北校区、山西财经大学南校区、山西医科大学、太原师专 5 所高校图书馆进行评估,确定评估专家组成员名单;②关于《晋图学刊》与省图书馆合办的事宜,需要报省新闻出版局,具体合办事宜由编辑部负责和省馆协商。

4 月 28 日,省教委下达"关于印发山西省高等学校图书馆自动化建设评估暂行办法和评估指标的通知"(晋教高〔1998〕32 号),决定从 1998 年开始,分期分批组织专家组对各馆的自动化建设进行全面评估验收,以加强图书馆自动化建设,提高我省高校图书馆的管理水平和服务水平。

4 月 29 日,评估专家组会议,讨论自动化评估的实施办法等。

6 月上旬,由山西省高校图工委组织的省城高校图书馆界乒乓球比赛开始,经过初赛与决赛两个阶段,太原理工大学北区图书馆男队和太原重机学院图书馆女队分获冠军,山西大学图书馆男队和太原理工大学中区图书馆女队分获亚军。

6月11日，图工委在山西大学召开秘书长会议，主要议题：①香港汉荣书局董事长石景宜先生向全国1020所高校图书馆赠书，山西24所高校获赠21套图书，讨论分配意见；②举办山西高校图书馆乒乓球比赛，决赛地点在山西农业大学；③关于自动化评估，6月22—30日进行，顺序是山西大学、太原理工大学、山西财经大学、山西医科大学、太原师专。

6月22—23日，山西省高校图工委采编专业委员会在山西大学图书馆召开1998年年会。出席会议的有22个单位的27名代表。高校图工委副主任王永安同志出席会议并讲话。会议由山西大学图书馆副馆长、采编专业委员会主任高维新同志主持。会上代表们分别介绍本馆的工作情况，并就图书价格上涨、经费短缺、分类法落后于学科发展的现状，以及建立书目数据库的方法、统一编目的前景等问题进行讨论。通过会议代表们对全省高校图书馆的采编工作现状有一定的了解认识，达到了互相交流、取长补短、不断提高的目的。

6月22—26日，根据教委文件精神，图工委组成专家组对山西大学、太原理工大学北校区、山西财经大学南校区、山西医科大学、太原师范专科学校等5所院校图书馆的自动化建设进行了评估。

7月9日，图工委常委会在山西大学召开，主要议题：①自动化评估总结；②面上铺开评估，年底下文，明年初开评；③华北高校图协年会事宜；④7月20日至8月中旬新闻出版局举办期刊主编培训，《晋图学刊》副主编王永安参加培训。

8月11日，在山西大学召开图工委秘书长会议，主要议题：①7月20日省教委召开省城高校联合体会议，教委要求图工委做个计划，如何进行联合体文献资源共享；②太原理工大学图书馆馆长变动，新任馆长王胜坤补进常委任副主任；③省教委副主任曹福成分管图工委工作；④华北高校图协第12届年会定在太原理工大学召开；⑤李嘉琳介绍北京国产软件展示会情况。

8月21日，图工委秘书长会议在山西大学图书馆召开，主要议题：①研究起草"馆际互借条例"；②省城高校联合体图书馆长联席会议组成名单；③讨论馆际互借实施办法；经山西省城高校联合体14所图书馆第一次馆长联席会议研究决定，由各馆流通（或阅览）部牵头，组织实施省城高校图书信息资源共享工作，"省城高校联合体图书馆馆际图书借阅规定"（试行稿）经省教委高教处同意，由省高校图工委以晋教高图〔98〕003号文下达各馆执行，而联合体以外的高校馆均可参加。④讨论第12届华北高校图协年会的日程及参会代表等事宜。

9月14—18日，华北地区高校图协第12届学术年会在太原理工大学召开，本届年会由山西省高校图工委主办。与会者有来自华北地区五省、市、自治区高校图工委的负责人，以及北京、天津、内蒙古教委（厅）的有关领导和55所高校图书馆代表共87人。开幕式由山西省高校图工委副主任兼秘书长高仲章主持，山西省教委副主任、图工委主任杨树国致开幕词，太原理工大学副校长孙彦平致欢迎词，山西省图书馆学会秘书长李如斌也到会致词。出席开幕式的还有山西省教委高教处的负责人以及山西省各高校图书馆和成人院校图书馆馆长，共100余人。本届年会的主题为"面向二十一世纪的高校图书馆自动化"，大会收到单篇论文24篇，河北省论文集42篇。来自北京、天津、河北、内蒙古、山西的7位代表分别在大会进行发言，安银海代表山西高校图工委做了"山西省高校图书馆自动化建设及评估情况"介绍。北京首都大学图书馆馆长胡越的发言《北京高校图书馆自动化评估方案报告》受到与会代表的极大关注。大家一致认为北京市的自动化评估方案考虑周密,切合实际,其"以评促建、以评促改"的指导方针,对我国高校图书馆的自动化建设将起到促进与指导作用。年会期间,代表们参观山西大学图书馆和太原理工大学图书馆。华北地区高校图协秘书长会议在年会会前和会议中间两次举行,会上通报本届年会的筹备工作、经费预算、会议安排,并商定本届年会论文准备以《晋图学刊》增刊的形式出版。

11月25日,省教委下发"关于印发《山西省高等学校图书馆自动化建设评估专家组评估结果和评估意见》的通知"(晋教高字〔1998〕67号),要求各馆认真按照专家组意见,针对本馆存在的问题,积极进行整改。

12月16日,在省教委高教处,李志勤处长主持召开图工委领导会议,讨论安排图书馆自动化事宜。李处长发言:教委今年给6所高校150万元的自动化专项经费,要统一做一个方案,计划既要立足现在,又要考虑长远,图书馆自动化建设要考虑校园网、国际网等大范围,要成体系,但不能自成体系,只考虑图书馆本身。方案一定要考虑周全,技术上任新华(太原工业大学网络中心主任)牵头。

12月16日,太原图书馆学会工作年会暨表彰会在太原召开,来自太原地区图书馆界的60个单位的66位代表参加会议,太原市文化局、市科协、市总工会、市民政局的领导应邀到会祝贺并发表讲话。会议对于在太原市文化局、市教委、市总工会、太原市图书馆学会联合组织开展的"百馆万人阅读百部爱国主义图书"活动中获奖的先进组织单位和先进个人进行了表彰,省高校图书馆系统获奖的单位有山西大学图书馆、山西财经大学图书馆、太原大学图书馆、太原师专图书馆。会议同时对荣获太原地区图书情报系统先进集体的图书馆进行了表彰,省高校图书馆系统获奖的有山西大学、太原理工大学中区、太原重机学院、山西财经大学等9所图书馆。

12月25日,省城高校图书馆新年联欢会在华北工学院举行。

1999 年

1月14日,在太原理工大学图书馆召开自动化评估专家组会议,研究讨论评估指标体系。

3月18日,图工委秘书长会议在山西大学图书馆召开,主要议题:①有关评估工作情况;②讨论图工委1999年工作要点;③安排召开全省高校图书馆馆长会议的事宜。

4月22日,在山西大学召开部分秘书长会议,教委准备编辑《20世纪山西省高等教育》,要求图工委收集全省高校图书馆15年来工作回顾的资料,按照"教育体制改革""人才培养""图书馆改革""网络建设"等题目整理。

6月21—28日,由中国国际交流协会山西分会与纽约市立大学共同举办的第八次"中美教育学术交流会"在纽约举行,会议主题为"高等教育在经济技术发展中的作用",山西大学图书馆李嘉琳代表山西高校图书馆界参加会议,并就"数字化图书馆""图书馆在信息时代的作用"等论题与美国专家进行探讨,会议期间还参观纽约市立大学马利斯特学院图书馆、巴鲁克学院图书馆、约克学院图书馆、拉瓜迪亚学院图书馆和纽约市公共图书馆的科学、工业及商务分图书馆。

6月24日,图工委秘书长会议在山西大学召开,主要议题:①高仲章秘书长汇报与教委高教处领导交换意见,今年下半年继续进行自动化建设评估;②建议图工委成立课题组编辑"山西省高校20年大事记";③联合体馆际互借条例有些地方需要修改。

6月30日,省教委下发"关于印发《山西省高校图书馆自动化建设评估暂行办法》等文件的通知"(晋教高〔1999〕34号),将修订后的《山西省高校图书馆自动化建设评估暂行办法》和《山西省高校图书馆自动化建设评估标准(试行)》印发给各馆,要求各馆认真组织落实自评工作,并在自评的基础上继续开展图书馆自动化建设评估。

9月7日,省教委高教处转发"关于印发'高等教育文献保障体系建设现场会'纪要的通知"(教高司函〔1999〕76号),李志勤处长批示:请图工委提出我省建设CALIS的可行性意见。

9月16日,图工委秘书长会议在山西大学召开,主要议题:①传达教育部关于成立"高校图书情报工作指导委员会"的文件精神;②图工委组织专家组进行自动化评估,确定评估的单位、时间;③关于举办羽毛球比赛的事宜。

10月15日,图工委秘书长会议在山西大学召开,主要议题:①高仲章秘书长说明全国高校图工委委员推荐情况;②李嘉琳传达全国高校图工委成立大会情况;③讨论参加华北高校图协会议的代表及参会论文。

10月25—29日,华北高校图协第13届年会在北京石油管理干部学院召开,本届年会的主题为"文献资源共享与二十一世纪的高校图书馆",华北五省市/自治区的120名代表参加了会议。山西有11名代表参会,提交会议论文6篇,山西大学图书馆高维新作为论文作者代表进行大会发言;省高校图工委副秘书长彦连治代表山西省高校图工委做工作发言。

11月12日,图工委秘书长会议在山西大学召开,主要议题:①高仲章秘书长作华北图协第13届年会情况汇报;②讨论对部分院校评估的意见。

11月19日,省教委下发"关于开展对我省高校图书馆自动化建设进行评估的通知"(晋教高函〔1999〕54号),拟对山西农业大学图书馆等5所高校图书馆进行自动化建设评估。

11月23日,在山西大学召开部分秘书长会议,讨论自动化建设评估的时间安排,及专家组人员。

11月30日—12月10日,省高校图工委"自动化建设专家评估组"对山西农业大学、山西财经大学、长治医学院、雁北师范学院、山西大学师范学院图书馆进行了"图书馆自动化建设"评估。这次评估是继1998年对山西大学等5所院校试评估后的第一次正式评估。

12月15日,图工委秘书长会议在山西大学召开,主要议题:①自动化评估工作结束,汇报评估情况;②召开高校馆长会议的事宜;③举行迎新联欢会的事宜。

2000年

3月22日,图工委秘书长会议在山西大学召开,主要内容:①向教委汇报自动化评估结果的事宜;②图工委机构因部分馆长退休,新馆长接任,应从工作出发,及时调整,不要拘泥于换届;③召开全省高校馆长会议的事宜。

4月7日,图工委领导高仲章、王胜坤、安银海、李嘉琳去省教委高教处向李焕珍处长、李改香同志汇报工作,主要讨论本年度工作计划。

4月13日,图工委秘书长会议在山西大学召开,主要议题:①图工委机构调整的问题,因退休、机构改革、合校等原因人员变动较大,尽快让新馆长参加工作;②确定高校馆长会议的时间、地点、内容等。

4月19日,评估专家组成员在太原理工大学图书馆讨论修改自动化评估指标体系。

5月9日,图工委在山西大学召开高校馆长会议预备会,主要议题:①拟定于5月17—19日在山西师大召开馆长会议,讨论会议日程内容安排;②讨论2000年图工委工作要点。

5月17—19日,"2000年山西省高校图书馆馆长工作会议"在山西师范大学图书馆召开。参加这次会议的有来自全省24所院校的31位代表。与会代表就省高校图工委秘书长高仲章作的《1999年省高校图工委工作总结以及2000年省高校图工委工作计划》的报告进行热烈讨论,并提出宝贵的意见和建议。山西师范大学党委书记秦良玉、副校长林仲康代表学校党政领导参加开幕式,向大会表示祝贺,并发表热情洋溢的讲话。

6月15日,省教委下发"关于印发《山西省高校图书馆自动化建设评估标准》的通知"(晋教高函〔2000〕21号),将修订后的《山西省高校图书馆自动化建设评估标准(试行)》印发给你们。与此配套的《暂行办法》仍按我委晋教高〔1999〕34号文件执行。请各校认真组织落实自评工作。我委定于2000年下半年组织专家对未评估的本科院校及专科院校的图书馆自动化建设进行评估验收。

6月15日,省教委下发"关于印发山西省高等学校图书馆自动化建设评估专家组对有关高校图书馆自动化建设评估结果和评估意见的通知"(晋教高函〔2000〕37号),将山西省高等学校图书馆自动化建设评估专家组对有关高校的图书馆自动化建设评估结果和评估意见印发给你们。请按照专家组意见,针对本馆存在的问题,积极进行整改。

9月7—8日,山西高校图工委采编专业委员会暨山西省图书馆学会文献资源建设专业委员会年会在山西省委党校忻州分校举行,出席会议的有来自全省不同类型图书馆的26名代表。会议由省学会文献资源建设专业委员会组长、省高校图工委采编专业委员会主任委员高维新主持,省委党校图书馆馆长薛文忠就图书馆在社会主义精神文明建设中和信息时代的作用做了发言。省委党校图书馆馆长助理杜德山、忻州市图书馆张秀荣副馆长、忻州师院图书馆赵春英副馆长介绍本馆的工作,代表们就信息网络时代的文献资源采集协调和共建共享等内容进行交流和讨论。会议期间代表们还参观忻州师院图书馆和忻州市图书馆。

9月15日,图工委秘书长会议在山西大学召开,主要议题:①华北高校图协年会的参会人员、参会论文;②自动化评估,本科6所、专科11所,专家组的组成及时间安排;③《晋图学刊》十五周年刊庆事宜。

10月17—20日,华北高校图协第14届学术年会在河北唐山市华北煤炭医学院图书馆召开,华北地区61所高校图书馆代表及教育行政主管部门、各省市自治区图工委的负责同志共102人出席会议,我省共选派16人参会。本次会议的主题是:新的世纪,新的征程——迈向21世纪的中国高校图书馆。共有64篇论文在会上交流,我省14篇论文入选,并有两位代表做大会发言。

10月31日,省教委下发"关于继续开展对我省高校图书馆自动化建设进行评估的通知"(晋教高函〔2000〕32号),继续对我省高校图书馆自动化建设进行评估。

11月8日,山西省高校图工委在山西大学召开《晋图学刊》创刊15周年纪念会。会议邀请《晋图学刊》历届主编、编委参加,山西省图书馆学会、山西大学信息管理学院领导,及省城各大专院校图书馆馆长共30人到会表示祝贺。纪念会上,新、老同仁一起回顾《晋图学刊》创刊15年来的风雨历程,并就刊物的未来发展献计献策。

11月下旬至12月上旬,图工委专家组对雁北师院、山西财税专科学校、太原大学、山西中医学院、太原师专、晋中师专、太原电专等图书馆的自动化工作进行评估。

12月19日,召开自动化评估专家组评估总结会,教委负责人李改香参加,根据现场评估情况进行评分。

12月21日,图工委秘书长会议在山西大学召开,主要议题:①讨论"九五"总结;②讨论"十五"规划;③讨论2001年工作计划;④讨论修订图工委章程;⑤关于召开高校馆长会议的事宜。

2001 年

2月,为了适应学术期刊文献信息传播现代化的需要,为满足广大作者的强烈要求,《晋图学刊》从2001年第1期起扩充版面,将原16开改为大16开,从原64页增至80页。

4月30日,在山西大学召开图工委秘书长会议,主要议题:①李嘉琳汇报向教委汇报关于图工委换届和召开全省馆长会议的情况,初步定于5月份在工大召开会议,图工委成员为按单位,这样利于领导更换时自然更替;②李嘉琳传达全国高校图工委成都会议精神;③有关全省图书馆工作会议的日程安排及换届名单。

5月14—18日,为了使图书馆工作人员尽快了解和掌握最新修订的中文图书机读目录格式的要点,山西高校图工委、太原理工大学图书馆与国家图书馆全国图书馆联合编目中心共同举办了研讨培训班,来自省内外各系统图书馆从事中文图书计算机编目人员、数据库建库与维护人员等30余人参加培训,研讨培训班顺利完成预定的任务,全体学员学习合格取得由国家图书馆全国联合编目中心采编培训部颁发的证书。

5月24日,在山西大学召开图工委秘书长会议,主要议题:经与省教委高教处商讨,决定召开第六次全省高校图书情报工作会议,讨论工作报告的内容、会议的具体安排等。

5月29日,省教育厅下发"关于召开山西省第六次高等学校图书情报工作会议的通知"(晋教高函〔2001〕13号),定于2001年6月14日至17日在太原理工大学召开"山西省第六次高等学校图书情报工作会议"。

6月11日,在山西大学召开图工委秘书长会议,全省高校图书情报工作会议预备会,具体安排会议日程。

6月14—17日,山西省第六次高校图书情报工作会议在太原理工大学召开。山西省教育厅李东福副厅长,原省教委副主任、山西省高校图工委主任杨树国,山西省教育厅高教处负责同志以及全省高校(含部分成人院校)主管图书馆工作的(院)校长、图书馆馆长、省高校图工委全体委员共50余人参加会议。太原理工大学副校长孙彦平、山西省图书馆学会秘书长李如斌到会祝贺。会上,李东福副厅长致开幕词,他指出:"新世纪,因特网和信息技术的发展给传统图书馆的运作和思维模式带来巨大的冲击,也给图书馆带来了巨大的发展机遇……在新的形势下图书馆要更好地体现其社会价值,就要更清楚地认识发挥图书馆社会教育职能和向大众传播知识作用的意义,迅速地应付变革的挑战,不断地应用新的信息技术,不断地变革自身,提供更好的服务。"本次会议是一次换届会议,会上,原省教委副主任、省高校图工委主任杨树国做了《总结经验,团结进取——开创新世纪山西省高校图书馆事业新局面》的报告,主要就山西省高校图书馆 1996—2000 年的工作进行总结。会议还传达 2001 年 4 月国家教育部全国高校图书情报工作指导委员会"四川会议"精神、听取《晋图学刊》编辑部主编的工作汇报,并讨论《山西省高等学校图书情报工作委员会章程(讨论稿)》、新一届图工委组织机构推荐名单、省高校图工委"十五"规划(草案)。太原理工大学、运城高等专科学校图书馆代表在大会上介绍本馆在管理、自动化建设方面的经验。会议期间,代表们还参观太原理工大学图书馆。大会闭幕式上,高教处处长王李金作为新一届图工委副主任发言;原图工委秘书长高仲章对新一届图工委的诞生表示衷心的祝贺并对图工委今后的工作提出个人的建议与希望。新一届图工委副主任兼秘书长、山西大学图书馆李嘉琳馆长也做就职发言。

6 月 28 日,在山西大学召开图工委秘书长会议,主要议题:①省图书馆学会改选事宜,高校系统 19 个委员名额分配;②《晋图学刊》编委换届的事宜,人选、换届时间;③近期工作安排;④图工委章程、"十五"规划定稿。

8 月 23 日,在山西大学召开图工委秘书长会议,主要内容:①评选参加华北高校图协年会的论文及参会人选;②讨论《晋图学刊》编委推荐名单;③下半年工作安排。

9 月 10—13 日,华北高校图协第 15 届学术年会在天津召开,参加会议的代表、特邀代表来自华北地区 67 所高等学校图书馆。国家教育部教学条件处、全国高校图工委及天津市教委领导、华北高校图协创始人、图书馆界专家,软件公司代表,列席代表总计 186 人参加会议。大会入选论文 156 篇,其中山西 7 篇。本届年会的主题为"新世纪高校图书馆的发展战略与对策"。

10 月 5 日,省教育厅下发"关于忻州师范学院等 14 所高校图书馆自动化建设评估结果的通报"(晋教高函〔2001〕35 号),对评估结果进行了通报,希望各馆在整改的基础上进一步重视图书馆自动化建设。

10 月 5 日,省教育厅下发"关于印发山西省高校第六次图书情报工作会议纪要的通知"(晋教高函〔2001〕36 号),要求各高校按照会议精神认真组织学习并结合本校实际,制订"十五"发展计划,努力推动我省高校图书馆工作再上一个新台阶。

10 月 26 日,图工委在山西农业大学举办省城高校图书馆界游泳比赛,参加人员盛况空前。

10 月 30 日,在山西大学召开图工委秘书长会议,主要议题:①组织馆长考察团赴上海、南京学习的事宜;②讨论图工委各专业委员会的改组;③2002 年迎新联欢会有关事宜。

11 月 13 日,省教育厅下发"关于召开山西省高校图书馆自动化工作会议的通知"(晋教高函〔2001〕34 号),以促进我省图书情报工作现代化、网络化、数字化建设加快发展。

11 月 17—25 日,为学习沿海发达地区图书馆的先进经验,转变观念,提高山西高校图书馆的管理水平,山西省高校图工委组织馆长考察团赴南京、上海两地对高校图工委及图书馆的管理状况进行考察,听取两地图工委秘书长对图工委工作情况的全面介绍,并参观南京师范大学、南京大学、东南大学和上海交通大学、华东师范大学、复旦大学及上海市图书馆。

11 月 28 日—12 月 12 日,山西省高校图工委根据省教育厅文件精神,组织专家组对未评估的本科及专科院校图书馆自动化建设进行了评估验收,至此,山西省高校图书馆自动化建设评估全部结束。

12 月 17—18 日,山西省高校图书馆自动化建设工作会议在山西财经大学隆重召开。会议由山西财经大学图书馆主办,太原理工大学图书馆协办。来自全省 32 所高校的分管图书馆工作的副校长、图书馆馆长、计算机部主任及 10 余家企业代表近 90 余人参加会议。山西省教育厅高教处王李金处长、分管图书馆工作的张存伟同志出席开幕式。王李金处长代表省教育厅李东福副厅长发表了热情洋溢的讲话,他对近年来山西省高校图书馆自动化建设所做的工作给予了肯定,对山西财经大学图书馆自动化及电子阅览室建设工作所取得的成绩给予了高度的评价和赞扬,并期望以此次会议为契机,推动全省高校图书馆自动化建设的协调合作和资源共享。山西财经大学副校长孙建中同志致了欢迎词。山西省高校图工委副主任兼秘书长、山西大学图书馆馆长李嘉琳同志向大会做了赴南京、上海考察报告,详细地介绍两地图书馆自动化建设、资源建设及管理改革等方面的情况。山西财经大学图书馆馆长武三琳同志做了《高定位设计网络信息管理系统,高标准实现财大图书馆自动化》的经验汇报。会上省教育厅向 2000 年高校图书馆自动化建设评估中评出的甲级、乙级馆共七个图书馆授匾。太原理工大学图书馆副馆长陈晰明同志做了关于《山西省高校"十五"期间图书馆自动化建设要点》的说明。与会代表就图书馆自动化建设、图书馆服务观念的转变、网络环境下各高校特色资源的共享、集团采购的方式与机制、外文期刊订购的策略等方面进行热烈的讨论,并就以下两个方面达成共识:①在《山西省高校"十五"期间图书馆自动化建设要点》的基础上,综合代表们的意见,尽快制定出详细、具体、易操作的《山西省高校"十五"期间图书馆自动化建设实施方案》,便于各高校图书馆落实。②根据《平等自愿、互惠互利、优势互补、共同提高》的原则,逐步实现外文数据库及其他电子资源的联合采购,高校图书馆应加强网上查询、文献复制和传递,实现资源共享。大会闭幕式上,山西省高校图工委副主任、太原理工大学图书馆馆长王胜坤同志做总结发言。

2002 年

2 月 28 日,在山西大学召开图工委秘书长会议,主要议题:①教育厅拨 100 万元设备费,要求图工委尽快出一份有关山西网络化方面的报告,以及经费立项报告呈教育厅;②考虑集团采购事宜;③有关培训活动;④讨论本学期主要工作。

3 月,省高校图工委组织部分高校馆长赴山东考察,先后在山东大学、山东农业大学、曲阜师范大学、青岛海洋大学等高校图书馆进行参观学习。期间,馆长们听取对山东省经济、历史、教育方面的介绍,尤其是高校图书馆的改革、自动化建设方面的经验介绍,受到了很大的启发。

3 月 1 日,图工委主要领导到教育厅高教处汇报工作,主要汇报 2002 年工作计划。

3 月 18 日,在太原理工大学召开图工委部分领导会议,主要讨论山西高校文献保障体系建设的事宜。

4 月 10 日,在山西大学召开图工委秘书长会议,主要议题:①李嘉琳汇报有关文献保障体系建设的问题,已经向教育厅汇报,需要出一个详细的报告;②有关集团采购的事宜;③关于召开全省高校馆长会议的事宜。

5 月 9 日,图工委在山西大学召开全省高校图书馆馆长会议预备会,商定会议日程具体内容。

5 月 13—17 日,2002 年山西省高校图书馆馆长会议在运城学院召开,全省 38 个院校图书馆的馆长和单位负责人共42位代表参加会议。会议主要内容是:总结2001年的工作,通过2002年工作计划;汇报山西高校文献保障系统建设的进展及计划;讨论有关山西高校图书馆数据资源联合采购等;《晋图学刊》主编介绍编辑部一年的工作情况,以及今后的发展计划。会议还请运城学院图书馆和山西医科大学图书馆就两馆在管理和图书馆建设方面取得的成绩做了大会交流。

6月5日,在山西大学召开图工委秘书长会议,主要议题:①山西医科大学校长、省政协委员吴伯威向省政协提出议案《建设山西省高校文献资源保障体系》,图工委拿出具体方案向省教育厅汇报,争取经费等方面的支持;②讨论集团采购清华同方和维普数据库的事宜,图工委成立谈判组具体谈。

6月12日,方正Apabi巡回展示会在山西大学图书馆举行,来自省城及周边地区13所高校图书馆的30余人参加会议。

9月3日,在山西大学召开图工委秘书长会议,主要议题:①华北高校图协年会事宜,确定参会人选、参会论文等;②向省学会专家人才库推荐专家人选5人,业务骨干10人;③讨论《晋图学刊》专栏等问题;④讨论教育部评估指标体系;⑤讨论集团采购事宜。

9月12—13日,省高校图工委采编专业委员会年会在大同医专图书馆召开,全省23个院校图书馆的30余位代表参加会议。通过相互交流,大家互通各馆图书采访和文献编目等方面的情况,探讨如何加强文献资源建设和深化文献编目工作的问题,并向专业委员会提出了建议和希望。会议期间,与会代表还参观大同医专图书馆和雁北师院图书馆。

9月16—18日,华北地区高校图协第十六届年会在内蒙古大学召开,图工委组团参加年会,我省高校图书馆共15位代表参加年会,我省作者刘永胜、卫建忠的论文获评“优秀论文”。

和重庆维普资讯有限公司以买断方式达成《中文科技期刊数据库》合作协议;与北京中国宏观经济信息网达成“山西地区高校联合采购《中宏数据库》协议”。

9月26—27日,图工委在山西大学组织“首届省城高校图书馆界排球赛”,省城及周边地区共7个高校代表队参加比赛,运动员们在切磋球艺的同时也增进了相互之间的了解。山西大学、山西农业大学、太原理工大学图书馆代表队获前三名。

10月12—13日,省高校图工委常委扩大会在忻州市召开,省教育厅高教处张存伟同志参加了会议。与会常委认真学习《普通高等学校图书馆规程》(修订),讨论《普通高等学校图书馆评估指标》,并针对我省高校图书馆的具体情况提出了意见和建议。另外,2003年,华北地区高校图协第17届年会将在山西举行,常委就会议主题、分主题以及会议具体事宜进行商讨。教育厅张存伟同志代表高教处听取常委们对“建设我省高校文献资源中心”“省城高校图书馆集团购买数据库”等的建议,并表示高教处将尽最大努力支持高校图工委的各项工作。

11月29日,在山西大学召开图工委秘书长会议,讨论集团购买WSN外文数据库、维普数据库、同方数据库的事宜,WSN和维普数据库采取买断方式,分不同档次分担费用。

12月25日,在山西大学召开图工委秘书长会议,讨论同方、万方数据库集团采购,及维普数据库费用分担问题,分三个档次分担。

2003 年

1 月 8 日,省城高校图书馆界联谊会在华北工学院举行,参加联谊会的有来自 17 所院校图书馆的近 200 位同仁。华北工学院张文栋院长到会致欢迎词,并介绍华北工学院情况。各院校图书馆表演精彩的文艺节目,有舞蹈、独唱、小合唱等。欢声笑语中,大家既增进了相互间了解与友谊,又借机交流彼此在学习、工作中的经验与体会。

2 月 15 日,《晋图学刊》由季刊改为双月刊,为全省乃至全国图书情报界提供了更加广阔的学习、探讨、交流的园地。

3 月,图工委与北京雷速科技有限公司以买断方式签订"e 线图情山西地区集团采购协议"。

3 月 12 日,在山西大学召开图工委秘书长会议,主要议题:①2003 年高校图书馆馆长会议事宜,时间、地点、内容;②华北高校图协年会的论文刻录成光盘,先收电子版论文;③全国高校图工委事实数据库的填报要及时;④各馆可按"全国高校图书馆评估指标体系"开展自评;⑤有关集团采购的事宜;⑥警官高专要求图工委组织几位馆长去指导工作,确定时间。

8 月 22 日,在山西大学召开图工委秘书长会议,主要议题:关于华北高校图协年会的事宜,受"非典"影响时间未定,但按照召开做准备,确定参会人员、参会论文。

9 月 12 日,在太原师范学院图书馆召开图工委秘书长会议,主要议题:①评选华北高校图协表彰的先进集体和先进个人;②讨论华北高校图协年会日程。

9 月 21—23 日,华北地区高校图协第十七届年会在山西大同召开,由雁北师院图书馆承办。本届年会的主题是:信息时代高校图书馆的发展与创新。参加本届年会的代表共有 133 人,其中山西代表 32 人;参会论文 80 篇,其中山西 9 篇。山西大同大学副校长到会致开幕词。大会进行了主题发言,北京邮电大学图书馆代根兴同志做了题为《系统论、整体论视野下的大学图书馆管理——"立体三角"管理模式及其在北邮图书馆的应用》的发言,天津财经学院图书馆王南同志做了题为《天津市高校图书馆书目资源共享系统的模式与功能》的发言,华北煤炭医学院图书馆李黎明同志做了题为《团结、进取、奉献, 做好图书馆工作》的发言,山西医科大学图书馆贺培凤同志做了题为《图书馆办馆模式探索》的发言。有 7 位论文作者进行大会发言。本届年会除了按照惯例举行大会主旨发言、大会论文代表发言和分组讨论外,还表彰华北五省、市、自治区评选出的 33 个先进图书馆、5 个先进部室、177 名先进个人。我省评出 7 个先进图书馆、1 个先进部室、27 名先进个人。在这届年会上,我省还有 3 篇参会论文被评为优秀论文。山西省高校受华北地区高校图协表彰的先进集体名单如下(排名不分先后):山西大学图书馆、太原理工大学图书馆、山西财经大学图书馆、山西医科大学图书馆、山西农业大学图书馆、华北工学院图书馆、太原师范学院图书馆、山西师范大学图书馆自动化部;受表彰的先进工作者 31 名,名单如下(按姓氏笔画为序):王胜坤、王瑞芳、闫小平、刘卫红、张小丽、张玉娥、张丹文、张永新、张静丽、李东旺、吴建设、武三琳、武金有、辛玉亮、宗志平、陈国秀、陈恒玉、赵刚、赵玲、周慧珍、贺培凤、胡军、晋晓强、郭启智、郭忠孝、韩起来、傅晋华。

11 月 6 日,在山西大学召开图工委秘书长会议,主要议题:①新年联欢会事宜,12 月 26 日在太原师院举行;②全省高校馆长会议事宜,时间、地点、内容(后因"非典"、评估等原因

2003 年全省高校馆长会取消）。

11 月 18 日,在山西大学召开图工委秘书长会议,主要讨论集团采购"e 线图情"和"中宏网"的事宜。

11 月 26 日,省城高校图书馆界迎新联谊会在太原师范学院举行,省城 18 所高校图书馆参加了活动。

12 月底,图工委所属灵海高校图书馆服务部经过实地考察与安徽儒林图书有限公司签订合作协议。

2004 年

3 月 17 日,在山西大学召开图工委秘书长会议,主要议题:①2004 年高校馆长会议事宜;②本年度集团采购,继续执行维普、e 线图情的集团采购,讨论中宏网、国研网团购事宜。

4 月 14 日,在山西大学召开图工委秘书长会议,主要内容:山西高校图书馆馆长会议预备会,讨论安排会议日程。

4 月 27—30 日,2004 年山西省高等学校图书馆馆长会议在山西省长治市召开,会议由晋东南师专图书馆承办。晋东南师范专科学校校长王守义、书记张富民到会,介绍了学校的历史、现状以及发展远景并预祝会议圆满成功。参加会议的有全省各本、专科和高职、高专以及成人院校图书馆馆长 50 余人。会议主要内容有:①省高校图工委 2002—2003 年工作总结;②讨论、通过 2004 年工作计划;③部分高校评估经验介绍;④省高校图工委集团采购情况通报。会上,太原理工大学、太原重机学院、华北工学院、晋东南师专图书馆馆长做了经验介绍。参会馆长还就图书馆评估、图书馆管理、图书馆新馆建设三个题目,分组进行热烈的讨论,大家畅所欲言,提出许多宝贵的建议和意见。省高校图工委所属灵海高校图书馆服务部也在会上做了工作总结发言。大会还邀请部分数据库公司参会,既介绍新产品,又听取用户的使用情况。会议期间,全体馆长还参观晋东南师专图书馆。

5 月 18 日,"2004 年万方数据'知识服务'培训交流会"在山西大学图书馆报告厅举行。国防科工委信息中心研究员,国内知名情报学专家曾民族先生做了"数字时代的新技术"的报告。北京师范大学信息系贾延霞老师作了"国内外热点数据库介绍暨网络信息资源检索与利用"的专题报告。全省高校、科研院所图书情报界工作人员近百人参会。

6 月 29 日,在山西大学召开图工委秘书长会议,讨论参加华北高校图协年会的参会人员、参会论文。

9 月 1 日,在山西大学召开图工委秘书长会议,主要议题:①讨论参加华北高校图协年会的人员名单、评选参加年会的论文及优秀论文;②赴东北考察高校图书馆事宜。

9 月 19—21 日,华北地区高校图协第 18 届年会在北京中国农业大学图书馆召开。来自华北地区五省市自治区的 160 余名代表出席会议。本届会议的主题是:信息素质教育和图书馆信息服务。会议期间代表们参观中国农业大学图书馆和中国林业大学图书馆。山西共有 19 名代表参加会议,15 篇论文进行会议交流,其中 4 篇被评为优秀论文。

10 月 21 日,在太原理工大学图书馆召开图工委秘书长会议,主要内容:①传达全国高校图工委第二届第一次工作会议精神;②征集第 19 届华北高校图协年会论文;③李嘉琳传达图书馆学会高校分会会议精神;④讨论全省高校图书馆馆长会议的事宜;⑤羽毛球比赛的时间;⑥举办电子资源编目培训班的事宜。

10月21—22日,"山西省高校图工委采编暨自动化专业委员2004年年会"在太原理工大学图书馆举行。来自全省23个院校图书馆和太原理工大学图书馆自动化研究所的40余名代表参加了年会。会上,山西大学图书馆、雁北师院图书馆、太原科技大学图书馆、太原理工大学图书馆的同志分别介绍本馆自动化和采编工作经验及碰到的一些问题。与会代表分自动化和采编两个组进行讨论和交流。通过交流,大家对各自工作中的经验和不足有新的认识,同时,代表们也提了一些建议和意见。

11月4日,高校图工委在山西老年网球馆举行羽毛球比赛,来自省城高校14所图书馆的96人参加比赛。

11月15—19日,为提高高校图书馆中文书、刊、电子资源编目质量,山西省高校图工委在山西大学图书馆举办了"中文普通书刊暨电子资源编目培训班"。全省13所高校图书馆的文献分编人员22人参加培训。培训班主要讲授中外文书刊和电子文献编目规则和实例。

11月24日,在山西大学图书馆召开《晋图学刊》编委会会议及图工委秘书长会议主要议题:编委会主要内容:总结《晋图学刊》2004年出版情况,汇报2005年1、2期准备情况,2005年刊庆思路。秘书长会议主要讨论:①东北考察事宜;②新年联欢会事宜;③集团采购事宜:维普补充协议、e线图情情况、人大复印资料、国研网、中经网。

12月13—18日,山西省高校图工委组织本省21所高校图书馆的馆长赴东北地区高校图书馆进行考察学习,先后参观考察了大连理工大学图书馆、大连海事大学图书馆、辽宁大学图书馆、沈阳师大图书馆、沈阳理工大学图书馆和哈尔滨工业大学图书馆。东北地区高校图书馆的建设,近年来发展非常迅速,许多新馆舍给大家留下了深刻的印象。山西高校图书馆的馆长们主要就图书馆的人事制度改革、图书馆的制度管理以及图书馆的数字化建设和图书馆新馆建设等问题与东北高校图书馆的馆长们进行了深入广泛的讨论。馆长们感到,东北地区经济的发展与山西相差不很远,但高校图书馆的发展与管理水平却比山西高校图书馆要快、要高,有很多值得我们学习之处。

2005 年

1月7日,省城及周边地区高校图书馆的150余位同仁欢聚在山西财税专科学校,参加由省高校图工委组织,省财税专科学校图书馆主办的"2005年省城高校图书馆迎新联欢会"。省财税专科学校领导、高校图工委领导参加了联欢会。运城学院图书馆今年也远道而来,并带来了令人耳目一新的节目。联欢会上,歌舞、小品、三句半、游戏等表演形式多样,不断赢得大家阵阵掌声和欢笑声,在欢歌笑语声中大家加深了了解,增进了友谊。

3月3日,省教育厅高教处正处级调研员张正义同志到山西大学图书馆图工委秘书处,讨论CALIS山西省中心建设的有关事宜,并表示这件事要作为今年省教育厅计划的一部分加以考虑。

3月11日,山西省高校图工委与儒林图书责任有限公司联合举办"山西省高校图书馆采购工作研讨会",会议的中心议题是"如何搞好网络环境下的采购",共有25所高校图书馆的馆长参加了会议。会议旨在通过和书商的沟通、协调,为高校提供采购平台。

3月23日,在山西大学图书馆召开图工委秘书长会议,主要议题:①2005年馆长会议日程;②2004年图工委工作总结、2005年图工委工作计划;③第18届华北高校图协年会征文情况;④教育部高职高专会议参会人选;⑤高校图工委事实数据库填报情况。

4月4日,省教育厅下发:晋教高(2005)2号"关于建设中国高等教育文献保障系统—山西省文献信息中心的通知",为推进全省高等学校教学科研资源共享,根据中国高等教育文献保障系统建设的具体要求,经教育厅研究同意在山西大学依托图书馆建设"山西省文献信息服务中心"。

4月12—14日,2005年山西省高校图书馆馆长会议在运城市召开,会议由运城学院图书馆承办。来自全省各高校和成人院校及高职高专院校图书馆的馆长和公司代表55人参加了会议。省教育厅高教处分管图书馆工作的张正义调研员参会,张正义着重就:①为什么高校都要建设现代化的图书馆;②要明确高校图书馆任务的变化,加快建设高水准的图书馆;③下大力气,建设高效率的图书馆等三方面的问题阐述高校图书馆的发展方向。在大会发言中,副秘书长、山西农业大学图书馆馆长亢成业代表省高校图工委做了"山西省高校图工委2004年工作总结";省高校图工委秘书长、山西大学图书馆馆长李嘉琳做"山西省高校图工委2005年工作计划"安排,并传达了全国高校图工委二届一次会议以及中国图书馆学会高校分会成立大会精神;山西师范大学图书馆发言题"评估——21世纪高校图书馆的一个新课题"、太原科技大学图书馆发言题为"太原科技大学图书馆管理改革思路"、山西医科大学图书馆发言题为"山西省医学科技文献信息资源与服务平台"。《晋图学刊》编辑部向全体代表们汇报一年来的工作情况;省高校图工委副秘书长财经大学图书馆馆长武三琳汇报了集团采购的情况;华北地区高校图协第十九届年会山西省组稿、组团情况;教育部全国高校图书馆事实数据库我省填报情况,以及着手准备的今年8月《晋图学刊》创刊20周年刊庆情况。会议还按图书馆管理、图书馆评估、新馆建设为题目进行分组讨论。

4月22日,图工委秘书长会议在中北大学图书馆召开,主要议程:①华北高校图协会议参会论文评选;②华北高校图协年会拟表彰的先进个人审核,评选出先进个人27名;③赴北京考察公司事宜,为集团采购做准备;④集团采购事宜,讨论e线图情、外文图书、外语考试等数据库的团购;⑤纪念《晋图学刊》创刊二十周年座谈会议程;⑥为中北大学图书馆新馆布局提建议。

6月8日,山西煤炭工业局决定向本省41所高校图书馆赠送《山西煤炭产业总览》一书,共计618册,由图工委负责转赠各馆。

6月22—25日,图工委秘书长8人赴北京考察中经网、超星公司、璞玉公司、中宏网、教图公司、西南物流中心、国研网等,为下一步的合作做准备。

6月28日,在山西财经大学图书馆召开图工委秘书长会议,讨论有关参加华北高校图协年会的事宜,参会人员、特邀代表、优秀论文等。

9月16—18日,华北地区高校图协第19届学术年会在秦皇岛燕山大学图书馆举办,华北五省市自治区高校图书馆代表及数据、设备公司的184位代表参加会议。山西省高校图书馆17名代表参加。本届年会恰逢华北地区高校图协成立二十周年,会议特别邀请华北高校图协发起、创办的元老们参加,山西王振华、安银海两位老同志参加会议。山西师大图书馆赵春旻副馆长代表山西代表团做了《我与图协共成长》的发言,得到与会代表的共鸣。山西高校共有19篇论文被选为参会论文,4篇论文被评为优秀论文。

10月25日,维普公司新版数据库培训在山西大学图书馆大会议室举办,全省高校图书馆40人参加培训。

10月30日,由图工委组织,忻州师范学院图书馆承办的"省城高校图书馆界第一届灵海杯趣味运动会"在忻州师院召开,来自省内11所高校图书馆的130余名代表参加活动。共举行了50米托球赛跑、立定跳远和50米×10迎面接力赛等项目。难得活动的图书馆职工们通过运动得到身心的放松与锻炼。山西电视台"直播山西"栏目对活动进行报道。

11月3—4日,"纪念《晋图学刊》创刊二十周年"座谈会在山西师范大学召开,山西省高校图工委秘书长、副秘书长、晋图学刊编委及部分核心作者共15人参加座谈会。会议由山西师范大学图书馆阎桂琴馆长主持。省高校图书情报工作委员会秘书长、《晋图学刊》编委李嘉琳,山西省图书馆学会理事长、山西省图书馆馆长、《晋图学刊》副主编李小强到会并致辞。《晋图学刊》责任编辑崔萍宣读国内图情界专家及《中国图书馆学报》等单位的贺词,并对学刊本年度的工作做了汇报。在讨论中核心作者与参会同仁一起回顾学刊创刊20年走过的风雨历程,并针对办刊方向、刊物内容、文章质量、办刊经费等问题进行有益的探讨。《晋图学刊》主编、山西大学管理学院副院长裴成发教授进行总结性发言。他首先感谢各位编委和核心作者、感谢教育厅的领导、感谢山西大学的历任馆长、感谢曾经为学刊的发展和壮大做出贡献的各位同仁,接着着重谈了学刊的发展和未来设计。

11月29日,图工委秘书长扩大会议暨CNKI山西高校图书馆馆长座谈会在山西大学图书馆举行,来自全省16所高校图书馆的馆长参加会议。会议分两个阶段进行,第一阶段为秘书长会议,首先由秘书长李嘉琳通报CALIS山西省中心筹建及建设进展情况,年底在山西大学召开省城高校联谊会的准备情况,维普数据库续订事宜和成立高职高专专业组的意向等。第二阶段由CNKI晋冀鲁大区主任李增晓汇报CNKI2005年情况及2006年计划,驻太原办事处张洪海介绍新版CNKI的功能。馆长们提出组织CNKI山西团购的建议。

12月13日,在山西大学图工委召开省城本科高校图书馆自动化部主任会议,布置CALIS山西省中心有关"山西省高校图书馆联合目录"的建设事宜。第一批参加的单位有:山西大学、太原理工大学、山西医科大学、中北大学、太原科技大学、太原师范学院、山西农业大学、山西财经大学。山西大学图书馆自动化部同志分别介绍了CALIS省中心门户网站、联合目录、馆际互借系统、统一检索平台的建设思路及建设进展情况。

2006 年

1月6日,省城高校图书馆界迎新联欢会在山西大学文瀛楼举行,来自省城及太谷的18所高校图书馆的200余人参加联欢活动,山西大学行龙副校长到会致辞。山西省高校图工委副主任王胜坤、图工委秘书长、山西大学图书馆馆长李嘉琳也分别代表省高校图工委和山西大学图书馆致辞。山西大学图书馆自动化部表演的三句半"咱们图书馆人"道出图书馆人在现代化建设中的信心和干劲,联欢会在歌舞等节目中穿插了智与力的游艺活动,参加者踊跃。图书馆的全体工作人员为高校的教学科研辛勤工作一年,在岁末年初时大家欢聚一堂载歌载舞,这是山西省高校图工委坚持数年为图书馆界搭建相互交流、互通信息、联络感情平台所组织的活动之一。

1月13日,在山西大学召开图工委秘书长会议,主要议题:①关于维普数据库续订的事宜;②通报CALIS省文献信息服务中心工作进展;③《晋图学刊》与"e线图情"合作的事宜。

2月28日，《晋图学刊》与e线图情签署合作协议，e线图情与《晋图学刊》合办"海外采风"栏目，e线图情负责为每期栏目提供1—2篇稿件，稿件来源为其主办的网站e线图情"海外采风"栏目中的原创稿件。

3月7日，CALIS山西省文献信息服务中心网站试开通。

3月30日，图工委秘书长会议在山西大学图书馆召开，主要议题：①报送2005年各馆大事，准备编入《中国图书馆年鉴》；②Link数据库团购情况通报；③"e线图情"续订事宜；④维普团购事宜；⑤华北高校图协年会论文征集；⑥图工委2006年工作计划；⑦事实数据库的填报；⑧CALIS省中心建设情况进展汇报；⑨《晋图学刊》编委会会议。

4月13日，在山西大学召开图工委秘书长会议，主要讨论续订维普数据库的事宜，核心问题讨论涨价因素。

4月25日，由省高校图工委和CALIS山西省中心联合举办的"馆际互借/文献传递"服务系统培训在山西大学图书馆举行，来自省内13所高校图书馆的23人参加了培训。

4月26日，清华同方公司在山西大学图书馆会议室召开"CNKI数据库应用研讨会"，来自省内33所高校图书馆的40余位代表参会。

5月25日，图工委秘书长会议在山西大学图书馆召开，主要讨论2006年全省高校图书馆馆长会议的议程。

5月29日—6月2日，"2006年山西省高校图书馆馆长会议暨CALIS山西省中心启动仪式"在山西大学学术交流中心举行。山西省教育厅副厅长王李金、教育厅高教处正处级调研员张正义出席开幕式，山西大学副校长行龙教授代表山西大学到会致辞。王李金副厅长启动CALIS山西省中心按钮，标志着CALIS山西省中心正式开始提供服务。会议有来自省内40所高校图书馆的馆长及公司的代表70人参加。会议邀请山西大学管理学院裴成发教授做题为《图书情报学研究与实践进展》的学术报告；山西财经大学图书馆武三琳馆长介绍本馆学科馆员制度的实施情况；太原科技大学图书馆幸玉亮馆长作了"迎评促建与图书馆发展"的专题发言；山西建筑职业技术学院图书馆栾淑杰馆长就高职高专图书馆的发展与迎评促建做了专题发言。会议还通过了2005年山西省高校图工委工作总结及2006年工作计划。

6月29日，在山西大学召开图工委秘书长会议，主要议题：①讨论龙戴特公司关于LesisNexis数据库与山西高校图书馆团购事宜；②讨论"龙源期刊网"山西高校图书馆团购事宜；③评审参加华北高校图协学术年会的论文。

9月6日，图工委秘书长会议在山西大学图书馆召开，①主要讨论参加华北高校图协年会的事宜，选出11篇论文参会，其中优秀2篇，大会发言2篇；②李嘉琳秘书长传达全国高校图工委二届三次会议精神。

9月20—22日，华北地区高校图协第20届学术年会在天津蓟县召开，本届年会的主题是"与时俱进，发展创新，建设学习型大学图书馆"。到会代表、特邀代表来自华北地区97所高等学校图书馆，共计209人。大会共收到交流论文218篇。山西省15所高校图书馆的20名代表参加了本届年会，13篇论文作为会议交流论文，其中9篇入选会议论文集，山西大学图书馆赵冬梅的论文《图书馆知识转移模式探讨》和山西医科大学图书馆李小霞的论文《创新的理念在高校创建学习型图书馆的探讨》在大会宣读并被评选为优秀论文。

10月24—25日，"2006年山西省高校图工委采编专业委员会年会"在山西大学图书馆召开,来自全省高校 23 所图书馆的 31 名采编专业人员参加会议。会议由山西省高校图工委副秘书长、采编专业委员会副主任、太原科技大学图书馆幸玉亮馆长主持。山西高校图工委秘书长、山西大学图书馆馆长李嘉琳致欢迎词,并希望对数字环境下的图书馆馆藏结构和如何对新载体文献资源进行整序,以及面临评估,如何既保持馆藏特色,又兼顾学科建设和馆藏结构等问题进行探讨和研究。山西省高校图工委采编专业委员会主任、山西大学图书馆高维新副馆长汇报采编专业委员会成立 12 年以来的活动简况,以及五月份在武汉召开的第三届全国高等学校图书馆文献资源建设工作研讨会情况。同时还简要介绍全省高校图书馆文献资源建设的现状。太原科技大学图书馆资源建设部孙波主任汇报该馆近一两年来文献资源建设和招标的情况、山西师范大学图书馆马德旺副馆长介绍本馆文献采购工作的经验和体会、山西大学图书馆采编部卢惠敏主任介绍 CALIS 山西省中心联合目录建设情况。下午,与会代表就光盘编目、古籍编目和评估经验、专业图书馆的特色馆藏问题、合并院校的文献资源建设问题等进行热烈的讨论和交流。全体与会代表先后参观山西大学商务学院图书馆和晋中学院图书馆。

11 月 15 日,图工委秘书长会议在山西大学图书馆召开,主要议题:①维普数据库团购费用的重新分配问题;②新年联谊会的承办单位;③体育比赛因今年各馆事务较多暂不举办;④是否成立高职高专专业委员会的问题,高职高专图书馆认为时机还不成熟。

12 月 26 日,《晋图学刊》编委座谈会在山西大学召开,主要汇报一年来的工作情况,讨论刊物发展方向,规范程序等。

2007 年

1 月 12 日,省城高校图书馆界新年联谊会在山西大学商务学院举行,来自省城及周边学校,晋中学院、忻州师范学院的 16 所图书馆的 120 余人参加会议。商务学院副院长荣和平到会致辞,12 所高校图书馆共演出 16 个节目。

1 月 18 日,图工委与北邮创讯公司签订了 MELINETS 系统的"售后服务协议",7 家高校图书馆集团订购了售后服务,比单馆购买节省了近一半经费。

3 月 15 日,图工委秘书长会议在山西大学召开,主要议题:①报送 2005 年各馆大事,准备入编《中国图书馆年鉴》;②讨论 2007 年省高校图书馆馆长会议的时间、地点、内容;③讨论 2008 年华北高校图协年会的时间、地点、主题、分主题;④讨论图工委 2007 年工作计划。

4 月,图工委接受教育厅转赠原副省长赵玉亭同志赠书《赵玉亭革命生涯》《晚霞集》两种,并转给山西大学等 16 所本科院校图书馆。

4 月 18 日,图工委秘书长会议在山西大学召开,主要议题:①讨论 WSN 数据库团购协议,11 所高校图书馆参加团购;②讨论超星"读秀"数据库团购等事宜;③讨论确定 2007 年华北高校图协学术年会的参会论文、优秀论文、参会人员;④讨论 2007 年全省高校图书馆馆长会议的议程。

4 月 26 日,在山西大学召开图工委秘书长扩大会议,主要议题:①讨论超星"读秀"知识库团购事宜;②华北高校图协学术年会参会人员。

5 月 22—23 日,2007 年全省高校图书馆馆长会议在山西大学学术交流中心举行,来自全省 40 所高校图书馆和 10 家公司的 51 名代表参加会议。会议由图工委副主任太原理工大学图书馆馆长王胜坤作图工委 2006 年工作总结;图工委秘书长李嘉琳作省高校图工委 2007 年工作计划安排,并传达全国高校图工委二届三次会议暨中国图书馆学会理事会议精神。会议还进行工作经验交流:运城学院图书馆韩起来馆长作《流通定量管理》的发言。与会代表对上年度的工作总结、本年度工作计划以及会议交流内容进行了热烈的讨论。

6 月 12—15 日,华北地区高校图协第 21 届学术年会在内蒙古海拉尔市举行,由内蒙古高校图工委主办,呼伦贝尔学院图书馆承办,本届年会的主题是:和谐社会与高校图书馆文献信息服务。内蒙古大学图书馆馆长阿拉坦仓教授做了题为《内蒙古高校图书馆事业发展及启迪》的主旨报告。参加会议的代表共 186 人,山西高校图书馆 16 人参会,大会交流论文共 190 篇,其中山西 14 篇。山西大学阎真、山西师大赵春旻、中北大学董兵、太原科大原小玲的论文被评为优秀论文。师大赵春旻、中北大学董兵在大会发言。山西高校图工委作为 2008 年的值年单位接会,省教育厅高教处张正义参会,并代表省教育厅发言欢迎高校图书馆代表明年到山西参会。

7 月 9—11 日,图工委与美国华人图书馆员协会主办,山西农业大学图书馆承办的首届"中美图书馆实务培训研讨会"在山西农业大学图书馆召开。来自美国欧柏林大学的美国华人图书馆员协会主席李海鹏研究馆员、新泽西市立大学图书采访及编目部主任洪秀芳博士、美国加州大学戴维斯分校期刊部主任李晓莉研究馆员、北伊利诺斯大学图书馆咨询部潘俊林副教授、美国耶鲁大学图书馆编目系副主任、目录资源维护组组长孙大进,5 名美籍华人图书馆专家进行专题讲座,省内外 20 余所图书馆的 30 余名代表参加会议。

10 月 16 日,在中北大学图书馆召开图工委秘书长会议,主要议题:①北邮系统签订售后服务协议以后,举办培训的事宜;②准备华北地区高校图协年会论文征文通知;③有关维普、万方数据库的团购事宜;④讨论迎新联谊会的主办单位等事宜;⑤向教育厅申请专项经费的事宜。

10 月 18 日下午,由方正公司主办,图工委协办的"2007 方正(Apabi)数字资源全国巡展——山西站",在山西大学图书馆会议室举行,来自省内 20 余所高校图书馆的 30 位代表参加会议。

11 月 16 日,第三届省城高校图书馆界乒乓球比赛在山西财经大学体育馆举行,来自省城高校图书馆的 11 支代表队以及特邀代表队山西省图书馆代表队共 12 个队,85 人参加比赛。太原理工大学图书馆荣获团体第一名、山西财大获第二、山西农大获第三,分获第四至第六名的依次为中北大学、山西大学、太原科技大学。

本年,《晋图学刊》首次被评为山西省一级学术期刊。

2008 年

1 月 8 日,省城高校图书馆界新年联谊会在中北大学图书馆举行,来自省城 14 所高校图书馆的 110 余人参加联欢。中北大学图书馆吴秀玲馆长主持联谊会,12 所图书馆参加节目演出。

4 月 3 日,在山西大学召开图工委秘书长会议,主要议题:①报送 2007 年各馆大事,准备编入《中国图书馆年鉴》;②讨论 2008 年省高校图书馆馆长会议的时间、地点、内容;③讨论 2008 年在山西召开的华北高校图协学术年会的地点,年会论文征集等;④讨论 2007 年工作总结,2008 年工作计划草稿;⑤北邮系统培训;⑥《晋图学刊》情况通报;⑦欢送太原理工大学图书馆王胜坤馆长退居二线,欢迎刘永胜馆长接替王馆长任图工委副主任兼副秘书长;⑧《晋图学刊》编辑部崔萍汇报工作情况。

5 月 5—7 日,为了增进北创软件公司与 Melinets 产品用户的沟通理解,提高 Melinets 产品用户了解系统与操作系统的业务能力。北创软件公司在山西大学图书馆举办 2008 年山西地区第一期 Melinets 产品用户培训。来自省内 7 家用户单位的 30 余人参加培训。

5 月 6 日,图工委秘书长会议在山西大学召开,主要议题:关于 2008 年省高校馆长会议事宜,地点:山西大学,时间:5 月 28 日—5 月 29 日,主要内容:2007 年工作总结、2008 年工作计划等。

5 月 21—22 日,山西省高校图书馆馆长会议在山西大学学术交流中心举行,来自省内 37 所高校图书馆以及部分数据公司的 51 位代表参加会议。山西省教育厅高教处正处级调研员张正义到会讲话。大会进行了省高校图工委 2007 年工作总结;图工委 2008 年工作计划安排,并传达了全国高校图工委二届四次会议和中国图书馆学会七届四次理事会议精神。大会还听取了山西大学图书馆赵冬梅所作的 CALIS 山西省文献信息服务中心建设情况暨 2008 年工作要点汇报;山西财经大学图书馆武三琳馆长作的评估工作经验介绍。

5 月 21—23 日,山西高校图工委采编专业委员会年会在运城学院举行,来自各高校 20 所图书馆的采访、编目人员参加了会议。会议由运城学院图书馆郑俊生副馆长主持。山西省高校图工委采编专业委员会主任委员、山西大学图书馆副馆长高维新汇报了采编专业委员会成立 14 年以来的简况,以及 2007 年 10 月份全国高校图工委主办,厦门大学图书馆承办的第四届全国高等学校图书馆文献资源建设工作会议的情况。代表们还听取大同大学图书馆黄丽娟的《建设中的山西大同大学图书馆》、山西医科大学图书馆吴娟的《构建馆藏等级结构体系促进文献资源可持续发展——从山西医科大学馆藏建设现状谈起》、运城学院图书馆马莉的《关于编目工作实施量化管理的实践与思考》等发言。山西财经大学图书馆傅光远介绍该馆有特色的文献资源建设,像"晋商文化"文献的采集、与相关经济类出版社建立馆社合作共建的模式。忻州师院图书馆王险峰介绍该馆在为本地区"扶贫顶岗实习支教"的支教点开通网上中文数据库查阅的亮点工作,方便了支教老师及时获得网上资源。而与学校共建的元好问研究、五台山文化建设网站等,又是其特色。在探讨如何把好文献采访质量关和图书馆与资料室的关系时,中北大学图书馆的田淑杰等老师根据自己馆的实际工作经验进行介绍。大家还就电子文献和纸质文献的关系,以及电子资源的存储问题进行了交流和探讨。与会代表们参观了运城学院图书馆。

6 月 17 日,图工委秘书长会议在山西大学图书馆召开,主要议题:①2008 年馆长会议情况通报。②图工委各专业组分组,设 7 个专业委员会。③关于图工委设立奖项问题,一是创新奖,名额为 3—5 个图书馆;二是优秀论文奖;三是开展各种服务活动的评比,可结合图书馆服务宣传周等内容进行。④以《晋图学刊》为平台,组织全省范围内有研究能力和潜在研究能力的图书馆工作人员举办学术论坛,就某个方面或专题进行研讨。⑤在图工委的框架下把文体活动常规化,范围可由省城高校扩大至全省高校图书馆界。⑥关于华北高校图协年会筹备的事宜。⑦"灵海高校图书馆服务部"工作善后、"独秀"数据库团购等事宜。

6 月 17 日,CALIS 山西省文献信息服务中心文献传递培训及经验交流座谈会在山西大学图书馆举行。来自省内 26 所高校图书馆的 40 人参加培训。培训内容包括:①开放代理系统的检索;②馆际互借文献传递服务现状和规范操作流程;③馆际互借文献传递工作经验交流;④NSTL(国家科技图书文献中心)资源的检索和利用。

6月27日,《晋图学刊》编委会会议在山西大学图书馆召开,会议主要内容是评选参加华北高校图协第22届学术年会的论文,优秀论文及大会发言论文,以及入选《晋图学刊》的论文。共评选出参会论文37篇,优秀论文9篇;大会发言2篇,为医科大学、山西大学的论文。会上E线图情总经理刘锦山介绍"学科导航""统一检索平台"。

7月2日,为进一步加强山西高校图书馆文献资源共享工作,山西省教育厅王李金副厅长在山西医科大学图书馆主持召开山西省高校图书馆文献资源共享会议,参加会议的有教育厅高教处正处级调研员张正义,山西省高校图工委秘书长单位的馆长共7人。会议主要就山西省高校如何进一步做好资源共享,特别是馆际借阅工作进行了深入细致的讨论。会上,图工委秘书长李嘉琳首先汇报了CALIS山西省服务中心建设情况,国内高校馆际互借状况,及我省的设想。与会的馆长们就如何开展好高校馆际互借问题进行了深入的讨论,之后王李金副厅长就进一步加强图书馆建设,大力推进文献资源的共建共享提出了许多具体意见。

7月21日,省教育厅下发"关于印发《山西省高校图书馆文献资源共享会议纪要》的通知"(晋教高函〔2008〕43号),要求各校结合实际贯彻落实。

8月9日,图工委秘书长会议,主要讨论:①馆际互借实施办法;②华北地区高校图协年会的议程。

8月29日,在山西大学召开图工委秘书长会议,主要议题:①李嘉琳秘书长传达省教育厅召开全省高校图书馆工作会议的精神,传达CALIS三期建设会议的精神;②关于开展图书馆服务宣传月活动的事宜;③讨论山西高校馆际互借/文献传递实施办法④讨论华北高校图协年会参会人选及会议日程等。

9月4日,省教育厅下发"关于开展高校图书馆服务宣传月活动的通知"(晋教高函〔2008〕50号),为增强广大师生的文献信息意识和使用文献信息的综合能力,解决学习和学术研究中的实际问题,不断地进行知识更新和知识创新,决定从今年开始,每年9月开展高校图书文献信息服务宣传月活动。

9月9日,省教育厅下发"关于印发《山西省普通高校图书馆馆际互借/文献传递实施办法》《山西省普通高校图书馆馆际借阅证发放和使用办法》的通知"(晋教高函〔2008〕49号),大力推进我省高校图书文献资源共享工作,以不断提升各高校图书馆服务教学、服务科研、服务社会的能力和水平。

9月9日,省教育厅下发"关于召开高等学校图书文献信息建设工作会议的通知"(晋教高函〔2008〕53号),为进一步提高高校图书文献信息管理水平和服务能力,加快我省高等学校信息化教学环境建设的进程,决定召开山西高校图书馆工作会议。

9月12日上午,由省教育厅组织的"山西省高校图书馆工作会议"在山西财经大学国际学术交流中心召开。会议主要内容是:总结交流近年我省高等学校图书馆建设与发展工作;安排今后我省高校图书文献信息资源共享工作;启动高校图书馆服务宣传月活动。省教育厅副厅长王李金、高教处正处级调研员张正义出席会议,来自全省普通高校、各独立学院分管图书馆工作的校(院)长、图书馆馆长80余人参加会议。会议由省教育厅高教处正处级调研员张正义主持,山西财经大学副校长郭泽光出席会议并致辞。山西财经大学、吕梁高专、山西财专分别介绍近年来各自图书馆工作的情况。山西省高等学校图书情报工作委员会秘书长、山西大学图书馆馆长李嘉琳,就我省高校图书馆近年来在资源共建共享方面所作的一些工作和近期图工委要做的工作做汇报。会上省教育厅副厅长、省高校图工委主任王李金做了《加强建设,推进共享,全面提升高校图书馆服务水平》的报告。

9月16日,华北地区高校图协秘书长会议在运城宾馆召开,主要议题:①山西高校图工委汇报会议筹备情况;②关于参会论文情况,《晋图学刊》准备在第五期扩版,收录经编委会审阅通过的论文。

9月17—19日,华北地区高校图协第22届学术年会在山西运城夏县举行。会议由山西高校图书情报工作委员会主办,运城学院图书馆承办,来自华北五省、市、自治区的高校图书馆界同仁及部分商家代表共147人参加会议。本届年会围绕着"图书馆事业创新与发展"的主题进行热烈的发言和深入的讨论。会议还邀请中国图书馆学会副秘书长,北京邮电大学出版社社长代根兴做了题为《当代高校图书馆的功能定位与发展趋势》的主旨报告。与会五省、市、自治区高校代表共提交论文125篇,有48篇论文被评为优秀论文,山西省高校参会论文37篇,其中优秀论文9篇。

10月6日,省教育厅下发"关于印发《山西省普通高等学校图书馆工作会议纪要》的通知"(晋教高函〔2008〕57号),要求各校结合实际贯彻落实会议精神。

10月8日,"寻根溯源,嘉惠三晋:'CASHL走入华北'之山西行"活动在山西大学图书馆举行。山西省的14所高校图书馆和山西省图书馆、山西省社会科学院图书馆的主管馆长和馆际互借员共40人参加此次活动。CASHL管理中心副秘书长关志英做了题为《建设、发展、宣传——CASHL现状与未来展望》的专题报告;北京师范大学图书馆李晓娟副馆长做了《依托CASHL平台服务华北科研》的报告;北京航空航天大学图书馆的田玥老师以《做CASHL与读者间的桥梁》为题,介绍在工科院校宣传和使用CASHL的经验和体会。北京师范大学图书馆的仝卫敏老师在山西大学图书馆电子阅览室进行CASHL文献传递系统操作培训。

10月17日,省城高校图书馆"知网杯羽毛球赛"在省老年网球馆举行,来自省城9所高校及清华同方公司—知网山西分公司代表队共10支队伍参赛。山西农业大学图书馆获冠军、太原科技大学获亚军、山西大学获第三名。

11月28日,图工委秘书长会议在山西大学图书馆召开,主要议题:①关于华北高校图协会议的情况通报。②关于馆际互借、CALIS服务协议签订及进展情况通报:CALIS服务协议,馆际互借协议已发出;已制作互借证2700多个,28号召开馆际互借员工作会议。③关于集团采购"KUKE音乐数字图书馆""新东方多媒体学习库""雷速学科导航数据库"等及"中经网""中宏网"续签合同的事宜。④关于新年联欢会事宜:时间元旦以后,地点在太原科技大学。⑤图书馆服务宣传月总结。

11月28日,CALIS山西省中心在山西大学图书馆召开第一次馆际借阅工作会议,来自18所高校图书馆负责馆际互借工作的30人参加会议。会议内容包括:山西高校馆际借阅工作进展情况通报;下一步工作安排;具体实施细则研讨。

2009 年

1 月 9 日,"2009 年省城高校图书馆界新年联欢会"在太原科技大学图书馆举行。来自省城 14 所高校图书馆以及山西省图书馆学会的代表 109 人参加了联欢会。共有 12 所图书馆表演了 15 个节目。太原科技大学徐格宁副校长到会致辞并表演节目男女声二重唱《为了谁》助兴。

4 月 16 日,图工委秘书长会议在山西大学图书馆召开,主要议题:①讨论 2008 年工作总结、2009 年工作计划;②华北高校图协会议的论文征集;③关于 2009 年全省高校馆长会议;④图工委换届事宜;⑤高职高专专业委员会成立事宜;⑥推荐 2008 年度"世界读书日"活动先进单位;⑦关于推荐华北地区高校图协表彰的图书馆先进集体、先进工作者的事宜;⑧推荐省图书馆学会第 7 届委员会常委;⑨资源共建共享事宜。

4 月 21 日,省教育厅下发"关于印发《文化部、教育部、科技部关于进一步加强文献信息资源共建共享服务基层的意见》的通知"(晋教高函〔2009〕19 号),要求各校认真组织实施,大力推进我省高校图书文献资源共享工作,不断提升各高校图书馆服务教学、服务科研、服务社会的能力和水平。

4 月 27 日,由超星公司主办的"区域数字图书馆平台"研讨会在中北大学图书馆召开,来自省内 10 所高校图书馆馆长参加。

4 月 30 日,图工委秘书张小丽退休,赵冬梅接替工作,图工委秘书一直由山西大学图书馆的工作人员兼任。

6 月 9 日,接受马烽子女赠送高校图书馆《马烽文集》39 套,其中本科院校 17 所,每家 2套;专科院校 5 所:吕梁高专、太原电专、财专、广干院、太原大学,每家 1 套。

6 月 11 日,在山西大学召开图工委秘书长会议,主要议题:①讨论修订图工委章程;②讨论第六届图工委工作总结;③讨论第七届图工委会议议程;④讨论是否召开中美学术交流会;⑤各馆向图工委申报华北高校图协先进集体材料参加评选;⑥《马烽文集》赠送;⑦WSN、VIP 续订事宜;⑧山西财经大学图书馆武三琳馆长退居二线,新任馆长白才进接替武馆长任图工委副秘书长。

6 月 24—25 日,第七届山西省高校图书情报工作委员会工作会议暨 2009 年山西高校图书馆馆长会议在山西太原中诚宾馆召开,山西省教育厅王李金副厅长和高教处正处级调研员张正义出席会议,来自省内 38 所高校图书馆以及部分数据库公司的 66 位代表参加会议。会议总结第六届高校图工委的主要工作;交流本省图书馆资源共建共享和开展特色服务的情况;CALIS 山西省文献信息服务中心工作进展情况;2008 年图书馆服务宣传月活动情况;明确今后的工作重点将是大力推进高校文献资源共建共享工作。会议宣布山西省高等学校图书情报工作委员会第七届组织机构名单和专业委员会名单;审议通过《山西省高等学校图书情报工作委员会章程》和《山西省高职高专图书馆专业委员会章程》。山西省教育厅副厅长王李金发表讲话,对我省高校图书馆今后的工作提出五点希望。会议第二阶段为 2009 年高校图书馆馆长工作会议,主要内容为工作交流和小组讨论。图工委秘书长李嘉琳对 2009年图工委工作做具体的安排部署;太原理工大学刘永胜馆长、山西大学商务学院郭启智馆长做了本馆工作经验介绍。小组讨论会上,不少馆长提出真知灼见,在资源共享和对高职高专图书馆的支持方面,馆长们提出许多建设性意见。

7月21日,在山西大学召开图工委秘书长会议,主要内容是评选华北地区高校图协表彰的先进集体,经投票选出10所山西高校图书馆为2009年华北高校图协表彰的先进集体。

9月3日,在山西大学召开图工委秘书长会议,主要议题:①关于华北高校图协年会的有关事宜;②关于举办山西高校馆长论坛的事宜,时间、地点、内容等;③关于高职高专专业委员会的事宜;④关于羽毛球比赛的事宜,时间、承办单位;⑤关于迎新联欢的事宜,承办单位;⑥图工委的组成,是否需要调整;⑦张小丽与赵冬梅进行秘书工作交接。

9月4日,高校图工委发出2009年度服务宣传月活动的通知,本年度的活动主题是"资源有限,服务无限"。

9月16日,省教育厅下发"关于印发《山西省高校图工委第七届工作会议暨2009年馆长会议纪要》的通知"(晋教高函〔2009〕33号),要求各校结合实际贯彻落实。

9月20—22日,华北地区高校图协第23届学术年会在北京理工大学举行,山西高校图书馆的23位代表参加会议,共提交大会交流论文18篇,其中优秀论文6篇,大会发言论文2篇。李嘉琳代表山西高校图工委交流图工委工作情况。我省评选出的高校10个先进集体和50位先进工作者在年会受到表彰。

9月25日,"2009年超星杯"山西省高校图书馆乒乓球赛在太原科技大学图书馆举行,来自省内13所高校图书馆及超星公司的13个代表队参加比赛,决出前八名依次为:太原理工大学、山西大学、山西农业大学、太原师范学院、警官高等专科学校、山西财经大学、太原科技大学、中北大学。

10月10日,在太谷召开图工委秘书长会议,主要讨论"馆长论坛"的日程等事宜。

10月28日,"山西高校图书情报工作委员会首届馆长论坛"在山西大学学术交流中心隆重召开,此次论坛的主题为"网络环境下高校图书馆文献资源的配置、构建及未来发展趋势"。会议邀请上海交通大学图书馆顾问、原馆长陈兆能教授,北京大学信息管理系博士生导师王子舟教授做主旨发言,山西大学图书馆李嘉琳馆长,太原理工大学图书馆刘永胜馆长,山西医科大学图书馆贺培凤馆长,山西师范大学图书馆马建中馆长,中北大学图书馆吴秀玲馆长,山西中医学院图书馆杨继红馆长,山西省财政税务专科学校图书馆馆长程元鑫教授做大会发言。来自省内28所高校图书馆的馆长和部分工作人员105人参加这次论坛活动。

11月25日,山西中医学院举行新馆开馆启动仪式,山西21所高校图书馆的28名代表参加典礼,并参观新馆。中医学院图书馆按照中医五行的规律布置图书馆楼层和环境,达到艺术形式与功能要求的和谐统一,充分体现知识殿堂的高雅神圣、庄重和气派,体现出图书馆浓郁的文化氛围。借此机会,图工委在此召开秘书长会议,主要内容:①图工委秘书赵冬梅通报馆际互借情况及介绍馆际互借平台情况;②教育厅拨款的支配意见:购买北邮软件、硬件设备、互借补贴;③召开馆际互借交流会;④开展图书馆服务宣传月先进单位评比;⑤高职高专专业委员会成立暨第一次工作会议,12月20—21日召开。

12月20日,"山西省高校图工委高职高专专业委员会"成立大会在太原太行大酒店召开,来自省内33所高职高专图书馆的馆长参加大会。教育厅正处级调研员张正义参加会议并发表讲话,秘书长李嘉琳代表图工委表示祝贺。会上,山西综合职业技术学院图书馆赵振龙馆长作"高职高专专业委员会筹备报告";山西林业职业技术学院图书馆孙万山馆长宣布高职高专专业委员会机构名单及其说明,宣读 2010 年工作计划;山西建筑职业技术学院图书馆原二宝馆长传达全国高校图工委高职高专专业组无锡会议精神;太原理工大学刘永胜馆长做了《近十年高校图书馆未来发展展望》的学术报告。会议还进行小组讨论和经验交流,并参观太原科技大学图书馆和山西财税专科学校图书馆。

12 月 25 日,图工委在山西大学图书馆召开 2009 年度文献传递/馆际互借经验交流会。来自省内 20 所高校图书馆负责文献传递/馆际互借和系统维护的工作人员计 34 人参加会议。会议对 2009 年馆际互借/文献传递工作进行总结,对馆际互借管理平台进行介绍,之后各馆介绍交流开展文献传递和馆际互借的经验,并对此项工作提出一些建议。

2010 年

1 月 5 日,"山西省高校图书馆 2010 年新年联谊会"在山西大学商务学院图书馆举行,来自省城 19 所高校图书馆的 120 位代表参加联谊,商务学院苗副院长为本次联谊会致开幕词。11 个图书馆表演节目 15 个。

3 月 5 日,图工委秘书长会议在山西大学召开,主要议题:①关于举办中美图书馆实务论坛与馆长会议的事宜;②馆长论坛的议程安排;③华北高校图协年会的论文征集;④讨论 2010 年工作计划;⑤采编专业委员会 2010 年年会,5 月 17—18 日在山西师范大学召开。

3 月 26 日上午,"爱思唯尔山西馆员交流活动"在山西大学图书馆报告厅举行,来省内 10 所高校图书馆的 25 人参加会议。

3 月 26 日,山西省高校图书馆馆际互借平台招标会在山西大学举行,北邮创讯中标,该项目由省教育厅投资。

4 月 20 日,图工委秘书长会议在山西大学图书馆召开,主要内容:①传达 CALIS 三期项目建设第一次中心负责人联席会议精神;②评选 2009 年山西高校图书馆服务宣传月先进单位;③2009 年全省高校馆长会议召开的时间、地点、内容等;④华北高校图协年会的论文征集要求 5 月底以前提交到图工委;⑤与超星公司谈判"山西省高校读秀 + MEDALINK 联合采购"事宜,并达成合作意向,27 日签署协议书。

5 月 18—19 日,2010 年山西省高校图工委文献资源建设委员会年会在山西师范大学举行。会议主题为"网络环境下全省高校图书馆文献资源的共建共享""业务外包潮流下编目工作的走向""文献资源建设中纸质文献与电子文献的关系"等。省内 21 所高校图书馆的 32 名代表参加会议。会议由山西省高校图工委副秘书长、太原科技大学图书馆馆长幸玉亮主持。山西省高校图工委文献资源建设委员会主任委员、山西大学图书馆高维新研究馆员向大会做《2010 年山西省高校图书馆文献资源建设工作报告》,通报 2008 年第五届全国高校文献资源建设研讨会、2009 年第六届全国高校文献资源建设研讨会的情况;并简要总结我省高校图书馆文献资源建设现状。主题发言:山西医科大学图书馆李雪琴副研究馆员《瞄准需求,创造新的资源建设模式——谈数字时代高校馆藏建设的立体化转型》、太原科技大学图书馆采编部原小玲主任《太原科技大学图书馆采访工作实践与思考》、运城学院图书馆马莉副馆长《如何确定纸质文献与电子文献在资源建设中的比例》、山西师范大学图书馆马德旺副馆长《图书馆业务外包的利与弊》。大家围绕高校图书馆采编工作中的实际问题进行广泛而热烈的讨论,包括文献购置经费、文献招标、电子资源的购置、纸本刊与电子刊的配置、电子资源的维护、文献共享、图书编目、大采访部门的设置、馆员待遇等问题。会议期间,与会代表参观山西师范大学图书馆。

5月20日,北京创讯未来软件公司馆际互借系统安装完毕,并在山西大学图书馆举行培训,第一批9所高校图书馆的20名技术人员和馆际互借员参加培训,实现9所高校馆际互借系统的自动化管理。

5月21日,北京创讯未来软件公司MELINETS系统用户培训答疑会在山西大学图书馆举行,5所图书馆用户参加培训。

5月24—26日,由山西省高校图工委和美国华人图书馆协会主办,山西大学图书馆承办的"数字图书馆建设与创新服务——中美图书馆实务论坛"在山西大学举行。来自全国12个省33所高校图书馆,以及山西本地高校图书馆的100余位馆员参加会议。美国图书馆协会主席卡米拉·阿里尔博士、科罗拉多大学波德校区大学发展基金会副主席帕梅拉·琼斯、美国纽约州立石溪大学健康科学图书馆副研究馆员黄柏楼先生、美国加州旧金山州立大学图书馆副研究馆员汪雅女士、新泽西城市大学图书馆副教授级远程学习咨询馆员方筱丽女士、加州大学伯克莱分校东亚图书馆对外咨询服务部主任,电子信息馆员薛燕女士和美国华盛顿大学图书馆元数据馆员郭金秀女士等7位美方专家做13个专题讲座。会议期间,美方专家同代表座谈讨论并集体解答与会代表提出的各类问题。

6月19日,山西高校图书馆馆长会议在太原市中诚宾馆召开,来自全省50多所高校图书馆的馆长及数据商代表共60多人参加会议。会议总结2009年图工委工作开展情况;制订了2010年工作计划;传达了第三届教育部高等学校图书情报工作指导委员会成立大会暨第一次工作会议精神;介绍CALIS三期项目以及CALIS山西省文献信息服务中心三期建设方案;表彰2009年华北高校图协年会评选的先进集体和先进工作者,同时为山西省高校图书馆服务宣传月获奖单位进行颁奖。山西职业技术学院图书馆赵振龙馆长代表高职高专图书馆专业委员会做题为《团结一心,积极参与,群策群力,努力开创高职高专图书馆工作新局面》的报告。

7月20—23日,山西省高职高专图书馆专业委员会第一届二次会议暨数字资源论坛在太原举行。会议由山西职业技术学院图书馆馆长赵振龙主持,山西职业技术学院党委副书记李志刚出席会议并致欢迎词,教育厅高教处副处长师东海出席会议并发表讲话。赵振龙馆长做《高职高专图书馆数字资源现状及发展思路与对策》的主题发言,张洪海做《创新与创新管理服务型数字图书馆用户体验》讲话,建筑职业技术学院原二保馆长传达上级会议精神,会议还进行经验交流。

7月21日,按照CALIS三期建设的要求,CALIS省中心完成三期建设子项目可行性研究报告,基于山西高校图书馆人力资源和自动化的现状,明确三期建设的目标和任务,并签署了中国高等教育文献保障系统(CALIS)三期建设子项目承建协议书。

8月31日,在山西大学召开图工委秘书长会议,主要议题:①传达全国高校图工委工作会议精神;②汇报中美图书馆实务论坛情况;③讨论本年度图书馆服务宣传月活动的主题、形式等;④讨论制定馆际互借管理办法;⑤关于华北高校图协年会参会人员及论文情况;⑥关于羽毛球比赛的时间、地点;⑦继续修改图工委"十二五发展规划"。

9月,借山西高校图书馆一年一度服务宣传月活动之际,图工委以"馆际互借,资源共享"为主题设计和印刷了2.4万份馆际互借宣传材料和书签,对通过馆际互借证互借图书的服务模式和通过网上预约馆际互借图书的服务模式进行了为期一个月的宣传推广。

9月26—28日，华北地区高校图协第二十四届学术年会在北戴河隆重召开，本次学术年会由河北省高校图工委主办，燕山大学图书馆承办。来自北京、天津、河北、山西、内蒙古各高校图书馆以及相关企业的代表共155人参加大会，会议主题为"当代数字化与网络化环境下的高校图书馆建设"。山西省15所高校的24名代表参加会议。本届会议增加了"秘书长论坛"专题。山西省高校图工委副主任兼副秘书长、太原理工大学图书馆长刘永胜做了题为《新馆建设中的若干新动向》的发言；山西省高校图工委副秘书长、中北大学图书馆馆长吴秀玲做了《高校图书馆学生管理员工作的探索与实践》的发言。本次年会我省共提交18篇论文，其中6篇被评为优秀论文。太原科技大学原小玲，山西财经大学王红作为我省代表分别做了《中文纸质图书与电子图书互补原则实证分析——以太原科技大学图书馆为例》《云图书馆的IT管理和服务》的大会交流发言。

10月15日，山西省高校图书馆"百链杯"羽毛球赛在山西综合职业技术学院羽毛球馆举行。省城13所高校派出91名代表参加比赛。比赛决出前8名，分别是：山西农业大学、山西医科大学、山西师范大学、山西大学、太原科技大学、太原理工大学、山西警官高专、中北大学。

11月24日，为实现山西高校信息资源共享，提升图书馆服务水平，山西大学图书馆利用与山西财经大学地理位置临近的优势，启动与山西财经大学图书馆馆际互借服务，双方读者持本馆借阅证即可到对方馆进行馆际互借。

12月24日，CALIS省中心在山西农业大学图书馆召开"2010年山西高校图书馆馆际互借/文献传递工作会议"，20个成员馆的40名代表参加会议。会议对一年的馆际互借/文献传递工作进行总结，进一步推动山西高校信息资源的共建共享。

2011 年

1月7日，省城高校图书馆迎新联欢会在中北大学举行，本次联欢会共有14所高校的104人参与。

3月25日，上午"图书情报工作"杂志社社长周金龙、拟任社长初景利、副主编易飞、编辑部主任杜杏叶一行四人来《晋图学刊》编辑部座谈。《晋图学刊》编辑与来访人员在山西大学图书馆进行了座谈式交流，从刊物质量、稿源、编辑部工作如何创新等方面做了广泛的交流。下午图工委秘书长会议在山西财经大学图书馆召开，主要议题：①讨论2011年图工委工作计划；②讨论2011年山西高校图书馆馆长工作会议的事宜。

4月26日，CALIS三期服务项目推广会在山西大学图书馆召开，来自省内12所高校图书馆的20余名代表参会。图工委秘书长李嘉琳介绍了CALIS三期项目及进展情况，秘书赵冬梅介绍CALIS服务项目的使用方法、程序等。

5月10日，上午OCLC(美国联机计算机图书馆中心，Online Computer Library Center)驻北京办事处总代表丘东江先生、代表助理赵志女士在山西大学图书馆举行讲座，丘东江先生介绍OCLC概况和最新发展动态，赵志女士介绍OCLC系列服务(WorldCat、WorldCat Dissertations、WorldCat ResourceSharing、CAMIO、Ezproxy和WorldCat Local)的培训讲座。下午，由美国加州圣荷西大学教授兼工程学馆员刘孟雄博士做美国高校参考咨询的专题学术讲座。

来自省内高校图书馆的 50 余名馆长及图书馆员参加两个讲座。

5 月 13 日,图工委秘书长会议在太原高新区国际大厦召开,主要议题:①讨论 2011 年高校馆长会议日程;②和 CNKI 销售处座谈,讨论集团采购 CNKI 数据库的事宜,对同方给出的协议草案分歧较大,最终未能达成一致意见。

5 月 19 日,2011 年山西高校图书馆馆长会议在太原卓凡宾馆举行,来自全省 50 多所高校图书馆的馆长及数据商代表共 60 多人参加了大会。本次会议的主题为"网络环境下高校图书馆服务的转型及创新"。山西省高校图工委秘书长、山西大学图书馆馆长李嘉琳主持开幕式。山西大学管理学院副教授、山西大学图书馆副馆长杨光做题为《关于网络环境下图书馆服务的思考》的主旨报告。山西医科大学图书馆馆长贺培凤做了 2010 年图工委工作总结。李嘉琳作山西高校图工委"十二五"发展规划(草案)及 2011 年图工委工作计划(讨论稿)说明。山西省高校图工委副主任兼副秘书长、太原理工大学图书馆馆长刘永胜做题为《太原理工大学图书馆特色工作》的报告。李嘉琳馆长传达教育部高校图工委三届二次工作会议精神,介绍 CALIS 三期第四次中心负责人联席会议的情况。山西省高校图工委秘书处赵冬梅老师向与会代表介绍 CALIS 服务流程。大会就会议主题、"十二五"规划等进行分组讨论。会议原则通过 2011 年工作计划和图工委"十二五"发展规划。

9—10 月,组织山西高校图书馆开展一年一度为时一个月的图书馆服务宣传月活动。本次活动的主题为"知识的一半就是知道在哪里去寻求它"。活动结束后各馆向图工委上报宣传月总结材料。

9 月 13—16 日,华北地区高校图协第二十五届学术年会在天津南开大学图书馆召开,山西高校图书馆共派 27 名代表参会,有 18 篇论文入选会议论文,其中优秀论文 5 篇。太原理工大学曹娟和山西医科大学郭文秀作为优秀论文代表在大会做了交流发言。

9 月 20 日,"移动数字图书馆在图书馆应用"研讨会在太原科技大学图书馆召开,超星公司进行了新产品发布及体验活动,全省高校图书馆 50 余人参加会议。

9 月 26—28 日,山西高校图工委协助中科院上海生命科学信息中心在山西大学学术交流中心举办了"图书馆个性化知识服务研究与实践"第二届学术会议。约 120 位来自全国公共图书馆、高校图书馆、科研机构图书馆的图书情报界研究人员参加会议,其中我省高校 80 位同仁参会。

9 月下旬,CALIS 省中心组织、指导成员馆进行 CALIS 示范馆填报和初审工作,我省 4 个馆申报成功,中北大学成为编目外包示范馆,山西财经大学成为外文期刊网示范馆,太原理工大学和山西医科大学成为参考咨询示范馆。

10—11 月,图工委与"银符考试系统""中华数字书苑""超星移动数字图书馆"签订集团采购协议。

10 月 11 日,汤森路透公司在山西大学图书馆举行 web of knowledge 数据库的培训,全省高校图书馆 70 余名咨询馆员参加培训。

10 月 20 日,CALIS 山西省中心在山西大学图书馆举办馆际互借共享版平台培训,来自省内 8 所高校图书馆的 20 人参加培训。

10 月 20 日,山西省高校图书馆"知网杯"乒乓球赛在太原理工大学体育馆举办。本次比赛有 13 所高校派出 96 名代表参加。比赛决出前 8 名,分别是:太原理工大学一队、太原警官高等专科学校、山西农业大学、太原师范学院、山西大学、太原理工大学二队、太原科技大学、山西医科大学。

12 月 29 日,2011 年 CALIS 业务培训暨馆际互借/文献传递总结会议在山西大学图书馆召开,来自 15 所高校的 30 余人参加,会议通报了 CALIS 山西省中心 2011 年工作进展情况;针对联合目录,虚拟参考咨询,外文期刊网,馆际互借/文献传递进行系统的业务培训。

2012 年

1 月 2 日,"2012 年省城高校图书馆界新年联欢会"在山西省委党校图书馆举办,本次联谊会共有 12 所高校的 90 余人参加。

3 月起,根据 CALIS2012—010 号"关于 CALIS 省级中心子项目验收工作的通知",省中心开始着手子项目的验收工作。填报 CALIS 服务评估系统评估用的基础数据;撰写山西省中心子项目总结报告;填写三期"211 工程"建设投资完成情况汇总表,"九五""十五"及三期期间"211 工程"设备和基本建设投入概况表;搜集整理三期省中心工作的培训课件和宣传资料,同时调整和完善省中心主页的链接地址。5 月,省中心子项目顺利通过了验收。

3 月 7 日,在山西大学图书馆召开图工委秘书长会议,主要议题:①讨论 2012 年高校馆长会时间、地点、主题、主要内容等事宜;②讨论启动"山西高校图书馆事业发展纪略"的编纂工作;③讨论 2013 年在山西召开的华北高校图协年会的主题、分主题。

3 月 29 日,图工委在山西大学图书馆召开了图工委新、老副主任、秘书长座谈会,李嘉琳、刘永胜、亢成业、李博、赵振龙、幸玉亮、安银海、王永安、邵玲娟、王振华、李玉文、高仲章、张广汉、董书新、王理忠、李秀华、王胜坤、裴成发、赵冬梅、崔萍、段麦英 21 人参加了会议。会议向老秘书长们详细介绍图工委发展的现状,主要就"山西高校图书馆事业发展纪略"的编撰事宜进行商讨。大家一致同意编写该书,老同志们积极表态提供资料。

4 月 24 日,图工委秘书长会议在山西大学图书馆召开,主要议题:①讨论馆长会议的日程;②有关"山西省高校图书馆事业发展纪略"的编纂事宜,书名的确定、内容的编排等;③有关"万方数据""Springer-Link 外文图书数据库"集团采购的事宜。

5 月 23 日,2012 年山西省高校图书馆馆长会议在山西大学图书馆会议中心召开。来自全省 37 所高校图书馆的馆长及相关数据商代表约 60 余人参加会议。受邀参加大会的嘉宾有山西大学副校长行龙教授、北京世纪超星董事长史超先生。行龙教授在开幕式上回顾山西大学及山西大学图书馆的百年光辉历史,盛赞老一辈图书馆人为图书馆事业所做的艰苦卓绝的工作。史超先生围绕大会主题"网络环境下高校图书馆多元化服务拓展"进行了主旨发言,他认为:"图书馆虽然面临着前所未有的危机,但绝不会消亡,而是会越来越好;图书馆服务的价值,图书馆服务的精神将会永远存在,但图书馆的服务形式应该而且必须改变,图书馆要从资源向服务转型,图书馆的地位也要从文献中心的地位转为学习中心。"山西农业大学图书馆馆长亢成业和太原科技大学图书馆馆长幸玉亮分别做了《以一个行内的外行视野看中国图书馆事业发展面临的隐忧》《对图书馆基本现象的认识》的报告。此外,会议总结 2011 年图工委工作,制订 2012 年工作计划,传达教育部高校图工委三届三次工作会议精神。大会还表彰山西省高校图书馆 2010—2011 年图书馆服务宣传月先进集体和山西省高校图书馆 2010—2011 年先进工作者。会议期间,与会代表还参观山西大学图书馆新馆。

5 月 25 日 CALIS 三期全国高校专题特色数据库验收,山西合格的子项目有 5 项:山西民居图片数据库(太原理工大学刘永胜)、山西票号文献资源数据库(山西财经大学白才进)、山西地方文献资料库(山西大学李嘉琳)、小杂粮专题信息资源库(山西农业大学张玉娥)、山西河东文化特色专题数据库建设(运城学院马莉)。

5月29—30日,山西省高校图工委2012年文献资源建设工作委员会年会在吕梁学院图书馆举行。18所高校图书馆的25名代表参加本次会议。吕梁学院图书馆刘卫红馆长做《新升本院校图书馆文献资源建设现状分析与思考——以吕梁学院图书馆为例》的报告。太原科技大学图书馆原小玲代表CALIS山西省中心介绍"CALIS联合编目客户端安装及数据下载使用"的具体步骤和要求。本次会议在3—4月以"高校图书馆文献资源建设与发展"为主题进行征文,运城学院图书馆冯忠红作为论文作者代表做《对文献资源建设中采编工作创新的思考》的发言。

6月15日,图工委秘书长会议在山西大学图书馆召开,主要议题:①评选参加第26届华北高校图协年会的论文、优秀论文;②确定第27届华北高校图协年会的主题、分主题,主题:盛世危言——图书馆生存危机管理;③听取雷速公司总经理刘锦山介绍雷速公司发展及最近推出的5个评价数据库,讨论集团采购雷速评价数据库的事宜;④讨论是否团购牛津数据库的事宜(因参加团购馆数量太少,决定放弃此项团购);⑤关于羽毛球比赛的事宜,由太原理工大学负责;⑥2013年度新年联欢会,由山西大学承办;⑦确定本年度图书馆服务宣传月活动主题。

9月,图工委组织山西高校图书馆开展一年一度为时一个月的图书馆服务宣传月活动。本次活动的主题为"高校图书馆创新多元化服务"。

9月7日,与北京雷速科技有限公司签署"雷速学术评价数据库"集团采购协议,山西高校全部可以使用该数据库,各馆分档分摊费用。

9月15日,图工委组织山西代表17人参加在内蒙古通辽市举办的华北高校图协第26届学术年会,山西高校共提交论文13篇,其中优秀论文4篇。山西医科大学武建光和中北大学师宇明作为优秀论文代表在大会做交流发言。

10月10日,山西高校图工委与汤森路透集团在山西大学联合举办2012年汤森路透图书馆学科服务系列论坛(山西站)学术讲座。我省高校有60多位同仁参加会议。此次活动以学科馆员的视角讲述,通过WOK平台的期刊论文、学术会议、专利信息、专业图书的权威数据,深化图书馆服务,为学校和各个学院提供有力的科研管理服务、帮助学校对科研绩效进行合理评估;同时为全校师生提供有效及时的科研咨询工作。

10月20日,山西高校羽毛球比赛在太原理工大学体育馆举办。本次比赛10所高校派出90余名代表参加,超星公司也组队参加了比赛。比赛决出了前8名,依次分别是:山西农业大学一队、山西财经大学、山西医科大学、太原科技大学、山西大学、山西农业大学二队、太原理工大学、超星联队。

附录 2
山西省高校图工委历届常委/秘书长名单及
《晋图学刊》历届编委会名单

第一届　山西省高等学校图书馆协作委员会（1982 年 1 月—1985 年 5 月）

　　山西高校图协设 5 个常务馆：山西大学、太原工学院、山西医学院、太原重型机械学院、山西矿业学院。主任馆为山西大学，副主任馆为太原工学院。

　　图书馆协作委员会常委组成人员：

柴作梓（山西大学）	徐万鹏（太原工学院）	章士敫（山西大学）
王永安（太原重型机械学院）	肖基（山西矿业学院）	谢华才（山西医学院）

第二届　山西省高等学校图书馆工作委员会（1985 年 5 月—1988 年 4 月）

　　图书馆工作委员会的组成人员：

主 任 委 员：赵美英　（省教育厅副厅长）

副主任委员：关荣昌　（工大图书馆）

　　　　　　尹中川　（教育厅高教处长）　　邵玲娟　（山大图书馆）

常　　　委：赵美英　关荣昌　尹中川　邵玲娟

　　　　　　柴作梓　（山大图书馆学系）　　兰　珊　（机院图书馆）

　　　　　　王永安　（重院图书馆）　　　　安银海　（矿院图书馆）

　　　　　　王理忠　（农大图书馆）　　　　魏　真　（师大图书馆）

　　　　　　董树新　（医学院图书馆）　　　李秀华　（财院图书馆）

　　　　　　张广庸　（太原师专图书馆）　　毕致仁　（雁北师专图书馆）

秘 书 长：关荣昌

副 秘 书 长：王永安

第三届　山西省高等学校图书情报工作委员会（1988 年 4 月—1991 年 12 月）

　　新的机构及人员安排如下：

主　　任：赵美英

副 主 任：李庆生　王振华　张金保　王永安　董廷旺　兰　珊

秘 书 长：王振华（兼）

副秘书长：王永安（兼）　　　安银海（兼）　　　李玉文（兼）

常务委员：（按姓氏笔画排）

　　　　　　王振华　（山西大学）　　　　王永安　（太原重型机械学院）

　　　　　　王理忠　（山西农业大学）　　冯锦生　（晋图学刊）

　　　　　　兰　珊　（太原机械学院）　　安银海　（山西矿业学院）

李庆生 （山西省教委）　　李玉文 （山西大学）

李秀华 （山西财经学院）　　宋玉惠 （山西大学图书馆学系）

张广庸 （太原师专）　　　　张金保 （太原工业大学）

秦世华 （雁北师专）　　　　康　军 （太原工业大学）

董书新 （山西医学院）　　　董廷旺 （山西师范大学）

赵美英 （山西省教委）

秘 书 处：设在山西大学图书馆

注：山西省高等学校图书情报工作委员会秘书处于 1988 年 4 月 21 日由太原工业大学图书馆迁到山西大学图书馆办公至今。

第四届　山西省高等学校图书情报工作委员会（1991 年 12 月—1997 年 5 月）

图工委常委会名单：

名誉主任：赵美英

主　　任：杨树国（山西省教育委员会副主任）

副 主 任：李志勤（山西省教育委员会高教处处长）

　　　　　王振华（山西大学）　　　　　赵怀玉（太原工业大学）

　　　　　王永安（太原重型机械学院）　兰　珊（太原机械学院）

秘 书 长：王振华（兼）

副秘书长：王永安（兼）　安银海（山西矿业学院）　李玉文（山西大学）

委　　员：（以姓氏笔画为序）

　　　　　王永安（太原重型机械学院）　王振华（山西大学）

　　　　　王理忠（山西农业大学）　　　冯锦生（晋图学刊）

　　　　　兰　珊（太原机械学院）　　　安银海（山西矿业学院）

　　　　　李玉文（山西大学）　　　　　李志勤（山西省教育委员会）

　　　　　李秀华（山西财经学院）　　　宋玉惠（山西大学图书情报学系）

　　　　　张广庸（太原师范专科学校）　张金保（太原工业大学）

　　　　　杨树国（山西省教育委员会）　赵怀玉（太原工业大学）

　　　　　郝文兰（山西师范大学）　　　郭清廉（山西经济管理学院）

注：常委会中有山西医学院一个名额，暂缺，1992 年 1 月增补山西医科大学郭其骥为委员。

第五届　山西省高等学校图书情报工作委员会（1997 年 5 月—2001 年 10 月）

图工委机构名单：

主　　任：杨树国

副 主 任：李志勤　高仲章　蔡中民　王永安　彦连治

秘 书 长：高仲章（兼）

副秘书长：李嘉琳　安银海　李秀华

常　　委：杨树国（山西省教委）　　　　李志勤（省教委高教处）

　　　　　高仲章（山西大学）　　　　　蔡中民（太原工业大学）

王永安(太原重型机械学院)　李嘉琳(山西大学)

安银海(山西矿业学院)　李秀华(山西财经学院)

郝文兰(山西师范大学)　亢成业(山西农业大学)

彦连治(华北工学院)　冯锦生(晋图学刊编辑部)

刘和平(山西经济管理学院)　张广庸(太原师范专科学校)

刘瑞华(太原电力专科学校)　李景峰(山西大学信息管理系)

牛　侨(山西医科大学)　陈晰民(太原工业大学)

第六届　山西省高等学校图书情报工作委员会(2001 年 10 月—2009 年 7 月)

图工委组织机构名单：

主　　任：李东福(省教育厅)

副 主 任：王李金(省教育厅高教处)　王胜坤(太原理工大学)

　　　　　李嘉琳(山西大学)

秘 书 长：李嘉琳(山西大学)

副秘书长：张存伟(省教育厅高教处)　亢成业(山西农业大学)

　　　　　武三琳(山西财经大学)　武金有(华北工学院)

　　　　　幸玉亮(太原重机学院)　贺培凤(山西医科大学)

　　　　　柴建国(山西师范大学)　韩起来(运城高等专科学校)

常委单位：省教育厅、山西大学、太原理工大学、山西农业大学、山西财经大学、山西师范大学、山西医科大学、华北工学院、太原重机学院、山西大学信息管理系、《晋图学刊》编辑部、太原师范学院、忻州师范学院、太原大学、运城高等专科学校、山西省财税专科学校

委员单位：山西省属各高校以及成人院校图书馆

秘 书 处：设在山西大学图书馆内

第七届　山西省高等学校图书情报工作委员会(2009 年 7 月一)

图工委组织机构名单：

主任委员单位：省教育厅有关领导

主　　任：王李金

副主任委员单位：省教育厅高教处、山西大学图书馆、太原理工大学图书馆

副 主 任 委 员：张正义、李嘉琳、刘永胜

秘书长单位：山西大学图书馆

秘　书　长：李嘉琳(兼)

副秘书长单位：山西农业大学图书馆、山西师范大学图书馆、山西医科大学图书馆、山西财经大学图书馆、中北大学图书馆、太原科技大学图书馆、运城学院图书馆、山西综合职业技术学院图书馆

副 秘 书 长：亢成业、马建中、贺培凤、白才进、吴秀玲、幸玉亮、韩起来、赵振龙

成　　　员：全省各普通高等学校图书馆(包括高职高专院校图书馆)

《晋图学刊》历届编委会名单

第一届编委会(1985 年 12 月—1986 年 12 月)

  主　　　编：柴作梓

  副　主　编：刘宛佳(常务)　冯锦生

  编　　　委：谢华才　邹春云　宋其兰　芦建生　王俊霖　刘景钊　许　翔

      刘永胜　李银生

第二届编委会(1986 年 12 月—1988 年 5 月)

  顾　　　问：柴作梓　刘宛佳

  主　　　编：冯锦生

  副　主　编：邵玲娟　安银海　康　军

  编　　　委：冯锦生　邵玲娟　安银海　康　军　王永安　董廷旺　李银生

      芦建生　赵晋生　张广庸　刘永胜　陈晰明

  编辑部主任：宋其兰

  编　　　辑：王俊霖　米东华

第三届编委会(1988 年 5 月—1993 年 3 月)

  主　　　编：冯锦生

  副　主　编：李玉文　安银海　康　军

  编　　　委：王永安　冯锦生　安银海　李秀华　李玉文　张广庸　赵晋生

      康　军　董书新　董廷旺　(1989 年 3 月增聘：王理忠;1990 年 12 月

      因董廷旺病故,由柴建国接任;1992 年 12 月康军因调外省工作而免任)

第四届编委会(1993 年 6 月—1997 年 7 月)

  主　　　编：冯锦生

  副　主　编：王永安　安银海　陈　威　裴成发(1994 年 6 月任常务副主编)

  编　　　委：王永安　王理忠　冯锦生　安银海　李秀华　陈　威　张广庸　胡生林

      柴建国　董书新　裴成发

第五届编委会(1997 年 7 月—1998 年 9 月)

  名 誉 主 编：冯锦生

  主　　　编：裴成发

  副　主　编：王永安(常务)　安银海　蔡中民　李嘉琳

  编　　　委：王永安　亢成业　安银海　刘永胜　刘和平　李秀华　李嘉琳　张广庸

      陈晰明　彦连治　贺培风　柴建国　蔡中民　裴成发　孙韶励

  责 任 编 辑：孙韶励　郭庆华

第六届编委会(1998 年 9 月—2001 年 12 月)

　　名　誉　主　编：冯锦生

　　主　　　　编：裴成发

　　副　主　　编：王永安(常务)　　李小强

　　编　　　　委：王永安　亢成业　邓景华　安银海　刘永胜　刘和平　李小强　李秀华

　　　　　　　　　李嘉琳　张广庸　陈晰明　彦连治　贺培风　柴建国　蔡中民　裴成发

　　　　　　　　　孙韶励

　　责　任　编　辑：孙韶励　郭庆华　张小丽

第七届编委会(2001 年 12 月—2008 年 12 月)

　　名　誉　主　编：冯锦生

　　主　　　　编：裴成发

　　副　主　　编：李小强

　　编　　　　委：亢成业　邓景华　刘永胜　李小强　李嘉琳　武三琳　武金有

　　　　　　　　　陈晰明　幸玉亮　贺培风　柴建国　晋晓强　裴成发

　　　　　　　　　孙韶励(2006 年马建中接替柴建国,吴秀玲接替武金有任编委,邓景华因

　　　　　　　　　调离山西免去编委,2007 年新增石焕发任编委)

　　责　任　编　辑：郭庆华(2003 年 10 月—2004 年 4 月李丽峰接替郭庆华任责任编辑,2004

　　　　　　　　　年 4 月富月娥接替李丽峰任责任编辑,2005 年 1 月崔萍接替富月娥任责

　　　　　　　　　任编辑,2007 年新增段麦英任编辑)

第八届编委会(2008 年 12 月—2013 年 7 月)

　　主　　　　编：裴成发

　　副　主　　编：李小强

　　编　　　　委：马建中　亢成业　石焕发　刘永胜　李小强　李嘉琳

　　　　　　　　　陈晰明　吴秀玲　武三琳　幸玉亮　贺培风　晋晓强

　　　　　　　　　裴成发(2009 年白才进接替武三琳任编委,2012 年李博接替吴秀玲任编

　　　　　　　　　委,另增补杨光、马瑞敏为编委)

　　责　任　编　辑：崔　萍　段麦英　张小丽　常志红(2010 年张小丽退休)

附录3

改革开放以来山西省高等教育行政主管部门
颁发的相关文件目录及有关领导的讲话目录

一、文件目录：

1. 晋高教教一字〔82〕2 号"关于下发《关于贯彻实施〈中华人民共和国高等学校图书馆工作条例〉的意见》的通知"

2. 晋高教教一字〔82〕100 号"关于进行全省高校图书馆工作检查的通知"

3. 晋教高字〔1985〕第 20 号"关于召开全省高校图书馆工作会议的通知"

4. 晋教高字〔1985〕25 号"关于印发《山西省第二次高等学校图书馆工作会议纪要》的通知"

5. 晋教高字〔1985〕第 32 号"下发《山西省高等学校图书馆事业 1985—1990 年发展规划》的通知"

6. 晋教高字〔1988〕13 号"关于成立山西省高等学校图书情报工作委员会的通知"

7. (1988 - 04 - 18)山西省教育委员会下发"关于贯彻《普通高等学校图书馆规程》加强图书情报工作的几点意见"

8. 晋教高字〔1988〕32 号"关于进行全省高校图书馆工作检查的通知"

9. 晋教成字〔1988〕33 号"关于委托山西大学举办《图书情报学专业证书》教学班的通知"

10. 晋教高函字〔89〕第 8 号"山西省教育委员会下发《山西省高等学校图书馆工作检查情况报告》的函"

11. 晋教高字〔90〕26 号"关于印发《山西省高校图书馆业务工作规范》的通知"

12. 晋教高字〔90〕32 号"关于对全省普通高校图书馆进行评估的通知"

13. 晋教高字〔1991〕37 号"关于同意山西省高等学校第四届图书情报工作委员会组成的通知"

14. 晋教勤函字〔92〕42 号"关于成立晋图文献信息服务部的批复"

15. 晋教高字〔1992〕4 号"关于组织专家评估组对各高等学校图书馆进行评估实测的通知"

16. 晋教高字〔1993〕19 号"关于印发《山西省普通高校图书馆评估总结》的通知"

17. 晋教高字〔1995〕32 号"下发《山西省高等学校图书馆事业 1985—1990 年发展规划》的通知"

18. 晋教高字〔95〕56 号"关于加强高校图书馆自动化建设的通知"

19. 晋教高字〔1996〕52 号"关于评选山西省高校图书情报工作先进集体和先进个人的通知"

20. 晋教高函〔1997〕31 号"关于召开山西省高校第五次图书工作会议的通知"

21. 晋教高〔1997〕32 号"关于表彰山西省高校图书情报工作先进集体和先进个人的通知"

22. 晋教高函〔1997〕42 号"关于转发《山西省高校第五次图书情报工作会议纪要》的通知"

23. 晋教高〔1997〕62 号"关于印发《山西省高等学校图书情报事业"九五"规划》的通知"

24. 晋教高〔1998〕32 号"关于印发山西省高等学校图书馆自动化建设评估暂行办法和评估

标准的通知"

25. 晋教高字〔1998〕67号"关于印发《山西省高等学校图书馆自动化建设评估专家组评估结果和评估意见》的通知"

26. 晋教高〔1999〕34号"关于印发《山西省高校图书馆自动化建设评估暂行办法》等文件的通知"

27. 晋教高函〔1999〕54号"关于开展对我省高校图书馆自动化建设进行评估的通知"

28. 晋教高函〔2000〕21号"关于印发《山西省高校图书馆自动化建设评估标准》的通知"

29. 晋教高函〔2000〕32号"关于继续开展对我省高校图书馆自动化建设进行评估的通知"

30. 晋教高〔2000〕37号"关于印发山西省高等学校图书馆自动化建设评估专家组对有关高校图书馆自动化建设评估结果和评估意见的通知"

31. 晋教高函〔2001〕13号"关于召开山西省第六届高等学校图书情报工作会议的通知"

32. 晋教高函〔2001〕34号"关于召开山西省高校图书馆自动化工作会议的通知"

33. 晋教高函〔2001〕35号"关于忻州师范学院等14所高校图书馆自动化建设评估结果的通报"

34. 晋教高函〔2001〕36号"关于印发山西省高校第六次图书情报工作会议纪要的通知"

35. 晋教高〔2005〕2号"关于建设中国高等教育文献保障系统—山西省文献信息中心的通知"

36. 晋教高函〔2008〕43号"关于印发《山西省高校图书馆文献资源共享会议纪要》的通知"

37. 晋教高函〔2008〕49号"关于印发《山西省普通高校图书馆馆际互借/文献传递实施办法》《山西省普通高校图书馆馆际借阅证发放和使用办法》的通知"

38. 晋教高函〔2008〕50号"关于开展高校图书馆服务宣传月活动的通知"

39. 晋教高函〔2008〕53号"关于召开高等学校图书文献信息建设工作会议的通知"

40. 晋教高函〔2008〕57号"关于印发《山西省普通高等学校图书馆工作会议纪要》的通知"

41. 晋教高函〔2009〕19号"关于印发《文化部、教育部、科技部关于进一步加强文献信息资源共建共享服务基层的意见》的通知"

42. 晋教高函〔2009〕33号"关于印发《山西省高校图工委第七届工作会议暨2009年馆长会议纪要》的通知"

二、讲话目录

1. 苗夫行:贯彻全国高等学校图书馆工作会议精神,加强我省高等学校图书馆建设——在全省高等学校图书馆工作会议上的讲话,1981年12月

2. 赵美英:总结经验,提高认识,进一步加强我省高校图书馆建设——在山西省第三次高校图书馆工作会议上的报告,1988年4月

3. 赵美英:华北地区高等学校图书馆协作委员会1987年学术年会开幕词,载于《晋图学刊》,1987年第3期,2—3页

4. 赵美英:振奋精神,团结进取,为开创我省高校图书馆事业发展新局面而努力——在山西省第四次高校图书情报工作会议上的总结报告,1991年7月

5. 杨树国:在山西省第四次高校图书情报工作会议上的讲话,1991年7月

6. 杨树国:华北地区高校图协第七届学术年会开幕词,1992年9月

7. 杨树国：总结经验，振奋精神，为进一步开创我省高校图书情报工作新局面而努力——在山西省第五次高校图书情报工作会议上的报告，1997 年 5 月

8. 杨树国：总结经验　团结进取——开创新世纪山西省高校图书馆事业新局面——在山西省第六次高校图书情报工作会议上的报告，2001 年 6 月

9. 王李金：加强建设，推进共享，全面提升高校图书馆服务水平——在山西省高校图书馆工作会议上的讲话，2008 年 9 月

附录 4

山西高校图书馆记忆

本附录收录本省及其他地区图书馆界人员撰写的,发表在省内外图书情报学杂志上的,有关山西高校图书馆发展状况的综述性文章,作为本书的补充资料。文章按照发表年代的先后顺序排列。

1. 王永安,文彤民:《山西省高校图书馆建筑调查与评价》,载于《河北图苑》,1989 年第 3 期,42—48 页

2. 张洪亮,左文君:《山西省高校图书馆基本情况统计(截止 1988 年底)》,载于《晋图学刊》,1989 年第 4 期,61—63 页

3. 冯锦生:《回顾与瞻望——纪念〈晋图学刊〉创刊五周年》,载于《晋图学刊》,1990 年第 3 期,1—3 页

4. 刘宛佳:《继往开来 任重道远——热烈祝贺晋图学刊创刊五周年》,载于《晋图学刊》,1990 年第 3 期,4 页

5. 王永安,安银海:《山西省高校图书馆文献资源建设评介》,载于《晋图学刊》,1994 年第 1 期,8—15 页

6. 冯锦生:《纪念〈晋图学刊〉创刊十周年》,载于《晋图学刊》1995 年第 3 期,1—2 页

7. 高维新,邓凤英:《山西省高校图书馆采编系统现状分析及其对策》,载于《晋图学刊》,1997 年第 2 期,25—29 页

8. 安银海:《对山西省五所高校图书馆自动化建设评估工作实践的认识与建议》,载于《晋图学刊》,1999 年第 1 期,58—61 页

9. 安银海,张小丽,郭庆华:《山西省高校图书馆事业发展回顾与瞻望》,载于《晋图学刊》,2000 年第 1 期,54—58 页

10. 裴成发:《务实创新 开拓进取——为〈晋图学刊〉创刊十五周年而作》,载于《晋图学刊》,2000 年第 3 期,1 页

11. 冯锦生:《十五年前……为纪念〈晋图学刊〉15 周年华诞而作》,载于《晋图学刊》,2000 年,第 3 期,3 页

12. 晋晓强,贺培凤:《山西省高校图书馆发展状况调查与分析》,载于《晋图学刊》,2002 年第 1 期,35—39 页

13. 赵晓洪,艾冰:《山西省高校图书馆网站的建设现状与发展思路》,载于《晋图学刊》,2002 年第 4 期,35—37 页

14. 裴成发:《改革·发展·创新——为〈晋图学刊〉创刊 20 周年而作》,载于《晋图学刊》,2005 年第 4 期,封二

15. 邱均平,朱春艳:《〈晋图学刊〉的回顾、评价和展望》,载于《晋图学刊》,2005 年第 4 期,1—8 页

16. 张珍连:《山西省高校图书馆电子资源建设现状分析》,载于《晋图学刊》,2005 年第 6 期,7—9 页

17. 高维新:《山西省高校图书馆馆藏文献资源建设调查分析》,载于《晋图学刊》,2006 年第 1 期,42—45 页

18. 卫军朝:《基于 OAI——PMH 协议构建山西省高校联合目录》,载于《晋图学刊》,2009 年第 1 期,18—20 页

19. 郑金萍:《山西省师范类高校图书馆电子资源建设调查分析》,载于《图书馆学研究》,2009 年第 8 期,45—47 页

20. 李彦丽:《山西省高校图书馆特色资源建设的现状与分析》,载于《图书馆学刊》,2010 年第 1 期,60—61,82 页

21. 沈玥:《山西省高校图书馆数字资源建设现状及对策》,载于《晋图学刊》,2010 年第 4 期,31—33 页

22. 王轶:《1999—2008 年山西省高校图书馆作者的发文分析》,载于《晋图学刊》,2010 年第 6 期,47—51 页

23. 夏文华:《山西省高校图书馆对 OA 资源利用的调查与分析》,载于《晋图学刊》2011 年第 1 期,6—9 页

24. 武三林,栗荣杰:《山西高校图书馆信息资源共建共享研究》,载于《高等财经教育研究》,2011 年第 14 卷第 1 期,63—68 页

25. 张洁:《山西省高等学校图书馆网站建设简评》,载于《晋图学刊》,2011 年第 2 期,46—48 页

26. 王秀平,郭文秀,袁永旭:《山西省高校图书馆高被引论文分析》,载于《晋图学刊》,2012 年第 1 期,15—18 页

山西省高校图书馆建筑调查与评价

王永安　文彤民

笔者于1988年对山西省高校图书馆建筑进行了一次调查,向有独立专用馆舍的16个学校发了馆舍建筑基本情况调查表,回收15份,之后,笔者利用全省高校图书馆工作检查之便,又实地考察了一些馆,加上在此之前的早些时候,笔者已经因工作到过一些馆,在16座高校图书馆中,亲自考察了13个馆的馆舍建筑,作为图书馆工作者,我们愿将调查的有关情况及我们对存在问题的分析看法整理出来,供准备建馆的院校参考或与高校馆同仁共同探讨,不妥之处请不吝赐教。

一、现状

十一届三中全会以后,随着国民经济建设的发展,高等教育事业发生了可喜的变化,教育体制改革逐步深入发展,教育领导部门和院校领导对图书馆在学校的地位和作用的认识有了进一步的提高,在图书馆建设上做了许多有益的工作,使图书馆工作适应教育事业发展的需要。从总体上看,山西省高校图书馆事业是有发展的,其中较为突出的是馆舍建筑发展较快。1978年以前,全省仅山西大学、山西农业大学、太原机械学院三所院校有独立专用馆舍,建筑总面积为1.3万平方米,到1988年底,先后有山西医学院、太原重型机械学院、山西师范大学、大同医专、山西财经学院、晋中师专、武警专科学校、晋东南师专、长治医学院、山西矿业学院、吕梁师专、太原电力专科学校、忻州师专等院校建成了独立专用的图书馆楼。至此,全省24所院校中,已经有16座专用图书馆,建筑总面积为7.1万平方米,为10年前的5.4倍,大大改善了山西省高等学校的办学条件和教学科研环境。已建成的16个馆中,万平方米大馆1个,7000多平方米的1个,8000多平方米的1个,4000多平方米的5个,其余8个馆均在4000平方米以下,详细情况见表1—表3(附后)。

二、问题

十年来山西省高校图书馆建筑发展较快,成绩是肯定的,但在建筑上普遍存在一些明显的缺点和问题,多数馆不很理想,我们根据调查表中发现和考察中看出的问题、结合自己的体会,归纳如下:

1. 面积小。一项建筑是百年大计特别是图书馆建筑,它是学校的主要教学设施,要从学校的发展做长远考虑。新馆建成后,至少在20年内文献收藏空间不应感到紧张,而山西省已建成的高校馆中,平均建筑面积只有4千多平方米。面积小、不到10年就感到紧张而不够用的馆不是个别的现象,突出表现是书库饱和,大批有用文献不能入库上架而打捆另找存放地点,有一些馆阅览面积小、座位少,远远不能满足师生的需要。比如,太原重型机械学院新馆建成不到10年,书库已呈现饱和状态,况且期刊合订本原来就未进入专用书库,亟待扩建书库来存放过刊,以解决非书库建筑承受的不合理超载压力的矛盾,山西大学、山西农业大学图书馆面积小的矛盾更为突出,早已打捆堆放了不少书刊,以便腾出空间,使新书能够上架流通。该二校阅览室少,阅览面积小的矛盾也十分明显,与两个大学的规模和在校师生数很不相称。还有的馆建成距今不到5年,也感到不宽裕。随着教育体制改革的深入发展,教学方式、方法及教学管理的改革及学分制的建立,增加选修课减少必修课也见端倪,大量学生涌向图书馆自己觅取知识的趋势愈加明显,不等开门排长队、抢座位等现象亦非新闻传说,而是活生生的现实,这种现象绝非坏事,而是好事,是学校学习及学术风气的一种体现,只是我们的图书馆小,容纳不了那么多求知上进的青年来馆深造和学习研究,反映了图书馆面积小不能适应教育新形势和新技术革命挑战的需要。

2. 功能差。今天的世界与以往有许多不同的特点,科学技术高速发展,与之相适应的出版物类型和数量猛增,信息产业空前繁荣,世界已进入了信息时代,学校的教学科研依赖信息的程度大大增加,图书馆已不单单是知识宝库,更主要的是知识喷泉,要求图书馆从封闭型被动服务的管理向开放型主动服务的管理转化,图书馆建筑必须适应这种新形势,在建筑格局上要与过去有所不同,在空间组合上体现高度灵活和多功能的原则。山西省已建成的高校图书馆中仍然摆不脱传统模式,基本上还是封闭型图书馆的格局,都建有一个相当大的后部式书库。它既不靠近阅览室,更与阅览室不相通,还与阅览室不在同一平面,图书流程长,库室图书更换不便,不适应开架借阅的需要,灵活可变性差,不能根据需要随时变动和组合阅览单元。现代图书馆要求读者直接接触文献,在时空上尽量缩短文献与读者的距离,增加知识对师生的覆盖面,在建筑空间上即应考虑这一情势,以方便组成藏、借、阅合一的服务体系为主要出发点,但山西省已建成的高校馆,灵活组合的可能性比较差,形成藏、借、阅合一的服务体系比较困难。一些馆面积小,书库面积很有限,却都盖成三层,每层书库都似豆腐干,小、窄、矮、暗十分憋气,有的馆书库与借书处不在同一平面而且落差很大,工作人员进库取书必须拾级而上,相当不便。有的馆厕所靠近书库且高于书库地面,几次下水不通流入书库,给书库安全造成很大威胁,有的馆无内部联系管道,由阅览室穿堂而过,影响读者阅读,多数馆则未考虑安全管理问题,未建值班室,行政、业务用房朝向不好也不是个别现象,从调查中看出16个馆中没有一个馆有单人或双人阅览单元,没有给老年专家、教授创造更好的研究环境。馆舍建成投入使用后,反映好用,则说明功能可以。如果不好用,显然是功能差所致。山西省已建成的高校馆,多数馆的同行认为不太好用,不太理想,说明了山西省高校馆的建筑功能是比较差的。

3. 建筑造型设计保守落后。教育要面向世界、面向未来、面向四个现代化。那么,图书馆作为文化教育建筑,更主要的它是教育设施,也必须面向未来。在建筑造型上既体现庄重、大方、美观,使读者受到精神文明的熏陶,也要新颖别致,有时代的记号,使读者呼吸到时代气息而奋发拼搏。综观山西省已建成的高校馆,大都沿袭旧的传统造型,无时代感,还是"T""L""山""工""日""口",等字形的老框框。造型上既无突破又无新意,缺乏美感,更无个性,这是山西省高校图书馆馆舍建筑的一个很大的直观缺陷。此外,在室内外装修上也较差,只有个别馆室内装有塑料或石膏板花吊顶和贴有墙布给人一种舒适感外,多数馆既无吊顶更无墙布,室内基本上都是单一的白色调,兄弟省有的高校馆北侧房采用淡黄色,南侧房用浅蓝色,以适应冬夏冷暖的心理效果,而山西省在这方面却没有很好的研究。室外装修以灰色为基调,近期建成的一些馆,采用颜色水泥水刷石,效果也不理想,不是暗淡无光,就是色块颜色不一,影响整个建筑的景观。室内外装饰性差,色调单一呆板,色块之间或色调与建筑物不够协调的现象亦比较明显。

4. 现代化技术服务用房基本未予考虑。从调查表中看出,绝大多数馆没有缩微资料阅览室、计算机用房和录音翻拍用房,没有视听室的也是大多数,难怪山西省高校馆的现代化技术服务很落后。即使有了现代化技术设备亦无专用房舍开展工作,用于改造房舍的物力、财力、人力不见得比建馆时就规划建设投入少。现代化技术服务手段的应用势在必行,只是个时间问题,但山西省大多数馆没有建专用房舍,这是山西省高校馆馆舍建筑的又一大问题。此外,绝大多数馆没有建报告厅,多数馆无展览厅。现代高校图书馆是学校的心脏,是学校的综合学术中心。展览厅不仅可以进行书刊文献展览、图片展览,还可以举办校内外各种成果展览及其他展览。利用图书馆是学校人流最集中的特点,发挥展览的最佳效果,参观者不仅从文献中获得知识信息,而且从图片、实物、各种成果中了解最新信息而增长见识,展览厅与阅览室的作用是相辅相成的。兄弟省高校馆建有报告厅的不乏其例,而山西省却寥寥无几。图书馆是学术、信息、情报、文献中心,相应地应有其活动场所,学术报告是信息交流的一种形式,建一个报告厅也是必要的,而山西省高校馆建筑中多数未予考虑。

5. 室内外环境缺乏统一考虑。这个问题在山西省高校馆馆舍建筑中十分明显,建馆与周围环境没有统一联系起来考虑,形成两张皮现象,馆舍建筑不做环境设计,施工单位建成交付使用一走了之,室内外环境如何搞,完全由学校或图书馆来做,这种由外行来规划的环境,效果自然不会理想,山西省高校馆的室内外环境都比较差。室内装修、色彩以及小品等各种环境因素,会使读者产生一定的心理效应而提高阅读效果,不只是个美化问题,桌椅书架式样、颜色等都应与馆舍协调。室外环境亦是如此,道路、庭院、小径、绿地、雕塑、车辆存放等也缺乏统一设计,全省16座馆舍前竟无一座雕塑,也无假山小品之景,绿地也基本没有,内部庭院及周围环境质量都搞得不好,既影响建筑的效果,也未给读者和工作人员创造一个室外阅读和小憩的环境。

6. 家具设备不配套。新馆建设中,家具设备即应统一列入基建费之中,进行统一设计与购置,以便新馆落成即能投入使用,不致因家具设备未有购入造成馆舍不能使用的局面。山西省有一些高校馆建成几年后才有经费安装电梯,复印机、声像视听设备、计算机等技术设备更与建馆不相干,图书防窃设备、烟感警报设备绝大多数馆没有,开、闭馆讯号装置及事故紧急广播、机械通讯设备则基本没有。调查表中所列各馆建设投资中的设备费基本上都是用于书库的金属书架,只有个别馆在基建投资中考虑到了建立视听室的问题。有的馆桌椅笨拙陈旧,桌和椅不配套,与新馆舍反差很大,影响建筑效果和阅读效果,不像个大学图书馆的阅览室。新馆建设中,对原有旧家具也应注意改造,使其与新馆舍相协调,费用应在基建费中统一解决,山西省各高校也没有这样做,新馆舍旧家具的馆为数不少,影响图书馆的整体效果。

7. 编、藏、借、阅之间的运行路线不尽合理。图书馆设计中,读者、工作人员、书刊三流线互不干扰是一个基本要素,设计师们是会考虑到的,但实际效果不算太好,除个别馆这个问题解决的较好外,多数馆的三流线不是很清晰分明和便捷畅通的,互相交叉、共流、交错流明显,影响环境的安静。

8. 门窗密封性差。多数馆的门窗很简陋,密封性很差,经不起风砂袭击,一场风砂过后室内满是尘土,空气污染影响读者和工作人员的健康,影响文献的使用寿命。保存文献是图书馆的一大任务,不被风沙污染,保持完整清洁干净和一定的湿度温度是起码的要求,因此,设计和安装的窗户既应开启方便,又应采取防尘密闭措施,严寒和多风砂地区应设双层窗和缓冲门,善本书、舆图、缩微、视听等室的窗子应有遮阳设施,这些山西省高校的新馆舍建筑多数馆均未考虑。

9. 馆址选择不很理想。馆址应选择在校中心、地点适中、环境安静、地形平坦、场地干燥、排水流畅、通风良好、交通方便,还应远离易燃易爆、噪声和散发有害气体的污染源。山西省多数高校馆对这一问题也不太讲究。有的馆虽然地点适中、交通方便,但馆舍前却是一条主道路,既受噪声影响,又有尘土污染。有的馆紧靠教学主楼,两者层高悬殊,图书馆三层,教学主楼十二层,图书馆显得十分渺小,面对教学主楼这个庞然大物,有十分强烈的压抑感,它既不是教学主楼的配楼与其浑然一体,又不能与其协调提高这一组建筑群的整体效果而影响校园的美感。有的馆靠近校办工厂,相当多的馆则紧靠运动场,环境不够安静,个别馆雨后排水困难。

10. 施工质量差,设计也有欠缺。我们在考察中发现,许多馆存在施工质量差和设计不太合理的问题。有的馆新馆还未使用就发现墙壁和地面有了裂缝,有的馆书库的窗户不在书架中间,光源亦不在两书架中间而装到了书架顶上。有的馆楼梯台阶高低不等,有的馆同一层面墙壁厚度不一,等等不亦而足。

三、对策

1. 在图书馆建筑上要防止短期行为。图书馆建筑上存在的主要矛盾是经费不足,即图书馆现代化的要求与经济能力和技术条件之间的矛盾,这的确是一个客观存在的现实问题,但与人们陈旧的传统观念不无很大关系,盖图书馆只为解决校舍紧张,只求有地方存放图书的观点仍然存在。图书馆是文化教育很强的建筑,使用者是专家、教授及其他知识分子,因此,应适应时代发展的要求,使知识分子置身其中嗅感到时代气息,图书馆又是学校的基础建设,应考虑到学校的发展,用不了几年就不够用了或感觉落后了,再来扩建和修建绝非易事,我们认为一个新馆至少应经得起 20 年或更长一些时间的考验。山西矿业学院按规模不能建万米大馆,学校领导从长远发展考虑,将行政楼和实习工厂的面积补贴到图书馆,建成了 10700 平方米的大馆,使学校面貌及教学科研条件大为改观。山西经济管理学院把建新图书馆楼的指导思想定为 20 年不落后,不仅容量、空间 20 年不落后,而且功能、造型设计、格局、室内环境都是 20 年不落后。也许这些学校的基建经费宽裕一些,笔者以为主要的还是这些学校不仅认识到图书馆的重要性,而且有远大目光,肯集中资金来建设一个比较好的图书馆,让它长期发挥较佳的效益。经费问题确实是困扰学校的一大问题,在困难的情况下一定要把钱用好,一定要认识到建一个图书馆是几十年甚至是上百年都发挥作用的问题,学校应该有战略眼光,尽量避免短期行为。

2. 图书馆馆长要亲自抓馆舍建设。图书馆建筑是图书馆存在的首要条件,是图书馆开展各项工作的物质前提,是硬件,馆舍建的好坏,对业务和服务工作是有影响的,同时图书馆工作者是馆舍的永久使用者,不仅关心建一个什么样的图书馆,而且对建筑后果的责任感要比基建部门强,图书馆馆长必须亲自抓馆舍建设,在整个建馆过程中始终应充当主动者的角色,在建馆的各个阶段都应提出自己的意见和合理的要求,尽量使图书馆建设得好一点。

3. 建立图书馆,基建部门、设计单位三位协调体系。准备建馆的院校,图书馆应与基建部门协商,提出设计任务书及有关要求,设计单位根据要求拿出设计方案后,请图书馆或图书馆专家从使用的角度提出意见。图书馆对自身的管理、业务工作、藏书组织、读者服务等情况比较了解,馆舍建筑要适应管理和业务的需要,设计师应采纳合理的意见和建议,设计师对建筑方面的技术问题更为了解,限于经费和条件或技术上还难以完全满足图书馆提出的要求,则可以说明情况并尽可能争取做好,在建馆的过程中,图书馆、基建部门、设计单位之间的合作是十分必要的。

4. 在当前经济条件下,首先应解决面积小、功能差的问题。教育体制改革的深入发展,给师生刻苦攻读带来了活力,来图书馆学习研究、扩充知识、开启智力的师生越来越多,另一方面文献品种、数量、类型的骤增,势必使引进文献的速度加决,带来空间紧张的情况是必然的。这几年的情况确实与前几年不大一样。因此图书馆建筑面积也不能像前几年限制得那么死。当前图书馆解决的主要矛盾是开架借阅、缩短人书距离、读者直接接触图书的问题,因此,馆舍格局主要应适应这种要求,当然,其他要素能优化的尽量优化,反映功能合理、空间灵活的效果。突出解决以上这两个问题,符合我国国情和当前的能力,是合理的。

5. 图书馆建筑设计应与室内外环境设计统一进行,一次施工完成。这一问题在山西省比较突出,没有一家搞得像样,因此,要尽量避免馆舍建好了,施工单位撤出了,环境由学校来处理。红花要有绿叶配。如果周围环境很好,建筑就会衬托得更美,如果周围环境不好,就使本来很好的建筑大煞风景。这一教训,我们一定要吸取。

图书馆建筑,是社会政治、经济、教育、文化发展到一定阶段的产物,无不打上时代的烙印,我们在文章中谈的问题在十年前谈可能是超前,今天来讲则是时代的要求,教育改革与未来发展所需要的。当然,山西省高校馆馆舍建筑的成绩是主要的,本文概括的一些缺点和不足意在吸取教训,今后建馆时注意避免和克服,建得尽量好一些,如果这篇小作在今后建馆中能起到一点作用的话,我们将感到莫大的欣慰。本文从使用者的角度探讨这些问题,如果与建筑师的观点相悖的话,请予理解。

表 1　山西省高校图书馆建筑基本情况统计表

项目 馆名	建成时间	建筑面积	使用面积	藏书容量（万册）	平面图形	建筑结构	层总体高度	书库层高	阅览室层高	电梯载重（T）	楼板荷载（kg/m²）	闭架库	开架库	基建费	设备费
山西农大	1935	3244													
山西大学	1958	7286	5309	60	III	一般	4层18.5	2.2	4.05	0.25	250	0.75	0.95		
太原机械学院	1965	3364	3100	40	工	一般	3层14	2.2	4.5	0.5	400	0.8		70	
山西医学院	1978	4000	3339	26.5	凸	框架	5层15	2.5	3.5	0.5				80	
太原重型机械学院	1980	4600	3450	40	日	框架	3层13.6	2.4	4	0.5	400	0.83	0.90	118	12
山西师范大学	1984	8577	7250		中	框架	4层20	2.5	4.5	4		1.24		265	15
大同医专	1984	2760	2000	20	土	框架	3层15	2.1	4.2			0.70		60	10
山西财经学院	1985	4543	3400	50	III	一般	3层18	2.5	5			1	1	130	40
晋中师专	1985	2800	1960	20	凸	混合	3层15	2.4	4.8		300	0.7		89	16
武警专科学校	1985	2857	2112	25	土	框架	3层12.5	2.25	4	0.25	400	0.75		70	10
晋东南师专	1986	3000	2500		L	框架	3层14		4	1		0.7	0.8	80	17
长治医学院	1986	2188	1800	25	口	框架	2层11.7	2.2	4.6		450	0.75		65	13
山西矿业学院	1987	10700	7900	90	凸	框架	4层20.8	2.4	4.8	0.5	500	0.9	0.9	400	20
吕梁师专	1988	2992	2200	30	匚	框架	3层16.2	2.4	5		350	1.05	1.05	83	17.5
太原电力专科学校	1988	4000	3525	30	凵	框架	4层20	3	5	0.5		1	1.25	150	50
忻州师专	1988	4542	3784	45	土	框架	5层25.05	2.4	4.8		400	0.75	0.8	145.4	55

表2　山西高校图书馆建筑用房调查表

馆名	主书库 m²	辅助书库 m²	目录厅 m²	出纳处 m²	普通阅览室			报刊阅览室			专业文献阅览室			单人研究室		
					个	总 m²	座位	个	总 m²	座位	个	总 m²	座位	个	总 m²	座位
山西大学	1243.2	1322.4	32.2	135.2	11	1803.3	300	1	126.4		1	292.3	32			
山西农大																
太原机械学院	1202		131.5		2	429	300	3	643.5	184						
山西医学院	800	145	62.5	25	4	475	240				1	214.5	24			
太原重型机械学院	880	800	45	75	2	410	330	2	410	140	2	310	230			
山西师范大学	2372	700	400	40				3	750	250	3	800	350			
大同医专	440	90	84		4	505		1	202	60	1	202	40			
山西财经学院	1200	60	75	30	4	680	150	1	60	40	5	680	270			
晋中师专	700		50	50	3	400	200				1	150	60			
武警专科学校	467.2	389.8	59	16	4	480	140	1	160	120	1	160	100			
晋东南师专	337	180	135	18	2	420	434	2	225	110	1	23	16			
长治医学院	600		65		2	464	400				1	232	100			
山西矿业学院	1800	225	200	150	4	1125	500	1	275	150	3	975	300			
吕梁师专	920	32		108	2	468	320	1	234	126	2	216	84			
太原电力专科学校	1500		100	50	6	1400	900				1	150	100			
忻州师专	1224	314	162		4	817	280	1	181	80	1	181	32			

表 3　山西高校图书馆建筑用房调查表

项目 馆名	缩微资料阅览室 个	总 m²	座位	视听室 个	总 m²	座位	展览厅 个	总 m²	报告厅 个	总 m²	座位	业务工作用房 m²	行政办公用房 m²	计算机房 m²	复印室 m²	录音翻拍用房 m²	机械用房 m²	其他（包括门厅、走廊、厕所等）公共用房 m²
山西大学												228.2	96.8	15	15			1977
山西农大																		
太原机械学院												73.3	34		4			368.2
山西医学院				1	45	50						131	26	13	13	86		250
太原重型机械学院												370	65		21			1200
山西师范大学	1	20	6	1	30	30	1	70	1	70	50	200	250		50		20	1330
大同医专												100	65		25			300
山西财经学院	1	30	4	1	60	20	1	270	1	270	120	250	40		30	60		470
晋中师专												150	45		15			400
武警专科学校				1	37.65	15	1	75				60.65	268		23	26.25		744.54
晋东南师专												108	23.4		15			120
长治医学院				1	150		1	94				142	84					417
山西矿业学院												500	100					2100
吕梁师专												78	42		16		16	862
太原电力专科学校							1	50				150	75	50				475
忻州师专							1	81				110	110		18		17	569

山西省高校图书馆基本情况统计（截止 1988 年底）

张洪亮 左文君

一、馆藏文献总量（册）

文献累积总量	馆数	学校馆名代码
100 万册以上	2	$01A; 02A_1$
50 万册以上	2	$05B; 03B_1$
40—49 万册	2	$02C; 02C_1$
30—39 万册	3	$02D; 04D_1; 07D_2$
20—29 万册	4	$08E; 05E_1; 05E_2; 05E_3$
10—19 万册	5	$04F; 05F_1; 05F_2; 04F_3; 08F_4$
10 万册以下	12	$05G; 02G_1; 07G_2; 07G_3; 05G_4; 09G_5; 09G_6; 07G_7; 02G_8; 04G_9; 09G_{10}; 05G_{11}$

二、馆舍建筑面积（m^2）

面积（含在建面积）	馆数	学校馆名代码
$10000m^2$ 以上	4	$02A_1; 03B_1; 02C_1; 07G$
$6000—7999m^2$	3	$01A; 02C; 05B$
$4000—5999m^2$	5	$05G; 05E_3; 08E; 02D; 07D_2$
$2000—3999m^2$	6	$02G_1; 04F; 05F_2; 04F_3; 08F_4; 04D_1$
$2000m^2$ 以下	12	$07G_3; 05G_4; 09G_5; 09G_6; 07G_7; 05E_2; 02G_8; 04G_9; 09G_{10}; 05G_{11}; 05F_1; 05E_1$

三、阅览座位数（个）

数量	馆数	学校馆名代码
1000 个以上	4	$02C_1; 02G_1; 05B; 02A_1$
800—999 个	2	$02C; 03B_1$
600—799 个	2	$07D_2; 02D$
400—599 个	2	$01A; 07G_2;$
200—399 个	5	$05E_3; 08F_4; 04D_1; 04F; 07G_3$
200 个以下	15	$05E_2; 08E; 05G; 04F_3; 05F_2; 05E_1; 05F_1; 05G_{11}; 09G_{10}; 09G_9; 02G_8; 07G_7; 05G_4; 09G_5; 09G_6;$

四、现工作人员数（正式职工）

数量（人）	馆数	学校馆名代码
100 以上		
80—99	2	01A;02A$_1$
60—79	1	05B
40—59	5	02C$_1$;03B$_1$;02C;02D;07D$_2$;
20—39	9	02G$_1$;07G$_2$;04D$_1$;08F$_4$;05E$_3$;05E$_2$;08E;04F$_3$;05E$_1$;
20 以下	13	07G$_3$;04F;05G;05F$_2$;05F$_1$;05G$_4$;05G$_{11}$;09G$_{10}$;04G$_9$;07G$_7$;09G$_5$;09G$_6$;02G$_8$;

五、1988 年图书馆经费占学校总经费的比例（％）

金额（％）	馆数	学校馆名代码
5 以上	5	05F$_1$;07G$_3$;05E$_2$;05B;08E;
4—4.9	6	02G$_8$;05F$_2$;05E$_1$;07D$_2$;01A;05G$_{11}$;
3—3.9	12	09G$_5$;09G$_6$;05G$_4$;07G$_7$;05G;04F;05E$_3$;04D$_1$;02G$_1$;02A$_1$;08F$_4$;04G$_9$;
2—2.9	6	04F$_3$;07G$_2$;02C;02C$_1$;02D;09G$_{10}$;
2 以下	1	03B$_1$

六、1988 年书刊入藏情况

年度	中文图书（册）	外文图书（册）	中文报刊（种）	外文报刊（种）
1988	430898	47158	24849	7727

七、现代化设备情况（以计算机和复印机为例）

设备名称	没有馆数	有的馆数			
		一台	二台	三台	四台
微型计算机	25	3		2	
复印机	14	12	3		1

八、计算机应用人员情况

项目	人数	高级职称	中级职称	初级职称
人员总数	15		2	13
硬件人员	2			2
软件人员	13		2	11

注:①学校馆名代码 = 学校类型 + A、B、C…G

②学校类型:01 综合、02 理工、03 农林、04 医药、05 师范、06 语文、07 财经、08 政法、09 职大

③学校馆名代码按文献累积总量依次排列(以 26 个英文字母为序)

④此统计表包括省高校图工委 30 个成员馆的情况。

01A	山西大学图书馆	04F$_5$	大同医学专科学校图书馆
02A$_1$	太原工业大学图书馆	08F$_4$	中国人民武装警察部队专科学校图书馆
05B	山西师范大学图书馆	05G	吕梁师范专科学校图书馆
03B$_1$	山西农业大学图书馆	02G$_1$	太原电力专科学校图书馆
02C	太原机械学院图书馆	07G$_2$	山西经济管理学院图书馆
02C$_1$	山西矿业学院图书馆	07G$_3$	山西省财政税务专科学校图书馆
02D	太原重型机械学院图书馆	05G$_4$	山西省职业师范专科学校图书馆
04D$_1$	山西医学院图书馆	09G$_5$	山西省煤炭管理干部学院图书馆
07D$_2$	山西财经学院图书馆	09G$_6$	铁道部太原运输管理干部学院图书馆
08E	中共山西省委党校图书馆	07G$_7$	太原经济管理干部学院图书馆
05E$_1$	太原师范专科学校图书馆	02G$_8$	太原工业大学煤化分校图书馆
05E$_2$	雁北师范专科学校图书馆	04G$_9$	山西省中医学院图书馆
05E$_3$	忻州师范专科学校图书馆	09G$_{10}$	太原大学图书馆
04F	长治医学院图书馆	05G$_{11}$	山西大学师范学院图书馆
05F$_1$	运城师范专科学校图书馆	05F$_2$	晋中师范专科学校图书馆

回顾与瞻望
——纪念《晋图学刊》创刊五周年

冯锦生

九月,绚烂的金秋,在这个丰收在望、到处飘香的季节里,《晋图学刊》迎来了她创刊后的第五个周年。五年,在历史的长河中仅仅是短短的一瞬,对一本期刊的刊龄来说也不算长,但她,毕竟已经历了一千七百多个日日夜夜,这便不能不引起人们对往事的回顾。

五年前,《晋图学刊》在我省高教事业获得进一步发展与加强之际,在本省高校图书馆工作委员会成立后的不久,就在当时"图工委"的所在地——太原工业大学图书馆内呱呱坠地了……她的诞生,给我省图书馆界的同志们带来了无限的喜悦!我们不会忘记,为这份"学刊"的孕育、诞生和为最初几年的编辑、出版、发行工作而付出了辛勤劳动的第一届的编委会与编辑部的同志们;我们不会忘记,为图书馆事业奋斗三、四十年、现已光荣退休的柴作梓教授与刘宛佳副研究馆员,他们是本刊第一任主编与常务副主编;我们也不会忘记,当时的太原工大图书馆馆长、山西省高校图工委的第一任秘书长关荣昌教授,是他热情而积极的支持甚至参加了我们的办刊活动。对上述同志们所做过的开创性的工作,我们在此表示最真诚的敬意!我们更不会忘记,这份"学刊"一诞生,就得到了省内外各级领导的重视、关怀与爱护,如当时的文化部图书馆事业管理局鲍振西副局长、全国高校图工委肖自力副秘书长、山西省教育厅赵美英副厅长和山西省文化厅荀子仪副厅长等,都纷纷给我刊寄来了贺信与题词。

五年来,我们不仅得到了省教委的关怀与资助,还得到了我省各高校、各高校图书馆领

导同志们的亲切关怀与大力支持,帮助我们克服了经费及其它方面的困难,有些馆的领导还直接参与了编委会工作,为刊物的顺利出版和健康发展提供了重要的保证。

鉴于当前我国经济上的某些困难,以及其他因素,全国绝大多数期刊的订户数都在锐减,有些刊物甚至被压缩掉了,而我们《晋图学刊》,由于近几年来在质量上有所提高,订户数不仅未减,而且连年来均有明显的增加。到目前为止,本刊的订户已遍及除西藏、台湾外的二十九个省、市、自治区。今年三月,我们还收到了港、台出版界邀请本刊参加他们所举办的期刊展览的信件,以沟通港、台与内地的文化学术交流。九月初,我刊参加了在京由国家新闻出版署所主办的全国期刊展览。

要办好一份刊物,除了要有各级领导和广大读者的支持,与编委、编辑同志的默默奉献外,更重要的是要有众多的著者,要有一批质量较高的文稿。如果说读者是刊物的上帝,那么文稿就是刊物的生命,而著者则是文稿的源泉,刊物最重要的支柱!五年来,我们一共收到了来自全国二十九个省、市、自治区约1300多篇650多万字的稿件,每年的来稿量与外省来稿所占之比例都在逐年上升。本刊先后一共编发了近500篇约220万字的文稿。通过"学刊"已涌现出近400位著者,其中我省约占二分之一强(均不包括未发文的著者),并形成了我省高校系统的一支比较稳定,而且在全国各图书馆学刊物上有一定影响的核心著者队伍。为巩固这支队伍并提高其素质,本刊于今年五月邀请他们,举行了一次为期三天的山西省高校系统"图书馆学研究方法"研讨会。会议是开得比较成功的!这样的会议,今后本刊将每年举行一次,当然会议的主题将会有新变化。

为了办好《晋图学刊》,从今年起,我们向全国图书情报学界的部分名人、学者、专家寄赠"学刊",以求他们给本刊作经常的指点与惠寄文稿。

在迎接本刊创刊五周年的日子里,我们不断地收到了来自全国包括本省名人、学者、专家们的大作、题词与贺信,在本期做了较集中的刊登。有些贺信,我们遵嘱未予发表。所以这些信函确使我们深为感动!他们不仅热情洋溢地过奖了本刊五年来的成绩,而且还语重心长地就如何办好刊物提出了各自的真知灼见和有益的建议。在此,我谨代表《晋图学刊》的全体编委与编辑部的同志们,向给本刊赐稿、题词、写信的同志们,致以崇高的敬意和深切的谢意!

回顾五年的办刊历程,我们基本上做到了在创刊号上所提出的,要"认真贯彻党的十一届三中全会以来的路线、方针、政策,贯彻党和国家有关高校图书馆的指示精神,坚持'为社会主义服务,为广大群众服务'的方向,贯彻'双百'方针,并以'交流经验,研究问题,普及知识,促进变革,立足本省,面向全国'作为办刊宗旨",在编发文稿的内容方面,我们尽可能地做到以下八个结合:理论与实践相结合、图书馆学与情报学相结合、提高与普及相结合、国内与国外相结合、高校图书馆与其他类型图书馆相结合、现实与历史相结合、定性分析与定量分析相结合、学术性、知识性与趣味性相结合。

五年来,本刊相继推出了以下各种栏目:"学术论坛""理论探讨""工作研究""经验交流""研究方法论""图书馆科学管理""队伍建设""文献检索""文献检索课""图书馆学教育""新技术""计算机与图书馆管理""情报学与情报工作""文献研究""目录学""书评与札记""人物""图书馆简介"与"小知识"等。随着图书馆应用学科再度引起人们的重视,本刊将"工作研究"与"经验交流"具体分解成"藏书建设","分类编目""读者工作""期刊工作"与"图书馆建筑"等栏目。为了及时反映与借鉴国外图书馆与图书馆学的概况、经验与研究成果,我们开辟了"国外图书馆"与"国外图书馆学"的栏目。为了使本刊具有一定的地方特色,我们还开辟了"山西地方文献"与"山西古代藏书家"的栏目。鉴于我省图书馆界能发表论著的专业刊物只此一家,于是本刊又推出了"公共图书馆""少儿图书馆""中专图书馆"与"中学图书馆"等栏目。总之,上述栏目的相继开辟,一方面为了体现本刊的宗旨与上面提到的八个结合的原则,另一方面也为,能广收众多著者的各类文章,体现出各种内容兼容、各种成果荟萃的"杂"的特点,以适应各类型、各层次读者的需要。

以上仅仅是我对这份"学刊"五年来的简略回顾。我们清醒地意识到,本刊尚有许多不足之处,亟须改进提高。如栏目设置很不稳定,有些栏目可以归并,新栏目尚需增设。整个刊物还缺乏自己的特色与内容强项。由于我们编辑部只有一位年轻的专职编辑,还兼顾来稿登记、初校、出版与发行工作,尽管他工作十分辛苦,但还无法做到件件来稿必有答复,更难深入到读者与著者群中去进行主动组稿。由于我们主要靠自由来稿,因此,每期的内容难以有计划地突出中心。在版式上,严肃有余、美化不足,不够新颖。由于纸张印刷费的上涨,稿酬的增加,经费的不足,近两年来,尽管来稿量激增,而每期出版的篇幅却被迫做了明显的减少,即使我们采用了些小五号字排版,减页少减字的办法,但从前几年每期100多页,减到目前的64页(本期"特刊"例外),发文量毕竟是减少了!虽在刊物的内容质量上有所提高,但有不少较好的文稿却因此而上不了版面。我们对这些热心而失望的著者一直是深感歉意的。

《晋图学刊》在今后的日子里,如何能办得更好些?这是我们编委会与编辑部的同志们一直在思考的问题。我想要办好一份刊物,是否应从以下几个方面努力:

首先,要将办刊当作党的一项重要事业来办。图书馆学刊物与其他各类刊物一样,同样是党的一块重要阵地。如何体现刊物的党性原则?如何将党性与学术性有机地结合起来?这就要求我们坚持四项基本原则,坚定不移地贯彻"两为""双百"方针,敢于用马克思主义的立场、观点与方法,去及时反映图书馆学与情报学中的各种研究课题与图书情报事业中所出现的各种事物。要根据我们的国情、省情、敢于面对严峻的现实,去提出问题、引导思索,帮助问题的解决,力争能对我国的图书情报事业的发展起到理论上与舆论上的指导与先导作用。

其次,要在发文的质量上把好关,要在"杂""快""深""全"四个字上狠下工夫。关于"杂",我在前面已经提到过,至于"快",即尽快地提供新信息。正如白国应先生在给本刊的建议中所提出的,要"迅速而敏锐地刊登一些新情况、新观点、新学科、新技术、新方法、新消息,使广大读者及时了解国内外图书情报事业的前进步伐"。所谓"深",每期总要有几篇观点深刻、论证透彻,读后令人深思的有价值的文章。所谓"全",在文稿的编排上,应尽量考虑到图书馆学的各个分支学科与相关学科、各类型图书情报单位与各层次的读者面。这样既能适应各方面的需要,各期累积起来后,又能形成本学科的一个完整体系。当然,在"杂""全"的同时,也应注意有本刊的学科或专题强项与刊物的特色。

第三,要加强与读者和著者的联系。"编辑是著者与读者的桥梁"。这种桥梁作用不仅体现在每期刊物上,还应该通过各种渠道、各种形式,尽可能去了解我们的读者需要什么?我们的著者又在思考什么?并进而能在读者与著者之间进行出版前的信息的非正式交流。这样著者的来稿,我们的组稿就更能针对读者的需要。加强与读者、著者联系的另一个重要方面,是要不断地获得有关本刊从内容到形式的反馈信息,以便更好地改进我们的刊物,使本刊进一步成为读者的良师益友,成为著者们愿意辛勤耕耘的园地。

第四,加强编委会与编辑部的队伍建设。"有什么样的编辑队伍就会编出什么样的刊物",这是办刊的一条永恒规律。从事我们图书馆学期刊的编辑人员,不仅要有渊博的知识,既是杂家,又是图书馆学方面的专家,而且还要有审美观念,文字功夫,懂得编辑出版、发行业务,具有良好的职业道德与编辑工作作风,同时更需要有较高的思想境界与政策水平。加强编辑队伍的建设是办好刊物的一项重要的战略任务。在这方面,今后我们要在改善期刊领导班子的思想素质和业务素质的同时,更要注意从事具体编辑工作人员的力量配备与思想、业务上的提高。只有这样,本刊的质量才能随之有所提高,并健康地发展下去。

第五,加强与同专业刊物的交流,向兄弟刊物学习!据有关文献报导,1949—1989 年,我国共出版图书馆学刊物 130 多种,其中,1989 年仍在继续出版的有 100 种。这些刊物,无论是正式出版物,还是内部出版物,都反映了图书馆理论与实践的成果,是我国图书馆学宝库的一个极为重要的组成部分。她们各有自己的长处,值得本刊很好学习。我刊愿与所有同专业的刊物建立交换关系,并积极参加全国性或地区性的图书情报学期刊的编辑会议,努力学习各兄弟刊物的编辑艺术与办刊经验,为将《晋图学刊》办成一份内容新颖,信息量大,拥有众多读者与著者群,并为大家所欢迎的学术性刊物而努力奋斗!

注:本文作者为《晋图学刊》主编。

继往开来　任重道远
——热烈祝贺《晋图学刊》创刊五周年
刘宛佳

九十年代的第一个金秋迎来了《晋图学刊》的五周岁生日。在历史的长河中,短短的五年算不了什么,然而对于在教育改革的新形势下应运而生的《晋图学刊》来说却经历了从无到有,从小到大的成长过程,发展成为今天我省图书馆界有影响的专业刊物。

作为《晋图学刊》第一任常务副主编,回顾当初创业的艰辛,看到今天的成就,我感到无比的欣慰。《晋图学刊》自一九八五年底创刊始,就在省高校图工委的直接领导和广大作者、读者、编者的协同努力下,推出了一组组各具特色的栏目。对图书馆学及其相关学科的成果、经验、知识做了力所能及的反映,既形成了刊物的特色,又推进了综合研究的发展。尤其近两年来,《晋图学刊》在高校"文献检索与利用"课的教学与研究、图书馆管理、读者工作、中专图书馆等栏目中都发挥了很好的作用,对各高校图书馆的工作给予了极大的支持,为大力加强高校图书馆的教育职能和情报职能作出了应有的贡献。

回顾过去是为了更好地开创明天,作为山西省高校图工委的会刊,我希望,《晋图学刊》能够更全面地反映我省图书馆界的发展趋势,更好地将理论研究与实用技术有机地结合起来,更有效地推进馆际协作,资源共享,信息共用,提高各馆馆藏文献资料的利用率,更好地发挥会刊的功能。

诸位同仁,展望未来,任重道远,我衷心祝愿,《晋图学刊》越办越好,更加兴旺!

注:本文作者为《晋图学刊》第一任常务副主编。

山西省高校图书馆文献资源建设评介

王永安　安银海

　　文献资料是高校图书馆开展业务工作的物质基础和服务工作的主要依托,其数量的多少,质量的高低,均在一定程度上制约着业务和服务工作水平的提高,图书馆规模的扩展,以及教育职能和情报职能的发挥。所以,加强文献资源建设是保障高校教学科研开展,深化教育体制改革,增强办学效益的一个重要方面。为了摸清山西省高校图书馆文献资料的收藏状况,找出存在的主要问题和症结所在,采取相应的改进和完善文献资源建设的对策,以便达到宏观调控和微观指导的目的,笔者曾对山西省高校图书馆文献资源建设1987—1991年的情况做了调查统计,本文依据统计资料试图对山西省高校图书馆的文献资源建设作一简评,并对如何改善其落后状况提出一些不成熟的看法,愿与同行共同研究。

一、山西省高校图书馆文献资源建设状况及分析

　　收集到1987年至1991年的文献资源建设调查统计表共23份,其中有两所为新建院校,故缺1987年的统计数据,在分析研究过程中,选取的统计项目是文献购置费、年进书量、年订刊量及年外借书刊量四项。

　　1. 文献购置费状况

　　1987—1991年期间,23所高校图书馆文献购置费按《普通高等学校图书馆规程》(以下简称《规程》)规定的标准,即占学校教育事业费5%的要求,从表一可知:

　　12所本科院校1987—1991年59个年度的文献购置费计算,仅有山西师范大学两个年度达到了5%的规定,占59个年度的3.4%;有4所院校的8个年度达到4%以上,占13.5%;有6所院校的18个年度达到3%以上,占30.5%;有7所院校的21个年度只达2%以上,占35.6%;有4所院校的10个年度在2%以下,占16.9%,其中太原重机学院、山西矿业学院五年连续只达2%多一点,而山西农业大学则最低五年均在1.82%以下。在11所专科学校中,文献购置费的达标率要略比本科院校好一些,有太原大学、运城高专、山西财专、吕梁高专等五所学校的11个年度在5%以上,占11所专科学校1987—1991年54个年度的20.3%;有6所学校的11个年度达到4%以上,占20.3%;有7所学校的13个年度达3%以上,占24.1%;有6所学校的13个年度只达2%以上,占24.1%;有4所学校的6个年度在2%以下,占11.1%,其中最低的山西职业师专、雁北师专等有的年度仅有1.12%和0.7%。

　　就山西省23所高校图书馆文献购置费的总情况看,自1987年以来虽然总数逐年略有增减,但反映在平均占教育事业费的比例却从1988年以后,明显呈下降的趋势,尤其到1991年仅占到2.86%,这与《规程》的要求差距太大了。

表1　文献购置费统计表　　　　　　　　　单位:万元

时间 项目 校名	1987年		1988年		1989年		1990年		1991年	
	数量	%	数量	%	数量	%	数量	%	数量	%
山西大学	50	3	50	3	50	3.1	58.8	3.1	50	3
太原工业大学	50	3	70	3	69	3	54	3.1	53	3.2

续表

时间 项目 校名	1987 年		1988 年		1989 年		1990 年		1991 年	
	数量	%	数量	%	数量	%	数量	%	数量	%
山西农业大学	13.9	1.6	13	1.8	15	1.78	16.7	1.82	16	1.7
长治医学院	7	3	9.5	3.9	8.4	2.1	7.5	2.68	8	2.67
山西师范大学	28	5	30.5	5	30.5	4.8	30.5	3.67	30.5	3.05
山西医学院	18	3.6	14.5	1.6	13.4	2.35	21.39	2	19	1.8
太原重机学院	12	2.3	13	2.5	13	2.4	14.2	2.37	14.1	2.15
山西矿业学院	13.2	2.9	12	2.2	13	2.2	12.7	2	17	2.14
太原机械学院	10	2.2	12	2.3	13.7	1.9	13.5	1.8	16.5	2.2
山西财经学院	13	3.3	22	4.5	20	4.5	23.56	3.6	17.7	3.2
山西经济管理学院	6.7	1.4	11	2.7	14	4.6	14	4	20	4
太原师专	13	4	10	4	8.5	3.4	9	3	9	3
运城高专	10.3	4	11	5	9.7	4	12	2.86	11.8	2.05
忻州师专	7.2	3.6	9	3.9	9	3.9	12.6	4.7	10.8	4.2
太原大学	3.28	4.4	1.8	2.5	3.8	4.31	8	9.8	5	4
山西财专			6	5	6	5	12	5	12	5.2
大同医专	4	2.25	4	2.1	4	2.1	5	2	6	2.5
吕梁高专	7	5	7.3	3	9	5	10.7	5	11	5
太原电专	5	3.2	5	3.4	7.5	4	4	2.5	5.7	1.6
晋中师专	3.86	3	8.5	4	8	3.8	7.6	2.6	7.5	2.82
雁北师专	5	2.5	13	6.4	6	3	3	0.7	8.37	2.84
山西职业师专	2	2.5	4	3.7	4	2.9	3.44	1.4	3.1	1.12
山大师范学院			4	4.5	2.5	2.7	6.16	4.4	5.71	2.33
总计	282.44		341.10		338		360.35		357.78	
平均		3.13		3.47		3.34		3.22		2.86

说明:表中山西财专、山大师范学院为新建院校,故无1987年统计资料。

2. 年进书刊状况

经费和书刊价格是制约高校图书馆文献资源建设的根本原因,自1987年以来,由于文献购置费的年增长幅度远远赶不上书刊资料的价格上涨幅度,致使高校图书馆的年进书量出现了逐年下降的严重萎缩局面。

表2　年进书量统计表

时间 校名 \ 项目	1987年		1988年		1989年		1990年		1991年	
	中文	外文	中文	外文	中文	外文	中文	外文	中文	外文
山西大学	3	0.6	2.4	0.6	2.56	0.39	2.01	0.24	1.99	0.1
太原工业大学	2.19	0.98	2.2	0.4	1.7	0.3	1.34	0.37	1.11	0.15
山西农业大学	1.11	0.11	1.4	0.09	0.9	0.067	0.6	0.039	0.61	0.014
长治医学院	1.8	0.2	0.85	0.2	0.5	0.06	0.5	0.04	0.35	0.02
山西师范大学	3.5	1	1.3	0.6	1.6	0.13	1.69	0.18	1.42	0.2
山西医学院	0.48	0.12	0.43	0.086	0.4	0.064	0.36	0.06	0.23	0.03
太原重机学院	0.9	0.1	0.9	0.1	0.78	0.19	0.62	0.03	0.57	0.029
山西矿业学院	0.9	0.2	0.79	0.017	1	0.028	0.78	0.069	0.78	0.07
太原机械学院	0.68	0.29	0.08	0.16	1.5	0.18	0.39	0.05	0.63	0.075
山西财经学院	2	0.25	2.4	0.1	2.5	0.12	0.78	0.026	1.08	0.019
山西经济管理学院	0.4	0.03	0.94	0.09	0.74	0.06	2.29	0.07	0.97	0.016
太原师专	1.5	0.15	1.5	0.1	1.5	0.1	0.93	0.04	0.35	0
运城高专	1.6	0.2	3	0.12	1.6	0	0.83	0.0008	1.33	0
忻州师专	2.1	0.5	2.1	0.1	2	0.1	1.66	0.11	0.72	0.034
太原大学	0.3	0.003	0.28	0.02	0.37	0	0.9	0	0.45	0
山西财专			3	0.5	1.7	0.1	0.5	0	1.82	0.11
大同医专	0.7	0.11	1.7	0.52	0.71	0.16	0.34	0.27	0.15	0.002
吕梁高专	1.03	0	1.7	0.2	2.34	0	1.18	0	1.04	0
太原电专	0.42	0	0.7	0.02	0.6	0	0.5	0	0.4	0
晋中师专	0.6	0.029	2	0.2	0.99	0.048	0.57	0.03	0.61	0.01
雁北师专	1.08	0	4.2	0.23	1.3	0.14	0.05	0	0.04	0
山西职业师专	0.45	0.01	1.2	0.002	0.91	0.005	0.6	0.01	0.36	0
山大师范学院			1	0	0.86	0.018	0.92	0.05	1.04	0.038
总计	26.74	4.87	36.79	4.45	29.055	2.26	20.34	1.68	17.69	0.917
	31.61		41.24		31.315		22.02		18.607	

说明:表中山西财专、山大师范学院为新建院校,故缺1987年统计资料。

　　从表二统计的23所院校图书馆来看,1988年比1987年多购进9.63万册,增长30.4%,1989年购进量与1987年相比基本持平外;1990年比1987年购进量减少了9.59万册,下降了30.3%;1991年购进量减为18.607万册比1987年少购13.003万册,下降了41%。其中外文图书的下降幅度则更大,1988年比1987年减购0.42万册,下降了38.6%;1989年比1987年减购2.61万册,下降了53.5%;1990年比1987年减购3.19万册,下降了65.5%;1991年比1987年减购3.953万册,下降了81.1%。

表3　年度订刊量统计表　　　　　　　　　　　　　　　　　　　　单位:种

时间\项目\校名	1987 年		1988 年		1989 年		1990 年		1991 年	
	中文	外文	中文	外文	中文	外文	中文	外文	中文	外文
山西大学	1976	1381	1938	1388	1996	1089	2550	1217	1582	669
太原工业大学	1500	1800	1396	1773	2200	1800	1971	1789	2400	1747
山西农业大学	915	313	994	325	975	304	1001	305	987	307
长治医学院	760	318	604	318	705	164	699	162	911	180
山西师范大学	1480	380	1290	310	1274	210	1356	226	1421	220
山西医学院	723	812	710	700	483	727	376	516	507	488
太原重机学院	838	472	708	465	745	432	763	421	791	411
山西矿业学院	921	539	1229	469	899	447	961	319	1510	318
太原机械学院	1111	502	1300	485	1130	485	1070	376	1739	382
山西财经学院	1208	163	1608	231	920	139	917	124	1143	107
山西经济管理学院	815	103	798	102	796	80	1980	0	1037	84
太原师专	968	169	926	155	926	155	700	0	927	9
运城高专	700	40	676	30	850	12	1205	0	891	0
忻州师专	400	14	820	50	339	50	770	0	542	18
太原大学	600	0	496	1	470	0	303	1	534	0
山西财专			500	0	500	0	400	0	400	0
大同医专	760	101	489	132	570	100	572	100	600	110
吕梁高专	305	0	880	100	630	0	580	0	647	0
太原电专	815	92	880	120	800	100	700	100	700	100
晋中师专	1010	53	500	300	620	59	645	56	810	50
雁北师专	403	2	795	14	453	8	362	0	462	0
山西职业师专	330	4	650	2	730	7	747	6	655	0
山大师范学院			300	0	320	80	376	62	435	61
总计	18358	7258	20487	7470	19331	6448	20974	5780	21631	5261
平均	874	345	890	324	840	280	911	251	940	228
	1219		1214		1120		1162		1168	

说明:表中山西财专、山大师范学院为新建院校,故缺 1987 年统计资料。

　　从表三统计的 1987—1991 年期间的订刊量来看,23 所高校图书馆中文期刊订购量呈递增趋势,1985 年增 2129 种,1989 年比 1987 年增 973 种,1990 年比 1987 年增 2616 种,1991年比 1987 年增 3273 种。而外文期刊订购量除 1988 年略有增加外,1989—1991 年却逐年下降,尤其 1991 年比 1987 年减订了 1997 种下降了 27.5% 。从以上数字分析不难看出,23 所高校图书馆因受经费紧缺的困扰,只好采取压书保刊、压外文刊保中文刊的方针和对策,以应教学科研的急需。

3. 读者外借文献情况

随着23所高校图书馆年进书量的不断下降,使借书难的状况更加严重,拒借率持续上升,读者借不到所需图书的情况屡屡发生,引起了广大读者的不满和借量的锐减。从表四可见,1987年23所高校除2所新建院校外,其文献外借量为144.62万册;1988年为116.40万册,比1987年净减23.22万册,下降了16%;1989年为83.36万册,比1987年净减61.26万册,下降了42.3%;1990年为115.64万册,比1987年净减28.98万册,下降了20%。1991年为96.81万册,比1987年净减47.81万册,下降了33%,1991年与1987年的年均外借册次相比,四年间年均减少2.21万册,平均下降率为32.1%。

表4　文献外借量统计表　　　　　　　　　　　　单位:万册

时间 项目 校名	1987 年	1988 年	1989 年	1990 年	1991 年
山西大学	14.5	14.2	10.7	14.8	14
太原工业大学	6	7	4	5	5.83
山西农业大学	7.3	10.6	7.9	9.15	9.7
长治医学院	0.6	2.5	1	1.15	1.5
山西师范大学	6.3	4.5	6.6	9.59	14.4
山西医学院	1.5	3.5	3.5	10	1.90
太原重机学院	10	7.8	2.4	5.29	4.56
山西矿业学院	3.68	3.9	4.6	4.92	4.74
太原机械学院	5.36	3.8	3.8	2.9	3.51
山西财经学院	15	7	5.9	5.23	5.74
山西经济管理学院	3.9	5.1	2.8	1.73	2.22
太原师专	3.2	3	2	2.76	0.88
运城高专	7	1.5	7.2	4.5	
忻州师专	40	7.3	7.3	7.3	6.6
太原大学	1.6	0.8	1.6	1.9	0.8
山西财专		3	0.8	1.2	0.95
大同医专	2.41	2.7	2.5	1.25	1.20
吕梁高专	0.27			5.8	5.9
太原电专	11.98	1		6.25	5
晋中师专	2	4.7	7.2	10.6	2.4
雁北师专	1.42	21.5	1.3	2.25	2.45
山西职业师专	0.6	0.7	0.7	1.44	1.83
山大师范学院		0.3	0.56	0.63	0.70
总计	144.62	116.40	83.36	115.64	96.81
平均	6.88	5.29	3.96	5.02	4.40

说明:平均值计算时按有统计资料院校数计算,山西财专、山大师范学院为新建院校,故缺1987年统计资料。

产生外借量下降，或与《规程》规定要求有较大差距的因素，倒不一定完全归咎于进书量的逐年下降，但进书量的大幅度下降，势必使读者借到书的机会减少，这样来馆借阅文献资料的人数自然随之而减少，结果造成了外借量的急剧下降，使馆藏文献利用率大大降低，办馆效益受到影响，这就突出地反映出我省高校图书馆的服务水平也是不高的。

综观对山西省23所高校图书馆的文献资源建设状况的分析，使我们看到确实存在比较严重的问题，这不仅大大削弱了对高校教学科研的支持程度，而且严重地影响着自身教育职能和情报职能的发挥，与兄弟省市高校图书馆文献资源建设，以及开发和利用相比，我们必须清醒地看到，仍处于落后的状态之中。

二、改善山西省高校图书馆文献资源建设的一些设想

1. 从微观看省高校图书馆应重点抓好

（1）馆藏规模的发展应有适度的控制

山西省高校图书馆90%以上未达到原教育部教计字〔79〕472号文中规定的文献资源建设规模，而且学生人均拥有文献量与国家规定标准还有较大的距离。因此，多数馆在今后若干年内，首先应抓好文献资源建设规模的继续发展，以提高对高校教学科研的保障能力。但是，对于已有一定藏书规模或已达到规定学生人均书刊拥有量的学校，如山西大学、太原工业大学馆藏已逾130万册，学生人均拥有文献量已超200册、140册规定标准，就应依照零增长理论考虑控制馆藏规模的稳定发展问题了。当然，控制规模不等于不订购新的文献资料，而是在购进新书的同时，应剔除同等量的旧书，否则无限制地发展下去，不仅藏书空间无法解决，而且会引起馆藏质量的下降和工作人员劳动强度的加大。

我省各高校馆的文献资源规模从长远、实用的原则出发，应采取适度发展的方针。而适度发展，必须有稳定的经费作后盾。从调查汇总表一所列情况看，各馆的文献购置费从1987年以来，总的趋势是逐年有所增减，但文献价格几经上涨，略有增补的一点经费，弥补不上由于书价上涨而造成的缺口，致使进书、订刊量不断下降，大大放慢了发展的速度，许多学校因

此把"七五"期间的馆藏建设规模拿到"八五"期间来完成。去年，省教委组织进行了高校图书馆评估，许多馆抓住评估机遇，在争取改善办馆条件上取得了显著的成绩，不同程度地增加了文献购置费，增订了书刊资料，这是很好的势头。目前，我们应继续抓住各院校贯彻评估总结意见和深化高校教育体制改革的有利时机，在经费上再多做点工作。我们的态度是努力争取，多多益善，使我们的馆藏发展速度加快一点，以便为全省高校图书馆文献资源的整体建设，提供更加雄厚的物质基础，以适应高等教育事业发展的需要。

（2）提高馆藏文献质量

文献资源建设有一条重要原则即节约的原则。在当前经费紧张的情况下，这一原则显得尤为重要。用有限的经费购置高质量的文献资料，这是各馆久所企盼的目标。所谓高质量的标准，一是教学、科研、人才培养需要；二是具有科学价值。二者既是统一的，又是矛盾的，但一般来说是统一的。我们订购文献资料一定要把需要和科学价值很好地结合起来，但对科学价值较高，特别是具有发展方向性的科学前沿的论著，即使是当前或本校专业不一定急需，也应该予以适当考虑。由此看来提高馆藏质量非常关键的一个环节是选订工作，搞好选订提高采访人员素质是至关重要的，但是要求采访人员全懂本校各专业知识及掌握多种语言显然是不可能的，因此，要调动和借助教学科研人员的智力来搞好书刊资料的选订工作，是有效的途径之一，其方法一种是非组织式的，即把每期预订书目分发到各系教研室，广

泛征求教学科研人员的意见,请他们审阅、圈选;另一种方法是有组织式的,即在教学科研人员中成立专门的选书组织,比如:选书委员会、藏书建设领导小组、图书馆委员会、专业文献采访员等,协助采访人员严把采访质量关。总之,在文献资源建设上为提高馆藏质量一定要多做调查研究,要广泛征求教学科研人员的意见择优而从之。

提高馆藏文献质量还有一个重要方面不能忽视,就是文献的吐故问题,即剔旧问题。剔旧不仅仅是解决藏书空间紧张的权宜之计,更主要的是通过剔除年代久远,复本量大,内容陈旧、利用率低或无人问津的文献资料来消除冗余信息,使馆藏文献中有用信息的比例加大,以提高馆藏文献质量。关于剔旧的指导思想、原则、方法、步骤和剔除图书的处理程序,各馆可根据各自的具体情况制定和实施,笔者认为在全省范围内搞一个统一的适合各类院校图书馆需要的剔旧规程也是十分必要的。

有关提高馆藏质量的问题还有很多,如建立科学适用的采访制度,加强采访环节的管理等等,因篇幅所限,本文不再赘述。

(3)优化馆藏文献布局

馆藏布局就是把馆藏文献按其类型、学科内容、读者对象、使用方式、馆舍条件等分门别类地存放,组织成一个有机的完整体系。目前,我省已建成一大批高校图书馆馆舍,有条件根据需要来合理组织藏书了。关于藏书组织的理论及管理模式,国内外图书馆界已进行过大量的研究,有不少成果可供我们借鉴,笔者认为,只要根据我省各高校馆的具体情况,从实际出发进行布局,方便读者查阅和利用,工作人员感到管理科学就行,方法并不一定要强求一致。由于优化馆藏文献布局,一可以提高读者到馆率,使馆内各区域读者均匀散布,合理分流,各得其所,二可以为读者提供一个舒适优雅,秩序井然的学习、研究环境,三可以提高馆藏文献的利用率和设施的利用率,最终达到提高办馆效益的目的。因此,我们应该重视藏书布局的研究和探讨,并认真实践,进一步改进我省高校馆的文献资源建设工作。

(4)加强特种文献的收集与保管工作

八十年代以来,高校的科研工作取得了不少重要成果,充分显示出她作为科研中心的地位和作用。随着当代科学技术的发展和高校教育体制和改革的深化,向科研工作提出了更高的要求,使科研人员对国内外文献信息的需求更为迫切。文献信息的类型繁多,除书刊资料外,还有科技报告、会议文献、学位论文、专利文献、检索文献、情报资料等,经过对省高校馆的评估和调查,笔者了解到,山西省高校馆这方面的文献建设非常薄弱,品种和数量也都很少,根本谈不上完备和齐全,而且大部分馆是空白,很不适应科研的需要,致使许多科研人员耗费大量的时间和精力外出查找资料。因此,我省应加强这些文献的订购和收藏,各馆应从实际出发,请专家教授做参谋,选订、收集好这方面的文献,其中还应考虑到有关机检文献和声像文献的收集与保管,以保障科研和高科技产业发展之需,更好地为国民经济建设服务。

2.从宏观看省高校图书馆文献资源建设应走群体建设之路,具体讲有以下几个方面

(1)制订"八五"省高校图书馆文献资源建设规划、增加投入、改善条件、发挥效益、提高质量、全面落实《规程》,为到本世纪末,把高校图书馆建成馆藏丰富、结构合理、管理科学、多功能、多层次、高效率的文献信息系统打下坚实的基础。

(2)山西省教委应发挥政策导向的作用,建议从分配各院校的教育事业费中,划拨出5%专款下达给各馆;各院校领导除保证图书馆的文献钩置费达5%外,还应从科研和计划外

收入中划拨一定比例(1%—3%)用于文献资料的购置。

(3)规划建设若干个省高校文献信息中心,发挥图书情报事业的整体效益。我省高校图书馆的图书资料建设,历来由各校分散进行,各校也仅从自己局部的需要出发进行文献收集工作,存在着"小而全""大而全"的重复状况,形不成布局合理的文献保障体制。今后应在文献资源全面普查的基础上,从我省的实际需要出发,结合我省高校学科专业的分布和馆藏特色,建立社会科学文献信息中心、工学文献信息中心、农学文献信息中心、医学文献信息中心、能源化工文献信息中心。"中心"的任务是按学科分工,在各自负责的范围内,将国内外有价值的文献资料尽量搜集齐全,面向全省高校提供高水平的文献信息服务。"中心"应从各方面筹集资金,省教委和学校主管部门对"中心"的经费、设备、人员编制等工作条件应给予特殊支持。

(4)发挥省高校图工委的作用,搞好协作协调,走地区群体建设之路。一个地区、一个省的文献资源建设,将对该地区的政治、经济、文化、教育产生深刻的潜在影响。文献资源建设是知识储备建设,是信息库建设,对高校和科研单位的教学科研来讲则是直接作用而不是潜在影响,我们从事这一工作的同仁都要确实提高认识,改变把协作协调、资源共享只停留在口头上谈而论道,无实际行动的状况,走群体建设的道路,才能改变我省文献资源贫乏,质量不高和残缺不全的落后状态。

走群体建设之路,一方面需要发挥省高校图工委的组织领导,规划布局、协作协调的宏观管理职能和作用,另一方面也需要各馆的热情、自愿、积极、主动支持的合作态度,虽说只有走群体建设之路,文献的使用才能得到充分的保证,但历来形成的各自为政、贪大求全的思想根深蒂固,实施起来困难很大,我们不妨先搞试点,逐步推开。笔者认为:目前,我省高校的文献资源,门类还比较齐全,文、理、工、农、医、财经等都有。有些高校馆藏文献量及其设施在所在地区独占鳌头,应当是当地的文献信息中心,比如吕梁高专、运城高专、山西师大、晋东南师专、晋中师专、忻州师专、雁北师专等学校应担当起吕梁、运城、临汾、晋东南、忻州、晋中、雁北等地区的文理类文献中心,为所在地区的两个文明建设服务,长治医学院、大同医专自然是长治、大同地区的医学文献中心;太原地区的高校多,文献比较集中且量大,但太原是全省的政治、经济、文化、教育中心,对文献的需求量更大,因此,高校的文献资源更应该向社会开放,为山西的经济建设服务。太原工业大学、太原重机学院、山西矿院同属于工科院校,地域亦很接近,可以形成一个工科文献中心,山西大学、省委党校则是文理科文献中心,山西财院、山西医学院是财经、医学文献中心,而山西农大是农学文献中心。以上文献中心,是根据其所具有的优势与地理条件自然形成的,可以互相联结,形成一个网络。

当然,我省高校的文献资源群体建设的协作协调工作,不能一哄而上,应该先进行酝酿讨论,做好各方面工作,疏通各种关系,制订实施计划和方案,同时,还必须定出资源共享保证的有关文件,使这项具有深远意义的工作得以稳步、持久地开展下去,使各馆在文献资源群体建设中真正得到实惠。

文献资源建设是高校图书馆的一项带有战略意义的工作,要搞好此项工作,建立起一套采选精良、结构合理、各具特色、管理科学、适应需要的文献资源建设体系,是需要多方面的条件来做保证的。如何才能搞好文献资源建设,由于它涉及的理论和实践问题很多,所以它历来是图书馆学情报学界人士关注和研究的一大课题。我们撰写这篇拙作,旨在为探索文献资源建设工作规律尽微薄之力,该文定有不少疏漏和不妥之处,请同行专家批评斧正。

参考文献：

1. 王永安,安银海.发挥高校文献资源优势,为兴晋富民做贡献.山西高教研究,1989(3).
2. 山西省高等学校图书情报事业"八五"规划要点,1991(7).

纪念《晋图学刊》创刊十周年
冯锦生

斗转星移,日月如梭,3650个日日夜夜过去了!《晋图学刊》在经过艰难创业,奋力拼搏之后,迎来了她创刊后的第十个周年。

十年前,为了迎接以信息产业为中心的新技术革命的到来,为了研究高校图书馆在新时期的工作规律与工作特点,为了大力加强图书馆的各项基础工作,普及与提高图书馆学、情报学的新知识与研究水平,为了培养与发掘图书情报领域内的各种人才,以促进我省高校图书馆事业的进一步发展,《晋图学刊》在原报纸型的《山西高校图书馆报》的基础上正式诞生了!当时,她还只是一份很不成熟的内部刊物,而如今却已成为一份,立足山西,影响全国,并引起了港台与国外关注的,具有国内统一刊号与国际连续出版物号的学术性期刊了!早在1990年3月。我们就收到了港台出版界邀请本刊参加他们在港台地区所举办的期刊展览的信件。同年9月,我刊参加了在京由国家新闻出版局所主办的全国期刊展览。1992年、1994年,以及今年5月,美国鲍克(R. R. Bowker)先生曾先后三次给本刊主编来信,询问我刊有关情况,以便准确而及时地录入他所主编的世界著名的《乌利希国际期刊名录》之中。

这份刊物所以能有今天这样的发展,我想首先不应忘记为创办本刊而付出了艰辛劳动的第一届的编委们与我省首届高校图工委的有关领导。特别应该提到的是当时担任常务副主编的刘宛佳女士,首届省高校图工委秘书长关荣昌教授与学术组组长安银海同志,以及编辑部宋其兰、王俊霖等同志。当然,我们也忘不了后来历届编委们与图工委领导相继为本刊所作出的种种努力。对上述同志们为本刊所做的开创性与发展性的工作,我们谨在此向他们表示最真诚的敬意!另外,谢华才副研究馆员是本刊首届编委,他在本刊初创期间做了大量的审稿工作。不幸的是他于1992年3月已离开了我们,但他为党、为事业、为本刊所表现出来的无私奉献精神,却将永远留在我们心中。

本刊从创办至今,一直得到山西省教委有关领导的鼓励、指导与资助,还得到了我省各高校,各高校图书馆领导同志们的亲切关怀与大力支持。有些馆的领导还直接参与本刊的编委工作,审稿把关,并带头写稿。这一切为我刊的顺利出版与健康发展提供了重要的保证。

记得五年前,我在为纪念本刊创刊五周年的《回顾与瞻望》一文中曾经说过,"如果说读者是刊物的上帝,那么文稿就是刊物的生命,而著者则是文稿的源泉,刊物最重要的支柱!"十年来,从创刊号到本期付梓为止(包括1994年增刊),全国24个省市已有作者1204人次,在我刊发表了977篇约430万字文稿。这里还未包括积极支持本刊而踊跃来稿,又因种种原因而未予刊发文稿的其他作者。正是有这样一批源源不断为我刊赐稿的热情作者,才使本刊越来越为广大读者所喜爱。

十年来,我们还不断地得到了在我国图书情报界享有盛名的专家、学者,以各种方式所给予的热情支持,如皮高品、彭斐章、周文骏、来新夏、陈誉、严怡民、黄宗忠、鲍振西、白国应、张琪玉、孟广均、倪波、吴慰慈、王崇德、黄俊贵、谢灼华、张德芳等先生。他们中,有些来信予以鼓励,肯定本刊成绩,提出宝贵建议,有些给我们寄来了反映他们学术生涯的传记,有些寄来了题词、贺信或他们的最新学术成果。此外,我们还收到了不少读者给本刊写来的一封封热情洋溢的书信。

在此,我谨代表《晋图学刊》编委会与编辑部的全体同仁,向积极支持本刊的广大作者、专家、学者,以及广大读者致以崇高的敬礼和深切的谢意!

基于上述各方面的努力与支持,近几年来《晋图学刊》在内容质量上已有了较为显著的提高。据甘肃省陈学芬同志在《图书与情报》,1994年第4期所发表的《1991—1992我国图书馆学情报学核心期刊之测定》一文中的统计分析,与我省马丽静同志运用同样的方法对1993—1994年我国图书馆学情报学核心期刊之测定,得出了以下的结论:在被统计分析的为全国所熟悉的33种图书情报学刊物中(全国图书情报学刊物实际上已有104种之多),如果说在1987—1989年,本刊还未能进入核心期刊的行列,那么,到了1991—1992年,《晋图学刊》已跨入了本专业期刊的核心区,到了1993—1994年则从前两年全国排名第18位,上升到第17位(详见本期发表的马丽静文章)。

十年来,本刊相继推出了"学术论坛""研究方法""科学管理""分类编目""读者工作""期刊工作"等66个栏目(王永安、安银海同志在本期发表的《〈晋图学刊〉十年载文分析》一文中认为,实际上可合并为44个栏目),其目的是为了体现本刊编发文稿内容方面所坚持的"八个结合"的原则,即理论与实践相结合,图书馆学与情报学及其他学科相结合,高校馆与其他类型图书馆相结合,现实与历史相结合,传统与现代化相结合,国内与国外相结合,提高与普及相结合,学术性、知识性与趣味性相结合。同时也为了体现各种内容兼容,各种成果荟萃的"杂"的特点,以适应各类、各层次读者的不同需求。

办刊十年,本刊在研究图书情报学理论,交流图书情报工作经验,普及图书情报学知识,培养图书情报专业人才,推动图书馆工作与改革,促进图书馆事业的发展等方面,的确起到了一定的积极作用。

尽管,本刊取得了上述成绩,但与一些已进入了全国优秀行列的图书情报学的兄弟刊物相比,尚有相当差距。首先,从发文的质量上看,虽不乏上乘之作,但一般性文稿毕竟还占不少篇幅。特别应该看到在上乘之作中,外省作者的文稿却占大多数。这说明本省的学术力量近几年来虽有所加强,但总的说来还较薄弱。其次,栏目有些杂,有些重复,并不够稳定。虽有些特色性的栏目,如"学人传""研究方法""我的改革观"等,但就整个刊物而言,无论是地域特色,还是个性特色均不明显。而在同类刊物众多的情况下,突出刊物的特色则是至关重要的,否则就会逐渐失去自己存在的价值。第三,由于人力不足,我们在主动组稿、文稿加工,刊物的编排与版式设计等方面还不尽如人意。第四,由于经费拮据,本刊的排印,至今尚无力采用电脑排版、胶印等现代化手段,期刊的装帧更欠精美。

总之,在创刊十周年之际,尽管传来了专家、学者与广大读者对本刊的赞扬之声,但我们既不会满足甚至于陶醉于已取得一点点成绩,也不能回避存在的问题与不足。为了不辜负专家、学者与广大读者对本刊的殷切期望,为了实现十年前,我为之执笔的本刊的《发刊词》中所提出的理想,即为了"开辟在晋阳大地上的这块科学园地——使之百花争艳,繁花似锦,结出累累硕果",本刊编委会与编辑部的全体同仁,今后尚需要做很多很多的工作,并为之而奋斗不息!

山西省高校图书馆采编系统现状分析及其对策

高维新　邓凤英

1　导言

1994年4月,山西省高校图工委采编专业委员会成立。二年多来,该专业委员会为全省高校图书馆采编系统之间的交流做了一些工作,对各馆之间互相学习、增加了解起了良好的桥梁作用。作为图书馆的重要部门——采编系统,其所承担的文献采集和分编加工,是图书馆工作的重要一环。笔者就山西省高校图书馆采编系统的现状,进行了一次调查。通过调查,了解了全省高校图书馆采编系统的一些现实情况。下面做一简单的分析和综述。

2　现状

山西省高校图书馆有近40所,60%集中在省会太原,40%分布在全省各地区。通过对全省28所院校图书采编系统的调查,其现状如表一。

2.1　人员结构　28所院校中采编系统总人数145人,其中女性117人,男性28人,各占总人数的81%和19%。而年龄在40岁以上的有30人,40岁以下的有115人,分别占21%和78%。工作人员年轻化、女性多是我省高校图书馆采编系统的一大特点。

2.2　文化程度　通过调查可以看出,大专以上学历有101人,占总人数70%;大专以下学历的有44人,占总人数的30%。从此比例可以得知全省高校图书馆采编系统的文化程度是比较高的。另外,在大专以上学历的101人中,图书情报专业毕业的有38人,占总人数的26%;非图书情报专业毕业的大学生有35人,占总人数的24%;大学毕业后进修图书情报专业的有8人,占总人数的6%;而非大学毕业、进修图书情报专业的有18人,占总人数的12%。从以上数字可知,知识型专业化程度高是我省高校图书馆采编系统的又一特点。

2.3　计算机使用情况　从28所院校图书馆采编系统使用计算机的情况来看,有21家使用了计算机。据96全省高校图书馆采编专业委员会年会(1996年11月)最新统计,已有31家以上使用了计算机,这表明我省高校图书馆,特别是采编系统自动化的发展速度是相当快的。象山西财经学院、山西矿业学院、太原师专、运城高专、山西经济管理学院、山西医科大学等,不但在采编系统使用计算机管理,而且已经扩大至流通阅览、文献检索、行政办公,甚至国际联机检索也开通了,如山西矿业学院图书馆。还有的馆,如山西大学师范学院图书馆,自动化建设推动了本馆各项工作,在图书采访、验收登录、编目加工整个流程实现了以计算机为主手工为辅的现代化管理,减轻了某些岗位的劳动强度。流通部在实现计算机管理后,一改原来每天开馆只有8个小时的状况。目前每周开馆七天,每天开放12个小时,极大地便利了读者。

2.4　书刊经费和文献购置情况　通过对28所院校图书馆初步统计,全省高校图书馆1990年度至1996年度使用经费平均为学校总经费的2.87%。这个比例是大大低于国家教委所要求的书刊资料购置占学校教育事业总经费5%的规定。当然,各院校比例情况有所不同:(见表二)一些院校的经费年年递增,如山西财经学院、华北工学院、山西经济管理学院、山西财税专科学校等图书馆,这些馆中有的馆按比例虽然没达到5%,像华北工学院图书馆,1992年度为1.7%、1993年度为1.9%、1994年度为2.2%,但其经费却是年年递增。而山西经济管理学院和山西财税专科学校图书馆1993年度和1994年度都达到或超过了5%,这也说明了学校对图书馆的重视。

表1　人员结构一览表　　　　　　　　　　　　　　　（截止日期:1996 年）

院校名称	采编人数	男	女	大专以上学历	大专以下学历	大中专图情毕业生	非图情毕业生	大学毕业进修图情专业	非大学毕业进修图情专业
山西大学	11	3	8	9	2	5	4	2	1
太原工业大学	10		10	8	2	3	5		2
山西矿业学院	5	2	3	3	2	1	2		1
太原重机学院	6	1	5	5	1	2	3		
太原电力高专	4		4	2	2	1	1		
山西职业师专	3	1	2	2	1	2			
山大师院	6	1	5	4	2	2	2		
山西师范大学	10	3	7	7	3	1	2		3
忻州师专	6	1	5	4	2	3	1	1	
山西农业大学	6	2	4	5	1	1	3		1
山西教育学院	5		5	3		2			
太原市委党校	5	5	5						
太原师专	4	1	3	4		2	2		
大同高专	4	1	3	2	2	2	2		
华北工学院	6	1	5	4	2	3	1		2
华工专科部	4		4	2	2				2
武警专科学校	2	1	1	1	1	1			
山医汾阳专科部	3		3	1	2	1			2
山西财税专科学校	3		3	2	1	2			1
京局太原干训中心	3		3	1	2	1			1
山西经济管理学院	8	1	7	8					
山西财经学院	6	1	5	3	3				
晋中师专	3	1	2	3			2		
太原大学	5	2	3	4	1	1			
太工材料工程学院	2		2	1	1		2		
运城高专	5	1	4	2	3		1		
大同医专	7	1	6	4	3	1	1	4	2
山西师大体育学院	3	1	2	2	1		1	1	
合计	145	28	117	101	44	38	35	8	18

表 2　书刊经费和文献购置一览表　　　　　（截止日期:1994 年）

院校名称	1990—1994 校拨年均经费(万元)	占学校总经费年均比例(%)	1990—1994 年图书购置		1990—1994 年报刊购置	
			册数	价格	种数	价格
山西大学	50	3	递减	递增	递减	递增
太原工业大学	43	2.5	同上	同上	递增	同上
山西矿业学院	17.2	2.05	同上	同上	递减	同上
太原重机学院	15		同上	持平	同上	同上
太原电力高专	7	2.44	同上	递增	同上	同上
山西职业师专	3	1.57	同上	持平	同上	同上
山大师范学院	12	3.45	递增	递增	递增	同上
山西师范大学	3	2.5	递减	同上	递减	持平
忻州师专	7	2.88	同上	递减	同上	同上
山西农业大学	未报		同上	同上	同上	递增
太原市委党校	5		未报	递增	递增	同上
太原师专	6.8	2.3	递减	递减	递减	同上
大同高专	7	4.2	未报	未报	未报	未报
华北工学院	17.5	1.98	持平	递增	递减	递增
华工专科部	6	1.64	递减	递减	递增	同上
武警专科学校	2.6		同上	递增	未报	未报
山医汾阳专科部	未报		同上	递增	递增	递增
山西财税专科学校	15	5 以上	未报	未报	递增	未报
京局太原干训中心	未报		递减	递增	未报	未报
山西经济管理学院	25	5	递增	同上	递增	递增
山西财经学院	22	3	同上	同上	递减	同上
晋中师专	6	1.56	递减	递减	同上	同上
太原大学	7.5	5.96	递增	递增	同上	同上
太工材料工程学院	3		未报	未报	未报	未报
运城高专	5.6	2.3	递减	递增	递减	递增
大同医专	未报		同上	递增	递增	同上
山西师大体育学院	1.8	1.2	同上	未报	持平	同上
说明	1. 山西教育学院未报数字,故未统计在内,实际院校为27 所; 2."持平"是指价格与上一年基本相同。					

一些院校经费年年持平,如山西师范大学、太原重机学院、山西大学等图书馆。在书刊价格年年上涨的情况下,经费年年一样,实则是钱平价涨书刊订数递减。其结果是有些馆保刊舍书,有些馆保中文舍外文,致使中文图书数量逐年下降,外文书刊是书不订、刊减订。山西大学图书馆 1990 年订购图书22603 册,订报刊2696 种。到1996 年,全年进书4700 余册,

订报刊 1670 种。学校每年拨给图书馆的经费都是五十万元,虽然每年或多或少追加一部分经费,但书刊数量的逐年下降,实际上等于经费年年递减。

相当数量的图书馆是经费年年下降,书刊越订越少,像晋中师专图书馆,1990—1992 年的经费平均每年占学校总经费的 2%,1994 年下降到 0.7%,全年只订中文图书 159 册,90% 以上的经费用于订报刊。山西师大体育学院图书馆 1990 年的经费比例占学校总经费的 3%,而到 1994 年,竟下降到 0.5%!

纵观以上三点,学校重视图书馆,那么在财力可能的条件下,多拨些经费给图书馆,图书馆的工作就好搞些。而在国家财力有限的情况下,要先顾及工资的发放、基本项目的支出(如水、电、暖费用)等,那么轮到图书馆,经费少得可怜,使我们的工作面临重重困难而举步维艰。

3 问题

3.1 文化修养方面 从调查统计看,大专以上学历占 70%,但其中的真正水平,即学识水平,是比较低的。因为有相当部分的工作人员是"五大"生,即使有些是大学毕业生,但在发展的社会中,实践工作的经验要日积月累,新的知识需要不断地吸收汲取,并且知识的广博和积累是做好一切工作的基础。而渊博的知识来自平日的努力和学习。从实际情况看,积极主动地学习新知识、新技术的比例仍占少数,而安于现状、得过且过仍占相当的人数。这对搞好工作,提高水平无疑是一大障碍。

3.2 统计方面 笔者曾用调查表形式了解全省高校图书馆采编系统各环节工作项目,大部分院校按要求逐项规范地统计填报,但有些院校对项目要求未能填写。如对年度各种数据(经费情况、书刊购置情况等)缺少必要的了解和掌握,致使项目无法填写。

3.3 各馆工作量高低不一 在 22 家填报的工作量栏目中,中文图书分编日工作量多的每人每天高达 40 种,而最低的馆每人每天 3 种。这主要是由于经费的限制、舍书保刊的举措、文献购置数量的逐年下降等原因,造成全年工作量按定额要求达不到满足,只好暂时不要求工作量,而是有多少干多少,保证不积压为目的。在 28 所院校中,有六家没填报工作量。(见表三)

表3 各馆工作量一览表 （截止日期:1995 年）

院校名称	中文分编日工作量(种/人)	外文分编日工作量(种/人)	中文日加工(册)	外文日加工(册)
山西大学	10	4—6	40 种	8 种
太原工业大学	9	6		
太原电力高专	40	20	100	
山西职业师专	14			
山大师院	35—40	175—200		
山西师范大学	9	6		
忻州师专	15	10	40	30
山西农业大学	8	6	50	30
山西教育学院	20	8	20	8

院校名称	中文分编日工作量(种/人)	外文分编日工作量(种/人)	中文日加工(册)	外文日加工(册)
太原师专	20	5	120	8
大同高专			25	
华北工学院	12	6	60	12
华工专科部	18		50	
武警专科学校	20		30	
山医汾阳专科部	3		7	
山西经济管理学院	30		130	
山西财经学院	35			
晋中师专	8		48	
太原大学	30		90	
运城高专	8	5	80	
大同医专	7		100	
山西师大体育学院	30		100	

3.4 分类法不统一 由于历史的原因,在28所院校图书馆中,使用分类法有三种:中图法(22家)、科图法(4家)、资料法(3家)。分类法的不同,为实现统一编目造成了一定的困难。

4 对策

通过对全省高校图书馆采编系统的调查,可以看出,年轻化、女性多、文化程度较高是其特点。大部分馆使用了计算机,为采、编、借实现自动化提高了良好的基础。而经费比例仍小于国家教委所规定的比例,各项统计还不健全,整体素质有待进一步提高等。因此,对于存在的一些问题,是否可以考虑以下几点:

4.1 努力从政治、思想、文化、业务等各方面,不断地加强工作人员的修养 一方面注意高水平层次人才的引进,如硕士生和博士生的引进,以期提高业务水平和加强学术研究;另一方面把在职人员的培训作为一种长期的战略方针,如图书情报专业毕业的学习计算机、外语、图书馆管理等,非图书情报专业毕业的学习图书情报方面的知识等,力求提高工作人员的整体素质。

4.2 健全统计 统计工作是一项细致繁琐的工作。作为图书馆采编系统,从书刊预订的文献量(种、册、价)统计,到各类书刊的统计,都要注意做好日常和年度的各项数据统计工作,为领导和工作提供准确的数字,以备调整与正确执行书刊采访方针和改进图书分编工作参考之用。

4.3 在经费有限、书刊涨价的形势下,开展合作采访,实现全省范围内的协调工作 经费是制约文献采集的一个重要因素。即使学校有更多的经费,也不可能购置一年里国内外全部出版的文献,而且,也没有这个必要。因此,在有限的经费下,各馆在书刊采集的时候,总是考虑先采集适合本院校需要的文献,而且要采集最重要的。目前,从我省各院校情况来看,各馆性质不同,文献购置各有侧重,基本上形成了各自的馆藏重点和特色。

4.4 创造条件,逐步实现计算机管理,探索统一编目的可行性 1995年6月,在全省高校图书馆采编专业委员会年会上,各馆就实行统一编目达成了共识,认为:虽然一些馆还未有计算机,但随着社会和经济的发展、计算机的普及,相信在不久的将来会使用计算机,而且在大部分馆使用了计算机的情况下,利用全国统一编目的软盘(如北京的),把各馆订购的文献数据存入一家实力比较雄厚的图书馆,这样,该馆就可成为全省高校图书馆文献数据库中心,也方便了各馆从该中心了解全省各馆订购的文献收藏情况。到1996年底,已有近80%的馆使用了计算机,这样,在有计算机的图书馆,只需从全国统一编目的软盘上拷录本馆订购的文献数据,就可使用在本馆的计算机分编系统,这样,即节约了人力、物力、又可提高和规范我省高校图书馆分编水平。如果各馆把馆藏文献有选择地输入计算机,并实现某一地区或全省范围内的计算机联网,就能达到资源共享。

4.5 目标管理为主,定额管理为辅 培养工作人员主动进取、积极工作的意识,要求完成基本的定额,鼓励超额完成任务。把目标与定额有机地结合起来,使之相辅相成,不断提高工作质量。

5 结语

总之,高校图书馆采编系统是整个高校图书馆的"龙头"。抓好"龙头",对全面提高高校图书馆的文献采集质量和全馆的整体水平,是有着积极意义的。在二十一世纪到来之际,让我们为高校图书馆采编系统有一个新的更大的变化而努力。

对山西省五所高校图书馆自动化建设评估工作实践的认识与建议

安银海

山西省高校图书馆自动化建设工作在省教委及图工委的领导下,有组织、有计划地进行是从1995年12月晋教高字〔95〕56号文件"关于加强高校图书馆自动化建设的通知"(以下简称"通知")下发开始的,而对图书馆自动化建设的专项评估工作是按照省教委〔98〕32号文件"关于印发山西省高等学校图书馆自动化建设评估暂行办法和评估标准的通知"(以下简称《暂行办法和评估标准》)的要求安排的。今年对山西大学、太原理工大学北校区、山西财经大学南校区、山西医科大学、太原师范专科学校等五所院校图书馆的自动化建设进行了评估,经过院校图书馆自评和专家组评估两个阶段,于6月下旬结束。这次评估既积累了一些经验,也发现了不少问题,笔者拟对评估工作的实践谈些粗浅的看法和认识,并提出几点不成熟的意见和建议,愿与图书馆界同仁商讨。

1. 评估工作几个主要问题的实践与认识

1.1 关于评估标准的制定

为了使高校图书馆自动化建设评估工作做到有据可依、依标准而测,图工委按照《普通高等学校图书馆规程》和省教委"通知"的要求,结合本省高校图书馆的现状和"九·五"省高校图书馆事业发展规划,制定了《暂行办法和评估标准》,以省教委文件附件的形式下发执行。从评估的实践看基本上是可行的,起到了很好的作用,但也存在一些问题,有待进一步研究解决。

本省高校图书馆自动化建设的评估标准共设一级指标三项:A 联网评价;B 自动化建设

条件评价;C 图书馆计算机集成管理系统评价。这三项的权重系数分别为:0.35、0.3、0.35。二级指标共 11 项:A 中分校内联网和全国联网,权重分别为 0.4 和 0.6,而评估内容和打分标准各 4 条、各 100 分;B 中分人员和环境,权重均为 0.5,而内容和打分标准分别为 8 条 100 分,7 条 100 分;C 中分采访、编目(含典藏)、流通、连续出版物、公共检索、数据库建设和统计,权重分别为 0.2、0.2、0.2、0.05、0.2、0.1、0.05,而内容和打分标准分别为:4 条 100 分、5 条 100 分、6 条 100 分、3 条 100 分、3 条 100 分、2 条 100 分、5 条 100 分。在制定《暂行办法和评估标准》时,重点考虑了以下几个方面的问题:

①政策导向问题。因为开展评估工作是为了检查和推动高校图书馆的自动化建设,以适应我国高等教育体制改革和世界科技信息飞速发展形势的需要,所以在制定评估标准时,我们将 A 联网评价的权重系数定为 0.35 高了一点,其目的在于用政策规定来引导各院校和图书馆领导提高认识,在这个薄弱环节上加大自动化建设的投入力度,重视和加速网络建设,打破山西省高校图书馆自我封闭的落后状态,吸收和利用国内外的文献信息资源,真正走资源共享之路,使图书馆更好地发挥两个职能,为教学科研产业服务的水平上个新台阶。

②实施细则问题。制定一个较为详细的实施细则,作为《暂行办法和评估标准》的补充和说明是十分必要的,因为在评估指标体系中存在着评估内容概念的准确性与评分标准定量、定性和经验评估的关系问题,如何恰当地处理这一问题,在实施细则的制定中,我们对二级评估指标中 51 条内容都进行了较为准确的概念性解释,并适当注意减少了定性和经验评估部分的比例,做到凡能量化的工作尽量量化,这样就使评估指标体系的针对性、客观性和可操作性更强一些,方便了各馆和评估专家组在进行自评和专家组测评中统一掌握,避免主观随意性,搞好评估工作。

③评分等级问题。高校图书馆的自动化建设工作受多方面的因素制约,尤其是本科院校和专科学校发展极不平衡,如何才能使自动化建设评估的结果做到准确、合理,并能为参评院校领导和图书馆所接受,从而更有利于调动被评院校和图书馆加强自动化、网络化、现代化建设的积极性,本省的《暂行办法和评估标准》中规定了评分标准分为三部分,满分为100 分,其中 A 联网评价为 35 分;B 自动化建设条件评价为 30 分;C 图书馆计算机管理系统运行评价为 35 分。至于评估等级,则对本科院校和专科学校加以区别,分别为:A + B + C ≥80、≥70 甲级;A + B + C ≥70、≥60 乙级;A + B + C ≥60、≥50 丙级;A + B + C < 60、< 50 丁级,还就评估等级内容做了具体的说明,这样就基本上解决了参评院校及图书馆对评估等级确定的不平衡心理和互相攀比现象新引发的一系列问题,从而保证了评估工作的顺利进行。

④使用效益问题。对本省高校图书馆自动化建设开展专项评估,其重点应放在评估图书馆计算机管理系统的开发运行和实际使用效益上来;而使用效益的高低是受图书馆的管理方式、网络布局、设备条件、人员素质和业务、服务工作开展的情况等因素影响的,故在评估打分时,一般情况下不能给满分,应留有余地,这样更便于使评估的使用效果符合于被评院校图书馆的实际,使评估结果做到基本准确、合理。本次对五所院校图书馆自动化建设评估中由于对这个问题考虑得不够全面,因而也就未能得到圆满解决,有待面上评估时进一步研究解决。

1.2　关于自评估

图书馆自动化建设自评估的好坏,往往直接影响着专家组评估的结果和成绩。从省教委文件下达起,为各馆的自评工作安排了两个月的时间,要求在此期间,各院校图书馆都要对照《暂行办法和评估标准》做到动态评估,即边评、边查、边改进。这样就收到了馆内自评总结提高,并为评估专家组提供准确的情况和翔实的各种数据、文件、资料的效果。为了调动和激发各院校及图书馆参加自动化建设评估的积极性,在本次评估中还明确规定:凡在自评期间做的工作和按照《暂行办法和评估标准》要求达标的,在专家组测评时均作为工作成果的依据。对此各馆都比较满意,这是使评估工作取得成功的重要原因之一。

1.3 关于评估专家组

组建一只具有高素质的、权威的评估专家组是保证高校图书馆自动化建设评估工作顺利开展的关键。本省对五所高校馆的评估专家组由省教委高教处特聘的具有副高以上职称的图书馆专家3人、计算机专家2人组成,组长由图工委一位副秘书长担任,由于这些同志具有图书情报及计算机专业理论和知识,有较强的组织管理能力,工作认真负责、作风正派、秉公办事,这就保证此项工作的圆满完成,并使评估工作取得了良好的效果。另外在本次评估中有省教委高教处领导的亲自参与和指导,也是评估工作取得成功的重要原因之一。

专家组进驻各院校后,均受到了院校领导及图书馆的重视和积极协助。由于专家组对被评院校图书馆自动化建设工作方面的成绩和存在问题抓得准,并作出客观公正的评价和结论,所以受到了各院校及图书馆的欢迎和热情接待。

1.4 关于评估程序

自动化建设的专项评估工作是在各馆自评并提交自评报告的基础上进行的,而专家组评估的工作程序是这样安排的:一是听取院校领导及图书馆领导就一年来贯彻落实省教委"通知"加强自动化、网络化建设情况的汇报和对照"暂行办法和评估标准"进行自评的汇报;二是审验各馆提供的自评报告和各院校重视、支持和组织开展自动化建设工作的有关文件、会议纪要及调研报告、实施方案等实证资料;三是深入到各部室对照评估内容及评分标准逐项、逐条采取听(听部室主任或工作人员介绍)、看(岗位工作人员和读者的实际操作及检索文献信息的动手能力)、查(规章制度、工作记录)、问(询问有关计算机专业知识,工作中遇到问题的解决办法等)的方式进行实地测评;四是专家组召开会议评议、打分、总结,提出对被评估馆及院校的总体评价、意见和建议;五是与院校领导及图书馆领导座谈,评估专家组向被评院校馆通报对自动化网络化建设的评价,肯定成绩,指出存在的主要问题和差距,提出今后改进的意见和建议。

关于评估得分,专家组离校前暂不向院校和图书馆公布。需要说明的是,为了避免每位专家打分的轻重不一,甚至失真而分不符实,我们采取了先进行集体评议的办法。对有争议的问题则更要慎重。不清楚的再找有关领导和工作人员了解并复核实证资料进行讨论,在统一认识后予以打分,这样就收到了使评估成绩及评分尽量贴近和符合被评院校实际情况的效果,保证了专家组评估的信誉和质量。

1.5 关于评估工作总结

专家组评估结束后。对评估工作情况应进行全面总结,有以下几方面工作要做:一是评估专家组应及时召开会议汇总对五所院校馆自动化建设评估的情况和结果,进一步找出需要研究和解决的特殊情况和问题,以便采取措施加以补救。如有一馆专家组听取汇报和实地考察后,认为该馆暂不具备评估的条件,故未予测评和打分,建议限期改进工作后,向省教委及图工委提出申请再复测。同时,专家组根据评估实践中遇到的问题,提出修订、补充和完善《暂行办法和评估标准》的意见,以便为面上的评估工作奠定一个良好的基础;二是由专家组组长以图表的形式汇总各被评馆的资料、数据和成效,向省教委及图工委先作出口头汇报;三是指定专人撰写书面总结材料。评估总结作为向省教委的文字汇报材料,应包括以下内容:①评估工作取得的成绩,达到预期目的的程度;②反映本省高校图书馆自动化建设、网络化建设目前的现状及存在的问题;③各被评估院校馆的评估结果;④对今后面上开展评估工作的意见和建议;四是向省教委上报评估总结、评语等资料,经省教委及图工委审阅后打印以文件的形式下发各院校。

至于评估的评语,需要强调一点,即在给各被评估院校及图书馆写评语时,一定要规范,评语内容要既能反映出各院校馆自动化建设的真实情况和所具有的特色,又要能指出存在的主要问题及差距,并为各院校馆所接受,从而把专家组的评语作为今后进一步改进工作的依据之一。而评语随省教委的文件下发时,各院校只能收到对本校馆的评语。

2. 对今年评估工作的几点意见和建议

本次只是对五所院校图书馆自动化建设进行了评估,而面上的评估工作尚未进行。针对评估中注意到的几个主要问题,笔者提出如下意见和建议:

2.1　关于评估时间

自评估时间的安排。本次是两个月,从实践看短了一些。笔者认为一般以半年至一年左右为宜,这样可以使各馆充分利用较为宽裕的时间组织安排好自评估计划,抓住有利时机,在院校领导的支持下进一步改善自动化建设和网络化建设的条件,提高图书馆计算机自动化管理和应用水平,服务于教学科研的需要。

面上的专家组评估时间应由省教委高教处统一安排,放在1999年,而对每个馆进行专家组测评的时间一般以2天(或至少1.5天)为好。这次安排了一天,时间显得十分紧张,专家组每到一个馆都要工作到晚上九点左右才能结束,这样就不可避免地会使测评工作出现一些不应有的疏漏,同时也影响到专家组同志们的自身健康。

2.2　关于评估专家组的组成

为了保证自动化建设评估工作的顺利进行,建议面上评估时每个专家组的组成应由四部分人组成:一是省教委高教处及图工委领导;二是图书馆领导;三是具有中级职称以上的图书情报专业人员;四是具有中级职称以上的计算机专业人员。人数一般为5至7人,其中计算机专业人员2至3人,具有高级专业技术职务的应占到总人数的三分之二以上。

2.3　关于评估标准和实施细则

建议由本次参加评估的专家组牵头,再抽调一部分在图书馆中从事计算机管理、业务、服务工作的专业人员对《暂行办法和评估标准》(试行稿)进行修订、补充、完善,并制定一个更为科学的、符合本省高校图书馆实际的评估实施细则,下发各馆开展自评和专家组评估掌握使用,将会收到更为理想的效果。

2.4　关于评估的程序

①应由被评院校馆向省教委及图工委写出书面申请;②被评估馆向省教委及图工委提交书面自评报告和打分表;③省教委高教处(图工委)以文件下达评估安排,分期分批进行;④评估专家组进行测评;⑤评估领导小组听取各评估专家组的汇报,撰写评估总结材料(含评语),上报省教委及图工委并行文各院校及图书馆。

2.5　关于复评

对省高校图书馆自动化建设经专家组测评后达不到省教委要求的(丙级以上为合格馆)

图书馆,建议由省教委下文时限定时间尽快改进,时间一般为半年或一年,然后再进行复评,直至达标为准。

2.6 关于评估领导小组

为保证面上评估工作的圆满完成,建议建立一个具有权威性的专项自动化评估领导小组,是十分必要的,该评估领导小组由省教委有关领导及图工委副秘书长以上干部,并吸收能代表一个面的图工委常委组成,组长由省教委领导担任,副组长由省教委高教处领导和图工委副主任兼秘书长担任。评估领导小组是作为代表省教委行使组织领导高校图书馆自动化建设评估工作的职责和权力的最高职能机构,对评估工作要发挥其宏观管理和微观指导的作用。

山西省高校图书馆事业发展回顾与瞻望

安银海 张小丽 郭庆华

高校图书馆事业是高等教育事业的重要组成部分。党的十一届三中全会以来,随着我国高等教育事业的恢复和发展,坚持四项基本原则,坚持改革开放,山西省高校图书馆事业也取得了令人欣喜的长足进展。20 多年来,在山西省教育委员会的领导下,各高等院校及图书馆认真贯彻党和国家有关图书馆事业的方针、政策,贯彻全国高校图书馆工作会议精神和《普通高等学校图书馆规程》(以下简称《规程》),依据山西省高校图书馆事业"七五""八五""九五"发展规划目标和设计蓝图的要求,提高认识,加强领导,充分发挥高校图书馆的教育职能和情报职能。由于全省广大高校图书情报工作者团结协作、艰苦奋斗、开拓进取、无私奉献,不仅促进了图书馆事业的不断发展,而且使图书馆管理、业务、服务工作的水平和质量得到了提高,适应了院校教学科研产业的需要,在培养"四有"人才,振兴高等教育事业,建设社会主义精神文明和物质文明中,做出了应有的贡献。

1. 山西省高校图书馆事业发展回眸

1.1 建立健全图书情报管理体制和组织机构

1982 年 1 月,原山西省高教厅在太原召开的全省普通高等院校图书馆工作会议上,成立了山西省高校图书馆协作委员会。1985 年 4 月,山西省教育委员会将其更名为山西省高校图书馆工作委员会,制定了"关于贯彻《规程》加强图书情报工作的几点意见"(以下简称《意见》),并付诸实施。1988 年 4 月又更名为山西省高等学校图书情报工作委员会(以下简称图工委)。由于工作的需要,又相继成立了山西省高校图工委专科学校图书馆协作组及采编、读者、期刊、情报、自动化和文献检索与利用等六个专业委员会,由于组织机构的建立健全,图工委在省教委的领导下,对全省高校图书馆事业的整体建设和发展,发挥了宏观管理和微观协调的作用,使各高校图书馆走向了统一组织、统一指挥、统一领导、统一管理的健康发展的轨道。

同时,各院校都改变了对图书馆的领导体制,按《规程》规定任命馆级领导,实行主管校院长领导下的馆长负责制。成立直属党支部和院校图书馆委员会。而馆内的组织机构也按规定予以建立健全并任命(或聘任)干部。

1.2 省高校图书馆事业规模不断扩大

①人员:1982 年前,全省 16 所高校图书馆工作人员 410 人,1997 年底 25 所高校馆工作

人员增至 813 人,增加了 403 人,增长了 98.3%;

②馆舍:1981 年前,全省高校仅有 5 座独立馆舍,面积为 22494 平方米,1997 年底全省 25 所高校馆舍总面积为 147169 平方米,增加了 124675 平方米,增长了 554%;阅览座位 1981 年前共 1780 席(缺山西农大数据),1997 年底增至 21526 席,增加了 19746 席,增长了 110%;

③经费:1981 年前共 109 万元,1997 年底增至 595 万元,增加了 486 万元,增长了 450%。从 1996 年始至 1998 年又增加了政府对图书资料的专项经费的投入三年共 450 万元;

④馆藏:1981 年前为 440 万册,1997 年底增至 910 万册,增加了 470 万册,增长了 110%;

⑤设备:1981 年前现代化设备基本是空白,就连中外文打字机也寥寥无几,到 1997 年底复印机、缩微阅读器、视听声像设备、电子计算机等现代化设备已达到 342 台(件),而办公、阅览、书库的各种家具设备也都有了大幅度的增添。

1.3　重视专业队伍建设

队伍建设是高校图书馆事业发展和各馆整体建设的核心问题,因为,它关系到图书馆管理、业务、服务工作的水平和质量的高低,所以受到了各级领导的重视。多年来,采取多种形式,并通过各种途径落实专业队伍建设工作,取得了可喜的成绩。

①选留:各高校逐年选留本校应届毕业生进入图书馆专业队伍工作,并派送到全国高校图工委举办的图书情报专业进修班学习,获取双学位;

②岗位培训:1981 年以来,图工委举办了全省性的各种类型的图书馆学基础理论和专业知识、文献著录标准、科技情报检索与联机检索、微机在图书馆的应用、复印机维修技术、中国机读目录(MARC)格式、图书馆管理软件系统、专利理论与知识等短期专业岗位培训班共 28 期,各馆都派人参加了业务知识学习;

③学历教育:各馆选送具备条件的在职工作人员参加成人中专、大专图书情报专业的学习,使他们更好地为图书馆建设和读者服务;

④选调:从本校教职工和外单位选调(或选聘)有志于图书馆工作的同志来馆工作,引进人才,充实了专业队伍;

⑤创办图书馆专业:1978 年山西省教委在山西大学创建了图书馆学专业,从 1982 年第一届毕业生以来,至今已为全省高校图书馆输送了高素质的专业人才 600 余人。1988 年 12 月后,山西大学图书馆学系还为省高校图书馆举办了两期图书馆学专业证书班,培养了 110 人;

⑥职评:1987 年,首次对全省高校图书馆、资料室申报中级以上职称的 241 人进行了评审,评出研究馆员 1 人(评退),副研究馆员 56 人(其中评退 33 人),馆员 171 人(其中评退 44 人)。以后转入日常工作,截至 1998 年底在岗的高级职称 59 人,中级职称 281 人,初级职称 257 人。职评工作的开展,极大地调动和激发了图书资料工作人员的积极性和创造性,对专业队伍建设和图书馆事业发展产生了深远的影响和巨大的作用。

1.4　加强规章制度建设

"不以规矩,不能成方圆。"规章制度是图书馆科学管理的重要依据和准绳。为了提高图书馆的管理、业务和服务工作的水平和质量,省高校图工委和各馆都很重视,根据工作实际建立健全了各项行之有效的规章制度,做到了有章可循,照章办事的制度化、规范化、科学化管理。1990 年 12 月,图工委转发了省教委晋教高字〔90〕26 号文件"关于印发《山西省高校图书馆业务工作规范》的通知",继而省高校图工委专科学校图书馆协作组又编印下发了"山西省专科学校图书馆《采编工作规程》和《流通保管工作规程》",并付诸实施,收到了良好的效果。另外,各馆大都建立了行政文书档案和专业人员业务档案,还根据图工委的要求制定了不同时期的发展规划,年度工作计划,使图书馆工作做到了长计划短安排,按部就班,有条不紊。由于规章制度建设的加强,使省高校图书情报工作的科学管理水平大大向前推进了一步。

1.5 强化教育职能和情报职能

多年来,图书馆工作都在紧紧地围绕着抓业务工作基础整顿,实施标准化、规范化管理,不断拓宽服务领域,主动为院校的教学科研服务,发挥其教育职能和情报职能来进行。许多高校馆采取扩大开架借阅文献范围和数量、延长开馆时间、合理调整馆藏布局、编写书目索引、加强文献资料信息的宣传报道、编印《怎样利用图书馆》、录制《图书馆导向》录像片,编辑出版《大学生与图书馆》专著等多种形式,系统地介绍图书馆的一般知识和获取知识信息的方法与技巧,以及大学生在图书馆内应遵守的行为规范,从各方面来开展对读者利用图书馆的教育,满足师生教学科研的需要,受到了读者的欢迎,收到了明显的效果,使文献资料的外借量有了较大幅度的提高。1997 年全省高校图书馆借阅量为 157.4 万册(份),图书流通率为 17%。此外,山西矿业学院图书馆为大学生开设了书法、摄影等选修课;太原重机学院、华北工学院等图书馆举办了美育、专利、股票、论文写作等知识讲座。为了加强与学生读者的联系,同学生社团建立双向信息沟通和服务关系,不定期召开读者座谈会,评选和表彰优秀读者,山西大学图书馆等开展有奖书评和"我与图书馆"有奖征文活动,这样既加强了图书馆与读者的联系,得到了读者的关心和支持,同时又使学生受到了教育、熏陶和锻炼。

从 1984 年教育部印发《关于在高等院校开设〈文献检索与利用〉课的意见》的通知后发展起来的情报教育,受到各院校和图书馆的重视,选调和配备师资、编制教学计划、编写教材、充实检索工具、建立文检教学实习室等,并逐步由选修课向必修课过渡。太原工业大学、华北工学院、山西医学院、太原重机学院、山西矿业学院、山西农业大学、山西大学、山西财经学院等图书馆对于培养大学生的文献信息吸收能力和情报意识,均收到了良好的效果,同时使图书馆图书情报信息源的开发与传递也进一步得到了提高,而图工委情报专业委员会在开展调研、组织各馆互通情报信息、交流工作经验、促进情报教育的深入开展中起了很好的作用。许多馆建立了情报工作机构,在解答咨询、代检课题、联机检索、跟踪服务、翻译资料、撰写调查报告、编辑出版二、三次文献专题题录、索引、文摘等方面做了大量的工作,取得了突出的成效,如:图工委从 1987 年起每两年组织一次征集二、三次文献和业务建设成果,并开展评比表彰,到 1998 年共进行了 6 次,参评成果共 249 种(件),其中获一等奖 19 项,二等奖 52 项,三等奖 89 项,就是一个最好的例证。

1.6 深化改革促进整体建设发展

1991 年前,全省高校有不少图书馆实行了单项改革,在推行目标管理、岗位责任制、定额或计时管理、劳动优化组合、聘任制等方面做出了成绩,如山西大学图书馆的劳动优化组合,太原工业大学图书馆社科文艺期刊阅览室的责任承包,山西农业大学图书馆流通部的计时定额管理等都将竞争的机制引入了图书馆的科学管理中,收效十分明显。1992 年后,随着我国改革开放的深入发展,省高校图书馆的改革也向纵深发展。在坚持四项基本原则,贯彻党的教育方针的政策指导下,完善主管校院长领导下的馆长负责制,探索建设具有中国特色的社会主义高校办馆路向,本着"转换机制、优化队伍、提高效益、改善待遇"的原则,引入竞争、约束、激励机制,正确运用政策导向,在内部管理体制上进行改革,迈出了较大的步伐,如山西矿业学院、山西大学等图书馆进行馆内行政管理体制改革和人事管理、分配制度改革,实行"五定一聘"即定编、定岗、定职责、定任务、定考核办法和全员聘任制,实行馆内结构工资制,建立健全馆部两级考核制度,这就极大地调动了工作人员的积极性和创造性,有效地把大家的注意力吸引到做好文献信息的收集、整序、开发和传递上来,使图书馆工作出现了生机勃勃的局面,各项工作都开展得有声有色。全省有 14 个高校图书馆及党支部被院校、省高校图工委、省高校工会、省总工会评为"五讲四美"先进单位、文明单位、三育人先进集体、先进党支部。1993 年经省教委推荐山西矿业学院图书馆及山西大学图书馆馆长、图工委秘书长王振华、副馆长邵玲娟和太原重机学院图书馆馆长王永安等同志受到了国家教委全国高校图工委的表彰。1997 年 5 月,省教委对为省高校图书馆事业发展和各馆整体建设做出贡献的山西大学等八个先进图书馆,太原工业大学材料工程学院图书馆流通组等十一个先进部室,和五十五位先进工作者进行了表彰和奖励。

1.7　开展理论学术研究

1983 年,省高校图协创办《山西高校图书馆报》,1985 年图工委成立后将其改为《晋图学刊》,为广大图书情报工作者提供了一个理论研究园地,这就大大激发了大家从事学术研究的积极性,培养锻炼了一支专业理论研究队伍,使省高校图书馆界的科研工作出现了空前活跃的局面。彻底改变了我省高校图书馆学术研究的落后面貌和图书馆传统的借借还还的形象,提高了各馆在校内的学术地位和社会上的知名度。在省教委的支持下,图工委还成功地承办了华北地区高校图协的 1987、1992、1998 三届学术年会。而在北京、天津、河北、内蒙古召开的历届学术年会上,以及全国高校图工委、中国图书馆学会等召开的各种大型研讨会上,大都有本省高校馆的论文作者出席。图工委还多次邀请国内外的图书馆学、情报学等方面的专家学者来并讲学,并组织图书馆同仁前往兄弟省市图书馆、高校图书馆参观学习,交流经验。1996 年 8 月,图工委还选派山西大学图书馆李嘉琳副馆长、太原工业大学蔡中民馆长、山西矿业学院安银海馆长、太原师专张广庸馆长组团参加了国际图联在北京召开的第 62 届 IFLA 大会。图工委及所属各专业委员会、专科学校图书馆协作组还就涉及高校图书情报事业发展和整体建设等方面的重大课题组织讨论,先后举办过各种类型的学术研讨会 10 余次,在理论研究、业务切磋、沟通信息等方面也都发挥了重要的作用,相继召开过文献采访、分类编目、读者工作、期刊工作、情报工作、文检课教学、文献资源建设和网络、自动化建设等学术研讨会,还有许多馆单独召开学术研讨会。随着理论研究的深入开展,取得了丰硕的成果,据不完全统计 1998 年底前在《晋图学刊》上发文共 1382 篇,其中本省高校作者发文 994 篇,占总发文量的 71.9%。在《中国图书馆学报》《大学图书馆学报》等省外图书情报专业刊物和报纸杂志上省高校图书馆同仁有 471 人次,发文 821 篇。有 37 位作者编撰出版专著 47 部、译著 2 部、教材 1 种。1986 年图工委评选出 27 篇优秀论文,对 16 位作者进行了表彰。另外,还有一大批论文被省市图书馆学会、省市科协、国家有关部委评为优秀论文。以上成果有许多已在不同范围、不同程度上在图书馆得到了应用,促进了图书馆管理、业务、服务工作的改进和发展。如计算机、管理软件、网络在图书馆的应用研究,就大大推动了省高校图书馆自动化、网络化建设的进程。

1.8 对省高校图书馆工作开展检查评估

为了进一步加强对省高校图书情报工作的宏观管理和指导，促进图书馆事业的发展，1982 年省高校图协和 1988 年省教委按照《规程》和《意见》的要求，对全省 24 所高校图书馆工作进行了全面检查。检查分两步进行，首先，各院校进行自检，写出书面报告，于 11 月底前交图工委秘书处，同时省教委组织检查组 12 月 4 日至 18 日分赴吕梁、晋南、晋东南、雁北、晋中、太原等地对 13 所院校的图书馆工作进行了重点抽检。教委领导赵美英、李庆生还亲自参加了对山西医学院和山西矿业学院两馆的检查。随后，省教委又于 1990 年 11 月至 1992 年上半年，在图工委的具体配合下，对全省 31 所普通高校图书馆的办馆条件和办馆水平进行了检查评估。首先，依据国家教委教备〔91〕79 号文件《关于开展普通高等学校图书馆评估工作的意见》及《普通高等学校图书馆评估指标体系大纲》，并参照兄弟省市高校开展图书馆评估的经验，结合本省高校图书馆的实际情况，制定了《山西省高校图书馆的评估方案和评分指标》以教委文件的形式下发各院校执行。评估工作经过一年多的院校、图书馆自评和教委专家组检查测评两个阶段，于 1992 年 5 月中旬结束。这次评估受到了各院校领导和图书馆的高度重视，都做了大量的认真的准备工作。根据评估指标体系对照本校馆实际情况，既总结了工作经验，又找出了存在的主要问题和差距，真正做到了边评边改，使评估工作达到了预期目的。评估结束后，各馆又依据专家组的评估意见和建议再次进行了整改。而图工委及时总结了评估中的经验与教训，写出了比较客观全面的书面总结材料，省教委于 1993 年 5 月以专文下发各院校，评估结果是本科院校山西矿业学院、太原重型机械学院达到了甲级馆水平，乙级馆有 5 个，丙级馆 3 个，丁级馆 2 个。专科学校忻州师专达到了甲级馆水平，乙级馆 5 个，丙级馆 2 个，丁级馆 3 个，从评估可以看出，收效是明显的：①省高校图书馆的办馆条件、办馆水平和为教学科研服务的能力得到了进一步的改善、加强和提高，很好地促进了省高校图书情报事业的发展；②使省教委、各院校领导和图工委比较全面地了解和掌握了省高校馆的工作水平和现状；③同时也发现了影响事业前进的障碍图书馆建设的问题和难点，有待今后着力加以研究解决。由于评估工作是首次开展，经验不足，在指标体系和评分标准的设置，以及在评估的方法和实际操作等方面存在不足之处，有待进一步补充、修改和完善。

1.9 自动化建设取得较大的进展

省高校图书馆的自动化建设起步晚，发展慢，1990 年前基本是空白，1992 年山西大学、太原工业大学图书馆引进了日本富士通 K650 小型机及《集成图书馆管理系统》(ILIS)，各安装 10 个终端应用于采编、流通工作系统，不仅使两馆的工作面貌发生了较大的变化，而且也为本省高校图书馆的自动化建设摸索了经验。为了推动自动化建设的开展，省教委和图工委三次召开有关自动化专题研讨会，经大力宣传和组织发动，使省高校馆的自动化建设到九十年代中期之后才有了较快的发展。1995 年山西财经学院、山西经济管理学院等建成图书馆局域网，部分院校在这一时期不同程度地开始了单机在采编或流通或情报检索等工作环节的开发利用。12 月省教委下发了"关于加强高校图书馆自动化建设的通知"，提出了 1996 年至 1998 年在三年内自动化建设的目标和任务。通知要求各高校馆在 1996 年实现新书计算机编目，在三年内实现采编、流通、连续出版物、情报检索的计算机管理，做好与 CERNET 联网的准备工作，并决定在年底组织自动化建设专项评估。省教委的文件受到了各院校领导及图书馆的重视,研究落实措施,制定实施计划和方案,使自动化建设步伐加快,出现了前所未有的百舸争流的好势头,1996年先后有山西矿业学院、山西医科大学、太原师专等十几所院校图书馆相继建成了馆内局域网,并与中国教育和科研计算机网(CERNET)联网,实现了计算机管理,使图书馆在发挥两个职能,为教学科研服务的水平上了一个新的台阶。

1996年12月,图工委下发了"关于进行96年度全省高校图书馆自动化建设检查的通知",要求各馆对自动化建设开展自检。1998年4月,省教委又以"关于印发山西省高等学校图书馆自动化建设评估暂行办法和评估指标的通知"下达各馆,决定从1998年开始,分期分批组织专家组对各馆的自动化建设进行全面评估验收。首批于6月22日至26日,对山西大学、太原理工大学北区图书馆(原太原工业大学)、山西财经大学南校区图书馆(原山西经济管理学院)、山西医科大学、太原师范专科学校图书馆进行了评估,结果五所院校图书馆中有2所未达到合格水平(其中1所为丁级、1所未评分),2所为丙级水平,1所为乙级水平。对于其他院校图书馆自动化建设的评估验收工作将于1999年后半年安排进行。

据统计1997年底省高校图书馆共拥有各类型计算机、服务器168台,以及各种配套使用辅助设备。1998年省教委还投入100万元建设太原地区高校图书馆计算机管理网络系统,以便与中国教育和科研计算机网(CERNET)山西中心网联通,这一工程的实施,将使省城高校图书馆为教学科研,为山西经济建设服务的水平和工作面貌发生一个更大的变化,实现真正意义上的文献资源开发与传递的上网共享指日可待。

1.10　开发文献信息、开展科技服务

为面向省高校的教学科研和社会需求,组织科技文献信息服务,1989年图工委建立了教图公司太原转运站,1993年又成立了山西灵海高校图书馆服务部,由山大、太工、重院、财院、矿院、华工、太原师专等图书馆组成的董事会领导,白手起家,艰苦创业,经过多年来的努力工作,不断扩大经营范围和项目,不仅为省高校图书馆文献资料保障体系建设所需的图书、连续出版物、科技资料的采访、订购、筹办联机编目,以及各种办公用品、设备的供应,而且在创效益等方面都做出了应有的贡献。今后灵海高校图书馆服务部将会在现有基础上开拓进取,获得更快更大的发展,适应各院校教育教学科研和山西省高等教育事业深化改革的需要。

1.11　组织开展省城高校图书信息资源共享

为适应省城高校办学体制改革而成立的省城高校联合体进行联合办学,实现资源共享,发挥优势互补,合理配置资源,深化改革,共同发展的要求,图工委1998年下发《关于实施省城高校联合体图书馆馆际图书借阅规定的通知》,由各馆流通(或阅览)部牵头,组织开展了省城高校图书信息资源的共享工作,而联合体以外的高校馆均可参加,此项工作对拓宽高校馆际之间的联合协调采购、编制联合目录、资源共享产生了积极的推动作用。

2.21世纪省高校图书馆事业发展瞻望

高校图书情报事业是高等教育事业的重要组成部分,21世纪是信息时代,随着世界科学技术迅猛发展,信息技术不断更新,信息载体日趋多样,信息量急剧增长,山西省高校图书情报事业的发展和图书馆整体建设应具有较强的科学管理能力和完善的现代化管理方法,以加强专业队伍建设为核心,以提高文献信息保障率为前提,以文献情报计算机网络和数据库建设为手段,构建一个联合、开放、电子化的文献信息服务体系。这样就能进一步把山西省高校图书情报事业和高校图书馆建设成具有中国社会主义特色的,与山西能源重化工基地经济建设和高等教育发展相适应的,充分发挥教育职能和情报职能,为院校教学科研产业服务的多功能的文献信息中心,并面向全国发挥有特色的山西地区文献信息资源基地的辐射作用。

为此,应重点做好以下几方面的工作:①制定2001至2010年山西省高校图书情报事业发展规划,及分期实施计划和具体措施;②加强领导,加大投资力度,进一步提高高校图书馆的科学管理水平;③加强社会主义精神文明建设,使图书馆成为精神文明的窗口和爱国主义教育基地;④加强业务基础建设,积极推进现代图书馆工作标准化、规范化;⑤加快自动化、网络化管理系统建设,建立整体化、自动化、网络化、数字化的现代文献信息保障体系,实现资源配置的合理化和共享;⑥加强队伍建设,深入开展专业人员继续教育,提高工作人员整体素质;⑦加强情报信息和文献探索教育,发掘文献情报源,拓展服务领域;⑧加强理论研究,扩建省高校图书馆界学术检索、研讨和交流氛围;⑨加强图工委对全省高校图书情报工作协调、咨询、研究和业务指导的职能,推动事业向前发展。

在世纪之交的今天,以上仅就党的十一届三中全会以来,山西省高校图书情报事业发展的历程和取得的主要成效,从若干侧面进行了简要的回顾和总结,其目的在于展望和面向未来。为谋求事业更快、更高、更大的新发展,我们省高校图书馆界全体同仁应清醒地看到肩负的光荣使命和艰巨的任务,要抓机遇、迎挑战、起宏图、争朝夕,在省教委、高校图情工委和各院校领导的大力支持和指导下,团结一致,齐心协力,顽强拼搏,开拓进取,再铸辉煌!

〔说明:本文中所引用的数据和参考文献均见在历届省高校图书馆工作会议上领导讲话、文件、总结材料,图工委秘书处简报、简讯报道等资料。〕

务实创新　开拓进取
——为《晋图学刊》创刊十五周年而作
裴成发

《晋图学刊》自1985年创刊以来,已走过了十五年的发展里程。回首往事,自她诞生之日起,就以立足山西,面向全国,繁荣学术,指导实践,为图书情报事业发展做贡献为宗旨。十多年来,她始终遵循这一宗旨,一步一个脚印朝着既定的目标奋进。至今她虽然没有过恢弘的年华,但也有一定的成就,在图书情报学刊物之林有了自己的一席之地。这些成就的取得首先应归功于广大读者的支持与关心;归功于图书情报领域广大作者的厚爱;归功于图书情报界刊物同仁的关心与合作。此外在这里,我们也应感谢为我们刊物的创办而四处奔波的人们,感谢为刊物发展作出过很大贡献的前几届编委及前两任主编柴作梓教授和冯锦生教授。

《晋图学刊》十五年来,同时坚持以质量取信于读者。从我刊发文的作者看,既有图书情报学界专家、学者,也有学科领域初出茅庐的新星;既有博士与硕士,又有图书情报实践界的普通工作者,且有相当一部分作者在我刊发表了处女作。

十五年来,我们除了组织好稿源外,在刊物栏目、编排等方面,也做了一些工作。一是栏目设置体现特色,我们先后开设了"学人传""世纪回眸""博士论坛"等。在"学人传"栏目中,先后发表了30多位图书情报学领域专家学者的传记;"世纪回眸"栏目中,先后发表了图书情报学基础理论、文献分类、目录学、情报检索、情报学等方面的成果;"博士论坛"栏目中已发表了国内一批博士的论文,其中武汉大学、北京大学和南京大学的博士们对我刊给予了大力的支持。这些栏目的开设,尤其是一大批优秀成果的发表,使她在学科领域引起了较大的影响。

进入九十年代,她得到了较快的发展,1994年我刊被《乌利希国际期刊指南》收录,在我国图书情报学刊物中是较早被收录的;九十年代以来我刊所载文章被《人大报刊复印资料》转载的数量明显增加,期平均3篇左右;目前我刊已成为《中国学术期刊(光盘版)》的来源期刊。

世纪之交,图书情报事业如何发展?图书情报学学科如何建设?图书情报学专业人才又如何培养?图书情报中心究竟又如何实现数字化建设等等,均是人们关注的焦点,为此,她将会一如既往,积极围绕这些问题展开广泛的研讨,为新世纪我国图书情报事业的发展尽心尽力,尽职尽责。

注:本文作者为《晋图学刊》主编。

十五年前……
——为纪念《晋图学刊》15周年华诞而作
冯锦生

十五载辛勤耕耘,十五载春华秋实,沿着社会主义建设的前进大道,伴着改革开放的强劲东风,在新世纪第一个硕果累累、处处飘香的丰收季节里,迎来了《晋图学刊》创刊十五周年的美好日子。

十五年,在历史的长河中仅仅是短短的一瞬,但对一份地方性的学术期刊而言,她毕竟已经历了5475个日日夜夜。

十五年前,根据山西省高校图书馆工作委员会(下简称"图工委")的决定,要在原《山西高校图书馆报》的基础上创办一份图书情报学的期刊。1985年7月3日上午,我受"图工委"之邀。参加了筹划创刊工作的第一次会议。地点是在太原工业大学旧图书馆楼的一间办公室内。会议由当时的"图工委"副秘书长、太原重型机械学院图书馆馆长王永安同志与"图工委"学术组组长、山西矿业学院图书馆的安银海馆长主持。与会者还有柴作梓、刘宛佳、谢华才、邹春云、杨兰、芦建生、刘景钊与王俊霖等同志。会上就刊物的正副主编与编委的人选进行了商讨。后经"图工委"审批,最后确定了刊物的第一届编委会成员,名单如下:

主　编:柴作梓

副主编:刘宛佳(负责常务工作)、冯锦生

编　委:谢华才、邹春云、宋其兰、刘景钊、芦建生、许翔、刘永胜、李银生

编辑部设在"图工委"秘书处的所在地——太原工业大学图书馆。

7月12日,本刊第一次编委会在编辑部召开。在讨论刊名的问题上,有的认为仍用初拟名:《山西高校图书馆》,有的建议为《山西高校图书馆学报》,最后,我提出是否称《晋图学刊》为好?一来刊名简略;二来其内容可突破高校图书馆的范围,得到了大家的赞同。并请刘永胜同志设计封面(后由关荣昌教授作了加工)。会上还确定了编辑部由刘宛佳、宋其兰

（编辑部办公室主任）与王俊霖组成。日后又增添了米东华同志。

8月1日，我受"图工委"之托，着手起草《晋图学刊》发刊词，并在10月9日的编委会上连同准备发表在"创刊号"上的文稿，一并作了最后审定。

12月15日，由山西省教育厅主管、省高校图工委、省图书馆学会主办，计有112页内容的《晋图学刊》的创刊号终于出版与广大读者见面了！它的诞生确实给我省图书馆界的同志带来了无比的喜悦！

十五年过去了！我们仍然忘不了为这份学刊的孕育、诞生而付出了辛勤劳动的第一届"图工委"编委会与编辑部的同志们，尤其是早已光荣退休的老图书馆员、本刊第一任常务副主编刘宛佳女士。她比我们付出了更多的心血。我们也忘不了当时的太原工业大学图书馆馆员、山西省高校图工委的第一任副主任委员兼秘书长关荣昌教授，是他热情而积极的支持，甚至参加我们的创刊活动。我们更不会忘记，在这份刊物的第一期上，当时的文化部图书馆事业管理局鲍振西副局长、全国高校图工委肖自力副秘书长、山西省文化厅荀子仪副厅长、山西省教育厅赵美英副厅长等领导同志发表了热情洋溢的贺信、题词或文章，表达了他们对本刊的重视、关怀与爱护。

这份刊物历经八届编委会、编辑部同志们与广大作者们的十五年辛勤耕耘，特别是得到了我国图书情报学界享有盛名的专家、学者，如：皮高品、周文骏、彭斐章、来新夏、陈誉、黄宗忠、严怡民、白国应、张琪玉、孟广均、倪波、吴慰慈、王崇德、黄俊贵、谢灼华、张德芳、江乃武、王万宗等先生们的大力支持，他们或亲自为本刊撰稿，或请他人为自己撰写并寄来学术传记，从而使本刊的内容熠熠生辉。

十五年来，本刊从一份很不成熟的内部刊物进而成为如今这样一份已连续出版64期（含增刊）。发表了600多万字文稿，已立足山西，影响全国，本刊内容已录入《中国学术期刊》（光盘版）和"中国期刊网"，并被录入世界著名的《乌利希国际期刊名录》的学术性刊物，初步实现了十五年前在本刊"发刊词"上所提出的——为迎接以信息产业为中心的新技术革命的到来，为研究高校图书馆在新时期工作规律与工作特点，为大力加强图书馆的各项基础工作，普及与提高图书馆学、情报学的新知识与研究水平，为培养与发掘图书情报领域内的各种人才，以促进我省图书馆事业的发展的办刊目的。这是值得我们欣慰的。当然，任重而道远，在未来的办刊征途中还会遇到很多困难，还需要我们不断地去克服自身的不足之处，但我坚信这份刊物一定会越办越好。

祝《晋图学刊》在新世纪取得更大成绩！

注：本文作者为本刊第二任主编、现名誉主编。

山西省高校图书馆发展状况调查与分析

晋晓强　贺培凤

近几年来，高校信息化、网络化建设推动了图书馆各方面的发展与建设。我省高校图书馆为了适应新形势的要求，在人员结构、经费投入、自动化建设等方面均有较显著的进步，但尚存很多问题。笔者就此对山西省部分高校图书馆进行了调查分析，试图发现问题，解决问题，推动我省高校图书馆的发展。

1. 资料来源

对山西省具有代表性的 8 所高校图书馆 1996—2000 五年内的人员总数及其结构、年经费、馆藏总量、自动化建设状况等几个项目分别进行了调查。调查以填表形式进行，数据来源可信、真实。

2. 调查结果（表 1—表 5）

表 1　经费　　　　　　　　　　　　　　　　　（单位：万元）

名称　　　　年代　　　　经费	1996	1997	1998	1999	2000
山西大学	71	89	84.75	99	130
太原理工大学	115.5	105	120	120	186
山西农业大学	31	35	32	32	55.28
山西师范大学	29	29	30	30.5	89
山西医科大学	29	35	40	108	115
山西财税专科学校	30	27	38	38	44
吕梁高等专科学校	8.3	11	11.5	21	69.4
大同医学专科学校	7.3	7	7	8	7.5
合计	321.1	338	363.25	456.5	696.18

表 2　馆藏量　　　　　　　　　　　　　　　　（单位：册）

名称　　　　年代　　　　馆藏	1996	1997	1998	1999	2000
山西大学	1480000	1500000	1520000	1550161	1566000
太原理工大学	1360000	1371000	1380000	1391000	1420000
山西农业大学	520000	530000	540000	543300	552800
山西师范大学	790000	800000	804000	860000	890000
山西医科大学	367000	370000	381000	408682	429100
山西财税专科学校	160000	180000	200000	200000	210000
吕梁高等专科学校	175000	180000	210000	210000	218000
大同医学专科学校	120000	130000	130000	160000	160000
合计	4892000	4961000	5065000	5193143	5315900

表3　计算机数量　　　　　　　　　　　　　　　　　（单位：台）

名称＼年代＼数量	1996	1997	1998	1999	2000
山西大学	16	42	95	115	124
太原理工大学	8	12	45	53	168
山西农业大学	7	29	30	30	36
山西师范大学	8	8	8	27	27
山西医科大学	8	18	23	47	91
山西财税专科学校	5	10	15	15	16
吕梁高等专科学校	3	4	14	14	34
大同医学专科学校	3	3	3	3	3
晋中师范专科学校	2	2	2	2	21
晋东南师范专科学校		9	16	41	41
合计	60	137	251	347	561

表4　自动化建设状况

单位＼内容＼项目	光盘数据库种类／是否上网	上网方式	局域网开通时间	局域网管理系统	特色数据库	电子阅览室座位	镜像
山西大学	没上网 6种	CERNET	1997.6	北京邮电	1个	69	有
太原理工大学	上网 8种	CERNET	1999.12	Horizon	无	64	有
山西农业大学	没上网 4种	拨号	1997.10	博菲特	无	20	无
山西师范大学	没上网 1种	CERNET	1999.12	博菲特	无	无	无
山西医科大学	上网 13种	CERNET	1997.5	息洋	1个	64	有
山西财税专科学校	没上网 1种	无	1999	博菲特	无	无	无
吕梁高等专科学校	没上网 2种	CERNET	1999	博菲特	无	30	无
大同医学专科学校	没上网 1种	无	无	无	无	无	无

表5　人员状况

名称	年代	人数	高（人）	高（%）	中（人）	中（%）	初（人）	初（%）	无（人）	无（%）
山西大学	1996	92人	6	6.5	30	32.6	23	25	33	35.9
山西大学	1997	90人	7	7.8	34	37.8	21	23.3	28	30.4
山西大学	1998	95人	8	8.4	30	31.6	23	24.7	34	35.8
山西大学	1999	94人	8	8.5	30	32	23	24.5	33	35
山西大学	2000	97人	10	9.7	29	29.9	15	23.7	39	36.1
太原理工大学	1996	79人	6	7.6	20	25.3	26	33	27	34.1
太原理工大学	1997	82人	7	8.5	25	30.5	27	32.9	23	28
太原理工大学	1998	128人	14	10.9	49	38.3	36	28.1	29	22.9
太原理工大学	1999	130人	15	11.5	52	40	31	24.2	32	24.6
太原理工大学	2000	133人	17	12.8	54	40.6	32	24.4	30	22.6
山西农业大学	1996	46人	5	10.9	16	34.8	10	21.7	15	32.6
山西农业大学	1997	45人	5	11.1	11	24.4	11	24.4	18	40
山西农业大学	1998	49人	7	14.3	13	26.5	11	22.4	18	36.7
山西农业大学	1999	49人	7	14.3	13	26.5	11	22.4	16	32.7
山西农业大学	2000	50人	9	18	13	26	10	20	18	36.3
山西师范大学	1996	45人	2	4.4	11	24.4	4	8.9	28	62
山西师范大学	1997	46人	2	4.3	21	45.7	12	26.1	11	23.6
山西师范大学	1998	46人	2	4.3	22	47.8	11	23.9	11	23.9
山西师范大学	1999	57人	3	5.3	21	36.8	10	17.5	23	40.3
山西师范大学	2000	61人	5	8.2	22	36.1	18	29.5	16	26.2
山西医科大学	1996	29人	3	10.3	11	37.9	8	27.6	7	24.1
山西医科大学	1997	26人	3	11.5	12	46.2	11	42.3		
山西医科大学	1998	27人	2	7.4	12	44.4	11	40.7	2	7.4
山西医科大学	1999	26人	2	7.7	13	50	10	38.5	1	3.8
山西医科大学	2000	29人	2	6.9	14	48.3	12	43	1	3.4

续表

名称＼人员	1996 高	中	初	无	1997 高	中	初	无	1998 高	中	初	无	1999 高	中	初	无	2000 高	中	初	无
山西省财税专科学校	1/7.1	9/64.3	1/7.1	3/18.3	1/7.1	9/52.9	2/11.8	3/18.3	/8	12/70.6	2/11.8	3/18.3	/	12/70.6	2/11.8	3/18.3	1/7.1	11/64.7	2/11.8	3/18.3
（人数）	14人				17人				17人				17人				17人			
吕梁高等专科学校	1/3.6	2/7.1	12/42.9	13/46.4	1/3.6	2/7.1	13/46.4	12/42.9	/	2/7.4	13/48.1	12/44.4	/	5/18.5	13/49.8	9/33.3	/	7/28	2/8	6/24
（人数）	28人				28人				27人				27人				25人			
大同医学专科学校	2/8	7/28	11/44	5/20	2/8	7/28	11/44	5/20	2/8	7/28	11/44	5/20	2/9.5	5/23.8	9/42.9	5/20	2/10	4/20	8/40	6/30
（人数）	25人				25人				27人				21人				20人			
合计	26/7.3	106/29.6	95/26.5	131/36.6	28/7.8	121/33.7	108/30	102/28.4	35/8.5	147/35.9	118/28.5	114/27.5	37/8.8	151/35.9	109/25.9	122/29.4	46/10.6	154/35.6	117/27.1	115/26.6
（人数）	358人				359人				414人				421人				432人			

注："高""中""初"和"无"均指专业技术职称，具体数字为人数和人数百分比例。

3. 分析

从8所院校图书馆调查的统计结果来看,山西省高校图书馆的总体发展状况在近五年处于不断上升的趋势。不过我们在看到山西省高校图书馆发展的主流和成绩的同时,也发现许多问题,引起了笔者的思考。

3.1 经费与藏书量

从经费投入来分析,这8所院校从1996年321.1万元增加到2000年的1152.68万元,五年内增加了3.6倍,特别是1999年至2000年之间增幅较大,从456.5万元增加到1152.68万元,一年内增加了2.5倍。这说明图书馆的建设愈来愈受到省教委与各高校领导的重视,从投入上给予很大的支持,对图书馆发展产生了直接的至关重要的影响(见图1)。另外,经费投入的逐年增加导致了馆藏量的逐年增加,1996年8个馆共有馆藏4892000册,2000年增至5315900册,五年内增加423900册,其中仅1998—2000两年内就增加250900册,这从另一侧面说明1998—2000是我省高校图书馆藏书建设发展速度较快的两年(见图2)。

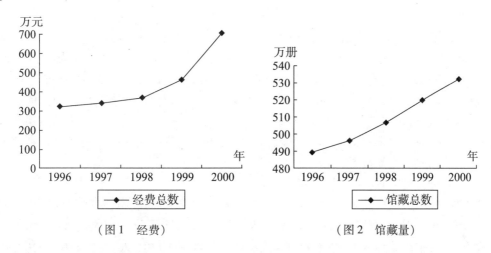

（图1 经费）　　　　　　　　　　　（图2 馆藏量）

表面上看,经费涨幅不小,特别是1999—2000年之间,2000年的经费是1999年的2.5倍,馆藏量由此也增加了许多。但透过现象去分析,笔者发现这种增加并不让人乐观:书刊连年不断的涨价,在校读者的成倍增加,给图书馆带来了很大压力,在这种重压面前,这样的投入与增加就显得微不足道了(和国家教委颁发的图书经费为高校事业费的5%,年生均应有5册书的要求相比均有很大差距)。经费的投入远远不足,馆藏建设也由于历史的欠账和目前的投入不足还面临着严峻的困难。

3.2 自动化建设

通过对5所老本科和5所地方大专学校图书馆计算机数量的调查与统计,可对我省高校图书馆自动化建设有初步的了解。10所院校1996年共有计算机60台,到2000年共有计算机561台,5年内增加了9.4倍。1998—2000年内增幅较大,其中5所本科院校的增加速度较专科院校显著(见图3)。

这说明一方面自动化建设在硬件方面有了一定的基础并已初具规模,另一方面专科院校在自动化建设方面仍然存在投入不足、发展缓慢的现象。我们从表4中也看到8所院校中有7所建有自己的局域网,5所院校与教育网联通,馆内设有不同座位的电子阅览室,8所院校共有近 30 种光盘数据库,并有两所院校建立了自己的镜像站,这说明山西高校自动化建设已进入了一个新的发展时期。不难看出像山西大学、太原理工大学、山西医科大学这几所老本科院校在山西高校图书馆自动化建设与发展中发挥了举足轻重的作用。一些专科院校,如晋东南师专、吕梁高专等,虽然起步较晚,但发展较快,在专科院校中具有代表性。

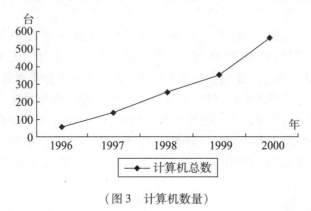

（图3　计算机数量）

但通过调查也看出,就我省图书馆自动化建设而言,虽然计算机有了一些数量,但基本处在基础建设阶段,深层次的挖掘与高层次的服务仍然很薄弱,特色数据库只有一个,许多学校没有上网或上网方式很落后,即使上网的学校也有许多数据库不能在网上共享,由此看来,山西省网络化建设还处在初级阶段,专科院校在这方面表现得尤为突出。像大同医专这样的专科学校自动化建设基本没有起步,晋中师专正在建局域网,其他的院校虽然建有自己的局域网,有些原文数据库也送上了校园网,但全省的网上资源共享问题还没有得到合理的解决,由于数据库的重复购置,也造成了一些资源的浪费。

3.3　人员建设

从人员状况看,高校图书馆的从业人员不断增加,内部结构也朝合理的方向发展,高级职称从 1996 年的 26 人增加到 2000 年的 46 人,增加了 3.3 个百分点,虽然增幅不大,但可以说是稳步增长;中级职称从 1996 年的 106 人增加到 2000 年的 154 人,增长了 6 个百分点;初级职称从 1996 年的 95 人增至 2000 年的 117 人,增加了 0.6 个百分点;无职称的人员从 1996 年的 131 人减少至 2000 年的 115 人,减少 10 个百分点(见图4)。人员增长表明山西省图书馆事业后继有人。中、高级人员指数增长幅度较大,无职称人员指数下降明显,表明

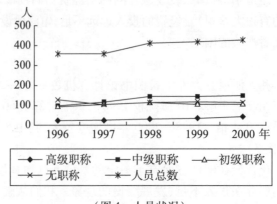

（图4　人员状况）

我省高校图书馆从业人员中具有职称者日趋成为主流。人员素质在近几年有了较大的改善。这就为图书馆事业的建设打下了一个较好的基础。

但调查还表明:人员素质虽有改善,但总体素质普遍较低,不能适应未来社会对图书馆事业的要求。到 2000 年八所高校图书馆 432 名职工中才有 46 名高级职称,其中有一半已是老龄化;硕士以上学历 6 人;无职称、初级职称 117 人,占人员总数的 27.1%。无职称者虽然从 1996 年的 131 人减至 115 人,但仍占 26.6%。这样,低职称或无职称者仍有 232 人,占总人数的 53.7%。人员结构的这种状态,对今后图书馆服务质量的提高、服务内容的拓宽等方面均有制约影响(见表 5)。

通过对山西省内高校图书馆发展状况的调查与分析,笔者认为,我们应具有一个客观的、实事求是的态度,具有挑战自我、战胜困难的决心,具有瞻前、开拓的意识,具有虚心学习的精神。从山西高校图书馆事业发展的宏观角度,实施切实可行的方法,改善内部与外部环境;从人员素质的提高入手,结合引进与培训相结合的方法,强化内部管理,极大地发挥人员的主观能动性;通过改善服务环境、服务内容,提高服务质量,去营造好的外部环境,赢得学校的理解与支持,以此加速高校图书馆建设的步伐。这也是笔者进行这项研究的初衷。

山西省高校图书馆网站的建设现状与发展思路

赵晓洪　艾　冰

随着信息技术的快速发展及其在图书馆工作中的广泛应用,图书馆界正在经历着由新技术带来的新观念、新定位、新模式、新服务的洗礼,这是一次前所未有的巨大变革。自上世纪九十年代中期开始,我省高校图书馆借自动化系统评估的推力,经业界同仁的艰辛付出,图书馆自动化建设得到了长足发展。进入新世纪后,我省高校图书馆紧跟技术发展步伐,积极开展网络环境下的数字图书馆建设,在原有系统平台的基础上,适时更新软、硬件配置,引进各类电子信息资源,不断加强区域性合作,纷纷建立了各自的图书馆网站。能有这样的局面应该说是令人欣喜和鼓舞的。但是,就目前网站的建设现状来讲,与真正意义上的"数字图书馆"或"网上图书馆"还有相当长的一段距离,还有许多方面需要我们不断改进和完善,这也正是本文在此之所以取用"网站"一词而不采纳"数字图书馆"表述的主要原因。笔者在网上对我省十余所高校的图书馆网站进行了访问调查,并有选择地比较了近百家国内主要的图书馆站点。下文暂且不谈技术实现等问题,仅以访问调查为基础,从几个侧面就我省高校图书馆网站的建设现状谈一些粗浅的看法,并对其发展提出一些思路和建议,希望能给同仁一些借鉴,为我们共同的事业尽微薄之力。

1. 当前我省高校图书馆网站的建设现状

1.1　网站的内容基本上体现出传统图书馆的形象、功能与服务内容

在被访问调查的绝大多数图书馆网站的主页上都有传统图书馆的景观图片,设置了最新动态、本馆概况、读者指南、服务项目、新书推荐、书目查询、电子资源等栏目,有一定系统基础和实力的站点还提供了续借、预约与视频点播等功能,构架了图书馆基本的数字化形象,在网上体现出传统图书馆的形象、功能和服务内容。

1.2　网站的文献资源初具规模,分布格局基本形成

图书馆网站的宗旨是让用户足不出户就能通过网络来使用图书馆资源。正是全文数字化

文献资源这部分内容才真正造就了图书馆网站的本色,使之区别于其他信息网站,拥有它固定的一批用户,在互联网上占有一席之地。目前我省高校图书馆的文献资源现状主要体现如下:

1.2.1 馆藏书目信息资源得到充分展现。我省大多数高校图书馆已对原有自动化管理系统进行了升级改造,在各自的网站上提供了馆藏书目检索利用的用户接口,从而为读者便捷地利用馆藏文献资源提供了新的途径。

1.2.2 中文全文文献资源格局初步形成。我省高校图书馆网站在全文文献资源建设上基本能够根据各高校及自己馆藏的特色,同时结合各自的经济实力进行合理化布局。山西大学和太原理工大学图书馆网站是以综合性见长,山西财经大学、山西医科大学等高校图书馆网站又以学科体现特色,这样既相互借鉴又互为补充,既保障完备又经济高效,初步形成了我省高校图书馆网站全文文献资源建设格局。全文电子图书以引入书生之家电子图书、超星中文电子图书、方正 Apabi 电子图书为主。这些全文电子图书在我省高校图书馆网站中都拥有多家用户。全文电子期刊以引入万方数据和清华的中国学术期刊为主。其中,清华的中国学术期刊收录全文期刊 3500 多种,在全国各大城市建有镜像站点,在我省的太原理工大学图书馆也建立了其镜像站点。从集成化这个角度讲,它覆盖了 60% 的专业面,很大程度上解决了图书馆网站的文献资源问题,但其功能和服务尚有一些缺陷。万方数据的全文期刊也已达到 2000 多种,它还提供《中国科技成果库》《中国学位论文库》《中国学术会议论文库》《中国国家标准》《中国企业、公司及产品库》等,在我省高校图书馆中,山西大学和太原理工大学的图书馆网站提供了该系统服务。另外,重庆维普公司的中文期刊全文数据库以及慧科中文报纸在国内用户中也享有数据质量与服务好的声誉,但由于其市场工作稍迟了一步,所以在我省高校图书馆网站并不多见。

1.2.3 外文全文文献资源显得贫乏。目前在我省高校图书馆网站上,提供国外全文文献资源的为数不多,主要原因在于版权和资金的制约。得到国家和省重点支持的高校,其图书馆网站提供了相应学科的外文全文文献资源,如太原理工大学图书馆网站提供了 EiVillage、《Nature》、EBSCO 等;还有相当多的高校图书馆网站是没有财力来提供该类资源的。

2. 我省高校图书馆网站建设存在的问题

2.1 网站的服务模式单一,访问用户有限

目前我省绝大多数的高校图书馆网站还仅提供简介、指南、书目查询以及个别较有特色的信息浏览,服务模式显得单一,没有充分利用国际互联网交互性的先进功能为用户提供服务,更没有一个网站能像中科院文献情报中心或上海图书馆网站那样为用户提供定题跟踪和 E-mail 发送新书报刊目次的新颖服务模式。

笔者是于 2002 年 9 月 6 日 9:00 依次对省内十余家高校图书馆网站中文主页上各自的计数器进行了记录,根据记录统计分析,仅有 3 所高校的图书馆网站访问人次数超过或接近 10 万,有相当多的网站的访问量还很低,且来自校外的访问用户较为有限。由于我省高校图书馆网站拥有各自较稳定的师生用户群,其访问量还是相对高于省内的公共图书馆网站,但仍远低于国内著名高校的图书馆网站,这说明网站的推广工作还有待加强。

2.2 虚拟馆藏建设不到位,资源利用深度不够

我省高校图书馆网站都有一些链接,但有相当一部分链接的是网络门户站点或搜索引擎,而具体链接学术性图书和期刊网站或专业学科站点的并不多。这本来是图书馆网站数字化文献资源建设最省钱省力的捷径,但大家却没有很好地珍惜利用。相比之下,搜狐网站

下链接的科技期刊则多达 2200 多种。从另一个角度看,高校图书馆在网络世界的地位正受到严重的威胁。

另外,对网上丰富的信息资源,我省高校图书馆网站在开发利用上还很不够。网络环境下,高校图书馆是将读者与信息资源联系起来,帮助读者搜寻和利用信息资源的机构。广泛搜集相关学科的信息网址,把分布在网上的各个节点科学整序是图书馆的一项基础性工作,可采用主题窗口、信息分类或数据库的方式为读者提供服务。目前,这在我省的高校图书馆网站还很少看到,对网上信息资源深度挖掘,自主组织开发的专题文库就更不多见。

2.3 网站的层次总体落后,技术人才缺乏

根据笔者统计,目前在我省高校图书馆网站中,拥有独立服务器和网址且依靠自己的技术人员独立开发建设的仅有 5 所,大多数图书馆网站是依托本校的网络中心,没有自己独立的服务器和网址,还有的仅是在本校主页上简单地提供几个页面链接,更没有这方面的专业技术人员。除了为数不多的几个大馆网站能跟上国内的发展步伐外,从总体上看建设层次还较落后,技术人才严重缺乏。

3. 我省高校图书馆网站的发展思路

从资源的角度看,高校图书馆也算得上重要的信息机构,为什么自己做不出像万方数据数字化期刊那样的资源?为什么它就推不出像网易那样的网站?当然,网站名牌效应的背后要有强大的资金和人才支撑,而我省高校图书馆一年的经费才有多少?把高校图书馆网站与商业网站相比较,似乎太不实际。但是笔者认为有一些成功网站的模式和手段是值得我们去借鉴的。高校图书馆属服务性机构,从低要求上维持一个网站并不难。但是,如果不去考虑发展,哪怕它是千辛万苦建立起来的,也很快就"形存实亡",被遗弃在互联网世界的角落里。下面就我省高校图书馆网站的发展思路提出几点建议。

3.1 特色资源应成为我省高校图书馆网站的亮点

各高校图书馆网站可以结合自己的馆藏特色以及网络用户对本学科乃至社会、经济和科技等热点信息的需求,开辟特色阅读、特色服务等栏目,如专业期刊目次、四、六级英语考试题库、教学参考资料数据库、专家学者数据库等,这些信息数字化上网工作可称得上是高校图书馆网站资源建设的"超平快"项目,是高校图书馆有限的人力物力可行的。它们可以构成高校图书馆网站上的一个个亮点,使之打破简介加书目的沉闷格局,以吸引更多、更广泛的读者。在条件成熟时,还可考虑与信息企业合作,共同开发信息产品,向读者提供高技术含量、高附加值的增值信息服务,以增加收入,从而解决网站建设经费不足的问题。

3.2 网上信息资源的开发利用要做到集成化

搜狐引擎链接了 2200 多种科技期刊,相比之下,图书馆网站的虚拟资源建设确实相形见绌,也反映出图书馆在互联网世界中的地位受到挑战。我们要发挥自己的职业优势,把文献资源这块阵地夺回来。目前我省高校图书馆网站也有一些国内外的书、报和刊的资源链接,但数量还太少,而且没有及时更新和补充。网络世界与现实世界一样存在竞争,"逆水行舟,不进则退",我们要常常改进我们的工作。虚拟馆藏的建设,应由简单的列表链接,发展到集成服务系统,一方面要制定规模目标,做到"准、新、全";另一方面要把有关的信息建成数据库,以搜索引擎的机制提供给用户查询。针对目前我省图书馆网站西文文献资源少的状况,应加强对国外文献资源的引进和开发,除了链接、数据库查询外,还要提供中文简介和使用说明等信息。

3.3 加强专业人才队伍建设,增大网站的推广宣传力度

高校图书馆网站建设要求专业人员不仅应具有扎实的图书情报知识,还应具备深厚的计算机技术、网络技术、多媒体技术的功底。如果没有一个这样的技术团队来支撑,高校图书馆的网站就很难得到发展。为此,各高校图书馆应积极地从两方面入手:一是根据条件培养现有的技术人员,增加技术馆员的比重,为他们提供学习机会,不断提高其技术水平;二是加大人才引进的力度。

古人云:"酒香不怕巷子深",而现代人曰:"酒香也要勤吆喝"。当今社会的广告信息无处不在,无孔不入。"网络"这个高雅洒脱的新生事物也落入俗套,一方面在传统媒介上出现的广告越来越多,另一方面,网上的推广技巧也五花八门,层出不穷。高校图书馆网站是服务机构,花钱买广告的商业行为没有条件也还没有需要去做,但是不花钱的网上推广技巧是值得我们借鉴的。在市场经济与体制改革的紧迫环境中,高校图书馆也要居安思危,学会提高自己、推销自己。当前访问用户数量少是个突出问题,只有从建设、服务和推广等多方面提高网站的用户数量,才能在网络世界中生存与发展。

3.4 统一规划我省高校图书馆网站建设,制定相应的评估指标体系

高校图书馆对网络信息资源的开发、利用、服务涉及许多方面的因素,我省有关部门应在统一规划的基础上,尽快制定出一套对现阶段图书馆网站建设有指导性的方案,使重点院校和一般院校的图书馆网站建设都有一个较为明确的发展目标和方向定位,从而做到重点推进,分步实施,分工合作,以避免重复建设,浪费资源、经费等现象的发生。

与此同时,还可借鉴图书馆自动化系统评估的经验,制定出我省高校图书馆网站建设的评估体系和具体指标,以促进我省高校图书馆网站建设的良性发展,从而加快向数字图书馆迈进的步伐。

高校图书馆网站的发展具有与其他网站相同的共性,也有自己的个性。本文所述的观点多是寓共性于个性之中启发而来,意在抛砖引玉。让我们开拓思路,用更多的尝试和努力改变目前的现状,建设出更受用户欢迎的我省高校图书馆网站。

参考文献:

[1] 黄群庆.图书馆网站建设.广东省科技图书馆. http://www. stlib gd. cn.
[2] 顾莲华等.高校图书馆的网络化信息服务.情报杂志,2002(7).

参考网址:

[1] 北京大学图书馆. http://www. 1ib. pku. edu. cn.
[2] 山西大学图书馆. http://www. lib. sxu. edu. cn.
[3] 太原理工大学图书馆. http://www. 1ib. tyut. edu. cn.
[4] 山西财经大学图书馆. http://www. 1ib. sxufe. edu. cn.

改革·发展·创新
——为《晋图学刊》创刊 20 周年而作
裴成发

20 世纪 70 年代末,在中国大地上掀起了改革开放的浪潮,处处呈现出气势多蓬勃,山河

万象新,万众齐欢颜,神州写新篇的局面。《晋图学刊》正是在这种社会大背景下,顺应社会发展的潮流,为繁荣图书情报学,推动山西乃至全国图书情报事业的快速发展,应运而生。《晋图学刊》自诞生之日起,就以他探研学术、指导实践、交流经验、培养新人为宗旨。

回顾20年来《晋图学刊》的发展里程,既有艰辛,又有欣慰。即使在刊物编辑人员有限,经费不够充足的条件下,历届主编、编委从不懈怠、坚持、努力、团结、拼搏,使刊物在这样一个区位优势不明显、本土作者队伍仍显单薄、本区域同行专家相对较少的基础上,大家齐心协力,使本刊从一个弱不禁风的小苗,逐渐发展成为被国内外同行所时时关注的具有一定影响的刊物。这些与刊物全体同仁的努力是分不开的。我记得丁肇中先生曾指出"任何科学研究,最重要的是要看对于自己所从事的工作有没有兴趣,换句话说,也就是有没有事业心,这不能有丝毫的强迫。许多人从事科学研究的时间并不长,而接连出成果,我认为很重要的原因是他们有事业心。"因此,在这里我仍然要对本刊的历届主编、编委以及现任编委和编辑部所有同志表示深深的谢意。

多年来,我们力求务实、创新与发展。在作者队伍的培养方面,刊物诞生之初,我们主要立足山西,培养自己的作者队伍,经过几年的探索与实践,在山西本土上形成了一批具有一定研究能力的核心作者队伍,目前仍然有一批人活跃在图书情报学研究领域。随着时间的推移,我们将重点转移到全国范围,逐渐和北京大学、武汉大学等国内知名高校的图书情报学专业建立良好的关系。诸多高校的师生为本刊赐稿,使我刊的稿源充足,在此谨向曾经支持、关注、指导本刊发展的领导、朋友、同事和所有的人们表示真挚的谢意。在刊物的栏目设置方面,逐步从图书情报学理论、图书情报实践向社会信息化方面转向;在研究内容方面,我们仍然始终坚持"事莫明于有效,论莫定于有证(王充)"不仅注重学科领域中新的思想、方法、理论等方面成果的刊发,而且特别注重学科领域中具有实证性的研究成果的推出。真正体现"只有忠实于事实,才能忠实于真理。(周恩来)"的编辑思想和原则。

21世纪是信息化社会,作为信息化重要组成部分的文献信息部门,如何以社会信息化为背景,对文献信息学的研究对象进行新的定位;如何对文献信息实现全面数字化;如何以网络为背景,实现文献资源的共建与共享;如何实现危机状态下的文献信息资源保障;如何实现由文献管理到信息管理再到知识管理的转变等等,将是我们关注和讨论的重点。我们将会一如既往地竭诚服务,并希望得到所有朋友的继续支持与关注。

海内存知己,天涯若比邻。愿我们在新的征途中携手奋进,为图书情报学理论与事业的进一步繁荣而努力。

注:本文作者为《晋图学刊》主编。

《晋图学刊》的回顾、评价和展望

邱均平　朱春艳

1　引言

值此《晋图学刊》(以下简称《学刊》)创刊20周年之际,作为一个长期的忠实读者,特向编辑部表示热烈的祝贺,感谢编辑人员20年来为图书情报事业所作的巨大贡献!

《学刊》是由山西省高等学校图书情报工作委员会和山西省图书馆联合主办,在原《山西高校图书馆报》的基础上创办的学术性、知识性刊物。自1985年创刊以来,《学刊》积极贯彻"双百"方针,坚持理论与实践相结合,图书馆学与情报学及其他学科相结合,高校馆和其他类型图书馆相结合,现实与历史相结合,传统与现代化相结合,国内与国外相结合,提高与普及相结合,学术性、知识性与趣味性相结合的"八个结合"原则,立足本省,面向全国,在图书情报界诸多同仁的支持下,发表了许多优秀作品,传递了许多新信息,为研究图书情报理论、交流图书情报工作经验、普及图书情报学知识、培养图书情报专业人才、推动图书馆工作与改革、促进图书馆事业的发展等方面做出了巨大的贡献。该刊创刊20年来,经历了一个逐步成熟的过程,由最初很不成熟的内部刊物发展到如今成为立足山西,影响全国,引起港台与国外关注、具有国内统一刊号与国际连续出版物号的学术性期刊了,而且早在1991—1992年已跨入了图书情报专业期刊的核心区。下面从其发文、作者、引文等方面作一个回顾和评价。

2 统计分析及评价

2.1 发文情况

《学刊》发文内容覆盖面广,以图书情报领域为核心,涉及计算机、法律、医学等学科;其论文作者的学术水平和专业素养在业界也得到广泛认可。

2.1.1 载文栏目设置二十年来,《学刊》不断根据图书情报学界的研究新形势调整或推出新栏目,共有70多个,有些栏目虽名称不一,但其实质相通,主要有"实践研究""理论研究""改革·科学管理""读者工作·期刊工作""综述·评介""分类编目""图书馆现代化""中专图书馆·小学图书馆""学人传""图书馆史·文献研究""图书情报教育"等(详见表1);从论文分布可见,《学刊》是融图书馆学情报学为一体,广收博采,内容丰富,载文题材多样化,具有很强的知识性和信息性。如"学人传""研究方法""我的改革观""博士论坛""馆长笔谈"等特色栏目,深受读者欢迎。

从表1可见,《学刊》文章相对集中的栏目有"实践研究""理论研究""改革·科学管理"以及"读者工作·期刊工作",其中实践研究为最多,共404篇,占载文量的20.1%,这也反映了《学刊》坚持理论与实践相结合,强调学以致用,对提高情报工作者的动手能力有很大帮助;其次是"理论研究",共325篇,占16.2%,说明图书情报理论自始至终都是本专业研究的重点,随着形势的发展,理论研究将越发受到关注;再次为"改革·科学管理",共173篇,占8.6%,此栏目是为适应80年代的改革浪潮,推动图书馆改革深入发展,提高图书馆工作效率、服务水平、工作质量、办馆效益等而推出的,对指导图书馆实践活动发挥重要作用。

表1 主要栏目与载文数

栏目\年份	实践研究	理论研究	改革·科学管理	读者工作·期刊研究	综述·评介	分类编目	图书馆现代化	中专图书馆·小学图书馆	学人传	图书馆史·文献研究	图书情报教育
1985		8		1			2		1		2
1986		26		3			10		1	1	
1987		22	5	2	4	2	3				
1988		25	8	10		10			1	1	4
1989		5	8	23		6	1	6		6	1

栏目 年份	实践 研究	理论 研究	改革· 科学 管理	读者工 作·期 刊研究	综述· 评介	分类 编目	图书馆 现代化	中专图书 馆·小学 图书馆	学人 传	图书馆 史·文 献研究	图书情报 教育
1990		6	20	12		6	4	7	1	3	1
1991		7	20	9	7	7	3	4	1	4	
1992		8	15	16	2	10	2	6	4	4	2
1993		8	23	16	4	12	3	6	4	2	
1994		10	21	16	4	11	5	7	4		
1995		14	14	9		5	1	5	4	7	3
1996		9	19	19		5	8	6	4	3	4
1997		9	20	23		6	15	8	5	7	4
1998	46	9			14				4		3
1999	54	17			17				3		
2000	51	14			13				1		
2001	53	18			17						
2002	65	17			14						
2003	86	31			29						
2004	49	62			23						
合计	404	325	173	155	153	80	58	55	38	38	24
分比	20.1	16.2	8.6	7.7	7.6	4.0	2.9	2.7	1.9	1.9	1.2

　　2.1.2　载文量及信息密度　期刊的载文量和信息密度是测定期刊输出能力和生产率的一个基本依据,也是评价期刊学术水平的一个重要指标。1985—2004 年中《学刊》共出 85 期,6068 页,载文 2006 篇,平均每期载文 23.6 篇,平均篇密度为 3.02 页/篇;根据中国科协 1996 年优秀科技期刊评定标准明确指出,学术期刊的信息密度在 5 篇/印张以上的可评为优秀期刊。分析《学刊》的信息密度(5.29 篇/印张),可以看出本刊的信息密度较大。从刊物稿约的规定到载文的实际情况可以看出,该刊力求简明扼要,在有限的篇幅内尽可能增加信息量,并且 90 年代以来信息密度呈现稳定发展的态势。

表 2　载文量及信息密度

年份(年)	1985— 1986	1987— 1988	1989— 1990	1991— 1992	1993— 1994	1995— 1996	1997— 1998	1999— 2000	2001— 2002	2003— 2004	总计
总期数	5	8	8	8	8	8	8	8	8	12	85
总页数	525	755	565	528	519	548	516	512	640	960	6068
载文量(篇)	124	198	185	179	197	180	194	192	226	331	2006
篇密度(页/篇)	4.23	3.81	3.04	2.95	2.63	3.04	2.66	2.67	2.83	2.90	3.02

2.1.3 载文内容分析 《学刊》主要对图书馆学、情报学、目录学、图书情报现代化建设方面进行研究,探讨各类型图书情报单位的图书、资料、情报工作中提出的各种理论、方法、技术等问题,其主题主要涉及图书馆建设与发展、高校图书馆信息服务、数字图书馆、公共图书馆发展、图书馆人力资源、地方文献情报资料、分类法、文献著录、多媒体信息著录、情报检索、期刊研究、档案管理等;另外,为适应学科发展,推广多媒体信息手段在图书馆学的各分支学科及其相关学科中的应用和普及,《学刊》推出网络信息资源的开发与利用、文献信息数字化、知识产权等主题;为借鉴和学习古今中外图书情报领域先进的理论和技术,《学刊》也比较注重组织关于古代文献和藏书研究方面的稿件,介绍港澳台地区和国外图书情报事业的发展动态。

2.1.4 发文时滞 从期刊编辑部收到稿件至发表这一时间段为发文时滞,科技成果的出版时滞与科技创新紧密相关,是评价学术期刊质量和水平的一项重要指标。据粗略统计,《学刊》2000—2004 年平均时滞分别为 7.198 月、7.188 月、5.931 月、7.456 月、8.276 月,超过了中国科协 1996 年优秀期刊评定标准中期刊的出版时滞小于 9.3 个月的标准,说明该刊信息传递速度快,能紧扣时代脉搏,发表文章能紧跟时代潮流;但就其发展看,本刊在 2003年由季刊转为双月刊后平均时滞有增加的趋势,一方面说明本刊在最大时滞的缩短方面尚需努力;另一方面也反映出《学刊》稿源充足,论文质量高。

2.2 论文作者统计分析

2.2.1 作者概况 1985—2004 年《学刊》论文著者(包括合著者)共有 2514 人次,发表23 篇论文的有 1 人,发表论文 18 篇、17 篇、16 篇、14 篇各有 1 人,发表 13 篇论文有 3 人,11篇 1 人,9 篇 2 人,8 篇 1 人,7 篇 3 人,6 篇 10 人,5 篇 13 人。

2.2.2 合著情况 合著是现代科技发展的必然趋势,它由合著率和合著度两个指标来衡量,从不同的角度反映论文研究的深度和广度,合著率越高,合著度越大,科研成果质量就越高,学科的发展速度也就越快。

表 3 1995—2004《学刊》基本合著情况

年份		1995	1996	1997	1998	1999	2000	2001	2002	2003	2004	总计
论文篇数		85	95	103	91	100	92	112	114	172	159	1123
作者人数		114	126	138	126	125	118	138	151	213	188	1437
合作者的篇数	1 人完成	58	69	72	63	77	69	90	81	136	133	848
	2 人完成	25	22	27	21	21	20	18	30	31	23	238
	3 人完成											35
	4 人完成		1						1			2
论文作者合作度		1.34	1.33	1.34	1.38	1.25	1.28	1.23	1.32	1.24	1.18	1.28

注:1985—1994 年有关数据参照李承节、孟庆纯《晋图学刊》论文作者群的统计分析研究,详见《晋图学刊》1995 年第 3 期 22 页

根据表 3 统计结果,结合有关数据,独立作者论文 1581 篇,占 62.89%;2 人合作论文379 篇,占 15.08%;3 人合作论文 51 篇,占 2.03%;4 人合作论文 3 篇,占 0.11%;5 人合作论文 2 篇,占 0.08%。1985—2004 年《学刊》合著论文 933 篇,占全部论文的 37.11%,高于

我国社会科学期刊合著率20.1%的指标,但离1998统计的情报学8种主要期刊中合著率最高的《情报学报》(45.57%)还有一定的距离。

合作度是指在一定时域内,某种或某类期刊每篇论文的平均作者数。统计表明,20年间《学刊》论文作者合作度为1.05—1.38,创刊前3年合作度较低,以后逐渐呈上升趋势,到1998年达到了1.38的最高值,之后虽有所下降,从总体上看还是处于平稳态势。《学刊》20年间的平均合作度为1.24,高于20世纪80年代图书馆学期刊论文作者合作度1.12,这充分说明《学刊》专业合作研究成果的吸收力较强,其合作类型主要有4种:同一单位作者的合作、同一省(市、区)内不同单位作者的合作、不同省(市、区)内作者的合作,以及应专业发展需求而生的不同专业领域作者的合作,如计算机专业和图书馆专业、化学专业和情报专业等的合作。另外,《学刊》超过60%的论文是在无合作者的情况下完成的,从侧面反映了《学刊》作者合作度的潜力还比较大,应加以鼓励,有效实现知识共享,使本刊的学术水平更进一步。

2.2.3　作者机构分布情况　从作者单位分布看,主要有高等院校、科研机构、公共图书馆、中学及中专等,其中高等院校的发文量及著者人数远远超过科研机构,这是因为随着我国教育改革的深入,图书情报教育发展迅速,诸多院校设置了图书情报专业,且人员业务素质普遍较高,科研能力较强,形成了一支实力强大的科研队伍。另外,科研机构也是情报学研究的重要力量,包括中科院情报系统、地方科技情报中心,以及一些非情报专业研究所图书馆,如中医研究所图书馆、肿瘤研究所图书馆。虽然公共图书馆所占比例较小,但也可看出由于计算机技术与网络技术在图书馆中的应用,使图书馆的情报职能大大增强,服务项目也随之增多。

2.2.4　作者地区分布情况《学刊》在创刊之初就注意到作者单位的标注,据统计,作为该刊编辑部所在地的山西的论文作者比例一直居于首位,北京位于第二位。1985—2004年,山西省作者数占总人数的66.11%,这表明该刊与其他图书情报学期刊一样,以立足本地为主;同时,其作者所在地域分布很广,遍及全国其他28个省、市、自治区,共计852人,占总人次的33.89%,说明该刊立足本省,面向全国,在国内已有一定的影响力,有较大的作者群。

表4　1985—2004年外省作者地区分布

序号	地区	作者人数	比例(%)	序号	地区	作者人数	比例(%)
1	北京	113	4.49	11	湖南	23	0.91
2	江苏	100	3.98	12	内蒙古	22	0.88
3	河北	84	3.34	13	上海	21	0.84
4	湖北	83	3.30	14	吉林	17	0.68
5	山东	79	3.14	15	四川	16	0.64
6	广东	52	2.07	16	甘肃	16	0.64
7	天津	48	1.91	17	陕西	15	0.60
8	辽宁	41	1.63	18	福建	14	0.56
9	河南	34	1.35	19	安徽	13	0.52
10	浙江	26	1.03	20	广西	10	0.40

续表

序号	地区	作者人数	比例(%)	序号	地区	作者人数	比例(%)
21	黑龙江	9	0.36	26	宁夏	2	0.08
22	贵州	5	0.20	27	青海	1	0.04
23	云南	3	0.12	28	江西	1	0.04
24	重庆	2	0.08	29	其他	1	0.04
25	新疆	2	0.08	30			

表4中,作者人数排名在前列是北京、江苏、河北、湖北、山东等,这是因为以上地区对图书情报学研究投入较多,而且高校云集、情报研究机构和服务机构较多。另外,值得注意的是作者地区分布存在很大的不均衡现象,追其根源,一是各地经济文化的发展程度不平衡;二是这些地区的作者在《学刊》上发文较少。

2.2.5 多产作者和多产单位的统计《学刊》有一批核心作者,20年间发文10篇以上就有9人,主要是安银海(23篇)、冯锦生(18篇)、白国应(17篇)、张秀梅(16篇)、王永安(14篇)、于鸣镝(13篇)、芦建生(13篇)、李嘉琳(13篇)、刘永胜(11篇),共138篇,占总发文量的6.88%。从表5中可以看出,这些核心作者主要分布于图书情报研究发达的地区,来自高等院校者居多。多产单位主要是山西省内的高等院校和图书馆,主要有山西大学图书馆、太原理工大学(原太原工业大学和山西矿业学院)图书馆、山西大学管理学院(原山西大学信息管理系)、中北大学(原太原机械学院)图书馆、山西财经大学(原山西财经学院)图书馆等,它们是《学刊》的顶梁柱;而省外的核心单位也为《学刊》的发展做出了不可磨灭的贡献,这些单位的作者人数多,且作者的学术水平普遍较高,成为《学刊》外地论文作者的重要稿源基地,主要有武汉大学信息管理学院、北京大学信息管理系、大连轻工业学院图书馆、河北师范大学图书馆等。

表5 多产作者及其所在单位

作者姓名	作者单位	发文量	作者姓名	作者单位	发文量
赵晋生	中北大学图书馆(太原机械学院图书馆)	6	曹 之	武汉大学信息管理学院	6
张洪亮	山西大学图书馆	6	侯黎晓	山西省委党校图书馆	7
于新国	华北石油学校图书馆	6	董书新	山西医科大学图书馆(山西医学院图书馆)	7
杨琳欣	山西农业大学	6	文榕生	中国科学院文献情报中心	7
相丽玲	山西大学信息管理系	6	吴稌年	江南大学图书馆	8
李承节	山西省生物研究所	6	裴成发	山西大学图书馆	9
韩希清	山西大学化学系	6	霍国庆	中国科学院文献情报中心	9
郭庆华	山西大学图书馆	6	刘永胜	太原理工大学图书馆	11
高维新	山西大学图书馆	6	于鸣镝	大连轻工业学院图书馆	13

续表

作者姓名	作者单位	发文量	作者姓名	作者单位	发文量
芦建生	山西财经大学图书馆 （山西财经学院图书馆）	13	白国应	中国科学院文献情报中心	17
李嘉琳	山西大学图书馆	13	冯锦生	山西大学管理学院 （山西大学信息管理系）	18
王永安	太原科技大学图书馆 （太原重机学院图书馆）	14	安银海	太原理工大学图书馆 （山西矿业学院图书馆）	23
张梅秀	山西大学图书馆	16			

注：以第一作者为统计对象；括号内为更名前的作者单位。

2.3　引文统计分析

引文分析是对科学期刊、论文、著者等各种分析对象的引用或被引用现象进行分析，以揭示其数量特征和内在规律的一种文献计量研究方法，是进行期刊评价的常用指标之一。

2.3.1　引文量和引文率　引文量是引用文献所拥有的被引文献的数量，是研究文献被利用的程度和广度的重要参量，也是衡量引用文献学术价值的重要指标。由表6可见，1995—2004年《学刊》共发文1123篇，附引文论文共904篇，占80%；所载论文平均引文量为4.34（见表7），与创刊前10年的平均引文量1.6相比，提高了近两倍，这是一个质的飞跃。

从其发展看，引文量和引文率呈明显的上升趋势，引文率由1995年的0.60增加到2004年的0.96；平均引文量在1995—2004年虽频频出现波动（见表7），但总体上还是处于增长态势的。这说明该刊对规范性要求逐年增强，对所载文章的要求越来越严格，也反映了《学刊》作者的情报意识日益增强，《学刊》的学术水平不断提高。

2.3.2　引文的类型　研究引文的文献类型分布情况，可以了解论文的文献来源，测度各类文献的情报价值和学术水平。《学刊》引文的类型主要有期刊、图书、会议论文·论文集、报纸、条例·规程、讲话·报告、网站、文件等。其中1995—2004年间引用期刊文献2964条，占全部引文的60.87%，高于1985—1994年间的51.5%（736条）；其次是图书类引文1065条，占21.87%，与创刊前10年40.3%（576条）相比引文数量大幅度增加，但比例有所下降（见表7），这是因为随着信息技术的推广与发展，人们获取信息的手段和途径逐渐增多，尤其通过网络可以方便快捷地采集更新的信息，据统计从2000年开始《学刊》的互联网引文类型得到较大增长，短短五年期引文数就超过了3%，随着时代的发展，其比例还会不断增加。

2.3.3　被引期刊的统计分析　据统计，期刊是被引用最多的一类文献，分析被引期刊有利于了解研究情报学的主要信息来源，也有助于揭示各期刊在学术交流中所处的地位。

《学刊》1995—2004年被引期刊文献来自388种，其中中文期刊345种，占88.9%，英文期刊43种，占11.1%。表8列出了被引25次以上的期刊，所列22种刊物占了中文刊物种类的6.37%，占被引期刊总引文量的54.22%。引用篇数在前5位的是《中国图书馆学报》《图书情报工作》《大学图书馆学报》《图书馆论坛》《图书馆杂志》，从统计数据中我们可以看出，《学刊》载文被引期刊主要是图书馆学情报学类期刊，且以核心期刊居多，这说明这些刊物的质量较高，在学术界有一定的影响，是研究者学习和阅读的主要资料；另外，《学刊》自引 83 次,远超过创刊前 10 年的 35 次,仅次于《图书馆》,位居第七。在被引期刊中,有不少外文期刊,主要有 Scien-tometrics(9 频次)、ASIS(7 频次)、Journalof Library Administration(6 频次)等。以上分析反映了《学刊》编辑人员和作者能紧扣时代脉搏,密切关注学术动态,保证了论文的前沿性和新颖性。

表 6 1995—2004 年载文引文量及引文率

项目	1995	1996	1997	1998	1999	2000	2001	2002	2003	2004	总计
论文总数	85	95	103	91	100	92	112	114	172	159	1123
附引文论文数	51	57	65	65	76	79	100	101	158	152	904
比例	0.60	0.60	0.63	0.71	0.76	0.86	0.89	0.89	0.92	0.96	0.80

表 7 1995—2004 年引文类型

引用文献类型 / 论文 / 年份	1995	1996	1997	1998	1999	2000	2001	2002	2003	2004	汇总	比例（%）
	85	95	103	91	100	92	112	114	174	159	1123	
期刊	149	195	111	225	279	250	349	337	583	486	2964	60.87
图书	70	81	61	162	102	79	97	118	153	142	1065	21.87
会议论文·论文集	3	8	16	6	6	18	10	1	8		76	1.56
报纸	17	13	19	10	33	43	27	49	41	38	290	5.96
条例·规程	13	7	7	15	8	10	11	10	22	18	121	2.49
讲话·报告	2	3		4	1	8		5	3	1	27	0.55
网站						10	18	34	31	55	148	3.04
文件					11		10	3	3		27	0.55
其他	1	7	3	12	24	13	16	32	30	13	151	3.10
引文总数	255	314	217	434	464	431	538	589	874	753	4869	
平均引文量	3.00	3.31	2.11	4.77	4.64	4.59	4.8	5.17	5.08	4.74	4.34	

表 8 1995—2004 年被引 25 次以上期刊表

刊名 / 年代	1995	1996	1997	1998	1999	2000	2001	2002	2003	2004	汇总
中国图书馆学报	19	9	8	8	25	18	46	31	54	27	245
图书情报工作	4	10	3	9	31	25	24	33	53	29	168
大学图书馆学报	7	11	11	14	11	10	31	19	33	18	132
图书馆杂志	3	8	12	3	9	10	20	22	42	20	107
图书馆论坛	6	8	3	7	4	4	18	10	34	41	101
图书馆	5	8	2	6	11	14	16	13	19	11	86

续表

年代 刊名	1995	1996	1997	1998	1999	2000	2001	2002	2003	2004	汇总
晋图学刊	17	4	5	6	6	12	8	14	7	11	83
图书馆建设	1	14	1	1	4	3	17	8	29	27	76
图书馆工作与研究	6	7	5	8	2	2	6	7	10	20	63
图书馆理论与实践	6	2	3	4	8	7	7	8	14	14	59
图书情报知识		10	3	5	7	2	10	10	14	5	52
情报资料工作	6	8	2	3	5	2	6	11	10	8	51
情报科学	6	4	1	4	5	1	4	5	18	15	45
情报学报	4	7	1	5	5	2	5	5	10	11	45
图书与情报	2	2	1	4	2	2	12	12	6	45	45
代图书情报技术		1	2	3	4	4	10	9	18	12	45
情报理论与实践	5	2		4	7	3	5	12	8	5	43
高校图书馆工作	2		2	6	3	4	5	7	15	10	39
图书馆学研究	2	4	1		6	3	3	4	11	11	34
图书馆学刊		1	3	1	3	2	8	2	14	12	32
情报杂志	1	1	1	1	6	2	3	6	8	8	29
四川图书馆学报	1		2	2	4	1	3	5	9	9	27

2.3.4　引文的语种　统计引文的语种,可以了解我国研究人员的外语水平和吸收利用国外文献获取情报的能力。从表8可以看出,1995—2004年《学刊》的引文语种中,中文4665条,占95.81%,英文189条,占3.88%,为外文的首位,需要特别提出的是王崇德教授仅在《文献定量化的回顾与展望》(见1998年第1期)一文中就参考了34篇英文文献和1篇译著,占此文所有引文的85%。

总体来说,《学刊》作者在收集资料时以中文资料为主,以英文、日文等其他资料为辅,其吸收和借鉴国外研究成果的能力还比较弱,与国外研究人员交流较少;另外,研究者掌握的外语主要是英语,语种单一,这是情报学研究中的普遍现象,希望《学刊》加强这方面的建设,提高论文作者利用其他语种文献的意识,增强吸收国外图书情报专业成果的能力,以此推进我国图书情报事业迈向新的台阶。

表9　1995—2004年引文语种和数量分布

引文语种	1995	1996	1997	1998	1999	2000	2001	2002	2003	2004	汇总
汉语	246	307	205	345	455	415	528	577	866	721	4665
(比例%)	96.47	97.77	94.47	79.49	98.06	96.29	98.14	97.96	99.08	95.75	95.81
英语	7	7	9	83	6	16	10	11	8	32	189
(比例%)	2.75	2.23	4.15	19.12	1.29	3.71	1.86	1.87	0.92	4.25	3.88
其他语种	2		3	6	3			1			15
(比例%)	0.78		1.38	1.38	0.65			0.17			0.31

2.4 载文被引的基本情况

1998—2003 年,《学刊》的发文中,被 CSSCI 来源期刊引用篇数 213 篇,引用篇次为 280 次,单篇平均被引篇次为 1.31 次,单篇最高被引篇次为 12 次,仅有 1 篇,占 0.47%,单篇被引 5 次的 2 篇,占 0.94%,这说明高频被引文章所占比例偏低。一般而言,追踪学科前言问题和热点问题、有较高的学术价值、具有很强的科学性和实用性的论文被引频次必然很高。所以《学刊》必须加强这方面的建设。

表 10 1998—2003 年单篇被引篇次分布

被引次数	12	5		4	3	2		1
篇数	1	2		7	4	19		180
比例(%)	0.47	0.9	4	3.29	1.88	8.9	2	84.51

由表 11 可见,单篇被引 3 次以上文章有如下共性:著者多为《学刊》多产作者或重要作者,且在图书情报领域有丰富的实践经验;论文多涉及当时的前言或热点问题,有一定的研究深度,创新性比较强。

2.5 结束语

通过 20 年来编辑人员和广大作者的共同努力,《学刊》已取得了很大的成功,在编辑、版面、体例、印刷、装帧等方面有质的飞跃,尤其在 2003 年由季刊改为双月刊后,其信息含量和价值含量大大增加,已成为一份学术性较强,质量较高的专业期刊。

为了让这份优秀期刊在未来有更广阔的发展,在此提出一些建议作参考:(1)坚持载文论题以图书馆学情报学研究为主,在纵向深化、横向延伸上取得新突破;(2)主动组稿,把好发文质量关;办好特色性栏目,如"学人传""我的改革观"等,在同类刊物中彰显自身特色;(3)优化对投稿作者的服务,提高反馈速度;提升编辑质量,缩短论文时滞,在读者心中树立良好的形象。

表 11 1998—2003 年单篇被引 3 次以上文章

著者	论文名称	卷次	被引次数
黄宗忠	20 世纪 100 年图书馆学基础理论的研究与进展及其评价	1998(2—3)	12
赵春旻	图书馆究竟是否是前科学——评《评〈图书馆学是一门前科学〉》	1995(1)	5
贾金锐	浅议高校图书馆学位论文的收藏和管理	1998(2)	5
文榕生	复分新识	1996(3)	4
倪 波	中国图书馆事业跨世纪发展战略构想	1996(1)	4
安银海	合并办学后高校图书馆管理模式管见	1999(3)	4
李锡峰	数字图书馆评述	2001(1)	4
王 纯	电子期刊发展现状和应用前景	2000(2)	4
王正兴	合并办学高校图书馆计算机系统软件更新的若干问题	2000(4)	4

在创刊二十周年之际,我们衷心预祝《学刊》的明天会更美好!

参考文献:

[1] 程刚,邹志仁. 我国情报学期刊统计分析与评价. 情报学报,2001(3):264—373.

［2］李承节,孟庆纯.《晋图学刊》论文作者群的统计分析研究.晋图学刊,1995(3):16—23.

［3］王永安,安银海.《晋图学刊》十年载文分析.晋图学刊,1995(3):7—15.

［4］邱均平,张凯勇.《图书馆工作与研究》的回顾、评价和展望.图书馆工作与研究,2004(4):5—10.

山西省高校图书馆电子资源建设现状分析

张珍连

近年来,我国许多高校图书馆通过各种方式引进或自建了一大批电子信息资源,在一定程度上满足了高校教学科研用户的信息需求,从整体上提高了图书馆的文献信息保障能力。电子资源主要包括网络数据库、电子图书、电子期刊等,其不仅更新速度快、共享程度高,而且覆盖面广、时间跨度长,利于全面迅速地了解跟踪国内外科学研究的最新动态,已成为高校图书馆信息资源建设的必要组成部分。但由于我国在电子资源的开发建设方面时日尚短,还存在各种各样的问题,笔者调查分析了山西省高校图书馆电子资源开发建设的现状,发现了一系列的问题,试图探求相应的对策,为山西省高校以及其他地区的高校图书馆的信息资源建设提供一定的参考与借鉴。

1　山西省高校图书馆电子资源建设现状

1.1　调查统计现状说明

在中国教育与科研计算机网站中,中国大学网页显示山西省共27所专本科院校,在2004年12月份,为了确保数据准确,笔者分上、中、下旬三个阶段3次对这些高校进行了网上访问,得出下列数据:学校主页的明显位置设有图书馆网页链接的有20所,点击能够打开的8所;校主页或下层页面中包括图书馆的链接点、无法打开的有14所;学校主页无法打开的5所;标明未上网的有1所。由此可见,山西高校图书馆上网率达81.4%,但稳定性相对较好能够正常使用、并且拥有各类电子资源的仅占29.6%,其中包括5所本科院校、3所专科院校,体现了本科院校较高的信息服务能力和较强的经济技术实力。

1.2　图书馆电子资源建设现状调查结果

根据网上访问的方式对8所稳定性较好的高校图书馆所拥有的电子资源进行了统计,其中,电子资源分布情况如表1,主要电子资源列表如表2。

表1　山西省高校图书馆电子资源分布情况

图书馆	外文资源数量	中文资源数量	自建资源数量	使用资源数量
太原理工大学	16	7	1	8
山西大学	11	10	6	9
山西农业大学	5	9	1	3
山西财经大学	3	11	2	4
中北大学	2	11	—	—
山西财税专科学校	2	7	—	2
山西中医学院	—	8	—	1
忻州师范学院		7		2

表2 山西省高校图书馆主要电子资源列表

外文网络数据库与 电子图书类	拥有同一类 资源馆的数量	中文网络数据库	拥有同一类 资源馆的数量
Springer Link	5	维普	8
WSN	3	CNKI	8
OCLC First-search	3	万方数据	6
Elsevier SDOS	2	国研网	5
Kluwer Online Journals	2	中宏数据	5
ACS 全文数据库	2	人大复印资料	4
EI	2	中国财经报刊数据库	3
超星数字图书馆	6	中信网	2
书生之家	5	维普外刊题录	2
e 线图情	4		
北大方正电子图书	3		

1.3 统计结果分析

由表1可知,山西省拥有电子资源的高校图书馆有8所,而电子资源中引进资源与自建资源差距悬殊。其中引进中文电子资源占58.8%,外文占33.2%,自建资源仅占8%,另有相当数量的电子资源正在被试用。其中太原理工大学与山西大学等校的图书馆所拥有的中外电子资源数量相对较多,而山西中医学院与忻州师范学院则无外文资源,山西财专图书馆的三种外文资源均属二次文献,缺乏全文型数据库。几乎一半的图书馆在特色资源建设方面存在空白,电子资源建设严重的不平衡。其中,各馆都有试用资源,并多以外文数据库为主,可见各馆持较为谨慎的态度。表2统计数据表明,5所本科院校都购买了Springer Link电子期刊,这种全文数据库侧重于理工科,而Elsevier SDOS与Kluwer Online则包括自然科学和社会科学。同时,几乎各馆都拥有维普科技期刊、CNKI与万方数据。国研网、中宏数据以及人大复印资料的订购也比较普遍。另外,电子图书以超星和书生之家为主,日益成为继网络数据库之后的一种重要的电子资源。

2 山西省高校图书馆电子资源建设存在的问题

根据山西省高校图书馆电子资源建设的统计分析,与前几年相比有了很大的进步,从纸本型到以磁盘、光盘为载体的封装型再到网络型;由索引/文摘型到电子期刊全文型再到原始调研型报告数据库,同各地区高校图书馆乃至世界范围内一样,逐步取代传统纸质文献而成为未来图书馆信息资源的主体。但是,我们也应该清醒地看到与其他地区的差距,更应该关注所面临的问题。

2.1 缺乏整体规划,资源重复浪费

各个图书馆根据各自学校的专业设置、学科需求、购买能力、技术力量与用户需求等来购置电子资源,这一方面造成了各馆资源建设的不平衡,另一方面造成了严重的重复购买,浪费了大量的资金。据统计,太原理工大学和山西大学重复订购的中外文电子资源达11种,前者属理工科类,而后者属综合性大学,双方具有宽广的合作空间。因此,山西省各高校

图书馆如何才能协调规划,优势互补,建立完善的电子资源保障体系,是摆在我们面前亟待解决的问题。

2.2　缺少对电子资源的科学评价

收藏是利用的基础,数量丰富、结构合理的电子馆藏是图书馆信息服务的基础保障,而电子资源的发展历程较短,缺少一个对电子资源本身以及整体电子馆藏的综合评价体系,一方面使得所引进的电子资源无论从数量还是质量上都不尽如人意,另一方面造成了大量资金浪费、资源闲置的尴尬局面。另外,资源本身之间的重复收录,导致了用户在支持高额费用的同时,并没有得到相应的信息服务。例如维普的《中文科技期刊数据库》和CNKI的《中国学术期刊全文数据库》在2003年初重复收录了3920种期刊;同时万方数据的《数字化期刊群》与上述二者之间也有比较多的重复收录。因此,对电子资源的科学评价显得尤为重要。

2.3　缺乏特色资源的建设开发

山西省的许多高校在经过长期的文献资源建设过程中,积累了丰富的具有重要学术和实用价值的特色馆藏文献,如晋商研究、山西历代家谱研究等,这完全可以利用数字信息技术将这些珍贵的资源数字化,便于检索利用。事实上这方面的工作刚刚起步,且数量颇少,只有少数几个院校在开发建设。

2.4　尚未对电子资源进行整合

在对各馆电子资源现状的调查过程中,笔者发现山西省高校馆引进如此多的中外文网络数据库、电子图书,但未对其重新整理、序化,而只是按数据库名称或出版商名称简单地罗列在图书馆主页上,没有对其所覆盖的学科范围、检索技术、检索方法作详细的说明,用户不得不花费大量的时间去熟悉检索系统,给用户带来了许多麻烦,从而影响了电子资源的利用率。

2.5　用户宣传教育工作力度不大

引进的电子资源其学术品质和参考价值都比较高,价格不菲,且为年付费使用的非永久馆藏,因此提供利用率就显得尤为重要。笔者访问了这8所被调查图书馆的网站,却无法找到电子资源的在线使用指南;图书馆动态新闻中没有一条关于电子资源使用的培训讲座;图书馆不重视后期的宣传教育工作,没有定期的用户培训计划,导致大量资源在引进之后少有人问津,造成了严重的浪费。

2.6　总体建设投资规模偏小

几乎三分之二的图书馆未曾拥有一种电子资源,尤其是专科学校,在中文资源方面与其他地区的水平基本相当,而外文资源无论是种类还是总量上与国内的北京、上海、江苏、广东等地区的高校图书馆相比存在着较大的差距,投资的规模和建设的力度明显不足。

3　我们的建议与对策

3.1　加强整体规划,争取集团购买

全省各高校馆应协调规划,结合本校重点学科建设的文献信息需求合理采购,保证必要的品种,减少不必要的重复,对各馆都需要的检索型和全文型数据库,由中心购买后设立镜像站点,提供所有成员馆使用,由单独购买转向集团联合引进,大大减少了费用。目前,山西省高校图工委以集团购买的方式成功地引进了维普的《中文科技期刊数据库》《中宏数据库》与《e线图情全文数据库》,使各馆受益匪浅。另外,在外文资源引进方面,要尽快成为

CALIS 成员,从而能够以较低的价格购买到所需的外文数据库,为高校的教学科研提供及时、新颖、全面的信息服务。

3.2　建立电子资源科学评价体系

高校图书馆的电子资源多以引进为主,而面对类型多样价格高昂的电子资源如何选择购买,这就必须对其进行综合评价,而不能盲目听信提供商的说明和承诺。对电子资源的评价主要从五个方面考虑,即:电子资源的内容、检索系统的功能、资源提供商服务、价值与成本核算以及其利用率。另外,也有必要组织相关专家进行详细综合论证,全方位考察欲引进资源的质量。这样才能保证资源效益最大化。

3.3　建设本馆特色的电子资源收藏体系

图书馆特色电子资源馆藏结构的建设主要包括两个层次,其一是自建的特色数据库,其二是购进的特定所需数据库。高校图书馆根据自身的特色馆藏,将分散凌乱的特色资源系统化、有序化和数字化,借助网络方便地实现了用户对资源的有效利用,同时解决了珍贵纸本文献资料的充分利用与安全性保存的矛盾。目前,山西高校图书馆仅仅开展了晋商研究、家谱研究、山西进士名录以及县志人物索引等方面数据库的创建,仍有待于更进一步的深度挖掘。另外,购买的网络数据库也应根据本馆的性质、特点和重点服务对象的信息需求,确立一种具有本馆特色的电子资源发展方针,避免“大而全”“小而全”思想的再次泛滥。基于此,图书馆方能建立一个结构比较合理、资源具有特色、服务较为完善的收藏体系。

3.4　构建基于知识体系的资源整合

基于知识体系的资源整合就是通过对某学科的电子资源进行分解重组,按知识体系的关联性和整体性组织成立体网状。形成相互联系的知识资源系统。其整合程度直接关系到能否被高效吸收利用。目前,山西高校图书馆将电子资源按语种或全文型与文摘/索引型简单地罗列出来,有的甚至尚未标明已订购资源与试用资源,更没有建立具体的数据库导航系统。而国内的北京大学、清华大学、上海交通大学等图书馆将引进的电子期刊整合在一起,建立了中外文电子期刊导航,用户可按刊浏览。同时清华大学图书馆还提供按学科分类的浏览方式,并且提供与期刊相关的元数据和关键词检索功能,实现了基于知识体系的初步整合。山西高校图书馆应该积极吸取这些先进的经验,对拥有的电子资源进行深层次的整合与揭示,为用户提供更高效的服务。

3.5　加大宣传力度,强化帮助功能

高效图书馆有必要举行定期的讲座以及在主页上开设“电子资源在线使用指南”栏目,来全面系统地介绍馆藏电子资源的收录范围、特点方法与技巧,帮助师生掌握其使用方法,从而提高利用率。另外应强化帮助功能,参考咨询工作不能仅仅停留在留言板与电子邮件层面,设立实时在线咨询,公布参考馆员信息,诸如姓名、职务、电话、E-mail 等,及时更新FQA 内容,多途径、多角度帮助用户最大化地利用图书馆资源,提高利用率。

3.6　增加馆内预算,争取多渠道资助

目前,人们对信息需求的速度要求更加快捷,图书馆传统的文献资源体系已无法满足高校教育与科研的多样化需求,而电子资源的功能更加突现,因此在馆藏资源的整体规划上,电子资源的投资预算就必然增加。鉴于山西省高校图书馆面临的不容乐观的现状,财政拨款的重新分配必须要倾向于图书馆,而馆内预算则需增加对电子资源的购买经费。另外,也可以争取其他渠道的资助,例如山西大学图书馆的 ACS 全文数据库就是国家科技图书文献

中心资助项目。当然,还可以通过馆际间的合作,取长补短,实现电子资源的共建共享。

总之,电子资源已经成为高校图书馆信息资源建设的重点和未来发展的趋势,而电子资源的建设又是衡量、评价高校图书馆馆藏是否合理、服务质量是否提高的重要指标内容,同时电子信息资源建设也是一项极具价值的创新服务,增加了高校图书馆信息服务的知识技术含量,进一步巩固并提高了高校图书馆为教学科研服务的重要学术地位。

参考文献:

[1] 卢红杰. 三大全文电子期刊数据库收录期刊比较. 中国科技期刊研究,2004,15(6):678—680.

[2] 罗晓鸣. 高校图书馆数字资源利用存在的问题及优化管理举措. 情报资料工作,2004(6):43—44,56.

[3] http://dlib.lib.tsinghua.edu.cn/journal/.

[4] 牟建波,陈少川. 山东省高校图书馆网络数据库建设概况及发展对策. 现代图书情报技术,2004(11):39—42.

山西省高校图书馆馆藏文献资源建设调查分析
高维新

1　引言

2004年10月,在太原理工大学图书馆召开了山西省高校图书情报工作委员会自动化专业委员会和采编专业委员会年会。会后收到山西大学、山西财经大学、太原理工大学、太原理工大学阳泉学院、山西大学工程学院、晋中学院、太原师范学院、忻州师范学院、运城学院、山西财税专科学校、吕梁高等专科学校、雁北师范学院等12所院校图书馆的馆藏文献资源建设现状数据。本文通过对这些图书馆馆藏文献资源建设现状数据的研究和分析,发现由于历史背景的不同、学校规模的差异、经费投入的多寡等诸多原因,存在着各自的特点,下面就研究和分析的结果,作一综述。

2　现状

山西省是位于我国中部,经济和教育发展相对落后。近些年来,随着改革开放,山西省高等教育事业有了较大的发展,高校图书馆随着学校的发展,也在发展和变化着。有的学校馆舍面积大幅度提高,如中北大学新建图书馆32000平方米、山西农业大学图书馆25000平方米等;学校的学科范围也在拓宽,如山西大学图书馆除了传统学科外,又增加了工程、医学、农业等相关学科的文献馆藏;有些学校根据地理的优势和专业的相近和互补,多校合并为一校,如太原理工大学合并原太原矿业学院和材料工程学院为一校,山西财经大学由山西经济管理学院和山西财经学院合并,太原师范学院由山西大学师范学院、太原师范学院和山西省教育学院合并等,在文献资源的建设上面临着新的情况和变化,如电子资源的出现,文献采集需要做出相应的调整;还有一些老中专和高等专科学校,通过评估,也升格为具有本科、专科性质的高职院校。但其图书馆的发展还需要一个日积月累的过程,特别是在文献资源建设方面。

下面通过表格形式把12所院校的情况作一表述。

表1　学校情况（截至2004年）

学校名称	学校总人数	本科专业	硕士点	博士点
山西大学	22245	65	90	24
太原理工大学	21700	53	56	18
山西财经大学	14782	35	22	
雁北师范学院	13792	32		
运城学院	11000	9		
晋中学院	10824	11		
太原师范学院	10512	36		
忻州师范学院	9016	23		
吕梁高等专科学校	6070	6		
太原理工大学阳泉学院	5703	8		
山西大学工程学院	5500	11		
山西财政税务专科学校	4905	5		

3　分析

从以上12所院校图书馆的数据可以看出,学校都在发展。特别是老本科院校,如太原理工大学、山西大学发展的速度更快一些。这一方面是学校本身注重自己的发展,另一方面也得益于国家和政府的支持,如太原理工大学进入了"211工程"学校,国家拨款的经费要多一些;山西大学作为百年老校,历史比较悠久、基础比较厚实、学科比较齐全、文献积累雄厚,2005年5月又成为省部共建大学。而其他院校也抓住机会,通过参加教育部学科水平建设评估,积极争取经费,改善办学条件,也有了较大的发展,如晋中学院2001—2004年间,拨给图书馆经费783万余元,其中增加了20万册的电子资源。

表2　图书馆文献资源经费购置情况（截至2004年）

学校名称	2001—2002(元)	2002—2003(元)	2003—2004(元)	三年合计
山西大学	1320000	4590000	4680000	10590000
太原理工大学	1200000	1200000	1200000	3600000
山西财经大学	338502.6	1070436.40	601795.60	2010734.06
太原理工大学阳泉学院	63563.65	33572.25	60333.20	157469.10
山西大学工程学院	100000	150000	150000	400000
晋中学院	7233000	403000	196000	7832000
太原师范学院	959000	1636000	1025000	3620000
忻州师范学院	500000	500000	700000	1700000
运城学院	400000	400000	600000	1400000
山西财政税务专科学校	395271.78	453402.26	43552.64	892226.68
吕梁高等专科学校	260000	340000	800000	1400000
雁北师范学院	800000	1100000	800000	2700000

表3　图书馆文献资源情况(截至2005年6月)

学校名称	纸质文献(册)	电子文献(册)	中文数据库	外文数据库	自建数据库
山西大学	1900000	60000	15	15	7
太原理工大学	1830000		17	5	
山西财经大学	712427	346793	14	3	4
太原师范学院	731369	110000			3
运城学院	432895	6300			
忻州师范学院	427000	2000	3		
雁北师范学院	344452	40186	5		
晋中学院	567300	200000			3
山西财政税务专科学校	263160	20405	7		2
吕梁高等专科学校	230000	10900			
太原理工大学阳泉学院	200000				
山西大学工程学院	120000	110000			1

表4　图书馆自动化、网络化情况(截至2004年)

学校名称	局域网	网络类型	自动化系统管理软件	联机编目	是否与系资料室联网
山西大学	有	千兆光纤	北邮系统	有	是
太原理工大学	有	千兆光纤	Horizon	有	
山西财经大学	有		北邮系统	无	
运城学院	有	局域网	大连博非特	无	
太原师范学院	有	局域网/星型	GLIS	有	
忻州师范学院	有		GLIS	有	
雁北师范学院	有	校园网	GLIS	无	
晋中学院	有		大连博非特	无	
山西财政税务专科学校	有		大连博非特	无	
吕梁高等专科学校	有	对等网	Perfect	无	
太原理工大学阳泉学院	有		大连博非特	无	
山西大学工程学院	有		纵横2000	无	

　　从文献资源经费的投入来看,12所院校的图书馆高低不同,山西大学近几年的经费是稳步上升,文献购置费居全省前列。而太原理工大学阳泉学院每年的文献购置经费只有几万元。即使是211院校的太原理工大学图书馆,2001—2004年间才只有360万元。经费的低投入,必然会影响文献资源的建设。

　　从图书馆自动化、网络化情况来看,各馆在前几年省教育厅组织的高校图书馆自动化水平评估的促进下,已经实现了自动化,并可以在校园网上共享本馆的信息。山西大学图书馆还实现了与院(系、所)资料室联网,方便了读者查询图书馆和院(系、所)资料室的书目信息。

4　建议

4.1　基础工作

高校图书馆的任务是为高校的教学与研究服务的,这就决定其所收藏的文献必须满足学校的教学与科研需要。为保障文献采访的质量,图书馆应根据学校的发展定好位,并建立文献源信息收集处理网络系统,选择优秀的书商,提供基本的书目信息服务,如中图公司的"海外图书采选系统"、新华书店总店的"社科新书目""科技新书目",以及有影响的书商的书目,如:"北京风入松书店"和"人天书店"、安徽的"儒林图书有限公司"、四川的"世云书店"等所提供的地方版书目。新颖、完备、丰富的网上书目信息,既为教师和学生提供了广阔的了解最新出版物的平台,并可了解、推荐、选择本专业的文献,也为图书馆采访人员根据本校教学科研和读者的需求选择合适的文献提供了依据。

4.1.1　了解教学科研、读者需求情况

作为文献采访人员,需要加强自身建设。这是因为,现代社会发展迅速,我们要做本行业的行家里手,多方位、多角度、多形式地了解教学科研、读者需求情况。

4.1.1.1　教学科研情况

一是通过工作中与研究生处、科研处、教务处的接触了解学校教学科研的情况。二是通过校园网,访问各院(系、所)主页,了解各专业举办的各种学术研讨会情况,从中捕捉对本馆文献采访工作有重要参考价值的信息。如根据校教务处年度"教学计划""招生计划""课程设置情况"等,掌握院、系学生人数、开设的课程及培养方向等;根据科研处的科研计划表、科研课题目录以及科研项目经费等,了解院、系和研究所的研究方向;根据研究生处提供的校硕士生授权点名单及专业方向、研究生毕业论文等,掌握重点学科科研情况及学科发展动态等。

4.1.1.2　一般读者阅读需求情况

图书馆读者服务部门是联系文献采访与读者之间的桥梁和纽带,是获取文献需求第一手资料的重要场所。高校图书馆读者服务主要包括阅览室部门和网上推荐等。高校图书馆应在这些服务部门和网上设立读者意见栏,或定期召开读者座谈会,收集和征集读者的意见。并建立各部、室骨干人员组成的文献选择小组,定期与采访人员沟通,提出采访意见。通过服务部门和读者需求信息的收集,积累文献采集参考信息。

4.1.1.3　重点读者阅读需求情况

高校馆都设有图书馆文献资源建设委员会,一般由分管图书馆的校长挂帅,各院(系、所)主任或教学副主任以及图书馆有关人员组成。其职责是协助图书馆文献采访人员做好文献采访工作。图书馆应对各院(系、所)重点学科和专业的学术带头人,以及重点的读者,建立密切的联系,借助于电子邮件实现所需文献资源信息的传递。采访人员需将所得信息进行分类、加工,并以定性分析方法进行逐项分析判断,为文献采集提供重要的依据。

4.1.1.4　建立科学的馆藏文献资源利用评价体系

馆藏文献资源利用率的高低直接关系到图书馆的采购范围和采购数量是否正确,它是检验文献采访质量的一个重要手段,是调整文献采购策略的依据。因此建立一套完整的科学的馆藏文献资源利用评价体系至关重要。馆藏文献利用评价信息系统是文献质量控制的补充手段,其依托于高校图书馆管理信息系统来实现,主要以定量方法进行信息的处理与判断,随着图书馆管理软件的不断完善与

成熟,这一信息系统所要求的信息源已完全可以实现,信息数据进一步加工整理便可直接利用。

该系统的数据源组成:学校各学科带头人对相关文献的综合评价;各学科文献读者利用率;各学科文献读者拒借率;各学科文献读者满意率;各学科文献相关读者保障率;各学科文献中核心文献的占有率等。目前绝大多数高校图书馆已经自行研制或购买了比较成熟的图书馆管理信息系统,借助管理系统可随时准确获取该子系统的绝大多数评价数据,再借助于定期召开网络会议得到有关学者专家的评论,便可实现该信息系统的数据收集。各种相关的数据都及时输入到评价信息处理中心,经过处理最终输出综合评价数据。

4.2　自身素养

素养指素质和修养。文献资源建设作为一项基本但又长期的工作,需要工作人员既要有越来越丰富的业务技能,又需要经常不断地充实自己。如通过自学、培训、外出学习和交流等多种形式,提高自己的业务水平。

4.2.1　自学　通过看专业书刊,了解本行业最新的发展动态。通过了解本行业的发展变化和学习同行们的经验教训,改进和提高自己的工作质量。

4.2.2　培训　参加国家图书馆、地方图书馆、本馆等的培训。如国家图书馆经常有各类业务培训。以及日常的岗位技能的培训,如计算机的操作、书目的下载、信息的获取和分析等。

4.2.3　外出学习和交流　如参加地区和全国性的研讨会,与同行共同研讨工作中问题,以吸取经验和教训。山西省高校图工委采编专业委员会通过每1—2年一次的年会,使全省采编同行们有了一个交流的平台,对自己的工作有一定的裨益。

4.3　必要的硬件环境

进入信息时代到网络社会,硬件设备必不可少。从12所院校的图书馆情况看,都基本具备了硬件环境。但仍有不少的图书馆面临着设备老化和更新的问题。

4.4　争取经费,资源共享

争取学校、省里和教育部的经费支持。在全省协调采访、馆际资源共享。如山西省高校图工委根据各学校的特点和地区特色,划分为文理中心(山西大学等)、工学中心(太原理工大学、太原科技大学、中北大学等)、医学中心(山西医科大学等)、农学中心(山西农业大学等)。文献采集的重点有所侧重,再通过现代化的网络系统,达到互通有无、资源共享。2005年初,省高校图工委从CALIS争取到了省级文献信息中心,并设在山西大学,同时又积极争取省科技厅的信息资源共建共享项目,既争取到了一定的经费,又为全省高校图书馆的网上资源共享提供了服务平台。

5　小结

作为一个省的高校图书馆文献资源建设,是基于各个高校图书馆的基础工作。而作为各个图书馆来说,从经费到人员、从硬件到软件、从数量到质量、从传统到现代,都在发生着变化。如何立于本馆的现实,把握好定位,并积极参与到全省,乃至全国、全球的网上资源共享,为学校的发展提供文献信息保障,是需要高素质的人员、过硬的业务技能、必要的硬件环境和一定的经费支持。本文通过12所院校图书馆的现状分析,并参阅同行们的经验,结合自己的工作实际,提出一些个人的意见,也是希冀对工作有所促进,以求更好地发展。

参考文献：

[1] 王本欣.试述高校图书馆文献采访质量控制网络系统.图书馆工作与研究,2004(6):45—47.

[2] 杨宗英,郑巧英.未来数字图书馆发展之——服务主导型数字图书馆.现代图书情报技术,2004(9):1—4.

[3] 徐卫.高校图书馆的文献采访工作必须掌握动态信息.图书馆论坛,2004(4):207—211.

[4] 莫霄.善用网络书目,提高外文图书采访质量.图书馆建设,2004(4):21—22.

[5] 胡永生.电子资源的集团采购:21世纪图书馆的必然选择.图书情报知识,2004(6):42—43.

[6] 常有发.关于我国文献资源整体化建设的思考.图书馆工作与研究,2004(6):48—50.

基于 OAI—PMH 协议构建山西省高校联合目录

卫军朝

高校图书馆联合目录是文献资源平台最主要的内容,是揭示文献资源的重要方式,是资源共建共享的基础。2005年11月经山西省教育厅批准,CALIS管理中心同意,山西大学图书馆承担了"CALIS山西省文献信息服务中心"的建设任务,其中一项主要目标就是建立山西省高校联合目录。

1 联合目录建立的模式

联合目录是文献资源共知、共享、共建的前提和基础,以集中反映各成员馆的文献收藏内容为特征。当今联合目录的模式主要有集中式和分布式两种[1]。集中式是指由多个图书馆共同建设和维护的同一个联合书目数据库;分布式则是指由若干图书馆组合成的一个联合共享团体,每个图书馆独立维护各自的书目数据库,通过某种协议,形成一个虚拟合作的联合目录共享系统。

2 OAI—PMH 协议机制

OAI—PMH(Open Archives Initiative Protocol for Metadata Harvesting)[2]。是一种元数据收割协议,采用简单、标准的指令集,从多个数据提供者(Data Provider)中采集(Harvest)元数据到服务提供者(Service Provider),形成集成的元数据仓库,支持用户对这个集成仓库(从而对这多个数据提供者)进行统一检索。从技术角度讲,数据提供者一般是存储有大量数字对象及其元数据的信息仓储(Repository),信息仓储往往有本地的检索界面直接提供检索服务,同时通过嵌入的 OAI 客户端(OAI—PMH Client),支持服务提供者利用 OAI—PMH 协议采集自己的元数据。一个嵌入了 OAI—PMH 客户端的信息仓储,就成为了支持 OAI—PMH 协议的信息仓储。服务提供者类似于一个 OAI—PMH 搜索引擎,利用 OAI—PMH 协议,从那些支持 OAI—PMH 协议的信息仓储(实际上,通过其 OAI—PMH 客户端接口)收割元数据。服务提供者将收割到的元数据组织成元数据集成仓库,提供诸如检索、浏览等增值服务。

一个数据提供者可以供任意多个服务提供者收割其元数据,而且还可以向不同的服务提供者开放自己内部不同的数据库部分来向不同的服务提供者提供不同的元数据;不同的服务提供者可以收割不同组合的数据提供者,形成不同的元数据集成仓库;一个服务提供者也可以将收割到的多个数据提供者的元数据按照多种组织方法形成不同的集成检索空间,如图1所示。在现实中,服务提供者和数据提供者可以是不同机构,也可以属于同一机构。

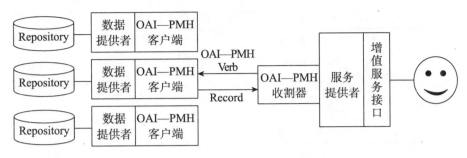

图1　OAI—PMH 协议互操作模型

3　山西省高校联合目录的实现

本文旨在分析 OAI—PMH 协议的基础上,构建基于 OAI—PMH 协议的山西省高校联合目录。联合目录采用集中式和分布式并存的模式构建,由成员馆(数据提供者)在本地建立和维护各自的书目数据库,同时服务提供者通过 OAI—PMH 协议收割成员馆的书目元数据,在服务提供端形成联合目录数据库,服务提供者对其进行管理和维护。

整个系统分为项目中心(服务提供者)系统和成员馆(数据提供者)系统二级结构,通过支持 OAI—PMH 的协议和接口实现中心系统和成员馆系统的互操作和通讯。项目中心系统负责馆藏书目数据的集中收割、发布、检索及管理。成员馆本地系统通过支持标准的协议和接口,实现与中心系统的协同工作,如图2所示。

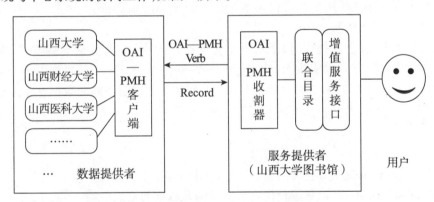

图2　山西省高校联合目录互操作模型

3.1　数据提供者

山西省高校联合目录的数据提供者是山西省高校的馆藏目录,包括山西大学、山西财经大学、山西医科大学、山西农业大学、太原理工大学、中北大学、太原师范学院等本科院校。根据调研,目前各高校都采用成熟的商用自动化系统,如表1,其馆藏目录的格式都为国际通用的 MARC 格式。

根据表1所示,山西省高校图书馆所使用的自动化系统都不支持 OAI—PMH 协议,不能在自动化系统上直接实现元数据收割,为了解决这个问题,我们提出了 OAI—PMH 客户端的概念,它是附加在图书馆自动化系统之上的,用来为收割协议服务的软件系统,主要功能为把图书馆的 MARC 数据转换为符合 OAI—PMH 收割协议的元数据,同时在成员馆本地形成数据提供方系统,为服务提供者的远程收割提供元数据。

表1　山西省主要高校图书馆自动化系统

学校	图书馆自动化系统	学校	图书馆自动化系统
山西大学	北邮 MELINETS	山西农业大学	大连博菲特
山西财经大学	北邮 MELINETS	中北大学	大连博菲特
山西医科大学	北邮 MELINETS	太原理工大学	HORISON
太原师范学院	北邮 MELINETS		

3.2　服务提供者

山西省高校联合目录的服务提供者是由山西大学图书馆来实现的,服务提供者从多个数据提供者收集并提取元数据,经过处理,合并后集中存储在一个中心数据库中,对保存在中心数据库中的元数据执行搜索,它对所有用户提供统一的检索和浏览界面。

具体过程为:服务提供者首先运行 OAI—PMH 收割器,负责从支持 OAI—PMH 的数据提供者收割元数据,也就是从山西省各高校成员馆系统收割元数据。收割器的特点是对 DC元数据标准格式进行收割、并映射存储在本地关系型数据库的能力。针对复杂的元数据形式,作者在实现过程中采用了合理的映射策略,以减少元数据的存储冗余和提高数据的检索效率,同时也保存了原始元数据的完整性。建立在收割的元数据基础上,服务提供者对元数据进行重新组织和索引,提供跨信息库的搜索引擎服务,可以针对不同的检索域进行检索,并采用逐级反馈的形式使用户获得更为详尽的信息,获取增值服务。

3.3　OAI—PMH 动词

山西大学图书馆(服务提供者)通过 6 个命令动词向成员馆(数据提供者)检索资源的元数据,从成员馆系统(数据提供者)向其管理的数据仓库获得所需信息。由于 OAI—PMH 是基于 HTTP 的应用协议,故其命令集通过 HTTP 所使用前端服务器向数据仓库传输变量与内容,由服务器程序根据变量及其内容进行处理,并返回结果。OAI—PMH 协议提供 6 种动词分别是:

Identify:获取数据提供者的标志信息。

ListSets:获取数据提供者仓储的集合结构,有利于选择性获取。

ListMetadataFormats:获取数据提供者所支持的元数据的格式种类。

ListIdentifiers:获取资源记录的标头识别信息。

ListRecords:获取数据提供者所提供的资源记录。

GetReeord:从数据提供者获取特定识别的资源。

4　结语

随着网络技术和数字图书馆技术的迅速发展,元数据互操作和分布式信息资源共享、整合、服务的重要性更加凸显。基于 OAI—PMH 协议的山西省高校联合目录系统的实现,为整合其他资源(高校论文、特色文献)提供了实验性的尝试。目前,该系统已经在山西大学图书馆运行,已经收集 8 所山西省高校图书馆的 1046671 条书目数据。当然,该系统还存在一些问题和不足,例如,在成员馆系统中由 MARC 格式转换为 DC 格式,对于 USMARC 可以在美国国会图书馆的网站找到相应的对照表,但是 CNMARC 和 DC 的对照依然没有一个官方的参照。另外,还可以考虑使服务提供者的功能更加完善,例如可以和 google book 相连接,更加方便用户的检索和使用。

参考文献：

[1]黄雪梅.联合目录的模式与天津高校联合目录系统的建立.图书情报工作,2005(12):48—52.

[2]The Open Archives Initiative Protocol for Metadata Hatvesting. http://www. openarchives. org/OAI/open-archivesproto—c01. html.

山西省师范类高校图书馆电子资源建设调查分析
郑金萍

电子资源,又称电子馆藏、电子信息资源、数字资源,是指电子信息网络环境下,图书馆通过一定的方式(如购买、租用、自行开发、建立镜像、链接等),提供给用户使用的电子信息资源。电子资源是图书馆文献资源的重要组成部分,电子资源建设在图书馆资源建设中处于十分重要的地位。为了了解山西省师范类高校图书馆电子资源建设水平,笔者在2009年3月利用近一个月的时间对山西省师范类高校图书馆电子资源建设现状做了调查分析。

1 电子资源建设现状调查

1.1 调查对象

山西省师范类高校,包括山西师范大学、太原师范学院、忻州师范学院、大同大学、运城学院、晋中学院、长治学院、吕梁高等专科学校等8所高校。

1.2 调查方式

采用网上调查与电话访谈相结合的方式。山西师范大学、太原师范学院、忻州师范学院、大同大学、晋中学院等院校是通过登录其图书馆网页进行调查。运城学院无法打开网页,长治学院、吕梁高等专科学校图书馆网页正在建设中,因此,对运城学院、长治学院图书馆进行了电话访谈;吕梁高等专科学校只通过其学校主页调查到一些相关数据。

1.3 调查结果

对8所院校图书馆的电子文献收藏情况、体现师范性特色的特色数据库收藏情况、自建数据库、随书光盘分类收藏情况、检索系统及宣传推广情况的调查结果见表1。

表1 山西省八所师范类高校电子资源建设现状

院校名称	电子文献所占馆藏的百分比	收藏数据库(体现师范性特色数据库)	自建数据库	随书光盘分类收藏情况	检索系统	宣传推广情况
山西师范大学	约27%	41(4)	2	视听部	不详	数据库培训讲座、文献资源介绍;自办刊物《信息导航》(电子期刊)
太原师范学院	约11%	25	4	3100个光盘按索书号分类;收藏于电子阅览室	随书光盘检索系统	为教师免费发放校外漫游账号;电子资源应用宣传月活动
忻州师范学院	约24%	20(1)	3	不详	Open Access资源一站式检索服务平台	自办刊物《图书馆与读者》;电子资源培训讲座

续表

院校名称	电子文献所占馆藏的百分比	收藏数据库（体现师范性特色数据库）	自建数据库	随书光盘分类收藏情况	检索系统	宣传推广情况
大同大学	约25%	不详	3	按字母分类；收藏于相应纸本文献收藏部门、视听电脑室	电子资源查询系统	电子资源利用课程
运城学院	约8%	6	不详	不详	无	电子资源使用培训
晋中学院	约11%	9	0	音像视听室	无	不详
长治学院	约16%	2	0	未作分类，随书收藏于书库	无	不详
吕梁高等专科学校	约5.2%	0	0	4834个光盘未作分类；随书收藏于书库	无	

2 电子资源建设问题分析

2.1 电子资源种类不全、数量不多，在馆藏文献中所占的百分比普遍偏低

由表1可见，电子文献所占馆藏的百分比普遍偏低，各馆收藏数据库和自建数据库普遍偏少，有的学校还没有自建数据库，还有的学校甚至没有收藏数据库。其中山西师范大学图书馆、太原师范学院图书馆、忻州师范学院图书馆在电子资源建设中处于领先地位，这是由于山西师范大学是山西省一所历史悠久的综合性师范类大学，该校图书馆特别注重数字化文献资源建设，目前，数字化文献存储容量已达20T，是华北地区高校中数字化文献资源存储容量较大的图书馆之一。太原师范学院是以本科院校为中心的合并院校，有相当雄厚的建校基础，加之校馆各级领导真抓实干，使图书馆电子资源建设达到全省师范类院校先进水平。忻州师范学院虽然是以专科院校为中心的合并院校，其建校实力相对薄弱一些，但其图书馆电子资源建设迈的步子相当大，建设速度相当快，很值得全省其他师范类院校图书馆借鉴。其他几所院校，除吕梁高等专科学校还是专科类院校外，其余都是以师专类专科学校为中心的合并升格院校，其图书馆电子资源建设还处于起步和建设阶段。

2.2 缺乏师范性特色电子资源

师范类高校由于其专业设置和培养方向等方面的类似性，电子资源建设应体现区别于其他类高校的共同特色。例如，各师范类高校图书馆都应收藏诸如《中国基础教育资源库》《教育资源光盘数据库》（全文）、《中经专网教育版》（全文）、《教育管理》（全文）等中文数据库，也应自建一些体现其师范性特色的数据库。这方面，我省的师范院校图书馆可以借鉴全国同类院校图书馆的做法，结合自身的资源特色及学科特点，自建数据库。像华南师范大学图书馆建有《教育信息数据库》（专题）、《发展与教育心理学数据库》（本校专题），沈阳师范大学图书馆建有《教育简报》《健康教育》，北京师范大学图书馆建有《解放前中小学教科书》《京师文库》，南京师范大学图书馆建有《教师专著》，首都师范大学图书馆建有《首师大教师文库查询》，四川师范大学图书馆建有《教育篇名数据库》，曲阜师范大学图书馆建有《孔儒

文献》等。本文所调查的山西省这 8 所师范类高校普遍缺乏师范性电子资源。做得较好的首先是山西师范大学,其校内资源中《中国经济信息网———教育版》《国内教育及生物专题数据库》《中国基础教育资源库》(中学版)和远程资源中《国务院发展研究中心信息网》(基础教育版)等数据库都体现了其师范性特色。其次是太原师范学院自建《行知资源库》,忻州师范学院收藏《中宏数据库教育版》都反映了这些院校的师范性特色。

2.3 随书光盘分类方式简单,收藏方式不一

在所调查的 8 所师范类高校中,对随书光盘的分类收藏方法都不同,有的按索书号分类收藏于电子阅览室,有的按字母分类收藏于相应的纸本文献收藏地或音像视听室,有的未作任何分类随书收藏于书库。这方面做得比较好的当数太原师范学院,按索书号分类收藏于电子阅览室,为广大读者借阅、使用、咨询带来了很大的方便。其他图书馆对随书光盘的分类都比较简单,收藏不一。

2.4 电子资源统一检索率不高

尽管大部分图书馆已经认识到资源统一检索的重要性,但只有忻州师范学院利用 Open Access 资源一站式检索服务平台实现了数据库的跨库检索,向用户全面彻底地揭示全球 Open Access 资源,收录了大量来自互联网的 Open Access(OA)期刊、Open Access 仓储等学术资源信息,并向用户提供一站式检索和链接服务。其他如太原师范学院图书馆虽然也建立了独具特色的随书光盘检索系统,但仍停留在数据库各个独立阶段。

2.5 宣传推广工作需进一步加强

调查显示,大部分图书馆都认识到对电子资源宣传推广的重要性,采用各种手段宣传推广电子资源。如山西师范大学图书馆举办数据库培训讲座、太原师范学院图书馆组织的电子资源宣传月活动等,但还有少数图书馆这方面工作做得不够,各馆还需要加强形式多样的电子资源宣传推广工作。例如,除进行数据库培训、电子资源利用讲座等宣传外,也可充分利用图书馆主页、图书馆宣传栏宣传电子资源,还可组织读者座谈会,互相交流使用电子资源的心得。

3 加强电子资源建设对策

3.1 师范类高校图书馆要加强馆际交流与合作

山西省师范类高校有共同的师范性、地域性特点,其图书馆要加强馆际交流与合作,在电子资源建设方面可以联合购买、联合编目,从而节约建设成本,还可以通过网络开展电子资源互相利用活动,实现资源共享。在电子资源利用方面可以充分地交流经验,互通有无,互相借鉴,共同发展,努力把山西省师范类高校图书馆建设成文献资源丰富、载体多样、功能齐全、技术先进、管理科学,具有综合性、师范性、地方性特色的现代化图书馆。

3.2 电子资源建设要充分体现师范性、地方性

山西省师范类高校总体培养目标是为基础教育培养师资,其图书馆电子资源建设不能忽视这个根本,无论是购买电子资源还是自建数据库都要体现师范性特色;又由于这 8 所师范类高校分别处于不同的地区,其图书馆电子资源建设还要体现其地方性特色,如忻州师范学院图书馆所建的《五台山文化研究专题数据库》就体现了其地方性特色。

3.3 加大电子资源宣传的广度和力度,促进读者转变学习观念

随着网络环境的形成和信息技术的飞速发展,人们的学习观念和学习方式正在发生深刻的变化。未来的社会是学习化社会,未来的教育是终生教育,未来的教师是学生学习的促进者。因此师范类高校图书馆要大力宣传电子资源,利用多种途径和方式加大对图书馆电

子资源宣传的广度和力度,使现在的读者———未来的教师充分地认识电子资源,学会利用电子资源,促使其转变学习观念,改变学习方式,成为未来合格的教师。

3.4 改善网络条件,扩大使用场所

图书馆应积极主动地争取学校领导的支持,多渠道筹集资金,引进高质量、性能强的计算机设备,加大电子阅览室建设规模,扩大读者电脑使用的范围,加强对电子阅览室管理力度和硬件设备的维护,使设备处于最佳运行状态,避免因硬件原因影响读者对电子资源的使用效果。另外可借鉴山西师范大学、大同大学、晋中学院等高校图书馆建立视听影像室利用馆藏电子资源;也可通过互联网使读者进行校外访问,从而扩大使用场所。

参考文献

[1] http://library.sxnu.edu.Cn/pages/ziyuan/ziyuan.htm.

[2] http://lib.tynu.edu.cn/.

[3] http://lib.xztc.edu.cn/rgzn/bggk1.htm.

[4] http://www.library.ttu.edu.tw/.

[5] http://www.ycu.edu.Cn/xygk/xyjj.htm.

[6] http://211.82.56.76/tushuguan/index.asp.

[7] http://www.czc.edu.cn/czxyweb/xzxt/tsg/tsg/gljg.htm.

[8] 黄汝伦.师范类高校图书馆电子资源情况调查与分析.现代情报,2005(9):105—106.

山西省高校图书馆特色资源建设的现状与分析
李彦丽

1 山西省高校图书馆特色资源建设现状

根据中国教育和科研计算机网提供的中国大学名单,山西省目前共有高等院校49所。2009年8月1日—2009年9月1日,笔者对这49所院校的图书馆特色数字资源建设情况进行了调查,调查方法采用网络调查法,直接登录山西省各高校图书馆网站对涉及有关特色数字资源的栏目实施调查,列举了栏目下各特色数字资源的名称,并统计了各特色数字资源的数目。在山西省的49所高校中,除32所院校图书馆的网页多次点击无法打开以及1所院校的主页上无图书馆的列表外,被有效访问的高校图书馆实际上总共16所。占总数的32.7%。从整体情况看,山西省高等院校图书馆特色数字资源建设已具雏形,但发展很不平衡。在16所学校中,有特色资源的图书馆共计11所,占被访问图书馆总数的68.75%,占整个山西省高校图书馆的22.45%。

根据调查,笔者从不同角度、不同侧面就山西省高等院校图书馆特色数字资源的建设现状进行以下剖析。

1.1 特色资源的存在形式

笔者将山西省高校图书馆的特色数字资源按内容大致分为8个大类:本校学位论文库、本校学术成果库、随书光盘库、学科导航、教学参考库、地方文献库、学科专题库、综合性数据库。从表1可以看出,各高校所建立的本校学位论文库数量最多,占特色数据库总量的25.64%;各学校图书馆结合学校特点和本校重点学科而建设的学科专题特色数据库和学科

导航库数量较多,分别占到特色数据库总量的15.38%;排在前5位的本校学位论文库、学科专题库、学科导航、综合性数据库和教学参考库无疑是各学校特色数据库的主体,它们的总和占到数据库总量的82.04%。可以看出,这些数据库在各学校的教学科研工作中有着重要的参考价值,发挥着不可或缺的作用。地域文化是指由于受历史、地理、人文等因素影响,而长期积淀形成的一定规模、产生一定影响、带着鲜明地域特色的文化现象。对特色的地域文化资源进行系统的整理开发,是高校建设专题特色数据库重要的建设内容之一,山西财经大学图书馆所建的《山西票号与晋商信息资源管理系统》和忻州师范学院所建的《五台山文化研究专题数据库》,分别研究了晋商文化和佛教文化的发展历史及对各个时代的影响,两个地方文献库占特色数据库总量的5.13%。

表1　山西省高校图书馆特色资源主要类型及比例

序号	数据库类型	数量	百分比(%)
1	本校学位论文库	10	25.64
2	学科专题库	6	15.38
3	学科导航	6	15.38
4	教学参考库	5	12.82
5	综合型数据库	5	12.82
6	本校学术成果库	3	7.69
7	随书光盘库	2	5.13
8	地方文献库	2	5.13
合计		39	

表2　山西省高校图书馆特色资源内容

学校名称	特色资源内容	备注
山西大学	科研成果数据库、博硕论文数据库、山西科技文献资源文理文献中心	本科
太原理工大学	博硕论文数据库、山西科技文献资源工程文献中心	本科
山西医科大学	博硕论文文摘数据库、医学导航库、医学视频教学库、山西科技文献资源医学文献中心	本科
山西师范大学	博硕论文文摘数据库、随书光盘查询系统	本科
山西财经大学	学科导航、研究生论文数据库、山西票号与晋商信息资源管理系统、山西科技文献资源经济文献中心	本科
山西农业大学	学科导航、博硕论文数据库、山西农业大学图书馆特色馆藏、山西科技文献资源农业科技文献中心	本科
中北大学	博硕论文数据库、学科导航、山西科技文献资源兵器科技文献中心	本科
太原科技大学	学科导航、学位论文数据库、科技成果库、精品课件	本科
太原工业学院	优秀学位论文库、教师论著数据库、社会科学成果库	本科
忻州师范学院	优秀本科毕业论文数据库、教学参考精品图书库、五台山文化研究专题数据库	本科
太原师范学院	行知资源、学科导航、随书光盘、学习资源、素质拓展、教参视频、馆藏古籍	本科

1.2 特色资源的内容

山西省高校图书馆特色数据资源的建设虽起步较晚,但经过多年发展,现已有11所高校建成特色数据库30余个,还有许多高校在建或筹建符合自身特色的数据库产品。除已有的本科、硕士、博士学位论文,重点学科导航库等传统模式外,还建设了一批学科专题特色数据库,如山西省科技文献资源平台,它由山西省6所高校承建,按照"整合、服务、共享"的原则,建立了文理、经济、医学、工学、农学、兵器6个文献中心,建立了一个面向全省科技用户的、具有山西地方特色的科技文献中心。同时根据自己所处的地域文化,建立了具有地方特色的资源:山西票号与晋商信息资源管理系统、五台山文化研究专题数据库。由表2还可以看出山西省本科院校图书馆特色数据库工作开展得较好,充分利用了自身资源优势。不断更新。但专科院校图书馆和高职院校图书馆在特色数据库建设方面却不尽如人意。在笔者调查的山西省专科和高职院校中。在特色数据库建设方面尚属空白。

2 山西高校特色资源建设之不足

2.1 特色数据库的选题问题

在已运行的数据库中,个体特色不明显,绝大多数选题基本上还停留在学科导航库、学位论文库、高校教师论著成果库等已有数据库模式下,没有更好地结合自身特色和技术实力。开拓思路,针对本校科研优势学科,量体建立相关特色数据库,使现有数据库的应用和社会价值受到一定影响。通过对山西高校图书馆特色数据库建设情况的调查发现,具有地方文化特色的数据库只占5.13%,能体现山西地方文化特色的数据库太少。已建成的特色数据库收藏规模小,缺少深层次开发,且大多数的专题数据库仅能提供目录或题录检索,而且特色文献收藏量占其馆藏总量比例小。

2.2 发展不平衡。开发层次较低

从各高校的情况来看,山西省高校图书馆特色数据库建设明显存在发展不均衡的问题。在山西省49所高校中,有33所高校图书馆的网站多次无法打开,11所有特色馆藏的高校图书馆全部为本科院校,高职高专在这方面的建设为空白。特色数字资源建设水平差距如此之大,一方面与各图书馆及相关部门的重视程度不同有关。另一方面,也与各图书馆的人力、财力、物力、技术等各方面条件有很大的关系。在已有的特色数据库中,有很多数据库开发层次较低,表现在:①主题层次不够。一些高校的特色数据库开发,仅限于某些书目文献的数字化加工转化,做到主题开掘有特色、资源内容整合深入的尚不多。②格式不规范。有些数据库没有遵循CALIS特色库子项目描述元数据规范及相关规则处理。③检索功能不全。很多特色数据库只支持基本检索,而没有高级检索功能,检索字段不多,对检索结果的处理上,不支持二次检索等。

2.3 分散建库、局部使用现象严重。共享程度不高

很多高校图书馆都在建设学科导航库、随书光盘数据库等,这也反映了各高校图书馆在进行资源建设时还是各自为政,追求数字资源的"大而全"。低水平重复开发严重。而且,某些图书馆对数据库的使用进行IP限制,仅供校内用户使用,这在一定程度上违背了建设特色数据库的初衷,既不能扩大社会效益,也无助于经济效益的获取。山西省高校图书馆虽然正在逐步实现特色数据库的共建共享(如山西省科技文献资源平台—高校科技文献平台),但总体来看,仍是独立开发运行的多。一些高校图书馆的特色数据库只限本校师生享用,一些专题特色数据库不提供具体资料。

2.4　在全国范围内处于相对落后状态

虽然山西省高校图书馆特色资源建设已经起步并有了一个良好的开端,但与国家重点院校和一些兄弟省份的高校图书馆相比,还处于初级阶段。比如河南省,通过互联网能被有效访问的图书馆主页占河南省高校图书馆总量的75%左右,有特色资源的图书馆占河南省高校图书馆总量的50%左右。而山西省通过互联网能被有效访问的图书馆主页占全省高校图书馆总量的32.7%左右。有特色资源的图书馆占全省高校图书馆总量的22.45%,由此可以看出,山西省高校图书馆在特色资源建设上还是比较落后的。

3　山西高校馆特色资源建设对策

3.1　明确建设目标.合理规划数据库的内容

充分考虑本馆性质、馆藏特色、学科专长、服务对象、社会责任、用户需求等因素,进行科学论证,然后进行统筹安排并明确目标,分清责任,要分步骤有目的地进行,杜绝盲目采购和重复建设,设立一定的监督机制,督促各级部门按时完成任务。

3.2　做好选题调研工作,提高特色资源的质量

特色资源的质量是整个馆藏特色化建设生命力的体现,只有特色资源质量得到保证,才能实现其建设的真正意义。选题是特色资源建设的关键环节,选题要结合图书馆的实际情况,综合考虑所在高校和地区的需求来选定,一个好的特色化选题可以达到事半功倍的效果。选题要立足本馆,放眼四方,不拘泥于本馆馆藏,例如天津大学的摩托车信息特色资源数据库群。摩托车设计构造并不是天津大学的优势学科,但天津大学依托CALIS专题数据库建设的契机,经多方分析确立了这个选题方向。地方文献和地域特色文献也是等待图书馆采集的一笔宝贵财富,任何地区形成的独具地方特色的文献都是其他地区不能取代的,开发和利用好地方特色文献,一方面可以为涉及地方风土人情、历史沿革等相关研究提供宝贵而丰富的资料,另一方面,也可以为开发地方旅游业、发展地方经济提供信息支持。事实上,地方特色文献的开发已经受到大多数图书馆的充分重视,成为特色化馆藏建设中的一大亮点。

3.3　重视标准化、规范化建设

规范数据库建设的标准,是建设高质量数据库的重要保障之一。文献资源标准化是文献资源共享的非常重要的基础工作,只有标准化的数据库系统才具有真正的活力,它不仅保证了可靠性、系统性、完整性和兼容性,而且有利于实现真正意义上的网络资源共享。在特色资源建设过程中,应严格按照CNMARC格式处理,在检索方式上,遵循"布尔"逻辑体系,数据库除利用检索算符外,还应添加位置算符、字段算符的使用,便于用户进行复合检索,提高检索精确度。此外检索界面应尽量丰富、友好,提高用户的使用效率。条件允许的图书馆应引进智能情报检索系统,实现人机充分交流,使用户和计算机之间可以不断进行自由、充分、多方面、多层次的反馈交流。

3.4　做好特色资源的维护和深度开发.处理好相关知识产权问题

特色资源的深度开发既是将其推向读者、提高利用率的最好途径,又是馆藏特色化建设的延伸,有助于特色化馆藏系统性的形成。高校图书馆特色资源建设应提高互动性、交互性,在纸质文献电子化的基础上,添加相应的视频、语音等资料,丰富数据库内容,让特色数据库发挥出立体化、全方位、多视点的优势。特色资源建设必然面临数字化过程中的版权问题及信息资源库的知识产权保护问题。一方面我们要尊重他人的研究成果,在使用有关的

信息资源时,尽可能标明出处;另一方面还要做好自我保护工作,在开发建设特色数据库之初,既要实现信息资源的共享,又要采取切实措施,做好数据库上网后被套录和被盗版的防范工作。

3.5 联合建设,提高特色数据库的共享度

在信息急剧增长的今天,单个图书馆不可能做到信息资源的完整,只有各个图书馆之间加强合作与交流,统一规划,协调分工,建设一批高质量的特色数据库,走共建共享的道路,才能最大限度地获取资源,实现信息资源的最有效的利用。图书馆应打破单位或行业界限。与政府、科研团体、学校、企业合作,实现资源、人力、物力和财力的优势互补,分工合作,互通有无,走联合建库之路,实现资源共享,共同受益。数据库只有为广大用户利用才能最终实现其开发的真正价值与意义。一些高校对某些数据库使用的限制应该解除,满足其他用户尤其是科研用户的需求。以更大地发挥数据库的效益。更好更全面地推动社会经济文化建设的发展。

参考文献:

[1] 刘莹. 我国高校图书馆特色数据库建设现状及发展策略研究[J]. 图书馆学研究,2008(7):36—38.

[2] 徐云. 华侨华人文献信息专题数据库——建设思路与实践评价[J]. 图书馆论坛,2007(2):15—18.

[3] 郭额. 论高校图书馆特色数据库建设[J]. 河南图书馆学刊,2006(6):91—92.

[4] 钟文一. 贵州省高校数字资源建设的现状与对策[J]. 大学图书馆学报,2007(5):80—86.

[5] 张元晶,刘新庄. 谈高校图书馆特色数据库建设的质量保障[J]. 北京化工大学学报:社会科学版,2007(4):71—74.

[6] 李敏. 高校图书馆特色数据库建设难点与实践[J]. 情报杂志,2007(11):134—135.

山西省高校图书馆数字资源建设现状及对策

沈 玥

目前,各高校图书馆的数字资源建设已成为信息资源建设的重要内容,为了解山西省高校图书馆数据库资源建设的现状,通过上网访问山西省内高校图书馆主页,获取数字资源建设的相关数据,掌握山西省高校图书馆数字资源建设总体情况,针对已有的优势和不足,更好地相互借鉴,取长补短,最终实现山西省高校数字资源建设的共建、共知和共享。

1 数字资源的界定

1.1 数字资源的定义

数字资源是指图书馆引进(包括购买、租用和受赠)或自建(包括扫描、转换和录入)的,拥有磁、光介质或网络使用权的数字形态的文献资源。

1.2 数字资源的分类

根据高等学校图书馆数字资源计量指南(2007年)中的规定,数字资源划分为4种类型:电子图书(包括与图书类似的出版物)、电子期刊(包括与期刊类似的连续出版物)、二次文献数据库(包括题录、文摘、索引等)、其他数据库。

2 调查方法和统计说明

2.1 调查方法

(1)通过百度搜索,中国大学网列出的山西省高校名单有高校56所,其中本科17所,专

科及高职院校 39 所。

(2)通过百度搜索山西省各大高校的名称,56 所高校名称都能搜索到,高校名称 + 图书馆能搜索到并且能访问的有 15 所本科院校。

(3)调查时间:2009 年 6 月 15 日至 2009 年 6 月 19 日

2.2　统计说明

(1)鉴于在互联网上直接访问的高校图书馆网站的有限性,本文数据以能直接访问的 10 个高校图书馆网站上公布的数字资源为统计对象。这 10 所高校分别是:太原理工大学、山西大学、山西医科大学、山西财经大学、山西农业大学、中北大学、太原科技大学、山西师范大学、太原师范学院、忻州师范学院。

(2)对剩下 46 所高校的数字资源建设情况通过多种渠道进行检索和统计,在统计数据中统称 46 所高校为其他高校图书馆。

3　统计结果

通过网上浏览、调查与统计,得到了山西省高校图书馆数字资源建设情况统计表(见表 1)、山西省高校图书馆主要数字资源分布列表(见表 2)及山西省高校图书馆特色数据库建设情况统计表(见表 3)。

4　调查统计结果分析

4.1　山西省高校图书馆数字资源建设现状

山西省高校有 56 所(包括民办和高职院校,不包括军事院校),其中本科院校 17 所,专科及高职院校 39 所,本科院校中能直接访问的高校图书馆共 15 所,不能直接访问的图书馆的高校网站上都提供了图书馆的链接;高职院校都能直接访问校园网,基本都能提供图书馆的链接。

由表 1 可知,山西省高校图书馆数字资源拥有量最多的是山西大学。太原理工大学的数据库所属学科门类主要为理工类,而山西大学的数据库则是文理并重;山西财经大学的中文数据库主要为与经济相关的数据库;山西医科大学的外文数据库主要与医学相关,山西农业大学主要是与农业相关的数据库。

表 1　山西省高校图书馆数字资源建设情况统计表　　　　　(单位:个)

学校名称	中文数据库	外文数据库	试用数据库	特色数据库
太原理工大学	20	9	13	7
山西大学	23	25	25	6
山西医科大学	10	21	21	4
山西财经大学	20	8	16	9
山西农业大学	16	11	19	5
中北大学	15	6	27	1
太原科技大学	14	7	8	1
山西师范大学	21	8	11	4
太原师范学院	8	10	18	3
忻州师范学院	9	10	7	3

表2 山西省高校图书馆主要数字资源分布列表 （单位:个）

中文数据库	数量	外文数据库	数量
CNKI 数据	10	OA 资源数据库	5
万方数据	9	SDOL Elsevier 电子期刊全文数据库	5
维普数据	8	Springer link 电子期刊全文数据库	6
超星图书	10	WSN	8
书生之家	6	APS（美国物理学会）数据库	3
方正 Apabi 电子图书	4	Nature 全文数据库	3
中国知网	5	Web of Science（SCI）	2
国研网	5	世界银行数据库	1
E 线图情	7	SCI	2
银符考试模拟题库	9	ProQuest 农业生物期刊全文数据库	1
网上报告厅	9		
新东方多媒体学习库	7		
中宏教研数据库	9		
博看网——人文畅销报刊	8		
KUKE 数字音乐图书馆	7		

由表2可知,山西省高校图书馆购买的中文数据库主要为 CNKI、万方、维普、书生之家、超星等数据库;外文数据库主要集中在 WSN 数据库和 Springer link 电子期刊全文数据库两个数据库上,外文数据库由于购买价格较高,购买的途径为集团购买。

表3 山西省高校图书馆特色数据库情况统计表

高校图书馆	自建数据库名称
太原理工大学	中文核心期刊名录、图书馆订购报刊种类查询、工程科技文献平台、热点图书销售排行榜、山西省文献资源共享与服务平台、中国图书馆图书分类法
山西大学	视频音频点播、晋商研究论文资料索引、山西县志人物索引、地方志馆藏目录、山西历代家谱知见录、山西大学科研成果数据库
山西医科大学	医学视频教学数据、非书资料数据库、山西医科大学博硕论文文摘数据库、医学导航库
山西财经大学	山西财经科技文献平台、山西票号与晋商数据库、山西省统计数据库、山西经济发展报告库、山西区域经济与产业经济数据库、教学参考精品图书数据库、计算机精品图书数据库、研究生论文数据库
山西农业大学	山西农业大学博硕士论文库、随书光盘管理系统、院士文库、山西省地方志、山西农业大学图书馆特色馆藏
中北大学	中北大学学位论文库
太原科技大学	太原科技大学学位论文
山西师范大学	图书馆自办刊物《信息导航》、随书光盘查询、本校博硕论文摘要查询、馆讯
太原师范学院	行知资源、随书光盘、教参视频
忻州师范学院	优秀本科毕业论文数据库、五台山文化研究专题数据库、教学参考精品图书数据库

由表3可知,山西省各个高校图书馆都拥有自己的特色数据库,其中山西财经大学、太原理工大学及山西大学的数量较多。这些特色数据库的建立,不仅有益补充了购买的数字资源,也体现了各个高校的特色,宣传了高校的文化。

4.2　山西省高校图书馆数字资源建设存在的问题

4.2.1　电子资源分布不平衡　通过调查,笔者发现山西省本科院校和高职院校数字资源建设情况相差较大,本科院校都购买了数字资源,而高职院校购买较少,且这些资源都为中文数据库。本科院校中以重点院校购买的数字资源较多,且学科门类齐全,而普通院校购买的一般为综合类的电子期刊和电子图书,对外文数据库购买比较少。总之,山西省高校数字资源现状呈两极分化的格局,建设状况不容乐观。

4.2.2　自建特色数据库数量较少　特色数据库是指充分反映本地区本单位资源特色的信息总汇,具有鲜明的专业学科特色与地区特色。山西有"煤乡"之称,是中华文明发祥地之一,被称为"华夏之根"。山西旅游资源十分丰富,有"五千年文明看山西"的说法。改革开放以来,在党的领导下,作为能源重化工基地,为全国的经济发展作出了重要贡献。山西省高校图书馆目前建立的特色数据库部分反映了山西省的地区特色,但这些数据库还不足以反映我们省的政治、经济和历史、文化特色。

4.2.3　数字资源访问受限　山西省高校图书馆的数字资源一般都限于校内访问,IP限制造成了数字资源的浪费。高校图书馆的资源作为一种共享资源,应该随时能满足教师和学生的需要,只有这样才能够较好地提高数字资源的利用效率。

5　山西省高校图书馆数字资源建设的思考及对策

山西省高校图书馆的数字资源建设已初具规模,但与经济发达的省、市相比,还存在差距,特别是专科和高职院校的数字资源建设情况较差,要解决这些问题,单靠一馆的力量是困难的,各馆独立发展也是行不通的。各馆之间应加强联合,实现资源共建共享才是最佳解决途径;各馆应根据自身特点,扬长避短,发挥各自优势,加强有本校和本馆特色的数字资源建设。

5.1　开展数字资源有效性评估,优化数字资源门类

高校图书馆应该积极开展对本馆订购的数字资源进行评估的活动,引进适合本校发展的数据库,不断开展各项有利于提高数字资源利用率的活动,以使数字资源的比达到最佳。

5.2　多方筹集资金,丰富学校数字资源的学科门类

目前,各大高校图书馆的经费都是通过校拨经费获得,十分紧张。即使是太原理工大学和山西大学这样的重点本科院校,在经费上仍是不足的。重点院校学科门类较多,要求购买的数据库类型也较多;普通院校学科门类较少,但经费也相应较少。因此,高校图书馆的购置经费除争取学校的拨款外,还应该多争取社会力量和政府的支持。比如可以采取与企业合作的方式,购买既符合企业需要,也符合学校需要的数据库。

5.3　加强自建数据库的建设

自建数据库,是高校根据自身特点和学科建设的需要而建立的数据库,这种数据库不仅有学科带头作用,还有宣传学校的作用。虽然当前各高校已经建立了一些反映地区特色的数据库,仍不足以反映山西的地区特色。学校应该以科研立项的方式,找准课题项目,并与山西省的相关单位合作,建立具有区域特色的数据库。这些数据库的建立不仅在社会科学研究中起到重要的作用,而且也能够起到弘扬民族文化和保护非物质文化遗产的作用。

5.4 有效整合免费数字资源

图书馆可以组织专门的工作人员在互联网上收集免费的数字资源,在不存在版权问题的情况下,将这些数字资源建成学校的自建数据库资源供用户使用;或者提供链接,使用户能多渠道地使用更多的数字资源。这样不仅丰富学校的数字资源门类,也可起到节约经费的作用。

参考文献:

[1] 教育部高等学校图书情报工作指导委员会.高等学校图书馆数字资源计量指南(2007年)[EB/OL].[2008 – 10 – 20].http://www.scal.edu.cn.

[2] 何利芳.论高校图书馆数字化资源建设[J].图书馆,2006(4):86—88.

[3] 刘志坚.高校图书馆数字化信息资源建设研究[J].科教文汇(上旬刊),2009(7):229—229,284.

1999—2008 年山西省高校图书馆作者的发文分析

王 轶

通过对发文情况进行统计分析,从而揭示出山西省高校图书馆作者发文的特点、问题及规律,为进一步推动高校图书馆的建设提供客观有益的借鉴和参考。

1 数据来源

利用重庆维普中文科技期刊全文数据库、CNKI 中文期刊全文数据库为主要数据来源,对山西省具有代表性的八所本科院校(山西大学、山西医科大学、山西师范大学、太原理工大学、山西农业大学、中北大学、山西财经大学、太原科技大学)图书馆作者中以第一作者身份在 1999—2008 年 10 年间所发表的论文进行了较为全面系统的调查统计。

2 分析讨论

2.1 论文的数量分布

表1 1999—2008 年山西省高校图书馆作者发文量分布

年度	年计	山西大学		理工大学		医科大学		农业大学		财经大学		科技大学		中北大学		山西师大	
		数量	%	数量	%	数量	%	数量	%	数量	%	数量	%	数量	%	数量	%
1999	51	9	18	10	20	7	14	9	18	4	8	5	10	2	4	5	10
2000	60	11	18	15	25	5	8	8	13	10	17	8	13	2	3	1	2
2001	115	15	13	58	50	4	3	6	5	16	14	7	6	3	3	6	5
2002	101	17	17	52	51	7	7	8	4	4	4	2	2	8	8	5	5
2003	76	20	26	17	22	8	11	4	5	6	8	0	0	15	20	6	8
2004	84	5	6	12	14	4	5	12	14	19	23	8	10	16	19	8	10
2005	124	14	11	19	15	9	7	21	17	17	14	11	9	19	15	14	11
2006	117	10	9	5	4	27	23	16	14	22	19	4	3	17	15	16	14
2007	129	8	6	7	5	13	10	18	14	12	9	12	9	37	28	26	20
2008	141	10	7	7	5	32	23	12	9	12	9	8	6	36	26	2	17
合计	998	119		202		116		112		118		65		155		111	
%	100	12		20		12		11		12		7		16		11	

数据统计结果表明,山西高校图书馆作者 10 年间共有 324 人累计发表学术论文 998 篇,发文量最多的是 2008 年的 141 篇,是 1999 年发文量最少一年 51 篇的 2.76 倍,1999—2008 年各高校图书馆作者发文量分布见表1、图1。依据表1数据及图1所示可见:

(1)从山西省高校图书馆作者发文量每年的变化轨迹来看,年发文量在 2000 年 60 篇的基础上,2001 增至 115 篇,到 2003 年又大幅下降至 76 篇,直至 2005 年又上升到 124 篇,六年期间形成了较大的起伏,而 2005 年至 2008 年的发文量仍然略有升降,但增减变化程度已趋于平稳。虽然山西高校图书馆作者每年在发文数量上都有不同幅度的起伏,甚至出现较大的波动,但从整体上看发文量总的发展趋势呈现出波浪式前进,稳步增长的良好发展态势,从一个侧面反映出山西高校图书馆作者在图书情报理论与实践方面的研究有了较好的发展,从人均发文 3 篇可以看出发文数量还应有较大上升空间。

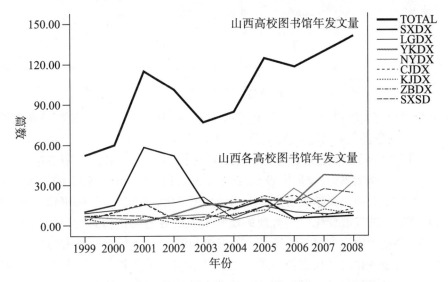

图 1　1999—2008 山西省高校图书馆作者发文量变化分布折线图

(2)由图1看出,在八所高校图书馆发文量的变化曲线中,理工大学图书馆的发文量曲线与山西高校图书馆整体的发文量曲线,在 1999 至 2003 年的时间段内,波形变化的形态高度一致。从表1数据可见,1999 至 2002 四年间,在全省八所高校图书馆中,理工大学图书馆每年的发文量均是第一,2001 年与 2002 年的发文量分别为 58 篇和 52 篇,占到全省发文量的 50% 和 51%,虽在 2003 年发文量有较大幅度的下滑(为 17 篇),但仍然占到了八所高校图书馆发文量的 22%,位列第二,说明了在 1999 至 2003 年 5 年中,理工大学图书馆发文量的贡献率最高,主导着山西高校图书馆发文量曲线的变化形态和发展趋势。自 2004 年始,山西大部分高校图书馆的发文量相对以往都陆续开始有了大幅增加,而理工大学图书馆的发文量则在 2006 年以后开始大幅下降,2006—2008 每年的发文量不足 10 篇,各高校图书馆之间的发文量差距较以往相对缩小,单个高校图书馆的发文量已经不能决定整体发文量的变化趋势。

(3)山西各高校图书馆在 10 年间的发文总量与发文量的增减变化都不尽相同,各具特征。从各高校图书馆发文总量统计来看,论文成果的学校分布存在着不平衡的现象,发表论文篇数最多是理工大学图书馆和中北大学图书馆,分别为 202 篇和 155 篇,占全省发文总量的20%和16%,其次是山西大学、财经大学、医科大学、农业大学、山西师大五所高校图书馆发文也较多,在全省发文总量所占比例均处于11%至12%之间,分别为119篇、118篇、116篇、112篇、111篇,而科技大学图书馆发文所占比例较少(7%)。

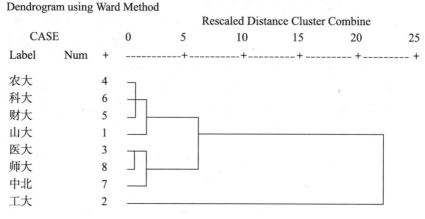

图2　1999—2008年山西各高校图书馆作者发文量分布聚类树状图

从发文量变化的离散程度和发展趋势综合考虑,利用SPSS13.0对各高校图书馆10年间发文量的相关数据进行Q型系统聚类分析(结果见图2),直观显示了逐步合并的过程,结合图1所示八所高校图书馆发文量的变化曲线的发展特点,可将各高校图书馆分为3个类群,第一类是理工大学图书馆,离散度最高,近5年发文量变化呈现出较大的下降趋势;第二类为医科大学图书馆、中北大学图书馆和山西师大图书馆,这3所高校图书馆发文量的离散度较高,其发文数量的发展变化轨迹直观的反映出了较好的增长趋势;山西大学图书馆、农业大学图书馆、科技大学图书馆与财经大学图书馆为第三类,4所高校图书馆发文量的离散度相对较低,发文量变化的增长态势与第二类相比较弱。虽然各高校图书馆发文量的增减变化都表现出不同的发展特征,但大部分高校图书馆的发文量变化都是处于良好的增长态势,尤其是近五年表现更为显著,同时也是对各馆科研能力有所提升的充分体现。

2.2　论文的期刊分布

山西高校图书馆作者近10年发表论文成果的期刊分布见表2。由表2可见期刊分布具有三个明显特点:

一是涉及的期刊种类较多,但发文主要还是集中在少数几种期刊。山西高校图书馆作者在十年间所发表的近千篇学术论文共分布于116种专业期刊,其中在《晋图学刊》与《科技情报开发与经济》两种期刊上所发表的论文分别为240篇和221篇,两者共计461篇占到了发文总量的46%,在各类高校学报所发论文数量为170篇占发文总量的17%。

二是在国家级期刊上发文比例不高,且有相当一部分是在增刊或年刊上所发表。在10种国家级期刊上共发文67篇,占发文总量的7%,其中在正刊上发文40篇,在增刊上发文27篇;在国家A级期刊《中国图书馆学报》《情报学报》两种期刊发文5篇,其中两篇为增刊论文;在《图书情报工作》中的发文28篇,占在国家级期刊发文总量的42%,其中增刊论文12篇,表明《图书情报工作》是国家级期刊的主要投稿期刊。由此可见,山西高校图书馆作者在国家级期刊中发表的论文数量上还很少,发表论文的质量有待进一步提高。

表2　1999—2008 年山西高校图书馆作者论文成果期刊分布

作者单位	国家级期刊		晋图学刊	科技情报开发与经济	各类高校学报	中华医学图书情报杂志	医学信息学杂志	机械管理开发	农业图书情报学刊	其他期刊	合计
	正刊	增刊									
科技大学	2	3	21	26	4	0	0	0	0	9	65
财经大学	5	13	24	23	41	0	0	0	0	12	118
理工大学	9	6	30	63	40	0	0	0	0	54	202
中北大学	3	0	23	25	31	0	0	24	3	46	155
医科大学	5	0	23	23	11	12	24	0	0	18	116
山西农大	3	0	25	21	19	0	1	0	23	20	112
山西大学	7	3	70	6	12	0	0	0	0	21	119
山西师大	6	2	24	34	12	0	0	0	0	33	111
合计	40	27	240	221	170	12	25	24	26	213	998

注:本文涉及的国家级期刊依据山西省教育厅印发的高等学校国家级学术刊物目录所确定。由于医学信息学杂志、中华医学图书情报杂志两种期刊具有医学专业背景特点,为保证分析的客观性,统计时未将其列入国家级期刊。

　　三是发文期刊分布具有一定的专业指向。从各高校图书馆作者发文期刊的分布情况来看,无一例外地在《晋图学刊》《科技情报开发与经济》以及各类高校校报上发表的论文数量占据着其发文总量的主要部分。同时,高校图书馆作者结合自身学校的专业特点,在一些专业针对性较强的期刊中发表的论文数量所占比例也很高。例如,山西医科大学图书馆作者在《医学信息学杂志》《中华医学图书馆情报杂志》两种专业期刊上分别发表论文 24 篇和 12篇,两者共计 36 篇占到其发文总量的 31%;在《机械管理开发》发表的 24 篇论文作者均来自于中北大学图书馆,占其发文总量的 15%;在《农业图书情报学刊》所发的 26 篇论文有 23 篇来自于山西农大图书馆,占到了其发文总量的 21%。

2.3　引文分析

　　引文作为一篇完整论文的组成部分,不仅能对文章内容起佐证、提示其信息来源的作用,而且也是评估论文学术水平和衡量作者吸收利用信息能力的指标之一[1]。

　　引文数量的多少,在一定程度上可以反映文献所蕴含信息含量。在山西高校图书馆作者所发 998 篇论文当中,848 篇附有引文共 3985 条,引文率为 85%,篇均引文量为 4.70 条,单篇最高引文量为 47 条。(见表3)

表3　1999—2008 年山西省高校图书馆作者发文引文数量单位分布

作者单位	发文篇数	引文总数	有引文发文数	无引文发文数	引文率%	篇均引文	单篇最高引文
科技大学	65	248	56	9	86	4.43	31
财经大学	118	438	95	23	81	4.61	16
理工大学	202	564	154	48	76	3.66	20
中北大学	155	735	144	11	93	5.10	47

续表

作者单位	发文篇数	引文总数	有引文发文数	无引文发文数	引文率%	篇均引文	单篇最高引文
医科大学	116	482	103	13	89	4.68	14
山西农大	112	502	102	10	91	4.92	13
山西大学	119	522	92	27	77	5.67	46
山西师大	111	494	101	10	91	4.89	15
合计	998	3985	847	151	85	4.70	

由表3可见,山西各高校图书馆作者发文的引文率较不均衡,中北大学图书馆、山西农大图书馆引文率较高为93%、91%,理工大学图书馆、山西大学图书馆引文率较低为76%、77%,其余高校图书馆引文率位于中等水平。其次,各高校图书馆作者发文的篇均引文量普遍较低,均在6以下,说明山西高校图书馆作者对文献利用的能力有待加强。

从引文的文献类型分布来看,山西高校图书馆作者发文的引文类型多种多样,中文文献3698条所占比例为93%,外文文献98条所占比例为2.5%,WEB引文189条所占比例为4.5%。在中外文文献中,均以期刊论文为主,中文期刊论文与中文图书为3111条、485条,两者分别占中文文献总数的84%、13%,外文期刊论文与外文图书为64条、17条,两者各占外文文献总数的65%、17%;其次为图书及其他(包括会议论文、学位论文、技术报告等);再有,山西各高校图书馆作者发文的引文类型分布与整体情况保持一致,引文类型主要是中文期刊论文,引用的网络文献与外文文献较少,说明了山西高校图书馆作者获取网络文献与外文文献信息的能力和利用率偏低,不利于对学科发展动向与趋势的掌握。山西高校图书馆作者发文引文类型分布见表4。

表4　1999—2008年山西省高校图书馆作者发文引文类型分布

作者单位	中文			外文			WEB引文	合计
	期刊	图书	其他	期刊	图书	其他		
科技大学	211	21	4	3	2	0	7	248
财经大学	391	35	4	6	0	0	2	438
理工大学	475	55	20	6	1	1	6	564
中北大学	542	125	18	22	5	5	18	735
医科大学	340	85	11	6	4	4	32	482
山西农大	387	48	17	1	0	1	48	502
山西大学	338	67	16	19	5	6	71	522
山西师大	427	49	12	1	0	0	5	494
合计	3111	485	102	64	17	17	189	3985

从引文的年代分布情况可见:山西高校图书馆作者发文的引文率呈现出分阶段的上升过程,2006年起引文率基本稳定在90%以上,2008年最高为95%,同时引文中具有WEB引文和外文引文的发文数量也呈起伏上升趋势,但所占比例仍然很低,WEB引文发文数2007年最高为16篇,仅占有引文发文数的13%,外文引文发文数2008年最高为12篇,仅占有引

文发文数的 9% ;各年份的篇均引文量均保持在 3 至 5 篇,篇均引文量仍然偏低,平均每篇 4.7 条,没有明显的增减变化趋势。说明山西高校图书馆作者利用文献和吸收情报的能力不断有所改善,但提高的幅度不大。(见表5)

表5 1999—2008 年山西省高校图书馆作者发文引文年代分布

年份	论文篇数	引文总数	有引文发文数	引文率%	篇均引文	WEB 引文发文数	外文引文发文数
1999	51	193	36	71	5.36	0	1
2000	60	155	45	75	3.44	1	3
2001	115	377	87	76	4.33	1	4
2002	101	291	75	74	3.88	3	7
2003	76	312	63	83	4.95	4	2
2004	84	300	75	89	4.00	6	1
2005	124	483	105	85	4.60	12	2
2006	117	554	106	91	5.23	9	5
2007	129	642	121	94	5.31	16	12
2008	141	678	134	95	5.06	13	12
合计	998	3985	847	85	4.70	65	49

2.4 作者合作度及合作率分布

论文合著是科学技术研究中的普遍现象,一篇论文存在多名合作者,可以充分发挥集体智慧,在知识结构上相互补充,取长补短,对提高研究问题的理论深度和分析方法的科学性都有很好促进作用[2]。对于山西高校图书馆作者发文的合作情况采用合作度和合作效率指标来衡量。论文合作度是指确定的时域内在一定范围内每篇论文的平均作者数,它是论文作者合作研究程度的反应,其数值越大,著者群合作智能就越能充分发挥;论文合作率是指两个或两个以上作者的论文数与总论文数的比值,反映了确定时域内一定范围内合著论文的比重[3][4]。1999—2008 年山西高校图书馆作者发文合作度及合作率分布见表6。

表6 1999—2008 年山西高校图书馆作者发文合作度及合作率分布

作者单位	发文篇数	作者人次	合作者篇数						论文作者合作度	论文作者合作率%
			1	2	3	4	5	6		
科技大学	65	75	56	8	1				1.15	14
财经大学	118	140	99	17	1				1.19	16
理工大学	202	227	183	15	2	2			1.12	9
中北大学	155	183	128	26	1				1.18	17
医科大学	116	208	56	38	14	6	2		1.79	52
山西农大	112	153	80	26	5			1	1.37	29
山西大学	119	157	82	36	1				1.32	31
山西师大	111	119	105	5		1			1.07	5
合计	998	1262	789	171	25	10	2	1	1.26	21

由表6看出,10年山西8所高校图书馆作者发表论文独立完成的为789篇,占发文总量998篇的79%,两人及两人以上作者合作完成209篇,占发文总量的21%,论文作者合作度为1.26;从各高校图书馆的情况来看,论文作者的合作度与合作率普遍较低,山西师范大学图书馆的论文作者合作度最低,为1.07,发文中仅有5%是多作者合作完成的,山西医科大学图书馆论文作者合作度最高,为1.79,远高于其他高校图书馆,其论文作者合作率达到了52%。这说明,山西高校图书馆作者的学术研究仍以个人独立研究为主要形式,作者的合作意识有待进一步增强。

3　结束语

随着高校对图书馆工作的重视和投入不断加大,高校图书馆的专业信息资源日益丰富,其在教学、科研中发挥着越来越重要的作用,而由于图书馆属于单纯的服务部门,在高校中仍处于从属的地位,图书馆基层工作的科学性、学术性被服务性工作所掩盖,难以得到充分体现,工作人员普遍缺乏归属感,撰写论文也大多出于职称评聘的缘故,处于被动的状态,一些论文的质量难以得到保证。[5]因此,高校图书馆馆员要努力成为学习型的馆员,不断提高综合素质,适应社会及高校图书馆的发展需要;同时,高校图书馆也应结合工作实际,建立健全良好的激励机制,以创新精神推进图书馆的各项工作,为高校图书馆馆员搭建起施展才华成就事业的平台,充分激发了馆员的工作及科研热情。唯有如此,才能保障高校图书馆的科学发展,从而促进论文水平的进一步提升。

参考文献:

[1] 刘道践,胡玫,王珠,等.中国卫生检验杂志2003—2005引文的统计分析[J].中国卫生检验杂志,2006(7):894—895.

[2] 王惠翔,徐才明,高凡.2002—2007年我国高校作者的图书馆学情报学论文成果解读[J].大学图书馆学报,2008(2):92—97.

[3] 方太强,周蓉,胡英.我国图书馆学情报学核心作者分析[J].图书情报工作,2005(1):69—73.

[4] 任淑敏,王玉霞,任宪东,等.中华医院管理杂志核心作者文献计量分析[J].中华医学图书情报杂志,2008(7):72—75.

[5] 王轶.高校图书馆开展竞争情报服务的必要性与可行性[J].医学信息学杂志,2009(8):64—67.

山西省高校图书馆对 OA 资源利用的调查与分析

夏文华

现阶段,我国的高校图书馆普遍面临着文献经费危机,特别是欠发达省份的高校图书馆,往往因为文献经费不足,在购置资源时显得力不从心,其结果只能是不断缩减学术数据库的定购数量。与此同时,以让用户免费使用学术资源为宗旨的 Open Access Movement 在世界范围内开展得如火如荼,开放存取期刊数量增长迅速,涵盖的学科已突破最初的自然科学并推广到人文社会科学。OA 期刊也得到传统文摘索引服务商的认可并成为他们收录的对象,其被引用率和影响因子也在不断提高。基于此,图书馆完全可以将 OA 资源视为馆藏的重要补充。接入 OA 资源,对高校图书馆而言,一定程度上可缓解学术期刊的价格危机和利用方面的许可限制,是对图书馆经费不足的一种补充,可以提高图书馆的信息保障能力。

本文立足山西省这一经济相对落后的省份,选取该省 18 所本科院校图书馆为调查对象,调查各个图书馆利用开放存取资源的实际情况,寻找问题并提出建议,从而促进省内各高校图书馆对 OA 资源的利用。

1　山西省高校图书馆对 OA 资源揭示的调查结果

本次调查的对象为教育部公布的山西省内 18 所具有本科招生资格的普通高等院校,调查截止时间为 2010 年 6 月 5 日。调查期间,山西大同大学图书馆、运城学院图书馆、吕梁学院图书馆主页打不开,实际统计数量为 15 所。在设置表格项目时,选择了 OA 资源的"逻辑路径"和"接入数量"为主要考察内容。通过"逻辑路径"的调查,可以看出各馆对 OA 资源的揭示情况,从设置的类目上可反映出对 OA 资源的认识程度;从"接入数量"项目可反映出各馆对 OA 资源的重视程度和利用情况。调查发现各馆对 OA 资源名称的揭示各不相同,在表 1 中,为便于计量,笔者在对其内容进行甄别后,将确实属于开放存取资源的栏目统一为"OA 资源";有两种链接路径的分别列入表格中。在"接入数量"项目栏中,OA 资源的数量主要以各馆提供的链接数量为准,有的虽归在 OA 资源栏目下,但不属于此类的,笔者在对其进行辨别后,有选择性地剔除。数量统计仅有 1 种的,标明资源名称;2 种以上的,仅标明数量。在 15 所图书馆中,除长治学院图书馆、长治医学院图书馆无 OA 资源栏目外,其余 13 所高校图书馆均揭示 OA 资源,占调查总数的 87%;仅接入一种 OA 资源的高校图书馆有 4 所,占总数的 27%(其中 3 所高校接入的为 socolar,1 所接入的为中国科技论文在线);接入 10 种以上 OA 资源的有 5 所图书馆,占总数的 33%。

2　山西省高校图书馆对 OA 资源利用中存在的问题

2.1　组织或揭示方式不明确

从表 1 可见,在接入 OA 资源的 13 所图书馆中,有 12 所指明"OA 资源"或"免费资源",但基本将其归于"电子资源"类目之下;11 所图书馆将其归于"电子资源",占总数的 85%,但是其中有 1 所图书馆将 socolar 归为中文期刊;1 所图书馆归于"学科导航",占 8%;1 所图书馆将其直接链接在图书馆主页上,占 8%。可见,在所调查的有 OA 资源链接的图书馆,基本将其归为电子资源的下位类目,而不是单独设置与"电子资源"平级的"OA 资源"或"免费资源"类目。在当前用户对 OA 资源尚不熟悉的情况下,把它与商业电子资源列在一起,不利于用户对开放存取资源的使用。通过各个图书馆对 OA 资源的逻辑路径的选择,可以看出,对 OA 资源的内涵认识不同。有的仅限于开放存取的期刊和论文,有的则扩大到各类免费的资源,包括公共信息资源、学科门户网站乃至博客、论坛等。事实上过多地强调了免费这一属性,而弱化了 OA 资源的学术性这一重要特征。

2.2　类目设置不一

由表 1"逻辑路径"的调查结果可见,有 6 所图书馆提供了两种链接路径,占总数的 46%,但是这两种路径所链接的内容不同,可见对"OA 资源"的内涵和归属尚存在不同的认识,因而将其分散链接在不同的类目之下。在类目设置方面,7 所图书馆将 OA 资源设置在二级类目,占总数的 54%;5 所图书馆将其设置在三级类目,占总数的 38%;另有两所图书馆将 OA 资源作为一级类目直接链接在图书馆主页上,归入一级类目的都是将一种 OA 资源单独列类,而未细分其资源类型,这两所图书馆把 OA 资源当作一级类目链接的都是"中国科技论文在线"。通过调查,发现山西省高校图书馆多数设有"OA 资源"或"免费资源"栏目(有的图书馆同时设有"OA 资源"和"免费资源"栏目,将不同的开放存取资源分别列于其下），且多数作为"电子资源"的下位类设置。但是，有的将"OA资源"作为"学科导航"的下位类，有的则将其作为"文献传递中心"的下位类。有的高校图书馆还对OA资源类目进行细分，有的按学科分类，分为一般类和专业类；有的按语种分类，分为中文类和外文类。总体看来，各高校图书馆对OA资源的分类各行其是，没有统一的模式可循。有的是根据本馆实际情况分属于不同的类目，而有的则未对OA资源进行细致的审核，因而将其划分到错误的类目之下，如有的图书馆将socolar设置在中文期刊类目之下，就属明显的失当。

表1　山西省高校图书馆OA资源的接入逻辑路径及数量

序号	图书馆	逻辑路径	接入数量
1	山西大学图书馆	图书馆主页—电子资源—西文电子期刊—OA资源	2
2	太原理工大学图书馆	图书馆主页—电子资源—外文资源—OA资源	1（socoIar）
3	山西农业大学图书馆	①图书馆主页—中国科技论文在线	1
		②图书馆主页—学科导航—OA资源	12
4	山西医科大学图书馆	①图书馆主页—电子资源—中文资源—OA资源	1（socolar）
		②图书馆主页—电子资源—外文资源—Highwire press	1（Highwire）
5	山西师范大学图书馆	图书馆主页—电子资源—OA资源	2
6	中北大学图书馆	图书馆主页—电子资源—OA资源	12
7	太原科技大学图书馆	图书馆主页—资源检索—外文期刊—OA资源	1（socolar）
8	山西财经大学图书馆	图书馆主页—电子资源—外文电子期刊—OA资源	1（socolar）
9	太原工业学院图书馆	①图书馆主页—电子资源—OA资源	5
		②图书馆主页—电子资源—免费资源	101
10	太原师范学院图书馆	①图书馆主页—文献传递中心—OA资源	2
		②图书馆主页—外文资源—OA资源	8
11	晋中学院图书馆	图书馆主页—中国科技论文在线	1
12	忻州师范学院图书馆	①图书馆主页—数字资源—OA资源	1（socolar）
		②图书馆主页—数字资源—免费资源	13
13	山西中医学院图书馆	①图书馆主页—电子资源—OA资源（暂无）	0
		②图书馆主页—电子资源—电子期刊—网络共享资源	6
14	长治医学院图书馆	无	0
15	长治学院图书馆	无	0
16	山西大同大学图书馆	图书馆主页打不开	—
17	运城学院图书馆	图书馆主页打不开	—
18	吕梁学院图书馆	图书馆主页打不开	—

2.3　利用OA资源的数量偏少

从表1可见，不同高校图书馆对OA资源揭示的数量参差不齐且平均数量不多。其中链接OA资源最多的是太原工业学院图书馆，共有各类OA资源106种，其类型不仅包括期刊、学位论文、电子图书、电子报纸，还收罗了专利文献、字典辞典、科技报告、专业数据等各类免费资源。除此之外,大多数图书馆揭示的数量整体偏少,可见,山西省高校图书馆为用户提供的 OA 资源的数量仍显不足。作为我国经济欠发达的省份,各图书馆的文献经费已不能满足购置需求,如不能在 OA 资源的获取上大做文章,必然弱化图书馆为高校教学科研服务的能力。

通过对各高校图书馆 OA 资源的统计,发现被接入较多的分别是 socolar(10)、Highwire press(6)、DOAJ(4)、中国科技论文在线(4),就接入最多的 Socolar 而言,3 所高校图书馆仅接入了这一种 OA 资源。而其他一些重要的 OA 资源,如 open j-gate、NSTL、PubMed Central 都很少接入,国内的重要 OA 资源如中国预印本服务系统仅有一家图书馆接入,奇迹文库则无任何一家图书馆接入。上述几种 OA 资源已经在学术界取得广泛的影响,对它们的充分利用有助于高校电子资源的扩充,就当前山西省内高校图书馆接入 OA 资源的情况来看,各图书馆对 OA 资源特别是一些重点 OA 站点缺乏足够的重视。

2.4　不同学校揭示 OA 资源的差异较大

就高校所在地来看,山西省 18 所本科院校中有 9 所位于山西省省会太原市,其余 9 所分别位于长治(2)、晋中(2)、运城(1)、临汾(1)、忻州(1)、吕梁(1)、大同(1)等 7 个地级市。其中 1 所"211"工程院校,1 所国家重点院校、2 所省部共建院校。以学校的所在地为指标来分析各个图书馆接入 OA 资源的数量,可以看出位于太原的 9 所大学共接入 141 种 OA 资源,平均值为 15.7,而位于其他城市的数量依次为:晋中(14),忻州(14)、临汾(2),其他 4 个城市的高校图书馆或无揭示 OA 资源,或不能访问图书馆主页无法统计。相对来看,作为山西省的文化教育中心太原市的高校图书馆在接受和利用 OA 资源上略强于位于其他城市的高校,接入 OA 资源最多的太原工业学院也位于太原。但整体看来,山西省内高校图书馆对 OA 资源的认识仍有待提高。

3　促进山西省高校图书馆利用 OA 资源的建议

3.1　注重 OA 资源的宣传与推广

在当前阶段,OA 资源的学术影响力和声望与传统电子期刊、数据库相比,仍有一定的差距,用户对网上开放存取资源的性质、品质及使用还不甚了解。因此,图书馆在致力于 OA 资源收集的同时,应通过有效的途径广泛宣传 OA 资源,扩大开放存取在用户中的影响,培育用户使用 OA 资源的学术习惯,发挥 OA 资源的最大优势。具体的举措比如,在图书馆主页上开辟"OA 资源"专栏,把 OA 资源作为馆藏信息资源,提供相应的资源列表,并在此专栏中向用户提供 OA 资源的定义及其说明,对列表中的每种资源进行简要介绍,以便于用户选择使用。此外,还可根据实际情况开展一些有针对性的宣传,如张贴关于 OA 资源介绍的海报,发放 OA 资源的宣传资料,开设"OA 资源的利用"专题讲座,利用图书馆网站的网络留言板、BBS 等向用户大力推广 OA 资源等。

3.2　选择优质 OA 资源,充实 OA 资源数量

据统计,全世界目前发行的学术期刊中约 21000 种为经同行评阅、审稿的高质量期刊,而其中的 6%(约 1200 种)现已转换成为 OA 期刊。随着世界范围内开放存取运动的深入发展,OA 资源的质量以及学术影响力也日益增加,其重要体现就是 OA 期刊的被引率和影响因子在不断地提高,这可以改变人们认为免费资源质量不高的偏见,有助于提高开放存取期刊的利用率。据 2004 年 10 月的一份相关分析报告显示,SCI 收录的所有开放存取期刊中,有 15 种开放存取期刊的影响因子位于所属学科的前 10%。有学者对 4 种公共卫生学 OA

期刊的平均影响因子和平均即年指数进行分析,得出结论,OA 期刊都高于非 OA 期刊。还有学者利用 H 指数对 DOAJ 和 Elsevier 期刊进行比较分析,认为即使与 Elsevier 这样的主流期刊群进行比较,开放存取期刊的质量也相差无几。这些事实无不说明,OA 资源并不是普通的网络免费资源,而是值得图书情报机构高度关注的新型网络学术资源。图书馆在选择 OA 期刊时,可根据其影响因子的情况判断其是否具有影响力。随着开放存取运动的深入,一些大型数据库检索系统都开始整合 OA 资源,还出现了许多专门收集并提供 OA 资源的网站和门户,图书馆应密切关注国内外 OA 运动的新进展,及时更新和链接 OA 资源。目前多数 OA 期刊为外文期刊,因此,OA 期刊毫无疑问将弥补高校图书馆外文资源不足的缺陷。在 OA 资源达到相当数量时,可将其与图书馆购置的资源进行对比、整合,有选择地删减现有馆藏资源,以节省有限的文献经费。

3.3　优化 OA 资源的组织与揭示

山西省高校图书馆对 OA 资源的组织与揭示方式虽不尽相同,但多数图书馆都是通过图书馆主页中的相关站点链接来实现浅层的揭示。随着 OA 资源数量的增加,可以将众多物理上分散的资源进行整合,结合图书馆开展的"学科馆员"和"信息导航"工作,将这些 OA 资源建成专题数据库予以揭示。按照方便用户检索的原则,以用户熟悉的语言进行组织,向用户提供这些资源的分布情况,指引用户查找利用。比如在分类方面,可对 OA 资源同时采用多种方式进行分类。例如,可以将 OA 资源分别以"类型""学科""语种"进行划分,用户可选择自己偏爱的分类方式进行检索。在发展到一定阶段时,可以考虑通过 OPAC 或者集成软件全方位地揭示 OA 资源,将题名、责任者、主题或关键词、资源类型、来源、语种、推荐级别等作为必备著录项,通过详细的资源描述给用户,提供尽可能多的客观参考。到一定阶段,可将 OA 资源这类虚拟馆藏和现实馆藏融为一体,实现跨库检索、分数据库展示的检索效果。

3.4　与"学科馆员"工作相结合

目前,各高校图书馆普遍开展了学科馆员工作,其宗旨是为用户有针对性地收集、提供文献信息服务。学科馆员一般是由具有某种学科背景,同时受到过文献情报专业训练,并且具有一定外语水平和计算机操作能力的复合型专业人才担任。OA 资源以网络为存取路径,需要图书馆员掌握 Web 挖掘技术、组织技术、管理技术和较高的信息加工处理能力,加强对 OA 资源的研究、开发、整理、分析。而且,目前绝大多数的 OA 资源都是外文的,所以图书馆员必须掌握一定程度的外语。基于学科馆员工作与开放存取之间内在的一致性,完全可以把 OA 资源的整合纳入学科馆员的业务范围,通过学科馆员来实施针对性的宣传,即利用学科馆员与具体院系用户直接联系的优势,有针对性地进行 OA 资源的推荐工作。学科馆员可根据各个专业特点和用户的要求,为开放存取科学信息编制索引,在图书馆的主页上加以报道,从而帮助用户获取有价值的信息,通过学科整合工作把现实馆藏和虚拟馆藏融为一体,这对馆藏扩展和服务延伸都具有开拓意义。客观上,由于不同 OA 期刊在运作模式上有所差别,特别需要学科馆员对其特性进行考察,然后再推荐给用户。比如,有的 OA 资源需要图书馆以机构的身份申请方能开通,这就需要学科馆员与相应机构积极沟通联系。

3.5　加强各高校图书馆间的交流

如前所述,山西省高校图书馆对 OA 资源的利用情况仍存在较大差异,除少数高校图书馆利用 OA 资源比较充分外,多数高校图书馆对 OA 资源的利用尚在起步阶段。开放存取是网络环境下学术信息交流的新模式,是信息资源共享的新形式,对学术文献全面的开放存取是了解世界及缩小数字鸿沟的重要手段之一。因此,在网络技术高速发展的今天,各高校图书馆应扩大 OA 资源的影响力和传播效果,缩小不同地区高校间存在的数字鸿沟,让 OA 资源在省内高校的利用得到普及。客观上,同处一省的高校图书馆,在业务交往、人际关系等方面有天然的合作优势,有条件对 OA 资源的利用进行界内合作,比如可以通过会议论坛等形式通报、交流 OA 资源的信息,加强各馆之间的合作,互通有无,在对 OA 资源实际使用情况的交流过程中,让更多的高校认识到利用 OA 资源的优势所在,让开放存取运动在各高校普遍开展起来,甚至可以建立一个 OA 资源平台,实现各高校图书馆共建共享。通过对 OA 资源的广泛利用,为这些学校的资源建设进行有益补充,弥补我国经济欠发达地区高校图书馆文献经费不足的缺陷,实现 OA 资源对学术发展意义的完成。

参考文献:

[1] 刘建华,黄水清. 国内用户对开放获取的认同度研究——以高校调查分析为例[J]. 中国图书馆学报,2007(2):103—107.

[2] 马景娣. 学术文献开放访问和图书馆的应对策略[J]. 中国图书馆学报,2005(4):38—41.

[3] 胡启恒. 开放获取是科学家的责任[N]. 光明日报,2005 - 11 - 24(6).

[4] 王靖,翁淳光,肖廷超. 专业 OA 期刊的影响力分析[J]. 科技管理研究,2010(4):240—242.

[5] 文奕,杨宁. 开放获取期刊与 Elsevier H 指数对比实证研究[J]. 情报杂志,2010(4):16—18.

[6] 黄扶敏,叶艳鸣,和秀蓉,等. 基于图书馆 OPAC 系统的 OA 期刊资源整合问题研究[J]. 四川图书馆学报,2009(3):50—53.

[7] 中国大学图书馆馆长论坛. 图书馆合作与信息资源共享武汉宣言[J]. 大学图书馆学报,2005(6):2—4.

山西高校图书馆信息资源共建共享研究

武三林　粟荣杰

随着信息技术的快速发展,以 Internet 为主干的计算机信息互联网迅速延伸到世界每个角落,形成全球性、高效率的信息资源共享和传输体系,彻底改变了人类知识信息生产、分配和利用格局。互联网的快速发展,改变了高校用户以往的信息获取方式,信息资源共建共享以及高校内图书馆利用网络满足用户需求显得越来越重要。网络环境下高校图书馆信息资源共建共享是图书馆管理与服务创新的突破口,也是一次发展机遇,山西高校图书馆应抓住机遇,加快建设,构建信息资源保障体系,实现山西高校信息资源的共建共享。

一、国内高校图书馆信息资源共建共享的发展状况

自 1994 年我国正式联入互联网以来,高校图书馆文献信息资源共建共享便进入了一个新的历史时期。在这一时期,高校图书馆的文献信息资源共建共享已为广大图书馆界同仁所接受,共享活动空前活跃,从联合目录到统一采编的广泛运用,从教育网到 Internet 的开通,信息资源共建共享已具有一定的规模。

（一）政府高度重视中国高等教育文献保障体系（CALIS）的建设

中国高等教育文献保障系统（China Academic Library & Information System,简称 CALIS）是国务院批准的我国高等教育"211 工程"和教育部"九五""十五"总体规划中公共服务体系的重要组成部分。"九五"期间,CALLS建立了文理、工程、农学和医学4个全国文献信息中心、7个地区中心(东北、华东北、华东南、西南、西北、华中、华南)和国防信息中心,发展了152个高校成员馆。通过独立自主开发与引进消化相结合,联机合作编目系统、联机公共检索(OPAC)系统、馆际互借与文献传递系统等逐步开发出来,形成了较为完整的CALLS文献资源服务网络。在此基础上,公共目录查询、信息检索、馆际互借、文献传递、网络导航等网络化、数字化文献信息服务等得以开展,这对保障"211工程"各高校的重点学科建设、培养高层次人才、支持科研创新发挥了重要作用。"十五"期间,CALIS的建设目标是构建中国高等教育数字图书馆(China Academic Digital Library Information System,简称CADLIS),即以系统化、数字化的学术信息资源为基础,以先进的数字图书馆技术为手段,形成包括文献获取环境、参考咨询环境、教学辅助环境、科研环境、培训环境和个性化服务环境在内的数字服务环境,为高等院校教学、科研和重点学科建设提供高效率、全方位的文献信息保障与服务,成为高等教育数字资源与服务的分布式共享与保障的重要基础设施。CALIS所构建的数据库包括带有原始馆藏信息的联合目录、数据库集团采购的国外数据库、高校学位论文摘库、重点学科专题数据库和重点学科网上资源导航库等,再加上电子邮件和电子书刊的涌现,都为文献传递提供了更广泛的可供选择的资源范围。CALIS还开发了我国第一套资源共享软件系统,包括基于Z39.50协议的联机公共检索系统和联机合作编目系统、基于ISO 10160/10161协议和Java技术开发的馆际互借和文献传递系统。其中,馆际互借和文献传递系统是国内图书馆界第一套遵循国际标准的馆际互借和文献传递系统。目前,CALIS馆际互借和文献传递系统已经实现了与OPAC系统、CCC西文期刊篇名目次数据库、综合服务系统、CALIS统一检索系统、CALIS文科外刊检索系统、CALIS资源调度系统的集成,读者可以直接通过网络提交馆际互借申请,并且可以实时查询申请处理情况。

(二)地方政府组织、领导区域性高校图书馆信息资源共建共享体系的建设建立区域性高校图书馆信息资源共建共享体系,是网络环境下建立多级协作的信息资源共建共享体系的需要。从计算机网络发展水平很高的美国来看,读者利用文献的95%以上是在本地区获得,这说明区域性信息资源共建共享是非常重要的。自20世纪90年代后期起,我国一些经济、文化比较发达的省、市开始建设区域性高校信息资源共建共享保障体系,到目前为止,各省、市的高校图书馆都在建设该系统。

1. 江苏省高校文献资料保障体系(JALIS)的建设。JALIS于1997年启动,结合江苏省高校地域和专业特色布局,建立了8个学科中心和4个文献采编中心,采编中心对成员馆提供文献资源统一采购,统一提供编目数据。同时,借助于虚拟馆藏,政府投资了1200万元,经过5年的建设,形成了"全省中心—地区中心—高校图书馆"三级文献信息的保障网络环境。在电子文献资源的配置上,突出面向全省重点学科的外文一次文献和二次文献数据库的保障建设,建立了6个镜像,向全省高校提供网络服务。同时,江苏省建立了全省高校联合书刊目录数据库及电子文献联合目录,构建了全省信息资源共享平台,并自建了一批特色专业数据库,以充分保障地区高校及社会的需求。这种合作模式对地区资源的优化组合、协调互补以及成员馆文献资源的整体布局,都有积极的作用。

2. 上海教育网络图书馆的建设。上海教育网络图书馆是由上海市教育局出资,于2000年12月25日成立的,其主要功能是在上海地区各级各类学校间实现图书文献资源与信息服务的共建、共知、共享,提高文献保障率和信息服务水平,建设的重点是电子信息资源。上海教育网络图书馆是以数字图书馆的形式,依托网络化、数字化的统一平台,通过数字化平台整合地区教育信息资源。网络图书馆实行的是会员制,教育系统的任何单位通过签订《信息服务协议书》,每年交纳适量的信息费,就可以成为网络图书馆员,能直接上网访问共享数据库并享受有关的信息服务。

3. 天津高校数字化图书馆的建设。天津市高校数字图书馆项目于2001年启动,覆盖了天津市的所有高校,是天津市教育信息化建设的重要组成部分,已形成一个网络互联互通、资源高度共享、服务功能完备、服务效益明显的天津市高等教育文献保障系统。其主要建设项目包括:公共数据中心、学科文献信息中心、学科文献数据库、互联互通自动化集成管理系统、联合采编中心、工作人员和读者培训基地等。天津市17所高校图书馆使用同一套软件,以网络为依托,开展了联合采编、流通、网络查询、馆际互借等各项业务工作。天津市委、市教育局大力支持并投资建成了覆盖市教育系统的高速光纤网络系统,对各高校图书馆进行重点投资,实现了各高校与市教育科研网、国家教育科研网及天津市高校间的互联互通。天津市教育局专门成立了天津市高校教学图书馆建设管理中心,设立了由各高校图书馆馆长和技术人员组成的系统管理委员会。管理中心先后发布了20多个文件,组织了多种培训,实行了目标责任区管理,规范和保证了建设工作的顺利开展。

4. 北京高校网络图书馆的建设。北京高校网络图书馆于2001年12月20日开始运作,由北京市属市管高校文献资源共享服务体系改名而成,成员单位包括以首都师范大学图书馆为代表的20多所大学图书馆。该联盟主要是依托中国教育科研网,充分利用北京高校图书馆丰富的馆藏资源,在各图书馆专业特色馆藏建设的基础上,建立起北京高校文献资源共享服务体系,为北京高校的教学科研提供信息支持和咨询服务。

5. 广东网络图书馆的建设。广东网络图书馆(原名为广东高校电子图书馆)是广东省教育厅于2002年10月投入启动的,是广东省教育厅文献保障体系实体建设项目之一。网络图书馆文献中心设于华南师范大学图书馆,成员单位由原来的9所高校发展为广东省全部的高校馆。网络图书馆的重点在于联合全省各高校图书馆,引进并不断丰富通用性中大型电子文献和网络信息资源,共建、共知、共享。合作内容不仅在文献资源方面,还包括人事、岗位、经费和管理,在使用上进行了协调,此种模式的成员馆间合作已达到高度共治。

二、山西高校图书馆信息资源共建共享发展现状

随着国家中部崛起战略的实施,山西高校图书馆迎来了前所未有的发展机遇,各高校均建立了自己的校园网,并与中国教育科研网和Internet实现了互联。山西省教育厅领导支持高校图书馆信息资源共建共享建设,山西高校图书情报工作委员会(简称省图工委)进行了协调与组织,使信息资源共建共享取得了一定的成绩,产生了一定的经济效益和社会效益。

(一)自动化、网络化建设已具成效

从20世纪90年代开始,山西高校图书馆相继开展了自动化、网络化建设,目前高校图书馆已迈入数字化阶段。高校图书馆数字化和网络化的实现、各类数字化信息资源的挖掘和整合,为信息资源共建共享创造了条件、优化了环境。

(二)山西高校文献资源平台已初步建成

以CALIS为依托,在山西省教育厅的直接领导和经费资助下,省高校图工委积极组织协调,已初步建成"山西高校文献资源平台"。平台设在山西大学图书馆,目前提供的服务有高校图书馆联合目录、统一检索、馆际互借/文献传递。用户可以通过该平台检索山西部分高校图书馆的文献资源,包括图书、期刊、电子资源、学位论文、会议论文等,初步实现了信息资源共建共享目标。

（三）馆际互借,文献传递服务的开展

2008 年 8 月山西省教育厅主持召开了省高校图书馆工作会议,会上就馆际互借/文献传递服务做了专项部署,会后下发了《山西省高校馆际互借/文献传递实施办法》,要求在太原地区高校间开展馆际互借/文献传递服务。各高校图书馆根据文件精神,结合自身的实际情况,制定了具体实施细则。省高校图工委统一制作馆际借阅证,并明确规定每年 9 月为文献传递及共享宣传月。目前,该项目的服务范围只限于太原市内各高校。

（四）特色信息资源保障体系的构建

各高校图书馆为了适应新形势下学校教学科研及用户的需求,注重开发、利用本馆信息资源,挖掘、整合特色资源,研发特色资源数据库,构建具有山西高等教育特色的信息资源保障体系,服务于学校和教学科研,服务于区域经济,取得了一定的社会效益和经济效益,如山西大学图书馆的文理文献资源平台、太原理工大学图书馆的工程文献资源平台、山西财经大学图书馆的财经文献资源平台、山西农业大学图书馆的农学文献资源平台、山西医科大学图书馆的医学文献资源平台、中北大学图书馆的兵器文献资源平台、太原科技大学图书馆的重型机械文献资源平台、运城学院图书馆的河东文化资源平台、大同大学图书馆的大同科技文献资源平台、忻州师范学院图书馆的五台山文化资源平台、山西中医学院图书馆的中医药资源平台等。特色资源的建设突出了山西省各高校图书馆的特色馆藏,构成了山西省高校图书馆特色资源保障体系,有效提升了图书馆的核心竞争力。

（五）组织电子资源的集团采购

在省图工委的统一组织、协调下,山西高校图书馆实现了部分数据库的集团采购及中国科技期刊数据库的买断,使省内高校图书馆从电子出版商那里获得了优惠的价格,节约了经费支出。

三、山西高校图书馆信息资源共建共享的影响因素分析

山西高校图书馆信息资源共建共享工作虽然取得了一些成绩,但仍然是以一种局部的、缓慢的方式进行。表 1 列示了 2008 年对山西省高校 20 个图书馆的调查情况。

表 1　山西省高校 20 个图书馆的基本情况

学校名称	馆舍面积（m²）	藏书量（册）	人员	年经费（万元）	自动化管理系统	数据库数量	计算机数
高校 A	19349	2378000	78	678	MELINETS 图书馆信息网络系统	20	342
高校 B	20364	1337376	71	370	MELINETS 图书馆信息网络系统	24	228
高校 C	21350	1044054	110	205	horizon 图书信息管理系统	16	180
高校 D	45007	1359110	70	300	大连网信妙思文献管理系统	12	271
高校 E	16000	1200000	50	320	MELINETS 图书馆信息网络系统	16	150
高校 F	8878	1030000	52	350	MELINETS 图书馆信息网络系统	16	220
高校 G	25000	1500000	51	150	大连博菲特图书管理系统	23	200
高校 H	41000	1472600	65	329	Infosea 通用图书馆集成系统	9	600
高校 I	17475	2500000	94	300	MELINETS 图书馆信息网络系统	19	300

续表

学校名称	馆舍面积 （m²）	藏书量 （册）	人员	年经费 （万元）	自动化管理系统	数据库 数量	计算 机数
高校 J	14132	904000	56	100	GLIS 8.0 系统	10	290
高校 K	10047	300000	15	38	大连网信妙思文献管理系统	2	15
高校 L	1796	262708	12	20	纵横图书馆管理系统	1	150
高校 M	2992	750000	33	245	大连网信妙思文献管理系统	5	133
高校 N	17390	590000	30	200	MELINETS 图书馆信息网络系统	1	138
高校 O	6000	680000	54	150	大连网信妙思文献管理系统	9	54
高校 P	8000	560000	25	41	大连网信妙思文献管理系统		262
高校 R	6540	530000	25	40	Infosea 通用图书馆集成系统	5	100
高校 S	3887	180000	21	30	纵横图书馆管理系统	4	63
高校 T	12400	570000	39	27	大连博菲特图书管理系统	1	280
高校 U	1600	230000	15	27	大连博菲特图书管理系统	1	156

目前,影响山西高校图书馆信息资源共建共享主要有 6 个方面的不利因素。

（一）缺乏完善的组织协调机构

省高校图工委是一个民间机构,既无人事权,又无财权,尽管省图工委积极进行了组织协调,但要依靠这一机构来实现省内高校图书馆信息共建共享的确困难重重。因为各高校图书馆的服务是围绕本校的教学科研及读者需求、根据本院校的实际需求进行文献信息资源建设的,而没有把信息资源共建共享作为重要因素加以考虑。另外,一些实力雄厚、资源丰富、技术先进的图书馆在共建共享过程中承担的责任多,但回报相对少,趋于应付,而一些资源少的图书馆由于经费少、条件差,无法实现共建共享,这不仅是观念、经费的问题,更是制度和管理的问题。由于缺乏完善的组织协调机构,使得高校图书馆之间的协作缺乏权威性的组织协调,信息资源的共建共享不能顺利施行。

（二）高校信息资源共建共享经费投入严重不足

受山西大环境的影响,政府对高校教育科研尤其是信息资源建设方面的经费投入严重不足,不能满足高等教育发展对信息资源日益增长的需求。这与其他省份有一定的距离,如江苏省仅 2002 年就投入 2000 万元用于江苏省高校图书馆信息资源共建共享的二期建设,2004 年江苏省财政拨款 2000 万元用于启动“江苏省工程技术文献信息中心”建设;宁波市数字图书馆一期项目经费就达到 4000 万元。山西省“山西高校文献中心”（设在山西大学图书馆内）建设截至目前的拨款也不足百万元,经费投入的严重不足,直接影响到各高校参与文献信息资源共建共享的积极性。

（三）各高校信息资源经费投入分布不均衡

高校图书馆年拨经费是有一定保障的,但有些院校图书馆的经费较少,年经费为 500 多万元的有 1 所,300 多万元的有 6 所,200 多万元的有 3 所,100 多万元的有 3 所,20 万—40 万元的有 7 所,购置电子资源最多的为 37 种,最少的只有 1 种。可见,信息资源的分布与各图书馆的经费投入成正比。由于各高校图书馆信息资源经费投入与资源分布不均衡,使得信息资源共建共享出现"瓶颈"。

（四）图书馆管理软件和特色数据库结构设计不统一

各图书馆管理软件使用不统一，接受调查的 20 个图书馆使用了 6 种不同类型的图书馆系统管理软件。数据库建设处在一种分散、互不联网的状态，自建特色数据库标准不统一，给省内高校图书馆实现文献信息资源及特色数据库资源共享带来了很大的困难。

（五）技术专业人员严重匮乏

网络信息资源共建共享涉及的知识面既专业又宽泛，技术含量较高。实现网络环境下山西高校图书馆信息资源共建共享，对图书馆工作管理与服务提出多方位、高标准的要求，要求从事共建共享的技术专业人员熟悉网络环境，熟练掌握网络技术和信息挖掘与整合技术，具有较强的信息处理能力、外语水平及计算机操作水平。目前，省内高校图书馆技术专业人员中能够进行数据加工、挖掘整合、共享平台搭建、自动化设备维护的专业技术人员严重匮乏，直接影响了信息资源共建共享的速度。

四、山西高校图书馆信息资源共建共享的对策研究

（一）尽快成立以政府牵头的省级高校信息资源共建共享联盟领导协调机构

山西省教育厅应高度重视并认真组织山西高校图书馆信息资源共建共享工作，由省教育厅牵头成立省图工委、各校图书馆馆长及专家组成的"山西高校文献资源共建共享联盟领导协调机构"，制定"山西高校图书馆信息资源共建共享协议"，明确各成员馆的责、权、利。信息资源共建共享应列入各校"一把手"工程，纳入省高等教育基础设施建设专项计划，列入各校工作考评的项目中。教育厅应制订山西省高校信息资源共建共享发展规划，拨专款重点扶持一批具有综合开发能力的图书馆开展建设，加快共建共享平台的构建，使信息资源能更好地服务于高等教育改革与科技创新。

（二）尽快建立联合采购信息系统

山西高校图书馆应形成一个协调机制，明确收藏重点，建立联合采购管理系统，通过系统进行采购协调，集团购买。对于利用率高的大中型检索性数据库和全文数据库，可由教育厅拨款购买供所有成员馆使用。不同学科的数据库尤其是外文数据库可以根据各自服务对象及经费多少，由信息资源共建共享体系内的学科分工进行集团采购。应建立网上通告制度，互通信息，争取最低价格，避免重复订购。

（三）完善全省高校图书馆联合目录检索系统的建设

共享平台成员馆应遵循统一的协议，以集中的方式建立联合目录检索系统，通过联合目录检索所需信息，利用统一的馆际互借软件通过网络实现馆际互借提交、数字化文献传递、费用结算等业务流程。要充分发挥电子资源优势，利用电子通讯手段，提高资源共享效率。目前，省内部分高校图书馆的书目没有上载到共享平台，应积极协调组织，尽快完善全省范围的联合目录系统。

（四）继续开展特色数据库的建设

具有本省特色的数据库建设，是高校图书馆信息资源共建共享工作中的一项重要任务。由于特定资源数字化工程浩大，要受到人力、财力、物力等因素的制约，因而要有选择、有侧重地进行。成员馆建设的特色资源数据库在信息资源共享网络平台上实现信息系统关联，为高校教学科研服务，为区域经济服务。要为用户提供各种特色资源导航，逐步形成布局合理、功能齐全、开放高效的文献资源保障体系。

（五）开展省内高校图书馆关键技术的联合攻关

高校信息资源共享可以促进各校图书馆间专业人员的交流,形成知识互补、协作互动的关系,打破地域与单位之间的限制,联合开展技术攻关,实施研发人力资源共享,提升知识成果的利用率,提高共享平台服务效益。山西高校图书馆应通过信息资源共建共享合作,建立联合咨询系统,实现各馆咨询馆员之间的知识共享,提高为高校提供咨询服务的效果。共享联盟领导协调机构应组织各高校图书馆的信息技术人员,联合开展技术攻关,提高技术开发能力,增强系统网络的运行能力和共享平台的服务能力。

（六）完善信息资源共建共享的地方法规和分配机制

地方法规建设是山西高校图书馆实现信息资源共建共享的保障。由于各合作成员馆对共建共享的贡献和需求有较大的差异,其相互之间的资源平衡和权益平衡尤为重要。为了保持平台的发展和服务成本的下降,需要建立良好的合作联盟,完善共建共享地方法规,制定馆际互借协议。要确定收费标准,加强成本核算,形成合理的资源提供者和利用者的分配机制,保障山西高校图书馆信息资源共建共享工作的顺利开展。

（七）拓展和强化图书馆合作联盟的服务功能

山西高校图书馆合作联盟应开展文献信息资源建设、集团采购、联机合作编目、文献传递、信息资源共建共享、联合参考咨询及职业培训等业务。为了进一步拓宽和强化合作联盟的服务功能,更好地为省内高校用户服务,应有效地进行信息资源共建共享建设,开展联合咨询与开发。各馆不仅要搞好内部合作,还要进行馆际合作。要广泛宣传信息资源共建共享的功能和服务项目,加强馆员的技术培训,更好地为用户服务,为省内高校教学科研服务,为山西经济建设和科技创新服务。

参考文献:

[1] 张苗苗.我国图书馆信息资源共建共享模式比较研究[J].图书馆建设,2010(2):21—27.

[2] 杨焕敏.近五年来我国信息资源共享体系建设研究述评[J].晋图学刊,2010(2):77—79.

[3] 李晓萍.网络时代跨系统的图书馆馆际合作研究[J].图书馆建设,2009(9)120—23.

[4] 朱晓琴,员立亭,郭锦芳.省级文献信息资源保障体系构建研究[J].情报科学,2009(9):1318—1321.

[5] 程红梅.国外图书馆 Information Commons 的兴起和发展及启示[J].图书馆建设,2007(6):72—74.

[6] 同秀芳.我国区域性图书馆联盟建设的状况与对策[J].图书馆理论与实践,2006(6):15—17.

[7] 赵乃暄.江苏省图书馆电子文献资源合理布局与共享研究[J].图书情报工作,2004(8):51—57.

[8] 周永红,陈能华.中国高校信息资源共建共享现状分析[J].中国图书馆学报,2004(1):79—82.

山西省高等学校图书馆网站建设简评

张　洁

随着信息技术与网络技术的快速发展,图书馆网站建设越来越成为各高校图书馆提升服务水平的重要手段。一个好的图书馆网站不仅能树立图书馆服务的品牌,还能提高服务质量,拓展服务项目。而高等学校图书馆因其为教育与科学双重服务的特殊性,网站建设则显得尤为重要,它是实现数字图书馆的先导和最佳途径,是高等学校图书馆将内部信息与外部服务和谐统一的有效工具。因此,对于高等学校图书馆网站建设的研究在现今图书馆学研究中占有十分重要的意义。

为了了解山西省高等学校图书馆网站建设的现状,为后续建设者提供可借鉴的经验,笔者对山西省73所高校图书馆网页建设现状进行了网上调查。

1 山西省高等学校图书馆网站建设的现状

2010年8月期间,笔者对山西省18所本科高等学校的图书馆,47所高等专科学院的图书馆以及8所独立学院的图书馆网站进行了调查。

1.1 调查设计与调查结果

为了全面而真实地了解山西省高校图书馆网站建设的具体情况,笔者模拟读者的身份对山西省内的73所高等学校的图书馆网站在网站建设、访问能效、内容设置等方面进行了访问与测试。

在网站建设方面,38所学校建有自己的图书馆网站,其中18所本科学校全部建有图书馆网站,47所专科学校中有20所建有图书馆网站,8所独立学院均没有建立自己的图书馆网站。基于google搜索引擎在当今互联网社会的地位与作用,笔者利用google搜索引擎对73所学校的图书馆网站进行检索,其中有21所学校图书馆可以直接被google定位,其中本科学校占67%,专科学院占33%。

同时,笔者对图书馆网站的访问能效也做了调查。在局域网外,18所本科学校中有14所学校的图书馆网站可以顺利访问,其中长治医学院图书馆、长治学院图书馆、运城学院图书馆、吕梁学院图书馆四所学校的图书馆网站无法打开。47所专科学校中有15所学校的图书馆网站可以顺利访问,5所学校的网站无法打开。

内容设置方面,笔者分六部分进行调查,分别是:图书馆介绍、馆章制度、馆藏检索、读者服务、数据库检索、其他服务,其中其他服务包括参考咨询、馆际互借、自建及特色数据库等等。经笔者在8月期间对各校图书馆网页多次访问,其调查情况如下(具体比例详见图1):

1.1.1 图书馆介绍 29所学校设有图书馆介绍,其中16所学校设有图书馆概况,3所学校有图书馆平面图,13所学校有馆藏分布介绍。

1.1.2 馆章制度 29所学校在网站上均设有图书馆馆章制度,开闭馆时间以及读者须知。16所学校设有图书馆的部门设置与职责一栏。

1.1.3 馆藏检索 本科学校中虽有11所学校都设有馆藏检索的功能,但在局域网外有8所学校的图书馆馆藏检索无法实现。专科学校中有3所学校设有馆藏检索功能,但只有山西省财税专科学校的馆藏检索实现了校外检索。

1.1.4 读者服务 24所学校设有读者服务栏目,读者可通过网上查询自己的借还书情况,18所学校可以查询催还通知,10所学校设有网上导读服务。

1.1.5 数据库检索 由于现阶段国内尚没有一个统一的检索平台将各数据库的文献整合起来,因此对于中文文献,笔者只能挑选中国学术期刊网、维普、万方三个重点数据库做调查。18所学校引入了中国学术期刊网,10所学校订有维普数据库,10所学校有万方数据库,8所学校有读秀统一搜索平台,1所学校引入方略统一检索平台,2所学校引入OCLC First Search检索平台,2所学校有Dialog联机检索系统。

1.1.6 其他服务 20所学校设置了常见问题解答,能够通过电子邮件进行参考咨询,5所学校提供实时参考咨询。18所学校加入了山西省高校图书馆馆际互借系统,2所学校加入了 CALIS 馆际互借系统,2 所学校加入了国家科技文献资源网络服务系统,8 所学校有自建或特色数据库。

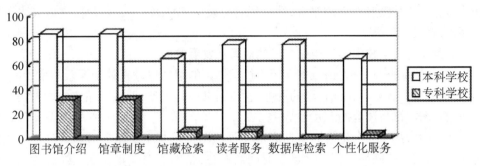

图1　本科专科内容设置比较

1.2　山西省高等学校图书馆网站建设的现状分析

图书馆网站是图书馆适应新信息技术发展的需要而建立的数字化图书馆与用户交流、接触的网络界面。因此,图书馆网站肩负着宣传与服务两大重任。现阶段,山西省高等院校的图书馆网站建设尚处于摸索阶段,许多高校的图书馆网站服务功能不强,不能很好地做到在网络界面提升图书馆的服务水平,本科学校的图书馆网站质量与服务项目总体优于专科学校的网站。其具体表现在以下几点:

首先,图书馆网站宣传性较强,服务功能不强。可以看出,大多数学校的图书馆都有意识建设自己的网站,并在网页中宣传图书馆的历史与服务。有些学校还将图书馆的特藏经典、特色资源拿出来做宣传,十分有利于树立自己图书馆的品牌,提升图书馆文化。但作为一个图书馆网站其自身不仅是图书馆形象的宣传品,更是图书馆与用户间、馆员间相互交流的窗口。大多数图书馆网站只是将基础功能罗列在网上,并没有实质性的服务。而建设图书馆网站最主要的目的,即淡化地域与时间的概念,更好地提高信息资源的共享程度,这一点没有在网站中体现出来。一些学校的网站在定位上仍然沿袭传统的“图书馆轴心论”的模式,在栏目设置和服务项目上都过于陈旧,限制过多,对读者的访问造成很大障碍。一些专科学校只是建设了自己的网站,却没有实质性的服务项目,这使得图书馆网站仅仅成了一个宣传工具。此外,很多学校都将网站定位局限在内向型的服务上,仅仅满足于本校师生的需要,而馆藏查询等能够使外界了解图书馆功能的服务却仅局限在局域网内,使图书馆网站的服务大打折扣。

第二,网站服务不够便捷。调查中,只有 5 所学校的主页上设有读者登录框,3 所学校有检索框,3 所学校有代查代借,文献传递栏目。有些学校的网站服务功能虽然很全,但在其主页上无法体现出来,读者往往需要点击许多个子栏目才能找到所要的服务,这无形中给读者造成心理上的访问障碍,不利于图书馆网站服务的推广。其次,像馆藏查询,读者服务,馆际互借等这些读者经常会使用到的功能,应当设置在主页的显著位置,这样才能凸显图书馆网站的服务功能,为读者在使用上肃清道路。此外,一些学校虽然设置了馆际互借栏目,但由于费用以及技术的制约,并不能使读者免去舟车劳顿的辛苦。在电子资源的设置方面,没有一所学校将电子资源与使用说明连接在一起,这说明我们在网站建设定位上并没有从读者出发,一个网站要想生存与发展应当首先考虑的是其用户的使用需求,图书馆的网站应该首先从读者使用的角度考虑网站栏目的设置,这样才能使图书馆的网站建设更加合理。

第三,网站互动性较差。调查中,绝大部分学校设置了常见问题解答,能够通过电子邮件进行参考咨询,但是提供实时参考咨询的比例只占 10%。甚至一些学校虽然设置了实时参考咨询服务,却并没有真正的服务,使得读者有疑问不能及时获得解答,这就失去了设置实时咨询的意义。

2 山西省高等学校图书馆网站建设的对策及发展方向

基于以上的调查与分析,山西省高等学校图书馆的网站建设正处于探索与发展的阶段,各学校的图书馆都有意识建设自己的网站,宣传图书馆的服务,但在网站定位以及内容设置上并不成熟,图书馆与读者的互动性较差。针对这些问题,笔者以为,首先要将图书馆网站的服务面向社会,甚至面向世界。虽然高等学校的图书馆其主要服务对象是高等学校的师生,但在当今社会,互联网淡化了地域与时间的概念,图书馆网站正是在这样的背景下应运而生,作为网络上的图书馆站点,应体现网络资源的丰富性与共享性特征,既能提供虚拟化的馆藏资源,又能提供馆藏化的虚拟资源。高等学校图书馆网站完全可以将特色资源作为一个品牌对互联网上所有读者提供服务,提高信息资源的共享程度。此外,建设具有可获性资源的联机联合目录、光盘数据库书目信息与网络版文献的书目信息,使校内外所有读者均可以了解并享用到本校资源,这也是图书馆服务范围的扩大与延伸。

第二,从服务的角度考虑,高等学校图书馆的网站设置应当更加人性化。随着信息技术的发展,原有的"图书馆轴心论"的模式已经无法适应现今的高速信息时代。面对互联网的高速发展以及 google 等一些商业公司的挑战,图书馆应当朝着更高端、更快捷、更人性化的方向发展,从原有的静态式服务模式转变为动态的、多元化的模式。图书馆要从读者使用的角度考虑,将一些读者常用的功能在网站中凸显出来,设置便捷的登录及查询窗口,版面设计上要遵循"读者轴心论"的原则,符合主题鲜明,结构明了,页面简洁,语言精练,图文并茂等要求,更有利于推广图书馆的服务。此外在服务项目上,清晰的内容说明与安排,更有利于网站的利用。同时,未来的图书馆可以将电子商务技术引入馆际互借、文献传递、查收查引等服务中,使读者足不出户就能利用图书馆,享受信息资源的盛宴。

第三,增强图书馆网站上与读者的互动功能。图书馆网站是图书馆与读者间以及读者互相之间交流的窗口。图书馆网站要加强图书馆与读者间的服务,更好更快地为读者服务。因此,在网站显著位置设置在线咨询留言或实时咨询,由经验丰富的馆员负责读者在线指导与解疑。这样可以及时解决读者在图书馆网站使用上的困难,使读者及时地、有效地在图书馆网站上找到所需要的服务。同时,图书馆网站还应有读者间相互交流的讨论区。图书馆网站还应建立自己的 BBS、聊天室或 E-mail 服务,这样既可以使有共同兴趣和爱好的读者一起探讨他们共同关心的话题,还可使读者有机会向其他人推荐自己看到的佳作,充分发挥读者参与的广泛性与信息更新的及时性。

高校图书馆网站是展示图书馆服务理念的对外窗口,是图书馆结合当前时代特色,发展自身服务的有利工具。因此,高校图书馆网页建设是一项系统工程,也是需要不断改进的工程。我们期望山西省高等学校图书馆能够结合自身的资源优势,建设属于自己的、有特色的图书馆网站。

参考文献:

[1] 张琳.河北省高校图书馆万维网站点内容分析[J].河北科技图苑,2000(4):12—14.

［2］范翠玲.我国高校图书馆主页建设中存在的问题与对策[J].图书馆学研究,2006(3):35—38.

［3］刘如玲.谈图书馆网站的作用[J].情报科学,2001(10):1097—1099.

［4］梁灵艳.高校图书馆网站现状分析及展望[J].图书馆学刊,2007(5):138—140.

［5］李剑.广东省高校图书馆网站建设调查与分析[J].图书馆建设,2006(4):37—40.

山西省高校图书馆高被引论文分析

王秀平　郭文秀　袁永旭

高校图书馆是图书情报类研究文献的主要产出单位,分析研究高校图书馆界的研究论文及引文情况对于了解我国图书情报类研究文献的研究水平、发展趋势以及研究热点等有重要的参考价值。笔者统计分析了 CNKI 的中国学术期刊网络出版总库中 2000 年至今山西省各高校图书馆人员发表全部论文,对于其中的高被引论文进行了深入的研究分析,从引用年限、引用期刊、被引著者、被引机构及主题概念等方面进行了分析,旨在了解山西省各高校图书馆近期学术研究水平、科研实力及研究热点,并为今后图书情报方面的后继研究、撰写高质量学术论文提供必要的参考。

1　引用频次分布

通过文献检索,笔者收集了 CNKI 中国学术期刊网络出版总库中山西省各高校图书馆2000 年至今的全部研究论文 1677 篇,其中被引论文 838 篇,占 49.97%。总被引频次 2440,平均被引频次 2.91。见图 1。

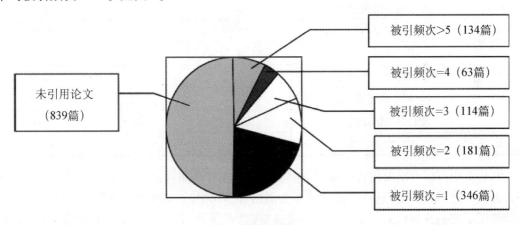

图1　引用频次示意图

一般来说,引用频次越高,论文的影响力越大,越受关注。从图 1 中可以看出,在全部论文中被引论文只占 49.97%,而被引频次 >5 的论文仅 134 篇,只占全部论文的 7.99%,被引频次 ≤4 的论文占 41.98%。说明一半以上的论文从没被引用,多数论文的学术价值不高,不能引起读者的关注,处于低水平重复文献。

2　高被引论文年度分布

从上可知被引频次 >5 的高被引论文 134 篇,选择其中合乎标准的 124 篇文献为研究对象。124 篇高被引论文最高引用频次 48,总被引频次 1072,平均引用频次为 8.65。将其按年限、被引频次以及平均被引频次排列,形成表 1。

表1 高被引论文统计

年限	2000	2001	2002	2003	2004	2005	2006	2007	2008	09—10
文献量	11	18	15	13	19	22	17	7	2	0
被引频次	105	168	176	114	157	175	116	50	11	0
平均被引	9.55	9.33	11.73	8.77	8.26	7.95	6.82	7.14	5.50	

从表1中可以看出被引高峰在2005年,以后逐年降低。2003年前的平均被引频次均高于平均值,以后逐渐降低。一般论文发表后的2—3年为高引用期,一些高质量论文还会延续。高被引论文中无2009—2010年的论文,提示被引频次与发表时间密切相关,符合论文被引规律。

3 高被引论文期刊分布

经统计124篇高被引论文来自36种刊物,其中3篇以上的刊物10种。按照期刊文献量由高到低排列形成表2:

表2 高被引论文期刊分布

序号	期刊名称	文献量	总被引频次	平均被引频次
1	晋图学刊	36	284	7.89
2	科技情报开发与经济	23	158	6.87
3	太原理工大学学报	5	46	9.20
4	农业图书情报学刊	5	36	7.2
5	津图学刊	5	27	5.40
6	图书情报工作	4	28	7.00
7	河北科技图苑	4	28	7.00
8	图书馆建设	3	44	14.67
9	现代图书情报技术	3	34	11.33
10	中北大学学报	3	18	6.00

从表2中可以看出山西省高被引文献主要分布在省内期刊,其中以《晋图学刊》和《科技情报开发与经济》为主。这两本期刊并不是国内著名刊物,能够成为高被引论文的主要来源刊物说明了它们在省内的学术影响力。尤其是《晋图学刊》以其严格的审稿制度,高质量的编辑水平而成为山西省内图书情报研究论文的主要刊物。省外高质量期刊虽然较少,但其平均引用频次则大大高于省内期刊,如《图书馆建设》《现代图书情报技术》。另外,《图书与情报》《情报科学》《情报资料工作》以及《图书馆论坛》等期刊的单篇被引频次均超过20,甚至达到40以上。不难理解,因为这些期刊的发行量大,影响面广,是构成高被引文献的基本条件,这是省内期刊无法达到的。今后要争取在国家级期刊或核心期刊上发表更多论文,以提高被引率。

4 高被引论文著者分布

按照高被引文献的第一著者统计,并按照被引频次从多到少排列,选取前10篇高被引文献,形成表3:

表 3　前 10 名高被引论文

序号	论文题目	期刊名称	出版时间	著者	单位	被引频次
1	中外图书馆管理体制比较研究	图书与情报	2001(1)	李嘉琳	山西大学	48
2	图书馆信息资源整合	情报科学	2005(3)	赵冬梅	山西大学	41
3	近年来我国数字图书馆研究概述	情报资料工作	2002(1)	霍春英	山西社科院	29
4	1998 年《图书馆论坛》载文分析	图书馆论坛	2000(1)	张海霞	太原理工大学	28
5	中国数字图书馆建设的现状与策略研究	图书馆建设	2002(5)	裴成发	山西大学	24
6	图书馆服务要注重人关怀	晋图学刊	2004(2)	辛秀红	雁北师范学院	22
7	图书馆信息集成服务初探	晋图学刊	2002(3)	赵英	煤管干部学院	17
8	抓住机遇,以评促改,以评促建,努力开创我省高校图书馆工作新局面	晋图学刊	2003(6)	蔡志萍	中北大学	16
9	论网络时代大学生的信息伦理道德教育	太原理工大学学报(社)	2002(2)	杨秀丽	太原理工大学	15
10	日本大学图书馆界志愿者活动简介	图书馆杂志	2002(4)	张铁娥	山西大学	15

表 3 中的引文一定程度上反映了当前图书馆界研究关注的重点,如国外研究、数字图书馆、资源整合等内容。文献类型除研究论文外还包括综述、述评类文献。有些著者往往不止一篇高被引论文,如李嘉琳、赵冬梅等。将两篇以上高被引论文的著者按文献量排列,形成表 4:

表 4　多篇高被引论文分析

序号	著者	机构	文献量	总被引频次	平均被引频次
1	李嘉琳	山西大学	5	100	20.00
2	赵冬梅	山西大学	3	60	20.00
3	陈晰明	太原理工大学	3	32	10.67
4	郭竹英	太原理工大学	3	22	7.33
5	段姬	山西师范大学	3	18	6.00
6	张玉娥	山西农业大学	2	22	11.00
7	张铁娥	山西大学	2	20	10.00
8	贾炜滔	山西财经大学	2	19	9.50
9	武三琳	山西财经大学	2	18	9.00
10	陈国秀	山西农业大学	2	13	6.50

表 4 中的高被引论文著者均为山西省图书馆界学术研究的多产著者,全部来自省内主要高校。同样在著者中以山西大学、太原理工大学最为突出,表明这些大学在图书研究方面

已形成高素质的研究团队,这些著者已成为山西省图书情报界学术研究的领军人物。

5 高被引论文机构分布

按照高被引文献著者机构的论文量,由多到少排列形成表5:

表5 高被引论文机构分布

序号	机构名称	引文量	总被引频次	平均被引频次
1	太原理工大学	27	234	8.67
2	山西大学	24	269	11.21
3	中北大学	14	107	7.64
4	山西农业大学	12	93	7.75
5	山西师范大学	10	61	6.10
6	山西财经大学	8	72	9.00
7	山西医科大学	6	34	5.67
8	太原科技大学	4	27	6.75
9	雁北师范学院	3	40	13.33
10	忻州师范学院	3	21	7.00
11	其他高校	12	114	8.77

从表5中可以看出文献量最多的是太原理工大学,平均引用频次以雁北师范学院为最高。山西大学则以其文献量和平均引用频次均名列第二而保持了它的带头地位。

6 高被引论文主要概念分布

依其主要内容将全部高被引论文分为多个主要概念,同样按照文献量由多到少进行排列,形成表6:

表6 高被引文献主要概念分布

序号	主题概念	文献数	总被引频次	平均被引频次	序号	主题概念	文献数	总被引频次	平均被引频次
1	图书馆管理	20	146	7.3	2	图书馆服务	13	104	8.00
3	教育职能	10	84	8.40	4	国外研究	9	115	12.78
5	用户研究与教育	9	67	7.44	6	信息技术	9	67	7.44
7	资源建设	9	105	11.67	8	数字图书馆	7	86	12.29
9	期刊研究	7	44	6.29	10	文献计量学	6	74	12.33
11	人才培养	6	41	6.83	12	学科馆员	5	32	6.40
13	电子资源	5	32	6.40	14	知识管理	2	24	12.00
15	其他	7	51	7.29					

分析高被引论文的主要概念分布可看出其所涉及的研究领域、学科范围及影响范围。被引次数较多的论文,往往是本领域人们普遍关心或亟待解决的问题,具有一定的研究深度和创新性。本研究中的高被引论文其选题除围绕图书馆管理、服务、用户研究、信息技术及

资源建设等实际工作,还集中在数字图书馆、学科馆员以及知识管理等目前图书馆情报领域关注的研究热点、焦点。高校图书馆的教育职能也成为研究的一大热点,很多著者注意到图书馆在大学生培养中的重要地位,如大学生的信息素养、心理素质以及人文素质的培养等。

从表6中还可以看出平均引用频次较高的一些概念如国外研究、文献计量学、数字图书馆、知识管理等,这些概念构成了本领域的研究前沿。其中国外研究文献名列前茅,随着同国外的交流日益广泛,提示各高校图书馆加强了国外先进经验的学习,努力同世界接轨,缩小差距;数字图书馆的建设与发展一直是近年来的研究热点,高被引论文中数字图书馆的内容主要涉及数字图书馆建设、网络安全、知识产权等多方面;知识管理虽然只有两篇高被引论文,但备受关注,可以肯定,随着研究的深入,将来会有更多的高被引论文出现。

通过以上研究分析,笔者认为山西省高校图书馆的学术论文与国内其他省市相比还有较大的差距,主要为高质量论文少,被引频次较低,核心期刊及国家级期刊论文少。另外,与其他文献相比研究热点也有不同,显然山西省高校图书馆论文研究滞后于国内先进省市。主要表现在技术层次低、内容新颖性不够,缺乏有关图书馆评价指标、个性化服务、资源整合及本体或本体论等内容的研究。

参考文献:

[1] 叶协杰.我国图书情报学高被引论文热点分析[J].图书情报工作,2007,51(12):138—141.

[2] 李云霞.情报学核心期刊高被引论文研究[J].农业图书情报学刊,2009,21(11):168—169,179.

[3] 刘雪立,王兆军.2004—2008年我国情报专题研究高被引论文的统计与分析[J].情报杂志,2010,29(1):64—67.

[4] 赵丽红.基于高被引论文的情报学研究现状分析[J].现代情报,2008(12):157—160.

[5] 许云.大学图书馆学报高频被引论文和作者分析[J].科技情报开发与经济,2009,19(5):42—43.

[6] 韩维栋,屈清慧,刘大晶.22种医药卫生类高校学报的高被引论文的统计分析[J].中国科技期刊研究,2009,20(5):838—843.

[7] 屈清慧.中医中药学期刊高被引论文研究[J].中国科技期刊研究,2009,20(3):454—460.

[8] http://www.cnki.net.

参考文献

1. 崔慕岳等.河南省高等学校图书馆发展志略.长春:吉林文史出版社,2008.

2. 张厚涵.全国高校图书馆工作会议侧记.高校图书馆工作,1987(3):2—4.

3. 刘清,魏争光.改革开放30年高校图书馆发展历程回顾与展望.高校图书情报论坛,2009 (1):1—4.

4. 于维娟,沙淑鑫.建国60年高校图书馆发展历程回顾.新世纪图书馆,2010(5):46—48.

5. 王向军.高校图书馆评估30年回顾与展望.图书馆理论与实践,2010(3):67—70.

6. 黄宗忠,徐军.20世纪后半期的中国高校图书馆事业.图书与情报,2000(4):2—8.

7. 郑章飞,陈有志.湖南省高等学校图书情报工作委员会30年发展历程.高校图书馆工作, 2010(5):19—27.

8. 山西省部分高等院校关于举办"省城高校联合体"协议书,1997.